D1848783

Zu diesem Buch

Freie Schulen – das sind vor allem mehr als 2000 öffentlich anerkannte Schulen in freier Trägerschaft mit über einer halben Million Schülern. Unter ihnen finden sich Waldorfschulen, Gymnasien der evangelischen und katholischen Kirchen, Internate, Sonderschulen, Landerziehungsheime in der Tradition der Reformpädagogik usw. Die Orientierung in der Vielfalt der Schulen fällt schwer, denn ordnende Literatur ist nicht zur Hand. Das «Handbuch Freie Schulen» schafft Abhilfe. Eingängig und präzis gibt es Auskunft über

- bildungspolitische Ansätze und pädagogische Ziele,
- Verfassungs-, Rechts- und Finanzfragen,
- Schulverbände und modellhafte Schulen.

Ein gegliedertes Schulverzeichnis mit Adressen und Hinweisen auf besondere schulische Formen und Ausbildungswege gibt allen Eltern Rat, die sich gründlich über Freie Schulen informieren wollen, und hilft damit Schulsorgen zu vermeiden.

Angaben zu den Autoren finden sich auf Seite 551.

Handbuch Freie Schulen

Pädagogische Positionen, Träger, Schulformen und Schulen im Überblick

Herausgegeben von der Arbeitsgemeinschaft Freier Schulen

rororo

Rowohlt

Redaktion Wolfgang Müller
Umschlaggestaltung Büro Hamburg

Überarbeitete und erweiterte Neuausgabe
Veröffentlicht im Rowohlt Taschenbuch Verlag GmbH,
Reinbek bei Hamburg, Mai 1993
Copyright © 1993 by Rowohlt Taschenbuch Verlag GmbH,
Reinbek bei Hamburg
Satz aus der Times (Linotronic 500)
Gesamtherstellung Clausen & Bosse, Leck
Printed in Germany
2690-ISBN 3 499 16347 0

Inhalt

Vorwort

Eltern, die für ihre Kinder eine Freie Schule und manchmal auch ein mit einer solchen Schule verbundenes Internat suchen, Politiker und Wissenschaftler, die nach der Konzeption der Freien Schulen fragen, Lehrer, die sich in den Dienst einer bestimmten pädagogischen Idee stellen wollen, Journalisten in Presse, Funk und Fernsehen, die über Freie Schulen zu berichten haben – sie alle suchen ein Werk, das ihnen Antwort auf ihre Fragen zur Freien Schule gibt.

Die in der Arbeitsgemeinschaft Freier Schulen zusammenarbeitenden Verbände und Vereinigungen möchten mit dem vorliegenden Handbuch Freier Schulen auf solche Fragen eingehen. Sie stellen für das wiedervereinigte Deutschland sowohl ihre gemeinsamen Vorstellungen vom Auftrag der Schulen in freier Trägerschaft und von ihren bildungspolitischen wie rechtlichen Positionen vor, wie auch die einzelnen Schulgruppen durch Gesamtdarstellungen und Vorstellung einzelner Schulen einen Einblick in ihre Arbeit bieten. Praktischen Bedürfnissen soll ein umfangreiches Schulverzeichnis dienen, in das diejenigen Schulen und Internate aufgenommen sind, die den Verbänden und Vereinigungen der Arbeitsgemeinschaft Freier Schulen angehören. Hinweise auf die Organisation der Arbeitsgemeinschaft und auf weiterführende Literatur vervollständigen das Handbuch.

Die Texte werden von den jeweils genannten Autoren verantwortet; die Texte des Allgemeinen Teils geben die Meinung aller Verbände und Vereinigungen wieder.

Wir danken dem Rowohlt Taschenbuch Verlag, daß er durch seine Initiative diese Gesamtdarstellung des Freien Schulwesens ermöglicht hat.

Schülerlaufbahnen

Anna

Als ich zehn Jahre alt wurde, war es für meine Eltern selbstverständlich, daß sie mich – vorbei am Standort eines guten städtischen Gymnasiums – in eine von Ordensschwestern geleitete Schule, die St.-Ursula-Schule in O., schickten. Meine Mutter hatte diese Schule nämlich schon selbst als Schülerin besucht. Damals – davon hat sie oft erzählt – haben die Nazis mit allerlei Schikanen versucht, die Schule auszuhungern. Aber viele Katholiken hielten wie meine Großeltern den kirchlichen Einrichtungen die Treue; da blieb den damaligen Machthabern nichts anderes übrig, als die Schule zu schließen. Aber meine Mutter durfte noch gerade das Abitur bei den Schwestern machen, die allerdings schon die Schule verloren hatten und aus ihren Wohnungen vertrieben waren. So also kam es, daß es für Mutter und Vater eine ausgemachte Sache war, daß ich auch auf die nach dem Krieg wiedergegründete Schule kam.

Ich habe nicht viel darüber nachgedacht; schließlich erledigten ja in dem Alter die Eltern sowieso alles für einen. Ich war – wie die meisten meiner Klassenkameradinnen – eine begeisterte Sextanerin. Die Schwestern und die anderen Lehrerinnen waren sehr nett und kümmerten sich gut um einen, wenn man sich auch nicht viel herausnehmen durfte. Unsere Klassenarbeiten und dann die Zeugnisse waren eigentlich das A und O unseres Schülerlebens.

Als ich dann zur Tanzstunde ging, machte einmal mein Tanzpartner eine etwas spöttische Bemerkung: «Ach, du kommst von den Nonnen?» Wahrscheinlich hat er es ja nicht bös gemeint; aber ich fing doch an, an der Richtigkeit der Entscheidung meiner Eltern zu zweifeln. Erst mal sagte ich mir: «Nonnenschule» ist doch ein dummer Ausdruck; wir haben ja nur noch eine einzige Schwester (in Chemie) in unserer Klasse. Und bei anderen Lehrern, besonders bei unserem ganz tollen Deutschlehrer, lernen wir wirklich alles kennen, was heute modern und aufregend ist. – Und doch fragte ich mich, ob das mit der «Nonnenschule» nicht eigentlich stimme. Wenn man morgens in die Schule kam, stand da immer Schwester Direktorin und nickte jedem zu. Und es war ja gut gemeint, aber mir wurde doch der ewige Satz bald zuviel: «Was bist du wieder blaß, Anna, geht es dir nicht gut?» Aber was mich am meisten aufregte, war die ungeheure Gepflegtheit, Geschontheit, Geschütztheit aller Sachen, Pflanzen und Tiere in unserer Schule.

Meine Eltern waren ja auch nicht mit allem einverstanden, was in der Schule so lief. Einmal war meine Mutter bei der «Direx», weil da 32 Mädchen im Biologiekurs saßen und sich vor den acht Mikroskopen drängelten. Als ich jetzt davon anfing, daß mir die Schule nicht gefiele, sagte sie nur, ich sollte doch mal beim nächsten Schülersprechtag zur Direktorin gehen. Da habe ich mich dann mit zwei anderen zusammengetan, und gemeinsam sind wir zu ihr hingezogen. Und die Frau gab gleich zu, daß man auch zuviel Herz an Gummibäume verschwenden kann! Danach haben wir aber mehr von dem gesprochen, was uns wirklich wichtig ist: wie man das Glück finden kann, warum man so viel zweifeln muß, was ein guter Mensch ist – und warum von alledem nicht öfter im Schulgottesdienst die Rede ist.

Bald danach waren mit dem 1. Leistungskurs Tage religiöser Orientierung in einem Kloster. Meine beste Freundin ist leider nicht mitgekommen; die Schule hatte schließlich betont, daß alles freiwillig sei – das wollte sie mal auf die Probe stellen. Aber schade war das doch, denn damals haben wir in nächtelangen Redeschlachten an den Fragen weitergebohrt, von denen ich gesprochen habe. Nur gut, daß auch noch Zeit und Lust zum Spielen, Wandern und Tanzen da war.

Seitdem zählen wir die Schuljahre nach «vor dem Kloster» und «nach dem Kloster». Wenn eine unserer Fragen im Biologie-Leistungskurs oder in der Arbeitsgemeinschaft Philosophie vorkommt, dann blinzeln wir uns zu. Und eine stellt dann die Standardfrage, die wir uns damals angewöhnt haben: «Was ist denn deine eigene Meinung in dieser Sache?» Und die Lehrer lassen wir bei dieser Frage auch nicht aus.

Mal sehen, ob sie sie uns im Abitur zurückgeben!

Bernhard

Der Schüler Bernhard T. berichtete vor dem Abitur in seinem Lebenslauf über seine schulische Entwicklung. Zum besseren Verständnis der im folgenden wiedergegebenen Auszüge aus diesem Lebenslauf sind einige Hinweise über die Unterrichtsorganisation der Freien Waldorfschule Kassel erforderlich:

Die Schule hat ab der 11. Klasse eine differenzierte Oberstufe, d.h., die Hälfte des Unterrichts ist bis Ende der 12. Klasse weiterhin gemeinsam mit den bisherigen Klassenkameraden, die andere Hälfte ist Fachunterricht im gewählten Zweig (allgemeiner Zweig, Erzieher, Maschinenschlosser, Werkzeugmacher, Nachrichtengerätemechaniker, Informationselektroniker, Schreiner). Nach dem Abschluß in einem Werkstattbereich oder im Erzieherzweig ist der Übergang in den allgemeinen Zweig mit dem Abschluß Abitur möglich. – Vor der Entscheidung für einen der Zweige findet in der 10. Klasse ein gründliches gemeinsames Gespräch zwischen Schülern, Eltern und einigen Lehrern statt.

«...Auf Wunsch meines Vaters besuchte ich von der vierten Klasse an die Freie Waldorfschule. Der Übergang auf die neue Schule fiel mir relativ schwer, was wahrscheinlich auch familiäre Gründe hatte. Nachdem ich mich bis zum Ende der 10. Klasse mehr oder weniger schlecht durch die Schule gemogelt hatte, begann ich mit Anfang des 11. Schuljahres die Ausbildung zum Maschinenschlosser im Metallzweig der Schule. Zu dieser Ausbildung entschloß ich mich auf Anraten meiner Lehrer hin, die schon früher als ich meine Fähigkeit zu praktischen Tätigkeiten erkannt hatten. Nach einem Jahr wollte ich eigentlich in die Elektroausbildung überwechseln, doch wiederum auf Anraten meiner Meister hin entschloß ich mich, die Ausbildung als Werkzeugmacher zu vollenden. Die Meister begründeten ihren Rat damit, daß man in der Elektroausbildung teilweise mit Dingen arbeitet, die man nicht sieht und welche man sich nur vorstellen kann. Bei der Werkzeugmacherausbildung hingegen hat man die Möglichkeit, ein Werkstück von Anfang bis Ende zu bearbeiten.

Im nachhinein sehe ich ein, daß diese Entscheidung richtig war. Die Tätigkeit in der Werkstatt hat mir während der ganzen Zeit sehr viel Spaß gemacht, nicht zuletzt deswegen, weil es endlich einmal etwas war, wo ich sehen konnte, was ich tat.

In der 13. Klasse leistete ich innerhalb von vier Monaten zwei Betriebspraktika ab. Dabei hatte ich die Gelegenheit, das Leben in einem Großbetrieb kennenzulernen.

Aufgrund meiner guten Leistungen wurde ich ein halbes Jahr früher zur Abschlußprüfung zugelassen. Vor der Industrie- und Handelskammer legte ich am Schuljahresende die Prüfung zum Facharbeiter mit Erfolg ab.

Noch im gleichen Monat bewarb ich mich bei der Freien Waldorfschule um Wiederaufnahme in den Abiturzweig. Aus pädagogischen Gründen wurde ich gleich in die 13. Klasse aufgenommen. Ich selbst hatte Antrag auf Aufnahme in die 12. Klasse gestellt...»

Bernhard legte dann das Abitur erfolgreich ab. Von seiten des Lehrerkollegiums ist hinzuzufügen, daß Bernhard ohne den Weg durch die Werkstatt das Abitur nicht erreicht hätte. Er selbst beurteilt dies auch so.

Eckart

Endlich Schule! Im Frühjahr 1964 zog ein für sein Alter etwas zu groß geratener Junge an der Hand seiner Mutter mit einer großen Zuckertüte die Straße hinunter in seine erste Schule. Hier sollte ich drei Jahre lang die ersten Erfahrungen mit dem «Lernen fürs Leben» sammeln. Die Kurzschuljahre ereilten mich damals zwischen der 3. und 4. Klasse. – Was wäre wohl geworden, wenn ich damals schon gewußt hätte, daß ich erst in das dadurch entstandene «Wanderloch» fallen müßte, um mein Abitur zu machen?

Ein guter Schüler war ich von Anfang an nicht. In Deutsch war ich eigentlich immer nur ausreichend. In der Handschrift sah es nicht viel besser aus. Gut stand ich immer nur da, wo es nicht so wichtig war.

Und noch etwas aus der Zeit ist mir in Erinnerung geblieben: meine erste Begegnung mit den nicht gemachten Hausarbeiten. Ein Mädchen hatte versucht – statt eines freimütigen Geständnisses –, aus dem Kopf die Aufgaben vorzutragen. Das mußte natürlich in der 3. Klasse noch ins Auge gehen. Aber was ich nicht vergessen werde: die Lehrerin fing vor der ganzen Klasse an zu weinen. Ich merkte, wie grenzenlos enttäuscht sie war, weil sie belogen worden war.

Schule! Im August 1967 zog ein immer noch etwas zu groß geratener Junge, nun aber nicht mehr an der Hand der Mutter, sondern neben ihr, in das Gymnasium ein. Die Zuckertüte fehlte nun leider.

Die erste, vielleicht nachhaltigste Enttäuschung kam schon nach wenigen Schultagen. Ich war fest davon überzeugt, daß ich die lateinischen Vokabeln der ersten Lektion am besten mit der elektrischen Eisenbahn lernen könnte: jede Runde eine Vokabel. Mein älterer Bruder war da ganz anderer Meinung. Er hat mich – unter Ausnutzung von recht schlagkräftigen Argumenten – von seiner Meinung überzeugt. Was wäre wohl aus mir geworden, wenn die Theorie vom «spielenden Lernen» schon damals bekannter gewesen wäre?

So aber machte ich im Zwischenzeugnis der Klasse 6 das erste Mal Bekanntschaft mit dem Satz: «Die Versetzung ist gefährdet». Welch Wunder, bei fünfmal mangelhaft, zweimal ausreichend und befriedigend in Bio und Sport. Da gab es nur eines: Wer freiwillig zurückgeht, bleibt nicht sitzen. Also fand ich mich im Februar 1969 in der Klasse 5 wieder.

Zu dieser Zeit war ich schon zwei Jahre bei den Pfadfindern. Meine Eltern legten großen Wert darauf, daß wir Geschwister früh selbständig wurden. So konnte ich mit elf Jahren Knöpfe annähen, Feuer machen, kochen und Zelte aufbauen. Karte und Kompaß waren mir immer lieber als Latein- und Mathebücher.

Ich war begeisterungsfähig und zäh – nur nicht in der Schule. Einen Großteil von 87 versäumten Stunden habe ich 1969 damit verbracht, an unbeobachteten Plätzen Autos zu zählen – mal nach Farben, mal nach Marken. Aber nicht eine Stunde davon war unentschuldigt. Denn bei einer meiner Exkursionen im elterlichen Haus hatte ich einen Unterschriftenstempel meines Vaters entdeckt. Doch schon bei der ersten Verwendung kam alles heraus. War es möglich, daß ein Dr. rer. pol. schrieb: «Sehr geährter Herr...»? – Man sollte besser keine Entschuldigungen fälschen, wenn man in Deutsch immer nur zwischen Vier und Fünf steht.

Die Klasse 7 brachte dann den nächsten Schock, nachdem ich noch schnell vorher mit § 9 der Versetzungsordnung Bekanntschaft gemacht hatte: «Wer das Klassenziel nicht erreicht... muß die Schule verlassen.» Mit großen Hoffnungen wartete ich auf die erste Englischstunde. Eine Sprache sprechen, die die Gastschüler meiner Geschwister sprachen, endlich mitreden können, wenn der Amerikaner Tom von zu Hause erzählte, das war schon etwas. Und es ging auch ganz gut los. «Spielend eine Sprache lernen», mit bunten Bildern und Theater. Die ersten 14 Tage war ich der Beste. Aber dann... Es war doch alles nur Bluff. Vokabeln, Diktate, Zensuren – alles kein Spiel. Ich erinnere mich noch, wie ich einmal den Lehrer verzweifelt fragte, wieso denn nun keine Bilder von Katzen und Hunden mehr kämen.

Damals setzte, wie die Lehrer sagen, die totale Leistungsverweigerung ein. Ich war 13 Jahre alt und merkte zu allem Übel auch noch, daß Mädchen auch Menschen sind. Dieser neuen Entdeckung konnte die Schule nun absolut nichts mehr entgegensetzen.

Das war auch die Zeit, in der mein Vater das letzte Mal den Rohrstock benutzte, weil ich mich auf der Toilette einschloß, anstatt mit ihm Latein zu üben, wie er es sich damals jeden Tag nach seiner Arbeit vornahm. Geheult habe ich sicher, aber als mein Vater fertig war, nahm ich den Stock und zerbrach ihn. Damit war auch dieses Kapitel beendet. Meinen Eltern blieb nichts mehr.

Meine Geschwister, beide viel älter als ich, waren aus dem Haus, meine Mutter gerade 48 und ich fast 14 Jahre alt. Zu dieser Zeit wurde viel geweint bei uns. Pubertät und Wechseljahre zerrten an den Nerven. Schule hieß für mich immer, die Überlegung anzustellen: Wen kann ich um die Hausarbeit bitten; reicht die Zeit zum Abschreiben?

Eines Tages mußte ich damals einen Test mitmachen. Mir war die Sache irgendwie nicht ganz geheuer. Kurz darauf war es dann soweit: Ich durfte wählen zwischen Realschule und Internat. Ich entschied mich für das Internat. Wieso? Ich weiß es nicht mehr. Aber ich sah ein, daß es so nicht mehr weiterging.

Wenig später bekam mein Selbstwertgefühl einen ziemlichen Knacks: Drei Internate wollten mich nicht.

Dann kam Scheeßel. An einem schönen Samstag kamen wir zur Besichtigung. Eine ostpreußische Putzfrau zeigte uns ihr Revier, ein Mittelstufenhaus, natürlich nur die Zimmer der älteren Schüler: Zweierzimmer. Daß ich noch ein Jahr in der Unterstufe sein würde, daran dachte niemand.

Der Direktor gefiel mir sofort, ein älterer, breit gebauter Herr mit ergrautem Haar und einer Goldrandbrille. Seine warme, fleischige Hand verströmte beim Abschied viel Sympathie und Zuversicht. Man wollte mich nehmen. Aber das Gelobte Land war es nicht, das war mir von Anfang an klar. Ich mußte zwei Jahre Englisch nachholen – gerade Englisch!

Im September 1971 kam ich mit meinen Eltern im Internat an. Statt eines Mittelstufen-Zweierzimmers kam ich in ein mit sechs Schülern überbelegtes Unterstufenzimmer. Wir waren alle neu im Internat. Damals muß es vielen so gegangen sein wie mir. Ich war der zweite, der eintraf. In der Ecke saß schon der Sohn eines Celler Richters und las. Er sah aus wie ein aus dem Nest gefallenes Küken und bekam die Zähne nicht auseinander. Ich war froh, daß meine Eltern gleich gingen, um mit dem Hausleiter zu sprechen. So konnte ich meine Selbständigkeit unter Beweis stellen und mein Bett selbst machen.

Beim Abendessen und in der Nacht wurden dann die ersten Daten ausgetauscht. Wie beruhigend, daß fast jeder schon zweimal sitzengeblieben war! Das versprach gut zu werden. Kein Geheul oder Naserümpfen bei der ersten Fünf oder Sechs. Abschreibenlassen würde Ehrensache sein. Vielleicht könnte man sogar ein bißchen angeben mit seinen Taten?

Und am nächsten Tag? Die Klasse war groß und der Klassenraum klein. Aber hier gab es auch Mädchen. Der Direktor mit der warmen, fleischigen Hand war nicht mehr da. Sein Nachfolger war eher das Gegenteil – aber lustig.

Das erste halbe Jahr gehörte dem Internat. Die Schule war nur Nebensache. Aber an zwei Dinge erinnere ich mich noch genau. Zum einen: mein erster Gang ins Sekretariat. Ich wurde gleich mit meinem Namen angesprochen. Das war ein unbeschreibliches Gefühl. Es gab einmal einen Werbespruch: «Bei uns sind Sie keine Nummer!» – Zum anderen: ein Streit mit meinem Deutschlehrer – der arroganteste Lehrer, den ich je gesehen habe. Wir waren uns nicht einig geworden über den Umfang einer Strafarbeit. Er war mit dem Ergebnis verständlicherweise nicht einverstanden und hat mich vor der ganzen Klasse zusammengesch... Das Unerträgliche damals war, daß er anfing, über meinen Charakter und die Gründe meines Internatsaufenthaltes zu mutmaßen. Ihm lag nicht daran, Charakter aufzubauen, sondern zu brechen. Natürlich ging die Angelegenheit sofort herum. An einer kleinen Schule ist so etwas nicht zu vertuschen, genauso aber auch nicht die positiven Dinge. Ich sollte noch öfter merken, daß mir mein Ruf schon vorausgeeilt war. Einmal hat er mich sogar in Sozialkunde von Vier auf Zwei gebracht. Ein neuer Lehrer hatte schon von mir gehört und wollte wohl seine Meinung nicht ändern.

Die Strafarbeit habe ich damals übrigens doch noch in der gewünschten Form abgegeben. Eine meiner Erzieherinnen, eine ältere, mütterliche Dame, machte mir klar, daß mein Dickkopf noch zu klein sei für diese Mauer.

Diese Dame mochten wir alle sehr gerne. Wenn man es geschickt anstellte, dann schaffte man es, daß Oma G. einem bei dem allwöchentlichen Stubendurchgang mit Schrankkontrolle den Schrankboden auswischte.

Das Wichtigste, was das Internat aus schulischer Sicht erreichte, war ein regelmäßiges Arbeiten. Die Hausarbeiten wurden zwar trotzdem abgeschrieben, aber im ganzen war die Lage nicht mehr so hoffnungslos.

Den größten Vorteil einer kleinen Schule in privater Trägerschaft erlebte ich im Sommer 1972. Damals wurde ich «auf Beschluß der Klassenkonferenz» mit einer Sechs in Englisch versetzt. Wie war das möglich? – «Bei uns sind Sie keine Nummer!»

Ein Jahr später stand auf meinem Zeugnis das erste Mal unter «Beteiligung am Unterricht»: «außergewöhnlich rege!». Ich war kein guter Schüler geworden. Die Schule war auch um nichts leichter. Aber ich war motiviert worden. Zur Begeisterung war es längst zu spät.

Dann kam noch einmal ein Jahr des Grauens. Sämtliche guten Freunde hatten inzwischen das Internat verlassen. Außerdem wurde ich ständig mit Schülern zusammengelegt, mit denen ich zum Teil bis aufs Blut verfeindet war. Das war die Zeit des «Steppenwolfs». Nun kamen die «Fast-Sitzengeblieben»-Zeugnisse. Immer wieder der Druck: bleibe ich sitzen oder schaffe ich es gerade noch?

Mit dem Ende der Klasse 10 kam dann eine neue Entscheidung. Meine Eltern deuteten an, daß Abitur nicht die einzige Möglichkeit sei. Ich wollte nun aber weitermachen. Mit meinem neuen Selbstvertrauen und einem eigentlich höchstens durchschnittlichen Zeugnis stellte ich mich bei mehreren Schulen in O. vor. Aber man wollte mich nicht. Meine Eltern rieten mir damals, in Scheeßel zu bleiben; man kenne mich dort und ich hätte mich doch eingelebt. Ich blieb also.

Ich habe am Anfang viel von Begeisterungsfähigkeit gesprochen. Begeistern konnte mich die Schule bis dahin nicht mehr. Motivieren, ja, aber nicht vom Stofflichen her. Jetzt, aus der Distanz, weiß ich, daß ich all meine Energie in das beste Mogelsystem gesteckt habe. Englisch, Latein, Mathe, das hieß für mich doch immer das gleiche: Wo bekomme ich die Hausarbeiten her? Wie schreibe ich ohne Wissen eine Vier? Hätte ich die Zeit, die ich zur Erarbeitung des perfekten Mogelsystems verschwendete, zum Vokabellernen genutzt, ich würde heute Englisch studieren. Aber ich habe mich immer dagegen gewehrt, so zu sein, wie man mich wollte. Ich wollte als Persönlichkeit anerkannt sein und nicht, weil ich die gewünschten Leistungen erbrachte. Dem konnte aber, wenn überhaupt, nur eine Privatschule entgegenkommen, denn: «Bei uns sind Sie keine Nummer!»

Das hat sich in der Oberstufe deutlich bewahrheitet. Nachdem ich in der Klasse 11 noch einmal sitzengeblieben war, kam ich in die reformierte Oberstufe. Nun saß ich also im «Wanderloch». Aber von da an begeisterte mich die Schule. Nicht die Noten waren wichtig, sondern der Unterricht und das Gespräch. – Hausaufgaben habe ich auch da nie gemacht.

Der Schüler, der noch vor sechs Jahren in einem Schuljahr 87 Stunden gefehlt hatte, um Autos zu zählen, dieser Schüler war nun plötzlich böse mit sich, wenn er einmal krank wurde.

Meine Mutter soll bei meinem Einzug ins Internat dem Hausleiter gesagt haben, daß er mir eine Aufgabe geben solle. Wenn ich wisse, was ich mache und wofür ich es mache, dann ließe ich mich auch führen. Aber mit Druck erreiche man bei mir nichts.

Sie wird wohl recht gehabt haben.

Heute studiere ich und hoffe, daß ich am Ende eine Stelle als Lehrer bekomme. Die Schule läßt mich nicht mehr los!

Gisela

Gisela war beinahe elf Jahre alt, als sie in die Klasse 5 des Internates eintrat. Die Kosten für ihren Aufenthalt – 1650 DM monatlich – werden vom Jugendamt getragen.

Als Gisela geboren wurde, war ihr Vater, ein Kraftfahrzeugmechaniker, im Gefängnis. Sie lernte ihn erst mit etwa zwei Jahren kennen, aber der Vater schied bald darauf wieder aus der Familie aus. Gisela wuchs in Konkurrenz zu ihrem ein Jahr älteren Bruder auf und hatte in Kindergarten und Grundschule eine verhältnismäßig stabile Phase. Sie hat nahezu die ganze Zeit mit der Mutter und dem Bruder alleine gelebt, hat also den Vater als Bezugsperson in der Familie nie erlebt.

Die Mutter ist geistig interessiert und hat eine gute Ausbildung als Fremdsprachenkorrespondentin. Sie ist aber der Aufgabe, die beiden Kinder alleine zu erziehen, psychisch-physisch nicht gewachsen. Sie lebt mit den Kindern in einer Zwei-Zimmer-Wohnung und ist seit längerer Zeit arbeitslos. Gisela hatte eine starke Bindung an die Mutter, die aber zugleich auch zu heftigen Auseinandersetzungen führte.

Das Verhältnis zur Mutter ist seit Giselas Aufenthalt im Internat spürbar entlastet. Auch das Verhältnis zum Bruder ist besser geworden, da die beiden zwar in derselben Klasse sind, aber in getrennten Internatsbereichen wohnen. Gisela hatte vor allen Dingen im sozialen Bereich nachzulernen, da sie von zu Hause einen sehr einseitigen Erfahrungshintergrund hatte. Ihre Mängel im sozialen Bereich hat sie mit Ehrgeiz stets durch Leistungen im Schulbereich auszugleichen versucht. Das ist ihr auch gut gelungen.

Das Angebot an Aktivitäten im außerschulischen Bereich, das das Internat in Sport, Handwerk, Kunst, Theater und Musik zu bieten hat, hätte Gisela zu Hause niemals bekommen können. Jetzt hat sie vor, Klarinette spielen zu lernen.

Gisela ist ein Beispiel für Kinder, deren häusliche Situation so ist, daß sie für alle Beteiligten schwer zu ertragen ist und Entwicklungsschäden zu erwarten sind. Diese Situation hat das Jugendamt mit seiner Entscheidung, die nicht unerheblichen Kosten für Gisela zu tragen, anerkannt.

Jeromin

Mein Lebenslauf ist zunächst einmal gekennzeichnet durch die Tatsache, daß ich von einer auslandsdeutschen Familie abstamme. Die Familie meiner Mutter befindet sich seit der Jahrhundertwende in Spanien. So kam auch ich am 5. Juli 1964 in Madrid zur Welt. Ich wuchs in unserem eigentlichen Zuhause bei Malaga in einer andalusischen Dorfatmosphäre auf. So lernte ich Spanisch, bevor ich Deutsch lernte, so wurde ich im Alter von sechs Jahren zuerst auf der lokalen Dorfschule eingeschult.

Der Beruf meines Vaters, der in der Entwicklungshilfe tätig ist, hatte wenig später den Beginn eines regelrechten Wanderlebens zur Folge: zunächst ein zweijähriger Aufenthalt in Bolivien, wo ich die Deutsche Schule besuchte, danach Brasilien, wo ich auf die jesuitische Ordensschule kam, schließlich Äthiopien, wo ich ebenfalls auf die Deutsche Schule ging. Diese Land-, Schul- und Sprachwechsel wurden nach Beendigung des Aufenthaltes stets durch längere Stationen in Malaga unterbrochen, das ich und mein Bruder immer als unser eigentliches Zuhause betrachteten. Während dieser Zwischenaufenthalte genoß ich entweder mehrmonatige Ferien oder wurde von meiner Mutter unterrichtet.

Im Sommer 1976 folgte dann der letzte große Auslandsaufenthalt vor dem Internat: vier Jahre in Kenia. Während der Klassen 7 und 8 besuchte ich zunächst die Deutsche Schule in Nairobi, um dann auf eine englische Schule zu wechseln, an der ich zwei Jahre blieb und wo ich die Mittelstufe mit dem im englischen System üblichen «Ordinary level»-Examen abschloß. Es stellte sich nunmehr die Frage, in welcher Form, an welcher Schule ich die letzten Jahre bis zum Abitur verbringen sollte. Ein weiterer Besuch der englischen Schule schien mir und meinen Eltern ausgeschlossen, im wesentlichen wegen der frühzeitigen Spezialisierung des englischen Schulsystems auf drei Fächer.

Zur Debatte stand nun ein Abbrechen der Zelte in Kenia mit anschließendem Besuch der Deutschen Schule am neuen Aufenthaltsort, wie es schon mehrmals geschehen war, gegenüber der Möglichkeit eines Internatsbesuches in Deutschland. Meine Eltern hatten beide einen Teil ihrer Schulzeit im Internat verbracht, meine Mutter in einem Landerziehungsheim, mein Vater in einer katholischen Ordensschule. So lag der Gedanke an ein Internat von vornherein nahe.

Meine Eltern hofften dabei, ein Internat würde mir eine auf allen

Gebieten möglichst umfassende Förderung zuteil werden lassen, bei der der schulische Bereich zugunsten meiner anderen Interessen, nsbesondere der Musik, eher in den Hintergrund treten sollte. Ich wiederum versprach mir das Zusammentreffen mit Gleichaltrigen ähnlicher Interessen außerhalb des gewohnten familiären Rahmens. Sicher existierte auch auf seiten meiner Eltern der Gedanke, der Besuch eines deutschen Internats werde meine durch die ständigen Auslandsaufenthalte gelockerten Bande zu einem kulturellen Deutschland stärken. Bei mir spielte zu der Zeit eine durch Lektüren wie «Der Kampf der Tertia» u. ä. angeregte internatsromantische Vorstellung eine Rolle, so daß «das Abenteuer Internat» auch in dieser Hinsicht einen gewissen Reiz ausübte.

Kurzum, meine Eltern schrieben an die Vereinigung Deutscher Landerziehungsheime, baten um Informationsmaterial und reisten im Dezember 1979 nach Deutschland, um sich den Birklehof, der wegen seines Schwerpunktes auf Musik am ehesten in Frage zu kommen schien, anzusehen. Meine Vorstellung erfolgte im Juni 1980, meine Einschulung im September.

Seitdem sind zweieinhalb Jahre Internatsleben vergangen. Im Rückblick muß ich sagen, daß sich meine Hoffnung, meinen Interessen zusammen mit anderen gerecht zu werden, im wesentlichen erfüllt hat. In keiner anderen Periode meines Schullebens habe ich schulisch so wenig arbeiten müssen wie am Birklehof. In keiner anderen Periode war jedoch die so freiwerdende Zeit so schnell wieder unter Üben, Theater, Arbeitsgemeinschaften oder einfach im Gespräch mit anderen aufgebraucht. Mangelnde Zeit, um wirklich alles tun zu können, was ich vorhatte, war unter den Problemen, die ich am Birklehof hatte, vielleicht das häufigste. Die «Internatsromantik» freilich hat vor der Erkenntnis kapitulieren müssen, daß auch in einem Internat der Alltag zuweilen gehetzt und eintönig ist und daß angesichts der Verschiedenheit der Interessen und Charaktere Gruppenbildung und Gemeinschaftsgefühl doch eben meist eher auf kleiner Basis zustande kommt, weniger im ganzen Klassenverband. An die Stelle des großen «Internatsabenteuers» trat bei mir die gute Freundschaft mit wenigen. Diese allein hätte schon ausgereicht, um meinen Internatsbesuch lohnend zu machen. Der Birklehof hat mir viel gegeben; abgesehen von manchen Erfahrungen in Kenia empfing ich hier im Grunde erste große Anregungen, die nicht in irgendeiner Weise von meinen Eltern kamen. Ich möchte ihn als Station in meinem bisherigen Leben nicht missen.

Jörg-Martin

Im Sommer 1960 wurde ich in Stuttgart als kleiner Bruder meiner um vier Jahre älteren Schwester geboren. Es gesellte sich ein Jahr später nochmals eine Schwester hinzu. Wir erlebten zusammen mit unseren Eltern unsere Kindheit und Jugendzeit in Stuttgart. Im Januar 1967 wurde ich in die erste Klasse der Freien Waldorfschule Stuttgart-Uhlandshöhe aufgenommen.

Die Anfangsjahre, die ich nun in dieser Schule erlebte, waren, mitgetragen durch mein Elternhaus, sehr harmonisch und umhüllt. Die ersten acht Jahre waren sehr stark geprägt von unserer Klassenlehrerin, die auch mir in dieser Zeit zu einer Autoritätsperson geworden ist. Diese Beziehung ging jedoch gegen Ende der acht Jahre zwangsläufig zu Ende. Es kam bei mir die Zeit, in der ich die Autorität meiner Lehrerin mehrere Male in Frage gestellt habe. Nach acht Schuljahren wird der Klassenlehrer durch ein Team von Fachlehrern der Oberstufe abgelöst.

In sehr wertvoller Erinnerung sind mir meine ersten naturwissenschaftlichen Unterrichtsstunden (ab der 6. Klasse) geblieben, in denen wir, ausgehend von Phänomenen, über den Weg des Beschreibens und Zusammenfassens schließlich zu den Gesetzmäßigkeiten fanden. Mir hat es widerstrebt, wenn ich später in Lehrbüchern, die ich für die Vorbereitung auf das Abitur benutzen mußte, zuerst Ergebnisse und Gesetze vorgesetzt bekam und die Beweise dann hinterhergeliefert wurden. Auch im Studium heute läuft mir nichts mehr zuwider, als wenn mir die Wissenschaft in folgender Art entgegentritt: zuerst Definition, dann Beweis. Jedes kreative und selbständige Denken wird damit gelähmt.

Weiter hat uns unsere Klassenlehrerin zu großer Selbständigkeit erzogen, was in der 9. Klasse sogar einmal dazu führte, daß wir den Bus für einen Klassenausflug bestellten, bevor der Lehrer überhaupt davon wußte. Auch später blieb uns der Ruf einer nicht leicht zu handhabenden Klasse, denn wir wußten oft sehr genau, was wir wollten.

Die Kreativität, die ich oben schon erwähnte, wurde natürlich auch sehr stark durch den künstlerisch-handwerklichen Unterricht dieser Zeit gefördert. Es wurde, durch eigentlich alle Unterrichtsfächer hindurch, in uns ein Menschenbild veranlagt, das Ehrfurcht vor jeder menschlichen Individualität ermöglicht.

Mit der 9. Klasse begann für mich die sogenannte Oberstufe als ein neuer Abschnitt meiner Schulzeit. Sie ist für mich dadurch geprägt, daß sie, sowohl in den Naturwissenschaften als in den Geisteswissenschaften wie auch in der Geschichte, an die Probleme unserer Zeit direkt herangeführt hat. In den handwerklichen Fächern der Oberstufe und in ein paar Praktika wurden uns einige Berufsbilder vorgestellt. Dies geschah auch einige Male durch sogenannte Verfügungsstunden, in denen Menschen von ihrer Arbeit im beruflichen Alltag berichteten. Ich denke manchmal, daß der Schwerpunkt heute noch vermehrt auf der Einführung in bestimmte Berufspraktiken, z.B. dem arbeitsteiligen Arbeiten, liegen sollte, denn man hat es heute schwer genug, sich im Arbeitsleben zurechtzufinden. Ich weiß aber, daß es an manchen anderen Waldorfschulen auch so gehandhabt wird. Auf jeden Fall habe ich dem Landwirtschaftspraktikum in der 11. Klasse sehr viel zu verdanken, denn es hat mich, wie mir heute deutlich wird, auf eine meiner Lebensaufgaben hingewiesen.

Sehr, sehr wichtige Erlebnisse, die ich kurz vor und nach dem Ende meiner Schulzeit hatte, hängen zwar nicht direkt mit dem Unterricht, aber doch mit der Waldorfschule zusammen. Es waren dies zwei der sieben internationalen Waldorfschüler- und Ehemaligen-Tagungen, an denen ich 1978 in Berlin und 1980 in Bern teilnehmen konnte. Dazu kamen in Berlin fast 700 und in Bern 450 Menschen aus Nord- und Südamerika, Südafrika und vielen Ländern Europas zusammen. Man konnte dort in Gesprächen viel über die fremden Länder und die Probleme der dortigen Waldorfschulen erfahren. Schon die Themen dieser Tagungen: «Das alte Haus zerfällt, bauen wir ein neues» und «Was können wir heute für morgen tun?» zeigen, daß wir uns sehr kritisch mit unserer Zeit auseinandersetzten und aus dem gemeinsamen Bewußtsein einer gewissen Zusammengehörigkeit versuchten, da und dort Keime entstehen zu lassen zum Anpacken von Aufgaben, die die Probleme unserer Zeit uns heute stellen. Wir konnten beim Zurückkehren in unsere Schulen etwas von dieser Zusammengehörigkeit auch an unsere Mitschüler, die Lehrer und auch unsere Eltern vermitteln.

Im Mai 1979 schloß ich dann meine Waldorfschulzeit mit dem Abitur ab. Beim darauffolgenden Zivildienst, in einem Jahr praktischer Tätigkeit in der Landwirtschaft auf einem biologisch-dynamischen Hof der Westschweiz, das sich daran anschloß, in weiteren praktischen Tätigkeiten danach und seit Herbst 1982 im Biologiestudium ist mir mit der Zeit voll bewußt geworden, was mir meine Waldorfschulzeit gebracht hat: Ich glaube, daß ich erlernt habe, ziemlich frei und auch kreativ denken zu können. Ich bin nicht bereit, von vornherein in den engen Bahnen bestimmter Gesellschafts- und Wirtschaftstheorien zu denken und mich der Kausalität einer einseitigen naturwissenschaftlichen Betrachtungsart zu unterwerfen, denn ich bin gewohnt, meine Gedanken von den Phänomenen ausgehen zu lassen und nicht die Realität in die ach so schönen Theorien hineinzupressen. Jeder Gedanke ist für mich eine solche Realität, daß ich ihn gefühlsmäßig durchdringen muß und abspüren muß, ob ich zu dieser Realität als Mensch überhaupt «ja» sagen kann; dasselbe gilt auch für die Motive meines Handelns. Außerdem ist mir durch die Erziehung, so glaube ich, der Mut gegeben, auch Dinge selbständig anzupacken, die ich bisher noch nie getan habe, wenn ich die Notwendigkeit dazu sehe. Vielleicht wird mir dadurch sogar irgendwann der Mut gegeben, etwas zu tun, was überhaupt noch nicht getan wurde.

Ich glaube, was ich geschildert habe, zu einem erheblichen Teil der Erziehung in der Waldorfschule zu verdanken. Ich bin dort nicht etwa zu einem Anthroposophen erzogen worden; es ist auch nie ein anthroposophischer Unterricht durchgeführt worden in dem Sinne, daß uns anthroposophische Lehrinhalte beigebracht wurden. Vielmehr verdanke ich der Waldorfschule, daß sie mich durch ihre Erziehung zu einem Menschen geformt hat, der kritisch in seine Umwelt schaut und sich verantwortlich fühlt für die Aufgaben, die unsere Zeit uns stellt. Ich habe mich daher entschlossen, beruflich in der biologisch-dynamischen Landwirtschaft zu arbeiten und dabei einen Schwerpunkt auf die Einübung neuer Sozialformen zu legen.

Maria

Zum erstenmal kam mir der Gedanke, Kindergärtnerin zu werden (heute nennen wir uns lieber «Erzieherin»), in der 10. Klasse unserer Realschule. Meine Freundinnen und ich sprachen damals oft davon, was wir denn werden wollten. Aber die Frage war nicht so leicht zu beantworten: Wer weiß schon, was man in diesem oder jenem Beruf können muß und ob man selbst dazu die Fähigkeiten besitzt? Jedenfalls war es ein Glück, daß unsere Schulschwestern gleich nebenan eine Schule betrieben, die bei uns im Städtchen «Frauenschule» genannt wurde (obschon inzwischen auch ein paar Schüler da herumlaufen). Da habe ich dann erst mal die Hauswirtschaftsschule für ein Jahr besucht, und ein paarmal haben wir mit unserer Klassenlehrerin über Berufe gesprochen. Na, und so kam es also, daß ich die Fachschule für Sozialpädagogik besuchte.

Man denkt ja vielleicht – ich habe es wenigstens gedacht –: ach, was muß so eine Kindergärtnerin schon wissen! Ich fand es aber fast zuviel, obschon ja gute Sachen dabei waren wie Medienerziehung und Pädagogik. Richtig Feuer gefangen für meinen Beruf habe ich, als wir bald nach Schulbeginn in die Beobachtungsklasse durften. Die kleinen Kinder spielen da mit einer Erzieherin in einem Raum mit einer großen Glasscheibe, die auf ihrer Seite spiegelt, während wir von nebenan durch die Scheibe durchgucken konnten. Hinterher haben wir mit der Erzieherin diskutiert, und sie konnte uns viel von den Kindern sagen, worauf wir gar nicht gekommen wären. Aber ich hatte auch etwas beobachtet (ein Kind hatte sich vor einem Spielzeug erschreckt), was sie durch Zufall nicht gesehen hatte, aber sehr wichtig fand.

Ich bin dann immer in der Praxis besser gewesen als sonst im Unterricht. Mein Examen habe ich damit herausgerissen, daß ich mit den Kindern im Kindergarten, als ich im Jahrespraktikum war, ein Kasperletheater aus Kartoffelfiguren gebaut habe und damit mit den Kindern gespielt habe.

Ich finde aber schon, daß es gut ist, daß wir in der Theorie so viel gemacht haben. Denn der Kindergarten ist ja heute nicht mehr eine bessere Aufbewahrstube. Man muß das den Leuten richtig erklären können; und darüber haben wir in den drei Jahren eine Menge gelernt.

Nassibe

Nassibe ist ein türkisches Mädchen und infolge der traditionellen Erziehung in der türkischen Männergesellschaft ohne rechtes Selbstbewußtsein und Durchsetzungsvermögen. Wie üblich erhielt sie auch eine schlechtere Schulbildung, so daß sie, als sie zusammen mit einer Landsmännin an die berufsbildende Schule in freier Trägerschaft in H. im Rahmen einer aus Bundesmitteln finanzierten Maßnahme zur beruflichen und sozialen Eingliederung von Ausländern kam, zunächst die leistungsmäßig schwächste Klasse besuchen mußte. Ihr Klassenlehrer erkannte bald ihre Begabung und ihren Fleiß und ließ ihr ein Jahr lang eine intensive Förderung zukommen.

Als nun die eigentliche berufliche Ausbildung als technische Zeichnerin, für die sich Nassibe besonders eignete, beginnen sollte, waren einige Hindernisse zu überwinden. Zwar erklärte sich der Träger der Schule (ein «Unternehmer») bereit, Nassibe einen Studienfreiplatz einzuräumen, aber die Familie ging zunächst ganz selbstverständlich davon aus, daß Nassibe für Eltern und Brüder anstelle der todkranken Mutter den Haushalt führt und als ungelernte Arbeiterin in die Fabrik geht. In langen Gesprächen mit dem Vater und den Brüdern konnten der Klassenlehrer und das türkische Mitglied des Sozialdienstes des Trägers bewirken, daß nicht nur die Brüder ihrer Schwester einen Teil der Hausarbeit abnahmen, sondern der Vater auch noch einen Deutsch-Intensivkurs für Nassibe bezahlte, damit sie in der Zeichnerausbildung nicht zu sehr mit der Sprache zu kämpfen hatte.

Als das geregelt war, sorgte das Kollegium dafür, daß Nassibe in einen Deutschkurs kam, in dem noch eine Türkin sitzt, damit Nassibe zum Sprechen unter Männern ermutigt wurde. Immer wieder greift das Kollegium stützend und motivierend ein: indem Mitschüler veranlaßt werden, ihr zu helfen, und indem ihre Leistungen herausgestellt werden. So wurde ihr in der letzten Mathematikarbeit gestattet, anstelle einer Textaufgabe, bei der sie möglicherweise Verständnisschwierigkeiten hätte haben können, die Probe zu einer schwierigen Gleichung zu rechnen. Ihre Arbeit konnte mit einer guten Zwei benotet und ihre Leistungen vor der Lerngruppe gelobt werden.

Nach wie vor ist Nassibe ein schüchternes Mädchen. Sie muß auch weiter ermutigt werden, und im Falle des Todes der Mutter wird die Schule Nassibe und ihrer Familie möglicherweise Hilfestellung geben müssen. Ohne den Einsatz der Schule aber wäre Nassibe vermutlich arbeitslos oder ungelernte Arbeiterin.

Peter

Meine Eltern besitzen ein großes, gutgehendes Hotel in einem Schwarzwaldtal; unsere ganze Verwandtschaft arbeitet mit. Rückschauend verstehe ich heute, daß ich damals in der Grundschule des kleinen Ortes eine Anführerrolle spielen mußte; als einzigem Sohn des größten Betriebs am Ort fiel mir die Rolle zu. Die Schule gefiel mir bald nicht mehr. Sie füllte mich nicht aus. Viel interessanter war die Tätigkeit im Hotel. So wurde ich schon in der dritten Klasse in der Schule immer schlechter, aber im Hotel immer anstelliger und mußte mir von meinen Eltern immer wieder die Frage anhören, wie ich es fertigbrächte, geschickt wie ich sei, so schlecht in der Schule zu sein. Vermutlich hätte sich meine Schullaufbahn sehr unbefriedigend entwickelt, hätte nicht eine neue Lehrerin meinen Eltern den Rat gegeben, mich auf eine Internatsschule zu schicken.

Der Aufenthalt in der Internatsschule kam mich erst einmal hart an: Ich hatte großes Heimweh nach meinen Eltern, und nach der ungebundenen Tätigkeit im Hotel ging mir der geregelte Tageslauf (zum erstenmal gab es für mich regelmäßige Mahlzeiten) sehr «auf den Wecker». Die neue Schule verlangte nach meiner Meinung viel zuviel, und ich mußte auch einstecken, daß ich für meine Mitschüler und die Lehrer plötzlich nicht mehr «der Größte» war. Im Gegenteil: mit meinen miesen Leistungen im Unterricht lag ich hinten. Das war schon eine ziemliche Umstellung.

Dann allerdings gefiel es mir zunehmend besser. Das merkte ich eigentlich erst, als in der 7. Klasse die zweite Fremdsprache dazukam, meine Schulleistungen endgültig in den Keller gingen und mein Klassenlehrer davon sprach, daß ich wohl nicht mehr bleiben könne. Als dann auch noch ein Psychologe meinen Eltern zuredete, ich solle zurück auf die Hauptschule, wurde mir klar, daß ich gern auf «meiner» Internatsschule war und daß ich nun auch etwas tun mußte, um da zu bleiben.

Rückschauend habe ich den Eindruck, daß meine Lehrer sich nun, als ich erklärt hatte, ich wolle unbedingt die «mittlere Reife» schaffen, sehr intensiv um mich kümmerten. Freizeit gab es nur noch wenig, und manches Mal habe ich «den Laden» verflucht. Aber in den letzten Jahren hat mir die Schule sogar manchmal Spaß gemacht. Und noch etwas anderes kam hinzu: Mit der Schule kam ich zum erstenmal ins Theater und ins Konzert. Das war für mich eine neue Welt; ich bin ein eifriger Theaterbesucher geworden. Die «mittlere Reife» habe ich dann ganz gut geschafft. «Meine» Internatsschule besuche ich noch heute immer wieder gern.

Vom Auftrag der Schulen in freier Trägerschaft

Die Schulen in freier Trägerschaft nehmen Freiheitsrechte zur Gestaltung von Erziehung und Bildung in Anspruch. Dies ist notwendig, weil Erziehung und Bildung in erster Linie auf einer persönlichen Begegnung von Lehrern und Schülern beruhen. Ein jeder soll in eine solche Begegnung seine besonderen Anlagen und Fähigkeiten einbringen; und jede Begegnung bietet besondere Chancen, die es zu nutzen gilt: Das ist nur in sehr beschränktem Maße planbar; und diese Tatsache verbietet es, Form, Methode und Inhalt von Unterricht und Erziehung unter dem Gesichtspunkt bürokratischer Erfaßbarkeit oder besserer Kontrolle verbindlich festzulegen. Auch das Grundgesetz für die Bundesrepublik Deutschland gewährleistet wichtige Freiheitsrechte, die es den Schulen in freier Trägerschaft erlauben, ihren Auftrag in Erziehung und Bildung zu erfüllen.

Dieser Auftrag läßt sich nun allerdings – bei allem Bekenntnis zur Freiheit – nicht auf den Grundsatz reduzieren, daß man den Schüler sich selbst überlassen, daß man allein seiner «Selbstregulierung» vertrauen solle. Das hieße, dem Auftrag der Schule auszuweichen, Verantwortung und Haftung jeder Generation für die ihr Nachwachsenden zu verleugnen. Die Schulen in freier Trägerschaft wollen auch nicht vortäuschen, sie würden junge Menschen bilden und erziehen, ohne dabei von einem bestimmten Bild des Menschen auszugehen. Wer etwas anderes behaupten wollte, setzte nicht den Schüler in Freiheit, sondern verschleierte nur seine Absichten ihm gegenüber. Die in der Arbeitsgemeinschaft Freier Schulen zusammenarbeitenden Gruppierungen wissen von ihren grundlegenden Überzeugungen her wie aus dem Schatz ihrer Erfahrungen darum, was man jungen Menschen anbieten muß, damit sie in freier Wahl zu mündigen und reifen Menschen heranwachsen können. Deshalb müssen und werden die in den Schulen in freier Trägerschaft tätigen Lehrer und Erzieher auch bemüht sein, eine immer bessere Erkenntnis vom jungen Menschen zu gewinnen.

Nun kann es sehr wohl unterschiedlich sein, was der eine im Glauben vom Sinn und Ziel des menschlichen Lebens und der Würde des einzelnen Menschen weiß, was der andere an wissenschaftlichen Erkenntnissen über die Grundbefindlichkeiten des Menschen und die

Gesetze seiner körperlichen, geistigen und seelischen Entwicklungen gewinnt. Aus solchen Unterschieden erklärt sich die unverwechselbare Eigenart von Schulen und Schulgruppen. Aber die Freiheit, die diese Schulen in Rücksicht auf die Eigenart des pädagogischen Prozesses für sich gemeinsam in Anspruch nehmen, räumen sie sich aus dem gleichen Grunde auch gegenseitig ein. Sie achten deshalb die pädagogische Eigenprägung von Schulen und Schulgruppen.

Dabei hat aber die langjährige Zusammenarbeit in manchen Punkten doch Übereinstimmung über den anthropologischen Ansatz für das pädagogische Handeln und über dieses Handeln selbst ergeben, die hier skizziert werden soll.

Wir wollen in unseren Schulen das Kind in seinen individuellen Anlagen und Möglichkeiten achten und fördern. Wir wollen uns bemühen, ein jedes Kind zu sich selbst kommen zu lassen, weil wir darin eine unabdingbare Voraussetzung für sein eigenes Glück wie für die Übernahme der ihm eigenen Aufgabe im Zusammenleben mit anderen sehen. Dabei wollen wir dem jungen Menschen mit allem zu Hilfe kommen, was uns aus unseren Grundüberzeugungen und Erfahrungen an Erkenntnissen und Fähigkeiten zur Verfügung steht.

Eine solche Aufgabe kann vom Lehrer nur in pädagogischer Freiheit wahrgenommen werden. Sie allein macht es möglich, daß ein Lehrer die Umstände der jeweils gegebenen Situation berücksichtigt, daß er auf der Grundlage seiner persönlichen Begegnung mit dem Schüler das pädagogisch Angemessene findet und tut. Wenn in der einen Situation straffe Führung des Unterrichts angemessen ist, so kann es in der anderen richtig sein, dem freien Spiel der Kräfte des Schülers, seinen kreativen Einfällen, der besinnlichen Zurückgezogenheit einzelner Raum zu geben. Dem einen Schüler, der noch jung ist und im Anfang seines Reifeprozesses steht, begegnet der Lehrer als Stellvertreter der Eltern mit väterlicher oder mütterlicher Fürsorge; dem entscheidungsfähigen jungen Erwachsenen wird der Lehrer eher ein Partner im gemeinsamen Ringen um die Wahrheit und um das rechte Tun sein.

Solches Eingehen auf je besondere Umstände ist indessen nicht nur ein individueller Auftrag an Lehrer und Schüler. Die Schulgruppen in freier Trägerschaft versuchen darüber hinaus Profile ihrer Schulen zu entwickeln, die als Angebot ganz bestimmter pädagogischer Entwürfe an Eltern und Schüler gerichtet sind. Indem diese eine Wahl zwischen solchen Entwürfen treffen können, verwirklicht sich das Elternrecht des Grundgesetzes auf Erziehung der Kinder in sehr konkreter Weise. Die Schulen in freier Trägerschaft sind sich der Tatsache bewußt, daß sie ihren Auftrag nicht zuletzt von den Eltern herleiten, die ihnen ihre Kinder anvertrauen. Die Schulen und Schulgruppen müssen deshalb auch bemüht sein, den bei ihnen praktizierten pädagogischen Entwurf vorzustellen; und im Teil «Die Verbände und ihre Schulen» geschieht dies. Die Schulgruppen gehen auch davon aus, daß die Fähigkeit des Menschen zum sozialen Kompromiß, ja zum Füreinander-Einstehen und Sich-gegenseitig-Helfen verlangt, daß eine Differenzierung von Erziehung und Bildung geschieht. Nicht die Gleichmacherei bringt eine lebendige Gesellschaft von Menschen hervor, die aufeinander zugehen; sondern Vielfalt und Eigenstand der Erziehungskonzepte allein ermöglichen dies.

Was vom Schüler geleistet wird, hat unseres Erachtens zunächst einmal Anspruch darauf, nach dem Maßstab des dem einzelnen Schüler individuell Möglichen anerkannt zu werden. Es kommt für ihn darauf an, daß er den Fortschritt erkennt gegenüber seinem zuvor erreichten Stand der Kenntnisse und Fähigkeiten und daß er sich selbst mißt an der ihm geschenkten Begabung. Gewiß kann eine am Vergleich mit den Leistungen anderer Schüler orientierte Beurteilung dem einzelnen Schüler helfen, den von ihm erreichten Stand der Entfaltung seiner Kräfte zu erkennen und dann zu überschreiten. Eine solche vergleichende Beurteilung vermag auch Hinweise zu geben für die Berufsentscheidung und den Lebensplan eines jungen Menschen und für die Erwartung, die die Gesellschaft an ihn stellt. Aber als pädagogisches Instrument können schematische Normenkontrollen und Punktesysteme nicht anerkannt werden. Diese Mittel gehen von fragwürdigen Vorstellungen einer gleichmacherischen Gerechtigkeit aus und verführen zu bürokratisch gelenktem Denken, anstatt zu pädagogischen Entscheidungen anzuleiten. Die Schulen in freier Trägerschaft sind deshalb auch da bemüht, schematische Verfahren zurückzudrängen, wo sie ihnen mit Rücksicht auf das staatliche Berechtigungswesen aufgedrängt werden können.

Auch das spannungsreiche Verhältnis von Schule und Beschäftigungssystem sehen wir unter dem Gesichtspunkt, daß wir in erster Linie jedem jungen Menschen helfen wollen, seine individuellen und sozialen Anlagen zu entfalten. Wir wissen, daß das Leben nicht mit der Schule aufhört und daß derjenige Mensch sich nicht voll entwickelt, der nicht lernt, auch im Beruf und in den Lebensverhältnissen der Erwachsenen den ihm gemäßen Platz zu finden. Deshalb wollen wir den Schülern eine anschauliche Vorstellung von dem verschaffen, was sie erwartet, und sie mit dem nötigen Ernst darauf vorbereiten. Das aber darf den Bildungsprozeß nicht verfälschen. Zu ihm gehört unverzichtbar auch die zweckfreie Beschäftigung mit den Inhalten des Unterrichts, die spielerische Erprobung seiner Verfahren. Zu einer menschenbildenden Schule gehört auch ein Schulleben, das seinen Sinn in sich selbst hat und nicht vom Berufsleben nach der Schulzeit bestimmt wird. Mensch sein ist mehr, als berufstätig sein. Bildung in der Schule muß sich immer auch an diesem Mehr orientieren.

In den hier vorgelegten Überlegungen bekennen sich die Schulen in freier Trägerschaft wiederholt zu ihrem pädagogischen Auftrag, ein jedes Kind zu sich selbst kommen zu lassen. Das heißt nun aber nicht, daß sie sich von einer Vorstellung leiten ließen, die den Menschen isoliert von allen Bezügen zu seinen Mitmenschen sieht. *Ganz im Gegenteil soll in alles schulische Bemühen um Erziehung und Bildung das Bewußtsein eingehen, daß die Menschen soziale Bedürfnisse haben und soziale Verantwortung übernehmen müssen.* Dafür braucht der junge Mensch das Vorbild, den Zuspruch und die Orientierung durch Erwachsene. Für den Lehrer heißt das, daß er nicht nur den oft geforderten Mut zur Erziehung haben muß, sondern auch die Pflicht anzuerkennen hat, die ihm anvertrauten Schüler zu erziehen. Doch wollen wir auch bei der Entfaltung der sozialen Kräfte soviel wie möglich auf das setzen, was in unseren Schülern angelegt ist. Dafür brauchen sie ein soziales Umfeld, das der Tatsache entspricht, daß ihre Kräfte sich erst entfalten. Wir bemühen uns deshalb, unsere Schulen überschaubar zu halten. Das gilt für die Anzahl der Schüler wie für die Größe und Anordnung der Gebäude wie für die Durchsichtigkeit von Entscheidungsprozessen.

In der Arbeitsgemeinschaft Freier Schulen arbeiten die Trägerverbände von Schulen mit sehr unterschiedlicher religiöser, weltanschaulicher und anderer grundsätzlicher Position zusammen. Das Toleranzgebot gehört deshalb zur Existenzgrundlage der Arbeitsgemeinschaft. Ebenso ist es eine der Leitvorstellungen der Erziehung in unseren Schulen.

Dabei zeigt sich eine doppelte Aufgabe: Die eigene Position soll deutlich ausgeprägt werden; denn alle unsere Schulgruppen nehmen für sich in Anspruch, damit einen notwendigen Dienst für den einzelnen Schüler wie für die menschliche Gemeinschaft zu leisten. Zum anderen achtet und respektiert aber jede Gruppe die Eigenart der anderen und will auch ihre Schüler zu dieser Achtung anderer erziehen.

Die Freien Schulen im deutschen Schulwesen

Warum gibt es Freie Schulen? Wozu dienen sie?

Bei der staatlichen Schule beunruhigen diese Fragen nicht; sie heißen «öffentliche Schulen» und dienen nach diesem Wortsinn der Öffentlichkeit, dem Gemeinwohl. «Durch öffentliche Anstalten» hat der Staat «für die Bildung der Jugend zu sorgen», wie es noch in Artikel 143 der Weimarer Verfassung heißt. Der auch noch vom Grundgesetz benutzte traditionelle Begriff «Privatschule» deutet das Gegenteil an: Das «Private» geht die Öffentlichkeit nichts an, kann also nicht mit einem öffentlich geförderten Zweck verbunden sein; es bezeichnet ja gerade das Exklusive und Partikulare. Darstellungen in den Massenmedien verbinden bis heute den Begriff «Privatschule» vor allem mit einigen wenigen Internaten, «Pressen» oder Sprachenschulen. Und doch findet sich im Grundgesetz ein Grundrecht, das die Errichtung und den Betrieb von Privatschulen zuläßt (Art. 7 [4] GG). Diese besonders herausgehobene Institutionalisierung läßt eine weitergehende Bedeutung dieser Schulen ahnen. Die überwiegende Mehrzahl der Privatschulen sind regional festverwurzelte Tagesschulen und zugleich Angebotsschulen. Privat ist daran nichts. So hat sich schon seit Gustav Wynekens «Freier Schulgemeinde» (in Wickersdorf) und Rudolf Steiners «Freier Waldorfschule» und darüber hinaus seit 1945 in weitem Umfang der Name «Freie Schule» eingebürgert, in den letzten Jahren auch – etwas umständlicher, aber vielleicht weniger provozierend – die in einigen Ländern sogar gesetzlich eingeführte Bezeichnung «Schulen in freier Trägerschaft». Wir werden die Kurzform «Freie Schule» verwenden. Der große Anfangsbuchstabe läßt erkennen, daß es sich um einen Terminus technicus handelt, nicht um einen überheblichen Anspruch. In dem Wandel der Bezeichnung kommt ein Wandel der Rolle zum Ausdruck, die die Freien Schulen innerhalb des gesamten Schulwesens spielen, und damit zugleich ein Wandel in der Art, wie diese Schulen sich selbst und ihre Rolle verstehen. Naturgemäß vollzieht sich ein solcher Wandel nicht einheitlich; denn dem Block der Staatsschule steht nicht die geschlossene Front der Freien Schulen gegenüber, sondern eine Vielfalt von Schulgruppen und Einzelschulen, die ein sehr unterschiedliches Verhältnis zu ihrer Eigenschaft als Privatschulen haben. Landerziehungsheime und

Freie Waldorfschulen sind ursprünglich im betonten Gegensatz zur ausgebauten Staatsschule des beginnenden 20. Jahrhunderts entstanden; katholische und evangelische Schulen gab es schon vor der Einrichtung der Staatsschule; sie waren immer öffentliche Schulen; ein Selbstverständnis als Schule im Gegensatz zur Staatsschule legte sich dort vor allem in «Kulturkampfsituationen» nahe. Alle diese Schulen und Schulgruppen aber finden unabhängig von Entwicklungen der Schule Interesse bei erheblichen Teilen des «öffentlichen Publikums». Sie sehen sich seit etwa 1970 konfrontiert mit Veränderungen in den Auffassungen von Funktion und Bedeutung von Bildung überhaupt. Sie stehen daher gemeinsam vor der Notwendigkeit, Rolle und Aufgabe der Freien Schule aus der heutigen Situation heraus neu zu überdenken und zu formulieren.

«Privatschule» und «öffentliche Schule»

Lassen wir das Erscheinungsbild der Privatschule in Vergangenheit und Gegenwart an uns vorüberziehen, so sehen wir uns vor einer vielgestaltigen Fülle von Klosterschulen, Adelsschulen, Bürgerschulen, von Instituten der Mädchen- und der Berufsbildung, Internatsschulen, Sonderschulen, Modellschulen und vielen anderen.

Schulen und andere Bildungseinrichtungen entsprachen den sozialen Schichten und Gruppen, ihren Bedürfnissen und Ansprüchen. Auch die fürstlichen Schulen waren Eigenschulen des Landesherrn, der am Nachwuchs für Verwaltung, Rechtsprechung und andere Aufgaben interessiert war. Wohl sah sich der Landesherr auch vor einer gewissen Verantwortung für das allgemeine Schulwesen, wie sie in den Schulordnungen seit dem 16. Jahrhundert zum Ausdruck kommt. Er war aber deshalb nicht «Träger», vor allem auch nicht finanzieller Träger des Schulwesens. Die Einführung der Schulpflicht und ihre sehr allmähliche Durchsetzung im 18. Jahrhundert – nur im Bereich der Elementarbildung und für die unteren Stände – war eine Art Auftakt für das spätere öffentliche Schulwesen. Erst im Absolutismus der «aufgeklärten» Monarchen des späteren 18. Jahrhunderts entwickelte sich die planmäßige Ordnung und die Fürsorge auch für das höhere Schulwesen, und erst seit Anfang des 19. Jahrhunderts wurden die Kultusverwaltungen aufgebaut mit Gesetzgebung und Verordnungswesen für Lehrpläne, Prüfungen, Lehrerausbildung, kurz, es formierte sich das unter staatlicher Verwaltung stehende Schulwesen, freilich fast ausschließlich in kommunaler Trägerschaft.

Nicht davon betroffen waren das gesamte Mädchenschulwesen, das Berufsschulwesen, auch nicht das konfessionelle Schulwesen, das sich nur sehr langsam, meist erst gegen Ende des 19. Jahrhunderts, den staatlichen Bestimmungen unterwarf, um das Recht für staatlich anerkannte Prüfungen und Zeugnisse zu bekommen. Die allgemeinbildenden Schulen mit ihren ständisch bedingten Formen der Volksschule, der Realschule und des Gymnasiums bildeten im wesentlichen den Kreis der öffentlichen Schulen. Alle übrigen gehörten zum Kreis der Schulen, *deren Funktion die Wahrnehmung privater Bildungsaufgaben war, die vom Staat nicht berücksichtigt wurden, weil sie nicht dem von ihm definierten allgemeinen Wohl dienten.*

Wenn Adels- und Bürgerschule nicht in die allgemeine Schulpflicht einbezogen wurden, so verdanken sie dies dem hohen Anspruch der Oberschicht an Schule, dem die öffentliche Schule zunächst nicht gewachsen war; damit wurde bereits das Element der Kritik angesprochen, das in der Existenz dieser Schulen immanent enthalten war: Kritik an einer Insuffizienz der öffentlichen Schule. Dieses Element der Kritik lag auch in den Gründungen der Mädchen- und berufsbildenden Schulen; stets trat die Privatschule da auf, wo ein gesellschaftliches Bedürfnis durch die staatliche Schule zunächst nicht befriedigt wurde. Besonders deutlich wird diese Kritik in den Programmen der Landerziehungsheime von Hermann Lietz und Gustav Wyneken und der Waldorfschulen Rudolf Steiners. Hier wurden nicht mehr nur Lükken ausgefüllt, sondern bewußt neue Konzeptionen verwirklicht. Diese Reformschulen waren also nicht eine weiterlebende Form aus älterer Tradition, sondern ein Neuansatz als kritische Alternative zur sog. öffentlichen Schule. Die Anerkennung dieser Schulen in der Weimarer Verfassung als fruchtbare Anreger für das staatlich verwaltete Schulwesen und damit sozusagen die Stabilisierung einer lebendig verkörperten Kritik war ein bedeutsamer, notwendiger Schritt in der Entwicklung des deutschen Schulwesens, das in der Gefahr stand, immer mehr pädagogische Bereiche unter die unmittelbare Staatshoheit einzubeziehen und darüber seine innere Beweglichkeit zu verlieren.

So ist es zu verstehen, wenn die Gesetzgebung die Privatschulen alter und neuer Gestalt zusammenfaßte und ihnen einen subsidiären Charakter zusprach. Sie sollen «das öffentliche Schulwesen bereichern und durch besondere Formen des Unterrichts und der Erziehung fördern». Privatschulen werden vom Gesetzgeber negativ definiert: Sie sind «nicht öffentliche Schulen». Mit den weiteren gesetzlichen Bezeichnungen «Ersatz-» und «Ergänzungsschule» wird der ausschließlich subsidiäre Charakter der Privatschulen umrissen.

Damit erhielt die Privatschule eine (zwar begrenzte, aber immerhin) fest umrissene Existenzberechtigung und eine klare Begründung. Sie bereichert das öffentliche Schulwesen in der Tat. Aber ihre Funktion ist nicht mehr die Wahrnehmung privater Bildungsaufgaben, die der Staat nicht berücksichtigt, weil sie angeblich nicht dem verengt definierten allgemeinen Wohl dienen, *ihre Funktion ist die Wahrnehmung von Bildungsaufgaben, für die ein öffentliches Interesse anerkannt ist, die der Staat aber nicht ausreichend oder gar nicht berücksichtigt, weil er dies nicht kann oder will.* Dies ist noch zu erweitern.

Bildungsanspruch statt Schulpflicht

Hinter dem Interesse an Schule stand der Wille des Landesherrn, geeignete Personen für die sich differenzierenden Aufgaben seiner Machtausübung zu gewinnen. Er war es daher, der zunächst die Schulaufsicht an sich zog, dann in steigendem Maß öffentliche Schulen anbot und ihren Besuch mittels der Schulpflicht erzwang. Heute hat sich die Situation gleichsam umgedreht: Der einzelne erhebt einen Anspruch auf die ihm gemäße Bildung, auf die freie Entfaltung der Persönlichkeit (um mit dem Grundgesetz zu sprechen), und die Gesellschaft ist verpflichtet, diesen Anspruch zu befriedigen. Sie kann dies nur mit einem möglichst differenzierten Schulwesen, das flexibel genug ist, auf die immer neuen, vielfältigen Anforderungen an Bildung zu antworten und freizubleiben von technokratisch perfekter Organisation. Bildung ist – mit den Worten des Deutschen Bildungsrates – in einem umfassenden Sinne eine öffentliche Aufgabe geworden, der alle Bildungsinstitutionen, gleichgültig welcher Trägerschaft, dienen. Sprangen schon früher Privatschulen mit ihren Angeboten in Lücken ein, die das staatliche Schulwesen ließ, und erweiterten damit im allgemeinen Interesse das öffentliche Schulwesen, so ist heute spontane Initiative in neu sich eröffnenden Bildungsbereichen unerläßlich für das öffentliche Bildungswesen. Angesichts der Öffentlichkeit dieser Aufgaben wird die Frage nach dem Schulträger gleichgültig. Funktion der Privatschule ist also – in erneuter Abwandlung der bisherigen Definition – die *Wahrnehmung öffentlicher Bildungsaufgaben, die der Staat noch nicht oder nicht ausreichend oder gar nicht berücksichtigen kann.* Hier hat die konfessionelle Bildung ihren Ort; hier haben Experimentalschulen ihre besonderen Möglichkeiten. Die erste Schulgruppe, die die integrierte Gesamtschule mit innerer Differenzierung im Sinne einer Förderung seit 1919 verwirklicht hat, sind die Waldorfschulen, die erste integrierte Gesamtschule im Sinne der Reform der 70er Jahre ist die Odenwaldschule. Neben den didaktischen und methodischen Alternativen aus dem Geiste der Reformpädagogik oder der Ideenwelt Rudolf Steiners bringen die katholischen Schulen den Gestaltungswillen der Weltkirche und viele evangelische Schulen die ökumenisch gefärbte Erziehungsdiskussion der Dritten Welt ins deutsche Erziehungswesen. Evangelische Schulträger haben stets additive Schulorganisationen (wie z. B. in Hamburg oder in Nürnberg) gekannt; die erste Einrichtung des zweiten Bildungswegs ist das katholische Clemens-Hofbauer-Kolleg, Bad Driburg. Die Verbindung von allgemeiner und beruflicher Bildung wird an Privatschulen exemplarisch vorgeführt. Auch die europäische Integration spielt eine zunehmend bedeutungsvolle Rolle. Das Chemische Institut Dr. Flad hat z. B. das erste internationale Chemie-Examen entwickelt; an den Schulen Schloß Salem tritt neben das Abitur das Internationale Bacccalaureat. Internationale Schulen gehören zunehmend zur selbstverständlichen Infrastruktur wirtschaftlicher Ballungsräume. Nachdem seit 1990 auch auf dem früheren Gebiet der DDR Schulen in freier Trägerschaft gegründet und betrieben werden können, sind sie dort fast die einzigen Schulen mit pädagogisch besonders geprägten Angeboten. Sie sind außerdem durch die freie Lehrerwahl dazu in der Lage, bisherige Schulerfahrungen aus Ost und West zusammenzutragen. Die meisten Freien Schulen haben ein deutsch-deutsch gemischtes Kollegium, während in den staatlichen Schulen der ostdeutschen Länder Neueinstellungen aufgrund des Lehrerüberhangs prinzipiell nicht möglich sind.

Angesichts dieser bedeutungsvollen Rolle der Privatschulen müssen sich Schulverwaltung und Gesetzgeber fragen lassen, ob ihre traditionelle Einstellung zu diesen Schulen heute noch am Platze ist. Wenn die Privatschule öffentliche Bildungsaufgaben wahrnimmt, die der Staat nicht berücksichtigen kann, wirken die Einteilung in Ersatz- und Ergänzungsschulen, das Institut der Anerkennung für gleichartige Ersatzschulen, die restriktive Vergabe von Berechtigungen, die beschränkte Zumessung der Finanzen veraltet und hinderlich. Zwischen der verfassungsrechtlich definierten und bildungspolitisch formulierten Funktion der Privatschule und der Art, wie Landesgesetzgeber und Schulverwaltungen diese Schulen behandeln, klafft ein immer tieferer Graben.

Freilich ist selbst die Funktion der Privatschule, die definiert wird als die Wahrnehmung öffentlicher Bildungsaufgaben, die der Staat nicht berücksichtigen kann, immer noch die einer gegenüber der

Staatsschule subsidiären Einrichtung. Das Fragwürdige auch dieser Definition besteht darin, daß, falls der Staat die gesamte Bildung mit einem differenzierten Netz von Schulen ausreichend anböte, die Privatschule ihre Funktion verlieren würde. Schon heute, wo weithin alle Schüler einen Platz an staatlichen Schulen finden könnten, betonen Politiker, daß eine Entlastung des staatlichen Schulwesens durch Privatschulen nicht mehr gegeben sei, und verdeutlichen damit, wie unbefriedigend der theoretische Ansatz einer Funktionsbestimmung der Privatschule bleibt, die ausschließlich an den Lücken und Unvollkommenheiten des Staatsschulwesens orientiert ist. Der Nachdruck, mit dem das Grundgesetz die Privatschulen unter ein Grundrecht gestellt hat, gibt einen weiteren Aspekt frei.

Vielfalt im Bildungswesen

Die lange gewahrte Einheit des traditionellen Bildungswesens ist heute weithin aufgebrochen: Selbstverständliche kulturelle Traditionen sind in Frage gestellt, der einzelne soll einen Anspruch auf die ihm gemäße Bildung haben, die Schule soll allen möglichst gleiche Chancen bieten. Solange der Staat bestimmte Bildungswege auf der Basis eines gesellschaftlichen Konsenses anbot, konnte er diese Bildungswege relativ gleichartig halten. Freilich zeigte die Beibehaltung der Länderzuständigkeit für die Schulangelegenheiten auch nach 1945, daß mindestens landschaftlich die Bildungsvorstellungen unterschiedlich waren und diese Unterschiedlichkeit als sinnvoll angesehen wurde. Versuche, über die Kultusministerkonferenz möglichst viel Einheit zu schaffen, werden durch Alleingänge einzelner Länder immer wieder in Frage gestellt. Das ist nicht bloßer föderalistischer Übermut, sondern vor allem Ausdruck der Vielfalt, die zum Wesen des Bildungsprozesses gehört. Nicht zufällig haben viele ausländische Staaten – wie Großbritannien, die USA oder die Schweiz – in noch weit stärkerem Maße, als dies in Deutschland der Fall ist, der Vielfalt im Schulwesen Raum gegeben.

In dem Maße, wie die Schulpolitik die Bildungsbedürfnisse des einzelnen in den Vordergrund rückte, mußte sich der Zug zu vielfältigen Ausprägungen verstärken. Diese Tendenzen begleiten das Schulwesen während der letzten 20 Jahre. So empfahl der Deutsche Bildungsrat eine verstärkte Selbständigkeit der Schulen und eine Mitsprache der Beteiligten auch bei zentralen Schulentscheidungen; so forderte der Deutsche Juristentag in seinem Schulgesetzentwurf eine Dezentralisierung und Einschränkung der Schulaufsicht, so enthalten die neuen Schulgesetze von Hessen und Niedersachsen eine Rücknahme der Schulaufsicht und eine Betonung der Selbständigkeit der Einzelschule. In immer neuen Formulierungen wird ein Schulwesen angestrebt, das nicht mehr auf einem einheitlichen Staatsschulsystem mit angehängten subsidiären Privatschulen besteht, sondern aus einer Vielfalt mehr oder weniger selbständiger Schulen, die öffentlich verantwortet werden. Die Forderung nach einem vielfältigen Schulwesen muß die heute noch in den Schulverwaltungen bestehenden Grundsätze der Einheitlichkeit und Gleichartigkeit aller Schulen verdrängen und die Gleichwertigkeit vielfältiger Angebote zum neuen Kriterium erheben. Daß diese Gleichwertigkeit durch einen gesetzlich vorgegebenen Rahmen öffentlich verantwortet werden muß, ist selbstverständlich; das gesamte Schulwesen steht unter Aufsicht des Staates (Art. 7[1] GG). Ebenso selbstverständlich ist aber, daß die erforderliche Vielfalt der Bildungsangebote nur durch die Beteiligung freier Initiativen erreicht werden kann. Im Bereich der staatlichen Schulen müssen die freien Initiativen über eine weitgehende Partizipation der Beteiligten an den Entscheidungen ermöglicht werden. *In der Privatschule erreichte die freie Initiative ihre institutionell stärkste Ausprägung; als Schule in freier Trägerschaft wird sie zu einem konstitutiven Bestandteil des öffentlichen Bildungswesens.*

Angesichts dieser Funktion der Privatschule in einem öffentlichen Schulwesen wird ihre Bezeichnung falsch und irreführend. Weder ihre Funktion noch ihr Bildungsangebot ist «privat»; selbst ihre Trägerschaft ist, wenn sie gemeinnützig ist, kaum noch «privat» zu nennen. Zutreffender ist – in Analogie zum Freien Wohlfahrtsverband oder zum Freien Krankenhaus – die Bezeichnung «Schule in freier Trägerschaft» oder, kürzer, «Freie Schule». Fast alle westlichen und alle östlichen Bundesländer haben die Bezeichnung «Schule in freier Trägerschaft» inzwischen in ihren Schulgesetzen eingeführt; das Verfassungsgesetz der letzten DDR-Regierung und das thüringische Gesetz für Schulen in freier Trägerschaft sprechen zutreffend von «staatlichen» statt «öffentlichen» Schulen.

Für ein Schulwesen, das den Bildungsanspruch des einzelnen in den Mittelpunkt stellt, ergibt sich die Vielfalt der Bildungsangebote nicht zuletzt aus der Sache, um die es im Bildungswesen geht: aus der Bildung von Menschen. Wo Steuern einzuziehen, Verkehr zu regeln, Renten zu bemessen sind, handelt es sich darum, vom Parlament getroffene Entscheidungen technisch durchzuführen. Im Bereich des Bildungswesens sollen dagegen nicht massenhaft gleichförmige Maßnahmen abgewickelt werden, sondern es muß – mit den Worten Hartmut von Hentigs – «die Möglichkeit zum Anderssein, Anderswollen und Andershandeln methodisch erhalten werden», und Paul Goodman folgert: «Da die Systemzwänge in der technischen Zivilisation sowohl universal wie rigoros sind, muß unsere Hauptanstrengung darauf gerichtet sein, die Jugendlichen vor Dirigismus zu bewahren, wenn deren Spontaneität und Eigeninitiative in dieser Welt nicht aussterben sollen.» Spontaneität und Eigeninitiative – hier kehren als Bildungsziele die Eigenschaften wieder, die in jedem Bildungswesen enthalten sein sollten, aber in der Freien Schule schon von der Institution her potentiell angelegt sind; Bildung ist stets ein Spiegelbild der Schule. Selbst wenn es gelänge, ein staatliches Schulwesen so zu konzipieren und durchzuführen, daß Spontaneität und Eigeninitiative der einzelnen Schule ermöglicht würden, wäre zu fordern, daß Freie Schulen gleichwohl zu garantieren wären. Im übrigen ergibt sich auch aus der Vereinigungsfreiheit zum Zwecke des Schulehaltens und der pädagogischen Eigenverantwortung von Kirchen und Verbänden zwingend eine Vielfalt des Bildungsangebots. Keine Demokratie sollte sich der Auseinandersetzung mit freien Initiativen, der konkreten Kritik und der Konkurrenz Freier Schulen berauben, einfach deshalb, weil Technokratie und Systemzwang nur durch Institutionen, die dem System nicht unterworfen sind, durchbrochen werden können. Es ist eine zwar unzureichende, in Grenzen dennoch gültige Aussage, daß Schulen Institutionen der Information und der Sozialisation sind. Für sie gelten deshalb ähnliche Überlegungen, wie sie für Massenmedien gelten. Ihre Rolle in einer freiheitlich verfaßten Gesellschaft – z. B. die Realisierung des Bildungsanspruchs auch von Minoritäten – können sie übernehmen, indem entweder eine öffentlich-rechtlich garantierte Vielfalt von Information und Sozialisation innerhalb der staatlichen oder kommunalen Einrichtungen gewährleistet wird oder indem eine Vielfalt freier Einrichtungen von unterschiedlicher Informations- und Sozialisationstendenz zugelassen wird. Nach diesem zweiten Modell arbeitet das Schulwesen in freier Trägerschaft. Dies zeigte sich z. B. 1979, als der Kultusminister von Nordrhein-Westfalen in Auseinandersetzungen um die kooperative Schule wohl an den staatlichen Schulen, nicht aber an Schulen in freier Trägerschaft die Weitergabe von Informationen der Elternschaft unterbinden konnte.

Es geht nicht darum, die Staatsschule durch ein Privatschulwesen zu ersetzen – dies wäre angesichts des Umfangs des Bildungswesens und der Tradition des deutschen Schulwesens eine unrealistische Forderung. Auch heute besuchen nur 5% aller Schüler Schulen in freier Trägerschaft. Es geht auch nicht darum, die Notwendigkeit von Teilhabe der Öffentlichkeit an der Entscheidung über das, was in der Schule geschieht und wozu Schüler gebildet werden, in Zweifel zu ziehen. Aber es geht darum, bürokratische Erstarrungen und technokratische Versteinerungen, die in jeder Massen- und Monopolsituation auftreten und die gerade im Bildungswesen verhängnisvolle Folgen haben, zu vermeiden. Es geht darum, das Bildungswesen offen zu halten für alle begründeten pädagogischen Wege, die zu einer Erziehung zum selbstverantwortlichen Menschen in einer demokratischen Gesellschaft führen. Die Freie Schule hat hier eine wesentliche Aufgabe zu erfüllen. Die Gewährleistung ihrer Existenz ist deshalb nicht nur eine Frage demokratischen Verfassungsrechts, sie ist vor allem Ausdruck der Bejahung einer Bildung, die befähigt zur autonomen Auseinandersetzung mit den Fragen, die die gesellschaftliche Entwicklung stellt, und den Gefahren, denen unsere Gesellschaft durch Anonymität und Zentralismus ausgesetzt ist.

Finanzierung der Schulen in freier Trägerschaft

Schule kostet Geld. Eltern, die ihre Kinder auf staatliche Schulen schicken, merken davon nichts; die Schulgeldfreiheit wird aus Steuermitteln finanziert. Die Kosten eines Schülers werden nicht bekanntgegeben; Untersuchungen am Deutschen Institut für Internationale Pädagogische Forschung, Frankfurt/M., ergeben z. B. für einen Gymnasiasten um DM 10000 im Jahr (1987). Das entspräche einem Schulgeld von DM 830 monatlich! Das Schulehalten für Real-, Haupt- und Grundschüler ist billiger, das an bestimmten berufsbildenden Schulen und vor allem an Sonderschulen teurer.

Schulen in freier Trägerschaft dürfen, wenn sie Ersatzschulen sind – und das sind die meisten Schulen im allgemeinbildenden Schulwesen und viele Berufsfachschulen –, in ihren Lehrzielen, Einrichtungen und in der Ausbildung ihrer Lehrer nicht hinter entsprechenden staatlichen Schulen zurückstehen; außerdem müssen sie ihre Lehrer ausreichend bezahlen. Die Kosten dafür können kaum niedriger sein als die staatlicher Schulen. Außerdem sollen Freie Schulen aber auch noch durch besondere Angebote das Schulwesen bereichern und dort ergänzen, wo staatliche Angebote fehlen. Dadurch entstehen den freien Trägern zusätzliche Kosten. Auf der anderen Seite darf die Sonderung der Schüler nach den Besitzverhältnissen der Eltern nicht gefördert werden; ein Schulgeld in einer Höhe, die eine allgemeine Zugänglichkeit der Schule ausschließt, entspricht nicht unserer Verfassung.

Für die freien Träger ist dies eine Quadratur des Kreises: Einerseits müssen sie zu Recht eine qualifizierte teure Schule anbieten, andererseits können und dürfen Schulgelder nicht erhoben werden, die diese so hohen Kosten decken könnten. Schule in freier Trägerschaft könnte unter diesen Umständen nur noch von Trägern betrieben werden, die sich dies aufgrund hoher anderweitiger Einnahmen leisten könnten. Dies ist nicht im Sinne unserer Verfassung; das Bundesverfassungsgericht hat deshalb die Länder verpflichtet, mindestens die Ersatzschulen so zu fördern, daß sie die Genehmigungsvoraussetzungen erfüllen können. Alle Länder zahlen denn auch gesetzlich bestimmte Beiträge zu den laufenden Kosten dieser Schulen, freilich nicht immer an alle Schulen und auch unterschiedlich viel. Die höchsten Zuschüsse dieser Art für Gymnasien in freier Trägerschaft liegen heute um DM 7000 pro Schüler und Jahr, bleiben also um mindestens DM 2000 hinter den tatsächlichen Kosten zurück. Auch dann bleibt immer noch eine Eigenleistung von monatlich DM 200 und mehr aufzubringen; ein Schulgeld in dieser Höhe würde immer noch eine Sonderung der Schüler nach den Besitzverhältnissen nicht ausschließen.

Der größere Teil der Schulen in freier Trägerschaft, die konfessionell geprägten Schulen, ermöglichen im allgemeinbildenden Schulbereich Schulgeldfreiheit oder ein so niedrig bemessenes Schulgeld (bis zu DM 50 monatlich), daß von einer allgemeinen Zugänglichkeit dieser Schulen für alle Schüler gesprochen werden kann. Die jeweiligen kirchlichen Träger (Orden, Diözesen, Landeskirchen, Werke und Stiftungen) finanzieren hier den von der staatlichen Finanzhilfe nicht gedeckten Haushalt aus eigenen Mitteln. Hinzu kommt, daß Grundstücke und Gebäude zu einem großen Teil aus frommen Stiftungen zum Nutzen der Jugend stammen und insofern nicht amortisiert zu werden brauchen. Außerdem geben viele Ordensfrauen und Ordensmänner ihre Arbeitskraft in überdurchschnittlichem Maße in den Dienst der Schule und bestreiten einen Teil der Schulkosten aus ihren Lehrergehältern. Auf diese Weise können die konfessionell geprägten Schulen eine soziale öffentliche Aufgabe erfüllen.

An den übrigen Schulen in freier Trägerschaft muß die Deckungslücke zwischen Kosten und staatlicher Finanzhilfe durch die Einnahme eines Schulgeldes oder eines Elternbeitrags aufgefüllt werden. Mit Stipendien, Geschwisterermäßigungen und nach Einkommensgruppen der Eltern gestaffelten Schulgeldern versuchen die Schulen, soziale Härten zu vermeiden und möglichst allen Interessenten den Schulbesuch zu ermöglichen.

An einzelnen Schulgruppen entstehen besondere finanzielle Belastungen. So sind die Kosten von Sonderschulen so hoch, daß selbst noch eine Beteiligung der Eltern an den Kosten von nur 10% viele hundert Mark ausmacht. An berufsbildenden Schulen schlagen die Anschaffungen teurer technischer Geräte von der Textverarbeitung bis zum Chemielabor beträchtlich zu Buche. Besondere Kosten entstehen auch an Internatsschulen; für die Erziehung und Betreuung der Schüler «rund um die Uhr» ist ausreichendes Personal erforderlich. Der Staat fördert den Internatsbereich freier Träger nicht, wenn er auch seine eigenen Internate großzügig finanziert. So entsteht ein außerordentliches Gefälle des Internatsgeldes von bis zu DM 3000 monatlich bei freien Trägern und unter DM 1000 an staatlichen Einrichtungen. Wieviel Internatsbetreuung tatsächlich kosten kann, zeigen die staatlichen Fürsorgesätze von über DM 100 täglich, DM 3500 monatlich. Auch in diesem Bereich helfen die kirchlichen Träger mit eigenen finanziellen Mitteln. Die Preise der rund 600 konfessionell geprägten Internatsschulen liegen deshalb erheblich niedriger als die anderer freier Träger. Im Durchschnitt zahlen hier Eltern zwischen DM 800 und 1000. Je nach sozialer Lage kann auch diese Belastung weiter gesenkt werden.

Ganz schwierig ist die finanzielle Situation von Schulen im Aufbau. Angesichts der in vielen Ländern geltenden verfassungsrechtlich fragwürdigen «Durststrecken» (Zeiten nach Genehmigung der Schule, in denen keinerlei öffentliche Finanzhilfe gezahlt wird) ist die Gründung von Ersatzschulen nur noch sehr potenten Trägern oder überaus opferbereiten Personengruppen möglich. Das trifft insbesondere die Schulgründungen in den neuen Bundesländern, die, ohnehin nach 50 Jahren Verbotszeit in einer Pioniersituation, unter schlechten Bauverhältnissen und wirtschaftlichem Mangel leiden.

Sollte die öffentliche Hand die Eltern Freier Schulen völlig von der Schulgeldzahlung befreien? Viele freie Träger halten eine Eigenleistung, eine finanzielle Beteiligung der Eltern für wünschenswert, teils wegen des damit verbundenen pädagogischen Freiheitsspielraums der Schule, teils wegen des dadurch ausgelösten Engagements der Beteiligten. In den ostdeutschen Ländern ist – nach drei Generationen kostenfreiem Staatsschulmonopol – die Vorstellung, Schulgeld zahlen zu sollen, völlig abwegig. Ob im übrigen Schulgeldfreiheit bewirken würde, daß bildungsferne Bevölkerungskreise (auch bestimmte Gruppen von Ausländern) oder gering bemittelte Schüler verstärkt Freie Schulen besuchen würden, konnte bisher nicht erprobt werden, da den freien Trägern die dazu erforderlichen Mittel fehlen; zur Wahl einer Schule in freier Trägerschaft gehören allerdings auch eine bestimmte Vorstellung von dem, was Schule vermitteln soll, und die Fähigkeit, Schulangebote zu vergleichen.

Gerade zur Sonderung der Schüler nach den Besitzverhältnissen sind die Ansichten der Schulverwaltungen unterschiedlich. Das Bundesverfassungsgericht tritt nachdrücklich für eine allgemeine Zugänglichkeit der Ersatzschulen ein. Während kirchliche Träger mit eigenen Mitteln der Verfassung zu ihrem Recht verhelfen, verbieten manche Länder die Erhebung von Schulgeld in Zusammenhang mit Zuschußregelungen, die die Kosten nicht decken, lassen dann aber zugleich Elternbeiträge an Fördervereine zu. Andere Länder fordern lediglich «angemessene Ermäßigungen»; andere wieder sind der Auffassung, die Schulgelder könnten ruhig noch höher sein, wenn nur wenigstens einige Schüler zu einem geringeren Betrag aufgenommen werden. Wo Schulgelder zur Kostendeckung des von der öffentlichen Finanzhilfe ungedeckten Schulhaushalts erhoben werden müssen, liegen sie in aller Regel im obersten Bereich des verfassungsrechtlich Zulässigen. Alle Ersatzschulen sollten endlich einen Anspruch auf ausreichende öffentliche Finanzhilfe erhalten, um eine allgemeine Zugänglichkeit zu ermöglichen. Dabei ist in den östlichen Bundesländern angesichts des Nachholbedarfs an Vielfalt besondere Großzügigkeit geboten und angesichts der geringen Zahl der Schulen auch möglich.

Schülern von Ersatzschulen und in bestimmten Fällen auch von Ergänzungsschulen stehen individuelle Förderungsprogramme offen:

- Ausbildungs- und Begabtenförderung (BAföG-Modell),
- Arbeitsförderungsmaßnahmen, vor allem im berufsbildenden Bereich,
- Sozialmaßnahmen (z. B. freiwillige Erziehungshilfe),
- Bundesprogramme (z. B. Benachteiligten- und Marktbenachteiligtenprogramm),
- Sonderprogramme der Länder (z. B. Ausbildungsplatzprogramm Niedersachsen – apn – oder Berufspraktisches Jahr).

Eine außerordentliche, zusätzliche, in der Regel zweckgebundene Finanzierungsmöglichkeit sind Spenden, die den meist gemeinnützigen Schulen steuerbegünstigt zufließen. Spenden können zur Deckung laufender Kosten nicht verwendet werden; vor allem stehen sie für Stipendienfonds und Investitionen zur Verfügung. Oft sind es wieder die Eltern, die hier als Spender in Erscheinung treten, an traditionsreichen Schulen aber auch Altschüler, die damit eine lebenslange Verbundenheit mit «ihrer» Schule zum Ausdruck bringen.

Rechtsstellung der Schulen in freier Trägerschaft

Die folgenden Ausführungen können nur eine knappe, allgemeinverständliche, vereinfachende Darstellung des Privatschulrechts sein. Wer sich eingehender informieren möchte, sei auf die entsprechende Fachliteratur verwiesen.

Eine erste Orientierung

Grundlage des Privatschulrechts in der Bundesrepublik ist Art. 7 GG. In dieser Bestimmung werden mehrere Grundsätze aufgestellt:

Die Errichtung von Privatschulen (Freien Schulen) wird gewährleistet. Das bedeutet, daß jeder nicht nur ein Recht, sondern ein Grundrecht (etwa wie das Recht auf freie Entfaltung seiner Persönlichkeit, auf Meinungsfreiheit oder Versammlungsfreiheit) besitzt, eine Schule in freier Trägerschaft zu errichten und – was die Folge davon ist – zu betreiben. Das Bundesverfassungsgericht hat hierzu festgestellt, daß der Verfassungsgeber kein staatliches Schulmonopol wünscht, sondern ein vielfältiges Schulwesen, in dem Schulen in staatlicher und freier Trägerschaft gleichrangig öffentliche Aufgaben erfüllen. Eine Prüfung, ob eine Freie Schule erforderlich ist oder staatlichen Schulen Schüler entziehen könnte (Bedürfnisprüfung), ist ausgeschlossen.

Das Grundrecht ist auf zwei Seiten eingeschränkt:

- Wenn die Freie Schule, die errichtet oder betrieben wird, «Ersatz für öffentliche Schulen» ist, muß eine Genehmigung eingeholt werden (Art. 7 [4] GG). Diese ist an bestimmte Voraussetzungen gebunden (s. u.).
- Wenn die Freie Schule in den Bereich der «Volksschule» fällt – nach h. M. heute die Grundschule –, dann sind zusätzliche Bedingungen zu erfüllen (Art. 7[5] GG). Handelt es sich um eine Bekenntnis- oder Weltanschauungsschule, so muß sie zugelassen werden, wenn es in der entsprechenden Region keine Schule dieser Art gibt. Andere «Volksschulen» werden nur dann zugelassen, wenn «ein besonderes pädagogisches Interesse anerkannt» wird. Das Bundesverwaltungsgericht hat entschieden, daß die Schulver-

waltung bei der Feststellung dieses «besonderen pädagogischen Interesses» weitgehend frei und einer gerichtlichen Überprüfung kaum unterworfen ist. Die Frage ist beim Bundesverfassungsgericht anhängig.

Mit diesen Einschränkungen ist der Errichter und Betreiber einer Freien Schule frei in der Gestaltung des Unterrichts und der Organisation; er kann Lehrer und Schüler frei wählen. Kirchliche Träger sind in ihrem Selbstbestimmungsrecht zusätzlich durch Art. 140 GG/Art. 137[3] Weimarer Verfassung gesichert.

Eine Freie Schule, die die verfassungsmäßigen Genehmigungsvoraussetzungen erfüllen muß, hat, wenn sie die dafür erforderlichen Kosten nicht selbst aufbringen kann, einen Anspruch auf öffentliche Finanzhilfe. Gäbe es diesen Anspruch nicht, könnte das Grundrecht nur von finanzkräftigen Trägern verwirklicht werden und stünde damit weitgehend auf dem Papier.

Das gesamte Schulwesen steht unter Aufsicht des Staates (Art. 7[1] GG), das heißt:

- Das Grundgesetz weist dem Staat lediglich die Kompetenz zu, das Schulwesen zu beaufsichtigen, nicht aber die Pflicht, daß er alle Schulen selbst betreiben müßte.
- Die Kompetenz des Staates zur Aufsicht ist gegenüber den Freien Schulen darauf beschränkt, daß sie die Genehmigungsbedingungen erfüllen. Die Details dieser Aufsicht kann er in Gesetzen und Verordnungen festlegen, aber diese dürfen keine zusätzlichen Auflagen über das hinaus enthalten, was an Bedingungen in der Verfassung festgelegt ist.

Schulangelegenheiten sind Sache der Länder; nicht die Bundesbehörden, sondern Landesparlamente und -schulverwaltungen regeln und beaufsichtigen das Schulwesen, auch die Freien Schulen. In jedem Bundesland gibt es heute gesetzliche Bestimmungen hinsichtlich der Freien Schulen, sei es in besonderen Privatschulgesetzen, sei es im Rahmen von allgemeinen Schulgesetzen. Trotz dieser föderalistischen Vielfalt unterscheiden sich die generellen Regelungen der Länder nur in Details voneinander.

Wesentliche Punkte dieser Regelungen sind

- die nähere Ausgestaltung der Genehmigungsvoraussetzungen,
- die Verleihung des Rechtes an Privatschulen, Zeugnisse wie staatliche Schulen auszugeben,
- den Anspruch auf öffentliche finanzielle Mittel und deren Berechnungsweise.

Geschichte und Umfeld der Privatschulgarantie

Schon das Preußische Allgemeine Landrecht von 1794 enthält Bestimmungen über Privatschulen. Die Freiheit, Privatschulen zu betreiben, findet sich dann bereits in den preußischen Verfassungen von 1848/1850 und in der Paulskirchenverfassung von 1849. Aber bis in die Weimarer Verfassung von 1919 hinein steht diese Freiheit neben der Feststellung, daß der Staat für die Bildung der Jugend durch öffentliche Anstalten zu sorgen habe. Erst im Grundgesetz wird die Freiheit, Privatschulen zu errichten, zu einem Grundrecht erhoben und gleichzeitig auf die Verpflichtung des Staates verzichtet, die Bildung der Jugend durch staatliche Schulen zu gewährleisten. Nicht von der Zahl der Schulen her, aber von der verfassungsrechtlichen Grundlage her besteht Gleichberechtigung zwischen staatlichen und Freien Schulen.

Diese herausgehobene Position der Freien Schulen steht in engem Zusammenhang mit dem natürlichen Recht der Eltern, über die Erziehung ihrer Kinder zu bestimmen (Art. 6 [1] GG). Daraus folgt, daß sie auch darüber bestimmen dürfen, in welcher Schule ihre Kinder unterrichtet und erzogen werden sollen. Dieses Bestimmungsrecht erhält seine volle Bedeutung eben durch die gesicherte Existenz der Freien Schulen, denn nur dort können pädagogische Prägungen angeboten werden, die in bestimmten (z. B. konfessionellen oder weltanschaulichen) Werthaltungen wurzeln. Die Freie Schule dient damit zugleich der freien Religionsausübung (Art. 4 [2] GG).

Aber auch das Grundrecht auf freie Berufswahl (Art. 12 [1] GG) wird durch die Freien Schulen mit ermöglicht, indem ihnen eine weitgehende Gestaltungsfreiheit eingeräumt ist, neue pädagogische oder unterrichtlich-inhaltliche Wege zu gehen.

Der Zusammenhang des Rechts auf Errichtung von Freien Schulen mit dem Recht auf freie Entfaltung der Persönlichkeit (Art. 2 [1] GG), dem Recht auf ungehinderte Religionsausübung, dem Erziehungsrecht der Eltern und dem Recht auf freie Berufswahl im Rahmen eines demokratischen und föderalistischen Aufbaus der Bundesrepublik ergibt zusammen die Aussage des Grundgesetzes, daß es von einer pluralistischen Gesellschaft ausgeht und deshalb auch im Schulwesen für eine Vielfalt der pädagogischen Ansätze eintritt. «Dieses Offensein des Staates», sagt das Bundesverfassungsgericht, «für die Vielfalt der Formen und Inhalte, in denen Schule sich darstellen kann, entspricht den Wertvorstellungen der freiheitlichen demokratischen Grundordnung, die sich zur Würde des Menschen und zur religiösen und weltanschaulichen Neutralität bekennt.» Auch wenn die Formulierung des Art. 7 noch an den traditionellen Begriffen «öffentliche Schule» für die staatliche und «private Schule» für die Schule in freier Trägerschaft festhält, so hat die höchstrichterliche Rechtsprechung klargestellt, daß das Grundgesetz von einem insgesamt öffentlichen Schulwesen (mit öffentlichem Bildungsauftrag und öffentlicher Zugänglichkeit) ausgeht, das aus Schulen in staatlicher und in freier Trägerschaft zusammengesetzt ist. Die meisten Bundesländer haben daraus eine erste Konsequenz gezogen und den Begriff «Privatschule» durch den Begriff «Schule in freier Trägerschaft» ersetzt.

Einige Grundzüge der Landesgesetzgebung

Schon als die Weimarer Verfassung die Formulierung «Ersatz für öffentliche Schulen» einführte, haben die Schulverwaltungen eine Zweiteilung der Privatschulen hergeleitet in solche Schulen, die die Funktion staatlicher Schulen erfüllen: dann sind dies «Ersatzschulen», und in solche, die zusätzliche Bildungsgänge anbieten: diese sind «Ergänzungsschulen». Handelt es sich bei der freien Bildungseinrichtung überhaupt nicht um eine Schule im Sinne einer «organisierten, auf eine Mindestdauer angelegten Einrichtung, in der durch planmäßige, gemeinschaftliche Unterrichtung in einer Mehrzahl von Gegenständen bestimmte Lern- und Erziehungsziele verfolgt werden», nennt man sie eine «freie Unterrichtseinrichtung». Ersatzschulen bedürfen der im Grundgesetz vorgesehenen Genehmigung durch die Schulbehörde. Die Aufnahme des Betriebs von Ergänzungsschulen muß lediglich bei der Schulbehörde angezeigt werden, bei freien Unterrichtseinrichtungen sind die Regelungen in den Ländern unterschiedlich.

Ersatzschulen bedürfen der Genehmigung. Die Voraussetzungen finden sich in Art. 7 [4] GG und umfassen drei Punkte:

- Die Schule darf in ihren Lehrzielen, Einrichtungen und in der Ausbildung ihrer Lehrer nicht hinter denen entsprechender staatlicher Schulen zurückstehen;
- die Schule darf nicht durch Erhebung zu hoher Schulgelder fördern, daß Schüler nach den Besitzverhältnissen der Eltern ausgesondert werden;
- die Schule muß ihre Lehrer rechtlich und wirtschaftlich genügend sichern.

Diese Voraussetzungen umschreiben Rahmenbedingungen, die sicherstellen sollen, daß Ersatzschulen bei aller Gestaltungsfreiheit, die ihnen zusteht, ein gleichwertiges Niveau wie entsprechende staatliche Schulen besitzen. Erfüllt eine Ersatzschule die Genehmigungsvoraussetzungen, so erfüllen Schüler, die sie besuchen, die Schulpflicht so, als besuchten sie eine entsprechende staatliche Schule.

Zeugnisse, die eine Ersatzschule erteilt, oder Versetzungen und Prüfungen, die eine Ersatzschule vornimmt, haben nicht ohne weiteres die gleiche Wirkung wie an staatlichen Schulen. Die Landesgesetzgeber haben hier eine zusätzliche Verwaltungsmaßnahme eingeführt, die sogenannte «Anerkennung». Die Verleihung dieser Anerkennung wird abhängig gemacht davon, daß die Ersatzschule die Gewähr dafür bietet, daß sie dauernd «die an entsprechende staatliche Schulen gestellten Anforderungen erfüllt». Damit ist gemeint, daß der Bestand der Ersatzschule auf Dauer gesichert ist und die formalen Zeugnis-, Prüfungs-, Versetzungs- und Aufnahmebestimmungen entsprechender staatlicher Schulen erfüllt werden. Freilich benutzen viele Schulbehörden die offenen gesetzlichen Bestimmungen nicht selten dazu, eine weitgehende Anpassung der Ersatzschule in ihren Inhalten, ihrer Organisation und in der Ausbildung ihrer Lehrer an entsprechende staatliche Schulen zu fordern. Die Schulbehörden verlangen dann also nicht ein gleichwertiges Niveau, sondern ein möglichst gleich*artiges* Erscheinungsbild wie die staatliche Schule.

Öffentliche Finanzhilfe gewährt jedes Bundesland, aber in unterschiedlicher Höhe, nach unterschiedlicher Berechnung und an unterschiedliche Gruppen von Schulen. Das Bundesverfassungsgericht erlegt den Landesgesetzgebern auf, alle Ersatzschulen, die hilfsbedürftig sind, zu fördern in einem Umfang, der ihnen ermöglicht, die Genehmigungsvoraussetzungen zu erfüllen. Die Schule muß also in den Stand gesetzt werden, gleichwertige Einrichtungen und Lehrer zu haben, die Lehrer ausreichend zu bezahlen und ein Schulgeld zu erheben, das so bemessen ist, daß die allgemeine Zugänglichkeit der Ersatzschule gewahrt bleibt. Die Bundesländer kommen dieser Verpflichtung nur knapp nach und dies auch keineswegs gegenüber allen Ersatzschulen; so werden z. B. in einigen Bundesländern genehmigte Ersatzschulen gegenüber anerkannten und berufsbildende Schulen gegenüber allgemeinbildenden benachteiligt.

Einige kritische Bemerkungen

Die Intention des Grundgesetzes, Vielfalt im Bildungswesen durch ein gleichberechtigtes Nebeneinander von Schulen in staatlicher und in freier Trägerschaft herzustellen, ist von der Tradition deutscher Schulverwaltung bisher nur ungenügend aufgenommen worden. Eine Handhabe dazu bietet der veraltete Wortlaut des Art. 7 GG, der Begriffe aus dem 19. Jahrhundert mitschleppt. Was ist eine «Privatschule» angesichts ihres öffentlichen Bildungsauftrag; was «ersetzt» heute eine «Ersatzschule»?

Die staatliche Schulaufsicht neigt dazu, ihre Kompetenzen gegenüber den Freien Schulen auf dem Stand zu halten, den sie im 19. Jahrhundert erreicht hat. Die höchstrichterliche Rechtsprechung hat ihr dies nicht immer mit der erforderlichen Klarheit verwehrt. So ist die Zuerkennung eines freien Ermessens bei der Feststellung des «besonderen pädagogischen Interesses» gegenüber «Volksschulen» in freier Trägerschaft außerordentlich unbefriedigend und benachteiligt gerade Schulen, die neue pädagogische Ansätze verwirklichen möchten.

Auch die Ersatzschulen werden hinsichtlich der Lehrinhalte, der Ausbildung der Lehrer und teilweise auch hinsichtlich der Bezahlung der Lehrer auf mehr Anpassung gedrängt, als rechtlich zulässig wäre. Vor allem die anerkannten Ersatzschulen werden in vielerlei Punkten zur Übernahme staatlicher Regelungen angehalten. Hinsichtlich der Versetzungs- und Prüfungsordnungen ist dies sachlich begründet, um sicherzustellen, daß die Bedingungen, unter denen Schüler Berechtigungen erwerben, möglichst gleich sind. Diese Begründetheit fehlt allerdings, wenn Schulverwaltungen Gleichartigkeit auch etwa hinsichtlich der Ferienordnung, der Schüler- und Elternmitwirkung, der Benutzung von Schulbüchern, der Disziplinarregelungen etc. verlangen.

Ein Instrument der Einschränkung der Gestaltungsfreiheit kann auch die Zumessung der öffentlichen Finanzhilfe sein, indem nicht nur die Anerkennung der Schule vorausgesetzt wird, sondern auch Zweckbindungen für die Mittelverwendung vorgesehen werden, die die Schule zu weitgehender Anpassung an die Haushaltsgestaltung staatlicher Schulen zwingen. Weithin ist die öffentliche Finanzhilfe eine Belohnung für möglichst starke Anpassung an Formen staatlicher Schule.

Über die Vergabe öffentlicher Zuschüsse kann auch die unzulässige Bedürfnisprüfung aufrechterhalten werden, etwa wenn von Gründern verlangt wird, daß sie zunächst einmal drei bis zwölf Jahre lang eine Schule betreiben müssen, ohne öffentliche Mittel zu erhalten.

Letztlich weist die vom Grundgesetz vorgestellte Vielfalt im Bildungswesen über den Privatschulbereich hinaus. Seit Jahrzehnten gibt es immer neue Vorschläge kompetenter Gremien (z. B. des Deutschen Ausschusses für das Erziehungs- und Bildungswesen, des Deutschen Bildungsrats, des Deutschen Juristentags) zu einer gewissen Dezentralisation der Schulaufsicht und Verselbständigung der Schulen, die eine größere Vielfalt im staatlich beaufsichtigten Rahmen eines gleichen Niveaus zum Ziel haben. Neuerdings werden diese schulorganisatorischen Vorschläge flankiert von Vorschlägen zur Reform der öffentlichen Finanzierung des Bildungswesens; diese Vorschläge gehen dahin, nicht mehr die Schulen, sondern die Schüler finanziell auszustatten, so daß diese die Schule ihrer Wahl – unabhängig von der Trägerschaft – besuchen können.

Verhältnis der Beteiligten zur Schule in freier Trägerschaft

Schulen in freier Trägerschaft werden entweder von natürlichen Personen («Unternehmern») oder juristischen Personen (z. B. Vereinen, Stiftungen, Orden, GmbH oder – im Falle der Kirchen – von Körperschaften öffentlichen Rechts) betrieben. Die meisten dieser Schulen sind gemeinnützig im Sinne des Steuerrechts.

Der nicht-öffentlich-rechtliche Status der Schulen hat zur Folge, daß die Verhältnisse zu Schülern bzw. Eltern und Mitarbeitern dem Zivilrecht unterliegen und durch Privatverträge geregelt werden. Einerseits werden diese Verträge von beiden Seiten aus freiem Entschluß abgeschlossen, andererseits können sie auch mit entsprechenden Kündigungsfristen (und ggf. arbeitsrechtlichem Kündigungsschutz) aufgelöst werden. Für Auseinandersetzungen sind grundsätzlich Zivilgerichte und Arbeitsgerichte zuständig; nur dort, wo eine anerkannte Ersatzschule Hoheitsakte ausübt, also Entscheidungen hinsichtlich der Zeugnisse, Versetzungen und Prüfungen trifft, ist der Weg wie bei staatlichen Schulen über die Schulbehörden und Verwaltungsgerichte offen.

Lehrer an Schulen in freier Trägerschaft sind Angestellte; Kirchen können auch Beamtenverhältnisse begründen. In verschiedenen Ländern können beamtete Lehrer von staatlichen Schulen an Ersatzschulen unter voller Anrechnung der Zeiten beurlaubt werden.

Die Mitwirkung der Mitarbeiter richtet sich nach dem Betriebsverfassungsgesetz, wobei zu berücksichtigen ist, daß Schulen generell «Tendenzbetriebe» sind und die gesetzliche Mitwirkung entsprechend eingeschränkt ist. Deshalb gibt es an einigen Schulen in freier Trägerschaft eigene, den besonderen Bedürfnissen dieser Schulen angemessene Mitarbeitervertretungen. Besondere Regelungen haben die kirchlichen und Ordensschulen.

Die Mitwirkung der Eltern und Schüler richtet sich grundsätzlich nach eigenen Ordnungen der Schule, die den besonderen Organisationsformen Rechnung tragen.

Die meisten Schulen in freier Trägerschaft haben – wie staatliche Schulen – einen Schulleiter; es gibt aber auch Schulen mit kollegialer Schulleitung (z. B. Waldorfschulen), an denen einzelne Mitarbeiter mit der Vertretung für bestimmte Aufgaben betraut sind. Zur Vertretung der Schule nach außen ist grundsätzlich der Träger berechtigt, doch können Schulleiter oder weitere leitende Mitarbeiter für bestimmte Bereiche bevollmächtigt sein.

Die Verbände und ihre Schulen

Joachim Dikow

Katholische Schulen

1. Ziel und Arbeitsweise der katholischen Schulen in freier Trägerschaft

Eltern, die man fragt, warum sie für ihre Kinder eine katholische Schule wählen, mögen darauf nicht immer mit fachpädagogischen Ausdrücken antworten können, und doch ist ihr Entschluß oft sehr sicher und seiner selbst gewiß. Da wird gesagt, eine Schule habe eine gute Atmosphäre, die Lehrer kümmerten sich um ihre Schüler, man wisse in der Schule noch, was recht sei und dem Menschen guttue. Sowenig beunruhigt also viele Eltern über ihre Schulwahl sein mögen, sowenig sie die Notwendigkeit besonderer Abhandlungen zu diesem Punkt einsehen – andere Eltern wiederum und die Öffentlichkeit fragen: Warum gibt es überhaupt katholische Schulen? Was ist ihr besonderer Auftrag? Was sind ihre Kennzeichen? Worin unterscheiden sie sich von anderen Schulen? Hier soll versucht werden, diese Fragen zu beantworten.

Das Ziel der katholischen Schulen in freier Trägerschaft und ihr tragender Beweggrund

Will man allgemein wie im Einzelfall beurteilen, ob sich der große Einsatz für die katholische Schule lohnt, so muß man den schulischen Alltag und seine Wirkungen mit den Absichten vergleichen, die man bei Gründung dieser Schule gehabt hat. Soll die Gesellschaft die Existenz von katholischen Schulen nicht nur dulden, sondern auch unterstützen, so hat sie ein Recht auf Auskunft über die allgemeinen Ziele dieser Schulen. Stehen wir vor der Frage, ob diese oder jene Schule eröffnet, erweitert, verändert, verkleinert oder gar geschlossen werden soll, so brauchen wir ein Bewußtsein davon, warum wir dieses oder jenes in unseren Schulen tun. Wir müssen davon ausgehen, daß ein solches Bewußtsein nachprüfbare und nicht nachprüfbare Auswirkungen auf das haben wird, was durch Lehrer, Schüler, Eltern und Schulträger in diesen Schulen geschieht. Die Pflege dieses Bewußtseins, das immer neue Durchdenken der Frage, warum und zu welchem Ende katholische Schulen betrieben werden, gehört deshalb zur Aufgabe aller, die an diesem Schulwesen beteiligt sind.

Was die Gemeinsame Synode der Bistümer in der Bundesrepublik Deutschland 1975 allgemein über den tiefsten Grund gesagt hat, den Christen für ihr Wirken im Bildungsbereich haben, das gilt auch für alle Bemühungen um die katholische Schule:

Wir sehen diesen Grund «in der Liebe, mit der Gott uns Menschen liebt, in der er in Jesus Christus unser Bruder geworden ist, damit wir in liebender Antwort an ihn und alle Mitmenschen das Kommen seines Reiches vorbereiten».

Unser Tun ist vor allem und zuerst Antwort. Mut und Demut, die der aufbringen muß, der sich an die Erziehung anderer Menschen wagt, finden in Jesus Christus ihren Grund. Deshalb können wir Vertrauen in einen letzten Sinn unseres Handelns haben, auch über alle menschlichen Enttäuschungen hinweg. Und deshalb haben die jungen Menschen, für die die katholischen Schulen da sind, einen Anspruch auf diesen Dienst.

Ausgehend von diesem Grund unseres Handelns werden wir die Ziele katholischer Schulen in freier Trägerschaft nun in sechs Thesen darlegen:

These 1

Die katholische Kirche gründet eigene Schulen, um auch dadurch ihren Heilsauftrag zu erfüllen.

In einer Reihe von amtlichen Aussagen hat sich die katholische Kirche seit dem II. Vatikanischen Konzil zu den Zielen geäußert, die sie mit Gründung und Unterhalt katholischer Schulen verfolgt. Darunter ist vor allem die Erklärung der Kongregation für das katholische Bildungswesen zur katholischen Schule vom 19. März 1977 zu nennen:

«Die Sendung der Kirche ist es ..., das Evangelium zu verkünden, d.h., allen die Frohe Botschaft des Heiles kundzutun, in der Taufe die Menschen neu zu schaffen und sie heranzubilden, bewußt als Kinder Gottes zu leben.» «In Erfüllung dieser Heilsaufgabe gründet die Kirche ihre eigenen Schulen, denn sie sieht in ihnen ein vorzügliches Mittel zur ganzheitlichen Ausbildung des Menschen, insofern sie tatsächlich eine Stätte sind, an der eine spezifische Auffassung von der Welt, dem Menschen und der Geschichte erarbeitet und übermittelt wird.» «Die katholische Schule trägt zur Heilsvermittlung der Kirche bei, besonders in der Glaubenserziehung.»

Es wird darauf ankommen, diese Sendung der Kirche, die durch die katholische Schule wahrgenommen wird, unter den geistig-religiösen Bedingungen am Ende des 20. Jahrhunderts zu verwirklichen. Diese Bedingungen sind teilweise so geartet, daß sie dem Auftrag der katholischen Schule im Wege stehen; denn der Glaube des einzelnen wird nicht mehr von der selbstverständlichen Gläubigkeit seiner Umgebung gehalten. An die Stelle des Glaubens ist oft ein absolutes Vertrauen in die Wissenschaft getreten. Doch, wie Papst Johannes Paul II. 1980 bei seiner Ansprache im Kölner Dom gesagt hat: «Es besteht kein Anlaß, unsere technisch-wissenschaftliche Kultur als gegensätzlich zur Schöpfungswelt Gottes zu sehen. Auf der anderen Seite braucht ein die menschliche Vernunft einbeziehender Glaube auch die irrationalen Tendenzen der Moderne nicht zu fürchten.»

These 2

Katholische Schulen in freier Trägerschaft werden errichtet und unterhalten, um junge Menschen im Auftrag ihrer Eltern zu erziehen und zu unterrichten.

In der katholischen Schule in freier Trägerschaft geht es zunächst einmal, wie in jeder Schule, um die Schüler. Sie sollen erzogen und unterrichtet werden. Diese Aufgabe leitet die katholische Schule in freier Trägerschaft nicht aus einem Auftrag von Staat und Gesellschaft ab, sondern aus dem Auftrag der Eltern. Deren Entschluß, ihre Kinder in eine katholische Schule in freier Trägerschaft zu geben, schafft diese Schule. Damit ist nicht bestritten, daß die katholischen Schulen in freier Trägerschaft den staatlichen Gesetzen unterstehen. Aber kein Gesetz, sondern allein der Wille der Eltern bringt Schüler in diese Schulen.

Es soll auch nicht behauptet werden, daß die Gründe der Eltern für die Anmeldung von Kindern in katholischen Schulen vorwiegend oder gar ausschließlich im «katholischen Charakter» dieser Schulen liegen. Es gab und gibt Umstände, bei denen auch besondere Formen des schulischen Angebots für den Entschluß der Eltern eine Rolle gespielt haben: Aus der Vergangenheit ist hier an die von katholischen Schulen früh geförderte höhere Mädchenbildung oder an die von katholischen Internaten und sogenannten Rektoratsschulen entwickelten Bildungschancen für die Kinder ländlicher Gebiete zu erinnern. Nach dem Zweiten Weltkrieg haben sich kirchliche Bildungseinrichtungen besonders früh des «Zweiten Bildungswegs» und der Beschulung geistig Behinderter angenommen. Heutzutage stellen Schulen von überschaubarer Größenordnung, Schulen, in denen eine besondere Form der Hausaufgabenbetreuung vorgesehen ist, Schulen für Spätausgesiedelte oder Ausländer oder Schulen, deren Sonderform im öffentlichen Bereich nicht wohnnah angeboten wird, solche besonderen Anreize dafür dar, daß Eltern ihre Kinder auf katholische Schulen in freier Trägerschaft schicken.

Doch das Recht, das die Eltern hierzu haben, ist von solchen besonderen Umständen nicht abhängig zu machen. Auch eine «normale», dem Standard öffentlicher Schulen entsprechende katholische Schule in freier Trägerschaft dürfen Eltern für ihre Kinder wählen, wenn ihnen dieses Angebot gemacht werden kann und wenn sie es mit Rücksicht auf eines der anderen und noch zu nennenden Ziele dieser Schulen für annehmenswert erachten.

Der Hinweis auf das Erziehungsrecht der Eltern soll nicht bedeuten, daß Mitverantwortung und schließlich Selbstverantwortung des jungen Menschen in der katholischen Schule auszuschließen sind. Jeder Erziehungsvorgang ist ja grundsätzlich darauf angelegt, den zu erziehenden Menschen zu einer eigenverantwortlichen Entscheidung seines Tun und Lassens zu bringen. An diesen Umstand muß schon deshalb erinnert werden, weil es unter den katholischen Schulen zahlreiche Formen gibt – Fachschulen, Fachakademien, Kollegs, Institute zur Erlangung der Hochschulreife, Abendhauptschulen, Abendrealschulen, Abendgymnasien u. a. –, in denen heranwachsende oder erwachsene Studierende unterrichtet werden.

These 3

Die katholische Schule in freier Trägerschaft soll eine «Synthese zwischen Kultur und Glauben» und eine «Synthese zwischen Glauben und Leben» schaffen.

Erziehung und Unterricht – die Einführung junger Menschen in das Leben und in die Kultur – sind der Auftrag einer jeden guten Schule. Zur besonderen Zielsetzung der katholischen Schule in freier Trägerschaft hat die Kongregation für das katholische Bildungswesen in ihrer Erklärung zur katholischen Schule vom 19. März 1977 gesagt, daß sie zwischen Kultur und Glaube und zwischen Glaube und Leben eine Synthese zu schaffen habe.

Was ist unter einer Synthese von Kultur und Glaube zu verstehen? Diese Synthese gelingt durch ein «neues Sehen» der Wirklichkeit, durch eine Deutung der Wirklichkeit aus der Sicht des Glaubens. Das II. Vatikanische Konzil hat gelehrt, daß es darauf ankomme, unter Wahrung der «Autonomie der irdischen Wirklichkeit» diese *zugleich* als «von Gott abhängig» zu sehen. Solche Synthese soll den Schüler in die Lage setzen, mit der Kultur so umzugehen, sie so mitzuentfalten, sich ihr aber gegebenenfalls bei Fehlentwicklungen auch so entgegenzustellen, wie es ein Christ tun soll.

Und wenn es um die Synthese von Glaube und Leben geht, kommt es darauf an, den jungen Menschen zu befähigen, sich als Christ in der Welt zu verhalten. Von bloßer Information oder gar von Indoktrination ist nichts zu halten. Die Aufgabe der Schule muß es vielmehr sein, daß sie für ihre Schüler ein Ort wird, wo sie in einer Gemeinschaft erfahren dürfen, daß die Freundschaft des Herrn neues Leben schenkt. Glaube ist gewiß als gnadenhaftes Geschenk nicht lehrbar; doch können die auf den Glauben gerichtete Reflexion, können Befähigung zur Meditation, Selbstbeherrschung und Dialogfähigkeit die von der Gemeinschaft der Glaubenden dem einzelnen geschuldeten Voraussetzungen sein, von denen aus er zu seinem persönlichen Glauben gelangt. Dabei soll der junge Mensch auch erfahren, daß die Kirche eine soziale Form des Glaubens ist, die neben der individuellen Form ihren eigenständigen Wert hat. Es muß nicht nur gelehrt, sondern gelebt werden, daß Kirche als eine Gemeinschaft anderes und mehr verwirklichen kann, als es den einzelnen Christen möglich ist. Alles in allem soll sich die katholische Schule bemühen, «im Bereich der Schulgemeinschaft ein Klima zu schaffen, das dem Schüler hilft, seinen Glauben mit immer tieferem Verständnis zu leben und allmählich eine Gesinnung zu erwerben, die ihn befähigt, die Verpflichtungen seiner Taufe auf sich zu nehmen». Die Schule, so läßt sich ihr Auftrag zusammenfassen, soll den Schülerinnen und Schülern Erinnerungen an gelebtes mündiges Christsein heute schenken. Was ehemalige Schülerinnen und Schüler eines Tages auf dem Hintergrund solcher Erinnerungen als eigenen Lebensentwurf verwirklichen, ist ihre freie Tat in eigener Verantwortung.

These 4

Durch katholische Schulen in freier Trägerschaft können Kirche und Katholiken ihre Erziehungs- und Bildungsvorstellungen in die gesellschaftliche Entwicklung einbringen.

Mit eigenen Einrichtungen können Kirche und Katholiken zeigen und erproben, welche Vorstellungen sie von Schulen haben; sie können diese Vorstellungen konkret und nicht nur in der Theorie zur Diskussion stellen. Es gibt selbstverständlich auch eine Form des Wirkens in der Welt, bei der der einzelne Christ in öffentlichen Schulen tätig ist. Daneben tritt mit den Schulen in freier katholischer Trägerschaft die Leistung, die katholische Christen als soziale Gruppe zu erbringen vermögen. Sie setzen dabei voraus, daß diese Leistung das Erziehungswesen im ganzen bereichert. Was hier als These vorgetragen wird, muß geprüft werden an den Einzeldarstellungen von katholischen Schulen, die auf diese allgemeine Darstellung folgen.

Dabei bleibt es übrigens auch nicht aus, daß die Kirche als Schulträger erfährt, wie schwer manche gute Absicht durchzusetzen ist, wie vielfältig die Probleme sind, denen man im Schulbereich begegnet. Solche unmittelbare Erfahrung hilft der Kirche dann auch, sachbezogen und gerecht die erzieherischen Bemühungen der Lehrerschaft aller Schulen, anderer Schulträger und der Schulaufsichtsbehörden des Staates zu beurteilen.

Der von solchen Ansätzen her vertretene Grundsatz exemplarischer Präsenz löst ein in einem antikatholischen Staatswesen gerechtfertigtes Erfassungsprinzip: ‹alle katholischen Kinder in katholischen Schulen!› ab. Der Grundsatz exemplarischer Präsenz gibt auch einen Maßstab für die Frage her, ob in einer bestimmten Region oder in einer bestimmten Schulform die Errichtung weiterer katholischer Schulen in freier Trägerschaft wünschenswert ist.

These 5
Die katholischen Schulen in freier Trägerschaft sollen auch um Verständnis dafür werben, daß es besondere und notwendige Dienste in der Kirche gibt. Sie sollen für die Wahrnehmung dieser Dienste vorbereitende Hilfe leisten.

Katholische Schulen werden auch betrieben, um vorzubereiten auf die Dienste der engagierten Willensbildung und Mitverantwortung in den Gemeinden, die Dienste der sozialen Berufe, der Ordens- und Priesterberufe und der übrigen kirchlichen Berufe.

Auch in Zukunft bedarf die Kirche des Einsatzes vieler mündiger und fähiger Christen, vieler Laien, Priester und Ordensleute in allen Lebensbereichen, wenn sie ihren Auftrag der Heilssorge und des Dienstes an der Welt erfüllen soll. Es geht nicht um die soziale Reproduktion von einmal erreichten Positionen, wohl aber um die soziale Sukzession, um ein Weiterreichen der Aufträge, um ein Weiterarbeiten an ihrer Erfüllung. So können katholische Christen bewogen sein,

Schulen zu gestalten, aus denen ein genügend großer und qualifizierter Nachwuchs hervorgehen soll, der die Aufgaben der Kirche auch in der Zukunft zu erfüllen vermag. Der überproportional hohe Anteil von ehemaligen Schülerinnen und Schülern katholischer Schulen unter denen, die sich im kirchlichen Dienst engagieren, zeigt, daß diese Motivation kein Wunschdenken ist. Selbstverständlich weiß sich die Schule gerade in diesem Zusammenhang auf Gottes Gnade verwiesen und soll deshalb auch eine Gebetsgemeinschaft um diese Gnade sein.

These 6
Katholische Christen unterhalten Schulen, um einen geschichtlich gewachsenen und wertvollen Bestand an Schulen zu erhalten und weiterzuentwickeln.

Das Schulwesen in freier katholischer Trägerschaft stellt eine hohe Leistung vergangener christlicher Generationen dar; in ihm werden große Werte pädagogischer, kultureller, religiöser, sozialer und ökonomischer Natur erhalten. Eine solche Tradition nicht abreißen zu lassen, ist auch ein Motiv für die Unterhaltung katholischer Schulen.

Zum Motiv der Traditionssicherung gehört folgende Überlegung: Natürlich werden Schulen zunächst einmal um der Schüler willen unterhalten. Der Bestand an katholischen Schulen in freier Trägerschaft stellt aber auch ein Engagement der Kirche unter den Akademikern dar, das für einen lebendigen Austausch mit den geistigen Positionen jeder Zeit wichtig ist. Die Diskussion innerhalb der Kollegien um grundsätzliche und fachwissenschaftliche Fragen ist auch unabhängig von ihren Auswirkungen auf den Unterricht wichtig. Die Kirche braucht für ihren Auftrag bei den Menschen solche Gelegenheiten einer qualifizierten Auseinandersetzung, damit sie selbst lebendig bleibt und sich den immer neuen Fragen an sie stellen kann.

Das wird in dem Bewußtsein geschehen, daß jede Gegenwart auch die Treuhänderin der Vergangenheit für die Zukunft ist. Einmal zerstörte Verbindungen mit der Vergangenheit können kaum wieder angeknüpft werden. Die Gesellschaft, die sich von ihrem geschichtlichen Hintergrund zu entfremden droht und damit den Menschen nur noch unter dem Gesichtspunkt technischer Verfügbarkeit für heute und morgen sieht, bedarf der gegenhaltenden Kräfte, die sich auch in der Pflege überkommener Institutionen entfalten.

Von der Arbeitsweise der katholischen Schulen in freier Trägerschaft

Bisher war vom Beweggrund und von den Zielen derer gesprochen worden, die die katholischen Schulen in freier Trägerschaft unterhalten und gestalten. So wichtig dies ist, dringlicher ist für viele die Frage nach der Arbeitsweise, vor allem nach der besonderen und sie unterscheidenden Arbeitsweise der katholischen Schulen, die Frage nach ihrer Eigenprägung. Das geschieht einmal in der Auseinandersetzung mit Außenstehenden. Es geschieht aber auch im Gespräch der unmittelbar Beteiligten, für die es darauf ankommt zu wissen, wie sie arbeiten sollen, um die gesteckten Ziele zu erreichen.

In diesem Zusammenhang sollte man allerdings nicht nach irgend etwas Exotischem suchen, nach Unterrichtsinhalten und Unterrichtsformen, die es nur an katholischen Schulen geben könnte. Die katholische Schule will insofern eine normale Schule sein, als sie auch die Norm für alle Schulen sein könnte.

Tatsächlich finden sich aber fast bei jeder Schule in staatlicher, kommunaler oder freier Trägerschaft Eigenprägungen. Eigengeprägt wird eine Schule zunächst schon durch den Prozeß des zwischenmenschlichen Verhaltens der dort Tätigen. Sobald dies Verhalten tatsächlich Regelmäßigkeit zeigt oder sobald zumindest von dem Verhalten der Menschen im voraus erwartet wird, daß es bestimmten Regeln folgt, kann von einer Eigenprägung gesprochen werden. Gewiß gehen in solche Regeln des Verhaltens auch pädagogische Prinzipien ein. Wir selbst haben sie ja als Ziel der katholischen Schule zu bestimmen gesucht. Daneben spielen aber die Unwägbarkeiten persönlicher Charaktere, spielen Traditionen des Verhaltens und Zufälle, spielen landschaftliche Umgrenzungen und epochaler Wechsel des Verhaltensstils eine Rolle, wenn Eigenprägung der Schule geschieht. Es wird zu bestimmen sein, welche dieser Eigenprägungen insbesondere für Schulen in freier katholischer Trägerschaft erwünscht sind.

Dabei ist sicher, daß nicht von vornherein und von oben verordnet werden darf und kann, in welcher Weise und mit welchen Akzenten diese Eigenprägung im einzelnen erfolgen soll. Dies haben vielmehr unter Berücksichtigung der jeweils gegebenen Situation diejenigen zu entscheiden, die an der Schule und für die Schule als Eltern, Schüler, Lehrer, Erzieher, Schulseelsorger, Mitarbeiter der Schulverwaltung und Vertreter des Schulträgers tätig sind. Es haben sich jedoch aus der langjährigen gemeinsamen Arbeit aller Beteiligten bestimmte Vorstellungen über Eigenschaften und Eigenprägung der katholischen Schule in freier Trägerschaft entwickelt.

Die Grundlage: Die katholische Schule in freier Trägerschaft soll eine gute Schule sein

Wie alle anderen Schulen müssen sich auch katholische Schulen nicht zuletzt um der Wirksamkeit ihres besonderen Auftrags willen bemühen, gute Schulen zu sein. Das heißt vorab, daß sie eine Didaktik und Methodik verfolgen, die dem Schüler gerecht wird. Angesichts der sehr kontrovers diskutierten Frage, was denn dem Schüler gerecht wird, ist eine solche Forderung allerdings recht formal. Sie soll aber feststellen, daß weder jedem modischen Trend nachzulaufen und der Nutzen überkommener Erfahrungen zu verkennen ist, noch einfach ein Festhalten an dem, was man immer schon gemacht hat, die Richtschnur der Pädagogik abgeben darf, sondern ein genaues – und auch liebevolles – Hinsehen auf das, was den Schülern wirklich hilft.

Zur guten Schule gehört sodann, daß sie sozial offen ist und die schwächeren Glieder der Gesellschaft besonders berücksichtigt; dabei sind nicht nur ökonomisch-soziale, sondern vielfältige individuelle und familiäre Belastungen zu bedenken. Daher sollte die katholische Schule Maßnahmen vorbereiten und durchführen, die den Schulerfolg der durch soziale Herkunft, gesundheitliche Schäden, persönliche und familiäre Unglücksfälle oder ausländische Herkunft besonders benachteiligten Schüler sicherstellen. Nicht der Verzicht darauf, etwas leisten zu können, sondern die Vermittlung gerechter Leistungschancen kennzeichnet die gute Schule.

In ihr sollen Mitwirkung und Mitbestimmung aller Beteiligten dadurch gefördert werden, daß sorgfältige und verständliche Informationen für die Eltern und Schüler über die Schule, ihr Programm und die an ihr möglichen Schullaufbahnen bereitgestellt werden. Auch sollen die für die Mitwirkung aufgestellten Regeln von den Verantwortlichen mit innerer Zustimmung und im Bewußtsein der Wichtigkeit einer gelingenden breiten Mitwirkung befolgt werden.

Schließlich verlangt das Ziel, eine gute Schule zu führen, vom Träger der katholischen Schule, daß er für eine wissenschaftlich verantwortete Begleitung und für eine vernünftigen pädagogischen Grundsätzen entsprechende äußere Ausstattung der Schule sorgt. Er soll lieber wenige gute als viele mittelmäßige Schulen unterhalten.

Von der Erziehung in der katholischen Schule

Es gehört für uns zum Begriff der guten Schule, daß sie erziehungsintensive Schule ist, daß sich die Lehrer in ihr dem Schüler persönlich zuwenden und sich für mehr als nur für die gewiß wichtige Übermittlung eines Lehrstoffes zuständig fühlen. Die katholische Schule in freier Trägerschaft erfüllt diesen Auftrag, wenn die Lehrer alle ihre Schüler mit Namen kennen, wenn sie im rechten Augenblick auf sie mit einem persönlichen Wort zugehen, wenn sie ein geschärftes Empfinden dafür haben, ob sich Schüler an sie mit persönlichen Anliegen wenden wollen. Wie in allen guten Schulen sollen auch die Gelegenheiten zu persönlicher Begegnung der Schüler untereinander und der Eltern, Schüler und Lehrer einen festen Ort im Schulleben haben: die Feste und Feiern, die Wanderungen und der Schüleraustausch.

Alle hier denkbaren und bewährten Formen der Erziehung sollten Gelegenheiten schaffen, daß die Tugenden sozialer Verhaltensweisen entwickelt und erprobt werden. Nur erinnert sei in diesem Zusammenhang an sozialintegrative Formen des Unterrichts wie Partnerarbeit, Gruppenarbeit, Studientag und Praktikum, an die Arbeit der Schülervertretung, an Schülersprechtage, an die Gesprächsstunden mit Klassenlehrern und Tutoren.

So sehr dies alles nun auch für die katholische Schule in freier Trägerschaft wichtig ist, so unterscheidet es eine solche Schule nicht von anderen guten Schulen. Dagegen wird man im Bereich der Motive und Ziele des pädagogischen Handelns von einem eigenen Ansatz sprechen müssen, wie er zum Beispiel im Synodenbeschluß über die Schwerpunkte kirchlicher Verantwortung im Bildungsbereich formuliert worden ist: «Antrieb und Maßstab für ihr spezifisches Denken und Handeln im Bildungsbereich findet die Kirche in dem, was der Glaube über den Auftrag des Menschen in der Welt sagt. Grund für ihr Wirken im Bildungsbereich erblicken Christen in der Liebe, mit der Gott uns Menschen liebt, in der er in Jesus unser Bruder geworden ist, damit wir in liebender Antwort an ihn und alle Mitmenschen das Kommen seines Reiches vorbereiten. Die obersten Ziele von Erziehung und Bildung des Menschen liegen für katholische Christen in der Entfaltung der menschlichen Anlagen, in der Befähigung des Menschen zum Dienst an seinen Mitmenschen, an der Welt und am Reich Gottes. Es entspricht katholischer Überzeugung, zeitliche und ewige Ziele in der Erziehung und Bildung des Menschen für miteinander vereinbar zu halten. Damit ist allerdings noch nicht gesagt, wie das Ineinanderwirken dieser Ziele zu verstehen ist, wie jedes Ziel für sich auch in seinem Eigenwert geachtet werden kann und wie man diese Ziele heute so ausspricht, daß die Menschen sich davon bestimmen lassen.»

Ob solche christlichen Motive und Ziele des Handelns tragen, wird sich vor allem in Grenzsituationen erweisen, in denen sich der Erzieher bewähren muß: wenn der Lehrer den Schüler auch unabhängig von den erbrachten schulischen Leistungen in seiner Würde als Mensch und Kind Gottes achtet; wenn der Lehrer auch schwere Enttäuschungen von seiten seiner Schüler zu tragen vermag, ohne die Hoffnung aufzugeben; wenn der Lehrer versucht, dem Schüler den Sinn der Anstrengungen aufzuschließen, die von ihm in der Schule verlangt werden müssen.

Wie die Umsetzung besonderer christlicher Motive und Ziele in den pädagogischen Vollzug zu leisten ist, sollte Gegenstand gemeinsamer Erörterungen der Kollegien sein. Damit wendet sich die Absicht, erziehungsintensive Schule zu gestalten, vor allem als Forderung an den Erzieher zurück. Er müßte sich aber überfordert fühlen, wenn er sich nicht in der Gnade Gottes gehalten und in der Firmung für seinen Beruf gestärkt fühlen dürfte.

Neben dieser Auseinandersetzung mit Motiven und Zielen christlichen Erziehens sollen alltägliche Gelegenheiten nicht aus dem Auge verloren werden, um die Schüler mit besonderen kirchlichen Angeboten der Hilfe für ein gelingendes Leben vertraut zu machen. Gemeint sind hier Hinweise auf die katholischen Jugendzeitschriften, auf die katholischen Büchereien und die katholischen Jugendverbände und auf die katholischen Beratungsstellen, die der Lehrer beim persönlichen Gespräch oder in einer Verfügungsstunde – auch bei einem Elternabend – geben sollte. Schließlich braucht der Schüler verständlich formulierte und vom Lehrer mit Glaubwürdigkeit vorgetragene Aussagen, wie man als Christ verantwortbar in verschiedenen Lebenssituationen handeln kann: daß es ankommt auf politisches Handeln in ‹Personalität, Solidarität, Subsidiarität›, auf Engagement für bürgerliche und kirchliche Aufgaben in der Freizeit, auf ein Hinwachsen zur Ehebindungsfähigkeit oder zur Ehelosigkeit um anderer Aufgaben willen, auf ein Mitwirken an der Schöpfung Gottes in Kunst oder Schonung unserer Umwelt, auf die Heiligung des Sonntags, auf den Schutz des ungeborenen Lebens, auf den Dienst für Entwicklung und Friede, auf die Absage an den Haß im Rassen- und Klassenkampf usw. Auch das läuft auf eine Forderung an den Lehrer hinaus: Er muß selbst in seinem Leben darstellen und deutlich machen können, was ihm etwas wert ist.

Vom Unterricht in der katholischen Schule

Auch der Unterricht in der katholischen Schule hat die schon genannten Ziele: die Synthese von Kultur und Glauben und die Synthese von Glauben und Leben.

Um der Synthese von Kultur und Glauben willen sollen die Schüler die Fähigkeit erwerben, die Wirklichkeit neu zu sehen und auf diese Weise die unterschiedlichen Erkenntnisordnungen zu erfassen, denen jeweils unterschiedliche Dimensionen der Wirklichkeit zugeordnet sind: die Dimension der sinnlichen Erfahrung, der Qualität (die Wertfrage, das Ästhetische), der Sinnfrage und der religiösen Frage einschließlich des Offenbarungsglaubens.

Diese Fähigkeit kann nur schrittweise eingeübt werden. Folgende Schritte können dazu führen:

- die Fähigkeit, staunen zu können, die zur Ehrfurcht vor dem Geheimnis, vor dem Geschaffenen führt und die Voraussetzung eines neuen Wertbewußtseins ist;
- die Fähigkeit, weiterzufragen: Was steht hinter den Erscheinungen? Was trägt sie? Verweisen sie auf einen Sinn, oder sind sie Ausdruck von Nicht-Sinn, Un-Sinn?
- die Fähigkeit, nach den Konsequenzen für das Handeln des Menschen zu fragen aus dem, was von Wissenschaft erforscht und für den Menschen verfügbar gemacht worden ist;
- das Erkennen der Grenzen rationaler wissenschaftlicher Aussagemöglichkeiten;
- das Erkennen einer Ordnung, sei es einer Gesetzmäßigkeit in der unbelebten und belebten Natur, sei es eines Sinnes im menschlichen Geschehen, was beides zur weiteren Frage nach dem Grund von Ordnung und Sinn führt.

Die Antwort auf diese Frage bereitet den Überschritt in die Dimension des Glaubens vor, den der Schüler freilich in eigener Entscheidung vollziehen muß. (Helmut Kasper, Wissenschaft und Sinnfrage, Seite 25)

Da schließlich jeder dieser Schritte nicht ausschließlich das Ergebnis logischer Argumente und zwingender Schlußfolgerungen aus Beobachtungen unserer Sinnesorgane ist, sondern das Ergebnis je persönlich getroffener Entscheidungen, muß die Fähigkeit, personale Entscheidungen zu treffen und sie zu verantworten, von neuem eingeübt werden.

Für diese Aufgaben kommen der Religionsunterricht, der deshalb u. U. an den katholischen Schulen auch mit einer größeren Stundenzahl ausgestattet werden kann, der übrige Fachunterricht und fächerübergreifende Unterrichtsveranstaltungen wie Arbeitsgemeinschaften, Studientage, Vortragsveranstaltungen mit Diskussionen u.a. in Frage. Welche Gesichtspunkte im einzelnen Fach in diesem Zusammenhang zu behandeln sind, müßte gesondert abgehandelt werden. Einige Beispiele seien dafür genannt:

- Linguistik kann als empirische Wissenschaft nur etwas zum Problem von «wahr» und «falsch» beitragen, nicht jedoch zum Problem Wahrheit und Lüge: Dies ist eine ethische Frage, die jenseits der Grenze der empirischen Wissenschaften liegt. Wohl aber kann der linguistische Unterricht hier bis an diese Grenze führen und dabei die Notwendigkeit, sie zu überschreiten, einsichtig machen.
- Geschichte und Politik eröffnen einen Einblick in das «Wesen» des Menschen, indem sie die Möglichkeiten menschlichen Handelns aufzeigen, zeigen, wozu der Mensch fähig ist. Damit wird zugleich die Erlösungsbedürftigkeit des einzelnen wie der Menschheit überhaupt verstehbar. Am Beispiel des Lebens von Heiligen oder von Politikern, die aus christlicher Verantwortung handeln, kann deutlich werden, welche Ausstrahlung vom Glauben in die Welt ausgehen kann.
- Literatur (nicht nur religiöse) zeugt vom Ringen des Menschen um das Verständnis von Wirklichkeit, seiner selbst und um den Sinn des Lebens.
- Naturwissenschaft und Technik zeugen ebenso wie Geschichte und Politik von der Ambivalenz menschlichen Handelns: Mißbrauch wissenschaftlicher Erkenntnisse ist möglich, ebenso aber Einblick in die Geheimnisse der Schöpfung.
- Mathematik bietet den modellhaften Einblick in die moderne wissenschaftliche Methode, die die Wirklichkeit auf jeweils von allen Umständen abstrahierende Weise und insofern pointiert einseitig zu erfassen sucht.

Auch für die angestrebte Synthese von Glauben und Leben vermag der Unterricht einen Beitrag zu leisten (obschon es auf ein im Glauben wurzelndes Handeln aller an der Schule Beteiligten mehr ankommt – dazu wird unter dem Stichwort «Schulseelsorge» mehr zu sagen sein, und darauf wurde schon unter dem Stichwort «Erziehung» hingewiesen). Er kann nämlich dem Schüler an Beispielen aus der Vergangenheit in vielen Fächern vor Augen führen, wie Menschen immer wieder – und oft auf ihren ganz speziellen Tätigkeitsfeldern – bemüht waren, eine solche Synthese von Glauben und Leben zu schaffen. Wir finden solche Versuche in Bereichen von Geschichte, Kunst, Literatur, sozialen Institutionen, Musik, Pädagogik, Philosophie, Recht und vielen anderen. In vielen Fällen führen wir durch das Studium solcher Synthesen von Glauben und Leben unsere Schüler in die Möglichkeit ein, einmal selbst das zu tun, wofür andere den Grund gelegt haben. Deshalb soll in Geschichte, Sozialkunde oder Politik die katholische Soziallehre behandelt werden; in diesen Fächern wie im Religionsunterricht ist in die kirchliche Friedenspolitik einzuführen; in Religionslehre, Deutsch und Sozialkunde soll davon die Rede sein, wie christliche Liebe, Ehe und Familie gelebt werden konnten: auch kann der Kunstunterricht im Studium christlicher Ikonographie, der Musikunterricht im Studium kirchenmusikalischer Werke Beispiele dafür geben, wie Menschen mit allen Sinnen um eine Synthese ihres Lebens und ihres Glaubens bemüht waren.

Abschließend sei zum Problem der unterrichtlichen Ausprägung katholischer Schulen in freier Trägerschaft darauf verwiesen, daß aus dem Umstand, daß und wie katholische Religionslehre an diesen Schulen unterrichtet wird, in den meisten Bundesländern kein besonderer Gesichtspunkt der Eigenprägung zu gewinnen ist. In den meisten Ländern ist Religionslehre an allen öffentlichen Schulen ordentliches Lehrfach, auf dessen Inhalte, Vermittlungsweisen und Lehrer die Kirche Einfluß hat. Wo dies allerdings rechtlich oder tatsächlich nicht der Fall ist – wie in den Stadtstaaten und in einer Reihe der neuen Bundesländer –, gehört es zu den unverwechselbaren Elementen der Eigenprägung katholischer Schulen, daß an ihnen katholischer Religionsunterricht erteilt wird.

Der hohe Anteil der in solchen Bundesländern die katholischen Grundschulen besuchenden Kinder erklärt sich aus dieser Lage. Ebenso das große Engagement der Solidargemeinschaft katholischer Kirchensteuerzahler für die katholische Schule. Sie wird unter solchen Verhältnissen eine Institution zur Sicherstellung des Rechtes auf Glaubensfreiheit und ungestörte Religionsausübung nach Artikel 4 des Grundgesetzes.

Eigenprägung im Bereich der Schulseelsorge

Die Gemeinsame Synode der Bistümer in der Bundesrepublik Deutschland hat 1975 in ihrem Beschluß über die Schwerpunkte kirchlicher Verantwortung im Bildungsbereich auch die Schulseelsorge angesprochen und ausgeführt: «Es erweist sich in vielen Bereichen als notwendig, die Pfarrseelsorge durch ein Netz weiterer pastoraler Angebote zu ergänzen und so die Menschen für den christlichen Dienst in ihrem jeweiligen Lebensbereich zu stärken, ihnen dort die Frohe Botschaft zu verkünden und mit ihnen Gottesdienst zu feiern. Man darf dabei die Menschen in der Schule – Schüler, Eltern, Lehrer und Erzieher, technische und pädagogische Mitarbeiter – nicht nur als Objekte der Seelsorge auffassen, sondern als die, die den Dienst füreinander und vor Gott leisten können und sollen. Eine wichtige Form dieser Arbeit ist die Gruppenbildung, in der sich Teile von Schülerschaft und des Kollegiums als Gemeinschaften von Glaubenden erleben dürfen.»

Was hier für alle Schulen gesagt ist, gilt für die katholische Schule in freier Trägerschaft in besonderem Maße und mit besonderen Schwerpunkten. Im einzelnen haben sich folgende Formen der Schulseelsorge entwickelt: Schulgebet, Schulgottesdienst (auch in der Form des ökumenischen Gottesdienstes und der Meditation), katholische Jugendgruppenarbeit, Tage religiöser Orientierung (auch in der gesammelteren Form der Exerzitien), religiöse Schulwochen, Werktagungen zur Gottesdienstgestaltung, Ferienseminare, Kontakt zu Weltkirche und Ortsgemeinde, Schulleben im Festkreis des Kirchenjahres, Wanderung zu den Zeugnissen des Christentums in unserer Heimat (auch in der gesammelteren Form der Wallfahrten), Gestaltung des Schulgebäudes mit den Zeichen des christlichen Glaubens.

Eigenprägung im rechtlichen und organisatorischen Bereich

Die Nutzung der oben erläuterten Freiheitsrechte der Freien Schule bringt für die katholische Schule Eigenprägungen auch im rechtlichen und organisatorischen Bereich. Viele Schulträger haben für ihre Schulen unter Mitwirkung der Beteiligten Grundordnungen erlassen.

Geregelt werden in diesen Grundordnungen kraft kirchlichen Rechts die freie Schülerwahl und freie Schulwahl, die freie Lehrerwahl und freie Dienstherrenwahl, die freie Festlegung der Lehrziele und Einrichtungen der kirchlichen Schulen, die Dienststellung der Lehrer, die Mitwirkung der Beteiligten, der Schulbesuch, die Hausordnung sowie Haftungs- und Versicherungsfragen. Das Grundgesetz hat in Artikel 140 in Verbindung mit Artikel 137 der Weimarer Reichsverfassung dieses kirchliche Recht respektiert durch die Bestimmung: «Jede Religionsgemeinschaft ordnet und verwaltet ihre

Angelegenheiten selbständig innerhalb der Schranken des für alle geltenden Gesetzes.»

Der Tatsache, daß sich Eltern und Schulträger in freier Schulwahl und freier Schülerwahl zusammenfinden, entspricht es, daß zu den eigengeprägten rechtlichen Elementen des katholischen Schulwesens in freier Trägerschaft der Schulvertrag gehört. Dieser ersetzt die im öffentlichen Schulwesen durch Schulpflicht-, Schulordnungs-, Schulverwaltungs-, Erziehungsgesetze und andere Bestimmungen konstituierte Zwangsordnung durch eine frei vereinbarte Ordnung. Sie schafft eine Pflicht des Schulträgers zur Beschulung, bringt eine Verständigung der Vertragspartner über die Schulziele, sichert Eltern und Schülern Mitwirkungsrechte zu, regelt Fragen der Schul- und Hausordnung und die Kündigung des vertraglichen Verhältnisses. Auch eigene Schulmitwirkungsordnungen, Mitarbeitervertretungsordnungen, Dienstordnungen und Schulentwicklungspläne gehören zu den rechtlichen Instrumenten, an denen sich die Eigenprägung der katholischen Schulen in solchen Fragen zeigt. Zu den organisatorischen Elementen einer Eigenprägung der katholischen Schulen gehört alles, was dem Ziel dient, den Dialog zwischen allen Beteiligten zu fördern. Hierüber ist im Zusammenhang des nächsten Kapitels zu berichten.

2. Die Träger der katholischen Schulen; die Formen ihrer Zusammenarbeit und Repräsentanz

Außerordentlich groß ist die Vielzahl und die Vielfalt der Träger katholischer Schulen. Die über tausend Schulen stehen in der Trägerschaft von Hunderten von Klöstern und Orden, Bistümern, Schulwerken und Stiftungen, Schulvereinen und gemeinnützigen Verbänden. Dies mag als einen Nachteil ansehen, wer rechtsverbindliches Handeln einer einzigen Stelle für alle Träger erwartet, wer – mit einiger Naivität! – in der katholischen Kirche auf hierarchische Kommandostrukturen aus einem Guß rechnet. Dies muß als einen Vorteil ansehen, wer lebendige Vielfalt als die Voraussetzung pädagogischen Reichtums schätzt! Allerdings hat solche Vielfalt ihren Preis in der Notwendigkeit, Formen der Zusammenarbeit und Repräsentanz der Träger und ihrer Schulen in großer Vielzahl und Vielfalt zu schaffen. Von diesen Formen wird noch die Rede sein; zunächst aber ein wenig genauer von den Trägern.

Das katholische Schulwesen ist in seinem historischen Grundbestand und bis auf den heutigen Tag mit großem Anteil ein Ordensschulwesen. Es ist hier nicht der Ort darzulegen, wie Ordensstifter und Ordensregeln Männer und Frauen in der Nachfolge Christi zum Dienst an den Kindern und zur Heiligung der Welt in Werken der Kultur bestimmt haben. Wohl aber sollte man sich dessen bewußt sein, welche geradezu idealen Voraussetzungen für das Schulehalten gegeben sind, wenn das ganze Kollegium einer Schule oder doch sein prägender Teil in einer Lebensgemeinschaft verbunden sind, die sich nach einem gemeinsamen Ziel ausstrecken und alle vorhandenen Kräfte gemeinsam nutzen. Es ist kein Zufall, daß Ordensschulen manchmal eine vielhundertjährige, ja tausendjährige Geschichte haben. Aber ‹den Orden› als Schulträger gibt es nicht. Es gibt Ordensprovinzen, die sich über Länder und Kontinente erstrecken, Ordensprovinzen, die Träger vieler Schulen von unterschiedlicher Form sind. Und es gibt Klöster, die in der Abgeschiedenheit eine einzige Schule unterhalten. Es gibt Orden, die Schulen neben anderen Werken betreiben, und Orden, deren wichtigster Stiftungszweck die Erziehung der Jugend ist. Es gibt Orden, denen es fern läge, von ihrer Spiritualität her bestimmte Organisationsformen, Unterrichtsstoffe oder Methoden zu bevorzugen; und es gibt Orden, für die gehört das Beispiel bedürfnislosen Lebens oder die Liebe zum gestrauchelten Jugendlichen oder die Gedankenschärfe wissenschaftlicher Auseinandersetzungen nicht zum zufällig gewählten Erziehungskonzept, sondern zum Kern der eigenen Lebensform. Es gibt Männer- und Frauenorden; letztere tragen die bei weitem größere Zahl der Ordensschulen. Es gibt Orden, bei denen die Gemeinschaft selbst unmittelbarer Träger ist; und es gibt Orden, deren Mitglieder nach Zivilrecht juristische Personen geschaffen haben, um durch sie formal die Schule tragen zu lassen.

Die deutschen Bistümer haben bis zum Zweiten Weltkrieg nur wenige Schulen getragen; und diese oft in der Form bischöflicher Stiftungen. Und auch heute noch gibt es Bistümer, die keine oder nur ganz wenige Schulen in eigener Trägerschaft haben. Das heißt nicht, daß sie sich nicht für das katholische Schulwesen engagieren – wie noch zu zeigen sein wird. Aber es gibt auch Bistümer, die eine große Zahl von Schulen tragen, insbesondere wenn man, wie notwendig, hier auch die Fälle hinzuzählt, in denen von den Bistümern geschaffene und mitfinanzierte Schulwerke und Stiftungen, in denen katholische Kirchengemeinden und Verbände dieser Kirchengemeinden oder in denen diözesane Bildungswerke als Schulträger auftreten (Schulträger, die der Dienstaufsicht des jeweiligen Bistums unterliegen, was für

Ordensschulen nicht gilt). Allmählich erreicht die Zahl dieser Schulen die der Ordensschulen, insbesondere seitdem in einer Reihe von Bundesländern (Baden-Württemberg, Berlin, Bremen, Hamburg, Niedersachsen) Teile des konfessionellen Volksschulwesens durch staatskirchenrechtliche Vereinbarungen in die direkte oder indirekte Trägerschaft der Bistümer übergegangen sind. Wenn auch einzelne Ordensleute in den bischöflichen Schulen arbeiten, so gilt doch in der Regel, daß leitende Aufgaben in den Schulen selbst wie beim Träger, insbesondere aber die unterrichtliche Tätigkeit in ihrer ganzen Breite in der Hand von Laien sind. Damit entstand ein Zwang zur Besinnung auf die Besonderheiten der katholischen Schulen, wie er bei Ordensschulen kraft deren deutlicher Spiritualität als überflüssig erscheinen konnte. Die vor allem seit dem II. Vatikanischen Konzil einsetzende Theoriebildung für die katholische Schule wie auch die Entwicklung bischöflicher Verwaltungen ist in diesem Zusammenhang zu sehen.

Recht zahlreich sind auch die Schulen in der Trägerschaft katholischer karitativer Einrichtungen: des Deutschen Caritasverbandes, der Diözesancaritasverbände und Ortscaritasverbände, karitativer Stiftungen, des Sozialdienstes katholischer Frauen sowie katholischer Krankenhäuser (die ihrerseits wiederum sehr oft in der Trägerschaft von Ordensgemeinschaften stehen). Diese Träger haben ihren Existenzgrund in der christlichen Fürsorge für die Behinderten und Kranken; für sie schaffen sie deshalb auch Schulen. Und diese christliche Fürsorge verlangt oft eine spezifische Schulung derer, die helfen wollen; und auch dem dienen von dieser Trägergruppe unterhaltene Schulen.

Schließlich haben sich seit dem vorigen Jahrhundert bis in unsere Tage katholische Frauen und Männer zu zivilrechtlichen Vereinen zusammengeschlossen und die Errichtung und den Betrieb katholischer Schulen zum satzungsgemäßen Zweck dieser Vereine gemacht. In anderen Fällen haben sich Orden oder sonstige Schulträger mit Kommunen oder Diözesen zu Zweckverbänden für den Weiterbetrieb von Schulen zusammengeschlossen. In wiederum anderen Fällen sind katholische Laienverbände oder die Bildungswerke dieser Verbände im Bildungsbereich auch institutionell verankert. Und was es sonst noch für Ergebnisse des vielfältigen Lebens geben mag, das sich auch in der Vielfalt dieser Trägerschaften spiegelt! Fast immer sind sie aus einem örtlich empfundenen Bildungsbedarf heraus durch die aufmerksame Sorge einzelner entstanden, die die Initiative ergriffen und eine Gruppe zusammenbrachten, um dem Übelstand abzuhelfen.

Der großen Vielfalt in der Trägerschaft entspricht die Vielfalt von

Formen der Zusammenarbeit und Repräsentanz dieser Träger. Wir betrachten die Orden, die karitativen Einrichtungen, die Diözesen, die Landeseinrichtungen und den Arbeitskreis katholischer Schulen in freier Trägerschaft.

Bei den Orden gibt es zunächst informelle Formen der Zusammenarbeit der jeweils von der eigenen Ordensgeschichte her zusammengehörigen Schulträger. Die Schulträger der Benediktiner oder Jesuiten, der Franziskaner und Kapuziner, der Ursulinen oder Englischen Fräulein, der Armen Schulschwestern oder Schwestern unserer Lieben Frau stehen in Kontakt miteinander, treffen gelegentlich zusammen, tauschen ihre Schriften aus und suchen so, ihren pädagogischen Auftrag mit dem geistigen und geistlichen Anspruch ihrer Gemeinschaft immer genauer zu vermitteln. Mehr nach außen hin und auf etwas mehr (wenn auch immer noch erstaunlich geringer) formaler Grundlage ist die Ordensdirektorenvereinigung, ODIV, in ihren Sektionen Schule und Internat tätig. Sie ist ein Zusammenschluß katholischer weiterführender Freier Schulen, für deren Leitung oder Unterhalt Ordensleute verantwortlich sind. Zweck der Vereinigung ist die gegenseitige Beratung und Förderung in religiösen, pädagogischen und juristischen Fragen sowie die kooperative Vertretung der angeschlossenen Schulen und deren Leiter bei kirchlichen und staatlichen Stellen, in anderen Organisationen und vor der Öffentlichkeit. Zu den kirchlichen Stellen, mit denen die ODIV besonders engen Kontakt pflegt, gehören die Vereinigung Deutscher Ordensoberen und die Vereinigung Deutscher Ordensoberinnen und die Zentralstelle Bildung der Deutschen Bischofskonferenz.

Die karitativen Einrichtungen sind, wie schon gesagt, besonders im Bereich der Bildungs- und Lebenseinrichtungen für Behinderte tätig und in der Heranbildung des eigenen Personals für dieses Gebiet. Deshalb haben sich diese karitativen Einrichtungen mit solchen der Orden und Diözesen, die auf gleichen Gebieten tätig sind, in zwei Fachvereinigungen zusammengeschlossen: in der Bundesarbeitsgemeinschaft katholischer Ausbildungsstätten für Erzieher und im Verband Katholischer Einrichtungen für Lern- und Geistigbehinderte e. V. Der Zweck dieser beiden Vereinigungen sind der Erfahrungsaustausch und die Qualifikation der zusammengeschlossenen Einrichtungen und ihrer Mitarbeiter.

Es entspricht der Grundverfassung der katholischen Kirche, daß sie auf diözesaner Ebene nicht nur die bischöflichen Schulen im engeren oder weiteren Sinn (also auch pfarrgemeindliche, bischöflich-stiftische, schulwerkliche Schulen) zusammenführt, sondern auch die der

Orden und der karitativen Einrichtungen. Arbeitsgemeinschaften dieser Schulen, auch der Schulträger, Schulpflegschaftsvorsitzenden und Schülervertreter sowie die Schulabteilungen der bischöflichen Ordinariate dienen dem Erfahrungsaustausch dieser Schulen und leisten zentrale Dienste wie Information, Interessenvertretung, Lehrerwerbung und Lehrerfortbildung, wissenschaftliche Schulbegleitung, Rechtsberatung und die Entwicklung von Teilcurricula und Unterrichtsmodell-Entwürfen. In den Ländern Bayern und Hessen werden diese Aufgaben der Diözesen weithin vom Katholischen Schulwerk in Bayern – Körperschaft des öffentlichen Rechtes – bzw. vom Kommissariat der katholischen Bischöfe im Lande Hessen wahrgenommen.

Überhaupt ist wegen der Zuständigkeit der Bundesländer für die Schulangelegenheiten die Länderebene wichtig für Zusammenarbeit und Repräsentanz der katholischen Schulen in freier Trägerschaft. Drei Formen dieser Zusammenarbeit seien hervorgehoben: die Landesarbeitsgemeinschaften katholischer Schulen in freier Trägerschaft, die von den Diözesen auf Landesebene eingerichteten katholischen Lehrerfortbildungsinstitute und die Kommissariate der Bischöfe (sogenannten Katholischen Büros). Letztere werden in politischen – also auch in schulpolitischen – Fragen tätig gegenüber den Organen der Bundesländer, den Parteien und gesellschaftlichen Einrichtungen.

Eine gemeinsame Vertretung haben sich katholische Schulen und ihre Vereinigungen verschiedenster Art geschaffen im Arbeitskreis katholischer Schulen in freier Trägerschaft. In ihm wirken zusammen: Vertreter der Landesarbeitsgemeinschaften katholischer Schulen in freier Trägerschaft; Vertreter der Vereinigung Deutscher Ordensschulen und Internate, Sektion Schule; Vertreter der Kommissariate der Bischöfe/Katholischen Büros bei Bund und Ländern sowie Vertreter der Zentralstelle Bildung der Deutschen Bischofskonferenz, die auch die Geschäftsführung für den Arbeitskreis katholischer Schulen leistet. Aufgaben des Arbeitskreises sind Erfahrungsaustausch, Meinungsbildung, Vertretung gemeinsamer Interessen, Kontakt mit der Deutschen Bischofskonferenz und Herausgabe der Zeitschrift «Engagement».

Innerhalb der Deutschen Bischofskonferenz nimmt ihre Kommission für Erziehung und Schule unter dem Vorsitz des Schulbischofs die Sorge für die katholischen Schulen in freier Trägerschaft wahr.

3. Schulformen und Abschlüsse

Wenn man einmal von einigen gewerblich-technischen Formen des beruflichen Schulwesens absieht, so gibt es praktisch für alle Schulformen, die im öffentlichen Schulwesen angeboten werden, auch Beispiele aus dem katholischen Schulwesen. Natürlich ist dies nicht an jedem Ort der Fall. Da aber eine Reihe der im einzelnen noch aufzuzählenden Schulformen von Schulen angeboten werden, die auch mit Internaten verbunden sind, ergibt sich auf diese Weise fast immer eine Besuchsmöglichkeit. Hier sei auch erwähnt, daß nicht wenige Schulen Silentien oder Ganztagsbetrieb oder Halbinternate anbieten; die Schüler verbringen in diesem Fall zwar Feierabend, Nacht und alle freien Tage im Elternhaus, doch zur Mittagsbeköstigung und Hausaufgabenerledigung verbleiben sie in der Schule.

An Schulformen, die aus dem früheren Volksschulwesen hervorgegangen sind, wären zu nennen: Grundschulen, Orientierungsstufen und Hauptschulen.

Den weiterführenden Schulen älterer Art entsprechen heute im katholischen Schulwesen Realschulen, Gymnasien (mit unterschiedlichen Typen, soweit die öffentlichen Gymnasien in den Bundesländern diese noch kennen) und Gesamtschulen (kooperative wie integrierte und differenzierte Gesamtschulen).

Im Bereich des 2. Bildungsweges werden Abendrealschulen, Institute zur Erlangung der Hochschulreife («Kollegs») und Abendgymnasien angeboten.

Im Sonderschulwesen werden vor allem Schulen für Erziehungsschwierige, für Lernbehinderte und für Geistigbehinderte/praktisch Bildbare angeboten, daneben andere Formen wie z. B. Schulen für Körperbehinderte im beruflichen Schulbereich. Neben dem häufigeren Fall, daß einzelne behinderte Schüler die gewöhnlichen katholischen Schulen, z. B. Gymnasien, besuchen, gibt es auch bestimmte Schulen – etwa die Montessori-Gesamtschule des Bistums Aachen in Krefeld –, die sich die gemeinsame Beschulung nichtbehinderter und behinderter Kinder zur speziellen Aufgabe gemacht haben.

Im berufsbildenden Schulwesen sind vor allem Schulen im sozialpädagogischen, hauswirtschaftlichen und Handelsschulbereich stärker vertreten; einzelne andere Berufsfelder kommen auch vor. Dabei sind alle Stufen vertreten: Berufsvorbereitungsjahr, Berufsgrundbildungsjahr, Berufsschule, Berufsfachschule, Fachoberschule, Fachakademie, Fachschule und Höhere Fachschule (das in diesem Handbuch nicht weiter zu behandelnde ziemlich entwickelte katholische

Hochschulwesen ist teilweise aus solchen Höheren Fachschulen hervorgegangen). Schließlich sind in diesem Bereich zu erwähnen die Schulen des Gesundheitswesens (für die die staatliche Aufsicht oft nicht durch die Kultusminister und ihre nachgeordneten Behörden ausgeübt wird, sondern durch die Arbeits- und Sozialminister), die die betriebliche Ausbildung in diesem Bereich systematisch betreiben, wie Krankenpflegeschulen, Kinderkrankenpflegeschulen oder Diätassistentinnenschulen.

An dieser Stelle sei auch vermerkt, daß inzwischen in den neuen Bundesländern gut 20 Schulen des allgemeinbildenden, berufsbildenden und sonderpädagogischen Bereichs entstanden sind. Zum Teil handelt es sich um Einrichtungen, die schon lange bestehen, denen aber von der DDR der Status einer Schule verwehrt worden ist. Zum Teil handelt es sich um Neugründungen.

Als letzte Gruppe seien Ergänzungsschulen und schulartige Einrichtungen erwähnt, bei denen sich besonders deutlich zeigt, wie die private Initiative in Notlagen zu helfen versucht, auf die die öffentliche Hand so schnell nicht zu reagieren weiß. Deshalb gibt es dann auch keine entsprechenden öffentlichen Schulen und nur geringe Einwirkung der staatlichen Schulaufsicht. Genannt seien hier beispielsweise Schulen zur Vorbereitung auf die Externenprüfung für die Fachoberschulreife oder Hochschulreife oder die Förderschulen für Spätausgesiedelte, in denen diese den sprachlichen und kulturellen Anschluß an das Leben in Deutschland gewinnen können. Dem gleichen Ziel dienen z. B. Förderschulen für geflüchtete Asiaten und Afrikaner, die von katholischen Einrichtungen unterhalten werden.

Was nun die in den katholischen Schulen erreichbaren Abschlüsse angeht, so handelt es sich bei denjenigen Schulen, die staatlich anerkannt sind (und das ist die überwiegende Mehrzahl der oben genannten Schulen; lediglich für die zuletzt genannte Gruppe der Ergänzungsschulen gilt das nicht), um dieselben Abschlüsse, die auch im öffentlichen Schulwesen erreicht werden, also um Hauptschulabschluß, Fachoberschulreife («mittlere Reife»), Fachhochschulreife («Fachabitur»), Hochschulreife («Abitur») und um die beruflichen Qualifikationen, die im beruflichen Schulwesen erreicht werden können. Die staatlich anerkannten katholischen Schulen werden hinsichtlich ihrer Leistungsfähigkeit und der Angemessenheit der von ihnen erteilten Zeugnisse von der staatlichen Schulaufsicht überwacht; und deshalb verleihen die Zeugnisse dieser katholischen Schulen (z. B. auch beim Schulwechsel innerhalb der Schulzeit eines Schülers) die gleichen Berechtigungen wie die öffentlichen Schulen.

Wie bei allen öffentlichen und privaten Schulen spielt darüber hinaus der gute Ruf einer katholischen Schule eine bisweilen nicht unerhebliche Rolle, wenn es nicht nur auf formale Qualifikationen ankommt, sondern auf das Zutrauen von Lehrherren, Dienstherren oder weiterführenden Bildungseinrichtungen, daß ein Schüler tüchtig und verständig sein werde, der von einer bestimmten Schule kommt.

4. Lehrerqualifikation

Die katholischen Schulen verlangen in der Regel von ihren Lehrern zunächst einmal das 1. und 2. Staatsexamen für das Lehramt, das der jeweiligen Schulform entspricht. Daneben gibt es eine kleine Zahl von Lehrern, die durch den Nachweis sogenannter freier Leistungen (hier kommt vor allem der künstlerische und handwerkliche Bereich in Frage) den anderen Lehrern gleichgestellt werden, weil auf diese Weise ein Kollegium sehr bereichert werden kann. Um sich ihre pädagogische und fachliche Qualifikation zu erhalten, nehmen die Lehrer an katholischen Schulen in gleicher Weise wie Lehrer öffentlicher Schulen an Fortbildungsveranstaltungen teil, wie sie von Hochschulen, Fortbildungsinstituten, Fachverbänden u.a. angeboten werden. Den besonderen Aufgaben des Lehrers einer katholischen Schule dienen Fortbildungsveranstaltungen, die von den Schulträgern, den Diözesen, den katholischen Lehrerfortbildungsinstituten in den Ländern, der ODIV und dem Arbeitskreis katholischer Schulen in freier Trägerschaft angeboten werden. Wichtige Elemente dieses Angebots sind: schulinterne Fortbildungsveranstaltungen des Gesamtkollegiums einer Schule; Einführungsseminare für die auf Probe eingestellten Lehrer; Bundestagungen zu pädagogischen Fragen und Fachfragen, die einer besonderen Aufbereitung für die katholischen Schulen bedürfen; Qualifikationstagungen für Lehrer, die für Führungspositionen im katholischen Schulwesen in Frage kommen. Gegenstand aller dieser Fortbildungsveranstaltungen sind die vorgestellten Ziele und Arbeitsweisen der katholischen Schulen. Die Frage der Lehrerqualifikation ist für die katholischen Schulen nicht nur eine Frage fachlichen und pädagogischen Könnens, so unverzichtbar dies für einen Lehrer auch ist. Dazu müssen persönliche Qualifikationen kommen, die zwar nur schwer zu präzisieren, nicht direkt heranzubilden und in ihrem wichtigsten Bestand unkontrollierbar sind. Und doch werden sie dem Lehrer, der sich um eine Stelle an der katholischen Schule bewirbt, vor Augen gestellt, damit er sich selbst prüft, ob er meint, eines Tages diesem Anspruch näherkommen zu können, den die Gemeinsame Synode formuliert hat: «Gelebte Glaubensüberzeugung, menschliche und intellektuelle Redlichkeit und die Zuwendung zum Schüler sollten charakteristische Haltungen des Lehrers an katholischen Schulen sein.»

Schulporträts katholischer Schulen in freier Trägerschaft

Wer aus über 1000 Schulen etwa 25 vorstellt, kann nicht versprechen, eine repräsentative, vom Zufall freie Auswahl zu bieten. Dies ist aber auch nicht beabsichtigt. Es kann auch nicht darum gehen, für bestimmte Schulen zu werben und sie als vorzügliche und vorzuziehende Schulen vorzustellen. Hunderte von anderen Schulen können den gleichen Ansprüchen an ihre Qualität genügen wie die hier vorgeführten. Es kann nur darum gehen – gerade das soll aber auch versucht werden –, an Einzelbeispielen eine Vorstellung von der Vielfalt des katholischen Schulwesens zu vermitteln.

Damit wird dann zugleich belegt, wie immer neu und immer anders das im Leben aussieht, von dem die allgemeine Darstellung der katholischen Schule notwendigerweise abstrakt und generalisierend sprechen mußte. Obschon wir immer einige Grunddaten von jeder porträtierten Schule mitteilen und dabei eine bestimmte Anordnung einhalten, kommen wir hinsichtlich des Umfangs oder der Schwerpunkte der Darstellung zu keinem Einheitsschema; auch das soll von lebendiger Vielfalt zeugen. Weil es auf «Mischung» ankommt, haben wir diese Schulporträts auch nicht nach Schulformen oder Größe oder Bundesländern oder sonstwie geordnet, sondern verwenden die alphabetische Reihenfolge der Schulorte, um sie vorzuführen.

Stiftsschule St. Johann Amöneburg
Stiftsstr. 3, 35287 Amöneburg, Tel.: 06422/3049
Träger: Bistum Fulda

Die auf einem 365 m hohen Basaltkegel in der kleinen Stadt Amöneburg liegende Stiftsschule besteht als Gymnasium fast 100 Jahre und geht als Schulgründung unmittelbar auf den hl. Bonifatius zurück. Sie umfaßt z. Zt. 1000 Schülerinnen und Schüler kath. und ev. Konfession in 24 Klassen der Jahrgangsstufen 5–10 und zahlreichen Kursen der voll ausgebauten Oberstufe. Die Schule ist staatlich anerkannt.

Als ehemals altsprachliches Gymnasium beginnt sie mit Latein als 1. Fremdsprache. In Klasse 7 kommt Englisch als 2. Fremdsprache hinzu, ab Klasse 9 wird Griechisch alternativ zu Französisch angeboten.

Als christliche Schule in freier Trägerschaft sieht die Stiftsschule ihren besonderen Auftrag in Art und Intensität der hier zu leistenden Erziehungsarbeit. Darunter verstehen die hier Tätigen außer der Vermittlung eines soliden Wissens sowie methodischer Fertigkeiten die Fähigkeit zu ganzheitlichem Sehen und Denken, die die scheinbar beziehungslos nebeneinander stehenden Fächer und Arbeitsbereiche sinnvoll verbindet und dabei zugleich die Grenzen wissenschaftlichen Erkennens sichtbar macht.

Aus diesem auf das Erfassen des ganzen Menschen abzielenden Ansatz entstand unterrichtsorganisatorisch u.a. eine Neukonzeption der Klassen 5 und 6, die einen gleitenden Übergang von den Arbeitsformen der Grundschule zu denen des Gymnasiums unter Bewahrung der auf Geschlossenheit und konkrete Bezüge gerichteten Denkweise Zehnjähriger schafft: An den muttersprachlichen Unterricht als Kern binden sich die sogenannten Sachfächer Biologie, Erdkunde, Physik, streckenweise auch Religion, Musik, Kunst themengleich an, um dem Kind eine eingehende Beschäftigung mit derselben Sache unter verschiedenen Blickrichtungen zu ermöglichen. Neben diesem stärker sachorientierten Unterricht steht der Fachunterricht Latein und Mathematik, der wiederum in der Vermittlung von Arbeitstechniken eng mit den Sachfächern zusammenarbeitet.

Ein solchermaßen kooperierender Unterricht aller Fächer diagnostiziert auch rasch die unterschiedlichen Lernvoraussetzungen der Schüler, die sich aus dem breiten Einzugsbereich einer Schule wie der Stiftsschule ergeben. Um diese systematisch aufzuarbeiten, wird im 1. Halbjahr der Klasse 5 ein eigenes Fach «Ausgleichsunterricht» angeboten, das ebenfalls eng mit dem Deutschunterricht gekoppelt ist. Das Fach Latein erweist sich in diesem Zusammenhang als vorzügliches Mittel, die muttersprachliche Kompetenz der z.T. Dialekt sprechenden Kinder zu fördern.

Neben Latein werden die Schüler ab dem 2. Halbjahr der Klasse 5 mit Englisch in Form eines Vorkurses bekannt gemacht. Er basiert auf Anschauungsmaterial und einer auf Spiel und Nachahmung ausgerichteten Methode und erfreut sich – frei von Leistungsmessung durch Notengebung – großer Beliebtheit bei Schülern und Eltern.

Das gesamte Unterrichtsgeschehen ist eingebunden in das gemeinsame Bemühen um «Schulkultur», unter der rein äußerlich das geregelte Zusammenleben in gepflegter Atmosphäre verstanden wird; darüber hinaus das Eingebundensein in christliches Miteinander, wie es sich in den von den einzelnen Klassen vorbereiteten «Montagandachten» und Schulgottesdiensten zeigt. Schüler und Klassenlehrer, ein Gottesdienstarbeitskreis und die Schulpfarrer beider Konfessionen arbeiten hier eng zusammen.

Der schulischen Arbeit liegt insgesamt eine «Pädagogik der offenen Klassentür» zugrunde, bei der jeder Kollege den Unterricht des anderen kennt, an ihm «wann immer möglich» teilnimmt und ihn in Vorabsprache mitgestaltet. Kombinierter Deutsch-Erdkundeunterricht z. B., den zwei Lehrer gemeinsam abhalten, vermittelt den Schülern außer intensiver Zuwendung vorbildhafte didaktische Kooperation.

Neben Schülern und Lehrern kommt den Eltern der Stiftsschule ein breiter Raum schulischer und außerschulischer Mitarbeit zu: Eltern arbeiten an dem Eingangsprojekt der Klassen 5 und 6 mit; in Zusammenarbeit zwischen Bonifatiushaus/Fulda und der Stiftsschule finden regelmäßig gemeinsame Wochenendseminare für die Schüler der einzelnen Klassen mit ihren Lehrern, Eltern und Geschwistern statt, bei denen sich Klassenfamilien bilden, die zu einer großen Schulfamilie zusammenwachsen.

Einen Eindruck von Leben und Geist der Stiftsschule vermittelt die jährlich erscheinende Schulzeitung, der «Jahresbericht».

Gymnasium und Realschule Maria Stern
Gögginger Str. 132, 86199 Augsburg, Tel.: 0821/92055
Träger: Kloster Maria Stern

Selbst in vergleichsweise ruhigen Zeiten ändert sich an der einzelnen Schule vieles, wirken gesamtgesellschaftliche Daten und Fakten sich deutlich aus. So wurde dem musischen Mädchengymnasium Maria Stern 1990 ein mathematisch-naturwissenschaftlicher Zweig angegliedert; einmal, um stärkere Schwankungen der Schülerzahl, wie sie in den 80er Jahren an vielen weiterführenden Schulen auftraten, wenn nötig aufzufangen. Auch um der Forderung nachzukommen, Mädchen im naturwissenschaftlich-technischen Bereich stärker zu fördern und höher zu qualifizieren. Während der neue Zweig von Schülerinnen und Eltern rasch akzeptiert wurde – eine echte Alternative zum musischen Gymnasium (L–E) liegt auch in der Sprachenfolge

Englisch – Latein/Französisch – und die Schülerzahl auf über 600 anstieg, verminderten sich die Klassen der Mädchenrealschule in den letzten Jahren um rund ein Drittel, die Schülerzahl beträgt noch 240.

Eine besondere Chance bot sich in dieser Situation, als das bayerische Kultusministerium 1992 an einigen Privatschulen, darunter Maria Stern, einen Schulversuch 6jährige Realschule einrichtete. Die Stundentafel sieht in den Jahrgangsstufen 5/6 eine verstärkte Grundbildung in Deutsch, Mathematik und Englisch vor, läßt aber auch der musisch-kreativen Sparte genügend Raum. Die Differenzierung nach Wahlpflichtfächergruppen setzt hier, im Gegensatz zur weiterhin bestehenden vierstufigen Realschule, bereits in Jahrgangsstufe 7 ein und trägt der sich wandelnden politischen Landschaft durch das Angebot einer 2. modernen Fremdsprache Rechnung, bei der der kommunikativen Kompetenz besonderes Gewicht beigemessen werden soll.

Die deutsche Einigung brachte es mit sich, daß über die Schlüsselrolle des Abiturs als Hochschulzugang und über Wege zum Abitur neu nachgedacht wird. In Bayern soll das Profil des Gymnasiums im dreigliedrigen Schulwesen, an dem man festhalten will, in Zukunft deutlicher herausgearbeitet werden – die wieder angestiegene Geburten- und unvermindert hohe Übertrittsrate bei sich abzeichnendem Lehrermangel erfordert eine Reaktion, bei der allerdings pädagogische Errungenschaften gerade der Privatschulen nicht preisgegeben werden sollen. In der Konsequenz einer zu mehr Selbstbewußtsein ermutigenden Mädchenbildung liegt in Maria Stern das neu strukturierte Tagesheim mit Hausaufgabenbetreuung, die sich als Anleitung zum Lernen und als Entlastung vor allem berufstätiger Mütter versteht. Mit vielen kirchlichen Schulen hat Maria Stern den schwindenden Anteil klösterlicher Lehrer(innen) und Erzieher(innen) gemeinsam. Konsensbildung im Kollegium ist deshalb besonders wichtig und wird z. B. bei Kollegiumstagen versucht; als Handreichung für franziskanisch geprägte Schulen liegen neuerdings «Franziskanische Leitlinien» vor. Besinnung auf die Ordensspiritualität bedeutet jedoch nicht, daß der pädagogische Freiraum engagierter nichtklösterlicher Lehrkräfte eingeschränkt werden soll.

Auch an der Geschichte der fast 60 Jahre alten Schule läßt sich Zeitgeschichte ablesen: das Gymnasium entwickelte sich aus einer Lehrerinnenbildungsanstalt des Klosters Maria Stern, die bis 1939 nur für den eigenen Bedarf ausbildete und sich erst 1946 verstärkt für andere Bewerberinnen öffnete. Vorläuferschule der Realschule ist eine seit 1922 bestehende Mittelschule «für alle Stände», die aufgrund von

Kriegsschäden nicht mehr in die Augsburger Innenstadt zurückkehren konnte. Durch eine zeitgemäße Schulpastoral wird heute die Tradition der christlichen Erziehung weitergeführt. Das geschieht z. B. durch Besinnungstage und thematische Gottesdienste, bei deren Vorbereitung und Gestaltung Schülerinnen mitwirken. Freiwilligkeit der Beteiligung gilt bei allen religiösen Angeboten als wichtiges Prinzip, da die Gewissensentscheidung der/des einzelnen ernstgenommen wird und auch andersgläubige und nichtgetaufte Schülerinnen die Schule besuchen.

Der Elternbeirat steht mit Einsatzfreude hinter vielen Projekten, sei es Schüleraustausch, Öffentlichkeitsarbeit, Einbeziehung ehemaliger Schülerinnen in das schulische Geschehen, Berufsorientierung, Diskutieren pädagogischer Fragen, Förderung von Zusatzangeboten wie Informatikunterricht oder Arbeitskreise Umwelt und Schulgarten, Kontakt zu regionalen oder landesweit operierenden Elternverbänden.

Publikationsorgane der Schule sind Schüler- und Abiturzeitungen, die Ehemaligenzeitschrift «Sternwarte» sowie der Jahresbericht.

Clemens-Hofbauer-Kolleg
Nordfeldmark 4, 33014 Bad Driburg, Tel.: 05253/2086
Träger: Clemens-Hofbauer-Hilfswerk e. V.

Das Clemens-Hofbauer-Kolleg ist ein staatlich anerkanntes Institut besonderer Art zur Erlangung der Hochschulreife. Das Kolleg, 1922 von Prälat Bernhard Zimmermann gegründet, ist die älteste Einrichtung des zweiten Bildungsweges in Deutschland.

Schwerpunkt des Institutes ist die Förderung junger Männer, die nach dem Abitur Priester werden oder einen anderen kirchlichen bzw. sozialen Beruf ergreifen wollen. Voraussetzungen für die Aufnahme in das Kolleg sind, daß der Bewerber männlichen Geschlechts ist, eine abgeschlossene Berufsausbildung vorweisen kann, eine positive Grundeinstellung zur Kirche hat und bereit ist, die Hausgemeinschaft lebendig und aktiv mitzutragen und mitzugestalten. Das Studium am Kolleg umfaßt 6 bis 8 Semester; wegen der besonderen Zielsetzung ist Latein als erstes Leistungsfach verbindlich.

Jeder Studierende bewohnt im Studienheim St. Clemens, das eine Kapazität von 180 Plätzen aufweist und von Priestern der Diözesen Paderborn und Münster geleitet wird, ein Einzelzimmer. Vielfältige Möglichkeiten der Freizeitgestaltung versuchen den unterschiedlichen Neigungen und Interessen der Studierenden Rechnung zu tragen (z. B. Sport, Musik, Literatur, Meditation, theologische Arbeitskreise, zeitgemäß gestaltete Gottesdienste).

Die engen Verbindungen zahlreicher Alt-Clementiner zum Haus und seinen Bewohnern belegen auf eindrucksvolle Weise die Intensität und Dauerhaftigkeit des hier erfahrenen Gemeinschaftserlebnisses. Träger des Kollegs ist das Clemens-Hofbauer-Hilfswerk e. V., dessen Publikationsorgan der jährlich erscheinende «Blickpunkt» ist.

Canisius-Kolleg (Gymnasium)
Tiergartenstraße 30–31, 10785 Berlin
Tel.: 030/26481-0,
Fax: 030/26481-19
Träger: Canisius-Kolleg GmbH
Norddeutsche Provinz der Gesellschaft Jesu

Das Canisius-Kolleg ist ein staatlich anerkanntes Gymnasium. Die Schule wird von etwa 800 Jungen und Mädchen besucht, die aus allen Stadtteilen Berlins kommen. Es wird kein Internat geführt, wohl aber für die Unterstufe ein Hausaufgabenstudium. Die Sprachenfolge: Latein in Klasse 5 (Sexta), Englisch in Klasse 7 (Quarta), in Klasse 8 (Untertertia) wird als 3. Pflichtfremdsprache wahlweise Griechisch oder Französisch angeboten. In der Oberstufe kommen in der Regel folgende Leistungskurse zustande: Deutsch, Latein, Englisch, Griechisch, Französisch, Geschichte, Politische Weltkunde, Mathematik, Physik, Chemie und Biologie. Das Schulprogramm wird durch verschiedene musische und sportliche Aktivitäten ergänzt. Das Abitur führt zur allgemeinen Hochschulreife. – Schüleraustausch besteht mit Schulen in Frankreich und in den USA. In jüngster Zeit werden auch Kontakte nach Polen und in die Tschechoslowakei geknüpft.

Die schulische Arbeit wird unterstützt durch Gruppen des Jugendverbandes «Gemeinschaft Christlichen Lebens», denen sich die Schülerinnen und Schüler auf freiwilliger Basis anschließen können. Dieser außerschulischen Jugendarbeit stehen eigene Gruppenräume zur Verfügung, in denen auch die Möglichkeit zur Übernachtung besteht.

Die Schule wurde 1925 als «Gymnasium am Lietzensee» gegründet, von den Machthabern des Dritten Reiches zunächst stufenweise abgebaut und Ostern 1940 schließlich gänzlich unterdrückt. Unmittelbar nach Beendigung des Zweiten Weltkrieges, am 1. Juni 1945, wurde der Unterricht wieder aufgenommen, im September 1947 erfolgte die Übersiedlung an den Rand des Tiergartens.

In seiner Erziehungsarbeit weiß sich das Canisius-Kolleg eingebunden in das weitgespannte Netz von Jesuitenschulen in aller Welt. Grundsätze jesuitischer Erziehung sind: eine positive Einstellung gegenüber den Herausforderungen der Zeit, Erziehung zu Kritikfähigkeit, Verantwortungsbewußsein und Toleranz; Aufbau eines Wertebewußtseins und die Bereitschaft, sich für ein «Mehr» an Gerechtigkeit in unserer Gesellschaft zu engagieren.

Hildegardisschule, Berufsbildende Schule
Holzhauserstr. 16, 55411 Bingen, Tel.: 06721/10667
Träger: Bischöfliches Ordinariat Mainz

Die Hildegardisschule umfaßt zwei Schularten: ein Gymnasium mit rund 750 Schülerinnen und die berufsbildende Schule mit rund 180 Schülerinnen. Zwei Schülerinnenwohnheime mit 14 Plätzen sind der Schule angeschlossen.

Der Auftrag der Ordensgründerin Maria Ward – die Bildung und Ausbildung junger Mädchen zu selbständigen Frauen, die in ihrer Gesellschaft Verantwortung übernehmen können – hat auch heute im Zeitalter der Emanzipation seine eigenständige Bedeutung. Das Mädchen benötigt für seine bestmögliche Entfaltung auch in der Schule einen Freiraum, der ihm nicht in allen Altersstufen in einer koedukativen Schule neben dem gleichaltrigen Jungen bleibt.

In der großen Schulgemeinschaft haben Berufsbildende Schule und Gymnasium eine eigenständige Organisation; nicht nur Klassensprecherinnen, auch Schulsprecherinnen lernen Verantwortung zu übernehmen; Schülerinnen sehr unterschiedlicher Interessenbereiche müssen einander akzeptieren und schätzen, aber auch selbständig Ideen entwickeln und in den eigenen oder schulartübergreifenden SMV-Sitzungen vertreten. Ein weiterer Vorteil liegt in dem leichteren Übergang vom Gymnasium in eine der berufsbildenden Schulen, auch in der Möglichkeit, an verschiedenen Arbeitsgemeinschaften teilzunehmen, und in der gemeinsamen Nutzung vorhandener Fachräume und Sporthallen.

Die berufsbildende Schule gliedert sich in eine Berufsfachschule Wirtschaft, eine Berufsfachschule Hauswirtschaft/Sozialwesen, eine höhere Berufsfachschule Hauswirtschaft und eine Fachoberschule Sozialwesen.

Die zweijährige Berufsfachschule Wirtschaft umfaßt je Jahrgang 2 Klassen und vermittelt eine berufliche Grundbildung im kaufmännischen Bereich. Zulassungsvoraussetzung ist Hauptschulabschluß; einzige Fremdsprache ist Englisch; Datenverarbeitung gehört zu den Pflichtfächern. Der Schulabschluß berechtigt zu verkürzter Ausbildungszeit im kaufmännischen Bereich und ist dem Realschulabschluß gleichberechtigt.

Die zweijährige Berufsfachschule Hauswirtschaft/Sozialwesen setzt ebenfalls den Hauptschulabschluß voraus. Englisch als einzige Fremdsprache ist Grundfach, der Schwerpunkt dieses Bildungsganges liegt im Bereich der ernährungswissenschaftlichen und hauswirtschaftlichen Kenntnisse und Fertigkeiten. Auch hier gehört Datenverarbeitung zu den Pflichtfächern. Der Schulabschluß berechtigt zu verkürzter Ausbildungszeit in Berufen des hauswirtschaftlichen Bereichs.

Die höhere Berufsfachschule Hauswirtschaft, ein ebenfalls zweijähriger Bildungsgang, setzt den Sekundarabschluß I voraus und vermittelt eine abgeschlossene Berufsausbildung im hauswirtschaftlichen Bereich. Der schulische Abschluß führt zur staatlich geprüften Hauswirtschaftsassistentin; die Schülerinnen erwerben durch eine zusätzliche Prüfung den Abschluß als Hauswirtschafterin im städtischen Bereich. Für diesen Bildungsgang können jährlich nur 48 Mädchen (je zwei Klassen) aufgenommen werden. Die Ausbildung erschöpft sich nicht nur in fundierten theoretischen Kenntnissen vor allem im Ernährungsbereich, sondern soll auch praktische Fertigkeiten in Nahrungszubereitung (6 Stunden wöchentlich), Textilem Gestalten (3 Stunden), Haus- und Textilpflege (3 Stunden) und Wohngestaltung (3 Stunden) vermitteln. Zur Ausbildung gehören ein vierwöchiges Praktikum im Wohnbereich (Familie), im Ernährungsbereich (Großküche) und im Pflegebereich. Außerdem besteht das Angebot, nach einem achttägigen Intensivkurs und im Zusammenhang mit dem Pflegepraktikum die Schwesternhelferinnenprüfung abzulegen. So lernen die Schülerinnen verschiedene Arbeitsbereiche kennen, was z. T. die Berufsfindung erleichtert, aber auch einen nicht unerheblichen Erfahrungszuwachs bedeutet. Als Hauswirtschaftsassistentinnen können die Mädchen direkt einen hauswirtschaftlichen Beruf ergreifen, sie können aber auch darauf aufbauende Berufe anstreben, wie beispielsweise Hauswirtschaftsleiterin, Diätassistentin, Krankenpflegerin. Da außer dem Sekundarabschluß I auch eine abgeschlossene Berufsausbildung vorliegt, steht der Zugang zur Fachoberschule Sozialwesen offen.

Die einjährige Fachoberschule Sozialwesen ist charakterisiert durch die Fächer Pädagogik, Soziologie, Psychologie. Einzige Fremdsprache ist Englisch. Der Abschluß berechtigt zum Studium an Fachhochschulen.

Die Ausbildung der theoretischen und praktischen Fähigkeiten soll in eine ganzheitliche Erziehung eingebettet sein: Die einwöchige Studienfahrt je Bildungsgang öffnet und weitet den Blick für kulturelle Werte und läßt die Freuden und Belastungen eines Lebens in einer größeren Gemeinschaft erfahren. Soziales Verhalten wird eingeübt, auch in der Klassengemeinschaft mit ihrem Alltag und ihren festlichen Höhepunkten. Die große Schulgemeinschaft lehrt die Notwendigkeit bestimmter Ordnungsvorschriften und die Rücksicht auf die Belange anderer.

Zum ganzheitlichen Menschen gehört seine Gottbezogenheit. Der Jugendliche kann in verschiedenen religiösen Angeboten Hilfestellung bei seiner Suche nach dem Sinn seines Lebens, bei seinem kritischen Hinterfragen vorgestellter Werte und vorgegebener Ordnungen finden. Eine Jugendgemeinschaft (GCL) ermöglicht ihm, das Leben in einer Freizeitgemeinschaft einzuüben.

Aloisiuskolleg (Gymnasium mit Internat)
Elisabethstr. 18, 53177 Bonn (Bad Godesberg)
Tel.: 0228/82003-0,
Fax: 0228/355424
Träger: Aloisiuskolleg GmbH in der Norddeutschen Provinz der Gesellschaft Jesu (Jesuitenorden).

Das Gymnasium wird von über 800 Jungen besucht; im dazugehörigen Internat leben 150 Schüler. In Klasse 5 werden Latein und Englisch, in Klasse 7 Englisch und Latein und in Klasse 9 Griechisch und Französisch zur Wahl gestellt.

Entsprechend seiner bewährten Tradition versteht der Jesuitenorden auch heute noch seine Kollegien als Bildungs- und Erziehungseinrichtungen, die selbstverständlich über die unmittelbare Unterrichtstätigkeit der Schule hinausgreifen und dem Jugendlichen einen ganztägigen Lebensraum öffnen. Die schulische Ausbildung und Erziehung sind also immer zugleich eingebettet in den wesentlich weiteren Rahmen der Kollegsarbeit und des Kollegslebens. Dadurch wird eine Wechselwirkung erzielt, die das auffallende Zusammengehörigkeitsgefühl der Kollegsgemeinschaft begründet. Es entsteht eine Verbundenheit, die in der Regel nicht mit der Schulzeit endet und bei vielen sogar das ganze Leben lang währt. Das beweist häufig der Stolz, mit dem ein Altschüler als Vater in seiner alten Schule den Sohn als Schüler anmeldet. Kollegsschüler gehen auch nach dem Abitur noch aufeinander zu, und das jährliche Kollegsfest ist ein bewährter Wiedersehenstreff.

Natürlich wurzelt diese Verbundenheit in erster Linie in der Internatsgemeinschaft. Deshalb muß auch das Internat als das Herz des ganzen Kollegs verstanden werden. Die Lebensgemeinschaft der Internen wird gerade nach dem Unterricht zu einem Lebensraum, der die lediglich schulische Zweckgemeinschaft durchbricht und in der freien Begegnung junge Menschen zusammenführt und zur Auseinandersetzung anregt. Die Notwendigkeit, sich nach dem Unterricht in nahezu allen Situationen mit Gleichaltrigen koordinieren zu müssen, wird zur Grundlage eines Gemeinschaftsbewußtseins, das zwangsläufig nach einer Ausrichtung verlangt. Damit ist zugleich die entscheidende und richtungweisende Bedeutung des Erziehers gekennzeichnet. Sein Auftrag und die damit verbundene Verantwortung bilden das Fundament einer praktizierten Werteordnung, an der sich der junge Mensch täglich orientiert und mit der er sich ständig auseinandersetzen muß. Die anfallenden schwerwiegenderen Probleme dieser alltäglichen Gegebenheiten werden in pädagogischen Einzelgesprächen ebenso gelöst wie in Gruppenversammlungen. Im Mittelpunkt dieser Bewußtseinsbildung zu einem christlichen Zusammenleben stehen jedoch der wöchentliche Gottesdienst und die Meditationen in unserer Krypta. Daß diese Begegnungen von Altschülern später häufig als das prägende Erlebnis am Aloisiuskolleg hervorgehoben werden, bestätigt ihre wegweisende Bedeutung und erzieherische Notwendigkeit.

Die innovative Schlüsselrolle des Internats im Leben des Kollegs zeigt sich jedoch auf vielen Gebieten. Wer sich z. B. im Fernsehraum langweilt, findet in der Internatsbar bestimmt Gleichgesinnte, mit denen er Pläne schmieden kann, um dem Medien-Moloch mit seinem Konsumterror zu entrinnen. In dieser Ideenküche wurde 1966 wohl auch der Gedanke zu einer sinnvollen Freizeitgestaltung am Aloisiuskolleg geboren, der zur Gründung des Ako-Pro führte. Ako ist die Abkürzung für Aloisiuskolleg und Pro die für Proseminar. Damit war zugleich ein erstes Programm umrissen; denn diese Anlehnung an die Starteinrichtungen der Universitäten sollte zunächst nur das Ziel anzeigen, unseren Abiturienten den Übergang zur Hochschule zu erleichtern. Daß Professoren ihre Studienfächer vorstellten, wurde aber nicht nur für unsere Internen, sondern auch für die Externen und schließlich für alle Oberstufenschüler und -schülerinnen der ganzen Stadt interessant und attraktiv. Der «heilige Berg» – wie das Jesuitenkolleg in Bad Godesberg wegen seiner bevorzugten Lage und seiner Träger gerne genannt wird – entwickelte sich zum Treff der Jugendlichen aller weiterführenden Schulen.

Die Verwirklichung der Oberstufenreform verlagerte die Akzente im Aktionsprogramm des Ako-Pro. Aus der Starthilfe für Studienanfänger, die durch die Reform Allgemeingut geworden ist, wurde nun eine moderne, jugendpflegerische Einrichtung, deren breit gefächertes Themenangebot durch die Jugendlichen selbst angeregt und bestimmt wird und für alle Altersgruppen zwischen zehn und zwanzig Jahren etwas bietet. Das Bewußtsein, unter sich zu sein und sich selbst als Veranstalter zu verstehen, bedeutet dabei wohl die Hauptquelle der Motivation und kennzeichnet zugleich auch den wesentlichsten Unterschied zu der Tätigkeit in den Volkshochschulen, deren organisatorische Strukturen dagegen weitgehend übernommen werden konnten: Zehn bis fünfzehn Teilnehmer, die sich für ein bestimmtes Sachgebiet interessieren, bilden den Kurs, der unter sachkundiger Leitung zunächst achtmal wöchentlich eine Doppelstunde zusammen arbeitet. Hiernach entscheiden die jeweiligen Kursteilnehmer selbst darüber, ob sie für weitere acht Doppelstunden zusammenbleiben wollen, um das jeweilige Thema noch weiter zu vertiefen. Dieser Rhythmus läßt sich beliebig fortsetzen. Inzwischen gibt es Gruppen, die in der Sache durch immer wieder neu rekrutierten Nachwuchs bereits ihr zehnjähriges Bestehen gefeiert haben. Andere Themen sind in acht Doppelstunden erschöpft, krampfhafte Verlängerungen finden nicht statt. Das vitale Interesse kennt in seiner Freiwilligkeit nur eine eindeutige Sprache.

In dem nunmehr 26jährigen Bestehen des Ako-Pro hat sich seit etwa zehn Jahren das jährliche Ausmaß der Aktivitäten auf rund 700 achtwöchige Kurse eingespielt, in denen insgesamt um die 7000 Teilnahmen gezählt werden. (1991 waren es genau 733 Kurse mit 7507 Teilnahmen.) Der mit den Ako-Pro-Aktivitäten notwendig verbundene Betrieb führt dazu, daß die Räumlichkeiten des Kollegs auch außerhalb des Unterrichts genutzt werden und von 14.00 bis 21.30 Uhr mit Kursen belegt sind. Durch das ständige Kommen und Gehen ist infolgedessen das ganze Kollegsgelände bis in den Abend hinein mit pulsierendem Leben erfüllt. Dem kommt die wunderschöne und weiträumige Lage des ganzen Anwesens mit seinem Park, dem Schloß, den Tieren und den Sportanlagen natürlich entgegen. Kaum ein Basketballkorb, der nicht umspielt, kaum ein Tor, das nicht beschossen wird! Und ebenso wie die Internatsbar steht hinter den Tennisplätzen das Ako-Pro-eigene Clubhaus nicht nur für Ausstellungen und Tanznachmittage offen.

Der Nachmittagsbetrieb im Aloisiuskolleg wäre jedoch nicht vollständig beschrieben, wenn nicht auch das Externat und die Jugendarbeit der KSJ-Gruppen St. Michael für Jungen und Sophie Scholl für Mädchen erwähnt und hervorgehoben würden.

Im Externat werden 120 Jugendliche im Alter von 10 bis 15 Jahren bei ihrer Anfertigung der Hausaufgaben betreut und beraten. Ihnen allen wird jedoch nach dem Unterricht zunächst der Mittagstisch unserer Mensa angeboten. Aber vor dem Beginn des Studiums sowie in seinen Pausen nutzen auch diese Jugendlichen die Schulhöfe und Sportplätze noch schnell zu einem kurzen, ausgelassenen Spiel und tragen dadurch ebenso wie die Internen wesentlich zur Belebung der ganzen nachmittäglichen Szenerie bei.

Die KSJ-Gruppen mit ihren insgesamt 150 Mitgliedern unterscheiden sich in ihrer Arbeit vom Ako-Pro im wesentlichen durch eine stärkere Einbindung in kontinuierlichere Lebensgemeinschaften mit betont christlichem Engagement. Dazu gehört die gemeinsame wöchentliche Messe ebenso wie die Pflege des religiösen Lebens und das wohltätige Ziel der regelmäßigen Basare. Für das Gemeinschaftsleben dieser Gruppen steht ein eigenes Jugendheim zur Verfügung.
Das Programm der Freizeitgestaltung am Aloisiuskolleg sollte abgeschlossen werden mit einem Hinweis auf die zahllosen Einzelveranstaltungen. Sie reichen von regelmäßigen Chor- und Orchesterkonzerten, Theateraufführungen, Filmvorführungen, Elternabenden und Turnieren über Exkursionen aller Art bis hin zu Lagern, Auslandsfahrten und Wochenend- oder Ferienaufenthalten im Ferienheim der KSJ in Cassel oder der Ako-Pro-Scouter in Winnen.

Das Aloisiuskolleg mit seiner Kirche und Krypta, mit seiner Schule, dem Internat, der Mensa, den Schulhöfen und Sportplätzen, mit den Werkräumen, mit seiner Sternwarte, seiner Sendestation, mit dem Schloß und seinem Park sowie dem Clubhaus des Ako-Pro und dem Jugendheim der KSJ ist eine Jugendbegegnungsstätte mit unbegrenzten Möglichkeiten. Hier konnte ein Eldorado entstehen, das die Frage nach einer ganzheitlichen Erziehung unserer Jugend in Unterricht und Freizeit sinnvoll und überzeugend beantwortet. Es bleibt zu wünschen, daß es richtungweisend viele Nachahmer findet, um der drohenden Sinnleere unserer Zeit wirkungsvoll entgegenzusteuern.

St. Paulusheim
76646 Bruchsal, Tel.: 07251/7219-57
Träger: Provinzialat der Pallottiner, Friedberg b. Augsburg
ab 1994: Schulstiftung der Erzdiözese Freiburg

Das St. Paulusheim, das 1915 als Schülerheim der Gemeinschaft der Pallottiner in Bruchsal begründet wurde, ist heute ein staatlich anerkanntes alt- und neusprachliches Gymnasium für ca. 650 katholische Schülerinnen und Schüler. Schulträger ist die Süddeutsche Provinz der Gesellschaft des Katholischen Apostolates (Pallottiner); ab 1994 wird die neugegründete Schulstiftung der Erzdiözese Freiburg die Trägerschaft übernehmen.

Die Struktur entspricht der eines staatlichen Gymnasiums mit der Sprachenfolge: Latein ab Klasse 5, Englisch ab Klasse 7 und Griechisch bzw. Französisch ab Klasse 9 (Zug A bzw. N). In der Regel kommen in der Oberstufe folgende Leistungskurse zustande: Katholische Religionslehre, Deutsch, Latein, Englisch, Französisch, Geschichte, Mathematik, Biologie, Chemie. Mit Bestehen des Abiturs in Klasse 13 wird die allgemeine Hochschulreife erworben.

Für die Klassen 5–11 werden als zusätzliche Arbeitsgemeinschaften angeboten: Griechisch, Werken, Sport (ein Lehrschwimmbecken, Sportplatz und zwei Sporthallen stehen zur Verfügung), Theater, Chor, Orchester. Die Schule besitzt ein Fotolabor und eine Sternwarte, für die Oberstufe eine Bibliothek und ein Lesezimmer.

Die Schüler und Schülerinnen, die am Nachmittag Unterricht haben oder deren Eltern berufstätig sind, können im Hause auch zu Mittag essen.

Zwei Schulseelsorger bieten für die Schulgemeinde oder für einzelne Gruppen und Klassen Jugendgottesdienste, Meditationen und Einzelgespräche an. Sie gehen mit den Schülern/Schülerinnen zu religiösen Wochenenden und reflektieren in «Familientagen» mit Eltern, Lehrern und Schülern jugend- bzw. schulspezifische Probleme.

Neben einer gründlichen Wissensvermittlung – orientiert am Lehrplan des allgemeinbildenden Gymnasiums – will die Schule jungen Menschen Lebens- und Glaubenshilfe anbieten. Das angestrebte Ziel ist nicht nur Wissensvermittlung, sondern die Entfaltung der Persönlichkeit der Jugendlichen und die Erziehung zu verantwortlichem Handeln in Staat und Kirche. Durch den Unterricht und den persönlichen Einsatz der Lehrer will die Schule den jungen Menschen helfen, ihr Leben im Sinne des christlichen Welt- und Menschenbildes zu verstehen und zu gestalten.

Heimstatt Röderhof
31199 Diekholzen, Tel.: 05064/1066

Wie ein «Kinderdorf im Grünen» liegt die Heimstatt Röderhof mit der angegliederten Sonderschule für Geistigbehinderte auf einem 40000 qm großen Grundstück, umgeben von Wald, Wiesen und Teichen, 9 km von der Stadt Hildesheim entfernt. In der Heimstatt Röderhof wohnen aus dem Bereich der Diözese Hildesheim 192 geistig und mehrfach behinderte Kinder, Jugendliche und schwerstbehinderte Erwachsene verschiedener Religionszugehörigkeit. Sie erfahren mit ihren Erziehern in 16 altersgemischten Gruppen eine frohe, familiennahe Atmosphäre. Die Einrichtung steht in der Trägerschaft des Caritasverbandes für die Diözese Hildesheim e. V.

Die schulpflichtigen Kinder aus dem Heimstattbereich, z. Zt. 104 Jungen und Mädchen, werden in großen, wohnlich gestalteten Räumen der St.-Franziskus-Schule (Sonderschule G) unterrichtet. Die Einteilung in 14 Klassen der Unter-, Mittel- und Oberstufe erfolgt nach dem Entwicklungsstand der Schüler. 32 Lehrkräfte der Sonderschule tragen mit ihrem persönlichen Einsatz und ihrer Liebe zu den behinderten Menschen dazu bei, daß alle Kinder vor- und nachmittags in der Schulgemeinschaft mit großer Freude lernen.

Der Unterricht wird nach dem pädagogischen Auftrag, den die Kultusminister der deutschen Bundesländer den Sonderschulen für Geistigbehinderte als Rahmenprogramm vorgegeben haben, erteilt: «Der Behinderte hat das Recht, sich als handelnder und erlebender Mensch zu verwirklichen. Ihm soll zur sozialen Integration verholfen werden.»

Dabei ist für die St.-Franziskus-Schule der Heimstatt Röderhof das Leitmotiv der italienischen Ärztin und Pädagogin Maria Montessori «Hilf mir, es selbst zu tun!» ein wesentliches Ziel pädagogischen Bemühens. Unterrichtsangebote in jeder Klasse sind lebenspraktische Übungen, Sozialerziehung, Bildnerisches und Textiles Gestalten, Erlernen von Farben, Formen, Mengen und Zahlen, Vorübungen zum Lesen und Schreiben. Zusätzlich werden die Schüler individuell und in Gruppen von Fachlehrern durch Spiel-, Sprach- und Musiktherapie, Rhythmik, Gymnastik, Sport, Schwimmen, Handarbeit, Werken, Hauswirtschaft und Lehrstunden auf dem Verkehrsübungsplatz gefördert.

Auch die Ziele des Religionsunterrichts sind in den Richtlinien der Sonderschulen vorgegeben: «Der Schüler soll befähigt werden, zu einem eigenen Glauben zu kommen, und ihm soll in für ihn bedeutsamen Lebenssituationen die religiöse Dimension aufgezeigt und das Vertrauen geweckt werden, von Gott bedingungslos angenommen zu sein.» Wertvolle Hilfen für den religiösen Lernprozeß aller Kinder sind das Erleben des Kirchenjahres mit seinen Hochfesten und die Hinführung zu den heiligen Sakramenten der Kirche. Regelmäßig werden mit allen Kindern und Mitarbeitern in der Kirche der Heimstatt die Gottesdienste gefeiert.

Bei den Elternsprechtagen haben Angehörige und Lehrkräfte Gelegenheit, sich über die gemeinsamen Aufgaben bei der Förderung der behinderten Kinder Gedanken zu machen. Zu einem Tag der offenen Tür findet alljährlich eine Ausstellung mit Arbeiten aus der Schule und ein Basar statt. Besucher können sich dabei von den guten Leistungen der geistig behinderten Schüler überzeugen.

Mit 18 Jahren werden die Schüler aus der Sonderschule entlassen. Den Eltern wird bei der weiteren Eingliederung in ein Wohnheim und in eine Werkstatt für Behinderte mit Rat und Tat zur Seite gestanden. Die Schulentlassenen, die so schwer behindert sind, daß sie nicht eingegliedert und auch nicht in ihre Familien zurückkehren können, erhalten in der Heimstatt Röderhof ein Zuhause mit weiteren persönlichen Hilfen im Erwachsenen-Förderbereich bis zum Lebensende.

Bischöfliches Abendgymnasium
Franziskanerstr. 67, 45139 Essen, Tel.: 0201/285802
Träger: Bistum Essen

Das Bischöfliche Abendgymnasium wurde im Jahre 1959 von dem Bischof und späteren Kardinal Dr. Franz Hengsbach gegründet. Der Bischof wollte damit bereits ein Jahr nach der Gründung des jüngsten deutschen Bistums eine Einrichtung schaffen, die der sozialen Situation des Ruhrgebiets in besonderer Weise gerecht wurde. In der damaligen Zeit hatte das Abendgymnasium in erster Linie die Aufgabe, berufstätigen Erwachsenen, die aus sozialen Gründen nicht zu dem ihrer Begabung gemäßen Schulabschluß gekommen waren, einen Weg zum Abitur zu erschließen. Am Anfang der sechziger Jahre war die Frage, ob ein Kind das Gymnasium besuchen sollte, oft noch mehr eine Frage der Schichtzugehörigkeit als der Begabung. Insbesondere lag der prozentuale Anteil des katholischen Bevölkerungsteils an den Abiturienten deutlich unter dem Durchschnitt. Karl Erlinghagen schrieb ein Buch über «Das katholische Bildungsdefizit».

Im Ruhrgebiet mit seinem hohen Anteil an Arbeiterbevölkerung war der Nachholbedarf an weiterführender Bildung besonders groß; es fehlte vor allem an einer katholisch geprägten Einrichtung zum Erwerb des Abiturs für Erwachsene. Ein zweiter, ebenfalls sehr wichtiger Grund für die Gründung des Abendgymnasiums war der damals schon deutliche Priestermangel. An dieser Schule sollte unter anderem spätberufenen jungen Männern ein Weg zum Priestertum eröffnet werden. Bis 1992 haben über 1000 Abiturientinnen und Abiturienten das Abendgymnasium verlassen. Von ihnen sind bisher 33 zu Priestern geweiht worden.

Die rechtliche Grundlage der Abendgymnasien in der Bundesrepublik Deutschland ist eine Vereinbarung der Konferenz der Kultusminister. Die Bundesländer haben auf dieser Basis eigene Ausbildungs- und Prüfungsordnungen erlassen. Diese Verordnungen gelten auch für das Bischöfliche Abendgymnasium. Danach ist die wichtigste Voraussetzung für die Aufnahme eine abgeschlossene Berufsausbildung oder eine mindestens dreijährige Berufstätigkeit. In den ersten fünf Semestern sind die Studierenden verpflichtet, eine Berufstätigkeit auszuüben. In den letzten drei Semestern sind sie von dieser Verpflichtung befreit und können Ausbildungsförderung (Bafög) in Anspruch nehmen. Von dieser Möglichkeit machen aber nur etwa 40% der Studierenden Gebrauch. Zunehmend wird es als Vorteil angesehen, daß man die Berufstätigkeit auch kurz vor dem Abitur nicht aufzugeben braucht, denn viele Studierende streben nicht mehr unbedingt ein Hochschulstudium an. Sie wollen ihren allgemeinen Bildungsstand verbessern, um so berufliche Aufstiegsmöglichkeiten zu erhalten. Die ungünstigen Prognosen für manche akademischen Berufe veranlassen ebenfalls viele Studierende, ihre Berufstätigkeit beizubehalten; dies verleiht ihnen ein Gefühl der Sicherheit. Seit Beginn der achtziger Jahre wird das Abendgymnasium auch von Studierenden besucht, die ihren Arbeitsplatz verloren haben. Die Weiterbildung gibt ihnen oft einen neuen Lebenssinn und erleichtert es ihnen, einen neuen Arbeitsplatz zu finden.

Das Hauptziel des Abendgymnasiums ist das Abitur, die allgemeine Hochschulreife. Man kann aber auch die Fachhochschulreife und die Fachoberschulreife erwerben. Das Abendgymnasium gliedert sich in den Vorkursus, der je nach Vorbildung ein oder zwei Semester dauern kann. Darauf folgt das Einführungsjahr und die zweijährige Kursphase, in der die Studierenden ihre Fächer nach Begabung und Interesse wählen können. Das Abitur erreicht man am Ende der Kursphase, die Fachhochschulreife ein Jahr früher, sofern bestimmte Bedingungen hinsichtlich der Qualifikation erfüllt sind.

Am Bischöflichen Abendgymnasium werden die Fremdsprachen Englisch, Latein und Griechisch unterrichtet. Wer entsprechend interessiert ist, kann im Zusammenhang mit dem Abitur also das Latinum und das Graecum erwerben. Eine Besonderheit ist die Möglichkeit, am Unterricht in Latein und Griechisch auch als Einzelfachhörer teilzunehmen, soweit die Aufnahmebedingungen für das Abendgymnasium erfüllt sind.

Pflichtfächer für alle Studierenden sind die Fächer Deutsch, Mathematik, eine Fremdsprache und Religion. Es wird katholischer und evangelischer Religionsunterricht angeboten, und zwar im Umfang von zwei Wochenstunden. In der Kursphase wird das Fach Philosophie gern gewählt, denn hier können die Erwachsenen ähnlich wie im Fach Religion in besonderem Maße ihre Lebenserfahrung einbringen. Außerdem wird Unterricht in Geschichte, Physik und Biologie erteilt. Musische Fächer und Sport können aus zeitlichen Gründen nicht unterrichtet werden.

Daß die Abendgymnasien mit einem reduzierten Fächerkanon und mit nur 20 bis 22 Wochenstunden in 6 bis 8 Semestern zum Abitur führen können, ist nur durch die Berufstätigkeit der Studierenden zu rechtfertigen. «Auch Arbeit bildet» ist eine Erkenntnis, die beim Aufbau der abendgymnasialen Curricula eine wesentliche Rolle gespielt hat. Als Berufstätigkeit gilt auch die «Führung eines Familienhaushalts». In der Tat sind 56 % der Studierenden Frauen, darunter zahlreiche Hausfrauen. Viele Frauen können aber bisher das Angebot des Abendgymnasiums nicht wahrnehmen, da sie Kinder im Kindergarten- oder Schulalter haben. Am Abend, wenn der Unterricht stattfindet, müssen sie gerade für ihre Kinder da sein.

Mit dem Beginn des Schuljahres 1992/93 richtet das Bischöfliche Abendgymnasium speziell für diese Gruppe einen besonderen Kursus ein, der am Vormittag stattfindet. Die Unterrichtszeit ist so abgestimmt, daß die Frauen ihre Kinder vor dem Unterricht in die Schule oder in den Kindergarten bringen und nach dem Unterricht wieder abholen können. Der Lehrplan ist der gleiche wie am Abend, so daß ggf. auch ein Wechsel möglich ist. Andere Berufstätige können ebenfalls die Vormittagskurse besuchen, falls sie regelmäßig am Abend tätig sind, wie z. B. Krankenschwestern mit Spät- oder Nachtdienst oder Berufstätige aus dem gastgebenden Gewerbe.

Irmengard-Berufsfachschulen für Hauswirtschaft und für Kinderpflege mit Berufsaufbauschule und angeschlossenem Internat
83256 Frauenchiemsee, Tel.: 08054/567 und 653
Träger: Benediktinerinnen-Abtei Frauenwörth im Chiemsee

Die bis auf das Jahr 1838 zurückgehende, heute zweijährige Berufsfachschule für Hauswirtschaft und für Kinderpflege mit Berufsaufbauschule wird von rund 120 Mädchen (in 6 Klassen) besucht, die fast alle auch im angeschlossenen Internat wohnen. Sie erreichen nach zwei Jahren den Berufsabschluß als «staatlich geprüfte Hauswirtschafterinshelferin», nach 3 Jahren den Abschluß als «Hauswirtschafterin mit Schwerpunkt städtische Hauswirtschaft» bzw. den als «staatlich geprüfte Kinderpflegerin». In einem weiteren theoretischen dritten Jahr streben die meisten der Schülerinnen die Fachschulreife an. Staatliche Zuschüsse über BAFöG werden gewährt.

Da die Schülerinnen nach Abschluß der Berufsfachschule mit Berufsaufbauschule meistens noch einen weiteren Beruf im hauswirtschaftlichen, sozialpädagogischen oder pflegerischen Bereich anstreben wie Krankenschwester, Altenpflegerin, Fachlehrerin, Ernährungsberaterin, Erzieherin u.a., trägt die Schule mit verschiedenen unterstützenden Angeboten dazu bei, die weitere Berufsentscheidung zu erleichtern. Sie bietet die Teilnahme am Schwesternhelferinnenlehrgang des Malteser-Hilfsdienstes (mit 14tägigem Krankenhauspraktikum) an, organisiert Praktika in auswärtigen hauswirtschaftlichen Betrieben und ermöglicht durch den Einsatz in den Großbetrieben des eigenen Hauses Einblick in die Arbeitsbereiche eines hauswirtschaftlichen Großbetriebes. Da die Schülerinnen nach einem gemeinsam aufgestellten Arbeitsplan die tägliche und gründliche Pflege des Internatswohnbereiches sowie die der Schulräume übernehmen, üben sie hauswirtschaftliche Tätigkeit lebensnah ein.

Im schulischen Bereich werden – über das staatlich vorgeschriebene Stundenmaß hinaus – zusätzlich angeboten: Religion, Gesundheitslehre, Musik, Werken und Basteln, Schwimmen, Instrumentalunterricht und Französisch. Jederzeit besteht die Möglichkeit, Fördergruppen in Englisch und Mathematik zu bilden.

Die Schule wird von Benediktinerinnen geführt, d.h., Grundsätze aus der Regel des hl. Benedikt (RB) prägen das Leben in Schule und Internat. Was die Regel im Kloster vom Abt und Cellerar erwartet, gilt entsprechend von Lehrerinnen und Erzieherinnen in Schule und Internat:

- «Der Abt passe und schmiege sich jedem einzelnen an» (RB Kap. 2,32), d. h., die Lehrerin und Erzieherin gehe auf jede Schülerin individuell ein und achte ihre Persönlichkeit.
- «Ein gutes Wort geht über die beste Gabe» (RB Kap. 31,14), d. h., Ermutigung und Zeit für ein gutes Gespräch sind besser als perfekte Technik oder beste Ausstattung.
- «Der Abt soll danach streben, mehr geliebt als gefürchtet zu werden» (RB Kap. 64,15), d. h., Lehrerinnen und Erzieherinnen sollen das Vertrauen der Schülerinnen gewinnen, sie immer besser kennenlernen, sich auf sie einstellen, sie annehmen, sie gernhaben.
- «Keiner suche den eigenen Vorteil, jeder suche mehr das, was dem anderen nützt» (RB Kap. 71,7), d. h., Lehrerinnen, Erzieherinnen und Schülerinnen üben bewußt soziales Verhalten ein, einer ist auf den anderen hin orientiert in Achtung und Rücksichtnahme. Für die Vorbereitung auf den künftigen sozialen Beruf der Schülerinnen ist dieses Einüben unerläßlich.

Die gemeinsam entwickelten Regeln des Zusammenlebens bilden den festen Rahmen, mit dessen Hilfe Ordnung in Raum und Zeit als notwendig und gut erfahren wird.

Letztlich will die Schule die jungen Menschen befähigen zu einem Leben aus dem Glauben. Deshalb wird gemeinsam gebetet, ein Schulgottesdienst gefeiert, zu Schriftgesprächen und Meditation eingeladen. Die Atmosphäre des Hauses ist geprägt vom Kloster nebenan.

Collegium Augustinianum Gaesdonck/
Bischöfliches Gymnasium mit Internat
47574 Goch, Tel.: 02823/6071
In Trägerschaft der Privaten
Stiftung Collegium Augustinianum Gaesdonck

Die Schule ist ein Gymnasium, das ausschließlich von den über 450 katholischen Jungen des zugehörigen Internats besucht wird. Ab Klasse 5 werden Latein und Englisch, ab Klasse 7 Englisch und Latein unterrichtet; in Klasse 9 findet eine Wahl zwischen Französisch, Kunsterziehung und Musik statt; in Klasse 11 werden Griechisch und Französisch angeboten. In der Regel kommen in der Oberstufe als Leistungskurs zustande: Latein, Englisch, Deutsch, Mathematik, Physik, Biologie, Katholische Religion, Kunsterziehung und Musik.

Nach Klasse 10 können der Hauptschulabschluß oder die Fachoberschulreife, nach Klasse 12 die Fachhochschulreife und nach Klasse 13 die allgemeine Hochschulreife erreicht werden.

Die Wahlangebote in Klasse 9 und die Leistungskurse künstlerischer Fächer in der Oberstufe gehen darauf zurück, daß die Schule vor der Enttypisierung ein altsprachliches Gymnasium mit einem musischen Zweig war. So erklärt sich die Existenz eines Blasorchesters, eines Schulchors, eines Streichorchesters, von fünf Orgeln und mehr als vierzig Klavieren in geeigneten Übungsräumen. Ein Sprachzentrum, das seinesgleichen im norddeutschen Raum sucht; eine 20000 Bände umfassende Schülerbibliothek mit Literatur aus allen Fachbereichen; ein Zoo, der Zuchtversuche mit Zeburindern und anderen Tierarten zuläßt; eine Aula mit 700 Sitzplätzen und den erforderlichen Vorrichtungen für Theateraufführungen und Konzerte; zahlreiche Sportstätten (Hallenschwimmbad, Turn- und Sporthalle, Reithalle und Reitstall, ein hauseigenes Segelflugzeug auf einem nahegelegenen Flugplatz): dies alles gibt den Lernbedingungen im Rahmen der schulischen Ausbildung – aber auch der Freizeit – eine zusätzliche Qualität. Für das schulische Lernen schafft das Internat notwendige Voraussetzungen: die Sicherstellung von Lernzeiten, das Angebot von Förderkursen – vor allem in der Unterstufe – für deutsche Rechtschreibung und Englisch; die Ermöglichung von Nachhilfeunterricht.

Die Freizeit im Internat läßt gute Entfaltungsmöglichkeiten zu. Das Kolleg bietet dazu viele Einrichtungen an: eine Druckerei; eine Buchbinderei; zwei Fotolabors; Werkstätten für ein Arbeiten mit Ton und Keramik (für Arbeiten mit Holz stellen die hauseigenen Handwerker Material zur Verfügung); einen See zum Angeln; einen Modellbauclub; einen Schachclub; Kurse für Schreibmaschinenschreiben, für Filmen und die Erlernung verschiedener Sportarten (Judo, Schwimmen, Reiten usw.); das Leben in Freizeitgemeinschaften (Pfadfinder, ND-Bund); Theatergruppen; Gruppen zur Mitgestaltung des religiösen Lebens im Internat (Liturgie-, Bibel- und Meditationskreise; Scholagruppen). Für die Feriengestaltung steht eine Berghütte in der Schweiz zum Skifahren bzw. Bergsteigen zur Verfügung.

«Die Gaesdonck» – wie die Einheit von Internat und Schule gern genannt wird – versteht sich als ein Ort, an dem im Rahmen einer die Familie übergreifenden Gemeinschaft Werterfahrungen eingeübt und gelebt werden können. Dies vermag darum wirksam zu werden, weil die Einrichtung eine Ordnung kennt, die kein Selbstzweck ist, sondern Ausdruck eines behutsam sich entfaltenden Lebens und Zusammenlebens sein kann. So ist – bei aller Vielfalt der Gestaltung des

Lebens im einzelnen – der Alltag geprägt vom Gleichmaß des Tagesrhythmus; von der Beständigkeit in der Begegnung Heranwachsender mit ihren Erziehern und Lehrern einerseits und der Heranwachsenden untereinander andererseits; sowie von dem Vertrautwerden mit Werten, die als lebbar erfahren und zur tragenden Lebensgrundlage werden können. Dies alles schließt nicht Krisen im Entwicklungsgang der jungen Menschen aus, sondern kann zu ihrer gelingenden Bewältigung verhelfen. Freilich ist dazu vorauszusetzen, daß die Erzieher und Lehrer ihren Dienst aus einer klaren Grundmotivation versehen. Dabei greift die Gaesdonck das auf, was bildungswilligen Elternhäusern wesentlich ist, und setzt das Bemühen der Familie fort bzw. ergänzt es. Darum auch wird ein Internatsschüler seinen Eltern nur dann entfremdet, wenn diese mit den Erziehungszielen des Internats nicht übereinstimmen. Dies abzuklären ist der wichtigste Gesichtspunkt bei der Entscheidung der Eltern, ihr Kind für eine Miterziehung einem Internat anzuvertrauen.

Mit den Elternhäusern und den ehemaligen Schülern stehen Internat und Schule in einem engen Kontakt; dem dient u. a. das Jahrbuch «Gaesdoncker Blätter», das bald im 40. Jahrgang erscheint. Es gibt Zeugnis vom Leben auf der Gaesdonck, stellt aber auch immer wieder ihre reichen historischen Schätze mit lebendiger Liebe und wissenschaftlicher Gründlichkeit vor Augen.

Sophie-Barat-Schule
Warburgstraße 39, 20354 Hamburg, Tel.: 040/446982
Träger: Verband der römisch-katholischen Kirchengemeinden in der Freien und Hansestadt Hamburg (Bistum Osnabrück)

1. Zielsetzung

Die Sophie-Barat-Schule, eines der beiden koedukativen katholischen Gymnasien Hamburgs, ist Teil eines kooperativen Schulsystems, das der Verband der 36 römisch-katholischen Kirchengemeinden (Bistum Osnabrück) den katholischen Eltern als Hilfe und Ergänzung bei der Erziehung ihrer Kinder, insbesondere im Bereich der religiösen Erziehung, anbietet.

Dieses System umfaßt Vorschulen, Grund-, Haupt- und Realschulen sowie zwei Gymnasien; der Sophie-Barat-Schule ist die Oberstufe eines Aufbaugymnasiums angegliedert. Realschüler haben hier die Gelegenheit, die Hochschulreife in einem 4jährigen Durchgang zu erlangen.

Allen diesen Schulen gemeinsam sind der Auftrag und das Anliegen, durch kontinuierlichen Religionsunterricht ein solides Glaubenswissen als tragfähiges Fundament zu vermitteln, Raum für Reflexion und Diskussion religiöser Inhalte und Probleme zu schaffen, sittliche Grundvorstellungen christlichen Glaubens zu vermitteln und im täglichen Miteinander zu erproben sowie mit dem kirchlichen Leben vertraut zu machen. Je nach Schultyp und Alter der Schülerinnen und Schüler ist der Schwerpunkt verschieden gesetzt.

2. Sonderstellung der Gymnasien

Die beiden Gymnasien nehmen insofern eine Sonderstellung ein, als ihre Schülerschaft überregional zusammengesetzt ist, einschließlich der Stadtrandgebiete Hamburgs. Entsprechend vielfältig ist auch die soziale Herkunft der Schülerinnen und Schüler. Gemeinsam mit den übrigen katholischen Schulen haben die beiden Gymnasien einen internationalen Akzent, der dem der Weltkirche entspricht.

An der Sophie-Barat-Schule leben und lernen Kinder und Jugendliche aus vielen verschiedenen Nationen und Kulturen miteinander. Achtung vor dem Nächsten, Verständnis für den Fremden, Aufgeschlossenheit gegenüber der anderen Kultur gehören deshalb zu den Erziehungszielen.

Auf die Entwicklung von Lernbereitschaft und Arbeitsethos wird Wert gelegt, ohne jedoch den Wert des Menschen auf seine Leistungsfähigkeit zu reduzieren. Um ihre Erziehungs- und Lernziele verwirklichen zu können, braucht die Schule eine von Vertrauen getragene Zusammenarbeit mit den Eltern. Abgesehen von den üblichen Elternabenden, Elternsprechtagen und den gewählten Gremien wird diese Zusammenarbeit gefördert durch einen ständigen Gesprächskreis, das Elternforum, sowie durch Vorträge und Gesprächsangebote zu aktuellen Problemen.

3. Organisation, besondere Angebote

Als staatlich anerkannte Ersatzschule folgt die Sophie-Barat-Schule insgesamt den staatlichen Richtlinien und Lehrplänen, allerdings zum Teil mit besonderer Akzentsetzung. So ist – wie schon erwähnt – katholischer Religionsunterricht von Klasse 5 bis zum Abitur verpflichtend.

Als 1. Fremdsprache wird Englisch angeboten, als 2. stehen Latein oder Französisch zur Wahl. Für Schülerinnen und Schüler ab Klasse 9 gibt es die Möglichkeit, in einer Arbeitsgemeinschaft Russisch zu lernen, das bei gutem Erfolg und ausreichender Teilnehmerzahl auf der

Oberstufe fortgeführt werden kann. Mit Beginn der Vorstufe (Klasse 11) werden als 3. Fremdsprache Latein, Französisch und Spanisch angeboten. Sprachkompetenz im mündlichen und schriftlichen Gebrauch der Muttersprache ist ein Lernziel, das angesichts der «Mediengesellschaft» zunehmend an Bedeutung gewinnt und das nicht nur im Deutschunterricht angestrebt wird.

Ein musischer Schwerpunkt bereichert das traditionelle Fächerangebot in Sprachen und Naturwissenschaften. Von Klasse 5–11 führt die Sophie-Barat-Schule eine Musikklasse, in der die Kinder im Verlauf von Klasse 5 ein Orchesterinstrument zu lernen beginnen, so daß jede Klasse schon im zweiten Jahr ein Klassenorchester bildet.

Religiöse Besinnungstage, Schulgottesdienste, Klassenreisen mit verschiedener Zielsetzung, ein Betriebspraktikum während der Vorstufe und ein Schüleraustausch mit England und Frankreich sind feste Bestandteile des Schullebens. Darüber hinaus pflegen unsere Musikgruppen Kontakte mit katholischen Schulen und Gemeinden im In- und Ausland.

Auch für die Freizeitgestaltung hält die Schule Angebote bereit: Es gibt am Nachmittag Arbeitsgemeinschaften auf verschiedenen Gebieten (Musik, Theater, Sport, Elektronik, Natur und Umwelt) sowie Jugendgruppen innerhalb der KSJ (Katholische Studierende Jugend).

Ferner ist der Schule ein sogenanntes Halbinternat angegliedert, das sich besonders an Schülerinnen und Schüler der Jahrgänge 5–7 richtet.

Alfred-Delp-Schule
Alfred-Delp-Straße, 55595 Hargesheim, Tel.: 0671/2416-17
Träger: Bistum Trier

Die staatlich anerkannte kooperative Gesamtschule in der Trägerschaft des Bistums Trier vermittelt die Abschlüsse von Hauptschule, Realschule und Gymnasium. Zur Schule gehört die schulartübergreifende Orientierungsstufe.

In dieser schulartübergreifenden Orientierungsstufe werden Schüler mit verschiedener Begabungs- und Leistungsstärke zunächst in allen Fächern gemeinsam unterrichtet. In einem Differenzierungssystem werden dann nach einem halben Unterrichtsjahr entsprechend der bis dahin gezeigten Leistung in den Fächern Deutsch, Englisch und Mathematik Niveaukurse eingerichtet. Neben Englisch wird auch Latein als erste Fremdsprache angeboten.

Die Orientierungsstufe umfaßt die Klassen 5 und 6. Im Laufe der 6. Klasse werden die Eltern an mehreren Elternsprechtagen über den Leistungsstand ihrer Kinder und die Tendenz bei der Empfehlung für eine Schulart durch die Klassenkonferenz informiert. Am Ende der 6. Klasse wird neben der Versetzung eine Empfehlung ausgesprochen. Die Versetzung ist verbindlich, die Empfehlung nicht in jedem Falle.

Ab Klasse 7 gliedert sich die Schule in die drei Schularten Gymnasium, Realschule und Hauptschule. Jede dieser Schularten hat einen Leiter. Der Leiter der Gesamtschule ist zugleich Leiter des Gymnasiums. Die Abschlußziele der drei Schularten entsprechen denen der öffentlichen Schulen: Abitur, qualifizierter Abschluß der Sekundarstufe I, Berufsreife. Ab Klasse 7 wird im Gymnasium als 2. Fremdsprache Französisch oder Latein, bzw. Englisch für Lateinanfänger gelehrt. Für diese kommt ab Klasse 9 Französisch oder Griechisch als 3. Fremdsprache hinzu. Die Englischanfänger können zum gleichen Zeitpunkt Latein oder Französisch fakultativ hinzunehmen. In der Realschule wird von Klasse 7 an Französisch als Wahlfach angeboten. Die Hauptschule umfaßt 10 Schuljahre.

Die Kooperation der drei Schularten besteht in folgenden Punkten: gemeinsame regelmäßige Dienstbesprechungen der Schulleitung, gemeinsame Gesamtkonferenzen, gemeinsame Fachkonferenzen, gemeinsames Schulgebäude und Fachräume, gemeinsames Lehrerzimmer, schulartübergreifende Arbeitsgemeinschaften verschiedenster Art vom sportlichen über den musischen, den wissenschaftlichen bis zum technischen Bereich, gemeinsame Gottesdienste sowie gemeinsame Feste und Feiern.

Schwierigkeiten beim Angebot außerunterrichtlicher Veranstaltungen jeglicher Art entstehen der Schule aus ihrem sehr weit gestreuten Einzugsbereich. 95% der Schüler sind Fahrschüler, die mit einem Sonderlinienverkehr zu Hause abgeholt und mittags zurückgebracht werden. Der ländlich strukturierte Einzugsbereich ist außer in den Berufsverkehrszeiten mit öffentlichen Linien nur sehr schwach befahren, so daß Schüler wenig Gelegenheiten haben, außerunterrichtliche Angebote der Schule zu nutzen. Dennoch hat die Schule einen starken, sogar international erfahrenen Oberstufenchor, einen Lehrerchor, ein Orchester und mehrere Instrumentalgruppen.

Die Elternmitwirkung vollzieht sich in zwei Ebenen: Schulelternbeirat und Initiativ- und Förderkreis. Während ersterer sich mehr der schulorganisatorischen und erzieherischen Fragen innerhalb der Schule annimmt, ist der Initiativ- und Förderkreis neben materieller Unterstützung der Schule mehr um Förderung der übergeordneten

Ziele bemüht. Der Initiativ- und Förderkreis ist ein freiwilliger Zusammenschluß von Freunden, Eltern und ehemaligen Schülern der Schule.

Die Schule weiß sich in besonderer Weise dem geistigen Erbe ihres Namenspatrons Alfred Delp verpflichtet und begeht seinen Todestag jedes Jahr am 1. Februar in Feiern und Gedenkstunden für die ganze Schulgemeinde. Ein Wort aus Alfred Delps Schriften wird jedem Jahr jeweils als Losungswort für die Arbeit vorangestellt.

Die Schule ist darum bemüht, als übergeordnetes Bildungs- und Erziehungsziel die Botschaft des Evangeliums zu vermitteln. Dies geschieht im ökumenischen Geist. Äußeres Zeichen dafür ist die Einrichtung von hauptamtlichen Pfarrstellen für den katholischen und evangelischen Seelsorger.

Bergschule St. Elisabeth
Katholisches Gymnasium für Mädchen und Jungen
37308 Heiligenstadt

Seit dem 1. August 1991 arbeitet die noch vom Bildungsministerium der DDR 1990 genehmigte Bergschule St. Elisabeth, deren Genehmigung danach vom Lande Thüringen bestätigt worden ist.

Es soll ein dreizügiges Gymnasium für Jungen und Mädchen in acht Jahrgängen entstehen. Schüler, die zwar erfolgreich den 10. Jahrgang abgeschlossen, aber noch nicht die Berechtigung zum Eintritt in den 11. Jahrgang des Gymnasiums erlangt haben, dürfen noch einmal den 10. Jahrgang besuchen, um nach insgesamt neun Gymnasialjahren die Reifeprüfung abzulegen.

Aufgenommen wurden in die acht Klassen des 5. und 6. Jahrgangs knapp 200 Mädchen und Jungen. Im Schuljahr 1992/93 werden drei Klassen des neuen 5. Jahrgangs und drei weitere Klassen des 8. und 9. Jahrgangs hinzukommen. Und danach werden bis zum vollen Ausbau der Schule jeweils drei Klassen des 5. Jahrgangs aufgenommen werden. Im Endausbau sollen rund 750 Schülerinnen und Schüler in 27 Klassen unterrichtet werden.

Im Kollegium wirken Damen und Herren aus den neuen und alten Bundesländern zusammen. Die Lehrkräfte besitzen die Lehrbefähigung für den Unterricht an Gymnasien nach Thüringer Landesrecht.

Der Charakter der Schule wird mitgeprägt von der über einhundertjährigen Tradition des erzieherischen Wirkens der Heiligenstädter Schulschwestern. Sie sind in verschiedenen Funktionen innerhalb der Schule tätig. Die Ausprägung des katholischen Charakters der Schule ist Auftrag und Bemühen des ganzen Kollegiums.

Als Schulbau steht ein um die Jahrhundertwende von den Schwestern errichtetes Gebäude zur Verfügung, in dem allerdings erhebliche Renovierungsarbeiten durchzuführen sind. In den nächsten Jahren sind der Ausbau weiterer Schulräume und vor allem der Bau einer Sporthalle notwendig.

Getragen wird die Bergschule St. Elisabeth von einer gemeinnützigen Gesellschaft, die von den Heiligenstädter Schulschwestern, dem Bischöflichen Amt Erfurt-Meiningen und dem Verband der katholischen Kirchengemeinden gebildet worden ist. Zuschüsse leistet das Land Thüringen – vor allem für Lehrerpersonalkosten und für bestimmte Sachkosten – nach den Grundsätzen des Thüringer vorläufigen Bildungsgesetzes.

Gymnasium Johanneum
Kardinal-Wendel-Straße, 66424 Homburg, Tel.: 06841/6908-0
Träger: Herz-Jesu-Missionare/Hiltruper Missionare

Das Gymnasium Johanneum ist eine staatlich anerkannte katholische Schule in freier Trägerschaft. Nach Absicht des Unterhaltsträgers stellt das Gymnasium Johanneum ein Angebot dar an die freie Entscheidung aller Beteiligten. Es ist ein altsprachliches Gymnasium mit neusprachlichem Zweig, das der staatlichen Schulaufsicht untersteht und nach den Grundsätzen des Saarländischen Privatschulgesetzes geführt wird. Zeugnisse, Versetzungen und Prüfungen am Johanneum haben dieselbe Geltung wie an staatlichen Schulen und verleihen die gleichen Berechtigungen. Es besteht Schulgeldfreiheit.

Die Synode der deutschen Bischöfe hat in eingehenden Beratungen die Grundsätze und Zielvorstellungen katholischer Bildungseinrichtungen entwickelt. Diese Überlegungen sind maßgebend eingegangen in die Leitsätze des Schulstatuts.

Diese sollen Lehrer und Erzieher am Johanneum zur Reflexion über ihr pädagogisches Tun anregen und ihnen als Orientierungsrahmen dienen. Eltern und Schüler können sich informieren über Aufgaben und Zielsetzung, über Anspruch und Erwartung dieser christlichen Bildungseinrichtung. Laut Schulstatut ist unverzichtbares Erziehungsziel die religiöse Bildung und Erziehung. Die Teilnahme am Religionsunterricht ist daher während der gesamten Schulzeit verpflichtend.

Das Gymnasium wird von rund 1100 Jungen und Mädchen besucht. Es hat 33 Klassen und 12 Bezugskurse in der Oberstufe. (Einige Kurse kooperieren mit den zwei staatlichen Gymnasien Homburgs.) Die Eingangsstufe ist fünfzügig: Zwei Klassen beginnen mit Latein, drei mit Französisch.
Sprachenfolge: 5. Klasse Latein oder Französisch, 7. Klasse Französisch oder Latein, 9. Klasse Englisch oder Griechisch.

Aufgrund der rund 1100 Schüler hat das Johanneum ein umfassendes Fächerangebot in Grund- und Leistungskursen für die Oberstufe. Zusätzliche Angebote: Informatik, Philosophie, Italienisch, Spanisch, verschiedene Sport-AGs.

Kriterien bei der Aufnahme in die Klasse 5 am Johanneum:
- Bejahung der Erziehungs- und Bildungsziele
- erfolgreiche schulische Leistungen
- Berücksichtigung sozialer Kriterien und des Einzugsbereichs.

Ein Rechtsanspruch auf Aufnahme ins Johanneum besteht nicht!

Nach dem Unterricht bleiben einige Schüler zum Silentium im Johanneum, d.h. sie machen nach dem Mittagessen unter Aufsicht die Hausaufgaben.

Die Schule verfügt über ein Sprachlabor, einen Kurzwellensender von großer Kapazität, einen Medienraum mit modernster Einrichtung, ein eigenes Hallenbad, zwei Sporthallen, Außensportanlagen.

An schulischen Gremien gibt es: die Elternvertretung, die Schülervertretung und die Mitarbeitervertretung (MAV).

Von Bedeutung für die Förderung der Schulgemeinschaft ist der Schulverein, der inzwischen weit über 900 Mitglieder zählt und mit seinem Beitrags- und Spendenaufkommen die verschiedensten schulischen Belange aktiv fördert.

Da die musische Erziehung eine große Rolle am Johanneum spielt, gibt es auf diesem Gebiet besonders viele Aktivitäten: Der Schülerchor umfaßt 120 Mädchen und Jungen, die schon bei vielen Anlässen aufgetreten sind. Mehrere Platten bezeugen das Können. Die Chorgemeinschaft setzt sich zusammen aus Patres, Eltern und Schülern; sie widmet sich besonders der polyphonen geistlichen Musik. Das Collegium Musicum und das Nachwuchsorchester des C.M. geben jedes Jahr ein Schulkonzert und musizieren bei verschiedensten Anlässen. Auch der Kunstunterricht bemüht sich um möglichst viel Kreativität; die künstlerischen Arbeiten werden mehrmals im Jahr ausgestellt. Das Repertoire der «Theaterwerkstatt am Johanneum» reicht von Antoine de Saint-Exupéry's «Der kleine Prinz» bis zu W. Shakespeares «Der Widerspenstigen Zähmung».

Eine Besonderheit bilden für Schüler und Schülerinnen des Johanneums die beiden Jugendgruppen DPSG und KSJ, die beide jeweils über 300 Mitglieder zählen. Beide Gruppen veranstalten Fahrten und Lager, Leiterschulungen, soziale Aktionen, haben besonders jugendgemäß gestaltete Freizeitzentren, erproben neue Formen christlichen Lebens (Meditation, Frühschicht...) und werden von je einem Pater verantwortlich betreut.

– Im Internat (nur für Jungen) wohnen ca. 50 Schüler. In zwei Gruppen in jeweils eigenen Häusern leben sie im altersspezifischen Tagesablauf. Das Internat hat ein eigenes Statut erarbeitet, in dem die Erziehungsziele und -methoden dargelegt sind.

Ein besonderes Klima schaffen die acht Patres, die in Schule und Internat tätig sind. Fünf sind vollzeitbeschäftigt, zwei sind teilzeitbeschäftigt, weil sie Internatsgruppen leiten. Zur Hausgemeinschaft des Johanneums gehören fünf Laienbrüder, die unschätzbare handwerkliche Arbeit leisten. Außerdem wohnen im Haus sechs Schwestern, die sich um Küche, Wäsche, Sakristei und Krankenversorgung kümmern.

Dieses Ineinander und Miteinander von Schule, Internat und Ordensgemeinschaft prägen das Leben am Johanneum entscheidend.

Bischöfliche Maria-Montessori-Gesamtschule
Minkweg 26, 47803 Krefeld, Tel.: 02151/561394
Träger: Bistum Aachen

Als Mitte der sechziger Jahre in Krefeld der Montessori-Verein gegründet wurde, war es der Wunsch der Gründungsmitglieder, eine profilierte katholische Schule aufzubauen. Zur Verwirklichung dieses Zieles bot sich die Pädagogik der italienischen Ärztin Maria Montessori (1870–1952) an, die zutiefst davon überzeugt war, daß jedes Kind ein einmaliges und unverwechselbares Geschöpf Gottes ist. Durch geduldiges Beobachten soll, so sagt sie, der Erzieher spüren, welche Hilfen das Kind braucht, um seine Eigenart zu verwirklichen. Das Kind muß selbst seine Persönlichkeit aufbauen, wobei der Erwachsene helfen kann, indem er Schwierigkeiten aus dem Wege räumt, eine an Lernimpulsen reiche Umgebung vorbereitet und Anregungen gibt («Hilf mir, es selbst zu tun!»). Dabei soll der Erzieher darauf achten, daß er durch seine Überlegenheit die spontanen Entwicklungskräfte des Kindes, die zu bestimmten Zeiten besonders hervortreten («sensible Phasen»), nicht erstickt oder verformt. Der Mensch ist eine Ganzheit. Maria Montessori betont, daß ein Mensch ohne Kopf in der heutigen Zeit genauso fehl am Platz ist wie ein Mensch ohne Hände. Deshalb mißt sie der Bewegung und der Tätigkeit der Hand große Bedeutung bei. Das Kind soll die Möglichkeit haben, im aktiven Umgang Dinge zu «be-greifen», bevor es den abstrakten Begriff lernt. Maria Montessori hat Wert darauf gelegt, daß ihre Pädagogik nicht verengt als Technik oder Methode mißverstanden wird. Sie beklagte sich darüber, daß ihre Hörer auf ihren Zeigefinger schauten und nicht auf das Ziel, auf das sie hinweisen wolle.

Zum Krefelder Montessori-Zentrum gehören ein Kindergarten, eine Grundschule mit 4 Parallelklassen und eine weiterführende Schule. Um allen Kindern der Grundschule die Möglichkeit zu geben, auch weiterhin eine Montessori-Schule zu besuchen, wurde für die höheren Klassen die Schulform der «integrierten und differenzierten Gesamtschule» gewählt. Nach dem Gründungserlaß des Kultusministers handelt es sich um eine Gesamtschule «eigener Art». Mit nur 4 Parallelklassen in jedem Jahrgang bleibt sie unter 1000 Schülern. Die Schüler haben nur vormittags Unterricht.

Als Angebotsschule steht sie den Eltern und Lehrern offen, die die Zielsetzung der Schule bejahen und unterstützen.

Im Sommer 1977 wurden erstmals Schülerinnen und Schüler in die 5. Klasse aufgenommen. In jedem Jahr kam ein weiterer Jahrgang hinzu bis zum Abitur. Die Genehmigung des Ministers schließt eine eigene gymnasiale Oberstufe mit ein. Je nach Leistung und Begabung können die Schüler den Hauptschulabschluß, die Fachoberschulreife oder das Abitur erwerben. Um dieser Aufgabe gerecht zu werden, muß das Schulsystem flexibel und differenziert sein. Im 5. und 6. Jahrgang steht noch das gemeinsame Lernen aller Schüler im Vordergrund. Alle lernen auch Englisch als erste Fremdsprache. Ausgleichsunterricht in den Fächern Deutsch, Englisch und Mathematik soll Schwächen und Lücken mildern. Die Lehrer aller Fächer bemühen sich in diesen beiden Jahren darum, Arbeitstechniken zu vermitteln und selbständiges Lernen einzuüben. Ab Klasse 7 setzt eine äußere Differenzierung nach Leistung und Neigung ein. In den Fächern Deutsch, Englisch und Mathematik werden Grund- und Erweiterungskurse gebildet. Entsprechend seinem besonderen Interesse kann der Schüler im Wahlpflichtbereich I aus dem Angebot von Latein, Französisch, Naturwissenschaften und Arbeitslehre ein Fach auswählen. In Klasse 9 wählt er ein weiteres Wahlpflichtfach aus einem Angebot von Französisch, Naturwissenschaften, Gestaltung und Handwerk. Als Gegengewicht gegen die immer stärkere «Verkopfung» und Intellektualisierung in den höheren Klassen werden elementare handwerkliche Tätigkeiten in die Schule mit einbezogen. Ab Klasse 8 haben alle Schüler die Möglichkeit, mit Holz, Metall, Keramik und Textil zu arbeiten.

Neben der äußeren Differenzierung in Kursen spielt die innere Differenzierung mit Hilfe der Montessori-Pädagogik eine große Rolle. Für die Übertragung von Montessori-Prinzipien, die sich im Bereich des Kindergartens und der Grundschule eindrucksvoll bewährt haben, gibt es im Bereich der weiterführenden Schulen kaum Vorbilder. So wurde in Krefeld an die Arbeit deutscher Montessori-Grundschulen angeknüpft. Dort hat sich als charakteristische Unterrichtsform die «Freiarbeit» entwickelt. Bei der Freiarbeit wählt der Schüler aus dem Angebot der «Vorbereiteten Umgebung» seines Klassenraumes selbst den Bereich und das Thema aus, das er bearbeiten will. Er entscheidet ebenfalls, ob er allein, mit einem Partner oder in der Gruppe arbeiten will. Auch Arbeitstempo und Arbeitsdauer liegen in seiner Entscheidung. Für alle verbindlich ist aber die Regel, daß kein Mitschüler gestört werden darf, und daß eine angefangene Arbeit beendet werden muß. Hilfe findet der Schüler beim Klassenlehrer, der die Freiarbeit beaufsichtigt, und bei seinen Mitschülern. Schüler lernen nicht nur vom Lehrer, sondern auch voneinander und miteinander. Die Schüler haben an 8 Stunden in der Woche die Möglichkeit zur Freiarbeit. In den Jahrgängen 9 und 10 wird das Anliegen der «Freiarbeit» weitergeführt durch den wöchentlichen Projekttag.

Anfang 1980 wurde das Schulgebäude bezogen, das zweckmäßig und schön eingerichtet ist. Dieser Neubau nimmt durch Rampen, Türbreiten u. ä. auch Rücksicht auf die körperbehinderten Schüler, die gemeinsam mit nichtbehinderten Jungen und Mädchen unterrichtet werden. Ihr Anteil beträgt etwa 10% der Schülerzahl. Diese Integration hat zwei Zielsetzungen: Einmal sollen die behinderten Schüler aus ihrer Isolierung befreit werden. Sie sollen reichere soziale Erfahrungen machen und lernen, in der Welt ihren Platz und ihre Aufgabe zu finden. Das zweite Ziel ist: Die nichtbehinderten Schüler sollen im täglichen Umgang erfahren, daß der behinderte Mitschüler nicht Mitleid und Bedauern braucht, sondern daß er ernstgenommen werden will: Nicht durch Verdrängung löst man die Probleme des Behinderten, sondern indem man ihm hilft, selbständig zu werden.

Träger der Schule ist das Bistum Aachen. Es werden katholische und evangelische Schülerinnen und Schüler aufgenommen. Die jungen Menschen sollen dazu befähigt werden, ihr Leben aus dem Glauben zu gestalten und als urteilsfähige, verantwortungsbewußte und engagierte Christen in der Gesellschaft zu wirken. Die Frage nach Gott, nach der Deutung der Welt, nach dem Sinn und Wert des Lebens und nach den Normen für das Handeln des Menschen zu wecken und zu durchdenken, ist nicht nur Aufgabe des Religionsunterrichts; vielmehr soll der Unterricht in allen Fächern dafür offen sein.

Bildungseinrichtungen des Klosters Seligenthal
Bismarckplatz 14, 84034 Landshut, Tel.: 0871/821-0
Träger: Cistercienserinnenabtei Seligenthal in Landshut

Im Lauf von 200 Jahren entstanden unter der Trägerschaft der Cistercienserinnenabtei Seligenthal (gestiftet 1232) eine Reihe von Bildungseinrichtungen, die zu jeder Zeit in ihrer Art und Größe von den Bedürfnissen des Landhuter Raumes beeinflußt und in ihrer Struktur vom öffentlichen Bildungswesen abhängig waren. Heute gehören fünf Einrichtungen dazu, die jeweils kurz vorgestellt werden sollen. Alle Schulen sind staatlich anerkannt.

Im Kindergarten und Schulkindergarten werden ca. 150 Kinder in 7 Halbtagsgruppen betreut.

Die private Grund- und Teilhauptschule (Jahrgangsstufen 1 bis 6) mit Tagesheim besuchen etwa 400 Schülerinnen und Schüler, davon sind 180 im Tagesheim. Letzteres ist eine soziale Einrichtung, in die vor allem Kinder aufgenommen werden, die in der Familie zuwenig Betreuung finden können.

Im neusprachlichen und sozialwissenschaftlichen Gymnasium sind zur Zeit 800 Schülerinnen. Das neusprachliche Gymnasium hat die Sprachenfolge Englisch, Latein, Französisch, das sozialwissenschaftliche Englisch/Latein oder Englisch/Französisch. In der Oberstufe werden zur Zeit Leistungskurse in Deutsch, Latein, Englisch, Französisch, Mathematik, Biologie, Chemie, Physik, Geschichte, Sozialkunde, Kunsterziehung und Musik angeboten. Das Ausbildungsziel ist die allgemeine Hochschulreife. Im Wahlunterricht können Französisch, Italienisch, Spanisch, Chorgesang, Instrumentalmusik, Schulspiel, Schulgarten, Informatik, Maschinenschreiben und Kurzschrift betrieben werden.

Die vierjährige Wirtschaftsschule (Zug M) hat 180 bis 190 Schülerinnen. Diese Schulgattung vermittelt neben einer guten Allgemeinbildung (Fremdsprache Englisch) gründliche Kenntnisse in Mathematik und eine gediegene berufliche Grundbildung im kaufmännischen Bereich. Ziel ist die «Mittlere Reife».

Dem Gymnasium und der Wirtschaftsschule ist ein Tagesheim angeschlossen, das zur Zeit 30 Mädchen besuchen.

Zur Fachakademie für Sozialpädagogik gehören durchschnittlich 100 Studierende, 50 Berufspraktikantinnen und 100 Vorpraktikantinnen. Die hier ausgebildete «Staatlich geprüfte Erzieherin» kann in Kindergärten, Kindertagesstätten und Heimen arbeiten. Bei Bestehen der Ergänzungsprüfung ist der Erwerb der Fachhochschulreife möglich.

In den Kindergarten und die Tagesheimklassen der Grund- und Teilhauptschule werden Mädchen und Buben aufgenommen, sonst nur Mädchen. Die meisten gehören dem katholischen Bekenntnis an. Das Einzugsgebiet ist nicht beschränkt. Es kommt jedoch der größte Teil der Kinder und Jugendlichen aus Stadt und Landkreis Landshut. Neben den schulischen Voraussetzungen, die für die einzelnen Schularten vom Staat festgesetzt sind, wird von den Eltern, die ihr Kind anmelden, erwartet, daß sie mit einer Erziehung auf christlicher Grundlage einverstanden sind. Die Kinder und Jugendlichen sollen ihren Glauben kennenlernen und befähigt werden, zu einer persönlichen Glaubensentscheidung zu kommen. Sie werden auch angeleitet, ihr Leben nach den Grundsätzen zu gestalten, die sich aus der Lehre der Kirche über den Menschen, sein Ziel und seine Aufgaben in Familie, Kirche und Gesellschaft ergeben.

In den Seligenthaler Bildungseinrichtungen sind etwa 30 Schwestern und 100 nichtklösterliche Mitarbeiterinnen und Mitarbeiter tätig.

Im Jahr 1972 übernahm das Kloster eine kleine Schule und ein Waisenhaus in einem Stadtrandgebiet von La Paz/Bolivien, das Colegio Ave Maria, das heute über 4000 Schülerinnen und Schüler unterrichtet. Die materielle und ideelle Unterstützung dieses Missionswerkes ist eine gemeinsame Aufgabe unserer Schulen und vor allem des Kreises der Freunde und der ehemaligen Schülerinnen des Klosters.

Friedensschule
Integrierte und differenzierte Gesamtschule
mit gymnasialer Oberstufe
Echelmeyerstraße 19, 48163 Münster, Tel.: 0251/77193
Träger: Bistum Münster

Die Friedensschule ist eine integrierte und differenzierte Gesamtschule in Ganztagsform für die Sekundarstufe I mit gymnasialer

Oberstufe für Jungen und Mädchen der Jahrgänge 5 bis 13. Sie umfaßt im 5. bis 10. Jahrgang je 6 Kerngruppen (Klassen); die in das Schulsystem integrierte gymnasiale Oberstufe ist vier- bis fünfzügig. An der Schule können der Hauptschulabschluß, die Fachoberschulreife und die Hochschulreife erworben werden.

Die Schule wird als Ganztagsschule in 5-Tage-Woche geführt. Die tägliche Schulzeit dauert von morgens 8.15 Uhr bis nachmittags 16.00 Uhr; an einem Nachmittag in der Woche und am Samstag finden keine schulischen Veranstaltungen für die Schüler statt.

Insgesamt besuchen etwa 1350 Schülerinnen und Schüler die Friedensschule. Sie werden von etwa 100 Lehrerinnen und Lehrern unterrichtet. Zum Kollegium gehören neben Lehrerinnen und Lehrern aller Schulformen auch ein katholischer und ein evangelischer Schulseelsorger, ein Sozialarbeiter, eine Sozialpädagogin, ein Schulpsychologe und eine Bibliothekarin. Die pädagogische Arbeit wird von acht Verwaltungskräften, drei davon sind Hausmeister, unterstützt.

Das Schulgebäude liegt am Rande der Stadt Münster, in der Nähe des Aasees. Es ist in den Jahren 1969 – 1972 gebaut worden. Besonders interessante räumliche Angebote sind eine Mediothek, die weit über die Bundesrepublik hinaus Anregungen für neu geplante Mediotheken gab, umfangreich ausgestattete naturwissenschaftliche Räume, ein Technikbereich, gut geplante Sportanlagen im Außenbereich, eine Dreifachturnhalle, eine Schwimmhalle, Stufentreffpunkte für alle Jahrgangsstufen und zwei Seelsorgezentren der Schule, die Oase und die Arche.

Die Friedensschule belegt besonders deutlich einen heute wichtigen Aspekt kirchlicher Schulpolitik: Mit eigenen Schulen zeigen Katholiken und Kirche in exemplarischer und konkreter Weise, was sie in den unterschiedlichen Schulformen – also auch in Gesamtschulen – unter einer guten Schule verstehen. Dabei entspricht es dem Selbstverständnis katholischer Schulen, daß es wichtiger ist, richtig zu handeln, als etwas Unterschiedliches gegenüber dem öffentlichen Schulwesen zu tun. Die Abweichung an sich ist kein Ideal und verfehlt leicht den besonderen Auftrag der katholischen Schule, ein Stück «Kirche in der Welt von heute» zu sein. So kann und soll nicht der Anspruch erhoben werden, daß die Friedensschule sich bereits im Reformansatz grundsätzlich von den allgemein vertretenen Überlegungen zu Gesamtschulversuchen unterscheidet. Andererseits ist nicht zu verkennen, daß sich die Friedensschule vom allgemeinen Gesamtschulwesen abhebt durch Zurückhaltung gegenüber jeglicher Reformeuphorie. So wurde z. B. die Größe der Schule mit Blick auf den Erziehungsauftrag begrenzt, Großgruppenunterricht wurde abgelegt, in besonders häufiger Umstufung von Schülern wurde eher ein Mißerfolg als ein Beweis des Funktionierens einer Gesamtschule gesehen; bei der Schüleraufnahme wurde das Ziel verfolgt, gleiche Begabungsmischungen wie im Einzugsbereich der Schule zu erlangen, die Schullaufbahnen mußten für Eltern und Schüler überschaubar und die Abschlüsse denen des gegliederten Schulwesens gleichwertig sein; in Jahrgangsstufe 8 werden die Kerngruppen nach bisher gezeigter Begabung und erbrachter Leistung neu zusammengestellt.

Die Friedensschule als Gesamtschule ersetzt die Bildungsgänge der drei Schulformen des gegliederten Systems durch individuelle Schullaufbahnen der einzelnen Schülerinnen und Schüler. Sie integriert Hauptschule, Realschule und Gymnasium in einer Schulform. Beim Übergang der Schülerinnen und Schüler in die Sekundarstufe I des gegliederten Schulsystems entscheiden sich die Eltern für einen bestimmten Bildungsgang, der durch die spezifische Struktur der jeweiligen Schulform vorgegeben ist. Die Friedensschule erspart es den Eltern, über die Schullaufbahn ihrer Kinder schon bei Beginn des 5. Schuljahres punktuell und relativ endgültig entscheiden zu müssen. Sie will die Entscheidung über die Schullaufbahn eines Schülers revidierbar halten und in Entscheidungsketten über die gesamte Sekundarstufe I hinweg für jeden Schüler individuell finden. Dabei wird dem Elternrecht eine große Bedeutung beigemessen. Größere Offenheit der Schullaufbahnen wird durch das Differenzierungsmodell gewahrt. Dabei können Schullaufbahnen über lange Zeit hin korrigiert werden, ohne daß die Schule gewechselt werden muß. Korrekturen sind also im eigenen Schulsystem möglich.

Die Offenhcit der Schullaufbahnen ist an eine spezifische Unterrichtsorganisation gebunden. Einerseits muß der Unterricht möglichst lange in heterogen zusammengesetzten Gruppen erteilt werden, um die individuellen Schullaufbahnen korrigierbar zu halten. Andererseits müssen Leistungsschwächen und -stärken von Schülern in einem System homogener Leistungskurse berücksichtigt werden, wenn die individuelle Förderung der Schüler dieses erfordert. Weiterhin wird mit einem differenzierten Wahlpflichtangebot den Schülern die Möglichkeit zu einer individuellen Schwerpunktbildung gegeben. Bei der Wahl unterschiedlicher Fächer können die Schüler ihre Neigungen und speziellen Begabungen besonders einbringen.

Der Unterricht an der Friedensschule wird deshalb im Kernunterricht mit leistungsheterogenen Schülergruppen, im leistungsdifferenzierten Unterricht in Niveaugruppen und im Wahlpflichtunterricht in

Neigungsgruppen erteilt. Das jeweilige Ausmaß von integriertem und differenziertem Unterricht und der Inhalt der Wahlpflichtangebote bestimmen entscheidend die Schullaufbahnentwicklung der Schüler und damit die Eigenprägung einer Gesamtschule.

Als integrierte und differenzierte Gesamtschule hat die Friedensschule in ihrem System des Kern- und Kursunterrichts, der Förder- und Ausgleichsmaßnahmen, der Leistungs- und Wahldifferenzierung und der Bildung von Neigungsgruppen vielfältige Möglichkeiten wahrgenommen, den Schülern individuell angemessene Lernangebote zu machen und damit der Chancengerechtigkeit der Bildung aller Schüler näherzukommen. Bei der Abwägung der jeweiligen Anteile von Integration und Differenzierung wird keines der beiden Prinzipien einseitig betont. Hier gilt an der Friedensschule der Grundsatz: Soviel Integration wie möglich, soviel Differenzierung wie nötig.

Im Jahrgang 5 wird der Unterricht zunächst im Kerngruppenverband heterogener Schülergruppen erteilt. In Fortsetzung der pädagogischen Arbeit der Grundschule dient dieser Unterricht vor allem dem Ziel, die im einzelnen Schüler angelegten Begabungen zu erkennen und zu entfalten und seine Lerninteressen anzuregen. Die Aufgabe des Lehrers besteht zudem darin, die unterschiedlichen Lernvoraussetzungen der Schüler zu erkennen und sie im Rahmen ihrer Möglichkeiten differenziert zu fördern. Dieser Unterricht mit «innerer Differenzierung» setzt sehr sorgfältig vorbereitete Unterrichtsplanung, erprobte unterschiedliche Unterrichtsmaterialien und einen häufigen Methodenwechsel sowie Gruppenunterricht voraus.

Das pädagogische Problem des Unterrichts in der Jahrgangsstufe 5/6 besteht darin, daß der integrierte Unterricht im heterogenen Kernverband, in dem alle Begabungsstärken vertreten sind, deutlich Grenzen der Methode der inneren Differenzierung aufzeigt. Innere Differenzierung muß ergänzt werden durch Fördermaßnahmen für schwächere Schüler und durch gezielte Lernangebote für lernstärkere. Hilfen werden dadurch geleistet, daß lernschwache Schüler in zusätzlichen kleinen und deshalb besonders förderlichen Gruppen zusammengefaßt werden und/oder daß lernstarke Schüler in zusätzlichen Gruppen zusammengefaßt werden, was die Arbeitsmöglichkeiten der verbleibenden Normalgruppen durch deren Verkleinerung ebenfalls fördert. In den Fächern Englisch und Mathematik ist eine solche intensive Förderung erforderlich, weil in diesen Fächern ab dem 6. Jahrgang eine Leistungsdifferenzierung in zwei Niveaugruppen durchgeführt wird – Kurse mit grundlegenden Anforderungen

G-Kurse) und Kurse mit erweiterten Anforderungen (E-Kurse). Eine intensive Förderung im Fach Deutsch erfolgt, weil in der Jahrgangsstufe 7/8 diese Leistungsdifferenzierung auch im Fach Deutsch durchgeführt wird. Im 7. Jahrgang werden die leistungstärkeren Schülerinnen und Schüler der G-Kurse in Mathematik und in Englisch durch gezielte Fördermaßnahmen so unterstützt, daß sie den Anschluß an den E-Kurs im 8. Jahrgang erreichen können. Der Unterricht wird in beiden Niveaus so aufeinander abgestimmt, daß der Übergang von einem G-Kurs in einen E-Kurs möglich sein kann.

Zu Beginn des 8. Jahrgangs werden – anders als an öffentlichen Gesamtschulen in Nordrhein-Westfalen – die Schülerinnen und Schüler in neuen Kerngruppen zusammengefaßt, um sie aufgrund ihrer bisherigen Schullaufbahnentwicklung unterschiedlich fordern und weiter fördern zu können. Die Schülerinnen und Schüler, die stabile Lernergebnisse im E-Kurs der drei leistungsdifferenzierten Fächer Deutsch, Englisch und Mathematik erreicht haben, werden im 8. Jahrgang in der Regel in drei Kerngruppen zusammengefaßt. Den leistungsdifferenzierten Unterricht erhält ein Großteil der Schüler dadurch ebenfalls im Kerngruppenverband. Eine organisatorische Regelung erlaubt es, den schwächeren Schülern im 8. Jahrgang eine zusätzliche Unterrichtsstunde in Englisch, im 9. Jahrgang in Mathematik und im 10. Jahrgang in Deutsch zu erteilen. Die Schülerinnen und Schüler, die in den Fächern des leistungsdifferenzierten Unterrichts unterschiedliche Leistungskurse oder nur G-Kurse besuchen und bei denen die bisherige Schullaufbahn im Hinblick auf die Schulabschlüsse noch nicht endgültig ist, werden in den anderen drei Kerngruppen zusammengefaßt. Für diese Kerngruppen wird in den leistungsdifferenzierten Fächern Deutsch, Englisch und Mathematik vom 8. Jahrgang, für Chemie vom 9. Jahrgang und für Physik vom 10. Jahrgang an ein zusätzlicher Lehrer zur Verfügung gestellt. Durch diese Maßnahmen werden die Lerngruppen in diesen Fächern kleiner, die Schüler können deshalb angemessener gefördert und gefordert werden. Da der genannte leistungsdifferenzierte Unterricht dieser Kerngruppen parallel erteilt wird, erhält jede Schülerin und jeder Schüler die Gelegenheit, in einem E-Kurs oder in einem G-Kurs am Unterricht teilzunehmen. Die Durchlässigkeit der Schullaufbahnen im Hinblick auf gewünschte Abschlüsse ist dadurch verbessert; alle Schulabschlüsse sind erreichbar. Zugleich können Überforderung und Entmutigung vermieden werden. Um in diesen neu zusammengesetzten Kerngruppen die Sozialbeziehungen zwischen den Schülern und zwischen Lehrern und Schülern zu verstärken und zu stabilisieren, werden auch diese Kerngruppen so zusammengefaßt, daß ein Teil des leistungsdifferenzierten Unterrichts im Kernverband erteilt werden kann.

Die Neuzusammensetzung der Gruppen Anfang 8 hat also ein dreifaches Ziel:

- verbesserte Möglichkeiten, die Schullaufbahn im Hinblick auf die Abschlüsse zu korrigieren,
- Verbesserung der methodischen Möglichkeiten des Förderns und Forderns im Unterricht,
- Erhöhung der Stabilität der Lerngruppen und damit Verstärkung der Sozialbeziehungen.

Die Möglichkeit der individuellen Schwerpunktbildung und damit die Verstärkung der Profilbildung des einzelnen Schülers für seine spezielle Schullaufbahn ist eine wichtige Zielsetzung der Gesamtschule. Der Wahlpflichtbereich an der Friedensschule bietet eine weitere Möglichkeit für die Schülerinnen und Schüler, ihre individuellen Schwerpunkte selbst bestimmen zu können. Im Wahlpflichtbereich wählen deshalb die Schülerinnen und Schüler zwischen verschiedenen Fächern zwei zusätzliche Fächer zur eigenen Schwerpunktbildung. Die Schüler haben sich ab Beginn des 7. Schuljahres für ein Fach des Wahlpflichtbereiches I zu entscheiden, das vierstündig, im 9. und 10. Jahrgang dreistündig unterrichtet wird und dessen Wahl bis Ende des 10. Jahrgangs verpflichtet. Eine zweite Verstärkung des individuellen Schullaufbahnprofils wird ermöglicht durch die Wahl eines Angebotes im Wahlpflichtbereich II., das im 9. und 10. Jahrgang dreistündig, bei der Wahl einer zweiten und dritten Fremdsprache vierstündig unterrichtet wird.

Von Beginn an ist die Friedensschule als Ganztagsschule geplant und geführt worden. Der Ganztagsbereich der Schule ist ein fester Bestandteil ihrer pädagogischen Gesamtkonzeption, die darauf abzielt, eine schülergerechte Schule zu sein. Die Unterrichtsangebote und die zusätzlichen Ganztagsangebote wie z. B. Arbeitsgemeinschaften, Fördermaßnahmen und Übungsstunden sind miteinander verbunden und aufeinander abgestimmt. Alle Ganztagsangebote sind für alle Schüler der Sekundarstufe I verpflichtend; sie sind auf Vormittage wie Nachmittage verteilt. Wesentlich für die Friedensschule ist zudem das Miteinander in den Freizeitbereichen, das von den Schülern zum erheblichen Teil selbst gestaltet bzw. mitgestaltet wird.

Die Seelsorgezentren stehen zur Verfügung für Gruppengottesdienste, die fast täglich stattfinden, für Kurs- und Elterntreffs sowie für Spiel-, Gesprächs- und Arbeitsgruppen in der Mittagsfreizeit.

Darüber hinaus öffnet sich die Schule durch jährlich stattfindende

Projektwochen, Berufspraktika und Wochen bzw. Tage religiöser Orientierung.

Die Friedensschule gehört zu den ersten sieben Gesamtschulen in Nordrhein-Westfalen, die im Rahmen des Experimentalprogrammes des Deutschen Bildungsrates 1969 ihre Arbeit aufnahmen. Den für die Friedensschule Verantwortlichen war es angesichts eines solchen Gesamtschulversuches von Anfang an wichtig, die Schule wissenschaftlich zu begleiten, um sie auf vielfältigen Gebieten zu unterstützen und um darüber zu wachen, ob um der Schüler willen Abwandlungen der jeweils pädagogischen organisatorischen Form angezeigt waren. Zu Beginn leitete eine schuleigene Forschungsgruppe diese Arbeit. In ihrer weiteren Aufbauphase wurde die Schule wie auch die anderen Versuchsschulen von den Gruppen zur wissenschaftlichen Begleitung des Schulversuches Gesamtschule in Nordrhein-Westfalen betreut. Seit 1979 wurde sie in ihrer Arbeit zusätzlich von der «Arbeitsstelle Schulbegleitung», einer Einrichtung des Bistums Münster für seine privaten Schulen, unterstützt. Die Ergebnisse und ihre Aktivitäten schlagen sich nieder in den im Verlag Regensberg veröffentlichten (bisher zehn) Bänden der Reihe «Die Friedensschule – Entwürfe, Materialien, Berichte zu einem Gesamtschulversuch», herausgegeben von Regenbrecht, Dikow und Alder. Besonders verwiesen sei auf den Band 10 «20 Jahre Friedensschule – Bilanz eines Schulversuchs» (1991).

Heinrich-Haus
56566 Neuwied-Engers, Tel.: 02622/705-150/153
Träger: Josefs-Gesellschaft e. V. Köln

Die staatlich anerkannte Schule für Körperbehinderte im Heinrich-Haus Engers ist eine Schule in freier Trägerschaft. Träger ist die Josefs-Gesellschaft e. V., Köln. Die Aufnahme eines Kindes in diese Schule ist von seiner Körperbehinderung abhängig. Körperbehinderung ist mehr als Einschränkung von Bewegungsfähigkeit: Zu der Bewegungsbeeinträchtigung kommen Auswirkungen in vielfältigen Bereichen hinzu. Die Aufnahme in die Schule für Körperbehinderte wird nicht von Mindestleistungen abhängig gemacht, die die Schüler erbringen müssen. Es werden auch Schüler gefördert, die in allen Entwicklungsbereichen sehr schwer beeinträchtigt sind.

Die Arbeit der Schule für Körperbehinderte zielt darauf ab, daß die körperbehinderten Kinder und Jugendlichen als Mitglieder der Gesellschaft in christlicher Verantwortung handeln können. Daher bietet die Schule eine Förderung unter psychomotorischen, kognitiven, emotionalen, sozialen und christlichen Aspekten an.

Die Schule gliedert sich in drei Bildungsgänge, die in ihren Grundlagen und Abschlüssen der Grund- und Hauptschule, der Schule für Lernbehinderte und der Schule für Geistigbehinderte entsprechen. Die Schule wird als Ganztagsschule geführt. Im Rahmen der vorgegebenen Möglichkeiten sind diese drei Bildungsgänge zueinander hin offen, d.h., je nach Leistungsvermögen kann der Schüler in einen anderen Bildungsgang überwechseln.

Die Schüler werden krankengymnastisch und in der Beschäftigungstherapie betreut. Der Schule für Körperbehinderte ist eine Sozialpädiatrie angegliedert. Der Kinderarzt (Neuropädiater) steht für den medizinischen Anteil einer ganzheitlichen Rehabilitation. Er berät die Behinderten, die Eltern und die Schule und ist für die therapeutischen Konzepte verantwortlich. Um einem ganzheitlichen Prinzip gerecht zu werden, erfolgt eine intensive Kooperation zwischen den Fachkräften der Pädagogik und der Medizin. Sport und Spiel wie Tischtennis, Schwimmen und Rollstuhltrainingsgruppen sind Teile der Therapie. Ein großer Teil der Schüler ist zusätzlich sprachgestört bzw. sprachbehindert. Die Sprachtherapie der Schule ist deshalb auch Element der Rehabilitation.

An der Schule werden etwa 260 Schüler in 34 Klassen von etwa 120 Mitarbeitern gefördert. Hierzu gehören: Sonderschullehrer, Grund- und Hauptschullehrer, Sozialpädagogen, Erzieher mit sonderpädagogischer Zusatzausbildung, Krankengymnasten, Beschäftigungstherapeuten und Pfleger.

Zum Einzugsbereich der Schule gehören die Städte und Kreise Koblenz Stadt, Mayen-Koblenz, Cochem-Zell, Rhein-Hunsrück, Altenkirchen, Westerwald, Rhein-Lahn und Neuwied.

In Einzelfällen können auch Kinder aus anderen Landkreisen und Bundesländern aufgenommen werden. Der Schule ist ein Internat mit z. Zt. 45 Plätzen angeschlossen. Die Schule arbeitet eng mit den Fachdiensten des Heinrich-Hauses zusammen. Hierzu gehören Ambulanz und fachärztlicher Dienst der orthopädischen Klinik in Bendorf, Orthopädiewerkstatt und Werkstatt für Behinderte.

Abt-Joscio-Schule
Maria-Ward-Platz 1, 94557 Niederalteich, Tel.: 09901/7122
Träger: Abt-Joscio-Schulwerk e. V.

Die Abt-Joscio-Schule ist eine staatlich anerkannte katholische Bekenntnisvolksschule. Unterrichtet werden etwa 200 Schüler in 10 Klassen (Jahrgangsstufen 1–6). 120 Kinder kommen aus dem 1800 Einwohner zählenden Niederaltaich, 80 aus dem Landkreis Deggendorf.

Die Schule wurde 1973 im Rahmen des Bayerischen Volksschulgesetzes (1967) in Verbindung mit dem Konkordat des Freistaates Bayern mit dem Heiligen Stuhl gegründet. Dabei war die tragende Idee eine Erziehung aus den Quellen des Glaubens und aus den Kräften einer intensiven musikalischen Bildung, die das gesamte Schulgeschehen durchziehen.

Die Schule ist mitten im Dorf untergebracht im ehemaligen Kloster-Richterhaus (Anfang des 18. Jahrhunderts) und in einem modernen Schulgebäude (1978/79; 1990 durch einen Anbau erweitert), das vom Freistaat Bayern zur Verfügung gestellt wurde. In der Trägerschaft sind die Diözese Passau und die Benediktinerabtei Niederalteich maßgeblich vertreten.

Der Schule angeschlossen ist ein Hort mit Hausaufgabenbetreuung, Mittagsmahlzeit und Freizeiterziehung. Die Erzieher im Hort leisten nicht nur einen Zubringerdienst für die Schule, sondern müssen sich auch den Herausforderungen stellen, die von Kindern aus belastetem Erziehungsmilieu an sie gestellt werden. Sie ermöglichen auch Kindern eine Schullaufbahn, die sich an einer Normalschule zumindest sehr schwertun würden.

Im Zusammenwirken von Schule und Hort sollen die Schüler im Geiste des Evangeliums zu gemeinschaftsfähigen und hilfsbereiten Menschen erzogen werden. Ein zentrales Anliegen der Schule ist die Hinführung zur aktiven Gottesdienstfeier, in der das Kind durch das Erleben von Gemeinschaft und durch das Sich-Einleben in das Kirchenjahr die Grundlage für sein späteres mündiges Christ-Sein bekommen soll.

Über die Ziele des staatlichen Lehrplans hinaus sollen die Kinder von Anfang an eine musische Bildung erfahren, die sie später befähigen soll, Freizeit als eine Chance für schöpferisches Aktivwerden und somit Verwirklichung der eigenen Persönlichkeit zu nützen. Aus einem reichen Angebot an Neigungskursen (Schulspiel, Instrumentalmusik, Chorsingen, Tanz...) wählen die Schüler nach eigenem Geschmack. Ausgehend von der musischen Förderung des Kindes will die Schule Einsatzfreude und Förderung in allen Fächern erreichen.

Häufiges Hinausgehen zum Unterrichtsobjekt (Dorf, Landkreis, Waldjugendspiele, Konzertbesuche...) sollen das musische Unterrichtsprinzip als ein bewußtes Erleben und Anschauen auf die kognitiven Fächer ausweiten und somit das Lernen auf eine realitätsnahe Basis stellen. Individuelle Beschäftigung mit Lernspielen und Lernprogrammen sollen dem Kind verstärkt die Möglichkeit bieten, selbständig vom ganz persönlichen Leistungsstand aus spielend weiterzulernen und zu üben.

Nicht zuletzt will die Schule ihre Ziele von den Eltern mitgetragen wissen. Sie führt sie in eigenen Fortbildungskursen in die Grundlagen des Flötenspiels ein. Schule, Hort und Eltern bereiten gemeinsam Feste vor. Elternabende halten Eltern und Schule im Gespräch miteinander. Die Schüler können auf das Musisch-Neusprachliche Gymnasium der Benediktiner am Ort übertreten oder in die Realschulen im Landkreis sowie zum Abschluß der Volksschullaufbahn in ihre zuständige Sprengelhauptschule (Jahrgänge 7–9).

St.-Gotthard-Gymnasium
Hengersberger Str. 19, 94557 Niederalteich, Tel.: 09901/208150
Träger: Benediktinerabtei Niederalteich

Das St.-Gotthard-Gymnasium ist ein staatlich anerkanntes Gymnasium mit musischer und neusprachlicher Ausbildungsrichtung für Jungen und Mädchen. Dem Gymnasium angegliedert ist ein Schülerheim für Jungen, von dem aus auch andere weiterführende Schulen in der Nähe besucht werden können. Das Gymnasium wird von rund 700 Schülerinnen und Schülern in 20 Klassen und 50 Kollegstufenkursen besucht.

In der 5. Jahrgangsstufe wird als 1. Fremdsprache Englisch oder Latein unterrichtet, ab der 7. Jahrgangsstufe tritt Latein oder Englisch hinzu, in der 9. Jahrgangsstufe wird die neusprachliche Ausbildung durch Französisch als 3. Fremdsprache vervollständigt; in der musischen Ausbildungsrichtung ist Musik ab 5. Jahrgangsstufe Kernfach. Regelmäßig werden in der Oberstufe als Leistungskurse gewählt: Deutsch, Latein, Englisch, Musik, Kunsterziehung, Biologie, Physik und Mathematik.

Die 5. bis 8. Jahrgangsstufe wird als besondere Form der Tagesheimschule geführt, in der die Kinder durch Förderunterricht in den

Kernfächern, durch Wahlunterricht und in Neigungsgruppen, in Studiumsstunden, betreuten Freistunden und gemeinsamem Mittagstisch eine intellektuelle, musische, handwerkliche und soziale Förderung erfahren.

Die besondere Form des Tagesheimunterrichts, bei welchem sich die von den Kernfachlehrern betreuten Übungsstunden zur Anfertigung der schriftlichen Hausaufgaben unmittelbar an den planmäßigen Unterricht anschließen, stellt eine Hilfe für die Schüler dar, deren Eltern berufstätig sind oder die wegen ungünstiger familiärer Verhältnisse in ihrer schulischen Ausbildung weitgehend auf sich allein gestellt sind. Das Gymnasium verfügt über besondere Einrichtungen, die vielfache musische Aktivitäten im Unterrichts- und Freizeitbetrieb gestatten. So besteht nicht nur die Möglichkeit, verschiedene Instrumente zu erlernen, in verschiedenen Chören oder in Instrumentalensembles zu musizieren, sondern auch in den Werkstätten der Kunsterziehung das Arbeiten mit Ton und Keramik, Holz und Metall, Drucken, Fotografieren, Modellieren zu erlernen. Eine zentrale Sportanlage mit Rasen- und Hartplätzen, drei Sporthallen und ein benachbartes Hallenschwimmbad bieten neben ausgezeichneten unterrichtlichen Lernbedingungen einen hohen Freizeitwert.

Die Academia Musica Niederalteich, eine Konzertreihe des Gymnasiums, pflegt die musikalische Tradition der Abtei mit eigenen Aufführungen und Konzerten ausgewählter Künstler. Zur Ergänzung des Unterrichts werden Studienfahrten, Opern-, Theater- und Ausstellungsbesuche durchgeführt.

Für das Internat ist die Vielfalt der unterrichtlichen und außerunterrichtlichen Angebote eine gute Voraussetzung für den sozialen Zusammenhalt und für persönliche Entfaltungsmöglichkeiten, nicht zuletzt im Angebot von Freizeitgemeinschaften (Pfadfinder).

Das Gymnasium bemüht sich um die Beheimatung der anvertrauten Zöglinge im Glauben und in der Kirche, nicht zuletzt durch die gemeinsame Gestaltung gottesdienstlicher Feiern und die regelmäßigen Einkehrtage in der Klassengemeinschaft.

Das Gymnasium hat sich aus der benediktinischen Tradition heraus entwickelt, die 731 mit der Gründung der Abtei als Kultur- und Bildungsstätte ihren Ausgang nahm. So hat sich die Schule zum Ziel gesetzt, jungen Menschen den Sinn des Lebens erschließen zu helfen, um ihnen auf diese Weise die Gestaltung des Lebens in christlicher Verantwortung näherzubringen.

Das St.-Gotthard-Gymnasium, die Einheit von Internat und Schule, versteht sich als Ort, an dem der Jugendliche in den Zusammenhang verschiedener Lebensbereiche des Alltags eingebunden ist, an dem der junge Mensch eine Wertorientierung bekommt, an dem er auch erfährt, daß das Leben gelingt.

Ketteler-La Roche-Schule
Altenhöferweg 61, 61440 Oberursel, Tel.: 06171/2921

Die Ketteler-La Roche-Schule ist eine staatlich anerkannte private Ausbildungsstätte für Erzieherinnen und Erzieher in kirchlicher Trägerschaft. Als katholische Fachschule im Ballungsraum Frankfurt und Main/Taunus versucht das Ausbildungsteam immer neue Wege zu finden als Antwort auf veränderte Lebenswirklichkeiten der Studierenden und der Kinder und Jugendlichen, für die Auszubildende in den sozialpädagogischen Arbeitsfeldern erzieherische Verantwortung übernehmen wollen. Ein Schwerpunkt ist der Versuch, in der Ausbildung bewußt an der Persönlichkeit der Studierenden und ihrer Lerngeschichte anzuknüpfen.

Ein weiterer Schwerpunkt ist das konzeptionsmäßig verankerte Anliegen, die Ausbildungsstätte selbst zum Lern- und Lebensort werden zu lassen. Ein wichtiger Beitrag dazu ist die Möglichkeit, auch am Schulort wohnen zu können. Den Studierenden stehen Zimmer zur Miete zur Verfügung; die Versorgung wird selbst arrangiert.

Als Antwort auf die erfahrbare Sinn- und Orientierungssuche junger Menschen versucht die Ausbildungsstätte Anknüpfungsmöglichkeiten mit «Herausforderungscharakter» zu bieten und ermöglicht im dritten Ausbildungsabschnitt (Berufspraktikum) die selbst zu wählende Teilnahme an einer Religionspädagogischen Zusatzausbildung (in katholischer und evangelischer Variante) in Zusammenarbeit mit der Diözese Limburg und der Evangelischen Landeskirche von Hessen und Nassau.

Ab dem Schuljahr 1992/93 läuft an der Ketteler-La Roche-Schule das Ausbildungsmodell «Lernen und Arbeiten»: eine praxisintegrierende Teilzeitausbildung zur Staatlich anerkannten Erzieherin/zum Staatlich anerkannten Erzieher.

Die Aufnahmevoraussetzungen für alle Ausbildungsgänge regelt die jeweils geltende Ausbildungs- und Prüfungsordnung für Fachschulen für Sozialpädagogik des hessischen Kultusministeriums.

Anmeldungen werden laufend entgegengenommen. Jede Bewerberin/jeder Bewerber wird zu einem persönlichen Gespräch mit der Möglichkeit des Kennenlernens der Ausbildungsstätte eingeladen.

Paulus-Schule
Margaretenstraße 46, 49086 Oldenburg, Tel.: 0441/72519,
Träger: Bischöflich Münstersches Offizialat Vechta

Die Paulus-Schule ist ein Schulzentrum; es umfaßt zunächst eine organisatorisch selbständige, siebenzügige Orientierungsstufe (14 Klassen) der Klassenstufe 5–6. Ab Klasse 7 schließen sich eine Haupt- und eine Realschule an. Die Hauptschule hat je 2 Klassen im Jahrgang 7 bis 10. Die Realschule ist zwei- bis dreizügig. Insgesamt werden an der Schule 750 Schüler in 31 Klassen unterrichtet. Der Prozentsatz von Jungen und Mädchen ist annähernd gleich.

Pflichtfremdsprache ab Klasse 5 bis zur Klasse 10 ist Englisch. In der Realschule kann ab Klasse 7 zusätzlich Französisch als Wahl-/ Wahlpflichtschwerpunkt gewählt werden.

In der Hauptschule gibt es ab Klasse 8 die Neigungsschwerpunkte Musik, Kunst, gestaltendes Werken, textiles Gestalten, Technik und Hauswirtschaft, in der Realschule ab Klasse 9 die Neigungsschwerpunkte des gesellschaftswissenschaftlichen, naturwissenschaftlichen oder musisch-kulturellen Fächerbereichs.

Am Ende der Klasse 6 erhalten die Schüler ein Gutachten mit einer Empfehlung für eine der drei weiterführenden Schularten: Hauptschule, Realschule, Gymnasium. Am Ende der Klasse 9 oder 10 (je nach Schulart) erreichen die Schüler den Hauptschulabschluß, den qualifizierten Hauptschulabschluß, den Sekundarabschluß I – Realschulabschluß oder den erweiterten Sekundarabschluß I mit allen Berechtigungen wie im staatlichen Bereich. Mit Beginn des Schuljahres 1992/93 bietet die Haupt- und Realschule Montag bis Donnerstag eine Ganztagsbetreuung bis 15.30 Uhr an.

Nach niedersächsischem Schulgesetz ist die Schule eine Schule in freier katholischer Trägerschaft. Nach Maßgabe des Art. 138 NSchG darf der Anteil nichtkatholischer Schüler 20% der Gesamtschülerschaft nicht überschreiten. Eine Sonderung der Schüler nach Besitzverhältnissen ist nicht gestattet.

So kommt der überwiegende Teil der katholischen Schüler aus den vier katholischen Grundschulen der Stadt Oldenburg, ein anderer Teil der Schüler kommt aus etwa acht Nachbargemeinden. Deshalb unterhält der Schulträger in einzelnen Bereichen eigene Buslinien.

Die Schüler treten in die Orientierungsstufe ein und verbleiben zumeist im System. Nur gymnasiale Schüler wechseln nach der Klasse 6 auf das Gymnasium Liebfrauenschule, das mit der Schule eng kooperiert und eine vergleichbare Zielsetzung hat.

Katholische und evangelische Eltern nehmen ein Schulangebot wahr, das entsprechend der Grundordnung der Schule dem Schüler dazu verhelfen soll, «seine Anlagen zu entfalten und sich zu einer ganzheitlichen, selbständigen und gemeinschaftsgebundenen Persönlichkeit zu entwickeln». Das Unterrichtsangebot muß «gleichwertig», aber nicht gleichartig dem der staatlichen Schule sein. Die Schule fördert durch vielseitige Gemeinschaftsaktionen – Schulfeste, Sing- und Spielabende, Aktionen zur Ausgestaltung der Schule, Sporttage mit Eltern, Klassenfeste, Klassenwanderungen und Klassenfahrten, Grillabende, Vortragsabende und Tage religiöser Besinnung – die enge Verbindung zwischen Elternhaus und Schule. Sie sieht in dieser engen Bindung die beste Chance für erfolgreiches Arbeiten.

Das persönliche Gespräch in der Form wöchentlicher Sprechstunden der Lehrer als Angebot an Eltern und Schüler erweist sich als ein fruchtbares Mittel, nicht nur schulische Probleme zu lösen, sondern auch neue Ziele zu setzen.

Im Einzugsbereich der Schule liegen 16 katholische Kirchengemeinden. Durch Kontaktstunden einiger Pfarrgeistlicher in der Schule und ein Gottesdienstangebot bildet die Schule eine Seite des Dreiecks Elternhaus-Kirchengemeinde-Schule.

Der Verein der «Freunde und Förderer der Paulus-Schule» unterstützt auf breiter Ebene die pädagogische Arbeit der Schule und ist Träger verschiedener Gemeinschaftsaktionen. Durch ihn bleiben ehemalige Schüler in ihren Familien mit der Schule verbunden.

Papst-Johannes-XXIII.-Schule
Ingendorfer Str. 2, 50259 Pulheim-Stommeln
Tel.: 02238/13550
Träger: Erzbistum Köln

Die Schule ist eine bilinguale deutsch-italienische Einrichtung, die das Schulprogramm der deutschen Hauptschule und der italienischen Scuola Media harmonisiert und die staatlich anerkannten Abschlüsse beider Schulformen ermöglicht. Die Schule ist ein Beispiel für die Förderung von ausländischen Schülern durch katholische Schulen. Etwa 270 italienische und deutsche Jungen und Mädchen besuchen die Schule; mit ihr ist ein neu erbautes Internat mit 150 Plätzen für den gleichen Personenkreis verbunden.

Die italienischen Schüler erlernen Deutsch, die deutschen Schüler erlernen Italienisch als Fremdsprache. Um für die italienischen

Schüler die Muttersprache zu festigen und zu erweitern und die grundlegenden Begriffe der heimatlichen Kultur zu erweitern, gehen in das Curriculum auch die vom italienischen Kultusministerium festgelegten Anforderungen in Fächern wie Italienisch (als Muttersprache), Geschichte, Gesellschaftslehre und Geographie ein. Im Bedarfsfall können die italienischen Schüler auch muttersprachliche Förderkurse in Mathematik und Naturwissenschaften erhalten sowie Kurse zur Verbesserung der Grundkenntnisse in der Muttersprache.

Der Unterricht in der deutschen Sprache wird für die italienischen Schüler in Gruppen entsprechend den Sprachkenntnissen der Schüler und ohne Rücksicht auf die Klassenzugehörigkeit erteilt. Aufgrund der Flexibilität der Gruppen können alle, die mit Erfolg eine Gruppe besuchen, während des Schuljahrs zu einer Gruppe mit höheren Anforderungen überwechseln. In der Anfängergruppe wird der Unterricht in der deutschen Sprache von italienischen Lehrern erteilt.

Die nicht unerheblichen Mittel, die zur Finanzierung der zusätzlichen Fördermaßnahmen aufgewandt werden müssen, werden vor allem vom Erzbistum Köln aufgebracht. Darin schlägt sich die Anerkennung der Tatsache nieder, daß die italienischen Katholiken voll verpflichtete (was z. B. die Zahlung von Kirchensteuern angeht), aber auch voll berechtigte Glieder der Kirche in Deutschland sind.

Christophorus-Schule im Heilpädagogischen Zentrum
Dreikönigsstraße 20–30, 48429 Rheine, Tel.: 05971/6361
Träger: Caritasverband Rheine e. V.

Die Christophorus-Schule im Heilpädagogischen Zentrum ist eine Schule für Geistigbehinderte und wird als Ganztagsschule geführt. In 12 Klassen werden 117 Mädchen und Jungen von Sonderschullehrern, Fachlehrern und pädagogischen Mitarbeitern unterrichtet.

Die Schulpflicht erstreckt sich entsprechend den gesetzlichen Vorgaben des Landes Nordrhein-Westfalen auf 11 Jahre. Nach Beendigung der Schulpflicht kann der Schulbesuch jedoch von Jahr zu Jahr auf Konferenzbeschluß bis zum max. 25. Lebensjahr verlängert werden. In Stufen (Vorstufe, Unterstufe, Mittelstufe, Oberstufe und Werkstufe) werden die Schüler von 3 bis 5 Jahrgängen gemeinsam unterrichtet.

Die Schülerschaft umfaßt das gesamte Spektrum geistiger Behinderung – vom sogenannten Grenzgänger geistigbehindert/Übergangsform zum Lernbehinderten bis hin zu Schwerst-Geistigbehinderten/Schwer-Mehrfachbehinderten. Entsprechend umfangreich und vielschichtig ist das pädagogisch/inhaltliche Angebot, das die Lehrkräfte der Schule für Geistigbehinderte ihren Schülern anbieten müssen. Das sonderpädagogisch/schulisch bezogene Angebot wird ergänzt durch krankengymnastische/therapeutische Arbeit sowie motopädische Angebote.

Unter der Leitidee «Selbstverwirklichung in sozialer Integration» ist das Ziel der Beschulung, die behinderten Schüler zur größtmöglichen Selbständigkeit und Lebenserfülltheit zu führen; angestrebt wird eine optimale Förderung der seelischen, körperlichen und geistigen Entwicklung in ganzheitlicher Sicht ohne Überbetonung des Intellektuellen.

Dies geschieht durch lebenspraktisches Training, lebenspraktische Orientierung (Umwelt, Freizeit, Arbeitswelt), Sozialerziehung, Spracherziehung, Verkehrserziehung, bildnerisches Gestalten, Musizieren, textiles Gestalten, Turnen und Schwimmen im Sinne der Bewegungserziehung, religiöse Erziehung, Umgang mit Mengen und Zahlen, Lesen und Schreiben (mit Vorübungen dazu), Feiern von jahreszeitlichen, kirchlichen und persönlichen Festen.

Eine intensive beratende und unterstützende Elternarbeit ist wesentlicher Bestandteil der pädagogischen Arbeit insgesamt.

Zur Erreichung dieser Zielsetzung stellt das Schulgebäude zur Verfügung: familiäre Umgebung, freundliche und lebendige Atmosphäre, umfangreiche Möglichkeiten zum Erlernen der Selbstversorgung, Hilfen für Rollstuhlfahrer, Hauswirtschaftsräume, Werkräume, Turnhallen, Schwimmbecken mit variabler Wasserhöhe, behindertengerechter Spielplatz sowie Räumlichkeiten für Motopädie und Krankengymnastik.

Das schulische Angebot wird abgerundet durch jährlich stattfindende Schullandheimaufenthalte, an denen in der Regel alle Schüler der Christophorus-Schule teilnehmen. Die Mitarbeit bei der Vorbereitung kirchlicher Feste (Erstkommunion, Firmung, Konfirmation), Patronatsfest, Tagesausflüge und Kontaktaufnahme zu anderen Schulen sind selbstverständlicher Bestandteil der pädagogischen Arbeit im weitesten Sinne.

Die Schule ist eine eigenständige Einrichtung im Heilpädagogischen Zentrum des Caritasverbandes für Stadt und Dekanat Rheine e. V. Leiter und Mitarbeiter der Einrichtungen im Heilpädagogischen Zentrum stehen miteinander in gutem Kontakt und arbeiten eng zusammen.

Die weiteren Einrichtungen im Heilpädagogischen Zentrum sind:
- Heilpädagogisch/therapeutische Frühförderung,
- Dreikönigskindergarten (Kindergarten für Körperbehinderte, Sprachbehinderte und Geistigbehinderte sowie integrative Kindergartengruppe)
- Betreuungsdienst für behinderte Kinder und Jugendliche

Die Mitarbeiter aller Einrichtungen im Heilpädagogischen Zentrum wollen auf der Grundlage des christlichen Glaubens die Erziehung und Bildung behinderter Kinder familienbezogen und lebenspraktisch ergänzen, Behinderte selbst integrationsfähig machen und die Gesellschaft auf die Integration Behinderter vorbereiten. Aus diesem Grund beziehen die Einrichtungen des Heilpädagogischen Zentrums die Bevölkerung in ihre Arbeit intensiv ein. Besonders angesprochen sind Kirchengemeinden, Behörden, Vereine und Fachinstitutionen.

Im Freundes- und Förderkreis der Christophorus-Schule haben sich Eltern, Lehrer und engagierte, an der Arbeit der Schule interessierte Einwohner aus Rheine und Umgebung zusammengeschlossen.

Der Freundes- und Förderkreis unterstützt die pädagogische Arbeit der Schule, informiert regelmäßig und umfassend die Öffentlichkeit und hilft den betroffenen Eltern durch Gesprächsabende zu unterschiedlichen Themen wie Sexualerziehung, Freizeit, Versicherungen, Krankheit, religiöse Erziehung usw.

Albertus-Magnus-Schule
Auf der Meß 16, 66386 St. Ingbert, Tel.: 06894/2242
Träger: Institut St. Dominikus Speyer

Die Schule wurde als eine der ersten saarländischen Realschulen im Jahre 1957 gegründet. Sie umfaßt die Klassenstufen 5–10 und führt zum Realschulabschluß.

Rechtlich ist die Schule im Privatschulgesetz des Saarlandes verankert und der staatlichen Schulaufsicht unterstellt. Sie bietet die allgemeinen Bildungsmöglichkeiten wie eine gleichgeartete öffentliche Schule. Zeugnisse und Prüfungen haben dieselbe Geltung und führen zu den gleichen Berechtigungen. Darüber hinaus hat die Schule einen größeren pädagogischen Freiraum und eine größere organisatorische

Flexibilität als eine staatliche Schule. Im religiös-weltanschaulichen Bekenntnis sieht sie ihre Legitimation.

Wie die Schülerstatistik ausweist, füllt die Schule eine Lücke im Bildungsangebot der Stadt St. Ingbert sowie des näheren und weiteren Umlandes. Zur Zeit unterrichten 40 Lehrpersonen rund 600 Jungen und Mädchen in 22 Klassen. Voraussetzung für die Aufnahme in die Schule ist die Zustimmung der Erziehungsberechtigten zu den Bildungs- und Erziehungszielen, die der Schulträger in einem Statut niedergelegt hat. Die Teilnahme am Religionsunterricht ist grundsätzlich verpflichtend.

Erste Fremdsprache ist Französisch. Die Stundentafel für Realschulen sieht neben dem Pflichtunterricht ab der Klassenstufe 7 zunehmend in der Klassenstufe 9 und 10 einen verbindlichen Wahlpflichtunterricht vor, der Englisch als zweite Fremdsprache anbietet und berufsbezogene Fächer in den Bereichen Technik, Naturwissenschaft, Wirtschaft, Verwaltung, Hauswerk und Kunst berücksichtigt. Ebenfalls ist die Informationstechnische Grundbildung (ITG) fester Bestandteil. Die Schule kommt mit diesem umfassenden Angebot der Begabung und Neigung des einzelnen Schülers entgegen. Sie vermittelt ihm Fähigkeiten und Fertigkeiten, die in einem unmittelbaren Lebensbezug zu einer differenzierten Berufswelt stehen. Zur verbindlichen Einführung dieses Wahlpflichtunterrichts hat die Schule als Versuchsschule ihre langjährigen Erfahrungen eingebracht. Neben dem Wahlpflichtunterricht hat der Schüler die Möglichkeit, an Chor oder Orchester, an Sport-, Theater- und Tanzveranstaltungen, an Kursen in Maschinenschreiben und Textverarbeitung freiwillig teilzunehmen.

Um den Anforderungen eines zeitgemäßen Unterrichts entsprechen zu können, wurde die Schule zweckmäßig und zukunftsorientiert ausgestattet. Sie ist mit technischen Einrichtungen, mediendidaktischen Geräten und Instrumenten gut versorgt. Neben Fachräumen für Physik, Chemie, Maschinenschreiben, Technik, Hauswerk, Bildende Kunst und Musik gehören zur Schule eine Bibliothek, eine Mediothek, Sportanlagen und ein Versuchsgarten für den theoretisch-praktischen Unterricht in Biologie/Chemie.

Die Schule ist bemüht, die Gemeinschaft von Schülern, Eltern und Lehrern zu pflegen. Dieses partnerschaftliche Zusammenwirken bewährte sich immer wieder bei zahlreichen Anlässen, nicht zuletzt bei Schulfesten und Feiern. Die Gestaltung von Schulgottesdiensten, die Teilnahme an Besinnungs- und Wochenendtagungen sind ebenso Bestandteile des schulischen Lebens wie Aktionen für Hilfsbedürftige und Notleidende. Seit Jahren pflegt die Schule auch einen Schüleraustausch mit französischen Partnerschulen. Wertvolle materielle und ideelle Unterstützung findet die Schule durch den «Förderkreis der Albertus-Magnus-Schule».

Karl Heinz Potthast, Jürgen Bohne, Werner Kast,
Herbert Ochel u. a.

Evangelische Schulen und Heime

Umfang des evangelischen Schul- und Bildungswesens

In der Bundesrepublik werden von evangelischen Landeskirchen und anderen kirchlichen Körperschaften, von Werken der Diakonie und von juristischen Personen evangelischer Prägung folgende Einrichtungen getragen:

120 allgemeinbildende Schulen (Gymnasien, Kollegschulen, Realschulen und Grundschulen) mit etwa 39000 Schülerplätzen, teilweise mit Internaten verbunden
Evangelische Internate und Schülerheime haben insgesamt 9500 Plätze zum Besuch für allgemeinbildende Schulen.
225 in der Regel mit Heimen verbundene Schulen für Behinderte aller Art
290 berufliche Schulen, einschließlich 130 Berufsfachschulen
185 Schulen für Krankenpflege mit 9000 Plätzen
45 Einrichtungen für Erwachsenenbildung
80 Familienbildungsstätten
85 Ausbildungs- und Fortbildungsstätten für gemeindepädagogische Dienste
zahlreiche Aus- und Fortbildungsstätten für sozialpädagogische Ausbildung.

Jeder dritte Kindergartenplatz in der Bundesrepublik und in Berlin wird von einem evangelischen Träger gestellt. Hingegen haben Kirchen und Werke, bis auf wenige Ausnahmen, keine eigenen Grundschulen.

Mit fast der Hälfte der evangelischen Gymnasien und Realschulen sind Heime verbunden, damit jeweils besondere Gruppen von Schülern gezielt gefördert werden können: musisch besonders Begabte, Behinderte oder erzieherisch bisher Benachteiligte, Hochbegabte, Leistungssportler, Schüler, die aus unterschiedlichen Gründen nicht zu Hause wohnen können, zunehmend auch Einzelkinder, für die Eltern das Zusammenleben im Internat wünschen. Schließlich wird für Mädchen immer noch, wenn auch seltener, eine gesonderte Erziehung gewünscht und in Schule und Internat auch angeboten. Manche Heime haben besondere Erfahrungen mit Kindern von Spätaussiedlern und Ausländern.

Hauptmotive für evangelische Schulgründungen

Diese Aufzählung zeigt den diakonischen Schwerpunkt evangelischer Schul- und Internatsarbeit, der sich in den Nöten sozialer Verhältnisse im 19. und 20. Jahrhundert gebildet hat und bis heute flexibles Aufspüren von Nöten und Chancen erfordert. Daneben bleibt aber auch die ältere, von den Reformatoren sich herleitende Inspiration erhalten: Wohin auch immer die Reformation kam, hat sie nach Luthers und Melanchthons Plänen Schulen initiiert, weil das evangelische Verständnis von Glauben elementar mit Lesen und Schreiben, Singen und Musizieren zusammenhängt. Die musischen Traditionen der evangelischen Schulen gehen noch heute darauf zurück.

In den evangelischen Territorien des Heiligen Römischen Reiches und den protestantisch geprägten Nachfolgestaaten hat man das Schulehalten als «weltlich Ding» gewertet und auf ein flächendeckendes Alternativprogramm verzichtet, solange der christliche Grundansatz der Erziehung auch für das öffentliche Schulwesen gewährt war. Ein Vorrang der Verkündigung und der «eigentlichen» Gemeindearbeit schien theologisch geboten und auch akzeptabel, weil die öffentliche Schule den Religionsunterricht als ordentliches Lehrfach garantierte. Nach den Erfahrungen mit dem totalen Staat in diesem Jahrhundert erneuern sich Gedanken, die vor allem F. D. Schleiermacher schon zu Beginn des 19. Jahrhunderts formulierte: Vor der absoluten Unterordnung der Erziehung unter den Staat muß gewarnt werden. Derzeit machen die jungen Kirchen in der Dritten Welt ähnliche Erfahrungen und begreifen Wert und Aufgabe eigener Schulen neu.

Immer dann, wenn es gelingt, das gesamte Schulleben als ein Netz der Verbundenheit von Eltern und Kindern, Laien und Fachleuten zu gestalten, finden Kinder und Jugendliche den Schutz, in dem ihnen die Kräfte zuwachsen, mit denen sie Lebenskonflikte selbst bewältigen können. Daß Lernen als Ausdruck eines von Gott geschenkten Lebens erfahren und nicht als Dauerwettkampf auf konkurrierende Ziele hin erlebt werden sollte, entspricht dem biblischen Menschenbild. Sich darauf zu verständigen ist Ziel der Beratung mit Eltern und der eigentliche Inhalt einer Erziehung aus Glauben, die sich im behutsamen «Gespräch der Generationen» verwirklichen muß.

Auf diesem Motivhintergrund entwickelt jede evangelische Schule das individuelle Selbstverständnis, oft ausformuliert auf Kollegiumstagungen unter Teilnahme von Eltern und Schülern, besonders auch in den Zusammenkünften und Tagungen der Arbeitsgemeinschaft Evangelischer Schulbünde.

Erziehung für eine gerechte und lebensfähige Gesellschaft

Ein Erziehungskonzept, das als oberstes Ziel die Emanzipation des Heranwachsenden sieht, kann die Sinnfrage nicht übergehen. «Eine sinnträchtige Lebensperspektive braucht man auch dann noch, wenn die emanzipatorische Loslösung gelungen ist und man sich frei fühlen darf» (K. E. Nipkow). Was der Religionspädagoge hier als Ergebnis seiner wissenschaftlichen Erkenntnis festhält, stellt sich als Elternerfahrung in einem Leserbrief an eine deutsche Wochenzeitung so dar: «Mein größtes Problem – auch das anderer? – ist nicht meine eigene Angst. Mit der kann ich leben. Aber wie erzieht man in einem solchen Zustand Kinder? Welche Perspektive soll ich ihnen aufzeigen?... Manchmal zweifle ich an der Richtigkeit meines Zieles, die Kinder zu kritischen und engagierten Menschen zu erziehen. Müssen sie nicht gerade dann an dieser Welt verzweifeln?» Auch Christen haben als Lehrer und Erzieher heute teil an dieser Angst. Menschliche Geschichte und die Entwicklung menschlichen Denkens liefern aus sich heraus keine sicheren Perspektiven.

Der christliche Glaube weiß, daß menschliches Leben und das Leben überhaupt im Schöpfungswillen Gottes gründet. Menschsein erschließt sich danach nicht aus «Perspektiven» und ergibt sich nicht erst aus der Zukunft. Menschsein im Sinne des Evangeliums ist vorgegeben und kann deshalb in der Gegenwart bezeugt, gelebt und an Kinder weitergegeben werden.

Evangelische Erziehung steht so im Gegensatz zu allen pädagogischen Konzeptionen, die bereit sind, um der Zukunft willen die unvollkommene Gegenwart zu vernachlässigen oder gar zu opfern. Von dieser Grundüberzeugung aus hat evangelische Pädagogik heute Zielvorstellungen zu entwickeln, die «einer Ethik der gerechten und lebensfähigen Gesellschaft» verpflichtet sind – um eine Formulierung der Vollversammlung des ökumenischen Rates der Kirchen von 1975 in Nairobi aufzunehmen. Es geht dabei nicht um einen Appell zur Veränderung der Gesellschaft. Es geht vielmehr darum, in welcher

Form Christen durch das, was sie sagen und tun, zum Ausdruck bringen, wie sie Gott in ihrem Leben verstehen. Drei Zielsetzungen scheinen gegenwärtig besonders nahezuliegen, wenn man danach fragt, wie sich dieses glaubende Vertrauen auf Gott in evangelischem Erziehungsbemühen auswirken kann:

- Wir müssen selbst wieder lernen und müssen unsere Kinder dazu anleiten, Ehrfurcht vor dem Leben zu empfinden und vor dem Geheimnis des Lebens zu schweigen. Leben ist mehr als eine eigenwillige Organisationsform von Materie. Wo Naturwissenschaftler die Möglichkeit von «Formkräften» einräumen, die in einem bestimmten Verhältnis zur Materie stehen, uns aber im Grunde nicht zugänglich sind, da kann von Christen das Bekenntnis zu Gott eingebracht werden, der das Leben will. In diesem Bekenntnis gründet das christliche Vertrauen, das befreit von Ungeduld wie von Resignation. Dieses Vertrauen zu Gott als «letzter Formkraft» schafft Freiheit zur Wirklichkeit, Freiheit zu den Dingen der Schöpfung und auch zu den Menschen.
- Unsere Welt als Schöpfung Gottes begreifen bedeutet zugleich, sie als Lebenszusammenhang von menschlicher und nichtmenschlicher Schöpfung zu verstehen. Natur ist dann nicht mehr etwas, das man nur benutzt. Die Geschöpfe, und zwar alle Geschöpfe, haben ihren Wert und ihre Würde in sich. Es muß zunehmend Zielsetzung evangelischer Pädagogen werden, ein «technokratisches Naturverständnis» abzulösen durch ein «sakramentales Naturverständnis», durch ein Verständnis also, das in Elementen der Natur von Gott gewählte Zeichen seiner Güte gegenüber den Geschöpfen erkennen kann. Evangelische Erziehung wird verstärkt die Verantwortung schärfen müssen für die Frage: Was darf das Geschöpf Mensch mit anderen Geschöpfen und mit der Schöpfung selbst anstellen? Es geht dabei im einzelnen um sehr konkrete Probleme. Das Bewußtmachen dieser Probleme wird zu einem Lebensverständnis führen, das den Sinn des Lebens nicht im «Haben» vieler Dinge, sondern im gemeinsamen «Sein» innerhalb der Lebenszusammenhänge von Gottes Schöpfung sieht.
- Als besonderes Aufgabenfeld im Gesamten der Schöpfung bleibt aber die Verantwortung für das Miteinanderleben der Menschen. Mit der Gegenwart Gottes rechnen heißt in diesem Bereich, sich um Gerechtigkeit und um aktiven Frieden bemühen. Natürlich gibt es gerade auch auf diesem Feld vielfaches Versagen der Christen und ihrer Kirchen. Aber es gibt auch eine lange Tradition des christlichen Glaubens, diese Zielsetzung immer wieder inhaltlich zu be-

stimmen. Christliche Erzieher werden sich fragen lassen müssen, wieweit sie bereit sind, diese Tradition aufzunehmen und in ihrem aktuellen Erziehungshandeln zu realisieren. Friede, soziale Gerechtigkeit und Verantwortung für die Schöpfung sind Zielmarkierungen auf diesem Wege.

Am Evangelium ausgerichtete Erziehung ist möglich, wenn Eltern und Lehrer sich auf solche Sinnorientierungen einlassen, ohne die alle organisatorischen Bemühungen der Reform von Stundentafeln und Lehrplänen keine menschengerechte Schule für unsere Zeit schaffen.

Im Alltag unserer Schule und im konkreten Vollzug unseres Erziehungshandelns werden dann sicher «alte Tugenden» ihre Bedeutung zurückerhalten: Verläßlichkeit, menschliche Wärme, persönlicher Kontakt, Freude an sinnvoller Leistung, verantwortlicher Umgang mit Geld und Gut und Selbstkritik. Daneben werden aber auch neue Tugenden einzuüben sein wie: Gelassenheit, Standhaltenkönnen, Widerstandleisten gegen eine allgemeine Skepsis, Fremdenfreundlichkeit, Sensibilität für den anderen sowie für neue Situationen und die Bereitschaft, für etwas als richtig Erkanntes einzustehen und füreinander zu handeln.

Eine Synode formuliert die Aufgabe evangelischer Schulen (1978)

«Die evangelischen Schulen und Ausbildungsstätten nehmen in theologischer Sicht eigenständige Aufgaben wahr, die für den Dienst der Kirche an ihren eigenen Gliedern eine unersetzbare und für den Dienst der Kirche in der Welt eine grundlegende Verpflichtung darstellen. In den evangelischen Schulen und Ausbildungsstätten stehen Erziehung und Bildung in einem jeweils wechselnd akzentuierten Zusammenhang von Lehre, Erziehung, pädagogischer Einzel- und Gruppenhilfe, Seelsorge, Diakonie, Verkündigung und christlicher Gemeinschaft, der im pädagogischen Feld so sonst nicht gegeben ist. Auf diese Weise erhalten Erziehung und Bildung eine eigene Qualität: Die Kraft des Evangeliums und die Bedeutung christlichen Glaubens- und Lebensverständnisses für den pädagogischen Umgang miteinander werden in gemeinsamen Lebensvollzügen erfahrbar. Das spezifisch christliche und evangelische Profil ist in dem durch das Evangelium gelegten Grund und dem daraus erwachsenden Gesamtzusammenhang zu suchen, nicht aber in einem für sich isolierbaren Element. Das Ziel der evangelischen Erziehungs- und Bildungsarbeit ist, dem Schüler zu helfen, seine Bestimmung als Mensch zu finden und zu verwirklichen, wie sie die Bibel uns zeigt.

In der gegenwärtigen bildungspolitischen und pädagogischen Situation ist eine wachsende Bedeutung evangelischer Schulen und Ausbildungsstätten festzustellen. Sie haben die Chance und Aufgabe, das in sie gesetzte Vertrauen zu verstärken. Sie können sich als Stätten verläßlicher, überzeugender, dem Kinde und Jugendlichen zugewandter pädagogischer Arbeit zeigen. Sie sollen als Stätten größerer innerer Unabhängigkeit auf der Grundlage des Evangeliums den Polarisierungen wie der um sich greifenden Resignation entgegenwirken und als Orte der gesammelten Aufmerksamkeit auf ein sinnerschließendes Lernen hinwirken, das von der Frage «Leben und Erziehen – wozu?» bewegt ist. Die Synode betont, daß das christliche Schul- und Ausbildungswesen hierbei an den allgemeinen Schwierigkeiten, Spannungen und Widersprüchen im Bildungssystem teilhat. In dieser Hinsicht ist Schulehalten in evangelischer Verantwortung zunächst der Ausdruck der selbstverständlichen Mitarbeit und Mitverantwortung der Kirche im pädagogischen Feld. Nur unter gemeinsamen Bedingungen können bessere Lösungsversuche überzeugen und zum allgemeinen Nutzen übertragen werden. Nur so kann das Vertrauen, das evangelischen schulischen Einrichtungen entgegengebracht wird, dem Schulwesen im ganzen zugute kommen. Die evangelische Kirche will mit ihrem Schul- und Ausbildungswesen daran mitarbeiten, daß dieses Vertrauen wieder wächst.

Die Synode ermutigt die evangelischen Schul- und Ausbildungsstätten dazu, die vielfältigen Möglichkeiten so wahrzunehmen, daß sie zeichenhaft wirken. Das kann geschehen, wenn «die evangelischen Schul- und Ausbildungsstätten

- in allen pädagogischen Arbeitsfeldern und Fächern aus einem am christlichen Glauben orientierten Lebensverständnis heraus erziehen und unterrichten,
- die Lernziele, -inhalte und -formen auf ihre Bedeutung für ein menschenwürdiges, in Frieden und Gerechtigkeit erfülltes Leben prüfen und zugleich
- dem Kind als Kind und dem Jugendlichen als Jugendlichem gerecht werden und sie in ihrer eigenen Art und Würde ernst nehmen.»

Lehrer, Eltern und Schüler einer evangelischen Schule entwickeln ihr gemeinsames Konzept

Die Synode der Evangelischen Kirche in Deutschland hat Schulen als «Lebensäußerungen der lehrenden und dienenden Kirche» bezeichnet und Schulehalten zum verpflichtenden Auftrag der Kirche in dieser Welt erklärt. Und weiter: Bildung und Erziehung, Förderung der Kinder und Jugendlichen sind zentrale Aufgabenfelder kirchlicher Arbeit.

Art und Weise, wie diese Aufgaben wahrgenommen wurden, haben sich in der geschichtlichen Entwicklung seit der Reformation oft gewandelt, der Bezugsrahmen blieb aber gleich: Grundlage der Erziehung an evangelischen Schulen sind Verheißung und Gabe des Evangeliums Jesu Christi. Die Wege der Erziehung an evangelischen Schulen sind bestimmt von der Diakonie, dem Dienst für den jungen Menschen und der Mithilfe bei der Gestaltung unserer Gesellschaft. Ziele der Erziehung an evangelischen Schulen sind die christliche Hoffnung als Lebenssinn und ein Vertrauen auf Gott, das zur Hilfe für den Mitmenschen ermutigt.

Eltern verlangen von der Schule nicht nur die Vermittlung von Kenntnissen und Fähigkeiten, sie erhoffen von der Schule nicht nur Informationen, sondern Hilfen, die sich in unserem Leben als tragfähig erweisen. Sie erwarten darum von der Schule und ihren Lehrern und Erziehern selbst eine Haltung und eine Lebenseinstellung, die Kinder und Jugendliche prägt und erzieht. Dabei haben Eltern ein Recht zu wissen, auf welcher Grundlage die Erziehungsarbeit der Schule steht.

Die evangelischen Schulen verstehen die Verheißung und den Auftrag des Evangeliums Jesu Christi als tragfähiges Fundament ihrer Erziehung. Gemeinsam mit den Eltern und den heranwachsenden Schülern versucht die Schule, auf dieser Basis Wege für eine sinnvolle Lebensgestaltung zu finden. Wer sein Kind bei unserer evangelischen Schule anmeldet, wird also nicht aus der eigenen pädagogischen Verantwortung, aus seinem Elternamt entlassen, die Eltern sind aufgefordert, sich zusammen mit den Lehrern und Erziehern darum zu bemühen, das Leben nicht als Existenzkampf in der Auseinandersetzung pluralistischer Interessen aufzufassen, sondern unser Leben und unsere Welt als ein Geschenk Gottes zu erfahren, das wir dankbar annehmen dürfen und das wir mit Rücksicht auf unseren Mitmenschen zuversichtlich gestalten sollen.

Die reformatorische Entdeckung der Freiheit durch das Evangelium eröffnet einer evangelischen Erziehung hierzu große Möglichkeiten. Diese Freiheit verhindert es, daß die Erziehung an einer evangelischen Schule in einen ideologischen Rahmen gezwängt wird, sie ist offen für die Bedürfnisse des einzelnen Heranwachsenden, sie ist frei für pragmatische Lösungen, aber sie soll zuverlässig zur Stelle sein, wo sie gerade gebraucht wird.

Schützt diese reformatorische Freiheit auf der einen Seite vor weltanschaulicher Enge, so setzt sie andererseits der Willkür des einzelnen und von Gruppen deutliche Grenzen.

Lehrer und Erzieher an evangelischen Schulen müssen bereit sein, sich darauf ansprechen zu lassen, ob ihr alltägliches Verhalten in der Schule als christliche Nächstenliebe und brüderliche Fürsorge verstanden werden kann. Im Bewußtsein, daß das Heil der Welt nicht durch Erziehung zu erreichen ist, soll in evangelischen Schulen die Botschaft weitergegeben werden, daß im Glauben an Christus uns das Heil zuerkannt ist und daß uns im Evangelium eine tragfähige Basis für unser Leben angeboten wird.

Diese Grundlage der Erziehung soll in Andachten, in gottesdienstlichen Feiern, im Gebet erfahren werden, vor allem aber im christlichen Zeugnis des täglichen Umgangs, im Miteinander in der Schule. So werden Welt und Menschen in der Schule nicht nur gedeutet, sondern sie gewinnen Bedeutung. In der Abgrenzung vom Pluralismus in der Erziehung geht es in den evangelischen Schulen nicht um ein Mehr an Erziehung, es geht um eine zielgerichtete andere Erziehung. Die Synode der Evangelischen Kirche in Deutschland nennt dies 1978 in Bethel «eine Verbindung von individueller pädagogischer Forderung und seelsorgerlicher Hilfe». In der Hoffnung auf die Fürbitte der Gemeinde fühlen sich die evangelischen Schulen diesem diakonischen Auftrag verpflichtet – bei aller Vielfalt der sonstigen Aufgaben.

Warum und wie evangelische Schulen auch heute noch gegründet werden können

Ein Beispiel inmitten einer säkularisierten Umwelt

1962 wurde in einer Trabantenstadt im Westfälischen die Hans-Ehrenberg-Schule gegründet. Initiator war diesmal das Kultusministerium des Landes Nordrhein-Westfalen, das in einem schulleeren und völlig säkularisierten Raum eine weiterführende Schule «pflanzen», für die das Land selber aber nicht die inhaltliche Verantwortung übernehmen wollte. Die Evangelische Kirche von Westfalen hatte hier wie in einigen anderen neuen Siedlungen oder schulisch unterversorgten Regionen den Mut, eine Schule zu gründen. Diese entwikkelte sich innerhalb weniger Jahre zur Regionalschule eines weiten Einzugsbereiches und wird bis zum heutigen Tage von Eltern und Schülern voll angenommen. Im Zeitalter der Schulreform hat die Hans-Ehrenberg-Schule die Bedürfnisse einer wachsenden Schülerzahl aufgenommen. Die Landeskirche hat also hier ganz im Sinne von Luthers Schrift an die Ratsherren deutscher Städte die äußere Fürsorge für eine Schule wahrgenommen. Um diese Schule herum hat sich das volkskirchliche, besonders auch das kirchenmusikalische Leben entfalten können. In einer säkularisierten Umwelt, wie geschichtslose Trabantenstädte besonders deutlich machen, ist ein evangelisches Schulprofil nur möglich, wenn die Gründer ein Traditionselement «einstiften» können. In Sennestadt war es allerdings ein sehr selbstkritisches Erinnern an das beispielhafte Leben eines jüdischen Philosophieprofessors und späteren evangelischen Pfarrers, der Mitinitiator, Streiter und Opfer des Kirchenkampfes im Dritten Reich gewesen ist. Ähnliche Motive führten zu Schulnamen, die an Dietrich Bonhoeffer, Paul Schneider, Ludwig Steil oder Natan Söderblom erinnern. Diese Schulen sind dann zwar mehr Regional- als Angebotsschulen. Die Mehrheit der Eltern sieht in ihnen vor allem gute Schulen, die äußere Lebenschancen eröffnen. Doch niemals bleibt Religion hier «Privatsache», sondern prägt das Wertegefüge des Miteinanders von Eltern, Lehrern und Schülern.

Ein anderes Beispiel, geprägt von einem regional geprägten Frömmigkeitstyp: 1977 eröffneten Eltern und Lehrer die Freie Evangelische Schule Reutlingen als *Angebotsschule* in einem südwestdeutschen Ballungsraum. Nicht die Ratsherren einer Stadt in einem evangelischen Lande oder die Kirche selber haben diese christliche Schule aufgerichtet und unterhalten sie, wie Martin Luther es 1524 gefordert hatte, sondern die Betroffenen selbst. Verwirklicht wurde hier ein bereits im 19. Jahrhundert von Wilhelm Dörpfeld entwickelter Grundgedanke einer Schulgemeinde, d.h. eines familiären christlichen Zusammenlebens von Eltern, Lehrern und Schülern. Die Reutlinger Eltern und Lehrer haben sich folgende Aufgaben gestellt:

– das christliche Fundament ist Mittel zur Gewinnung einer religiös-ethischen Mitte, von der aus das Kind in eine widersprüchliche Erwachsenenwelt und die pluralistische Gesellschaft eingeführt werden soll,

- das gegenseitige Vertrauen aller an der Erziehung Beteiligten und die «freiwillige Gewissenseinigkeit» sind unverzichtbar,
- die «freie Schulgemeinde», in der Eltern und Lehrer in ihrer Mitarbeit Gemeinschaft, Verantwortung und Geborgenheit erfahren, muß durch die Beteiligung der pädagogisch relevanten und legitimen Gruppen Gestalt gewinnen.

Dörpfeld hatte besonders die freiwillige «Gewissenseinigkeit» gefordert, auf die Eltern und Lehrer sich verständigen müssen. Die Wahl der Lehrer durch die Organe der Schulgemeinde ist das konsequente Element in der Anwendung seiner Gedanken. Alles sonstige Schulleben soll von der genossenschaftlichen Verbundenheit von Eltern und Lehrern geprägt sein, um die Kinder vom elementaren zum weiterführenden Lernen anzuleiten. In diesem Fall ist die Einheit von Kindergarten, Grundschule und weiterführender Bildung zwingend.

Weitere Beispiele finden wir vor allem in den neuen Ländern, aber auch an sozialen Bennpunkten im Westen. Die Vereinigung Deutschlands hat gleich mit der Wende vielerorts Eltern mit dem dringenden Wunsch nach christlichen Schulen auf den Plan gerufen. Ohne westliche Hilfe sind die evangelischen Landeskirchen in den neuen Ländern zur Zeit noch nicht in der Lage, dem Ruf nach evangelischen Schulgründungen in dem gewünschten Maße zu folgen. Eltern haben selbst die Initiative ergriffen und Schulvereine gegründet, z. B. in Leipzig, Berlin, Dresden, Hoyerswerda, Jena, Gotha, Magdeburg, Erfurt. Sie erhoffen von den evangelischen Schulen eine neue Pädagogik für ihre Kinder, die unverdächtig ist, die dem «neuen Menschen» eine sinnvolle Zukunft in Selbstverantwortung, Toleranz und Freiheit eröffnet. Das sind hohe Erwartungen, denen sich die Kirchen stellen müssen. Zur Wahrnehmung dieser Aufgabe werden nicht nur Finanzmittel gebraucht, dazu gehören auch die evangelischen Lehrerinnen und Lehrer, und dazu gehören auch Fürbitte und Beistand der Gemeinden.

Berufsbildung und Sonderpädagogik in Volkskirche und Diakonie

Mehr als die Hälfte aller evangelischen Schulen sind vereinsrechtlich organisiert. Das gilt vor allem für evangelische Sonderschulen und berufsbildende Schulen, die mit Diakonischen Werken verbunden sind. Anstaltsgründer oder Hausväter waren vor allem Lehrer, so daß es sich von selbst versteht, daß sie die ihnen anvertrauten Kinder unterwiesen. So läßt sich in vielen Fällen die Schulgeschichte zurückverfolgen in eine Zeit vor der offiziellen Anerkennung der jeweiligen Schule. Das Bemühen um die Sinnesbehinderten setzte vielfach schon im 18. Jahrhundert, also im Zeitalter der Aufklärung ein. Es sind christlich motivierte Privatpersonen, die sich bei der schulischen Förderung Sinnesbehinderter besonders hervorgetan haben. Es kam allerdings in dieser Zeit noch nicht zur Gründung von Anstalten. Unter den evangelischen Sonderschulen gibt es heute wenige Schulen für Sinnesbehinderte, weil diese von öffentlichen Schulträgern übernommen wurden. Vom allgemeinen Bildungsbemühen der Aufklärung blieben die Geistigbehinderten noch ausgeschlossen. Sie galten als toll und wurden wie Verbrecher für gemeingefährlich gehalten. Sie waren zumeist auch im Tollhaus untergebracht. Allerdings setzte schon in der Zeit der Aufklärung von ärztlicher Seite erste Kritik an dieser Einstellung ein. Ärztliche Wissenschaft erkannte, daß die «tollen Personen» Geisteskranke sind, die der ärztlichen Behandlung und der Pflege bedürfen. So wurden schließlich zu Beginn des 19. Jahrhunderts die Geisteskranken von den Verbrechern getrennt, und staatlicherseits wurden Heilanstalten eingerichtet. Neben diesen Anstalten gibt es – beeinflußt durch den Pietismus – bald eine Fülle von Anstaltsgründungen für den Personenkreis der Geistigbehinderten und der Erziehungsbedürftigen (Waisenhäuser). Die Geschichte evangelischer Behindertenhilfe ist durch das Bemühen bestimmt, das Bildungsrecht der Schwächsten durchzusetzen. Überblickt man die Geschichte evangelischer Sonderschulen, so läßt sich feststellen:

- Kirchen und andere freie Träger evangelischer Einrichtungen bemühten sich um die Schwächsten, um diejenigen also, die von der öffentlichen und privaten Fürsorge nicht erfaßt wurden. Das waren zum einen die Verwahrlosten (Waisenkinder, Erziehungsgeschädigte) und zum andern die Geistigbehinderten. Hinzu kommen dann noch die Krüppel. Die Tatsache, daß viele Schulen für diese Kinder und Jugendlichen nach wie vor Anstaltsschulen sind, führt dazu, daß die Schülerschaft immer schwieriger wird. Aufgrund des Ausbaus des öffentlichen Schulwesens und der ambulanten Fürsorge, aber auch mitbedingt durch die Tatsache, daß die Toleranzgrenze der Gesellschaft höher liegt als früher, werden in den Heimen der Diakonischen Werke immer schwierigere Kinder aufgenommen. Damit wird auch die Aufgabe der Schulen schwerer. In den Geistigbehindertenschulen werden zunehmend schwerstbehinderte und schwer verhaltensgestörte geistig behinderte Kinder betreut. In die Sonderschulen für Erziehungshilfe müssen heute mehr

Kinder mit immer stärkeren Verhaltensstörungen aufgenommen werden.

- Nach wie vor muß das Bildungsrecht dieser Kinder und Jugendlichen verteidigt werden. Das bedeutet nicht nur eine politische, sondern auch eine geistige Auseinandersetzung. In unserem allgemeinen Bewußtsein ist gebildet, wer eine höhere Schule besucht, und ungebildet, wer nicht rechnen und schreiben kann. Man könnte auch sagen, daß derjenige ungebildet ist, der seine Fähigkeiten zum Lernen nicht nutzt, und derjenige gebildet ist, der das lernt, was er lernen kann.
- Die zunehmende Schwere der Behinderung bei unseren Schülern erfordert ein intensives Zusammenarbeiten von Ärzten und Pädagogen, wobei kein Berufsstand letzte soziale Instanz für Behinderte sein kann. Die evangelischen Sonderschulen wissen sich durchaus auch als konkrete Alternative zur Staatsschule. Sie haben ihre eigenen Bildungsangebote und stellen sich mit ihrem besonderen Bildungsangebot auf ihre Schüler ein. Sonderpädagogik darf nicht nur Defektpädagogik sein, die die Kinder lehrt, mit ihren Defiziten auszukommen und mit ihren Krücken zu leben. Am Anfang jeden sonderpädagogischen Bemühens steht die Annahme des Menschen als Person und als Geschöpf Gottes. Die Lehrer an den Sonderschulen sind in besonderer Weise nach einer menschlichen Einstellung gefragt, die dem Schöpfungsfunken des Lebens auch in solchen Kindern Nahrung geben.

Auch die Entwicklung der beruflichen Schulen ist eng mit der Geschichte der Diakonie verbunden. Insgesamt sind drei Wurzeln zu nennen. Am Beginn der Arbeit standen Diakone und Diakonissen, die mit ihrem vollen Einsatz und ihrem Vermögen behinderten Menschen halfen. Im Laufe des Ausbaus dieser Arbeit kam es zur Professionalisierung sozialer Berufe. Bruderschaften und Schwesternschaften sahen sich vor die Notwendigkeit gestellt, ihre vielen Mitarbeiter fachlich zu qualifizieren. Es entstanden spezielle krankenpflegerische, sozialpädagogische und hauswirtschaftliche Berufe, für die ausgebildet werden mußte. Eine weitere Quelle der Entwicklung der beruflichen Schulen in der Diakonie ist in der Tatsache zu sehen, daß die evangelischen Schwesternschaften im 19. Jahrhundert auch einen Zusammenhang mit der Frauenemanzipation haben. Gerade von den Schwesternschaften gingen erhebliche Initiativen zum Ausbau der Mädchenbildung aus. So kam es nicht nur zur Gründung evangelischer Mädchengymnasien, sondern auch zur Gründung von berufsbildenden Schulen für Frauen. Eine dritte Wurzel für die Entfaltung evangelischer berufsbildender Schulen liegt schließlich in der Tatsache, daß die Diakonischen Werke sich verstärkt auch um die berufliche Ausbildung und das Anlernen behinderter Menschen bemühen. So gibt es schon seit Beginn der diakonischen Arbeit die Ausbildung in handwerklichen Berufen. Diese Ausbildung wurde im 20. Jahrhundert ergänzt durch schulische Ausbildungen. So kam es zur Gründung von Berufssonderschulen. Viele Berufssonderschulen sind heute einbezogen in Berufsbildungswerke, d.h. in überbetriebliche, von der Bundesanstalt für Arbeit geförderte Ausbildungsstätten. Die berufsbildenden Schulen innerhalb der Diakonischen Werke zeichnen sich durchweg durch ihre starke Praxisnähe aus. Die Schulen bemühen sich, den sich wandelnden Anforderungen der beruflichen Ausbildung gerecht zu werden. Oftmals liegt der erkennbare Vorteil dieser beruflichen Ausbildungsstätten im Erfolg ihrer Bemühungen um Jugendliche, die vorher vielfach gescheitert sind. Auch ausländische Jugendliche finden in diesem Bereich Sonderformen des Berufs.

Auch morgen noch evangelische Internatserziehung?

Der besondere Problemdruck des Internatsalltages hat im Laufe einer langen protestantischen Tradition immer wieder einzelne Erzieher und Gruppen von Lehrern dazu motiviert, die Alltagspraxis aus ihrer verschulten Verformung herauszuführen. Gegen die verkrusteten spätmittelalterlichen Ordensregeln für die Bildung wollte Luther Erziehung zu einem weltlichen Werk machen, das mit Vernunft getan wird. Melanchthons umfassendes Bildungskonzept wurde seit dem 16. Jahrhundert auch mit der pragmatischen Zielsetzung der Fürstenschulen verbunden. Familie als Erziehungsfeld existierte noch kaum, als protestantische Unruhe schon am Werk war, den Anstaltscharakter der Heime zu überwinden. Heimleben als Familienleben, durchdrungen vom sittlichen Gemeinschaftsgefühl in Verbindung mit edler Bildung, so lautete auch später wieder die Gegenparole zur hartherzigen Strenge mancher pietistischer Erziehungshäuser. Pestalozzis Forderung nach Nestwärme und Wohnstube gehören in diese Tradition einer Suche nach dem Heim als Stätte der Geborgenheit. Wichern begriff als erster ganz modern, wie viele Kinder Opfer der Fehler ihrer Eltern oder der Gesellschaft sind. Seine Internate sollten Notstände dieser Art lindern helfen. Und noch die Internate der ländlichen Sammelschulen nach dem Ersten Weltkrieg waren bemerkenswerte reformpädagogische Beispiele. An alle diese Traditionen konnte 1945 zur Linderung des Flüchtlingselends und zur Behebung sonstiger Geborgenheitsverluste vieler Kinder in der Industriegesellschaft angeknüpft werden. Es ist zu billig, vielen Heimen nachträglich den Charakter der guten alten Standesschule anzulasten. Denn auch die als «Rettungshäuser» konzipierten Heime sollten die Kinder nach einer Zeit strenger Behütung lebenstüchtig für ihre jeweilige Zeit machen.

Heute muß jedes Heim für sich entscheiden, was aktuelle Erfordernisse und die Offenheit für künftige Bewährung jeweils adressatenbezogen verlangen. Internatsarbeit ist, unabhängig von schnell wechselnden pädagogischen Modetrends, auf Dauer anzulegen. Das Bleibende im Wandel zum Qualitätsmerkmal zu machen, scheint einem aktuellen Bedürfnis zu entsprechen. Dieses Bleibende im Wandel ist der Versuch, Ordnungen eines gemeinsamen Lebens zu praktizieren, wie sie beispielhaft in den Jugenddörfern des Christlichen Jugenddorfwerkes Deutschland versucht werden. Christlich heißt hier auch bewußte Aufhebung des Konfessionellen durch Einübung und Vertiefung des Bruderschaftsgedankens.

Einige Grundmaximen der evangelischen Heimerziehungstradition sind so zeitlos gültig und bekommen auch angesichts der deutlicher werdenden Grenzen sozialstaatlicher Totalfürsorge erneute Bedeutung: Jeder ist angenommen! Keiner darf verlorengehen! Keiner ist ohne Gaben! An diesen theologisch relevanten Grundfundamenten bewähren sich die Heime. Der in der Zweiten Aufklärung verdrängte Tatbestand, daß Leben mißlingen kann, daß Scheitern keineswegs ein nur sozial reparierbarer Tatbestand ist, sondern den Lebenssinn selbst betrifft, bleibt die Ausgangstatsache für künftige Heimerziehung. Nur die apostolische Hoffnung, die nicht zuschanden werden läßt, überwindet die Illusionen der Zweiten Aufklärung. Die Frage allerdings bleibt, wie diese personalintensive Arbeit auch in der Zukunft noch finanzierbar ist, wenn sie nur vom Geld der Eltern und Mitteln der Heimträger abhängt und keine Mitfinanzierung aus Steuermitteln des Staates erfährt.

Lehrer und Erzieher in der Kirche

Eine eigene evangelische Lehrerbildung gibt es nicht und wurde im Vertrauen auf die volkskirchliche Substanz auch nie erwogen, verständlicherweise, denn bis heute findet die reformatorische Lehre vom «Priestertum aller Gläubigen» ihre konkrete Ausformung besonders im Berufsbild des Lehrers, Hausvaters und Erziehers und ihrer weiblichen Entsprechungen. Die Kirche und andere evangelische Schulträger rufen Laien in den Dienst ihrer Schulen und Heime, die staatliche oder staatlich anerkannte Abschlüsse vorweisen.

Anders verhält es sich mit der Lehrerfortbildung. Die Kirchen und Werke haben eigene Institute, an denen neben der religionspädagogischen Fort- und Weiterbildung auch für Lehrer anderer Fächer Kurse, Tutorien, Workshops und Bildungsreisen angeboten werden. Schulbünde, d. h. Zusammenschlüsse der evangelischen Schulen mit eigenem Vereinsstatus, und Lehrerverbände ergänzen dieses Angebot mit erheblichen Teilnehmerzahlen. Die Wettbewerbssituation der Schulen in freier Trägerschaft im Bildungssystem fordert ein hohes Problembewußtsein ihrer Lehrer ebenso wie der Rechtfertigungsdruck innerhalb der Finanzgremien. Daran kann und muß Lehrerfortbildung auch anknüpfen. Letztlich kann die Kirche in eigenen Institutionen – wie in den öffentlichen Bildungseinrichtungen – nur Personen beitragen, die Christen sind. In den evangelischen Schulen und Heimen bemühen sich Lehrer darum, das Evangelium zu verstehen, es auszudrücken in seiner Bedeutung für Kinder und Jugendliche gleicherweise wie für Gesellschaft und Kultur. Daß es Lehrer gibt, die inmitten der Kultur- und Glaubenskrise unserer Zeit «Gehilfen zum Glauben» sind, erwarten evangelische Eltern, wie der unverminderte Wunsch nach den Schulen zeigt. Daß dies aber keine erzieherische Einbahnstraße vom Lehrer zum Schüler sein kann, sondern einer Wechselwirkung entspringt, hat ein tieferes Eingehen auf den oft ungebändigten Protest einer bildungsfeindlichen Jugend zur Voraussetzung. Weder Anspannung noch phantasieloser Widerstand sind dem evangelischen Lehrer geboten, wohl aber sensibles Umgehen mit Träumen, Schwierigkeiten und Wünschen der Heranwachsenden, letztlich aber auch Widerstand gegen Rücksichtslosigkeit und mangelnde Bereitschaft zur Selbstkritik.

Beispiele für evangelische Schulen

Die hier folgenden 13 *Selbstdarstellungen* sind zwar eine zufällige, aber doch hinsichtlich der Schulformen und der Regionen repräsentative Auswahl.

Wegen der rechtlichen Auflagen in den Schulgesetzen der Länder sind die Schulformen jeweils von dort her festgelegt. Gleichwohl haben die Gymnasien ebenso wie die Gesamtschulen in evangelischer Trägerschaft ihre jeweilige individuelle Gestalt gefunden, sind Realschulen und Sonderschulen selten ohne die regionale Entwicklung protestantischer Frömmigkeit zu verstehen. In besonderer Weise gilt dies von den sonderpädagogischen Einrichtungen und den beruflichen Schulen.

Eine ausführliche Dokumentation findet sich in der siebenbändigen EKD-Reihe des Comenius-Instituts in Münster, Schreiberstr. 12. Einschlägig sind hier besonders die Bände 2, 5 und 7.

Übersicht der hier dokumentierten Schulen

1. Besondere Formen der Gesamtschule
   Die Wilhelm-Löhe-Schule in Nürnberg
   Schule in einem Jugenddorf (Jugenddorf Christophorusschule Obersalzberg)
   Evangelisches Schulzentrum Leipzig

2. Fünf Gymnasien – aber jedes ganz anders!
   Gymnasium Andreanum in Hildesheim
   Schule der Brüdergemeine (Zinzendorfschule in Tossens)
   Aufbaugymnasium in Mössingen
   Heidehof-Gymnasium in Stuttgart
   Evangelisches Gymnasium des Kirchenkreises Siegen

3. Realschulen besonderer Art
   Evangelische Realschule in Ortenburg
   Das Martinshaus in Kleintobel

4. Erziehungshilfe auf neuen Wegen
   Janusz-Korczak-Schule in Freistatt
   Der Fassoldshof in Mainleus

5. Eine Berufsschule im Herrnhuter Schulwerk (Königsfeld)

Die Wilhelm-Löhe-Schule in Nürnberg

Unser Grundverständnis als kirchliche Schule

Die Wilhelm-Löhe-Schule, vor rund neunzig Jahren gegründet, ist ein fester pädagogischer Bezugspunkt in der Nürnberger Schullandschaft und eine wichtige Aufgabe kirchlicher Arbeit in einem industriellen Ballungsraum. Ihr Träger ist die evangelische Gesamtkirchengemeinde Nürnberg, dadurch ist die Wilhelm-Löhe-Schule eine eher volkskirchlich ausgerichtete Schule, ein Abbild der Meinungsvielfalt in den protestantischen Gemeinden Nürnbergs. Im Zeichen abnehmender Zahlen evangelischer Christen hat eine kirchliche Schule in Zukunft nicht nur eine diakonische, sondern auch eine missionarische Funktion.

Die Wilhelm-Löhe-Schule ist eine evangelische Schule, die Präambel der Schulsatzung weist hierzu die Grundrichtung an, wenn sie fordert, junge Menschen unter dem Evangelium zu bilden und zu erziehen, um sie dadurch zu einem Leben in christlicher Selbstverantwortung zu befähigen.

Kirchliche Schule, so wie wir sie verstehen und praktizieren, bleibt in ihrer Hauptzielsetzung Schule und soll den Jugendlichen möglichst problemlos jene Qualifikationen vermitteln, die für den beruflichen Weg in unserer Gesellschaft notwendig sind. Als staatlich anerkannte Schule sind wir an die Lehrpläne und die Abschlußprofile des bayerischen Staates gebunden. Damit übernehmen wir auch einige Schattenseiten wie Stoffülle und Prüfungsängste. Durch intensive Beratung und Betreuung von Schülern, Eltern und Lehrern versuchen wir, dem entgegenzuwirken.

In diesem gesetzten Rahmen sehen wir unseren pädagogischen Auftrag in der Auslotung der staatlicherseits vorgegebenen Grenzen, Möglichkeiten und Freiräume bis hin zur behutsamen Erprobung von Innovationen. Evangelische Schule hat durch dieses exemplarische Wirken Impulsfunktionen für das allgemeine Schulwesen. Unsere besonderen Bemühungen richten wir derzeitig auf folgende Punkte:

- *Reflexion und Vertiefung der erzieherischen Arbeit in Seminaren zur Lehrerfortbildung*
- *Erschließung philosophisch-ethischer Dimensionen in Unterrichtsprojekten*
- *Entwurf und Erprobung von Lehrplanergänzungen im Sinne des christlichen Charakters der Schule*
- *ganztägige Betreuung von Schülergruppen.*

In einem Zeitalter des Wertepluralismus und -relativismus wollen wir den Jugendlichen eine christliche Sinnorientierung ermöglichen. Ausgehend von der Erlösung des Menschen durch Jesus Christus bilden Werte wie Liebe zu Gott, Nächstenliebe, Vergebung und Versöhnung, Bewahrung der Schöpfung den Orientierungsrahmen für schulisches Handeln. Dies erfolgt an der Wilhelm-Löhe-Schule auf mehrfache Weise, wobei der Person des Lehrers die entscheidende Rolle zukommt; denn er ist Vermittler und Vorbild zugleich. Religionsunterricht und Glaubenserziehung haben eine zentrale Stellung im Fächerkanon und im Schulleben. Aber auch im Fachunterricht versuchen wir, gezielt christliche Werte aufzuzeigen und, sofern möglich, religiöse Dimensionen zu erschließen. Dabei gilt es, auch im Zeichen der bedrohten Schöpfung, die Jugendlichen zukunftsfähig zu machen.

Damit ist das Charakteristische unserer Schule nicht nur im Miteinanderumgehen, im breiten Angebot an Neigungskursen, in einem ganzheitlichen Erziehungsansatz, in einem hauseigenen psychologischen Beratungsdienst oder in der Vielzahl außerunterrichtlicher Aktivitäten erkennbar, sondern auch im täglichen Unterricht.

Der diakonische Auftrag einer kirchlichen Schule umfaßt mehr als nur den schulischen Aspekt, er bezieht sich auch auf das familiäre Umfeld eines Kindes. In Anbetracht der wachsenden Zahl von Kindern und Jugendlichen, die beispielsweise als Einzelkinder, nur mit einem Elternteil oder als «Schlüsselkinder» aufwachsen, legt die Wilhelm-Löhe-Schule einen besonderen Schwerpunkt auf familienunterstützende und familienergänzende Maßnahmen. Neben dem bisherigen Betreuungs- und Beratungsangebot entsteht derzeit ein schuleigener Hort mit spezieller pädagogischer Prägung im Sinne kirchlicher Jugendarbeit.

Das Bildungsangebot unserer Schule

Die Wilhelm-Löhe-Schule ist eine staatlich anerkannte kooperative Gesamtschule. Sie ist in Grundschule, Hauptschule, Realschule, Fachoberschule und Gymnasium gegliedert; jede Schulart bleibt aber für sich eigenständiger Teil des Ganzen. Für den einzelnen Schüler ergibt sich der Vorteil, im eigenen Haus auf die ihm angemessene Teilschule überwechseln zu können. Zudem kann er im außerunterrichtlichen Bereich vielfältige schulartübergreifende Zusatzangebote nutzen.

Die einzelnen Teilschulen führen folgende Ausbildungsrichtungen und vermitteln alle staatlich anerkannte Qualifikationen und Bildungsabschlüsse:

Grundschule:	1.–4. Klasse
Hauptschule:	5.–9. Klasse (5.–6. Klasse als Orientierungsstufe) Abschluß: qualifizierter Hauptschulabschluß
Realschule:	7.–10. Klasse Wahlpflichtfächergruppe II: kaufmännisch Wahlpflichtfächergruppe III: sozial Abschluß: Realschulabschluß («mittlere Reife»)
Fachoberschule:	11.–12. Klasse Ausbildungsrichtung: Sozialwesen Abschluß: allgemeine Fachhochschulreife
Gymnasium:	5.–13. Klasse (5.–6. Klasse als Orientierungsstufe) Ausbildungsrichtungen und Sprachenfolge: Neusprachliches Gymnasium (Englisch – Latein – Französisch) Mathematisch-naturwissenschaftliches Gymnasium (Englisch – Latein oder Französisch) Sozialwissenschaftliches Gymnasium (Englisch – Latein oder Französisch) (12.–13. Klasse als Kollegstufe mit breit gefächertem Kursangebot) Abschluß: allgemeine Hochschulreife (Abitur)

Die Wilhelm-Löhe-Schule nimmt Schüler aus dem Großraum Nürnberg auf. Da die Anmeldungen die Aufnahmemöglichkeiten übersteigen, entscheidet die Schulleitung aufgrund eines festgelegten Kriterienkatalogs über die endgültige Aufnahme. Bevorzugt aufgenommen werden Kinder in sozialer Notlage und Körperbehinderte, sofern sie in dieser Schule angemessene Förderung finden können.

Auch Kinder kirchlicher – ehrenamtlicher oder hauptberuflicher – Mitarbeiter werden vorrangig berücksichtigt. Etwa 90 % der Schüler sind evangelisch, rund 10 % katholisch.

1976 wurde stufenweise die Koedukation eingeführt. Seit dem Schuljahr 1988/89 werden in allen Jahrgangsstufen Jungen und Mädchen unterrichtet.

Erwartungen an den Lehrer

Wer sich zur Anstellung als Lehrer bewirbt, muß zunächst die gleiche fachliche Einstellungsqualifikation vorweisen, wie sie an einer staatlichen Schule verlangt wird (1. und 2. Lehramtsprüfung für die entsprechende Teilschule). Darüber hinaus muß die Bereitschaft vorhanden sein, die Ziele einer christlichen Erziehung auf der Grundlage des Evangeliums von der eigenen Glaubensposition her mitzutragen und in der eigenen pädagogischen Arbeit zu verwirklichen. Dies bedeutet auch, daß der Lehrer in seiner Unterrichtsvorbereitung und -durchführung überprüft, ob und in welchem Umfang im Rahmen der Ausnutzung der Freiräume in den staatlichen Lehrplänen religiöse Aspekte auch in seinem Unterrichtsfach miteinbezogen werden können. Eine Vielzahl der Lehrer sind deshalb auch neben ihrer beruflichen Arbeit in verschiedenen Bereichen kirchlicher Arbeit – Kinder- und Jugendarbeit, Seelsorge, Diakonie, Kirchengemeinde – engagiert. Von den 120 voll- oder teilzeitlich beschäftigten Lehrkräften sind etwa zwei Drittel Kirchenbeamte, ein Drittel Angestellte. Im Gymnasium, der Realschule und der Fachoberschule für Sozialwesen werden die Lehrer nach Auswahl durch den Träger über die Evangelische Schulstiftung in Bayern eingestellt und der Schule zur Dienstleistung als Angestellte oder Beamte unbefristet zugewiesen. Im Grund- und Hauptschulbereich arbeiten überwiegend zum Dienst an der Schule beurlaubte Staatsbeamte.

Die Schule erwartet, daß der Lehrer über den Rahmen seiner Unterrichtsverpflichtung hinaus für die ihm anvertrauten Schüler da ist und die Probleme und Schwierigkeiten, die sich aus dem Zusammenleben in der Schulgemeinschaft ergeben, wahrnimmt. Es wird als eine wesentliche Erziehungsaufgabe angesehen, daß er sie im Zusammenwirken mit den Beteiligten und den Bezugsgruppen der Schule im

Sinne einer Erziehung unter dem Evangelium einer Lösung zuzuführen versucht.

Neben den fachspezifischen Fortbildungsveranstaltungen wird darauf Wert gelegt, daß die Praxis der pädagogischen Arbeit im Schulalltag reflektiert und die tägliche Erziehungsarbeit neu überdacht wird. Dies geschieht in der Regel in mehrtägigen Seminaren im Rahmen des Fortbildungsangebots des Evangelischen Schulbundes in Bayern, in denen die Lehrer in kleinem, überschaubarem Kreis ihre Erfahrungen austauschen und in den Gesamtzusammenhang ihres christlichen Erziehungsauftrags einordnen. Erziehungsziele werden bestätigt, hinterfragt oder im Hinblick auf eine neu entstandene Bedarfssituation neu strukturiert und formuliert.

Schwerpunkte unseres Schullebens

Besondere erzieherische Ziele in den Schulalltag zu übertragen ist nicht immer einfach, aber gerade im täglichen Miteinander zwischen Schülern und Lehrern, Schülern und Schülern, Eltern und Lehrern oder im Lehrerzimmer zeigt sich das «Klima» einer Schule.

Nicht nur die großen Ereignisse wie Schulfeste, z. B. die alljährliche Löhe-Weihnacht, wie Ferienfreizeiten oder Schüleraustausch mit unseren Partnerschulen in England, Schottland und Frankreich prägen die Atmosphäre, sondern gerade kleine Ereignisse: der Zuspruch durch die morgendlichen Gebete, die Schulgottesdienste, die Rüstzeiten, die Hilfen bei Problemen durch die Klassenlehrer, die Religionslehrer, die Schulleiter.

Eine wichtige Anlaufstelle ist das hauseigene schulpsychologische Beratungszentrum. Unter der Leitung eines Diplompsychologen versucht das Beratungsteam sowohl bei aktuellen Schulschwierigkeiten aktiv zu werden als auch vorbeugende Schwerpunkte zu setzen, z. B. in der Schulsystemberatung.

Der ganzheitliche Bildungs- und Erziehungsansatz der Schule zeigt sich unter anderem in dem vielfältigen Angebot im freizeitpädagogischen Bereich. Hier ein Auszug unserer insgesamt rund 45 Neigungs- und Wahlkurse:

Evangelischer Schülerarbeitskreis, Autogenes Training, Johanniter-Gruppe, Erste-Hilfe-Kurse, Tischtennis, Jazz-Gymnastik, Volleyball, Handball, Fotokurs, Maschinenschreiben, Kochen, Handarbeiten, Werken, Umwelt AG, Russisch, Französisch, Schulspiel, Informatik, Orchester, Kammerorchester, Geigenchor, Chor,

Cello, Violine, Bratsche, Kontrabaß, Blech- und Holzblasinstrumente.

Wie sehr sich die Eltern der Schule verbunden fühlen, sieht man an ihrem großen Engagement, sei es bei der Mittagsbetreuung, bei der Durchführung der «Schnupperlehren», bei der Teilnahme am EFEL-Chor (Eltern, Freunde, Ehemalige, Lehrer) usw.

Auch unsere «Ehemaligen» halten gerne Verbindung zu «ihrer» Schule; der rege Besuch der Altschülertreffen ist nur ein Zeichen dafür.

Die Jugenddorf Christophorusschule Obersalzberg

Die Jugenddorf Christophorusschule Obersalzberg wurde 1953 vom Christlichen Jugenddorfwerk Deutschlands (CJD) als Gymnasium eingerichtet, seit 1976 umfaßt ihr Angebot auch einen Realschulzweig. Beide Ausbildungseinrichtungen sind staatlich anerkannt, die jeweiligen Abschlußprüfungen werden mit den für alle bayerischen Schulen verbindlichen zentralen Aufgabenstellungen durchgeführt.

Im Rahmen der in Bayern üblichen vierjährigen Realschulausbildung können die üblichen Fächerkombinationen gewählt werden. Das Gymnasium bietet beide Formen des neusprachlichen Zweiges (Sprachenfolge: entweder Latein/Englisch/Französisch oder Englisch/Latein/Französisch) und die mathematisch-naturwissenschaftliche Ausbildungsrichtung (Sprachenfolge: Englisch/Latein) an.

Die Jugenddorfschule hat eine Reihe von besonderen Problemlösungen anzubieten:

Ganztagsschule

Eine erste pädagogische Sonderaufgabe der Jugenddorf Christophorusschule Obersalzberg stellt der Ganztagsunterricht in der Unterstufe des Gymnasiums dar. Er wurde, auch um den schulischen Bedürfnissen des Berchtesgadener Landes Rechnung zu tragen, 1970 eingeführt. Insbesondere Angehörige des während der Saison die ganze Familie stark belastenden Fremdenverkehrsgewerbes machen von diesem Angebot für ihre Kinder gerne Gebrauch. Das Projekt wurde in den ersten Jahren als einer von 17 Schulversuchen vom Bayerischen Staatsministerium für Unterricht und Kultus gefördert und wissenschaftlich begleitet. Neben der augenfälligen Aufgabenstellung: weitgehender Verzicht auf Hausaufgaben, damit Entlastung der Familie von möglichen Schulproblemen, scheinen in einer Ganztagsschule folgende Ziele besser erreichbar als in einer Halbtagsschule:

- die Einübung in die Lernformen und Arbeitsmethoden des Gymnasiums,
- die Anpassung des Lernprozesses an den kindlichen Lebensrhythmus,
- die Beseitigung von Schulangst und geistig-seelischen Störungen.

Die Erfahrung hat dies in vielen Fällen bestätigen können.

Einbettung der Schule in ein großes Bildungswerk mit einem pädagogischen Gesamtkonzept

Mit dem Stichwort Ganztagsschule wurde bereits auf eine spezielle Aufgabenstellung der Jugenddorf Christophorusschule Obersalzberg hingewiesen. Ihr Gesamtbild kann aber nur erfaßt werden, wenn der Schulträger – das Christliche Jugenddorfwerk Deutschlands – darin wesentlich mit einbezogen wird. Gegründet wurde das Christliche Jugenddorfwerk Deutschlands 1947 von Pastor Arnold Dannenmann († 1992). Geistig im württembergischen Pietismus verankert und geprägt durch die Erfahrungen als Mitglied der Bekennenden Kirche, hat er aus der Not der Nachkriegszeit unter dem Leitwort «Keiner soll verlorengehen» dieses Werk geschaffen. Es ist heute mit über 150 Einrichtungen der größte freie Träger von Bildungs- und Ausbildungseinrichtungen in Deutschland.

Von diesem Ansatz ist eine Jugenddorf Christophorusschule eine christliche Schule neuer Prägung, weil sie ein Ort der Auseinandersetzung mit dem Evangelium sein will, ohne die Probleme des Alltags wie Behinderung, Sprachbarrieren, Ausbildung, Umschulung und soziale Herkunft aus dem Auge zu verlieren. «Eine moderne Begegnungsstätte mit Jesus Christus» soll jedes Jugenddorf werden, so lautet eine andere Devise. Entsprechend versucht sich auch die Schulwirklichkeit darzustellen: Immer wieder Angebot der Begegnung und Auseinandersetzung mit dem Evangelium – Ja! Zwang zu Übungen formaler Frömmigkeit – Nein! Eine Schule, die sich auf das Evangelium beruft, muß offen sein für alle jungen Menschen, unabhängig von ihrem Kulturkreis oder ihrer Vergangenheit. Nur die Abschätzung der Aussichten, einen erfolgreichen schulischen Abschluß zu erreichen, kann maßgebend sein für die Entscheidung über die Aufnahme des einzelnen. – Keiner soll verlorengehen! Natürlich ist an einer Jugenddorf Christophorusschule Teilnahme an einem christlichen Religionsunterricht obligatorisch.

Wenn eben schon der Begriff «schulischer Erfolg» angesprochen wurde, muß er im Rahmen des CJD weiter gefaßt werden. Natürlich kann sich jede Schule nur bemühen, die bestmöglichen Voraussetzungen für den erfolgreichen Abschluß der Schullaufbahn zu schaffen, die Entwicklung von Persönlichkeiten zu ermöglichen. Das Bestehen des Abiturs oder der Realschulabschlußprüfung kann jedoch niemand garantieren. Zu unterschiedlich sind Begabung, persönliche Situation und soziale Vorgeschichte eines jungen Menschen. Bedeutet schulischer Erfolg aber ganz allgemein: den Absprung in das Berufsleben finden – heutzutage von besonderer Aktualität –, kann das Christliche Jugenddorfwerk in der Tat mit seinen vielfältigen Ausbildungsmöglichkeiten praktisch jedem einen erfolgversprechenden Weg anbieten. Die Jugenddorf Christophorusschule Obersalzberg steht nicht allein. Sie ist in ein pädagogisches Gesamtkonzept eingebettet.

Das Gesamtkonzept des Jugenddorfwerkes in der Bundesrepublik wird gesichert durch:

- für alle Mitarbeitergruppen regelmäßige Fortbildungsveranstaltungen, die die Auseinandersetzung mit drängenden Problemen unserer Zeit einschließen,
- jährliche Verabschiedung pädagogischer Leitgedanken für das Handeln aller Mitarbeiter des CJD,
- regelmäßige Kontakte der Jugenddörfer, Begegnungen auf Bundesebene im Rahmen der «Musischen Festtage» und der sportlichen CJD-Sommer- und Winterwettkämpfe,
- Durchführung von Abiturienten- und Studententagen.

Jugenddorf bedeutet gemeinsam leben – Individualität bei gemeinsamem Tun.

Zu einer Christophorusschule gehört auch ein Internat. Im CJD bevorzugt man die Bezeichnung «Wohngemeinschaft». Sie schließt neben den Schülern alle im «Dorf» Lebenden mit ihren Angehörigen ein, seien es Schul- und Jugenddorfleiter, Lehrer und Erzieher oder natürlich auch die Mitarbeiter aus Büro, Küche und Werkstatt. Gut in die Landschaft eingebettet, besteht das Jugenddorf aus vierzehn unterschiedlich großen Häusern im alpenländischen Stil, in denen Speisesaal, Küche, Schülerunterkünfte, Mitarbeiterwohnungen und Freizeiträume untergebracht sind. Gruppen von jeweils etwa zwanzig Jugendlichen werden durch Erzieher (Sozialpädagogen) betreut.

Der hier sichtbar werdende familiäre Stil des «Dorfalltags» kommt in den als Rahmenrichtlinien für alle CJD-Einrichtungen verbindlichen «Ordnungen zum gemeinsamen Leben im Jugenddorf» zum Ausdruck. Darin werden den Jugendlichen weitreichende Möglichkeiten der Mitwirkung und Mitverantwortung eröffnet. Der aus ihrer Mitte gewählte Jugenddorfrat ist dafür eine wichtige Plattform. Es ist selbstverständlich, daß an der Jugenddorf Christophorusschule Obersalzberg die in der Schulordnung vorgesehenen Einrichtungen der Eltern- und Schülervertretung besonders intensiv genutzt werden. Als fruchtbar hat sich dabei besonders das Schulforum erwiesen, in dem alle Beteiligten vertreten sind. Im Interesse der Gemeinschaft und der Einrichtung insgesamt wird die Trennung von Realschule und Gymnasium nur so weit vollzogen, wie es schulrechtlich erforderlich ist.

Das Leben im Jugenddorf auf dem Obersalzberg ist durch die Lage in 1200 m Höhe gekennzeichnet. Das Entstehen einer Gemeinschaft wird durch die natürlichen räumlichen Gegebenheiten begünstigt. Dafür, daß nicht ein Gefühl der Isolation aufkommt, sorgt schon der hohe Anteil externer Schüler. Die persönlichen Kontakte werden durch Einladungen zu regelmäßigen Besuchen bei Familien «im Tal» erweitert und gefestigt. Auf der anderen Seite muß der Situation entsprechend ein besonders breites Freizeitangebot speziell in der Form von Neigungsgruppen gemacht werden. Voraussetzung für die Persönlichkeitsbildung ist eine sinnvolle Freizeitgestaltung. Entsprechend den vom Gesamtwerk geförderten sportlichen und musischen Aktivitäten erstrecken sich die über dreißig angebotenen Neigungsgruppen etwa zur Hälfte auf den Sport vom Basketball über das Rodeln zum Schwimmen, zu einem Drittel auf die verschiedenen Bereiche der bildenden Kunst (Batik, Drechseln) sowie andere Gruppen wie Schachspiel, Modellbau oder Backen.

Eine herausragende Stellung nimmt der Schulchor ein, der mit seinen über hundert Mitgliedern (mehr als ein Fünftel der Gesamtschülerschaft) bei bayerischen Landeswettbewerben und bei den musischen Festtagen des CJD Deutschlands seit vielen Jahren regelmäßig Spitzenplätze einnahm. Bei diesem echten Schulchor ist jeder «Einsteiger» sofort willkommen. Viele Berchtesgadener haben noch die verschiedenen Aufführungen von Bachkantaten bis zum Orffschen Weihnachtsspiel in Erinnerung, die von Chor und Laienspielgruppe der Jugenddorf Christophorusschule Obersalzberg gestaltet wurden. Auch im Bereich des darstellenden Spiels kann man auf eine kontinuierliche Arbeit zurückblicken (mit besonderen Erfolgen bei den Inszenierungen der «Physiker» und «Romulus der Große» von Dürrenmatt). In der Kollegstufe werden Chor und Dramatisches Gestalten als Grundkurs angeboten.

Die Gestaltung der Wochenenden besitzt einen besonderen Stellenwert im Konzept des CJD. Neben Tanzstunde, Hausfesten, Theater- und Konzertfahrten nach Salzburg, Kontakten zu anderen Internaten haben die Erlebnissportunternehmungen angesichts der Lage der Schule eine hohe Bedeutung: Skitouren, Bergwanderungen, Kletterkurse und Kanuausflüge mit dem Höhepunkt einwöchiger Wasserwanderungen durch das Altmühltal.

Gezielte Förderung und Integration von Problemgruppen in die Gemeinschaft

Jede Jugenddorf Christophorusschule hat nur eine Existenzberechtigung, wenn sie sich besonderer Aufgaben annimmt, die in der herkömmlichen Schullandschaft nicht gelöst werden können. Sie tritt also nicht als unmittelbare Konkurrentin staatlicher Schulen auf, ihr Arbeitsbereich geht über deren Aufgabenspektrum deutlich hinaus. Durch den Standort Obersalzberg haben sich die Problemfelder auf natürliche Weise ergeben. Heute sind zwei besondere, sehr unterschiedliche Gruppen in die Schulgemeinschaft integriert: Die Leistungssportler aus den Nationalkadern der Deutschen Wintersportverbände (Ski, Bob- und Rodelsport, Eisschnellauf) und die Asthmatiker. Es handelt sich jedoch weder um eine «Behindertenschule» noch um ein «Sportgymnasium», wie es die Presse mitunter verkürzend bezeichnet, denn auch der Breitensport wird sehr gefördert. Die Integration solcher Schülerinnen und Schüler in die normale Schulgemeinschaft hat sich sehr bewährt.

Therapeutische, sozialpädagogische und schulische Betreuung von Asthmatikern

Seit dem Bestehen der Schule konnte immer wieder beobachtet werden, daß, in erster Linie bedingt durch die für deutsche Verhältnisse ungewöhnliche Höhenlage, die Beschwerden asthmakranker Kinder im Jugenddorf spürbar geringer waren; in den meisten Fällen erfolgte nach längerem Aufenthalt eine weitgehende Heilung. Beim Neubau eines Internatsgebäudes wurde diesen Erfahrungen 1969 Rechnung getragen und ein Teil des Hauses für besonders ausgestattete Zimmer vorgesehen. Inzwischen haben Gutachten die wissenschaftliche Grundlage für die Entwicklung des heilklimatischen Schulzentrums Obersalzberg geliefert. Die an Asthma erkrankten Kinder und Jugendlichen erhalten eine umfassende medizinische, schulische, psychologische und sozialpädagogische Hilfe und Förderung, die als mehrgestaltige und differenzierte Langzeittherapie angelegt ist. Die therapeutische Betreuung liegt in den Händen medizinisch und pädagogisch ausgebildeter Fachkräfte, die unter Leitung eines Arztes stehen. Heilgymnastik und Diätkost sind therapieunterstützende Maßnahmen. Insbesondere während der ersten Stabilisierungsphase in heilklimatischer Umgebung, bei sehr schweren Krankheitsbildern natürlich auch längerfristig, muß auf häufige Unterrichtsversäumnisse Rücksicht genommen werden. Von seiten der Schule sind neben Stützungsmaßnahmen angemessene Fristen für die Nacharbeit des Versäumten einzuräumen, psychische Belastungen durch unnötigen Prüfungsdruck müssen dabei unbedingt vermieden werden. Selbstverständlich stehen alle «begleitenden Dienste» im Krisenfall oder bei Notsituationen auch den anderen Schülern mit Rat und Tat zur Seite. Da Asthma und Allergie nicht nur bei Realschule und Gymnasium auftreten, wurde dem Zentrum eine Schule für Körperbehinderte/Grund- und Hauptschule, Berufsförderung und Berufsfindung angegliedert; des weiteren, um die berufliche Perspektive für die jungen Erkrankten zu ermöglichen, eine Fachschule für Kinderpflege und eine Fachschule für Diätetik.

Herstellung einer beruflichen Chancengleichheit für Hochleistungssportler

Bei Hochleistungssportlern tritt das Nachholen nach längeren Schulversäumnissen noch viel stärker in den Vordergrund der schulischen Arbeit, bis hin zu den mit Unterricht ausgefüllten Oster- und Pfingstferien, in extremen Fällen auch eines Teils der Sommerferien. Die sportliche Betreuung wird vollständig von den Trainern der Verbände übernommen. Im psychologischen Bereich wird eine enge Zusammenarbeit mit der Schule praktiziert. Aus der skizzierten Aufgabenstellung ist leicht erkennbar, daß die sich immer wieder neu darstellenden Probleme nur mit großer Flexibilität und ständiger Bereitschaft, geeignete Lösungen für den Einzelfall zu finden, bewältigt werden können.

Die deutsche Torlaufmeisterin und Olympiateilnehmerin Monika Berwein drückte ihre Erfahrungen in ihrer Abiturrede folgendermaßen aus: «Doch das Besondere, das diese Schule hier auszeichnet, läßt sich nicht durch 20 oder 30 Nachhilfestunden ausdrücken. Es ist der Wille und die Bereitschaft des einzelnen Lehrers, den Sportlern die größtmögliche Stütze zu sein und ihnen zu helfen, möglichst an den Stand der Klasse heranzukommen.»

Der Bundesminister des Innern 1981 bei seiner Ansprache zum zehnjährigen Bestehen dieses Projekts:

«Hier in Berchtesgaden stehen ganz offensichtlich geeignete Betreuer für den sportlichen und den außersportlichen Bereich zur Verfügung, die in der Lage sind, Jugendliche geschickt in soziale Gruppen einzugliedern, denen neben Leistungssportlern auch andere Jugendliche angehören. So entstand eine Atmosphäre, in der positive menschliche Beziehungen gedeihen und die Herauslösung der jungen Aktiven aus ihrem Herkunftsmilieu kompensiert werden kann.» Bundesinnenminister Dr. Wolfgang Schäuble sagte bei der 20-Jahrfeier: «Es hat in dieser Zeit eindrucksvoll unter Beweis gestellt, daß auch in unserer freiheitlich-pluralistischen Gesellschaftsordnung und in einem so föderalen Staat wie der Bundesrepublik Deutschland Schule und Sport zum Wohle der Schüler und zum Vorteil des Leistungssports zusammenarbeiten können.» Der Bayerische Staatsminister für Unterricht und Kultus Hans Zehetmair führte aus: «In ihrer jetzt 20 Jahre jungen Geschichte ist es den Kooperationspartnern am Obersalzberg vorbildlich gelungen, leistungssportliches Denken, schulische Erziehung und Gemeinschaftspflege zu vereinen.»

Unternommen wird in der Tat der Versuch, den Anforderungen im internationalen Spitzensport (ganzjähriges Training, überlange Wettkampfperioden mit Starts in der ganzen Welt) zu genügen, ohne den jungen Athleten die Basis für eine spätere berufliche Karriere außerhalb des Sports zu nehmen. Keiner soll verlorengehen! In allen Jugenddörfern sollen junge Menschen auf der Grundlage der ethischen Werte des Christentums so zugerüstet werden, daß sie Schule und persönliche Situation – besonders bei einer individuellen Benachteiligung – vereinen können, um die Anlagen für ein erfülltes Leben, das seine Bindung in Christus findet, zur Entfaltung kommen zu lassen.

Das Evangelische Schulzentrum Leipzig

Entstehungsgeschichte

Als wir im Herbst 1989 montäglich zusammen mit vielen tausend Leipzigern in den Kirchen der Stadt Gottes Wort hörten, wuchs in uns allen die Zuversicht, daß «der Geist der Kraft, der Liebe und der Besonnenheit den Geist der Verzagtheit» (2. Tim. 1,7) überwinden wird. Dieser Jahresspruch der evangelischen Kirche war uns in der DDR-Vergangenheit zur Überlebenshilfe geworden, nun aber, in der Euphorie der Wende, wurden plötzlich viele Visionen von einst zur greifbaren Wirklichkeit.

Die Forderung nach Freien Schulen löste zunächst ungläubiges Erstaunen aus, seit fast sechzig Jahren war dies im Osten Deutschlands verboten.

Aus allen Teilen Deutschlands halfen uns reformbewegte Ratgeber dabei herauszufinden, wie man gute Schule macht. Unsere eigene Erfahrung mit dem Mißbrauch des Schulmonopols durch den Staat hatte uns sensibilisiert gegenüber den Gefahren einer neuerlichen Indoktrination durch den importierten Strukturstreit der Parteien oder auch durch einzelne dogmatisierende «Heilsbringer».

So kristallisierten sich für uns vor allem drei Erfordernisse heraus:

1. Gestaltungsfreiheit,
2. eine geistige Mitte,
3. eine Lehrer-Schüler-Eltern-Gemeinschaft, die sich freiwillig und mit Engagement dieser geistigen Mitte stellt.

Was war für Christen näherliegend, als sich die geistige Mitte des Evangeliums in seiner befreienden Kraft auch in die Schule zu wünschen? Wie stark waren aber auch die Zweifel und Skrupel derselben Christen, einer neuen weltanschaulichen Einengung Vorschub zu leisten. Mit sehr viel Behutsamkeit galt es also, die religiöse Dimension von Unterricht da zu erspüren, wo sie sich von selbst erschließt.

Allein in den kirchlichen Kindergärten hatten über die vergangenen Jahrzehnte hinweg reformpädagogische Ansätze überdauern können. Deshalb drängten Eltern und Lehrer besonders dazu, diese am einzelnen orientierte Pädagogik in der Grundschule fortzusetzen. Angesichts der nur schleppend vorankommenden Bildungserneuerung in den staatlichen Schulen wünschten sich viele Leipziger Eltern aber auch die entsprechenden weiterführenden christlichen Schulen für ihre Kinder. So entstand in der Trägerschaft eines Elternvereins das Evangelische Schulzentrum mit Grundschule (einzügig), Mittelschule (einzügig) und Gymnasium (zwei- und dreizügig).

Die Konzeption und die personelle Zusammensetzung der Lehrerschaft tragen alle greifbaren ost- und westdeutschen Erfahrungen von Schule zusammen, um daraus etwas Neues, auch im Westen noch nicht Vorhandenes zu entwickeln. Die evangelischen Kirchenbezirke Leipzig Ost und West werden als künftige Träger des Schulzentrums diese Intentionen fortführen. Das altehrwürdige Schulgebäude neben der Peterskirche wird im Endausbau bis 900 Schülerinnen und Schüler aufnehmen können. Aufgrund der sehr großen Nachfrage wurde schon nach dem ersten Schuljahr von 5 auf 15 Klassen erweitert.

In den nächsten Jahren ist ein Erweiterungsbau und ein Turnhallenneubau geplant. Der im Zentrum der Stadt verkehrsgünstig gelegene Standort wurde von der Stadt Leipzig für die nächsten dreißig Jahre zugesichert.

Die Finanzierung wurde bisher durch die Auftragsverwaltung der Evangelischen Schulstiftung Bayerns gewährleistet, die wiederum auf eine Ausfallbürgschaft der bayerischen, baden-württembergischen und niedersächsischen Landeskirchen zurückgreifen konnte.

Die gesetzlich geregelte Finanzierung durch Landesmittel erfolgte bisher meist sporadisch in Abschlagszahlungen. Zusätzliche Spenden – auch durch die Eltern – und Zuschüsse der Kommune halfen zum Überleben.

Pädagogische Zielsetzung

Im einzigen Schulzentrum in Sachsen mit den drei allgemeinbildenden Schulen unter einem Dach wird eine bessere Durchlässigkeit der Schulformen durch die Vertrautheit mit dem Gebäude, den Lehrkräften und den Mitschülern ermöglicht.

Die Schulgemeinde setzt sich eine Verknüpfung von reformpädagogischen Ideen und christlichem Menschenbild zum Ziel. In multikultureller und ökumenischer Orientierung bleibt das Schulzentrum offen für alle Schülerinnen und Schüler, unabhängig von ihrer weltanschaulichen oder sozialen Herkunft. Die christliche Werterziehung wird immer als Angebot verstanden und darf nicht zur Indoktrination mißbraucht werden.

Die staatlichen Rahmenrichtlinien werden durch Methodenvielfalt im fächerübergreifenden Unterricht ausgeweitet. Inhaltliche Schwerpunkte finden sich besonders bei den religiös-ethischen Implikationen, bei der Förderung der individuellen Entwicklung von Empfindung und Wahrnehmung eines jeden einzelnen Kindes, andererseits bei der Förderung der sozialen Entwicklung, der Kommunikations-, Konflikt- und Kritikfähigkeit und der Fähigkeit zu Nächstenliebe und Toleranz.

Körperbehinderte und ausländische Kinder werden bevorzugt integriert, besonders im sozial-diakonischen Profil der Mittelschule kommen christliche Grundüberzeugungen in diakonisch oder ökologisch orientierten Projekten (Blockpraktikum) zum Tragen.

Künstlerische Arbeitsgemeinschaften, ein Schulorchester, ein Posaunenchor, eine Schülerband, ein Schulchor, ein Öko-Team, zwei Theatergruppen, die musikalische Früherziehung, der Förderunterricht für Aussiedlerkinder, eine pädagogische Konzeptionierung für die Nachmittagsbetreuung, Feste, Feiern, Andachten und Gottesdienste prägen diese «Schule für Kopf, Herz und Hand».

Ein schulinternes Lehrerfortbildungs-Programm in Zusammenarbeit mit der Wilhelm-Löhe-Schule in Nürnberg wird ebenso wie die schulpsychologische Begleitung beim deutsch-deutschen Zusammenwachsen des Kollegiums von der Robert-Bosch-Stiftung unterstützt.

Gymnasium Andreanum Hildesheim

Die Geschichte der Schule

beginnt im frühen 13. Jahrhundert – vielleicht auch früher – mit einigen Schülern, die der «Scholasticus» an der St.-Andreas-Kirche, der Stadtpfarrkirche von Hildesheim, unterrichtet. Das Unternehmen wird schon bald als Konkurrenz zur Domschule empfunden; aber der Versuch, diese Konkurrenz auszuschalten, gelingt nicht (trotz Einschaltung des Erzbischofs von Mainz, ja sogar des Papstes). Der Rat der Stadt unterstützt diese Schule, macht sie zu der seinen, auch um in den Auseinandersetzungen mit dem Stadtherrn, dem Bischof von Hildesheim, seine Rechte und sein Ansehen zu wahren.

Als im Jahre 1542 die Reformation eingeführt und das Stadtregiment gegen den Bischof evangelisch wird, ist es selbstverständlich, daß auch die Schule evangelisch wird (Schulordnung von 1544), im Gegensatz zur katholischen Domschule, dem späteren Gymnasium Josephinum. Auch als die Verhältnisse sich ändern, konfessionelle Gegensätze zurücktreten, die Schule staatlich wird, gilt sie im Bewußtsein der Bürger als evangelische Schule der Stadt Hildesheim.

Und das ist eigentlich bis heute so geblieben. Freilich sind immer rund 100 von 1000 Schülern katholischer Konfession, so wie eine vergleichbare Zahl evangelischer Schüler die katholischen Schulen in Hildesheim besucht. Die Konkurrenz ist längst einer freundschaftlich-nachbarlichen Zusammenarbeit gewichen, dennoch bleibt der konfessionelle Zuschnitt grundsätzlich gewahrt. So war es auch nicht erstaunlich, daß die Evangelisch-lutherische Landeskirche Hannover gerade diese Schule gern in ihre Obhut nahm, als um die Mitte der 70er Jahre durch verschiedene Umstände die Frage eines Wechsels in der Trägerschaft anstand. Die Initiative zu diesem Wechsel ging von der Stadt Hildesheim, der Elternschaft und dem Kollegium aus, in der Schlußphase haben alle Beschlußorgane der Schule diesem Wechsel zugestimmt; seit dem 1. Juni 1978 ist das Gymnasium Andreanum so eine staatlich anerkannte Schule in freier Trägerschaft der Evangelisch-lutherischen Landeskirche Hannover.

Der kurze historische Abriß macht deutlich, wie die Stellung der Schule in der Stadt ist. Er zeigt auch, warum insbesondere die Elternschaft an ihr hängt und sie unterstützt. Eine Veränderung des Charakters der Schule trat aus den genannten Gründen nicht ein, dennoch war es nötig, mit der Umwandlung der Schule ihr auch ein besonderes Profil zu geben. Anknüpfend an die Traditionen der Schule, an bestimmte Gegebenheiten des Schullebens und an die Interessen der Schüler, Eltern und Lehrer erhielt die Schule folgende *Schwerpunkte*:

– Förderung der alten Sprachen
  Gemäß der Tradition des früheren altsprachlichen Gymnasiums nehmen wir uns der alten Sprachen an. Das zeigt sich daran, daß jeder Schüler Latein lernen muß, entweder ab Klasse 5 oder ab Klasse 7. Der Pflichtunterricht wird bis zum Ende der 10. Klasse, nach der niedersächsischen Ordnung der gymnasialen Oberstufe für Schüler, die Latein als 1. Fremdsprache erlernt haben, bis zum Ende der 11. Klasse geführt. In der Oberstufe fördern wir Leistungskurse in Latein und ermuntern die Schüler, auch sonst an Lateinkursen teilzunehmen. In der 9. Klasse können die Schüler zwischen Griechisch und Französisch wählen, ca. ⅓ wählt Griechisch. Auch für diese Sprache erhalten wir das Angebot in der Oberstufe aufrecht. Wir meinen, daß die Beschäftigung mit den alten Sprachen in ihrem Bildungswert nicht unterschätzt werden sollte. Eine Schule unter mehreren am Ort sollte zumindest dieses Angebot aufrechterhalten. In der Oberstufe ist es auch möglich, das Hebraicum zu machen. Aus leicht einsehbaren Gründen halten wir als Schule der Landeskirche dieses Angebot aufrecht.

- Pflege der musischen Fächer
  Wir haben es uns zum Ziel gesetzt, die Schüler in den musischen Fächern, so gut es geht, zu fördern. Insbesondere im Bereich der Musik haben wir dafür vielfältige Angebote: 3 Chöre, 2 Orchester, 2 Flötengruppen. An dem jährlich im Herbst stattfindenden Musischen Wettbewerb nehmen stets ca. 150 Schüler teil. Der Theaterkurs der Oberstufe fördert die Schüler im Bereich rhythmischer Bewegung, lockeren Spiels, entbindet und fördert ihre Freude an szenischer Darstellung. Alle diese Angebote bereichern das schulische Leben und fördern die Persönlichkeitsbildung der Schüler.
- Pflege des diakonischen Gedankens
  Der Hauptakzent liegt hier auf einem 4wöchigen Praktikum in einer sozialen Einrichtung (Behindertenheim, Altersheim, Krankenhaus o. ä.), das die Schüler am Ende des 11. oder am Beginn des 12. Schuljahrgangs abzuleisten haben. Es soll die Schüler durch die Bekanntschaft mit den sozialen und diakonischen Problemen für diese aufgeschlossen machen, ihnen durch praktisches Tun in diesem Bereich die Möglichkeiten und Schwierigkeiten des Helfens aufzeigen und sie bereit machen, auch später an dieser Stelle weiterzuarbeiten. Auch dieses Praktikum dient – für uns häufig unmittelbar erkennbar – der Persönlichkeitsbildung der Schüler. Die Pflege des diakonischen Denkens soll auch durch besondere unterrichtliche Veranstaltungen erfolgen. Hier befinden wir uns allerdings noch in der Aufbauphase.
- Besondere Schulverfassung
  In allen Beschlußorganen der Schule sind Lehrer, Eltern und Schüler im Verhältnis 2:1:1 vertreten, in den Fach- und Klassenkonferenzen haben Eltern- und Schülervertreter volles Stimmrecht, mit Ausnahme der Versetzungskonferenzen, was leicht einsehbar ist; außerdem sind wir hier an die staatlichen Richtlinien gebunden.
  Die Zusammenarbeit in allen Gremien läuft ohne Schwierigkeiten. Beschlüsse werden in der Regel mit eindeutigen Mehrheiten quer durch die Gruppen gefaßt. Das Hauptbeschlußorgan ist die sogenannte «Ständige Konferenz», die monatlich einmal tagt; mit 24 stimmberechtigten Mitgliedern ist sie ein außerordentlich arbeitsfähiges Organ.

Mit diesem Profil ist eine Verbindung von wissenschaftlichen, musischen, sozialen und politischen Schwerpunkten gefunden worden. Es soll versucht werden, dieses Profil im evangelischen Geist, in Freiheit und Dienstbereitschaft zu verwirklichen. Kritik an diesem Gesamtkonzept ist auch bisher von keiner Seite geübt worden. Die

Attraktivität der Schule hat sich seit ihrer Umwandlung in eine Schule in freier Trägerschaft nicht gemindert, sie ist eher gewachsen: Jahr für Jahr haben die Eltern seitdem jeweils etwa doppelt so viele Kinder angemeldet, als wir aufzunehmen in der Lage sind.

Eine Zinzendorfschule im Wandel der Zeit (Tossens)

Die Zinzendorfschule in Tossens ist eine Schule in freier Trägerschaft der Europäisch Festländischen Brüder-Unität. Sie wurde nach dem Zweiten Weltkrieg im Jahre 1946 gegründet und versteht sich als eine Schule, die die christliche Tradition und die Erziehungsziele jener Brüdergemeinschulen fortsetzen will, die durch die Teilung Deutschlands nach dem Zweiten Weltkrieg verlorengegangen sind. Auf diese Verbindung soll ihr Name aufmerksam machen, der auf den Gründer der Herrnhuter Brüdergemeine – Nikolaus Ludwig Graf von Zinzendorf (1700–1760) – verweist.

Die Gründer der Zinzendorfschule in diesem Raum waren Lehrerinnen, denen durch die Wirren der Nachkriegszeit und durch ihre Vertreibung die Arbeitsmöglichkeit an der Brüdergemeinschule Neudietendorf genommen worden war. Nach mehreren Ortswechseln innerhalb Butjadingens bezog man 1956 den ersten Teil des heutigen Gebäudekomplexes, der dann schrittweise bis 1976 seine heutige Gestalt annahm. Begonnen wurde die Zinzendorfschule zunächst als *Progymnasium*. Dies änderte sich, als gegen Ende der sechziger Jahre der Wunsch der Eltern in Butjadingen immer stärker wurde, ihre Kinder auch in eine Zinzendorfschule als Realschule schicken zu können; dieser Wunsch führte 1974 zur Errichtung eines *Realschulzweiges*, der heute gleichberechtigt neben dem Gymnasium existiert.

Mit der Einführung der Orientierungsstufe in Niedersachsen ergab sich aus kommunalpolitischen Gründen, die Klassen 5 und 6 des Gymnasiums abzugeben, so daß heute beide Schulzweige mit der Klasse 7 beginnen. Der jüngste Wandel der Zinzendorfschule Tossens begann mit dem Aufbau einer Sekundarstufe II am 1. August 1983, d. h. mit dem Ausbau des Progymnasiums zu einem *Vollgymnasium*!

Trotz dieses Ausbaus ist es gelungen, die Größe der Schule und die Erziehungsziele zu wahren. Unterricht wird auch in den Klassen der Kursstufe weitestgehend im Klassenverband mit dem traditionellen Klassenlehrer durchgeführt; die angebotenen Kurse bestehen unabhängig von einer Schülermindestzahl. Eine enge Einbindung in die Gemeinde Butjadingen läßt diese Schule in freier Trägerschaft heute als Angebotsschule für die Kinder dieser Gemeinde erscheinen, so daß in Zusammenarbeit mit der öffentlichen Orientierungsstufe und Hauptschule ein volles schulisches Bildungsangebot in einer kleinen Landgemeinde möglich ist.

Mit einer Größenordnung von etwa 200 Schülern im Gymnasium und in der Realschule *zusammen* schafft die Zinzendorfschule Lernmöglichkeiten und Möglichkeiten menschlicher Beziehungen zwischen Lehrern und Schülern, die der Auftrag christlicher Erziehung von ihr fordert.

Ebenfalls der Tradition von Brudergemeinschulen folgend, ist der Zinzendorfschule ein Internat angegliedert. Es wurde 1950 gegründet, in den Folgejahren ständig ausgebaut und den Erfordernissen der jeweiligen Erziehungssituation angepaßt. In diesem Hause können heute bis zu 47 Jungen und 16 Mädchen aller Schulzweige betreut und versorgt werden. Großer Wert wird neben der schulischen Hilfestellung, die in festen Lernzeiten erfolgt, auf die Freizeitgestaltung gelegt, eine schwere Aufgabe, für die unabhängig von den Lehrern mehrere Erzieher tätig sind. Um auch in diesem Bereich erfolgreich arbeiten zu können, bleiben die Gruppen in einer Stärke von 12 bis 14 Schülern, so daß ein Eingehen auf jeden einzelnen möglich ist.

Die Arbeit des Internates ist nach wie vor den Kindern und Jugendlichen gewidmet, die einer besonderen Hilfe bedürfen, um sich entsprechend ihren Gaben geistig und charakterlich entwickeln zu können. Nur wer sich ständig mit den Sorgen vieler Eltern um die rechte Entwicklung ihrer Kinder befassen muß, weiß um die große Zahl derjenigen Jugendlichen, für die es im familiären Bereich und im öffentlichen Schulwesen kaum die Möglichkeit einer charakterlichen und geistigen Entfaltung gibt.

Die Unbarmherzigkeit und Unmenschlichkeit großer Stadtsiedlungen sowie familiäre Verhältnisse sind oft ein Hinderungsgrund für die normale Entwicklung und Entfaltung von Jugendlichen.

Geschiedene Ehen, besonders wenn die Kinder in die neugegründete Familie eines Elternteils eingegliedert werden sollen, aber auch wenn der alleinstehende Elternteil für den Lebensunterhalt und die Erziehung der Kinder Sorge tragen muß, bringen die Kinder oft in einen inneren Zwiespalt, den sie aus eigener Kraft nicht überwinden können. Der oft schwer gefaßte Entschluß, die Kinder in eine Internatserziehung zu geben, ist für diese alleinerziehenden Mütter und Väter vielfach die einzige Möglichkeit, wie sie bei voller Berufstätigkeit ihrer Verantwortung für eine ordentliche Bildung und Erziehung ihrer Kinder nachkommen können. Schließlich gilt es, den

Eltern zu helfen, deren Kinder den vielfältigen Gefahren, Versuchungen und Einflüssen zu erliegen drohen, die heute an allen Orten, besonders in den dichtbesiedelten Gebieten und Großstädten, die heranwachsende Jugend bedrängen. Diese gefährdeten Kinder können in der Lebensgemeinschaft eines Internats in ländlicher Abgeschiedenheit die charakterliche Festigkeit gewinnen, die sie für ihren weiteren Lebensweg brauchen.

Das Internat der Zinzendorfschule in Tossens nimmt sich dieser Schüler in besonderer Weise an und versucht, über das Aufzeigen eines sinnerfüllten Lebens auch wieder zu schulischen Erfolgen zu verhelfen.

Das Evangelisch-Kirchliche Aufbaugymnasium in Mössingen bei Tübingen

Am Fuße der Schwäbischen Alb, etwa 15 km südlich der Universitätsstadt Tübingen, liegt Mössingen – seit dem Frühjahr 1983 über die Landesgrenzen hinaus bekannt durch das Naturereignis eines gewaltigen Bergrutsches.

Das Evangelisch-Kirchliche Aufbaugymnasium in diesem Städtchen hat vor einigen Wochen das «Fest der Volljährigkeit» gefeiert. In seiner 18jährigen Geschichte ist es von Katastrophen verschont geblieben: Die nicht seltenen Erdstöße aus dem für Geologen nicht fremd klingenden «Zollerngraben» verursachten bei uns außer menschlichem Erschrecken nur Gebäuderisse u. ä.; und ein Unwetterhochwasser der Steinlach setzte zwar die Musikübzellen im Untergeschoß der Schule brusttief unter Wasser, aber alle Klaviere konnten im letzten Augenblick von den Schülern geborgen werden. Nur die Überorgel mußte schwimmen.

Aufbaugymnasien führen Hauptschüler (in zweiter Linie Realschüler, schließlich auch Gymnasiasten) in sechs Jahren durch die Klassen 8 bis 13 zu einem Vollabitur. Die erste Fremdsprache ist Englisch, als zweite Fremdsprache werden bei uns Latein oder Französisch angeboten. Musik mit Instrumentalunterricht ist in den Klassen 8 bis 11 Kernfach. Religionslehre kann nicht «abgewählt» werden. Alle Schüler sind Stipendiaten der Landeskirche; das volle Stipendium erhalten aber nur evangelische Schüler, deren Eltern im Gebiet der evangelischen Landeskirchen Württembergs oder Badens wohnen.

Die Konzeption der Aufbaugymnasien

Die Evangelisch-Kirchlichen Aufbaugymnasien begründen heute ein überregionales schulisches Angebot zum Ausgleich von Unterschieden in den Bildungschancen. Sie haben mit 160 und mehr Internatsschülern volle Häuser. Zwar ist die Zahl der Bewerber für die Eingangsklassen 8 in den letzten Jahren zurückgegangen; dafür wuchs aber der Zudrang zu den Klassen 9 bis 11. Derzeit ist noch nicht abzusehen, welche Konsequenzen sich für unsere kirchlichen Aufbaugymnasien aus dieser Veränderung ergeben, weil noch nicht klar ist, ob es sich um eine langfristige oder nur vorübergehende Entwicklung handelt. Klar ist jedoch dies: Der Bedarf an Internatsplätzen ist nach wie vor gegeben. Die Bewerber um diese Plätze und deren Eltern suchen teils das Profil der Schule mit den Fächern Musik und Religionslehre, teils die Überschaubarkeit, teils aber auch das *kirchliche* Angebot des «Aufbaus» zum Abitur.

Das Kirchliche Aufbaugymnasium

Die Voraussetzungen und Erwartungen der Landeskirche an ihre beiden Aufbaugymnasien formulierte Dr. O. Basse vor der Württembergischen Landessynode im November 1982 unter anderem wie folgt: «Durch ihre eigenen Schulen nimmt die Landeskirche im Rahmen des Schulgesetzes und des Privatschulgesetzes die Möglichkeit wahr, die für die ganze Erziehung und insonderheit für die Schule gesetzte Wertorientierung (Art. 12 LV; § 1, 1 SchG) beispielhaft wahrzunehmen und damit auch von ihr besonders verantwortete Praxisfelder zu entwickeln. Das Internatsleben erschließt pädagogische und diakonische Interessen und Fähigkeiten der Schüler. Dabei geht es weniger um eine berufsbezogene als vielmehr lebensbezogene Erziehung, das heißt, Ziel sind:

- nicht in erster Linie künftige Theologen und Pfarrer, sondern theologisch motivierte, zur Zusammenarbeit in der Gemeinde bereite und fähige Laien,
- nicht in erster Linie akademisch ausgebildete Musiker, sondern zum Zusammenspiel fähige, im besten Falle sogar leitende Liebhaber praktischer (Kirchen-)Musik,
- nicht in erster Linie professionelle Lehrer und Erzieher, sondern aus Internatserfahrung verständnisvolle, sich pädagogisch und diakonisch verantwortlich fühlende Erwachsene.

Durch ihre Schulträgerschaft ermöglicht die Landeskirche nicht wenigen Eltern – insonderheit auch mit geringem Einkommen –, ihre Kinder bewußt auf eine kirchliche Schule zu schicken. Es gibt durchaus Anlaß zu der Annahme, daß dies vielen evangelischen Eltern in Zukunft mehr denn je notwendig erscheinen wird.

Das oben skizzierte Bildungs- und Erziehungsziel sucht unsere Schule durch die Einheit von Leben, Erziehung und Unterricht zu erreichen. Im Zusammenwirken von Heim und Schule übernehmen die Unterrichtenden in der Regel zugleich die Betreuung im Heim. Bei der Gründung der Schule ergab sich diese Doppelaufgabe für die Kollegen nicht in bewußter Fortsetzung der Idee der Landerziehungsheime von der Einheit des Lebens und Lernens, sondern aus der persönlichen Auffassung des Gründungskollegiums vom Lehrerberuf. So gehört diese Doppelaufgabe inzwischen zur Konzeption unserer Schule. Wenn auch nicht jeder Lehrer in jedem Schuljahr Heimdienst tun kann, so wünschen wir uns als Mitarbeiter pädagogisch engagierte Lehrer und Erzieher, die zugleich bereit sind, auch im Areal unserer Heimschule zu wohnen.

Dies ist eine Entscheidung für ein in mancher Hinsicht gemeinsames Leben von Schülern, Lehrern und Lehrerfamilien. Der Kontext des Lebens auf dem Gelände spielt für den Unterricht nicht nur in Religionslehre eine Rolle. Freude und Trauer, Geburt und Tod, Grenzsituationen des Lebens, aber auch der normale Alltag wirken wechselseitig auf Schule und Heim, Kollegen und Lehrerfamilien, Schüler und Mitarbeiter. Solche Nähe bringt Spannungen und Reibungsflächen, behindert und fördert Vertrauen, aber fasziniert als Kontrast zur Anonymität großer Schulen.

Von außen gesehen ist das Evangelisch-Kirchliche Aufbaugymnasium mit Heim ein in sich geschlossenes Gebilde, auch architektonisch. Das bedeutet zugleich Chance und Gefahr.

Für die Öffentlichkeit tritt unsere Schule oft durch musische Veranstaltungen in Erscheinung: Theater- und Musikaufführungen, vor allem Kirchenmusiken verschiedenster Vokal- und Instrumentalgruppen, Musizieren im Gottesdienst und erfolgreiche Teilnahme an Wettbewerben.

Mit der Kirchengemeinde verbindet uns ein freundschaftliches Verhältnis. Einzelne Schüler, Lehrer und Familien engagieren sich in der Kirchengemeinde (in Musik, Kinderkirche, Ausländerarbeit, Diakonie z. B.). Dies wirkt zwar in unser Eigenleben hinein, hebt aber die gewisse Distanz unserer «Insel» nicht ganz auf. Um den Charakter der *Heimschule* zu wahren, gibt es bei uns nur selten externe

Schüler, so daß der Zugang zu Mössinger Familien eher eine Ausnahme ist. Arbeitsgemeinschaften, Aktivitäten und Kreise aller Art vermitteln nicht nur zu Sachgebieten, sondern auch zu Lebensbereichen einen konkreten Zugang: Astronomie, Bibel, Foto, Gartenbau, Geologie, Informatik, Jazz, Modellbau-Eisenbahn, Philosophie, Politik, Theater... und unsere Klasse 11 macht parallel zum Küstenschullandheim ein diakonisches Praktikum in Einrichtungen der Umgebung.

Schülermitwirkung

Eine gewichtige erzieherische Funktion liegt bei den Schülern. Wenn Jugendliche, zumal verschiedener Altersstufen, in einem Heim zusammenleben, werden sie einander zu Miterziehern, im positiven und negativen Sinn. Es ist wichtig, ihnen diese Rolle bewußt zu machen. Manche Schüler aus schwierigen Verhältnissen konnten ihr inneres Gleichgewicht finden, weil verständnisvolle Zimmerkameraden ihnen halfen und in Verantwortung und Kameradschaft ihre Probleme mittrugen. Wir meinen, ihnen dies zumuten zu können, als einen Dienst praktischer Nächstenliebe.

Ohne diese Mitarbeit von Schülern wäre unsere Arbeit nicht möglich. Entsprechend ihrer Rolle und Verantwortung haben sie deshalb Mitsprache- und Entscheidungsrecht in verschiedenen paritätisch besetzten Gremien. Inwieweit sich unsere Doppelrolle von Lehrer und Erzieher durchhalten läßt, ist somit auch eine Frage der Zusammensetzung der Schülerschaft.

Das Evangelium als Angebot

Eine evangelisch-kirchliche Schule ist ein Angebot an Schüler und Lehrer, das freiwillig ergriffen werden kann. Wer den Entschluß, an dieser Schule zu lehren oder zu lernen, faßt, sollte sie natürlich auch als eine Einrichtung der Kirche bejahen. Wie verbindlich das Evangelium für ihn dann ist, bleibt immer noch offen; doch ist es eine Aufgabe der Schule, darüber nachzudenken, in welchen Formen diese Verbindlichkeit ihren Ausdruck finden kann.

Die Norm, die für eine Internatsschule verbindlich ist, zeigt sich im pädagogischen Vollzug, das heißt durch Entscheidungen in konkreten Situationen. In unserem Kollegium gehen wir davon aus, daß jeder einzelne sein pädagogisches Urteil ausbildet im Für und Wider zur christlichen Ethik. Entscheidend wichtig dabei ist weniger, ob dieser Bezug ausgesprochen wird oder unausgesprochen bleibt, sondern daß die Frohe Botschaft Lebensgrund und -anstoß ist. In einer Zeit der Spannungen innerhalb und gegenüber der Kirche kann auch eine kirchliche Schule keinen unangefochtenen oder unanfechtbaren Hort des Glaubens darstellen, wohl aber einen Ort ehrlicher Auseinandersetzung mit dem Evangelium von Jesus Christus.

Evangelisches Heidehof-Gymnasium Stuttgart

Schule in der Großstadt

Im südwestdeutschen Raum sind Schulen in evangelischer Trägerschaft in der Regel mit Heimen verbunden und nicht im unmittelbaren Einzugsgebiet einer Großstadt angesiedelt. Das Evangelische Heidehof-Gymnasium fällt aus diesem Rahmen: Es ist eine Schule ohne Heimplätze, eine Schule mitten in der Großstadt.

Kirchen und kirchliche Werke haben sich in ihren Schulen immer wieder neuen, besonders unterversorgten Gruppen zugewandt – so auch in der Mitte des 19. Jahrhunderts mit der Errichtung von Mädchengymnasien, da sich zu diesem Zeitpunkt kein öffentlicher Schulträger um Mädchenbildung kümmerte. Damals gründete die Schulstiftung Evangelisches Töchterinstitut Stuttgart das heutige Evangelische Mörike-Gymnasium, dem dann 1932 die schon seit 1908 bestehende Reformschule Heidehof als Filiale angegliedert wurde. Nach dem Zweiten Weltkrieg wurde diese Filiale, die wie alle kirchlichen Schulen während der Herrschaft des Nationalsozialismus geschlossen werden mußte, als selbständiges Evangelisches Heidehof-Gymnasium wieder gegründet. Dreißig Jahre lang war die Schule ein reines Mädchengymnasium, bis mit Beginn des Schuljahres 1979/80 die Koedukation eingeführt wurde.

Heute ist das Evangelische Heidehof-Gymnasium kaum mehr aus der gymnasialen Landschaft Stuttgarts wegzudenken: ein dreizügiges Gymnasium mit ca. 750 Schülerinnen und Schülern in den Klassenstufen 5–13, die im Hauptgebäude am Rande der Innenstadt sowie in einer vierklassigen Dependance im Vorort Sillenbuch von ca. 70 Lehrkräften und anderen pädagogischen Mitarbeitern betreut werden. Dem Unterricht liegen die für öffentliche Gymnasien gültigen Lehrpläne zugrunde. Ebenso wurden Aufnahme-, Versetzungs- und

Prüfungsbestimmungen für öffentliche Gymnasien übernommen, damit die allgemeine Anerkennung der an der Schule erzielten Abschlüsse gesichert ist. Den Schülern wird Schulgeld- und Lernmittelfreiheit gewährt.

Diese bewußt gewählte Parallelität zum öffentlichen Schulwesen engt natürlich die Ausgestaltung des Schulen in freier Trägerschaft gewährten Freiraums ein, denn die besondere Ausformung der Schule kann nur im Zusätzlichen erfolgen – und zuviel Zusätzliches bedeutet vor allem für den Schüler eine (zeitliche) Mehrbelastung.

Evangelisches Schulehalten und Großstadtbedingungen

Aber trotz dieser hohen Parallelität muß sich das Evangelische Heidehof-Gymnasium doch von den öffentlichen Gymnasien abheben, denn seit mehreren Jahren können bei der Anmeldung für die 90 vorhandenen Plätze in den Eingangsklassen jeweils mehr als 50 Interessenten keine Berücksichtigung finden. Dabei zeigt die Entwicklung der Schülerzahlen vor allem in Stuttgart im gleichen Zeitraum eine stark abnehmende Tendenz, die auch die beiden öffentlichen Gymnasien im Einzugsgebiet des Evangelischen Heidehof-Gymnasiums deutlich spüren.

Etwa 90% der Schüler wohnen in der näheren Umgebung der Schule – eine Gegend, die man als ein gehobenes Wohngebiet bezeichnen kann, mit einem auch für Stuttgart untypisch großen Akademikeranteil (ca. 30% der Schüler des Evangelischen Heidehof-Gymnasiums sind Akademikerkinder). Diese Elternschaft zeigt eine hohe Sensibilität für die Schwachstellen des öffentlichen Schulwesens. Sie schätzen das Angebot des Evangelischen Heidehof-Gymnasiums, das vor allem unter dem Gesichtspunkt einer ganzheitlichen Erziehung entwickelt wurde, z. B.

- das *Sozialpraktikum:* Alle Schüler der Klassen 11 absolvieren am Ende des Schuljahres einen drei- bis fünfwöchigen Einsatz in Kindergärten, Kinderheimen, Altenheimen, Krankenhäusern, Behinderteneinrichtungen u. a.... Die Schüler erhalten auf diese Weise einen Einblick einerseits in das Schicksal und die Probleme von Kindern und alten Menschen, Kranken und Behinderten, andererseits in die vielfältigen Bemühungen und Möglichkeiten, diese Menschen zu versorgen, zu pflegen und zu fördern,
- das *Schülertagheim:* Schüler der Klassen 5 bis 8 können nach Unterrichtsschluß bis 16.00 Uhr beim Spiel und bei der Erledigung der

Hausaufgaben betreut werden. Die Betreuung liegt in den Händen von Erziehern, Lehrkräften, engagierten Müttern, z. T. auch Schülern der Oberstufe. Der für diese Einrichtung notwendige Mittagstisch steht den anderen Schülern der Schule ebenfalls zur Verfügung. Das Schülertagheim, das z. Zt. von knapp 40 Schülern besucht wird, ist ein Beispiel dafür, wie versucht wird, auf gesellschaftliche Anforderungen zu reagieren. Bei der Einrichtung im Jahre 1965 wurde insbesondere an Schüler gedacht, die aufgrund der damals einsetzenden Bildungswerbung das Gymnasium besuchten, aber von den Eltern zu Hause nicht entsprechend betreut werden konnten, bzw. an Schüler, deren beide Eltern berufstätig waren. In den letzten Jahren hat sich die Struktur der Tagheimbesucher sehr verändert. Bei 75 % der Besucher ist die Mutter bzw. der Vater Alleinerzieher. Damit werden die Mitarbeiter mit zusätzlichen Problemen belastet, die in der familiären Situation begründet sind, sich aber schulisch auswirken. Nicht zuletzt deshalb ist am Evangelischen Heidehof-Gymnasium die Stelle eines *Schulpsychologen* eingerichtet worden.

- das *Praktische Fach:* In diesem Fach haben sich die Schüler der Klassen 8 für einen der Bereiche Buchbinden/Fotolabor (jeweils halbjährig), Hauswirtschaft, Maschinenschreiben, Schneidern oder Töpfern zu entscheiden. Die positiven Erfahrungen, die in den Arbeitsgemeinschaften gesammelt werden konnten, kommen auf diese Weise allen Schülern zugute: ein Ausgleich gegenüber den einseitig intellektuellen Anforderungen des Gymnasiums; eine zusätzliche Motivation für manuell Begabte, die sich auch auf andere schulische Bereiche auswirkt; Anregungen für außerschulische Aktivitäten, die teilweise auch Hinweise für eine sinnvolle Lebensgestaltung bieten. Durch organisatorische Umverteilung einzelner Fächer wird eine zeitliche Mehrbelastung der Schüler vermieden. Das Angebot soll im Laufe der Zeit ausgebaut werden. Ebenso ist an eine Ausdehnung auf andere Klassenstufen gedacht.
- nicht zuletzt die stärkere *Betonung der musischen Fächer:* Neben mehr Unterricht in bildender Kunst und Musik vor allem in der Mittelstufe sind in größerem Umfang Möglichkeiten zur künstlerischen bzw. musikalischen Betätigung gegeben – in den Arbeitsgemeinschaften Werken und Töpfern bzw. in Chören und Instrumentalgruppen, in denen regelmäßig stattfindende größere musikalische Aufführungen (z. T. auch szenisch) vorbereitet werden.

Zum Programm der Schule gehört auch der von allen Schülern zu besuchende Religionsunterricht, die wöchentliche Andacht, die schuleigenen Gottesdienste an wichtigen Einschnitten des Schul- und Kirchenjahres.

Entscheidender ist, wie der Lehrer mit dem Schüler, auch dem schwächeren, umgeht, wie er ihm zeigt, daß er für ihn auch über den Unterricht hinaus da ist, bereit zum persönlichen Gespräch. Dieses Miteinander prägt den Geist der Schule, läßt am ehesten spüren, daß die Schule auf dem Boden des Evangeliums angesiedelt ist. Dieser Umgang mit dem Schüler verlangt einen zusätzlichen Einsatz vom Lehrer – ein Opfer, das von den Lehrern am Heidehof-Gymnasium erwartet wird. Vor allem dieser Einsatz der Lehrer ist wohl ein wichtiger Grund für die große Nachfrage in den letzten Jahren.

Die Partizipation der beteiligten Gruppen

Insbesondere für evangelische Schulen ist die Zusammenarbeit von Eltern und Schule, das partnerschaftliche Miteinander von großer Bedeutung. Dokumentiert wird dies am Evangelischen Heidehof-Gymnasium durch stärkere Mitsprachemöglichkeiten in den beratenden und beschlußfassenden Gremien. Fast wichtiger aber ist, was außerhalb dieser Gremien, über die institutionalisierte Elternarbeit hinaus, stattfindet. Zusätzlich zu den üblichen Formen der Elternarbeit wie z. B. in Elternabenden, beim jährlichen Elternsprechtag oder in der wöchentlichen Elternsprechstunde bemüht man sich am Evangelischen Heidehof-Gymnasium, stärker mit den Eltern ins Gespräch zu kommen. So finden z. B. seit einigen Jahren Seminarabende für Eltern einzelner Klassenstufen über die Inhalte des Religionsunterrichts statt. Eine seit einem Jahrzehnt bestehende und von Eltern allein getragene Einrichtung ist der Pädagogische Arbeitskreis der Eltern, der sich bei seinen monatlichen Zusammenkünften mit schulischen oder allgemein pädagogischen Themen beschäftigt. Das Schülertagheim in seiner heutigen Struktur bedarf einer besonders intensiven Zusammenarbeit mit dem Elternhaus. Viele Einzelgespräche werden geführt. Mit den zweimonatlichen Elternabenden des Tagheims wird auch das Gespräch der alleinerziehenden Mütter oder Väter gefördert. Möglichkeiten für Eltern, sich einzubringen, sind in genügender Anzahl gegeben und werden wahrgenommen: bei der Vorbereitung und Durchführung von Klassen- und Schulfesten, bei Wandertagen und Schulausflügen, z. T. auch bei Schullandheimaufenthalten, im Schulchor bzw. Schulorchester, bei entsprechenden Voraussetzungen auch im Schülertagheim.

Den Schülern stehen in den einzelnen Gremien dieselben Mitsprachemöglichkeiten wie den Eltern zu. Eine darüber hinausreichende stärkere Mitarbeit hängt von den einzelnen Schülerpersönlichkeiten ab und schwankt deshalb von Jahr zu Jahr, obwohl die Schule bemüht ist, die Schüler stärker mit in die Gestaltung des Lebens an der Schule einzubeziehen. Sicherlich hängt das nicht immer so große Interesse mit den Möglichkeiten zusammen, die eine Großstadt den Schülern in den verschiedensten Bereichen bietet.

Das Evangelische Gymnasium des Kirchenkreises Siegen

Anlaß der Schulgründung

Nur noch die Signalglocken eines alten Eisenerzbergwerkes erinnern in Siegen-Weidenau an vergangene Industriestrukturen; die Glocken läuten nicht mehr zur Seilfahrt, sie dienen als Pausenzeichen eines modernen Gymnasiums, das mit seinen Gebäuden, Schulhöfen und Sportanlagen den Platz der traditionsreichen Zeche eingenommen hat. Der Industrieraum Siegen hat sich bei aller landschaftlichen Auflockerung zu einem Siedlungsbereich für 120000 Einwohner mit vor allem aufsteigenden Berufsgruppen umgestaltet. Besonders im Bildungsbereich wuchsen deshalb neue Bedürfnisse.

In den sechziger Jahren stieg die Schülerzahl an den drei damals bestehenden Gymnasien im Raum Siegen sprunghaft an. Weder das Land Nordrhein-Westfalen noch die Stadt Siegen sahen sich jedoch in der Lage, hier Abhilfe zu schaffen.

Es ist der Initiative des damaligen Kreisdirektors des Landkreises Siegen, des Superintendenten des Kirchenkreises Siegen und der aktiven Unterstützung vieler Bürger zu verdanken, daß 1964 ein Evangelisches Gymnasium in der Trägerschaft des Kirchenkreises Siegen mit finanzieller Beteiligung des Kreises Siegen-Wittgenstein gegründet wurde. Die Kreissynode war bereit, in dieser Notlage den für einen Kirchenkreis ungewöhnlichen Dienst zu übernehmen.

Gesteuertes Wachstum der Schule

Das Evangelische Gymnasium gewann sehr schnell Freunde im Siegerland. Jedes Jahr wurden 84 Schülerinnen und Schüler in den Klassen 5 aufgenommen. Neben der Eignung für das Gymnasium entschied das Los über die Aufnahme, denn Jahr für Jahr überstieg die Zahl der Anmeldungen die Aufnahmemöglichkeit der Schule erheblich. Diese Begrenzung bewirkte ein langsames Wachstum, bei dem die persönliche Bekanntschaft zwischen den Lehrern, Schülern und auch zwischen den Eltern integrierender Bestandteil des Schullebens wurde. 850 Schülerinnen und Schüler besuchen die Schule. 60 Lehrerinnen und Lehrer unterrichten hier, ein tüchtiger Förderverein unterstützt das Evangelische Gymnasium.

Entwicklung des Selbstverständnisses

Der Schule wurde kein pädagogisches Programm vom Kirchenkreis vorgegeben, wohl aber der Name: «Evangelisches Gymnasium». Ursprünglich bestand die Absicht, der Schule einmal einen richtigen Namen zu geben; der Name «Evangelisches Gymnasium» gewann jedoch seine eigene Kraft. Die Schule wurde für die Siegener zum «EVau», und dieses «EV» wurde zum Zeichen des Gymnasiums des Kirchenkreises Siegen.

«Evangelisch» wurde als Verpflichtung und Versprechen verstanden, oft in geradezu gegensätzlicher Auffassung. Nicht selten begannen bedrängende Sätze von Eltern mit der Einleitung, «von einem evangelischen Gymnasium dürfen wir doch wohl erwarten, daß...» Hier drohte Evangelium zum Gesetz zu werden.

Im Lehrerkollegium hatte «evangelisch» einen ganz anderen Klang; hier hieß Evangelium Freiheit, persönliche Verantwortung und eine Eigenständigkeit des Lehrers, die sich vor niemandem zu rechtfertigen brauchte.

Auf der ersten der bald regelmäßig durchgeführten Kollegiumstagungen wurde diese Spannung aufgenommen. Nach langer Beratung wurde zur eigenen Überraschung der Lehrer einstimmig beschlossen: «Wir Lehrer wollen uns darauf ansprechen lassen, ob unser alltägliches Verhalten in der Schule unter dem Wort der Botschaft des Evangeliums als christliche Nächstenliebe und brüderliche Fürsorge verstanden werden kann oder ob wir versagt haben. Wir wissen, daß das Heil der Welt nicht durch Erziehung zu erreichen ist; Gott selbst hat das Heil uns zugesprochen. Als Erzieher wollen wir diese Botschaft weitergeben, nicht nur im gesprochenen Wort, sondern vor allem im Zeugnis des täglichen Umgangs. Dazu brauchen wir Hilfe und Gebet der Gemeinde.»

Gestaltende Kräfte des Evangelischen Gymnasiums

Das Prinzip des «Jeder kennt jeden» aus der Gründungszeit der Schule, als Betriebsausflüge noch mit zwei PKWs durchgeführt werden konnten, ließ sich trotz der begrenzten Schülerzahl nicht durchhalten. Aber aus dieser Zeit haben sich der Wille und die Bereitschaft zur Zusammenarbeit auch in Alltagsfragen der Schule bei allen Beteiligten erhalten. Schwieriger war nur die Frage zu lösen, wie denn dieser gute Wille in die Tat umgesetzt werden könne. Die Formen der gesetzlich vorgeschriebenen Schulmitwirkung erwiesen sich als zu mager. Es war vor allem für die Eltern und die Schüler unbefriedigend, in Gremien nur Beschlüsse zu fassen, die dann von der Schule durchgeführt werden sollten, man wollte selber etwas tun, wollte selber mitarbeiten; denn Schulmitwirkung ohne Mitarbeit wird steril und treibt Lehrer, Schüler und Eltern zu Interessengruppen auseinander. Diese Mitarbeit sollte sich auf die pädagogische Zielsetzung und die praktische Arbeit des Evangelischen Gymnasiums beziehen. Die dazu unerläßlichen Beratungen und Überlegungen wurden in sorgfältig von den jeweiligen Teilnehmern vorbereiteten mehrtägigen Seminaren des Schülerrats, der Pflegschaftsvorsitzenden, der Lehrer, dann aber auch auf gemischten Tagungen von Eltern, Lehrern und Schülern über mehrere Jahre entwickelt und weitergeführt.

Vier Themenkreise haben sich dabei herausgebildet:

- Wie können wir die zwischenmenschlichen Beziehungen in unserer Schule weiter verbessern?
- Welche positiven und negativen Einflüsse von außen müssen wir in unserer Schule berücksichtigen?
- Wie können wir unsere Kinder dazu bringen, etwas zu lernen?
- Was heißt christliche Erziehung in Schule und Elternhaus?

Die Beratungsergebnisse werden möglichst allen Eltern zugänglich gemacht und in einer Reihe von Arbeitskreisen weiter erörtert, wobei es darauf ankommt, nun auch die Wege in die Praxis zu finden. Der Stil dieser Beratungen wurde von einem Schülervater so gekennzeichnet: «Wir können hier offen sprechen, weil wir keine Angst voreinander haben.»

Die Schule entwickelt auf diese Weise auch eigene Lehrpläne.

Zusammenleben im Schulalltag

Ein auf solche Kooperation angelegtes Schulmodell erfordert vor allem mehr Zeit und Kraft von den Mitarbeitern, denn die Mithilfe vieler führt nicht, wie man zunächst annehmen könnte, zur Arbeitsersparnis für den einzelnen. Fast jeder der sechzig Lehrerinnen und Lehrer hat zusätzliche Aufgaben übernommen: Der eine turnt bei klarem Wetter mit seiner Arbeitsgemeinschaft für Sternguckerei spätabends auf dem Dach der Schule herum, der andere werkelt mit den Fotoleuten in der Dunkelkammer oder singt im Lehrer-Schüler-Chor, übt den Ansatz mit den Bläsern, arrangiert für die Big Band, pantomimt für die Theatergruppe, brennt Ton, dirigiert das Schulorchester, erstellt Rechnerprogramme, kocht französisch, englisch, spanisch, textilgestaltet Druck und Batik, organisiert Ausstellungen und Treffs, tanzt Square, spielt Volley-, Fuß- oder Basketball.

Viele Eltern helfen direkt in der Schule mit. An freien Samstagen werden Schreinerarbeiten zum Umbau eines Pausenraums von Schülern und Eltern nach Plänen einer Schülerarbeitsgruppe ausgeführt. Eltern töpfern mit Eltern und Schülern, richten Seminare, Klassenfeste, gemeinsame Wanderungen, Grillfeten, kalte Buffets. Eltern unterhalten Fahrgemeinschaften, Hausarbeitskreise und Konversationszirkel in Fremdsprachen. Besonderen Beifall fanden Feste für Eltern und Lehrer, die von Eltern in der Schule gestaltet wurden.

Das jährliche große Schulfest liegt fast ausschließlich in der Regie der Schüler, sie gestalten auch den Tag «Schule ohne Unterricht», an dem Themen, die sonst nicht im Unterricht behandelt werden, von Schülern und Lehrern unter großer Beteiligung verhandelt werden.

In diese Reihe gehören auch die Schülerseminare, bei denen die Jahrgangsstufen 11 und 13 zwei oder drei Tage in einem Jugendheim zusammenleben.

Viel Engagement erfordert der Schüleraustausch mit der französischen Schule Therese d'Avila in Lille, der englischen Schule in Wirral, einer Schule in Pardess Hanna in Israel und einem Lyceum in Danzig-Oliva.

Wenig Mühe macht die Zusammenarbeit von Lehrern und Schülern in den Gebetskreisen und den Gesprächsrunden, bei der Durchführung der allmontäglichen Morgenandachten und der Gestaltung der Schulgottesdienste.

Schwierig dagegen sind die Gespräche zwischen den Eltern und den Schülern der höheren Klassen und Jahrgangsstufen; beide Gruppen fühlen sich oft gegenseitig mißverstanden, die Lehrer geraten dabei leicht zwischen die Stühle. Hier müssen noch mehr Brücken zwischen den Generationen gebaut werden.

Die Schülerschaft des Evangelischen Gymnasiums spiegelt die Bevölkerungssituation der Region, der Anteil der ausländischen Schüler liegt dabei etwas über dem Durchschnitt der anderen Siegener Gymnasien.

Die Schule bemüht sich um protestantische Freiheit und Offenheit, sie will trotz notwendiger Leistungsforderung Ängste abbauen. Es ist wohl ein erfreuliches Zeichen, wenn ein Sextaner in der Pause auf seinen Schulleiter zustürzt mit einem atemlosen «Gut, daß ich Sie treffe!» Der Direktor stellt sich auf ein wichtiges pädagogisches Problem ein. Unser Sextaner: «Können Sie mir 'ne Mark wechseln?»

Evangelische Realschule mit Internat in Ortenburg

Die Evangelische Realschule Ortenburg ist eine staatlich anerkannte private Realschule mit Internat für Mädchen und Jungen. Sie liegt in einer kleinen niederbayerischen Marktgemeinde im Kreis Passau.

Ortenburg ist als ehemalige reichsunmittelbare Grafschaft seit 1563 evangelisch und daher im ansonsten überwiegend katholischen Niederbayern eine echte protestantische Enklave mit einer sehr eigenen Geschichte. Auch die Schulgeschichte des Ortes ist in diesem Zusammenhang zu sehen. Bereits seit der Reformation legten die Grafen zu Ortenburg auf die schulische Ausbildung ihrer Untertanen größten Wert, hielten eine zweiklassige Schule und führten schon 1703, also gut 60 Jahre früher als im übrigen Bayern, die allgemeine Schulpflicht ein.

Die besondere protestantische Bedeutung Ortenburgs führte 1892 auch zur Gründung einer «Konfirmandenanstalt», in der evangelische Eltern aus der Diaspora ihre Kinder auf die Konfirmation vorbereiten lassen konnten, während sie gleichzeitig ihre Schulpflicht in der evangelischen Volksschule erfüllten. Später kam es dann zur Gründung einer eigenen Haushaltungsschule und im Jahre 1950 zur evangelischen Mädchen-Mittelschule.

Heute ist die Evangelische Realschule Ortenburg für Mädchen und Jungen vierklassig, wird zweizügig geführt, hat eine Gesamtschülerzahl von ca. 200 und nimmt Schüler aller Konfessionen auf. Ihr angeschlossen ist ein Internat, das ebenfalls koedukativ geführt wird und 96 Plätze umfaßt.

Die Schule sieht sich in der geschichtlichen Tradition des Ortes, in dem heute eine neue ökumenische Gemeinsamkeit praktiziert wird. Träger der Einrichtung ist die Evangelische Erziehungsstiftung Ortenburg mit Sitz in Passau.

Das Internat

Die Internatsschüler leben jeweils in Gruppen zu 16 Schülerinnen bzw. Schülern, ähnlich wie in einer Familie, in einer Wohnung, die aus zwei Wohnzimmern, Küche und in der Regel acht Zweibettzimmern besteht. Betreut wird jede Wohngruppe von einem ausgebildeten Erzieher, der ebenfalls in der Wohnung sein Büro hat.

Grundlage dieses Konzeptes ist die Überzeugung, daß Schüler bei notwendigen praktischen Lebensvollzügen in einer gemeinsamen Gruppenwohnung zahlreiche soziale Verhaltensweisen lernen und einüben können. In diesem Sinne versteht sich auch die Bedeutung des umfassenden Freizeitangebotes im Internat, das die regelmäßige intensive Hausaufgabenbetreuung (in Einzelfällen auch Nachhilfe) in den täglichen Lernzeiten (15 bis 16 Uhr und 16.30 bis 17.30 Uhr) ergänzt.

In die Realschule können Schüler ab der 7. Klasse aufgenommen werden. Ab der 8. Klasse werden die Wahlpflichtfächergruppen II (kaufmännisch/wirtschaftlich) und III (musisch/sozial) geführt.

Vom Internat aus ist bereits ab der 6. Klasse auch der Besuch der benachbarten staatlichen Hauptschule möglich.

Von den Lehrern wird besonderes Eingehen auf den förderungsbedürftigen Schüler erwartet. Die Mitarbeiter im Internat sind ausgebildete Erzieher.

Die Überschaubarkeit der Schule (Gesamtschülerzahl ca. 200, davon 96 Internatsschüler) ermöglicht intensives Eingehen auf den Einzelfall. Eine am Evangelium orientierte Erziehung, die sich in erster Linie als Auftrag an Lehrer und Erzieher versteht, soll den Schülerinnen und Schülern helfen, ihre eigene individuelle und gesellschaftliche Situation in christlichen Wertmaßstäben zu erkennen und entsprechend zu handeln. Individuelle Elternberatung wird besonders betont. Regelmäßige schulische Veranstaltungen, zu denen die Eltern ausdrücklich eingeladen sind, sollen dem Gedanken einer lebendigen Schulgemeinde zur Durchsetzung verhelfen.

Schule als Jugendhilfeeinrichtung: Das Martinshaus Kleintobel

Vom Konfirmandenheim zur Schule

Die Evangelische Heimschule Martinshaus Kleintobel, in der Nähe der oberschwäbischen Kreisstadt Ravensburg gelegen, geht in ihrer Gründung auf das im Lutherjahr 1883 in der oberschwäbischen Diaspora ins Leben gerufene Konfirmandenheim Altshausen zurück; daher der Name «*Martins*haus».

Im Jahre 1956 wurde für die begabten Jungen dieses Konfirmandenhauses in schöner ländlicher Umgebung unsere Heimschule gegründet, um 150 Jungen den *Bildungsabschluß der damaligen Mittelschule* zu ermöglichen.

Unter den Kindern und Jugendlichen des Martinshauses befanden sich zunehmend Waisen bzw. Sozialwaisen und solche mit mangelndem familiären Rückhalt, so daß der Ausbau zur staatlich anerkannten Jugendhilfeeinrichtung erfolgte. Im Jahre 1967 erhielt die Schule den Status einer Sonderschule für Erziehungshilfe mit dem Bildungsziel der Realschule. So entwickelte sich unsere Einrichtung vom traditionellen Realschulinternat zum Heim mit familienähnlichen Gruppen und zur Realschule mit sonderpädagogischem Auftrag. Unsere pädagogische Aufgabe, die wir im ganzheitlichen Sinne als christlich verantwortete Pädagogik verstehen, läßt sich in 3 Bereiche gliedern:

Heim – Schule – Psychologischer Fachdienst

Im Heim werden derzeit von sozialpädagogischen Fachkräften 108 Jungen betreut, von denen 80% im Rahmen der öffentlichen Jugendhilfe (Hilfe zur Erziehung nach den §§ 4,5 und 6 JWG, Freiwillige Erziehungshilfe und Eingliederungshilfe gem. § 39 des Bundessozialhilfegesetzes) untergebracht sind. Etwa 20% sind sog. «Privatzahler», die zum großen Teil durch das Evangelische Schulwerk der Evangelischen Landeskirche in Württemberg in Form von Stipendien Nachlässe auf das Pensionsgeld erhalten.

Die 10 familienähnlich geführten Gruppen (Gruppenstärke bis 12 Kinder und Jugendliche) verteilen sich auf 4 Häuser. In jeder dieser selbständigen Wohngruppen, die nach sozialpädagogischen Gesichtspunkten geführt sind, spielt sich der Heimalltag unter Anleitung und Betreuung durch je 2–3 Erzieher ab.

Die Erziehungsarbeit ist geprägt von einem partnerschaftlich-demokratischen Erziehungsstil, bei dem heilpädagogisch orientiertem Handeln (Annehmen, Verstehen, Einzel- und Gruppengespräche) und einer großen Zahl von Freizeitaktivitäten ein hoher Stellenwert zugemessen wird. Ziel unseres erzieherischen Wirkens besteht darin, vorhandene Verhaltensdefizite abzubauen, positives soziales Verhalten neu zu erlernen und die freie Persönlichkeit des jungen Menschen zu entfalten.

Da in unserem Heim nur Jungen untergebracht sind, die häufig erst im kritischen Pubertätsalter bei uns eintreten, kommt den sportlichen Aktivitäten in der Freizeit und an den schulfreien Wochenenden eine besondere erzieherische Bedeutung zu. Neben den üblichen Sportarten und Ballspielen wird der Erlebnissport in der freien Natur bewußt gepflegt, z. B. Orientierungsläufe, Bergsteigen, Ski alpin, Skilanglauf, Kanufahren, Windsurfing und Fahrradtouren. Diese Erlebnissportarten fördern die Gemeinschaft und die Liebe zur Natur.

Auch im kreativ-musischen Bereich gibt es ein reiches Angebot: z. B. Marionettentheater, Töpfern, Makrameearbeiten, Spinnen, Weben und anderes mehr.

Besondere Erwähnung verdient der Tanzkurs, der jährlich für unsere 16- bis 17jährigen durchgeführt wird. Durch diese Freizeitaktivitäten, die im Rahmen von Arbeitsgemeinschaften und Neigungsgruppen ablaufen, sollen die Schüler lernen, ihre Freizeit sinnvoll zu gestalten, auch sollen sie für ihr späteres Leben zu einem aktiven Freizeitverhalten erzogen werden.

In unsere *Sonderschule für Erziehungshilfe* mit dem Bildungsziel der Realschule (staatlich anerkannte Abschlußprüfung an Realschulen) werden überwiegend solche begabten Schüler aufgenommen, die an öffentlichen Schulen wegen ihres auffälligen Verhaltens nicht gefördert oder nicht mehr im herkömmlichen Klassenverband unterrichtet werden können und aus diesen Gründen zu Schulversagern werden.

Sprachförderung und andere Hilfen

Außerdem finden Schüler mit einer ausgeprägten Lese- und Rechtschreibschwäche Aufnahme und erhalten bei uns eine spezielle Betreuung. Schüler mit Sprachbehinderungen, die in einem nahe gelegenen Sprachheilzentrum ambulant behandelt werden, können ebenfalls bei uns eintreten.

Wegen des Sonderstatus der Schule können kleine Klassen (im Schnitt 10 Schüler pro Klasse) gebildet werden, kann der Unterricht aufgelockert, individualisiert und differenziert werden.

Mit Hilfe von sonderpädagogischen Maßnahmen, durch gesonderte Stütz- und Förderkurse und gezielte Hausaufgabenbetreuung können Kenntnislücken ausgefüllt, Lerndefizite abgebaut, Erfolgserlebnisse und Lernfortschritte vermittelt und erhebliche Verbesserungen der Schulleistungen erzielt werden.

Das Bildungsangebot der Schule wird durch Arbeitsgemeinschaften: Maschinenschreiben, Technik, Technisches Zeichnen, Dritte-Welt-Gruppe und Instrumentalunterricht (Gitarrenspiel, Klavierspiel und Schlagzeug) erweitert. Für die Schüler der Klassen 9 wird ein 14tägiges Betriebspraktikum, das der Einführung in die Arbeitswelt, der Berufsvorbereitung, Berufsfindung und Berufswahl dient, in Ravensburger Betrieben durchgeführt. Das Schulleben wird bereichert durch eine 10tägige Bildungs- und Sprachreise der Klasse 9 nach London, Exkursionen, Schullandheimaufenthalte und Skilager in den nahe gelegenen Alpen und durch die Abschlußfahrten.

Der Vorzug dieser Schule liegt in ihrer Überschaubarkeit (Gesamtschülerzahl 120: darunter 108 Interne), der Nachteil in der überaus großen Fluktuation, zumal wir uns als Durchgangsschule verstehen und Schüler meistens nur in ihren Krisenzeiten (oft nur ein bis zwei Jahre) betreuen und sie nach einem erfolgreichen Heilungsprozeß wieder in die Herkunftsfamilie entlassen.

Ein *psychologischer Fachdienst* ergänzt und unterstützt unsere pädagogische Arbeit in Heim und Schule. Der Schwerpunkt dieses Fachdienstes liegt in einer gezielten Beratung und Therapie der Schüler.

Bei Bildungs- und Schullaufbahnberatungen und bei der Berufsberatung spielt auch die Diagnostik die ihr zugemessene Rolle.

Im *therapeutischen Bereich* werden Gesprächs- und Verhaltenstherapie angeboten, autogenes Training und Konzentrationstraining vermittelt, um insbesondere umgrenzte Leistungsstörungen sowie Lern- und Konzentrationsstörungen abzubauen.

Die Fortbildung der pädagogischen Mitarbeiter wird in Form von regelmäßigen Pädagogischen Tagen und speziellen Fortbildungstagungen gezielt durchgeführt.

Der psychologische Fachdienst sieht einen Schwerpunkt seiner Arbeit darin, Lehrern und Erziehern Denkanstöße zu liefern, die Reflexion über ihr Handeln zu fördern und ihre pädagogische Qualifikation zu erhöhen.

Partizipationsstrukturen

Das Mitspracherecht der Mitarbeiter für eine verantwortliche und gerechte Gestaltung der Dienstverhältnisse ist durch die langjährig bewährte Mitarbeitervertretung gem. der Ordnung für die Mitarbeitervertretung in Diakonischen Einrichtungen geregelt.

Unsere «Schülermitverantwortung» hat sich eine eigene Ordnung gegeben, in der Schul- und Heimsprecher an der Gestaltung des Schul- und Heimlebens mitwirken, in enger Zusammenarbeit mit dem von Schülern gewählten Verbindungslehrer und Vertrauenserzieher.

Einer engen Zusammenarbeit mit dem Elternhaus messen wir einen hohen pädagogischen Wert bei. Durch regelmäßig versandte Rundschreiben werden die Erziehungsberechtigten unserer Schüler über das Geschehen in Schule und Heim laufend unterrichtet. Elternkontakte werden bei Schulfesten, in den Elternsprechstunden, Klassenpflegschaftsversammlungen und vielen Einzelgesprächen gepflegt.

Der psychologische Fachdienst widmet sich mit besonderer Hingabe der Elternberatung.

Das Hauptanliegen unserer gesamten pädagogischen Arbeit, in der wir den jungen Menschen in einer ganzheitlichen Schau verstehen und betreuen wollen, liegt im sozialdiakonischen Aufgabenbereich, im Annehmen und Verstehen, im Helfen und Heilen.

Unser künftiges Augenmerk wird sich vermehrt auf die Nachbetreuung Jugendlicher richten müssen, die wir ohne den Rückhalt des Elternhauses in die selbständige Gestaltung ihres Lebens aus unserer Heimschule entlassen müssen, besonders unter dem Gesichtspunkt der frühzeitigen Volljährigkeit mit 18 Jahren.

Janusz-Korczak-Schule Freistatt: Schule anders!

«Es geht nicht um das, was sein sollte, sondern um das, was sein kann.» (Janusz Korczak)

«Das ist ja gar keine richtige Schule! Die spielen ja nur!... Klar, da geh ich wieder hin!»

Was ist an dieser Schule schon normal? Vielleicht dürfen es nicht einmal die Lehrer sein. Denn wer den Schulalltag hier, gewürzt mit kleinkindhaften Spielereien, verbalen und handfesten Drohungen, bis zur Unkenntlichkeit verzerrten Freundschaftsbekundungen, groben Beleidigungen, anbiederndem Übereifer und anderen überzogenen Reaktionen ohne Magengeschwüre überstehen will, muß wohl zu einem besonderen Menschenschlag gehören.

Voraussetzungen

Rein formal ist die Janusz-Korczak-Schule eine Sonderschule für Verhaltensgestörte in der Trägerschaft einer diakonischen Einrichtung, der von Bodelschwinghschen Anstalten Bethel, in der Teilanstalt Freistatt im niedersächsischen Kreis Diepholz. Sie nimmt Hauptschüler auf, die als verhaltensgestört eingestuft wurden.

Schulziele:

Ziel der schulischen Arbeit ist es, die meist lernbehinderten Schüler zum regulären Schulabschluß zu führen und sie auf einen möglichst reibungslosen Übergang ins Berufsleben vorzubereiten. Die Schüler sind zwischen 13 und 17 Jahre alt und wohnen in Wohngruppen und Wohngemeinschaften der Jugendhilfe Freistatt.

Bei einer Sollstärke von 48 Schülern arbeiten fünf Lehrer, ein Heilpädagoge und ein Erzieher. Dies scheinen fast ideale Unterrichtsbedingungen zu sein. Daß Lehrer und Schüler erhebliche Probleme zu bewältigen haben, kann deutlich werden, wenn man sich einige Voraussetzungen vor Augen führt, die alle Schüler – mehr oder weniger ausgeprägt – für das Zusammenleben in den Wohneinheiten und für den Schulbesuch mitbringen oder eben nicht mitbringen:

- Keiner der Jugendlichen kommt anfangs freiwillig nach Freistatt. Ihr Aufenthalt ist entweder durch Gerichtsbeschluß angeordnet worden (Fürsorgeerziehung = FE) oder aufgrund eines Vertrages zwischen den Erziehungsberechtigten und der Jugendbehörde zustande gekommen (Freiwillige Erziehungshilfe = FEH). Daß viele Jugendliche ihren Aufenthalt nur als kurzfristige Übergangslösung ansehen, erschwert oft die gemeinsame längerfristige Planung.
- In ihrer bisherigen Umgebung konnten die Jugendlichen nur wenige oder keine tragfähigen personalen Kontakte aufbauen. Wer zum Beispiel in fünf Jahren achtmal die Umgebung und die Bezugspersonen wechseln mußte, wird kaum Mut und Erfahrung genug haben, beständige Beziehungen aufzubauen und zu erhalten.
- Normen und Gepflogenheiten, die uns geläufig sind und die ein

relativ reibungsloses Bewegen in unserer Gesellschaft ermöglichen, sind ihnen zu einem erheblichen Teil nicht bekannt oder nicht geläufig. Dafür verfügen sie über ein großes Repertoire unangemessener Verhaltensmuster.

- Schüler, die ein annähernd durchschnittliches Zeugnis mitbringen, sind ein besonderer Glücksfall.
  Versagenserfahrungen und Ablehnungen haben sie fast alle entmutigt, sich mit schulischen, manchmal auch außerschulischen Lerngegenständen zu beschäftigen, wenn sich auch nur die Gefahr zu versagen vermuten läßt.
- Regelmäßigen Schulbesuch waren nur wenige Schüler gewohnt, bevor sie in Freistatt aufgenommen wurden.
  Der Bummelrekord lag bei 34 Tagen Schulbesuch in 2 Schuljahren.
- Neue Schüler kommen über das ganze Schuljahr verteilt aus fast allen Bundesländern.

Alle befinden sich am Beginn oder mitten in einer problematischen Entwicklungsphase, die schon unter weniger belastenden Umständen zu erheblichen Schwierigkeiten führen kann. Unter diesen Voraussetzungen kann man nicht Schule in üblicher Form abhalten.

Folgerungen ungewöhnlicher Art

Bereits die Organisation der Schule soll möglichst viele der Schülerprobleme verringern helfen. Die Schule ist zwar aufgrund ihrer Größe gut überschaubar. Um aber einen Lehrerwechsel möglichst weitgehend zu vermeiden, wurde das Klassenlehrerprinzip eingeführt. Trotz der Erschwernisse, die sich dadurch für den einzelnen Lehrer ergaben (einarbeiten der stark spezialisierten jungen Lehrer in fremde Fachgebiete; auf Gedeih und Verderb jeden Schultag mit der gleichen Schülergruppe aushalten), zeigten sich deutliche Vorteile.

Es stellte sich erstaunlich schnell eine Beruhigung der Klassenatmosphäre ein, die sich auf die ganze Schule übertrug. In der Folgezeit gab es deutlich weniger Störungen und Zerstörungen. Schüler und Erzieher in der Gruppe haben seitdem im wesentlichen einen Gesprächspartner, der aufgrund der geringen Klassenstärke den direkten Austausch bei Problemen und erfreulichen Anlässen pflegen kann.

Die Zusammenarbeit zwischen Schule und Heim ist nicht einfacher als zwischen Schule und Elternhaus. Allein aufgrund der räumlichen

Nähe und oft vorhandener Vorurteile ergeben sich erhebliche Reibungsflächen.

Hier sollten zwei organisierte Maßnahmen gegenseitige Mißverständnisse ausräumen und abbauen helfen: Eine Heim-Schule-Konferenz wurde ins Leben gerufen, die monatlich tagte. Ferner wurden Arbeitsgemeinschaften nach Absprache am frühen Nachmittag von einem Lehrer und einem Erzieher gemeinsam angeboten. Diese Zusammenarbeit brachte neben einer Ausweitung des Angebotes ein besseres Kennenlernen des jeweils anderen Arbeitsstiles und mehr Verständnis für die Schulproblematik der Schüler. Die Umstrukturierung des Heimbereiches brachte inzwischen mit der Selbstversorgung der Gruppen einen neuen Ansatz.

Um die Veränderung und Störung der Lerngruppensituation durch neu aufgenommene Schüler möglichst gering zu halten – jeder neue Schüler verändert die Beziehungsstruktur einer Klasse und ruft besonders bei pubertierenden verhaltensauffälligen Jungen «Hahnenkämpfe» hervor – wurde eine eigene *Aufnahmegruppe* eingerichtet. In ihr betreut und beobachtet ein Heilpädagoge alle neu aufgenommenen Schüler. Er wird unterstützt von Lehrern, die stundenweise in diese Klasse kommen. Die Arbeit in dieser Klasse hat vier für die Schularbeit wesentliche Ziele:

- Verhaltensprobleme sollen erkannt werden; wichtig sind Informationen über die Bedingungen für Leistungsverweigerung, Ausweichverhalten, aggressive Ausbrüche oder anderes den Schülern angelastetes Fehlverhalten.
- Es wird versucht, durch sozialpädagogische Angebote erneute Lust am Lernen zu wecken und das Einfügen in eine Lerngruppe zu erleichtern. Hier werden je nach Bedarf Spielformen und praktische Tätigkeiten jeder Art eingesetzt.
- Der tatsächliche schulische Leistungsstand des einzelnen Schülers soll überprüft werden. Das geschieht durch Tests oder freie Aufgabenstellung, aber ohne belastende Beurteilung.
- Defizite in den Kulturtechniken sollen aufgearbeitet werden.

Aufgrund der gewonnenen Informationen wird der Schüler einer Lerngruppe zugeordnet, in der er nach Auffassung aller Beteiligten am besten mitarbeiten kann. Je nach Ausprägung der Einzelproblematik erfolgt die Zuordnung nach dem Leistungsstand, nach Verhaltensgesichtspunkten oder personellen Beziehungen. Auch die Aufenthaltsdauer in der Aufnahmegruppe wird individuell abgestimmt. Sie ist abhängig von Gruppenfähigkeit und Lernverhalten des Schülers und liegt zwischen wenigen Tagen und mehreren Monaten.

In alle diese Überlegungen und Planungen wird der betroffene Schüler mit einbezogen, dadurch wird der Nachteil einer Aufnahmegruppe, also der relativ kurzfristige Lehrer- und Lerngruppenwechsel, nach unserer Erfahrung weitgehend aufgehoben, vor allem, wenn die Schüler nach Absprache jederzeit einen Besuch in ihrer «alten Klasse» machen können.

Die Einteilung in Jahrgangsklassen brachte bei den entsprechend vortrainierten Jugendlichen immer wieder Probleme mit Hackordnungen und deren unerfreulichen Folgen. Körperlich überlegene Jugendliche spielten ihre Kräfte mehr oder weniger verdeckt skrupellos aus, so daß Schwächeren oft nur die Flucht (Entweichung), totale Verweigerung oder ein verzweifelter Wutausbruch gegen Material übrig blieb (ein «Rattenbiß» in auswegloser Situation).

Hier führte die Umwandlung der Jahrgangsklassen in Schülergruppen mit annähernd gleicher Leistungsbereitschaft und sich entsprechendem körperlichen Entwicklungsstand zu einer spürbaren Entlastung der stillen und ängstlichen Schüler und zu größerer Arbeitsruhe. Für den Lehrer bedeutet das zwar weitgehende Individualisierung des Unterrichts, diese war aber auch in den Jahrgangsklassen wegen der unterschiedlichen Schullaufbahn der Schüler ebenso notwendig.

Erweiterte schulische Angebote

Mit den dargestellten organisatorischen Maßnahmen war aber allein weder der Schulmüdigkeit der Schüler beizukommen, noch der Gruppe der sogenannten Entweichungsgefährdeten, also Kindern und Jugendlichen, die wegen erheblicher Kontaktschwierigkeiten, Sozialisationsdefizite und geringer Frustrationstoleranz oft schon aus relativ geringfügigen Anlässen untertauchen. Es mußten inhaltliche Angebote gemacht werden, die den üblichen schulischen Rahmen überschreiten. Sie ließen sich deshalb auch nur in enger Zusammenarbeit mit den Wohngruppen verwirklichen. Zunächst lagen Angebote nahe wie Kochen, Maschinennähen, Schreibmaschinenschreiben, Arbeit im Schulgarten, Fahrradbasteln, Fossiliensammeln und Bootsbau u. a.

Dann wurde das Konzept für eine *Außenwohngruppe* entwickelt, die in zwei Gebäuden ehemals landwirtschaftlicher Kleinbetriebe untergebracht wurde und in der schulpflichtigen Jugendlichen die schulischen Lerninhalte in ganzheitlichem Rahmen im Zusammenhang mit lebenspraktischen Tätigkeiten vermittelt werden sollen. Der Lehrer ist hier als «Schulmeister», Handwerker und Erzieher völlig in das Gruppengeschehen mit einbezogen; er macht «Schule vor Ort». Denkender Kopf und «denkende Hände» sind gleichermaßen wichtig, um z. B. eine Hofbeleuchtung selbst zu bauen. Auf diese Weise kann eine sichtbare Bindung an die Wohngruppe erreicht werden, die es für den Jugendlichen auf lange Sicht immer überflüssiger macht, auszuweichen (durch Entweichen) und sich woanders durch zweifelhafte Aktionen (z. B. Diebstahl) Anerkennung zu verschaffen.

Im Laufe der Zeit haben Lernwille und schulische Lernzeiten zugenommen.

Eine Gruppe plant langfristig eine achtwöchige Großfahrt in eine unbekannte, möglichst abgelegene Gegend Europas. Hier ist es der *Reiz des Abenteuers*, der sehr sprunghafte, stark durch Außenreize gesteuerte Jungen auf ein Ziel konzentriert. Auf der Ebene elementarer Erfahrungen, z. B. der Selbstversorgung, sollen Selbstkontrolle und -beherrschung, Selbsterfahrung, Kooperation mit anderen, Kontaktfähigkeit und -beständigkeit, Lernbereitschaft und -ausdauer entwickelt werden. Auch hier kann und soll die Situation Anregung zum Lernen, auch zum bewußten schulischen Lernen, werden. So erkannte während der letzten Fahrt ein Junge, der sich geweigert hatte, Lesen zu lernen, unmittelbar die Notwendigkeit zu lesen, als sich niemand fand, der ihm die Kochanleitung für sein Wunschgericht vorlas. Die Eindrücklichkeit dieses Lernens vor Ort läßt sich deutlich nachweisen.

Forderungen an den Lehrer

Die hier skizzierte Arbeitsweise verlangt vom Lehrer die Bereitschaft und Fähigkeit

- zur engen Kooperation mit Kollegen und Mitarbeitern der Heime. Jedes Gegeneinander erschwert die Orientierung der Jugendlichen und gefährdet den Erfolg der Arbeit;
- zur differenzierten Reaktion auf Schulverhalten; das Verkennen von Signalen in Schüleräußerungen kann leicht zur überflüssigen und unerwünschten Eskalation führen;
- zum Erkennen der eigenen Empfindlichkeiten, Aktionen und Reaktionen, um die eigene Wirkung auf andere abzuschätzen;
- zum Akzeptieren der eigenen Person mit allen Stärken und Schwächen und zu geduldigem Umgang mit sich selbst und anderen;
- zur Kontrolle des eigenen Handelns;

- durch kollegialen Austausch über Schwierigkeiten im Unterricht und Schulalltag sich selbst und andere Kollegen zu entlasten;
- zum Einarbeiten in neue Arbeitsgebiete.

Lasten und Entlastungen

Trotz aller Bemühungen gelingt auch an dieser Schule das große Wunder nicht, alle Schüler auf den «wahren Pfad der Tugend» zu führen. Die Gründe dafür sind vielfältig: Die Kinder kommen erst zu uns, wenn sie bereits «in tiefe Brunnen» gefallen sind; die Zeit des Aufbaus und der Erziehungshilfe ist wesentlich kürzer als die des Verwahrlosens. Dagegen haben auch wir den Stein der Weisen noch nicht gefunden. Manchen ist auch hier nicht zu helfen. Ungeduld, Vorurteile und vorschnelle Verurteilungen durch die Umgebung bringen manchen bald wieder zu Fall.

Wo aber durch das Engagement einzelner Erzieher oder Lehrer, durch den Übergang eines Schülers auf eine öffentliche Schule oder durch Betriebspraktika Außenkontakte zustande kamen, war doch sehr häufig Verständnis und Entgegenkommen zu spüren. Besonders die erfreulichen Rückmeldungen aus Praktikumsbetrieben gaben manchem Schüler Mut und ebneten ihm den Weg in eine Berufsausbildung.

Auch die Kirchengemeinde trägt zu den Bemühungen bei, wenn sie Raum und Rahmen gibt für die Konfirmation und den hinführenden, nicht in allen Punkten normgetreuen kirchlichen Unterricht. Es ist außerdem durchaus nicht selbstverständlich, daß sich 15- bis 17jährige Jugendliche freiwillig taufen und konfirmieren lassen, ohne den üblichen Geschenkeregen zu erwarten.

Lehrer und Erzieher müssen den Blick für die Dinge erwerben und erhalten, an denen sich die kleinen Erfolge zeigen, die den Mut und die Fröhlichkeit für die Arbeit in der Schule geben.

Schulen für Erziehungshilfe: Der Fassoldshof in Mainleus

«Schule ist mir so verhaßt, daß es für mich überhaupt keinen idealen Lehrer geben kann.» Mit diesem Satz behandelte einer unserer Schüler das Aufsatzthema «Wie ich mir einen idealen Lehrer vorstelle» treffend und erschöpfend.

Schule – das war für die meisten unserer Jugendlichen ein Ort der Enttäuschung, der Mißerfolge und des Mißtrauens. Viele versuchten darum noch, häufig erfolgreich, diesen Ort zu meiden. Wem dies nicht möglich war, der flüchtete in Leistungsverweigerung oder in Fehlverhaltensweisen, mit denen er sein Leistungsversagen kompensierte.

Die andere Schule

- Eine Sondervolksschule zur Erziehungshilfe mit 4 Klassen der Jahrgänge 7–9 und mit einer Abteilung für Lernbehinderte;
- Sonderberufsschule zur Erziehungshilfe mit 3 Klassen für das Berufsgrundschuljahr und 6 Fachklassen (Metallbauer, Schreiner, Maler) für die angebotenen Berufe;
- Sonderberufsschule für Lernbehinderte für Fachwerker und Berufsvorbereitungsjahr Form C;
- Mobile Erziehungshilfe.
- Vorrangige Ziele unserer Schulen sind die Rückführung in die allgemeine Schule, der erfolgreiche oder gar der qualifizierende Abschluß der Hauptschule bzw. der erfolgreiche Abschluß der Berufsschule in Verbindung mit einer abgeschlossenen Berufsausbildung.
- Wir können Klassen mit durchschnittlich 8 Schülern bilden und in einigen Leistungsfächern im fachpraktischen Bereich diese Klasse nochmals teilen. In zusätzlichen Förderkreisen bemühen wir uns, durch eine heilpädagogische Unterrichtshilfe vor allem Berufsschülern den Anschluß an ihre Jahrgangsstufe zu ermöglichen. In Zusammenarbeit mit dem Heilpädagogen des Heims betreuen wir einzelne Jugendliche mit besonderen Schwierigkeiten. Die Aufnahme in einen Klassenverband erfolgt über einen Diagnosetag. Durch diese Differenzierung und Individualisierung des Unterrichts können wir die Schüler ihrem Leistungsstand und Leistungsvermögen entsprechend fördern und einer Resignation vorbeugen.

Erzieherisches Schulleben

Über das Lehren und Unterrichten hinaus wollen wir als Schule zur Erziehungshilfe die Schüler geneigt machen, unser Angebot so anzunehmen, daß sie in die Lage versetzt werden, den Anforderungen erfolgreich zu begegnen, denen sie im täglichen und im beruflichen Leben gegenübergestellt werden.

Neben den verminderten Klassen- und Gruppenstärken sind erforderlich:

- Enge Kontakte zu Erziehern, Psychologen, Heilpädagogen, Ausbildern und Heimleitung werden in vierzehntägigen Besprechungen, darüber hinaus in angesetzten Einzelfallbesprechungen und in persönlichen Gesprächen gepflegt.
- Regelmäßige Klassengespräche und Einzelgespräche mit Jugendlichen, Ausbildern, Erziehern, Psychologen und Lehrern verdeutlichen die jeweilige Situation auf dem Weg zu den Ausbildungszielen.
- Durch Betriebserkundungen in den heimeigenen Werkstätten, vor allem aber auch in anderen Betrieben, werden die Jugendlichen mit arbeitswirtschaftlichen Problemen bekannt gemacht. Durch einwöchige Betriebspraktika in verschiedenen Betrieben der Umgebung gewinnen vor allem die Schüler der Abschlußklassen der Hauptschule Einblicke in die Praxis der Arbeitswelt.

Spaß und Spiel

Grundsätzlich versuchen wir, unseren Unterricht immer wieder aufzulockern durch erlebnispädagogische Einheiten. Im differenzierten Sportunterricht Schwimmen wird besonderer Wert auf den Erwerb der Leistungsstufen des Rettungsschwimmers gelegt. Hierin wie auch in der Durchführung von Erste-Hilfe-Lehrgängen sehen wir eine Möglichkeit zur Verbesserung einer sozialen Grundhaltung.

Skilanglauf und Kletterübungen in einem Klettergarten im Frankenjura unter sachkundiger Anleitung schaffen gemeinsame Erlebnisse und ermöglichen soziale Beziehungen zwischen Schülern und Lehrern über die rein unterrichtlichen Bezüge hinaus.

Wir wollen schulische Erfolge und Ergebnisse von Abschlußprüfungen nicht überbewerten, oft ist es wesentlicher, einen Schüler, der entmutigt jegliche Leistung verweigern möchte, zum Durchhalten bis Schuljahresende zu bewegen, als einen begabten Schüler zum qualifizierenden Abschluß zu führen. Dennoch besteht eine hohe Zahl von Schülern diesen qualifizierenden Abschluß.

Berufsberatung

Eine enge, über das ganze Schuljahr sich hinziehende Zusammenarbeit mit den Berufsberatern des für uns zuständigen Arbeitsamtes Bayreuth-Kulmbach bereitet die Schüler auf die Anforderungen des Berufslebens vor. Sie ermöglicht eine gezielte Feststellung der Berufseignung und verhilft in Absprache mit den Jugendämtern und den Eltern zur bestmöglichen Berufswahl oder Eingliederung in das Erwerbsleben.

Diese auf den ersten Eindruck vielleicht etwas einseitig wirkende Blickrichtung auf das zukünftige Berufsleben hilft, die Schüler immer wieder neu zu motivieren und ihre Einstellung zu den schulischen Anforderungen zu versachlichen. Schulinterne Zwischenprüfungen in den fachpraktischen und fachtheoretischen Fächern bereiten die Berufsschüler stufenweise auf die Prüfungsrealität vor.

Neue Wege

Für alle in der Jugendheimstätte angebotenen Berufe ist das Berufsgrundschuljahr als erstes Ausbildungsjahr mit Erfolg eingeführt; darauf baut dann die zwei- oder zweieinhalbjährige Fachausbildung auf. Aus den umliegenden Jugendwerkstätten haben wir die Beschulung der Fachwerker übernommen. Auch das Berufsvorbereitungsjahr Form C ist ein offenes Angebot für die Schüler der umliegenden Landkreise. Über die mobile Erziehungshilfe geben wir unser sonderpädagogisches Wissen zur Hilfestellung an andere Schulen weiter.

Berufliche Schulen im Schulwerk der Herrnhuter Brüdergemeine Königsfeld/Schwarzwald

Verpflichtende Tradition und moderne Berufswelt

In allen Teilen der Welt, in denen die Brüdergemeine im Laufe der letzten 250 Jahre gewirkt und die Brüdergemeinen aufgebaut hat, hat sie auch Schulen und andere diakonische Einrichtungen errichtet wie Lehrwerkstätten, Krankenhäuser, Altersheime. Dieser Tradition fühlt sich das Königsfelder Schulwerk verpflichtet und versteht sich so als ein Zweig kirchlicher Diakonie, der deutlich machen soll, daß es dem Evangelium, so wie wir es verstehen, sowohl um Verkündigung und Förderung im Glauben geht als auch darum, die Gaben, die dem einzelnen verliehen sind, zu entfalten.

Deshalb sind Zusammenarbeit und wechselseitige Hilfe zwischen der Königsfelder Kirchengemeinde und den Zinzendorfschulen eine Selbstverständlichkeit. Auch wenn manche Kooperation aus einer Notsituation erwächst, so ist das ergänzende und korrigierende Miteinander von allen Seiten erwünscht und gewollt: Pfarrer halten Morgensegen in den Internaten, Religionslehrer gestalten als Pfarrer den sonntäglichen Gottesdienst für die Gemeinde; der Kirchensaal ist die Aula der Schule, im Notfall wird ein Raum im Gemeindezentrum als Klassenraum genutzt; die wöchentliche Schulandacht findet im Kirchengebäude statt, die Proben des Kirchenchors in der Schule. In den verschiedenen Chören, beim Kinder- und Erwachsenengottesdienst arbeiten Menschen aus Schule und Ort zusammen.

Wir empfinden das als eine Bereicherung für beide Seiten; denn damit hat die Schule als «heutige Welt» einen «Brückenkopf» in der Gemeinde. Das kann Weltoffenheit und Weltverstehen in ihr fördern. Der Gemeinde ihrerseits bietet sich damit ein «Brückenkopf» in die «heutige Welt», denn die meisten Eltern melden ihre Kinder als Schüler in Königsfeld weniger an, weil sie sich eine christliche, als vielmehr, weil sie sich eine gute Schule erhoffen. So hat die Gemeinde die Möglichkeit, den Horizont der Schüler zu weiten und ihnen Erlebnisse in – schulisch gesehen – leistungsfreien Räumen anzubieten.

Wenige Jahre nach der Gründung Königsfelds (1807) war im neu erbauten «Schwesternhaus» die «Pensionsmädchenanstalt» zur «Unterweisung in häuslichen Fertigkeiten» und zur Vermittlung von «Zeichnen, Sticken, Klavier- und Orgelspielen» eröffnet worden. Und das für Mädchen, ehe die Behörde in Herrnhut der Einrichtung der «Knabenanstalt» (1813) zustimmte!

Wie vieles hat sich in den vergangenen 170 Jahren in Königsfeld verändert! Aus den sechs Schülerinnen von 1809 sind rund 330 im Jahre 1983 geworden. Anstatt zweier Räume stehen inzwischen viele Schulräume und drei Wohnheime zur Verfügung. An das ehrwürdige Erdmuth-Dorotheen-Haus, das längste Haus Königsfelds im Stile der Herrnhuter Gebäude, wurde in den letzten Jahren das moderne Haus Christian-Renatus angebaut. Der Unterrichtsstoff von einst hat sich ausgeweitet: Die «häuslichen Handfertigkeiten» bekamen andere Namen wie Haus- und Wäschepflege, Nahrungszubereitung und werden in entsprechenden Fachräumen unterrichtet. Aus dem «Zeichnen» entwickelte sich Bildhaftes Gestalten und Werken mit vier Fachkräften. Es kamen noch viele neue Fächer hinzu, denn junge Mädchen kommen heute nicht mehr ins Internat, um ein bißchen Sticken und Musizieren zu lernen, sondern zur Ausbildung für einen Beruf.

So besteht heute der Name «Berufsfachschulen» – in der Mehrzahlform! – zu Recht.

Der Sozialpädagogische Fachbereich

- Die Fachschule für Sozialpädagogik bildet Jugendliche zum «staatlich anerkannten Erzieher» aus. Voraussetzung dazu ist die mittlere Reife. Der zweijährigen Ausbildungszeit in Theorie und Praxis an der Schule folgt ein einjähriges Anerkennungspraktikum, das durch die Schule betreut wird. Wer Interesse hat, kann nebenbei durch Zusatzunterricht auch noch die Fachhochschulreife erwerben.
- In der zweijährigen Berufsfachschule für Kinderpflegerinnen erreicht man die Qualifikation als Zweitkraft im Kindergarten oder als Hilfe der Hausfrau und Mutter in größeren Familien. Als Voraussetzung wird der Hauptschulabschluß gefordert.

Der Hauswirtschaftliche Fachbereich

Einen wesentlichen Teil der Beruflichen Schulen bildet der Hauswirtschaftliche Fachbereich. Hier können sich Jugendliche – von Hauptschulabgängern bis zu Absolventen der mittleren Reife – in praktischen Fächern wie Nahrungszubereitung, Haus- und Wäschepflege, Werken und Textiles Gestalten und in den entsprechenden theoretischen Fächern soweit bilden, daß sie die Grundlagen für eine Berufsausbildung erlangen bzw. einen entsprechenden Beruf direkt erlernen können:

- Eine dreijährige hauswirtschaftliche Lehre für Mädchen mit Hauptschulabschluß. Das praktische Betätigungsfeld sind die Großküche der Schule und die Wohnheime. Zwei Hauswirtschaftsleiterinnen sind zuständig für die Ausbildung. Diese schließt mit der Prüfung zur städtischen Hauswirtschafterin ab.
- Die hauswirtschaftlich-sozialpädagogische Berufsfachschule führt nach der Hauptschule in zwei Jahren zur Fachschulreife und vermittelt eine fundierte Grundlage für eine Berufsausbildung auf hauswirtschaftlichem oder sozialem Gebiet.

- Das einjährige hauswirtschaftlich-sozialpädagogische Berufskolleg setzt die mittlere Reife voraus und ist eine Vorklasse für die Ausbildung zur Hauswirtschaftsleiterin, Erzieherin und anderen sozialen Berufen. Dieses Jahr gibt solchen Jugendlichen, die in ihrem Berufsziel noch unsicher sind, die Möglichkeit der Selbstfindung und allgemeinen Orientierung.

Zum Beruf direkt führen

- Die einjährige Fachschule für Wirtschafterinnen. Hier können sich Mädchen mit Hauptschulabschluß und mehrjähriger hauswirtschaftlicher Tätigkeit zur «staatlich geprüften Wirtschafterin» ausbilden lassen.
- Im Berufskolleg II für Hauswirtschaft und Textilarbeit werden die zukünftigen Hauswirtschafterinnen ausgebildet. Sie benötigen als Voraussetzung die mittlere Reife und außerdem u. a. ein Jahr Praktikum in Großbetrieben. Auch dabei kann durch Zusatzunterricht die Fachhochschulreife als Grundlage für weitere Fortbildung erworben werden.

Berufliches Gymnasium

Das Haushalts- und ernährungswissenschaftliche Gymnasium führt in drei Jahren zur allgemeinen Hochschulreife. Mit seiner spezifischen Berufsausrichtung ist es besonders für junge Menschen von Interesse, die in soziale, pflegerische und spezielle pädagogische Berufe einsteigen möchten. Es erscheint als gelungener Kompromiß zwischen der kaum mehr zu vermeidenden frühen Spezialisierung in der Ausbildung einerseits und dem Wunsch nach Allgemeinbildung im Sinne des Humboldtschen Ideals andererseits, wenn im Kurssystem dieses Schultyps ein Leistungskurs festgelegt ist, der andere aber relativ frei gewählt werden kann. Der Pflichtkurs Chemie/Ernährungslehre bereitet auf eine ganze Reihe von bestimmten Berufszweigen vor, während die Leistungskurse Englisch, Mathematik oder Biologie – nicht Deutsch oder Gemeinschaftskunde – von den Schülern ihren Neigungen entsprechend belegt werden können. Im Wahlbereich ergänzen praktisch orientierte Kurse wie Nahrungszubereitung und Werkstofflehre oder, die Kreativität ansprechend, Textiles Gestalten und Weben die theoretische Ausbildung. Da es sich um eine Privatschule handelt, können solche und andere Besonderheiten in entsprechend kleinen Kursen angeboten werden.

Die Ausrichtung auf sozialpädagogische und hauswirtschaftliche Schulzweige legt, sogar vom Lehrplan her, einen Schwerpunkt auf den praktischen und musischen Bereich. Schulisch meßbar wird dieser Anspruch dadurch, daß die Schüler zumeist eine dreifache Prüfung ablegen müssen, neben dem schriftlichen und mündlichen auch noch einen praktischen Teil. Wie gerne diese Möglichkeiten im musischen und praktischen Bereich ausgenützt werden und welch dringliche Aufgabe des Ausgleichs dieser in unserem verwissenschaftlichten Leben zu leisten hat, zeigen die jährlichen Ausstellungen – von Marionettenfiguren über Töpferwaren, Holzmasken, Wellpappearbeiten bis hin zu praktischer und eleganter Garderobe reicht jeweils die bunte Palette der Ausstellungsstücke. Von besonderem Reiz sind die Rhythmik-Darbietungen, in denen ein bestimmtes Thema, z. B. die Schöpfung, nach einer selbstgewählten Musik frei gestaltet wird, also nicht exakt eingeübt wie beim Tanz. Die Unbefangenheit und Selbstsicherheit der jungen «Gestalterinnen» sind verblüffend. Sicherlich wären Schülerinnen des «Schwesternhauses» vor 100 oder 50 Jahren, die in Zweierreihen hintereinander in Begleitung einer Stubenmutter täglich eine Stunde spazieren gingen, zu solch einem Auftreten weniger fähig gewesen als die heutigen, die dafür den früher geforderten Gehorsam nicht zu leisten vermöchten. Die Befolgung strenger Ordnungsvorschriften und freie Gestaltungsfähigkeiten können eben nicht gleichzeitig von einem Heranwachsenden gefordert werden.

Eine Frage bleibt

Wie weit reicht unsere Schulzeit aus, um Lebensformen, die uns wichtig sind, einzuüben? Wie weit reicht die Zeit aus, um verständlich zu machen, daß es einer Schule der Herrnhuter Brüdergemeine neben der Vermittlung von Wissen auch um das «Evangelium ..., um Verkündigung und Förderung im Glauben» und um Entfaltung der «Gaben, die dem einzelnen verliehen sind», geht?

Den Weg vom «pädagogischen Paternalismus» zur «Brüderlichkeit» hat bereits Zinzendorf, für seine Zeit äußerst progressiv, gewiesen. Die Schulen seines Namens müssen ihn in der heutigen Gesellschaft weiter suchen.

Ernst-Michael Kranich

Die Freien Waldorfschulen

Vorbemerkung

Die Erfahrungen, die unser Jahrhundert mit den wechselnden politischen Systemen gemacht hat, werfen die Frage nach der Stellung von Schule und Erziehung in der Gesellschaft auf. Die Schule, deren Inhalte und Unterrichtsmethoden vom Staate bestimmt werden, wurde oft von totalitären Staatsdoktrinen in deren Dienst gestellt. Aber auch in den Demokratien wechseln an staatlichen Schulen die pädagogischen Orientierungen mit den vorherrschenden politischen Richtungen. Schule unter dem Einfluß politischer, aber auch unter dem wirtschaftlicher Interessen kann menschliche Entwicklung zwar kanalisieren, aber nur eingeschränkt nach ihren eigenen Bedingungen und Gesetzen fördern. Schule in staatlicher Regie ist in den historischen Ereignissen dieses Jahrhunderts zum Problemfall geworden.

Das gilt auch für die staatlichen Schulen im demokratischen Staat. Auch hier herrschen deformierende Wirkungen, die sich aus der Verquickung von Beamten- und Erzieherrolle ergeben. Wie will man eine Jugend zur Freiheit und Verantwortung erziehen, wenn das Schulwesen durch seine bürokratische Struktur die Lehrer in ihrer pädagogischen Tätigkeit durch Verordnungen bestimmt bzw. gängelt?

Zu den Forderungen der Gegenwart gehört der Ruf nach Freien Schulen. Die partielle Umwandlung des Schulwesens von einem staatlich verwalteten in ein freies verlangt aber mehr als bloßes Abschütteln des staatlichen Dirigismus und seiner Bürokratie – nämlich einen Neuaufbau aus den Bedingungen einer am Menschen orientierten Pädagogik. Freie Schule wäre ein fragwürdiger Torso, wenn sie die alten Inhalte und Methoden des Unterrichts, die bisherigen, auf staatliche Schulen bezogenen Formen der Lehrerbildung, das ohnehin problematische System der Leistungsbewertung usw. beibehielte und ihre Freiheit nur in der Unabhängigkeit vom Staate sähe.

Entstehung und Ausbreitung

Die erste Freie Waldorfschule entstand 1919 in Stuttgart. Mitteleuropa stand nach der Katastrophe des Ersten Weltkrieges und dem Zusammenbruch der alten Staatsform vor den Aufgaben eines Neubeginns. Es war die Frage, ob es bei der Neugestaltung der Gesellschaft gelingen konnte, dem sozialen Gefüge solche Formen zu geben, die den Lebensgesetzen der im Sozialen wirkenden Kräfte entsprechen, oder ob nur alte Gedankenformen und einseitige Ideen in neuem Gewande tradiert würden. In diesem größeren Zusammenhang ist die Gründung der ersten Waldorfschule zu sehen.

Rudolf Steiner (1861–1925) wirkte damals intensiv für eine fundamentale Neugestaltung der Gesellschaft.[1] Er hatte Erkenntnismethoden für die Erforschung der seelischen und geistigen Wirklichkeit entwickelt und ein vertieftes Menschen-und Weltverständnis als notwendige Fortsetzung des von der Naturwissenschaft beschrittenen Weges in der Anthroposophie ausgearbeitet und dargestellt. Es bestand nun die Chance, in Mitteleuropa der Gesellschaft im Sinne der sozialen Dreigliederung eine Gestalt zu geben, die den inneren Entwicklungsbedingungen der Gegenwart entspricht und in der die drängenden sozialen Probleme eine Lösung hätten finden können. In dem Aufruf «An das deutsche Volk und an die Kulturwelt»[2] vom Frühjahr 1919 faßte R. Steiner die Grundidee, die er schriftlich und in vielen Vorträgen ausführlich begründet hatte, in folgenden Worten knapp zusammen:

«Der soziale Organismus ist gegliedert wie der natürliche. Und wie der natürliche Organismus das Denken durch den Kopf und nicht durch die Lunge besorgen muß, so ist dem sozialen Organismus die Gliederung in Systeme notwendig, von denen keines die Aufgabe des anderen übernehmen kann, jedes aber unter Wahrung seiner Selbständigkeit mit den anderen zusammenwirken muß.

Das wirtschaftliche Leben kann nur gedeihen, wenn es als selbständiges Glied des sozialen Organismus nach seinen eigenen Kräften und Gesetzen sich ausbildet und wenn es nicht dadurch Verwirrung in sein Gefüge bringt, daß es sich von einem anderen Gliede des sozialen Organismus, dem politisch wirksamen, aufsaugen läßt. Dieses politisch wirksame Glied muß vielmehr in voller Selbständigkeit neben dem wirtschaftlichen bestehen, wie im natürlichen Organismus das Atmungssystem neben dem Kopfsystem. Ihr heilsames Zusammenwirken kann nicht dadurch erreicht werden, daß beide Glieder von einem einzigen Gesetzgebungs- und Verwaltungsorgan aus versorgt werden, sondern daß jedes seine eigene Gesetzgebung und Verwaltung hat, die lebendig zusammenwirken. Denn das politische System muß die Wirtschaft vernichten, wenn es sie übernehmen will; und das wirtschaftliche System verliert seine Lebenskräfte, wenn es politisch werden will.

Zu diesen beiden Gliedern des sozialen Organismus muß in voller Selbständigkeit und aus seinen eigenen Lebensmöglichkeiten heraus gebildet ein drittes treten: das der geistigen Produktion, zu dem auch der geistige Anteil der beiden anderen Gebiete gehört, der ihnen von dem mit eigener gesetzmäßiger Regelung und Verwaltung ausgestatteten dritten Gliede überliefert werden muß, der aber nicht von ihnen verwaltet und anders beeinflußt werden kann, als die nebeneinander bestehenden Gliedorganismen eines natürlichen Gesamtorganismus sich gegenseitig beeinflussen.»

Der Schule kommt als Teil eines freien, selbstverwalteten Kulturlebens eine besondere Bedeutung für das Ganze zu. Für R. Steiner war es klar: wirklicher Fortschritt im Sozialen verlangt eine Erneuerung von Erziehung und Unterricht, in den Inhalten wie in den Formen. Er stellte unter anderem eindringlich dar, daß das dreigliedrige Schulsystem den in der technischen Zivilisation entstandenen Aufgaben sozialer und individueller Lebensgestaltung nicht mehr gewachsen sei. Es vertiefe unheilvoll die Kluft zwischen den sozialen Klassen. Denen, die als Arbeiter menschlich am stärksten die Last industrieller Produktion zu tragen haben, gebe es eine viel zu karge schulische Bildung; den anderen gestatte es eine Bildung, die im Ganzen der sozialen Gemeinschaft vielfach keine Bedeutung habe.

R. Steiner wurde in dieser Situation von E. Molt, dem Direktor der Waldorf-Astoria AG, gebeten, für die Kinder seiner Angestellten und Arbeiter eine Schule einzurichten. Das Fundament für die neue Schule sollten die Gesetze und Bedingungen der menschlichen Entwicklung sein, die in allen Kindern bei aller individuellen Differenzierung die gleichen sind. So wurde die Waldorfschule als Schule mit einem einheitlichen 12jährigen Bildungsgang für alle Kinder, d. h. als die erste Gesamt-(Einheits-)Schule aufgebaut. Der spätere Arbeiter erhielt die gleiche Bildung wie der spätere Akademiker. Durch Koedukation wurde die anachronistische Aufteilung von Jungen und Mädchen auf verschiedene Schulen beseitigt. Die Waldorfschule wurde eine Schule allgemeiner Menschenbildung ohne die bisherigen Trennungen nach sozialer Schicht, Begabung, Geschlecht und Zugehörigkeit zu einer bestimmten religiösen Gemeinschaft.

Im Gegensatz zur Reformpädagogik, die die etablierte Form von

Schule nach verschiedenen Richtungen ergänzte, bedeutete die Waldorfschule eine pädagogische Neukonzeption. Um Unterricht und Erziehung die Wirksamkeit zu geben, die der Mensch für seine Entwicklung in der Gegenwart braucht, konnte nicht einfach die gymnasiale Bildung mit ihrem Fächerkanon und ihrer einseitigen Ausrichtung auf den Hochschulzugang mit der Volksschule zu einem Gebilde zusammengefügt werden. Ebensowenig hätte eine bloße Ergänzung intellektuellen Lernens durch künstlerische und handwerkliche Betätigung den Aufgaben eines auf Förderung der menschlichen Entwicklung ausgerichteten Unterrichts gerecht werden können. Die Leistung R. Steiners auf pädagogischem Gebiet liegt darin, daß er aus einer Anthropologie, die die Entwicklung des Menschen in leiblicher, seelischer und geistiger Hinsicht erforscht, eine neue Pädagogik begründete, die die Entwicklung der Erkenntniskräfte, der künstlerischen Fähigkeiten, des Gefühls, der moralischen Anlagen und des religiösen Erlebens umfaßt.

Daß dieser neue Ansatz der Waldorfschule mit seiner Distanz zu allen anderen bekannten Schulformen zunächst nur wenig Verständnis gefunden hat, spiegelt sich in der anfänglich sehr langsamen Ausbreitung der Waldorfpädagogik. Die erste Phase der Entwicklung in Deutschland geht bis zur Schließung der acht Waldorfschulen, die bis Anfang der dreißiger Jahre entstanden waren, unter dem Druck des Nationalsozialismus zwischen 1938 und 1941. Die ersten ausländischen Waldorfschulen wurden 1923 in Holland, 1925 in England und 1926 in der Schweiz, in Norwegen, Portugal und Ungarn gegründet.

1945 begann dann in Deutschland der Wiederaufbau der Waldorfschulbewegung; 1952 waren es insgesamt 25 Waldorfschulen. Um diesen Bestand zu konsolidieren, wurde eine Zeitlang auf neue Gründungen weitgehend verzichtet. Mit dem Ende der sechziger Jahre begann zunächst langsam, dann zunehmend eine Expansion, durch die bis zum Herbst 1992 insgesamt 144 Schulen mit 57980 Schülern entstanden sind. Eine ähnliche Entwicklung findet man auch in anderen europäischen Ländern. Hier ergibt sich für den Herbst 1992 folgendes Bild: in Belgien 19, Dänemark 16, Finnland 16, Frankreich 10, Großbritannien 23, Irland 2, Italien 6, Liechtenstein 1, Luxemburg 1, den Niederlanden 95, Norwegen 22, Österreich 8, Portugal 1, Schweden 23, Schweiz 36, Spanien 2 Waldorf- bzw. Rudolf-Steiner-Schulen. Die Ursache für diese Entwicklung, eine größere Bewußtheit der Eltern gegenüber den Aufgaben von Schule und Erziehung, ist ein allgemeines Zeitphänomen. – Im Zweiten Weltkrieg hat sich die Waldorfschulbewegung auch in den außereuropäischen Bereich ausgedehnt, zunächst nach Nordamerika. Die Entwicklung verlief dort anfänglich sehr langsam, ist heute aber auch dynamischer geworden. Heute (Stand Herbst 1992) arbeiten in den USA 79, Kanada 12, Mexiko 3, Argentinien 2, Brasilien 1, Chile 2, Ecuador 2, Kolumbien 2, Peru 2, Uruguay 1, Japan 1, Südafrika 6, Kenia 1, Australien 17, Neuseeland 7 Waldorfschulen.

Nach dem Zusammenbruch des sozialistischen Herrschaftssystems entwickelte sich in den meisten Ländern des ehemaligen Ostblocks ein reges Interesse an alternativen Formen der Pädagogik, insbesondere auch an Waldorfpädagogik. So entstanden seit 1990 in den neuen Bundesländern 12 Waldorfschulen. Bisher wurden in Ungarn 5 Waldorfschulen gegründet, in Polen 1, in der Tschechoslowakei 1, in Estland 5, in Rußland 6 und in Slowenien 1. Aufgrund der besonderen gesetzlichen Bedingungen konnten in Rumänien in mehreren Städten nur Waldorfklassen im Rahmen staatlicher Schulen eingerichtet werden. Institutionen der Waldorflehrerausbildungen wurden in Moskau, Petersburg, Tartu, Budapest und Bukarest aufgebaut.

Die Waldorfschulen als Freie Schulen

Die Waldorfschulen vertreten wohl am entschiedensten die Auffassung, daß Unterricht und Erziehung sich nur dann im Sinne einer umfassenden Menschenbildung entfalten können, wenn deren Einrichtungen freie, sich selbst verwaltende Institutionen sind.[3] 1919 schrieb R. Steiner: «Ein gesundes Verhältnis zwischen Schule und sozialer Organisation besteht nur, wenn der letzteren die in ungehemmter Entwicklung herangebildeten Menschheitsanlagen zugeführt werden. Das kann nur geschehen, wenn die Schule und das Erziehungswesen innerhalb des sozialen Organismus auf den Boden ihrer Selbstverwaltung gestellt werden. Das Staats- und Wirtschaftsleben sollen die von dem selbständigen Geistesleben herangebildeten Menschen empfangen; nicht aber sollen sie, nach ihren Bedürfnissen, deren Bildungsgang vorschreiben können. Was ein Mensch in einem bestimmten Lebensalter wissen und können soll, das muß sich aus der Menschennatur ergeben. Staat und Wirtschaft werden sich so gestalten müssen, daß sie den Forderungen der Menschennatur entsprechen.»[4]

Im Ideal eines freien Bildungswesens liegt die Absicht, die Zivilisation auf uneingeschränkte Menschenbildung dadurch aufzubauen, daß diese aus den ihr wesensfremden Beengungen befreit wird. Der

Lehrer im staatlich verwalteten Schulsystem steht an der Basis einer Kompetenzhierarchie; d.h., für sein Tun steht in einem nicht unbedeutenden Umfang die Vorschrift an der Stelle von Einsicht und eigener Initiative. Er muß sich in seinem Tun nach Bedingungen richten, die von Menschen gesetzt werden, die die Kinder, um die es konkret geht, nicht kennen und Unterricht z.T. nur aus blasser Erinnerung und pädagogischer Theorie. Die Übernahme der Schule in die Obhut staatlicher Verwaltung war in der Vergangenheit ein notwendiger Schritt. Mit der Gründung der ersten Waldorfschule wurde der fällige nächste Schritt getan, nämlich Unterricht und Erziehung auf ein Fundament zu stellen, das es dem Lehrer ermöglicht, aus wirklicher Einsicht in das Wesen des heranwachsenden Menschen in voller Verantwortung und Initiative pädagogisch zu wirken. So gehört es zu den inneren Lebensbedingungen der Waldorfschulen, daß die an ihnen tätigen Lehrer sich fortgesetzt darum bemühen, ihr Menschenverstehen zu erweitern; lebendige, konkrete Menschenerkenntnis soll die Quelle des Unterrichtens sein.

Hier liegt auch die gemeinsame Grundlage für die kollegiale Zusammenarbeit in den verschiedenen Einrichtungen schulischer Selbstverwaltung. Die kollegiale Schulführung verwirklicht sich in der wöchentlichen Konferenz, an der die Lehrer gleichberechtigt teilnehmen. Gegenstand dieser Konferenz sind alle Fragen der pädagogischen Arbeit und der Schulgestaltung. Nach den verschiedenen Funktionsbereichen hat die Konferenz einen pädagogischen, einen verwaltungsmäßig-organisatorischen und einen sogenannten internen Teil. Die pädagogische Konferenz dient einer fortschreitenden Erarbeitung der menschenkundlichen Grundlagen und der Beratung über Fragen der Didaktik und Methodik; Klassen- und Epochenberichte geben ein Bild von dem aktuellen Stand der Arbeit; ein wesentlicher Bestandteil ist die Besprechung und Beratung über einzelne Klassen und Schüler; ebenso werden Fragen der allgemeinen pädagogischen Entwicklung behandelt. So ist die pädagogische Konferenz der Ort, an dem die Erfahrungen zusammengetragen, geistig verarbeitet und damit zur Grundlage für die weitere Arbeit werden. Sie ist ein wirksames Organ für Selbstwahrnehmung und Selbstverantwortung der Schule und eine Voraussetzung dafür, daß die Schule in einem Prozeß bewußter, lebendiger Gestaltung bleibt. – In der Verwaltungskonferenz geht es um Fragen, die den organisatorischen Ablauf der Schule und die organisatorische Planung betreffen. – Der internen oder Schulführungskonferenz gehören in der Regel diejenigen Kollegen an, die mindestens ein Jahr an der Schule arbeiten und gewillt sind, sich für das Ganze der Schule verantwortlich einzusetzen. Hier werden die grundsätzlichen Fragen der Schulführung, die Anstellung und Entlassung von Kollegen und ähnliche Probleme behandelt. Diese Konferenz bestimmt im allgemeinen für den Zeitraum von einem Jahr einen kleineren Ausschuß, der die Schule nach außen vertritt. Auch andere Aufgaben wie z. B. die notwendigen Beratungen mit den Architekten in der Vorbereitung oder Durchführung eines neuen Schulgebäudes werden an Gruppen von Kollegen delegiert.

Das kollegiale Zusammenwirken hat neben der bereits genannten noch verschiedene weitere Wurzeln. Zum einen ist es das Engagement der Lehrer an dem Leben und Werden ihrer Schule. Die Gemeinsamkeit eines Kollegiums entsteht immer wieder neu, wenn die entstehenden Fragen nicht durch Abstimmung, d.h. durch Majorisierung, sondern durch Beratung bis zu einmütigen Beschlüssen entschieden werden. Hier gibt es nur gleichberechtigtes Zusammenwirken aller Lehrer. Der gemeinsame Lehrerstatus ohne jegliche Rangordnung kommt bis in die gleiche Bemessung des Gehaltes zum Ausdruck. Für den promovierten Fachlehrer der oberen Klassen wie für den Kollegen, der in den unteren und mittleren Klassen Handarbeit unterrichtet, gelten das gleiche Grundgehalt und die gleichen Sozialzulagen (für Familie und Kinder).

Der wirtschaftliche Träger einer Waldorfschule ist der Schulverein (e. V.), gelegentlich auch eine Genossenschaft, dem (der) alle Eltern und Lehrer angehören. Ein Vorstand aus gewählten Vertretern der Elternschaft und des Lehrerkollegiums übernimmt die wirtschaftlich-finanzielle Planung und Führung der Schule. Hier werden die vielseitige Erfahrung und der Sachverstand der Eltern für die Schule in vielen Situationen fruchtbar.

Im ganzen ist ein möglichst vielseitiges Zusammenwirken von Eltern und Lehrern für die Arbeit der Waldorfschulen wichtig. Nur durch echte Kooperation kann die Isolierung zwischen Elternhaus und Schule überwunden und die Beteiligung der Eltern am Leben und an der Gestaltung der Schule erreicht werden. Diese Kooperation spielt sich in verschiedenen Formen und auf verschiedenen Ebenen ab. Die Eltern und Lehrer der einzelnen Klassen treffen sich mehrere Male im Schuljahr zu Klassen-Elternabenden. Hier berichten die Lehrer über die Klasse und den Unterricht in den verschiedenen Gebieten, damit die Eltern einen Einblick in die Inhalte des Unterrichts, die pädagogischen Gesichtspunkte und das Lernen der Klasse wie der einzelnen Kinder gewinnen. Zusammen mit Hausbesuchen des Klassenlehrers sind die Klassen-Elternabende der Ort einer Begegnung von Eltern und Lehrern im gemeinsamen Interesse an der Entwicklung der Kinder. Die meisten Waldorfschulen veranstalten für die gesamte Elternschaft Schulelternabende und Vorträge mit einem weitgespannten Themenkreis, der von besonderen Vorhaben der Schule (Neubauten, Erweiterung des Lehrplans usw.) bis zu allgemeinen Fragen der Pädagogik reicht. Daneben gibt es an fast allen Waldorfschulen ein reiches Angebot an Elternkursen: Kurse über besondere pädagogische Fragen, künstlerische Kurse (z. B. in Malen, Plastizieren und Eurythmie) und praktisch-handwerkliche Kurse. So werden die Schulen zu Zentren des Bildungslebens.

Ein Teil der Initiativen im Leben einer Waldorfschule geht von der Elternschaft bzw. von den gemeinsamen Beratungen der Eltern und Lehrer aus. So haben sich seit langem an den Waldorfschulen Organe solcher Beratung und Initiative gebildet («Eltern-Lehrer-Rat», «Eltern-Lehrer-Kreis», «Elternvertrauenskreis»), in denen wesentliche Fragen des Schullebens und der Schulentwicklung behandelt werden. Auf diese Weise nehmen die Eltern Anteil an den Geschicken ihrer Schule. Das Interesse von Eltern an den Lebensvorgängen der Schule hat im vergangenen Jahrzehnt stark zugenommen. An vielen Orten geht die Gründung der Waldorfschulen auf die engagierte, hingebungsvolle und opferbereite Tätigkeit von Elterngruppen zurück.

Die Waldorfschulen sind immer das Ergebnis von freier Initiative und dem Zusammenwirken von Lehrern und Eltern. Eine solche Schule der Kooperation ist nur möglich, weil den Eltern eine Lehrerschaft gegenübersteht, die unabhängig von den Einengungen bürokratischer Schulverwaltung frei beraten und entscheiden kann. So wie sich jede einzelne Schulgemeinschaft ihre individuellen Formen in Beziehung auf die Kollegiumsbildung und auf die Zusammenarbeit zwischen Eltern und Lehrern ausgestaltet, so entwickelt sie auch die ihr entsprechenden Formen einer Mitwirkung der Schüler der Oberstufe am Schulgeschehen.

Die Waldorfschulen als Gesamtschulen

Als Schulen, die eine zwölfjährige Schulbildung für jeden normalbegabten Menschen als Forderung der Zeit ansehen und praktizieren, sind die Waldorfschulen Gesamtschulen.[5] Gegenüber der viel später entstandenen integrierten Gesamtschule bestehen aber so starke Unterschiede, daß Waldorfschule und integrierte Gesamtschule als zwei verschiedene Schulformen anzusehen sind. Gemeinsam ist das Ziel, die im dreigliedrigen Schulsystem herrschende unpädagogische und unsoziale Selektion zu überwinden, und der Rahmen einer gemeinsamen Schule für Schüler verschiedener Begabung und sozialer Herkunft. Die integrierte Gesamtschule basiert aber wie die Schulen alter Prägung auf dem Primat intellektuellen Lernens. Inhalte und Methoden sind im Prinzip die gleichen geblieben.

Demgegenüber gestaltet sich die Waldorfschule ausschließlich aus den Bedingungen menschlicher Entwicklung. Da erscheint die Ausrichtung des Lernens auf die sogenannten kognitiven Funktionen als Einseitigkeit gegenüber dem Menschen, zu dessen Wesen das Künstlerische und Praktische, das Moralische und Religiöse ebenso gehört wie das Wissenschaftliche. Die Berücksichtigung des ganzen Menschen ist im Lehrplan der Waldorfschulen durch alle Stufen hindurch pädagogisches Grundprinzip. Ebenso auch die Tatsache, daß der junge Mensch einen Raum allgemeiner Bildung über die Pubertät hinaus benötigt. Die Urteilsfähigkeit und das persönliche Verhältnis zur Welt mit den Fragen der eigenen Lebensgestaltung, die mit der Pubertät hervortreten, können sich weder unter den eingeengten Gesichtspunkten beruflicher Ausbildung noch bei zu früher Spezialisierung auf die Methoden und Inhalte heutiger Wissenschaft ausreichend entwickeln und klären (siehe Kapitel «Altersspezifische Pädagogik – Die Pädagogik nach dem 14. Lebensjahr»).

Die Waldorfschule ist dadurch Gesamtschule, daß sie sich auf den verschiedenen Schulstufen aus den besonderen Aufgaben, die sich für Unterricht und Erziehung ergeben, differenziert ausgestaltet. So besteht ein deutlicher Einschnitt zwischen 8. und 9. Schuljahr im Übergang vom zweiten zum dritten Lebensjahrsiebt.

Aus dem Prinzip eines Lehrplans, der mit der altersgemäßen Entwicklung rechnet, gibt es kein Sitzenbleiben. Bekanntlich ist der pädagogische Effekt des Sitzenbleibens fragwürdig. Die mangelnden Leistungen sind zudem vielfach nicht ein Problem der Begabung, sondern der Motivation und eines nicht selten von der Schule mit verursachten Motivationszerfalls. Ihm kann durch einen Unterricht, der die Schüler in ihren konkreten Stärken und Schwächen ernst nimmt, entgegengewirkt werden. Hier sieht die Waldorfpädagogik die Notwendigkeit zur Individualisierung. Sie liegt nicht in der Aufgliederung der Schüler nach ihrer Begabung in verschiedene Kurse. Sie ist vom Lehrer in seiner Vorbereitung auf den Unterricht zu leisten und dadurch, daß sich die ganze Lehrerschaft einer Klasse um die Förderung gerade der schwächeren Schüler bemüht. Hierbei erweisen sich oft gerade der künstlerische und praktische Unterricht als hilfreich. Die Fähigkeiten, die ein Schüler auf künstlerischem Gebiet oder an Forderungen praktischer Arbeit erlernt, wirken fördernd in das übrige Lernen hinein und auf den gesamten Leistungswillen.

Jede Leistung eines Schülers ist Manifestation seines ganzen Wesens, seiner Begabung, seines Interesses, seines Bemühens usw. In jeder Leistung kann man einen, wenn auch kleinen Schritt auf dem Wege der Entwicklung sehen. Und als solcher ist sie auch zu bewerten. In der Reduktion auf eine Ziffer sehen die Waldorfschulen seit je eine Entwürdigung und die Verführung zu falschem Ehrgeiz. Sie schafft den Schein objektiver Beurteilung, hinter dem die Notwendigkeit steht, aus der Summe solcher Gebilde den Rechtsakt einer Versetzung oder einer Berechtigung zu legitimieren. Sie ist pädagogisch gesehen ein systemimmanenter Defekt im heutigen Bildungswesen. An ihre Stelle haben die Waldorfschulen in ihren Zeugnissen Charakterisierungen gesetzt, die die Leistung der Schüler in den einzelnen Fächern möglichst genau beschreiben: den Leistungsstand, den erreichten Fortschritt, die besondere Begabung und Bemühung, die Schwäche und die Prognose. Eines sollte nie von einem Zeugnis ausgehen: Resignation. Die Beurteilung des momentanen Zustandes hat die weitere Entwicklung ins Auge zu fassen (ergänzend: das Kapitel «Zur Unterrichtsorganisation»).

Ein partieller Anpassungszwang an die Inhalte und Normen der staatlichen Schule ergibt sich für die Abschlußklasse der Waldorfschulen aus dem heute herrschenden Berechtigungswesen. Der aus der Waldorfpädagogik konzipierte Lehrplan umfaßt zwölf Schuljahre. Ein Teil der Schüler erwirbt nach dem 12. bzw. 13. Schuljahr die Fachhochschulreife oder die Reifeprüfung. Der Anteil der Abiturienten ist recht hoch. Im Schuljahr 1990/91 haben, ähnlich wie in den vergangenen Jahren, bezogen auf die unausgelesenen 5. Klassen, über 52% aller Schüler das Abitur (der weitaus größere Anteil) und die Fachhochschulreifeprüfung bestanden.[6] Hinsichtlich des Realschulabschlusses gehen die Waldorfschulen davon aus, daß alle Schüler die Möglichkeit für einen zwölfklassigen Bildungsgang haben sollten. Deshalb kann diese Prüfung in der Regel erst in der 12. Klasse erworben werden. Andernfalls würde die Vorbereitung auf diese spezielle Prüfung den Unterricht in früheren Klassen erheblich stören; für die nun reiferen Schüler ist dies ohne schwere Einbußen an dem Waldorf-Unterricht in der 12. Klasse leicht zu bewältigen. Die betreffenden

Schüler besuchen ohnehin die Waldorfschule fast ohne Ausnahme bis zum Ende des 12. Schuljahres.

Eine ausführliche Untersuchung über die Bildungslebensläufe ehemaliger Waldorfschüler[7] hat deutlich gemacht, daß die zwölfjährige Schulbildung gerade auch für diejenigen Schüler, die ihre Berufslaufbahn mit einer Lehre beginnen, von erheblicher biographischer Bedeutung ist. Ein großer Teil von ihnen hat über den zweiten Bildungsweg studiert und ist in gehobener, z. T. leitender Stellung tätig, nicht wenige in einem pädagogischen Beruf.

Altersspezifische Pädagogik

Die Pädagogik der Waldorfschulen ist auf der Erkenntnis des heranwachsenden Menschen und auf der Einsicht in die Bedingungen und Gesetze menschlicher Entwicklung aufgebaut. Nun führt der Grundsatz, Erziehung und Unterricht seien auf einer Wissenschaft vom Menschen aufzubauen, zu der Frage: Wie weit tragen die Methoden dieser Wissenschaft? Die Methoden der heute üblichen Anthropologie – damit sind hier alle Wissenschaften gemeint, die sich mit dem Menschen befassen – erforschen unmittelbar nur den Leib des Menschen; das Seelische und Geistige nur insofern, als es sich durch den Leib manifestiert. Damit bleiben aber die im Seelischen und Geistigen selbst liegenden Bedingungen für Erziehung und Entwicklung weitgehend verborgen. Nun hat R. Steiner Methoden für eine unmittelbare Erforschung der seelischen und geistigen Wirklichkeit entwickelt[8] und damit auch für die der menschlichen Seele und des menschlichen Geistes. Die Erweiterung der Anthropologie um die Dimension der Seele und des Geistes bildet die Grundlage der Waldorfpädagogik und des pädagogischen Wirkens der Lehrer an Waldorfschulen.[9]

Sie erschließt ein vertieftes Verständnis der Entwicklung in Kindheit und Jugend. Diese Entwicklung ist nicht, wie man es bisweilen sehen möchte, ein Prozeß kontinuierlich fortschreitender Erweiterung der Kenntnisse, Fertigkeiten usw. Sie ist dadurch deutlich gegliedert, daß sich im Kinde Verwandlungen vollziehen, durch die es ein neues Verhältnis zur Welt gewinnt; bisherige Dispositionen des Lernens und der Entwicklung weichen zurück, neue treten hervor. Das geschieht besonders einschneidend im siebten Lebensjahr und zwischen dem 12. und 14. Lebensjahr. Hieraus ergeben sich für die Waldorfpädagogik drei Phasen der Entwicklung mit ganz spezifischen Aufgaben, Inhalten und Methoden des Erziehens.[10] Im Gegensatz zu den vielfach kritisierten Phasenlehren war die Waldorfpädagogik nie der Auffassung, menschliche Entwicklung vollziehe sich nach einem vorgegebenen, womöglich genetisch determinierten Fahrplan. Lediglich die genannten Verwandlungen treten in enger Bindung an das Lebensalter auf. Auf jeder Stufe haben aber Erziehung bzw. Erziehung und Unterricht die Prozesse der Entwicklung anzuregen und zu leiten.

Der vorschulische Erziehungsbereich

Die erste große Epoche kindlicher Entwicklung bis etwa zum 7. Lebensjahr ist dadurch bestimmt, daß im Kinde Seele und Geist noch nicht zu innerer Selbstbewußtheit kommen; sie sind viel enger als später mit den Vorgängen der leiblichen Entwicklung verbunden. So sind Erleben und Bewußtsein des Kindes von dem abhängig, was es aus der physischen Umgebung an Eindrücken durch die Sinne seines Leibes empfängt. Besonders für sein Lernen, für das Erringen der aufrechten Haltung, das Erlernen der Sprache, die Entfaltung der Erlebniskräfte und der Phantasie, die Entwicklung von Intelligenz und Denken ist es auf die Anregungen aus der Umgebung angewiesen. Denn die Grundform des Lernens ist das Nachahmen, zunächst die unmittelbare, dann die aufgeschobene Nachahmung. Das Nachahmen wird von dem angeregt, was das Kind sieht und hört. Was durch das Wahrnehmen aufgenommen bzw. an Bildern ausgelöst wird, wirkt unmittelbar, unreflektiert in den Leib und führt hier zu den entsprechenden Bewegungen, Gebärden und Tätigkeiten. Die Hingabe des Kindes an seine Umgebung führt unmittelbar zum Tun. Von diesem nachahmenden Lernen gehen z. T. starke Wirkungen auf die für die frühe Kindheit charakteristische Ausgestaltung der Organe aus.[11] Hier liegt zusammen mit den übrigen fundamentalen Entwicklungsschritten die Bedeutung der ersten Lebensepoche und des nachahmenden Lernens für die weitere biographische Entwicklung.

Diese Bedeutung wurde früh in der Waldorfpädagogik erkannt. So wurden an fast allen Waldorfschulen Kindergärten eingerichtet, in denen Kinder vom 4. bis 7. Lebensjahr in ihrer Entwicklung aus den Kräften nachahmenden Lernens gefördert werden. Die Erzieherin berücksichtigt die Individualität der Kinder, indem sie keine Verhaltensweisen abverlangt, sondern durch ihr eigenes Tun und die ganze Gestaltung des Kindergartens in den Kindern das nachahmende Tun und Lernen anregt. Das Spielmaterial ist betont einfach, so daß es die Phantasie anregt und fördert und auf das Spiel des Kindes keinen Zwang ausübt. Die täglichen Erzählungen und darstellenden Spiele werden von der Erzieherin so geführt, daß sie über das Miterleben und Mittun der Kinder zugleich Sprachförderung bedeuten. Die Kinder lernen – unter anderem im Zusammenhang mit dem Jahreslauf – zahlreiche Tätigkeiten kennen; durch die Art, wie diese Tätigkeiten den Kindern entgegentreten und wie sie diese (z. B. vom Säen über das Ernten und Dreschen bis zum Brotbacken) mitvollziehen, dringen sie anschaulich in Sinnzusammenhänge ein. So werden auf verschiedenen Wegen die Intelligenz und das Denken in einer dem Alter gemäßen Weise gefördert. Dazu kommt eine Vielzahl einfacher künstlerischer Betätigungen vom Malen bis zu Reigenspielen und zu einer kindgemäßen Form der Eurythmie. Das alles kann nur in einer kleineren Gruppe (ca. 25 Kinder) so durchgeführt werden, daß die von der Kindergärtnerin ausgehenden Anregungen für alle Kinder fruchtbar werden, ohne daß irgendein auch versteckter Zwang ausgeübt wird.

Für die Ausbildung zur Erzieherin an einem Waldorfkindergarten gibt es folgende Einrichtungen: Private Fachschule für Sozialpädagogik Stuttgart, Berufsbildendes Gemeinschaftswerk Kassel und entsprechende Ausbildungsgänge mit staatlich anerkanntem Abschluß an der Rudolf-Steiner-Schule in Bochum und der Hibernia-Schule in Hernest.[12]

Die Pädagogik des 7. bis 14. Lebensjahres (1. bis 8. Schuljahr)

Das 7. Lebensjahr bedeutet in der Entwicklung des Kindes eine tiefgreifende Veränderung in seiner leiblich-seelischen Konfiguration. Nach außen macht sie sich im ersten Gestaltwandel und im Zahnwechsel bemerkbar. Man kann an vielen Tatsachen der leiblichen Entwicklung ablesen, daß Kräfte, die in der frühen Kindheit in der Ausformung des Leibes tätig waren, von nun an nicht mehr im Leibe wirken. Sie werden dem Kinde als zwei eng verwandte Fähigkeiten seelisch verfügbar: als Fähigkeit einer Bilder schaffenden Phantasie und des willkürlichen Erinnerns in Bildern und als Fähigkeit künstlerisch bildenden Gestaltens und Erlebens. Damit wird das Kind fähig, die Welt in Bildern kennen und verstehen zu lernen.[13] Das bedeutet gegenüber der bisherigen Bindung des Bewußtseins an die Wahrnehmung eine Verinnerlichung. Auffassen, Lernen und Verstehen vollziehen sich in einem von der Außenwelt losgelösten seelisch-innerlichen Vorgang. Bild bedeutet mehr als innere Repräsentation des Wahrgenommenen (Vorstellung). In den Bildern der Phantasie kann das Kind nicht nur das einzelne, sondern Geschehnisse und Zusammenhänge, nicht nur die Erscheinung, sondern auch die innere Gesetzmäßigkeit, die Bedeutung und das Wesen erfassen. Die Bedeutung des Bildes liegt auch darin, daß das Bild durch seine Anschaulichkeit im Gegensatz zu dem abstrakten Charakter der Begriffe stark das Miterleben durch das Gefühl anregt. Es wirkt belebend und erweiternd auf das Gemüt. – Durch die Verinnerlichung, die der Zahnwechsel bedeutet, kann zwischen dem 7. und 14. Lebensjahr Pädagogik im Sinne der Seelenbildung betrieben werden.

Bis zum Hervortreten der eigenen Urteilskraft im 12. bis 14. Lebensjahr ist das Kind noch nicht in der Lage, die Zusammenhänge und Gesetzmäßigkeit selbständig zu erfassen. Es möchte sie deshalb unter der Führung des Lehrers kennen und verstehen lernen. So wird der Lehrer, der in der Lage ist, bildhaft zu unterrichten, d. h. nicht intellektuell, sondern Phantasie und Gefühl im Kinde anregend, für das Kind zur Autorität. Bildhafter Unterricht ist eines der umfassendsten Erziehungsmittel. Von den Bildern der Märchen und Legenden, der Mythologie, der Sagen und der Biographien geht eine bedeutende Wirkung auf die Entwicklung des Gemütes, der Charakteranlagen und des Gewissens aus. Bilder üben keinen Zwang aus wie Belehrung oder autoritativ vermittelte Werte. Sie regen im Kinde die Vertiefung des Gemütes und das eigene sittliche Wollen an.

Durch bildhaften Unterricht lernen die Kinder das Schreiben und Lesen in einer Weise, die nicht nur das Aneignen einer Kulturtechnik ist. Durch einfaches künstlerisches Gestalten entwickelt sich das Formgefühl; durch künstlerische Sprachpflege das Sprach- und Lautempfinden. Auf dieser Grundlage werden die Buchstaben für das Kind zum Bild des betreffenden Lautes. Schreiben und Lesen sind dann das Ergebnis eines viel umfassenderen Bildungsprozesses.[14] Ganz entsprechend werden die Kinder zu einem Verstehen der Zahlen und der Rechenoperationen geführt.

An der Wende vom 9. zum 10. Lebensjahr tritt zu der Phantasie ein bewußteres Erfassen der Außenwelt. Diese Veränderung ist bedingt durch das stärker werdende Selbstbewußtsein. Das Kind gerät in die Dualität von Selbst und Welt. Der Unterricht hat nun die Aufgabe, dem Kinde die Welt in ihren verschiedenen Bereichen (von der Geschichte bis zur Natur) im Reichtum und Sinn ihrer Erscheinungen und Geschehnisse zu erschließen. Analysierende Betrachtung kann da die Welt dem heranwachsenden Menschen nur immer fremder werden lassen und den Unterrichtsstoff zu einem äußerlichen Wissen. An den Waldorfschulen behandelt der Lehrer im Naturkunde-Unterricht die Pflanzen und Tiere so, daß die Schüler mit ihrer Phantasie und ihrem Empfinden in die Formen, das Verhalten und die Beziehungen zur Umgebung eindringen und die lebendigen Bildgesetze der Pflanzen und Tiere und das seelenhafte Wesen der Tiere erfassen.[15] Die vorangegangenen Kulturen und die in der Geschichte gestaltend tätigen Persönlichkeiten sind grundsätzlich auf keinem anderen Wege als dem des bildhaften Vorstellens zugänglich.[16]

Bildhafter Unterricht entwickelt in den Kindern ein Denken, das durch die Oberfläche in die Dinge und Geschehnisse eindringt. Er führt die Schüler zum Miterleben und damit zur Erweiterung der Gefühlswelt. Das bildhaft Aufgenommene, das das Gefühl anspricht, behält man bekanntlich am besten. So hat bildhafter Unterricht eine besondere Bedeutung auch für die Ausbildung des Gedächtnisses.[17] Vom Lehrer verlangt er eine lebendige geistige Durcharbeitung und künstlerische Gestaltung des Stoffes – auch in all den Gebieten, die hier nicht erwähnt sind. Eine besondere erzieherische Bedeutung hat in den ersten acht Schuljahren auch der künstlerische und praktische Unterricht (siehe Kapitel «Bildung durch künstlerischen und handwerklichen Unterricht»).

Die Vorgänge der Seelenbildung benötigen nicht nur Lehrer, die für die Kinder Autorität sind, sondern Lehrer, die die Kinder durch viele Jahre in ihrer Entwicklung begleiten und verfolgen. Deshalb führt ein Lehrer die Kinder einer Klasse in allen Fächern des Hauptunterrichts (siehe Kapitel «Zur Unterrichtsorganisation») durch die ersten acht Schuljahre. Dadurch, daß er in diesen acht Jahren täglich wenigstens eine Doppelstunde in seiner Klasse unterrichtet, lernt er jeden Schüler in seiner besonderen Wesensart genau kennen; so können Unterricht und Erziehung zu einer Einheit werden. Mit ihm unterrichtet noch eine Reihe weiterer Lehrer in der gleichen Klasse – in den Fremdsprachen, in den künstlerischen und praktischen Fächern, in Turnen und in Religion.

Die Pädagogik nach dem 14. Lebensjahr (9. bis 12. Schuljahr)

In der Zeit der Pubertät und des zweiten Gestaltwandels durchläuft der junge Mensch im inneren Gefüge seines Wesens eine ähnlich einschneidende Veränderung wie im Zahnwechsel. Durch den puberalen Wachstumsschub kommt er in den Gliedern mit seinem Willen in einen tieferen Zusammenhang mit der Schwerkraft; im Stimmwechsel tritt der individuelle Klang hervor; in den sogenannten sekundären Geschlechtsmerkmalen gewinnt der Leib eine starke seelenhafte Durchprägung. Diese Vorgänge sind zusammen mit der Geschlechtsreife Ausdruck für ein einheitliches Geschehen: der junge Mensch wird sich seines persönlichen Eigenwesens bewußt. Im Übergang von der Kindheit zum Jugendalter beginnt der Mensch mit den persönlichen Kräften seiner Seele, d.h. mit dem Gefühl und dem Willen, seiner Umwelt freier und selbständiger entgegenzutreten. Sein Streben nach innerer und äußerer Selbständigkeit manifestiert sich besonders in der neuen Anlage, aus eigenem Urteilsvermögen Einsicht, Orientierung und Ziele zu gewinnen.[18]

Die persönliche Hinwendung zur Umwelt läßt den jungen Menschen zum Zeitgenossen werden. In seinem Inneren leben Ideale und Lebensziele auf; aus ihnen und dem persönlich gewordenen Gefühl sucht der Jugendliche – zunächst noch unsicher und ungeschickt – eine persönliche Verbindung mit der Welt und ein bewußteres Verhältnis zu sich selbst. Hieraus ergeben sich neue Forderungen an den Unterricht, die den Inhalt wie auch die Methode betreffen. An die Stelle des Bildes treten nun die Bedingungen, durch die sich im Jugendlichen eine auf die Vielfalt der Welt bezogene Urteilsfähigkeit entwickeln kann. Er lernt nun in den verschiedenen Gebieten (Deutsch, Geschichte, Naturwissenschaften usw.) die Materialien, die Phänomene, die Experimente sorgfältig kennen bzw. beobachten. Die Aufgabe des Lehrers besteht u. a. darin, die Tatsachen in einer übersichtlichen Weise zur Darstellung zu bringen, damit der Schüler an ihnen sein Urteil in klarer Weise ausbilden kann. Im Urteilen lernt der junge Mensch an den Phänomenen in seinem Denken die Begriffe und Ideen hervorzubringen, die den geistigen Zusammenhang aussprechen.

Damit bekommt der Unterricht in den Fächern des Hauptunterrichts einen mehr wissenschaftlichen Charakter. Es kann sich aber nicht darum handeln, den jungen Menschen die Hypothesen und Modelle, d.h. die Gedanken anderer und deren Argumente beizubringen. Der Unterricht braucht eine vorwiegend phänomenologische Orientierung. Die Modelle werden dann in zweiter Linie behandelt. Wenn sie auf ein eigenes Urteil auftreffen, verlieren sie den für dieses Alter so lähmenden verkappten Dogmatismus, der vielfach undurchschauten Glauben als Erkenntnis ausgibt.

Ausbildung der Urteilsfähigkeit ist mit Entwicklung der persönlichen Weltzuwendung verbunden. Um im Kunstgeschichtsunterricht zu einem Urteil über ein plastisches, malerisches oder architektonisches Kunstwerk zu kommen, muß der junge Mensch sich in dieses zunächst einleben, bevor er es in den Qualitäten seiner Gestaltung und im Vergleich mit anderen Werken beurteilen kann. Das führt zu einer Schulung ästhetischen Erlebens. Um in der Biologie die Prinzipien lebendiger Entwicklung urteilend zu erfassen, muß der Jugendliche die Fähigkeit entwickeln, nachschaffend in die Stufen des lebendigen Werdens einzudringen.[19] Die großen Werke der Literatur erschließen sich ihm nur, wenn sein Verstehen von menschlichem Schicksal, menschlichem Charakter usw. reift. Ähnliches gilt für Mathematik, Physik usw. So ist die Urteilsfähigkeit eng mit der menschlichen Persönlichkeit und ihrer Entwicklung verbunden. Es geht den Waldorfschulen darum, daß der im Jugendlichen tätige Geist sich nicht nur in der verkümmerten Form einer überall gleichen und unverbindlichen Intellektualität ausformt.

Die innere Hinorientierung des Jugendlichen zum Leben seiner Zeit berücksichtigen die Waldorfschulen, indem sie die Technologie, die Vorgänge des wirtschaftlichen Lebens, die Lebens- und Arbeitsverhältnisse, die sozialen Probleme ebenso behandeln wie die Astronomie oder Analysis. Nach einem Grundsatz, den R. Steiner formuliert hat, soll aller Unterricht Lebenskunde geben.

Die Hinwendung des jungen Menschen zum Praktischen beantwortet die Waldorfschule mit einem vielfältigen Angebot an praktisch handwerklichem Unterricht. Eine besonders tiefe Beziehung zu den persönlichen Seelenkräften des Jugendlichen, zu ihrer tätigen Entfaltung und ihrer geistig-schöpferischen Tiefe hat die Kunst. Ohne kontinuierliches Üben in den Bereichen des Plastischen, Malerischen, Zeichnerischen, Musikalischen und Sprachlichen muß Menschenbildung in diesem Alter unzulänglich bleiben.

Bildung durch künstlerischen und handwerklichen Unterricht

Die Schule wurde in den vergangenen Jahrzehnten zunehmend auf den Bereich wissenschaftlicher Betrachtung eingeengt, die man zudem auf das Niveau des Kindes und Jugendlichen reduzieren mußte. Dabei übersah man, daß Wissenschaft im wesentlichen nur die in der Welt schon vorhandenen Ordnungen und Gesetze aufhellen kann und das vielfach nur in eng begrenzten Teilaspekten. Zur Gestaltung der Welt und des Lebens trägt sie nur wenig bei. Das gilt besonders für den Menschen. Durch ästhetische Analyse wächst kein künstlerisches Können; das religiöse Erleben entwickelt sich nicht durch Religionsphilosophie. Ebenso ist es bei den praktischen Fähigkeiten. Für sich alleine müßte die Wissenschaft, besonders bei ihren analytischen Verfahren, das Leben veröden. Und eine an wissenschaftlicher Weltbetrachtung orientierte Schule kann die im Kinde liegenden Anlagen nur unvollkommen, nicht in vollmenschlicher Weise zur Entfaltung bringen. Deshalb wurde der Unterricht an der Waldorfschule von vornherein nach den Seiten der künstlerischen und praktischen Bildung ausgestaltet. Die Kinder und Jugendlichen haben durch alle 12 Schuljahre künstlerischen Unterricht in Malen, Zeichnen, Plastischem Gestalten (besonders vom 9. Schuljahr an), Musik (vokal, instrumental), Eurythmie und künstlerischer Sprachschulung.

Die Kräfte künstlerischen Gestaltens werden schon in den unteren Klassen dadurch gefördert, daß auf alles äußerliche Nachbilden verzichtet wird zugunsten eines übenden Arbeitens aus den Elementen der betreffenden Kunst. Einfache Farbkompositionen und Farbharmonien schulen in den unteren Klassen neben dem malerischen Können den Sinn für das Wesen und das vielfältige Zusammenspiel der Farben. Auf dieser künstlerischen Grundlage kann dann im weiteren zur malerischen Gestaltung verschiedener Bereiche (Naturstimmungen, Landschaft, Pflanzen usw.) fortgeschritten werden.[20] In der Musik lernen alle Kinder neben dem Singen wenigstens ein Instrument. Nach Begabung und Veranlagung differenziert sich der Instrumentalunterricht auf viele Instrumente. So kann mit den Schülern der 6. bis 8. Klasse ein Mittelstufenorchester, von den Schülern der folgenden Klassen ein Oberstufenorchester gebildet werden. Hier werden ebenso wie im Schulchor Werke der großen Meister einstudiert. Von dem übend-tätigen Sich-Verbinden mit der Musik gehen starke Wirkungen aus auf die Vertiefung der im seelischen Leben wirkenden Kräfte. – Eine ähnliche Bedeutung hat das künstlerisch gestaltete

Sprechen, das besonders im chorischen Rezitieren durch alle Klassenstufen gepflegt wird. Weite Bereiche der Dichtung erschließen sich nur dem voll, der sie nicht nur liest, sondern in ihrer Sprachwirklichkeit ergreift. In der Eurythmie, einer von R. Steiner neu geschaffenen Kunst, lernen die Schüler, die in Sprache und Musik wirkenden Kräfte künstlerisch in Bewegungen auszugestalten.

Wenn Kinder und Jugendliche künstlerisch tätig sind, lernen sie, aus lebendig gestaltendem Geist zu arbeiten. In jeder künstlerischen Produktion, sei sie noch so einfach, gestaltet das Kind das Material so, daß in ihm etwas Wesenhaftes zur Erscheinung kommt. Kunst bedeutet immer einen Prozeß der Durchgeistung. Das gilt besonders für den heranwachsenden Menschen selbst. Denn künstlerisches Arbeiten verlangt Übung und Wiederholung, die zu einer Steigerung des künstlerischen Gestaltens und künstlerischen Erlebens führen. Erleben und Tun bekommen den Charakter eines geistig-gesetzmäßigen Wirkens. Der junge Mensch entwickelt Fähigkeiten, durch die er nicht bloß erkennt, was in den Dingen an Gesetzmäßigkeiten liegt, sondern dem Material ein geistiges Gepräge geben kann. So führt die Kunst den Menschen zum Ergreifen seiner schöpferischen Natur.

Auch den handwerklichen Unterricht haben die Waldorfschulen aus rein pädagogischen Gründen in ihrem Lehrplanst.[21] Dieser Unterricht setzt für Jungen und Mädchen im 12. Lebensjahr (6. Schuljahr) mit Gartenbau und Werkstattunterricht ein. Dies ist der Zeitpunkt, in dem der junge Mensch durch den zweiten Gestaltwandel und den damit verbundenen Zerfall der harmonischen kindlichen Bewegungen individuell die weitere Ausgestaltung seiner Willenskräfte erringen muß. Hier hat das Handwerk eine wichtige Funktion. So verlangen verschiedene Arten der Holzbearbeitung (Raspeln, Schnitzen, Sägen, Hobeln) vom Schüler durch das Werkzeug und durch das Werkstück strenge Sachlichkeit und schulen eine differenzierte, sensible Führung des Willens. Zunächst werden einfache Gegenstände hergestellt, wobei auf die Brauchbarkeit und Nützlichkeit großer Wert gelegt wird, um alles Unverbindliche auszuschalten. Wenn dann der Schüler im 9. oder 10. Schuljahr z. B. ein einfaches Möbelstück herstellt, erfordert das im Entwurf klaren praktischen Verstand, Gefühl für ästhetische Gestaltung, in der Durchführung ein differenziertes Können im Umgang mit Werkzeug und Material.

So erwirbt sich der junge Mensch durch handwerkliche Betätigung an der Gartenarbeit, an der Holzbearbeitung, am Töpfern (ab 9. Schuljahr) und an einfacher Metallbearbeitung (ab 9. Schuljahr) bewußt Differenzierung seines Willens und Realismus im Denken. Das wird nur durch genaues und sachbezogenes Arbeiten unter Ausschaltung alles Spielerischen erreicht, d.h. durch Handwerk, nicht durch Basteln. Der praktische Unterricht hat eine differenzierte Aufgabenstellung bis in das 11. und 12. Schuljahr, wo im Buchbinden größte Sorgfalt und Präzision zusammen mit künstlerischer Gestaltung entwickelt werden sollen.

Verschiedentlich wird behauptet, das Spezifikum der Waldorfschulen liege im künstlerischen und handwerklichen Unterricht, in solchen Besonderheiten wie dem gemeinsamen Handarbeitsunterricht von Jungen und Mädchen oder der Tatsache, daß die Schüler Spinnen, Weben oder gar das Schneidern lernen. Das ist eine verkürzte Sichtweise. Es geht um die Orientierung des Unterrichts an der Entwicklung des heranwachsenden Menschen und um einen Lehrplan, der auf den ganzen Menschen bezogen ist.

Zur Unterrichtsorganisation

Eine Schule, die das Ideal einer umfassenden Menschenbildung verwirklichen will, hat bis in die äußere Gliederung und Organisation des Unterrichts darauf zu achten, daß der Stoff nicht über den Menschen gestellt wird; zu leicht wird durch eine Tyrannei des Stoffes menschliche Entwicklung beengt und deformiert. Eine Grundbedingung liegt darin, daß sich der Unterricht in möglichst engem Kontakt zwischen dem Lehrer und den Schülern abspielt. Wenn der Lehrer seinen Unterricht aus dem Hinschauen auf die seelischen Eigentümlichkeiten, die individuellen Begabungen und Schwächen seiner Schüler und die notwendigen Schritte ihrer Entwicklung gestaltet und sich deshalb bemüht, den Stoff immer neu lebendig geistig zu durchdringen, haben Lehrbücher keine Funktion. Sie sind für den Unterricht in der Regel inhaltlich zu mager, und es fehlt ihnen der Bezug zur konkreten pädagogischen Situation. Sie sollen ein Durchschnittsmaß an Kenntnissen vermitteln, das, soweit es den Unterricht beherrscht, allzuleicht farblose Eintönigkeit über die Schulen ausbreitet. Demgegenüber erarbeitet sich der Lehrer an den Waldorfschulen den Stoff in Auseinandersetzung mit einem reichen Material immer wieder neu. Was dann im Unterricht besprochen und gelernt wurde, findet seinen Niederschlag in den Arbeits- und Epochenheften der Schüler. Diese sind von den mittleren Klassen an zunehmend eigene häusliche Ausarbeitungen und Zusammenfassungen der Schüler.

Eine den inneren Lebensbedingungen des heranwachsenden Menschen angepaßte Gliederung des täglichen Unterrichts ergibt sich aus der Verschiedenartigkeit der Unterrichtsgebiete. Diejenigen Fächer, in denen jeweils ein in sich geschlossenes Sachgebiet erarbeitet wird (z. B. deutschsprachiger Unterricht, Geschichte, Geographie, Mathematik, Menschenkunde, Naturkunde, Physik, Chemie), werden in der Form des Epochenunterrichts erteilt. Während der ganzen zwölfjährigen Schulzeit – möglichst auch im 13. Schuljahr der Vorbereitung auf das Abitur – wird morgens gleich nach Schulbeginn in einer Doppelstunde durch drei oder vier Wochen ein bestimmtes Gebiet behandelt. Durch das Verweilen in diesem Gebiet ist eine Konzentration des Lernens möglich, die man nur erreicht, wenn man jeweils am folgenden Tag das am Vortage Besprochene aufgreift, vertieft und weiterführt. Das gibt die Möglichkeit, in den Klassen mit ihrer z. T. großen Begabungsstreuung eindringlich an der Erweiterung der Kenntnisse, an dem Reifen von Fähigkeiten und an der Vertiefung der Erlebniskräfte zu arbeiten. Der Einwand, durch solche Konzentration des Unterrichts auf wenige Wochen würden die Schüler das Behandelte rasch vergessen, entspricht nicht der Erfahrung. Es hat sich vielfältig gezeigt, daß am Anfang einer neuen Epoche die Inhalte der auf diesem Gebiet um Monate zurückliegenden letzten Epoche rasch wieder heraufgeholt werden können. Bekanntlich behält man das am besten, womit man sich aus Interesse befaßt und verbunden hat. – Der Epochenunterricht kann so den Prinzipien der Ökonomie, der Konzentration und der fruchtbaren Pause Rechnung tragen.

Er ist zugleich Grundlage für eine hygienische Gestaltung des Unterrichtstages. Mit seinen Stoffen wendet er sich im Schüler besonders an das Aufnehmen und das gedankliche Durchdringen, d. h. an jene seelisch-geistigen Kräfte, die besonders am Morgen frisch und regsam sind. Im Tagesverlauf schließen sich an den Epochenunterricht diejenigen Fächer an, die fortlaufendes Üben verlangen. Das sind der Sprachunterricht, die verschiedenen Bereiche des künstlerischen Unterrichts wie Musik, Eurythmie, Malen, Plastizieren und die Handarbeit. Sie werden als sogenannter Fachunterricht in Einzel- oder Doppelstunden erteilt. Diejenigen Gebiete, die die körperlichen Kräfte besonders engagieren wie Gartenbau, Werkstattunterricht und Turnen liegen möglichst am Nachmittag oder am späten Vormittag. So gewinnt der Stundenplan einen inneren Rhythmus, der von der mehr den Kopf beanspruchenden Tätigkeit über das Gebiet einer stärker übenden und künstlerischen Betätigung in die körperliche Willensbetätigung einmündet und dadurch in sinnvoller Folge den ganzen Menschen beansprucht.

Eine Besonderheit im Lehrplan der Waldorfschulen ist unter anderem der frühe Beginn des Fremdsprachenunterrichts[22]. Gerade die ersten Schuljahre sind eine Zeit starker sprachlicher Bildsamkeit. So setzt der Unterricht in Englisch und Französisch – eine Reihe von Waldorfschulen hat Russisch anstelle von Französisch als zweite Fremdsprache – schon im 1. Schuljahr ein. Die Kinder lernen die fremden Sprachen zunächst durch kleine Dialoge, durch Gedichte, Lieder und kleine Dramatisierungen. Wenn dann im 4. Schuljahr Schreiben und Grammatik beginnen, verfügen die Kinder im allgemeinen über ein beachtliches Sprachvermögen. Besonders die Grammatik kann dann im Sinne des Bewußtmachens der schon gesprochenen Sprache erarbeitet werden. – Auf diesem Wege entfallen viele Probleme, vor die sich die Kinder gestellt sehen, wenn sie eine fremde Sprache gleichzeitig sprechen, lesen und grammatisch durchschauen lernen sollen.

Formen der Differenzierung

Alle Waldorfschulen sind aus einer gemeinsamen pädagogischen Idee, aus der Pädagogik R. Steiners hervorgegangen. Das bedeutet aber keine Uniformität. Wenn Ideen lebendig sind, dann wirken sie nicht festlegend und normierend; sie führen zu lebendiger Gestaltung, die durch die verschiedenen äußeren Bedingungen recht unterschiedlich aussehen kann und dennoch den gleichen geistigen Kern in sich trägt. Wie ein Lehrer ein bestimmtes Gebiet für die Kinder seiner Klasse ganz anders unterrichtet als ein anderer Lehrer und doch in beiden Fällen der geistige Gehalt dieses Gebietes bildend in den seelischen und geistigen Anlagen der Kinder wirkt, kann jede Schule durch die in ihr tätigen Menschen und durch die sozialen Gegebenheiten des Ortes eine individuelle Ausgestaltung der Waldorfpädagogik sein.

Für den äußeren Anblick wirken die Waldorfschulen in der Unter- und Mittelstufe (1.–8. Schuljahr) relativ einheitlich. Es fallen nur geringe Unterschiede auf, z. B. die Tatsache, daß manche Schulen statt Französisch Russisch als zweite Fremdsprache haben und daß an einigen Schulen Werkunterricht und Gartenbau schon im 5. Schuljahr beginnen. In der Oberstufe, besonders von der 10. und 11. Klasse an, haben sich recht unterschiedliche Ausgestaltungen entwickelt. Hierbei waren besonders folgende Gesichtspunkte maßgebend:

Mit der Pubertät treten in den Schülern stärker als bisher Differenzierungen in den Begabungsrichtungen auf. Ein Teil der Schüler ist z. B. mit zwei oder drei Fremdsprachen überfordert und braucht ein Bildungsangebot, das stärker im Bereich des praktischen, künstlerischen und lebenskundlichen Unterrichts liegt. Besonders vor dem Zweiten Weltkrieg ging ein gewisser Teil der Schüler nach dem 8. oder 9. Schuljahr in die praktische Berufsausbildung. Seit 1945 hat sich die Zahl der vorzeitigen Abgänge stark verringert. Trotzdem blieb das Problem bestehen, durch eine Erweiterung und Differenzierung des Lehrplans die besondere Situation derjenigen Schüler zu berücksichtigen, die nach ihrer Begabung und ihren Interessen einen handwerklichen, technischen, pflegerischen oder sozialpädagogischen Beruf wählen.

Das hat zu verschiedenen Formen einer verstärkten praktischen Bildung geführt bis zur Integration der Berufsbildung in die Schule. Es können hier nur einige typische Beispiele dargestellt werden.

Integration der Berufsbildung in die Schule

Freie Waldorfschule Kassel[23]

Die seit 1969 durchgeführte Integration von allgemeiner und beruflicher Bildung baut auf einen einheitlichen Bildungsgang in den ersten zehn Schuljahren auf. Mit dem 11. Schuljahr beginnt die Differenzierung in zwei Zweige. Der Allgemeine Zweig führt die Schüler innerhalb der staatlich anerkannten gymnasialen Oberstufe zur Fachhochschulreife (schulischer Teil) oder zum Abitur am Ende des 13. Schuljahres. Der technische Zweig vermittelt im 11., 12. und 13. Schuljahr eine Ausbildung zum Tischlergesellen und zum Facharbeiter in Metall- und Elektroberufen.

In der 11. und 12. Klasse haben alle Schüler noch die Hälfte ihres Unterrichts gemeinsam: den täglichen Epochenunterricht (Deutsch, Geschichte, Gemeinschaftskunde, Kunstgeschichte, Mathematik, Physik, Chemie, Biologie, Geographie), eine Fremdsprache (Englisch), künstlerischen Unterricht und Turnen.

Die Schüler des allgemeinen Zweiges erhalten zusätzlich Unterricht in einer zweiten Fremdsprache (Französisch), in Mathematik sowie in Technologie und den Naturwissenschaften (Schülerexperimente). Die Schüler des technischen Zweiges erhalten zusätzlich ihre fachpraktische Ausbildung in den schuleigenen Lehrwerkstätten in enger Verzahnung mit dem fachtheoretischen Unterricht in der Schule. Die Abschlußprüfung wird von der Handwerkskammer (Gesellenbrief) und der Industrie- und Handelskammer (Facharbeiterbrief) durchgeführt. Erst mit dem Übergang zum 13. Schuljahr trennen sich die beiden Zweige: die Schüler des allgemeinen Zweiges bereiten sich in Grund- und Leistungskursen auf die Abiturprüfung vor, während im technischen Zweig die fachpraktische Ausbildung einen größeren Zeitraum einnimmt. Es besteht die Möglichkeit, den beruflichen Abschluß mit den Schulabschlüssen (Fachhochschulreife, Abitur) zu verbinden. In diesem Fall einer Doppelqualifikation dauert die gesamte Ausbildung 1 bis 1½ Jahre länger.

Rudolf-Steiner-Schule Nürnberg

Der gemeinsame Bildungsgang in den ersten acht Schuljahren setzt sich auch in der Oberstufe fort. Von der 9. bis zur 12. Klasse werden alle Schüler gemeinsam im Hauptunterricht, und zwar epochenweise, von Fachlehrern unterrichtet, so daß die Klassengemeinschaft in diesem allgemeinbildenden Unterricht erhalten bleibt. Hinzu kommt ein gemeinsamer Unterricht in den Fremdsprachen, in musischen und handwerklichen Fächern, Sport und Religion.

Hinsichtlich der verschiedenen Abschlüsse setzt jedoch ab der 10. Klasse eine Differenzierung ein, die sich an den Begabungen, Interessen und am Berufsziel der Schüler orientiert. Der Großteil der Schüler durchläuft die Oberstufe so, daß nach der 13. Klasse der Schulbesuch mit der an der Schule stattfindenden Abiturprüfung endet. Bereits ab der 12. Klasse wählen die Schüler verschiedene Profile, wobei im Grund- und Leistungskurs einzelne Fächer schwerpunktmäßig vertieft werden, andererseits aber der Waldorflehrplan voll erhalten bleibt. Zum Erwerb der «mittleren Reife» ist eine Realschulabschlußklasse eingerichtet, die frühestens nach der 10. Klasse besucht werden kann.

Der Schule angeschlossen sind eine Lehrwerkstätte für Möbelschreiner, eine Lehrwerkstätte für Bauschlosser und Fachräume für eine Ausbildung zur Hauswirtschafterin. Aufnahme finden Schülerinnen und Schüler nach der 9. Klasse. Die dreijährige Schreiner- bzw. die dreieinhalbjährige Schlosserlehre sowie die dreijährige hauswirtschaftliche Lehre schließen mit einer Gesellenprüfung ab. Die Schüler nehmen während dieser Zeit am Hauptunterricht ihrer Klassen und teilweise am Fachunterricht teil. Der die Lehre begleitende Berufsschulunterricht wird in der Schule erteilt.

Da die einzelnen Zweige durchlässig sind, bietet sich den Schülern die Möglichkeit eines jeweiligen Überganges, z. B. nach der Lehre der Realschulabschluß bzw. die Abiturprüfung.

Hibernia-Schule Wanne-Eickel/Herne[24]

Der besondere Charakter als allgemeinbildende Schule mit der Integration handwerklich-technischer und sozialpädagogischer Bildung ist in ihrer Entstehung aus einer Einrichtung der Lehrlingsausbildung begründet. Die Schuljahre 1 bis 6 entsprechen den gleichen Klassen an anderen Waldorfschulen. Mit dem 7. Schuljahr beginnt – stärker als im Lehrplan der anderen Waldorfschulen – in Nachmittagskursen eine praktische Bildung im Zusammenhang mit dem künstlerischen Unterricht. Diese umfaßt neben Gartenbau, Holzarbeit, Metalltreiben und Hauswirtschaft (7. und 8. Schuljahr) Schmieden, Schlossern, Elektrotechnik, Arbeit im Chemielabor und Unterricht im hauswirtschaftlich-pflegerischen Bereich (9. bis 11. Schuljahr). Im 10. Schuljahr vollzieht sich der Übergang von dem bisher mehr handwerklichen Unterricht zu einer technischen Elementarerziehung. Diese praktische Bildung erhalten Jungen und Mädchen gemeinsam in gemischten Gruppen, die auf der Basis des Klassenverbandes gebildet werden.

Im Verlauf des 11. Schuljahres fällt dann die Entscheidung über den Weg, den der Jugendliche durch den letzten Teil der Oberstufe (12. bis 14. Schuljahr) nimmt. Mit Beginn des 12. Schuljahres werden neue Klassenverbände gebildet, durch die eine Differenzierung nach Interesse und Begabung in drei Kolleggruppen erfolgt.

Im *Berufskolleg* wird die berufspraktische Ausbildung in den schuleigenen Werkstätten bis zur Gesellenprüfung (Schreiner, Elektroinstallateur, Schlosser, Dreher, Mechaniker) am Ende des 12. Schuljahres weitergeführt. Bei hinreichenden Leistungen in den allgemeinbildenden Fächern erwerben die Schüler mit der Abschlußprüfung zugleich die Fachoberschulreife.

Das *Fachkolleg* umfaßt zwei Hauptrichtungen. Die eine führt zur Fachhochschulreife. Nach Wahl und Fähigkeiten können die Schüler diese Prüfung am Ende des 12. Schuljahres in den Fachrichtungen

Technik und Sozialpädagogik ablegen. – Außerdem wird im Zusammenhang mit dem sozialpädagogischen Zweig eine Fachschule für Sozialpädagogik geführt. Die theoretische Ausbildung endet hier am Ende des 13. Schuljahres mit der Erzieherprüfung. Es folgt ein einjähriges gelenktes Berufspraktikum mit dem Abschluß als staatlich geprüfter Erzieher.

Studienkolleg: Schüler, die aufgrund ihrer Begabung die allgemeine Hochschulreife erwerben möchten, scheiden nach dem 12. Schuljahr aus dem Fachkolleg bzw. Berufskolleg aus. Sie treten in das Studienkolleg über. Hier steht die Abiturprüfung am Ende des 14. Schuljahres.

Verstärkte praktische Bildung ohne Berufsausbildung

(Praktischer Zug; landwirtschaftliche, Betriebs-, Sozialpraktika)

Freie Waldorfschule Stuttgart – Am Kräherwald

Starke Anregungen für die Differenzierung der Oberstufe gingen von der zweiten, 1948 gegründeten Stuttgarter Schule aus. Es bestand nicht das Ziel, Berufsausbildung in die Schule zu integrieren, sondern die erzieherischen Möglichkeiten des praktischen Lernens zu nutzen. Seit 1952 gibt es vom 9. Schuljahr an neben dem «sprachlichen Zug» (mit zwei oder drei Fremdsprachen und den Abschlüssen Abitur oder Fachhochschulreife) den «handwerklich-praktischen Zug», seit den siebziger Jahren auch den «sozial-praktischen Zug». Die Schüler der praktischen Züge arbeiten in den Werkstätten und haben nur noch eine Fremdsprache (Englisch). Die praktischen Züge stehen aber auch Schülern des sprachlichen Zuges offen, sofern diese nur zwei Fremdsprachen (Englisch, Russisch) haben.

Das Angebot der praktischen Fächer ist

im handwerklich-praktischen Zug: Schreinern, Schmieden, Keramik, Schneidern; als Abschluß ein 14-tägiges Baupraktikum (Holzarbeiten);

im sozial-praktischen Zug: Ernährungslehre mit Kochen (9. und 10. Klasse), Schrift-, Plakat- und Bilderbuchgestaltung (10. Klasse), Schmuckgestaltung (Silberschmieden; 10. und 11. Klasse). Als Abschluß ein zwei- bis dreiwöchiges Praktikum im Altersheim oder Krankenhaus.

In allen übrigen Fächern werden die Schüler gemeinsam, d. h. nicht nach Zügen getrennt unterrichtet. Die Schüler der praktischen Züge beenden ihre Schulzeit je nach Begabung mit dem Realschulabschluß oder der Fachhochschulreife.

Rudolf-Steiner-Schule Ruhrgebiet, Bochum[25]

Damit alle Schüler der Oberstufe nicht nur durch Unterricht, sondern auch durch Begegnung und Tätigkeit Erfahrungen in der sozialen Wirklichkeit gewinnen, werden vom 9. bis 11. Schuljahr mehrwöchige Praktika durchgeführt. Neben einer zweiwöchigen *Feldmeßepoche* (10. Schuljahr), die es auch an den anderen Waldorfschulen gibt, handelt es sich um ein *landwirtschaftliches Praktikum* (9. Schuljahr) zur Erweiterung des im Gartenbau Gelernten. In einem *Industriepraktikum* (11. Schuljahr) arbeiten die Schüler voll in einem Industriebetrieb mit und erhalten konkreten Einblick in die technische, betriebswirtschaftliche und soziale Struktur dieses Betriebes. Ein *Sozialpraktikum* (11. Schuljahr) wird in einem heilpädagogischen Heim durchgeführt, wo die Schüler vor allem Pflegeaufgaben übernehmen und in den beschützenden Werkstätten mithelfen. – Nach dem Modell der Bochumer Schule haben verschiedene andere Waldorfschulen ähnliche Praktika eingerichtet.

Neben diesen Praktika für alle Schüler gibt es eine Differenzierung in einen mehr sprachlich-wissenschaftlichen Zweig, der zur Hochschulreife führt, und einen mehr praxisorientierten Zweig mit einer technischen und einer sozialpädagogischen Richtung. Dieser baut auf die Praktika des 11. Schuljahres auf und führt zum Abschluß der Fachhochschulreife. Für alle Schüler sind der Epochenunterricht, eine Fremdsprache und künstlerischer Unterricht gemeinsam. Die Praktika des technischen und sozialpädagogischen Zweiges finden in den Betrieben außerhalb der Schule, der fachkundliche Unterricht findet in der Schule statt.

Diese Vielgestaltigkeit ist ein schönes Beispiel für die Gestaltungskraft, die in einer Lehrerschaft entsteht, wenn sich aus pädagogischer Menschenkenntnis Initiative und Verantwortung frei entfalten können.

Schon bald nach Gründung der ersten Waldorfschule ergab sich die Aufgabe, für Kinder mit besonderen Entwicklungsstörungen den Unterricht zum Therapeutischen hin zu modifizieren und entsprechende

Sondereinrichtungen zu schaffen. Heute gibt es an einer Reihe von Waldorfschulen neben den «normalen» sonderpädagogisch orientierte Klassen; einige Schulen sind Sonderschulen, die auf der Grundlage der Waldorfpädagogik arbeiten. Über diese Richtung der Differenzierung orientiert der folgende Beitrag «Heilpädagogische Schulen auf anthroposophischer Grundlage» (s. S. 225).

Lehrerbildung

Die Ausbildung, die ein künftiger Lehrer an einer pädagogischen Hochschule oder an einer Universität und dem Studienseminar bekommt, enthält manches, was für die Tätigkeit an einer Waldorfschule nicht verwertbar ist; vor allem fehlt aber vieles, was ein Waldorflehrer braucht. Deshalb ist eigene Lehrerbildung für die Waldorfschule eine Lebensnotwendigkeit.

Jeder, der Lehrer wird, ergreift einen Beruf mit ungewöhnlich großer Verantwortung. Von dieser wird ihm an der Schule ohne volle Selbstverwaltung durch die äußeren Bedingungen, die das Feld seines pädagogischen Wirkens begrenzen, ein Teil abgenommen. Die Waldorfschule ist in viel höherem Maße auf die Persönlichkeit des einzelnen Lehrers und die kollegiale Zusammenarbeit aufgebaut. Sie lebt ausschließlich von der Initiative und den Fähigkeiten ihrer Lehrer.

Hieraus ergeben sich besondere Anforderungen an die Lehrerbildung und an diejenigen, die Waldorflehrer werden wollen. Auf die Besonderheiten anthroposophischer Lehrerbildung kann hier nur mit wenigen Bemerkungen hingewiesen werden.[26] Grundlage bildet ein ausführliches Studium der anthroposophischen Anthropologie. Was sich der künftige Lehrer hier an Anschauungen und an Steigerung seiner Erkenntniskräfte erwirbt, bildet die Grundlage für die Erarbeitung der anthroposophischen Pädagogik mit ihren verschiedenen Teilgebieten (Didaktik und Methodik der Unterrichtsgebiete; Differenzierung des Unterrichts im Hinblick auf die Konstitution der Kinder und besondere therapeutische Aufgaben; Grundlagen und Praxis der Willenserziehung, der Gemütserziehung, der Erziehung von Phantasie und Denken, der Ausbildung der moralischen Kräfte u. a. m.). Durch fachwissenschaftliche Kurse gewinnt der künftige Lehrer ein vertieftes Verständnis von Sprache, Geschichte, Botanik usw. Er braucht dieses für seinen späteren Unterricht; erst einer Betrachtung, die in die geistigen Zusammenhänge eindringt, wird die menschenbildende Dimension der Unterrichtsgebiete zugänglich.

Insgesamt sollen sich in der Persönlichkeit des künftigen Lehrers die Kräfte geistigen Verstehens und Gestaltens ausbilden. Deshalb gehört das übende Arbeiten im Bereich verschiedener Künste zur Ausbildung jedes Waldorflehrers.

In der Bundesrepublik gibt es sieben Einrichtungen anthroposophischer Lehrerbildung: das Seminar für Waldorfpädagogik in Stuttgart (seit 1928), das Institut für Waldorfpädagogik in Witten-Annen (seit 1973), die Freie Hochschule für anthroposophische Pädagogik in Mannheim (seit 1978), das Pädagogische Seminar an der Rudolf-Steiner-Schule Nürnberg (seit 1974) und das Lehrerseminar für Waldorfpädagogik in Kassel (seit 1983); außerdem die Seminare in Hamburg und Kiel (beide seit 1988) und in Berlin (seit 1990). Die Lehrerbildung wird in mehreren Studiengängen durchgeführt. Diejenigen, die schon eine staatliche Lehrerausbildung absolviert haben, erhalten für ihre spätere Tätigkeit als Klassenlehrer und Fachlehrer (Fremdsprachen, Musik, Handarbeit, Turnen, Werkunterricht) eine ein- oder zweijährige Zusatzausbildung. Die Zusatzausbildung für den wissenschaftlichen Unterricht in der Oberstufe (9. bis 13. Schuljahr) ist eineinhalbjährig; sie wird am Seminar für Waldorfpädagogik in Stuttgart und am Lehrerseminar in Kassel durchgeführt. Daneben gibt es in Stuttgart und Witten-Annen eine grundständige Lehrerbildung. Persönlichkeiten, die bereits einige Semester an einer staatlichen Einrichtung studiert oder eine entsprechende Berufsausbildung absolviert haben, können ihre Lehrerausbildung im dritten und vierten Studienjahr dieses vierjährigen Lehrganges abschließen.

Sind Waldorfschulen Weltanschauungsschulen?

In den vergangenen Jahren ist mehrfach behauptet worden, die Waldorfschulen seien Weltanschauungsschulen. Diese Meinung wird vor allem durch einen doppelten Hinweis begründet: der Waldorfpädagogik liege die Anthroposophie zugrunde und an den Waldorfschulen würden verschiedene Unterrichtsgebiete in einer Form behandelt, die von der gängigen Betrachtungsweise z. T. stark abweicht. Beides ist richtig. Wer aber meint, damit eine weltanschauliche Färbung des Unterrichts aufdecken zu können, urteilt aus Mißverständnis oder Unkenntnis.[27]

Eine Pädagogik, die den ganzen Menschen erreichen und Kinder nicht zu Objekten der Kenntnisvermittlung machen will, braucht eine Erkenntnis des werdenden Menschen. Der Mensch als Gegenstand wissenschaftlicher Erkenntnis ist heute auf verschiedene Disziplinen aufgeteilt. Zusammenschauende Menschenkenntnis ist weitgehend Desiderat geblieben. Indem Anthroposophie durch ihre Erkenntnismethoden zu einem Verständnis des werdenden Menschen führt, das die Dimension des Leibes, der Seele und des Geistes umspannt, wird sie zur Grundlage für eine pädagogische Tätigkeit, die Unterricht nicht auf das Kognitive verkürzt. Anthroposophische Menschenerkenntnis ist die Anthropologie für eine Pädagogik, die an der Entwicklung des ganzen Menschen arbeiten will. Auch heute gilt uneingeschränkt die Äußerung R. Steiners zu den Lehrern der ersten Waldorfschule: «Wir wollen hier in der Waldorfschule keine Weltanschauungsschule sein... Wir wollen keine anthroposophische Dogmatik lehren, aber wir streben hin auf eine praktische Handhabung der Anthroposophie... Die Anthroposophie werden wir nur handhaben in der Methodik des Unterrichts.»[28] Anthroposophie dient dem Lehrer, die Kinder möglichst umfassend zu verstehen, Einsicht in die Bedeutung der einzelnen Unterrichtsgebiete und Methoden für die Entwicklung der Kinder zu erlangen. Anthroposophie begründet eine auf das individuelle Kind gerichtete Unterrichtspraxis. Sie ist aber nicht Inhalt des Unterrichts; dies würde den Intentionen der Waldorfpädagogik völlig widersprechen, weil eine ungerechtfertigte Einengung der Kinder und jugendlichen Menschen die Folge wäre.

Was liegt der abweichenden Behandlung verschiedener Unterrichtsgebiete zugrunde? Die vergangenen Jahrzehnte haben auf vielen Lebensgebieten die Unzulänglichkeit wissenschaftlicher Erklärungsweisen sichtbar gemacht. Eine analytische, auf das Quantitative eingeschränkte Betrachtung der Natur und des Menschen verstellt den Zugang zu den tieferen Bereichen der Wirklichkeit. Überwindung dieser reduktionistischen Verengung ist zum Lebensproblem geworden. Deshalb bedeutet das Festhalten an bisherigen Anschauungsweisen einen fatalen Anachronismus, auch wenn er durch Instanzen der Schulverwaltung legitimiert erscheint. Die Waldorfschulen bemühen sich durch bildhaften und phänomenologischen Unterricht, durch Pflege der Phantasie und des künstlerischen Weltverstehens in den Schülern Fähigkeiten auszubilden, die über die reduktionistisch verkürzte Interpretation hinausführen. Es geht um ein Mehr an Erkenntnis und Wahrheitsfindung. Eindeutig weltanschaulich gebunden ist dagegen z. B. Unterricht aus positivistischer Wissenschaftsgesinnung; er hemmt seelische und geistige Entwicklung.

Von hier läßt sich eine weitere kritische Anfrage an die Waldorfschulen beantworten. Sie betrifft den christlichen Charakter der Waldorfpädagogik und der Anthroposophie. Diese Frage entsteht, wenn man den Begriff «christlich» auf konfessionelle Formen des Christentums einengt. Der Hinweis auf bestimmte anthroposophische Anschauungen (Reinkarnation, Kosmologie) soll das belegen. Es wird aber nicht geprüft, ob solche Anschauungen tiefer als kirchliche Dogmatik den Zusammenhang des Menschen mit dem Göttlichen verstehen lassen. Die Behauptung, Anthroposophie kenne nicht den Begriff der Gnade und sei ein fragwürdiges Selbsterlösungsunternehmen, beruht auf Unkenntnis.[29] Daß ein Bemühen um Verwandlung des eigenen Wesens bei allen großen christlichen Persönlichkeiten Grundlage für eine tiefere Hingabe an Christus war, sollte man im Blick auf Waldorfpädagogik und Anthroposophie nicht vergessen. Die Waldorfschulen sind der Überzeugung, daß Erziehung ohne das Religiöse unvollständig ist. Deshalb erhalten die Schüler konfessionellen Religionsunterricht. Soweit sie nicht an einem solchen teilnehmen, werden sie durch einen sog. freien christlichen Religionsunterricht in eine christliche Auffassung eingeführt. Das wird unterstützt durch den übrigen Unterricht, der zu einem Verständnis der Welt führt, in dem die Dimension des Geistigen und Göttlichen nicht ausgeblendet ist. So versuchen die Waldorfschulen das Dilemma zu überwinden, das eintritt, wenn durch die Inhalte einer materialistischen Weltinterpretation im Erleben der Schüler das Religiöse dauernd in Frage gestellt wird.

Der Bund der Freien Waldorfschulen

Die deutschen Waldorfschulen haben sich unter der Bedrohung durch den Nationalsozialismus 1933 und dann 1946 erneut zu einem Bund der Freien Waldorfschulen e. V. mit dem Sitz in Stuttgart zusammengeschlossen. Es handelt sich um eine föderative Vereinigung, die die Autonomie der einzelnen Waldorfschulen nicht antastet, wohl aber gemeinsame Aufgaben und Interessen übernommen hat. Dabei geht es – neben der Koordination der Tätigkeiten der Arbeitsgemeinschaften der Waldorfschulen in den Bundesländern – vor allem um:

1. Beratung der einzelnen Schulen in verschiedenen, besonders rechtlichen Fragen,
2. Koordination in der Behandlung schulpolitischer Aktivitäten,
3. Veranstaltung von öffentlichen Tagungen,

4. Lehrerfortbildung durch allgemeine Lehrertagungen, Fachtagungen und Kolloquien,
5. Finanzierung der Lehrerbildung,
6. Beschlußfassung über Gründung neuer Waldorfschulen,
7. Herausgabe der Zeitschrift «Erziehungskunst».

Außerdem veranstaltet der Bund der Freien Waldorfschulen regelmäßig große Tagungen, auf denen im Zusammenwirken der Elternschaft mit den Lehrern und den Schülern der oberen Klassen Lebens- und Gestaltungsfragen der deutschen Waldorfschulbewegung von konkreten Problemen des Unterrichts bis zu den umfassenden Problemen der allgemeinen kulturellen Entwicklung behandelt werden.

In einem engen Zusammenhang mit dem Bund der Freien Waldorfschulen steht die Pädagogische Forschungsstelle. Sie betreibt besonders didaktische Forschung und veranstaltet Kolloquien über die Fortentwicklung bestimmter Unterrichtsgebiete, über Fragen des weiteren Aufbaus der Waldorfschulen und der pädagogischen Weiterentwicklung. Sie gibt neben Materialien für den mehr internen Gebrauch zwei Schriftenreihen heraus; in der einen («Menschenkunde und Erziehung») erscheinen Darstellungen zu besonderen Themen der anthroposophischen Pädagogik, zur Didaktik und zu einzelnen Fachgebieten; in der anderen («Erziehung vor dem Forum der Zeit») Publikationen zu aktuellen Fragen der Pädagogik.

Die «Internationale Vereinigung der Waldorfkindergärten e. V.», Sitz Stuttgart, ist korporatives Mitglied im Bund der Freien Waldorfschulen. Sie vertritt die Belange nicht nur der an den deutschen Waldorfschulen bestehenden Kindergärten, sondern auch die der Waldorfkindergärten, die in zahlreichen Orten der Bundesrepublik arbeiten, an denen es keine Waldorfschule gibt.

Anmerkungen

1 A. Schmelzer, Die Dreigliederungsbewegung 1919, Stuttgart 1991

2 Abgedruckt in: R. Steiner, Neugestaltung des sozialen Organismus, Dornach 1971, S. 7ff.

3 Siehe S. Leber, Die Sozialgestalt der Waldorfschule, 2. Aufl. Stuttgart 1978; und M. Leist, Eltern und Lehrer. Ihr Zusammenwirken in den Sozialen Prozessen der Waldorfschule, Stuttgart 1986.

4 R. Steiner, Freie Schule und Dreigliederung, abgedruckt in: Aufsätze über die Dreigliederung des sozialen Organismus und zur Zeitlage, Dornach 1961, S. 38.

5 W. Rauthe, Die Waldorfschule als Gesamtschule, 3. Aufl. Stuttgart 1975.

Siehe zu diesem und anderen Kapiteln auch Chr. Lindenberg, Waldorfschulen: angstfrei lernen, selbstbewußt handeln, 12. Aufl. Hamburg 1982, und: Die Lebensbedingungen des Erziehens. Von Waldorfschulen lernen, 2. Aufl. Hamburg 1981.

6 Eine detaillierte Übersicht über die Abschlüsse an den deutschen Waldorfschulen vom Schuljahr 1984/85 bis zum Schuljahr 1990/91 ist abgedruckt in S. Leber, Die Pädagogik der Waldorfschule und ihre Grundlagen, 3. Aufl. Darmstadt 1992, Seite 23.

7 H. Hofmann/C. v. Prümmer/D. Weidner, Forschungsbericht über Bildungslebensläufe ehemaliger Waldorfschüler, Stuttgart 1981. – Siehe auch S. Leber, Die Waldorfschule im gesellschaftlichen Umfeld, Stuttgart 1981.

8 R. Steiner, Geheimwissenschaft im Umriß, Kapitel «Die Erkenntnis der höheren Welten», 28. Aufl. Dornach 1969.

9 R. Steiner, Allgemeine Menschenkunde als Grundlage der Pädagogik, 7. Aufl. Dornach 1973. Siehe auch P. Schneider, Einführung in die Waldorfpädagogik, Stuttgart 1982. E. M. Kranich, Anthropologie – das Fundament der pädagogischen Praxis, in F. Bohnsack, E. M. Kranich (Hg.), Erziehungswissenschaft und Waldorfpädagogik, Weinheim und Basel 1990. M. Schulze, Von der Erziehungswissenschaft zur Erziehungskunst, Würzburg 1991.

10 Von den zahlreichen Darstellungen R. Steiners sei lediglich die erste angeführt: Die Erziehung des Kindes vom Gesichtspunkt der Geisteswissenschaft, Dornach 1969.

11 E. M. Kranich, Entwicklung und Erziehung in der frühen Kindheit, in: S. Leber (Hg.), Die Pädagogik der Waldorfschulen und ihre Grundlage, 3. Aufl. Darmstadt 1992.

12 Für staatlich anerkannte Erzieher sind Waldorfkindergarten-Seminare, die in die Waldorfpädagogik einführen, in Stuttgart, Hannover und Bochum eingerichtet.

13 E. M. Kranich, Die Kräfte leiblicher Formbildung und ihre Umwandlung in die Fähigkeit Formen zu gestalten und zu erleben, in E. M. Kranich u. a., Formenzeichnen, 2. Aufl. Stuttgart 1992.

14 E. Dühnfort/E. M. Kranich, Der Anfangsunterricht in Schreiben und Lesen, 2. Aufl. Stuttgart 1978. E. Dühnfort, Rechtschreibung, Stuttgart 1992.

15 Grohmann, Zur ersten Tier- und Pflanzenkunde in der Pädagogik R. Steiners, 2. Aufl. Stuttgart 1979; F. H. Julius, Das Tier zwischen Mensch und Kosmos, 2. Aufl. Stuttgart 1981.

16 Chr. Lindenberg, Geschichte lehren, Stuttgart 1981.

17 O. Oltmann, Gedächtnisbildung an Waldorfschulen, in F. Bohnsack, E. M. Kranich, «Erziehungswissenschaft und Waldorfpädagogik».

18 S. Leber, Das Jugendalter, in S. Leber (Hg.), Die Pädagogik der Waldorfschule und ihre Grundlagen.

19 E. M. Kranich, Von der Gewißheit zur Wissenschaft der Evolution, Stuttgart 1989.

20 M. Jünemann, F. Weitmann, Der künstlerische Unterricht in der Waldorfschule – Malen und Zeichnen, 3. Aufl. Stuttgart.

21 M. Martin (Hg.), Der künstlerisch-handwerkliche Unterricht in der Waldorfschule, Stuttgart.

22 J. Kiersch, Fremdsprachen in der Waldorfschule, Stuttgart 1992.

23 Vgl. E. Fucke, Berufliche und allgemeine Bildung in der Sekundarstufe II, Stuttgart 1976.

24 Vgl. K. Fintelmann, Die Hiberniaschule als Modell einer Gesamtschule des beruflichen Bildungsweges, Stuttgart 1968; G. Rist/P. Schneider, Die Hiberniaschule. Von der Lehrwerkstätte zur Gesamtschule, 2. Aufl. Hamburg 1980.

25 S. Bai, W. E. Barkhoff u. a., Die Rudolf-Steiner-Schule Ruhrgebiet, Hamburg 1976.

26 Zu diesen Fragen E. Gabert, Lehrerbildung im Sinne der Pädagogik Rudolf Steiners, Stuttgart 1981; J. Kiersch, Freie Lehrerbildung, Stuttgart 1978.

27 E. M. Kranich, L. Ravagli, Waldorfpädagogik in der Diskussion, Stuttgart 1990

28 R. Steiner in einer Ansprache; abgedruckt in: Allgemeine Menschenkunde als Grundlage der Pädagogik, a. a. O., S. 206.

29 Siehe W. Schroeder u. a., Christentum, Anthroposophie, Waldorfschule, Stuttgart 1987. G. Altehage (Hg.), Im Vorfeld des Dialogs, Stuttgart 1992.

Hans-Friedbert Jaenicke

Heilpädagogische Schulen auf anthroposophischer Grundlage

I.

Seit fast 70 Jahren gibt es in Deutschland heilpädagogische Schulen, die auf der Grundlage anthroposophischer Menschenerkenntnis und in Anlehnung an den Waldorflehrplan Kinder betreuen, die einer besonderen Pflege und Förderung bedürfen. Diese Pädagogik für entwicklungsgestörte Kinder sieht ihre Aufgabe darin, den Lebenszusammenhang von leiblicher Behinderung und geistig-seelischer Durchdringung dieser Leiblichkeit zu pflegen und zu therapieren. Unregelmäßigkeiten in der Entwicklung, bedingt durch körperliche oder soziale Hinderungen oder durch nicht genügendes Ergreifen der Leiblichkeit führen zu Störungen in der Entfaltung individueller Möglichkeiten. Die Individualität des Kindes als solche wird nicht als krank oder behindert betrachtet; vielmehr wird davon ausgegangen, daß sie durch Krankheit oder Entwicklungsstörungen gehindert wird, sich ihrem Wesen gemäß zu entfalten. Eine «geistige Behinderung» gibt es unter diesem Gesichtspunkt nicht, sondern nur eine Verhinderung geistig-seelischer Entfaltung. Rudolf Steiner, der Begründer dieser speziellen Pädagogik, bezeichnete die Tätigkeit des Heilpädagogen als «Seelenpflege». Unabhängig von der Art der Störung sind heilpädagogisch zu betreuende Kinder als seelenpflegebedürftige Kinder zu betrachten.

Auch das seelenpflegebedürftige Kind entwickelt sich gemäß den menschlichen Entwicklungsgesetzen, denn jedes Kind durchläuft die Reifungsstufen des gesunden Kindes, wenn auch mit Verzögerungen oder spezifischen Einseitigkeiten und Varianten. Darum bietet der Lehrplan der Waldorfschulen, der auf diesen allgemeinen Entwicklungsschritten beruht, auch für gestörte Kinder auf jeder Altersstufe eine angemessene Entwicklungshilfe. Der altersgemäße Lehrstoff, der sich nicht nur an die intellektuellen Fähigkeiten wendet, sondern an den ganzen Bereich seelischer Kräfte, gibt dem entwicklungsgestörten Kind im Rahmen seiner individuellen Möglichkeiten wesentliche Anreize. Der Waldorflehrplan wird dabei in seinem Gehalt nicht verringert, sondern heilpädagogisch und therapeutisch modifiziert. Die Methodik der Waldorfpädagogik ist für das entwicklungsgestörte Kind im besonderen Maße geeignet, weil durch die umfassende künstlerische Ansprache des Kindes alle Seelenfähigkeiten, das Denken, das Fühlen und das Wollen, angeregt und ausgebildet werden können.

Geht man andererseits davon aus, daß die Individualität des Kindes nicht behindert ist, und zugleich von der Altersbezogenheit des Waldorflehrplans, so ergibt sich der Grundsatz eines gemeinsamen Unterrichts für verschiedenartig gestörte Kinder. Das bedeutet, daß im Hauptunterricht der heilpädagogischen Schule Kinder mit unterschiedlichen Behinderungen gemeinsam unterrichtet werden, während in Therapie- und Übstunden die besonderen Schwierigkeiten und Bedürfnisse des einzelnen Kindes Berücksichtigung finden. So wie sich der Stoff des Epochenunterrichts altersgemäß an das Allgemein-Menschliche des Kindes wendet, so werden die individuellen Störungen durch besondere heilpädagogische und therapeutische Maßnahmen in der kleinen Gruppe oder in der Einzeltherapie angesprochen und behandelt.

Anthroposophische Heilpädagogik bemüht sich, jedes gestörte Kind – und sei es noch so behindert – zu einer möglichst vollkommenen Ausreifung der Persönlichkeit und zur Entfaltung seiner geistig-seelischen und körperlichen Fähigkeiten zu führen.

II.

Die heilpädagogischen Schulen auf anthroposophischer Grundlage entstanden aus verschiedenen Zusammenhängen heraus und sind auch bis heute in sehr unterschiedlicher Form vorhanden.

1. In Verbindung mit dem klinisch-therapeutischen Institut in Arlesheim in der Schweiz, mit dem ersten Heil- und Erziehungsheim für seelenpflegebedürftige Kinder «Lauenstein» bei Jena und mit den Heimen der Camphill-Bewegung, die sich von Schottland und England über weite Teile der Welt ausbreitete, entstanden als integrativer Bestandteil der Heimbetreuung Schulen am Heim, in denen entwicklungsgestörte Kinder auf der Grundlage der Waldorfpädagogik unterrichtet wurden.

Vor dem Zweiten Weltkrieg gab es in Deutschland sieben Heime dieser Art. Sie alle mußten ihre Tätigkeit in der Zeit der nationalsozialistischen Herrschaft einstellen. Seelenpflegebedürftige Kinder galten als «unwertes Leben», und auch Schulen auf Grundlage der Waldorfpädagogik durften schließlich nicht mehr arbeiten. – Inzwischen gibt es in der Bundesrepublik über 20 heilpädagogische Heimschulen, in denen ca. 2000 Kinder mit unterschiedlichen Behinderungen und Störungen auf der Grundlage anthroposophischer Menschenkunde und der aus ihr hervorgegangenen Waldorfpädagogik unterrichtet werden.

2. Im Zusammenhang mit der ersten Waldorfschule in Stuttgart wurde schon bald nach deren Gründung eine Hilfsklasse errichtet (1920), in der solche Kinder vorübergehend betreut wurden, die aufgrund von Entwicklungsstörungen in der «Normalklasse» nicht ausreichend zu fördern waren. Ausgehend von dem Modell dieser ersten Förderklasse – es waren mehrere Klassen geplant – richteten schon vor dem Zweiten Weltkrieg auch andere Waldorfschulen einzelne Hilfsklassen ein. Nach 1945, als in wenigen Jahren über 25 Waldorfschulen neu entstanden, wurden an mehreren dieser Schulen Hilfs- oder Förderklassen errichtet. Die Waldorfschule geht von einem Konzept aus, welches ermöglicht, im einheitlichen Klassenverband nicht nur Kinder mit durchaus unterschiedlichen Begabungen und aus verschiedenen sozialen Schichten zu führen, sondern welches auch bis zu einem gewissen Grade erlaubt, Kinder mit leichteren Behinderungen verschiedener Art zu integrieren. Dieser sozialpädagogische Ansatz führte aber vielerorts zu der zusätzlichen Einrichtung von kleinen Förderklassen. Hier konnten die Kinder, die vorübergehend oder auf längere Zeit den Anforderungen der größeren Klasse nicht gewachsen waren, unter Einsatz besonderer heilpädagogischer Maßnahmen so weit gefördert werden, daß häufig eine Rückgliederung in den Klassenverband möglich wurde.

Einzelne Förderklassen brachten aber naturgemäß in Anbetracht der wachsenden Tendenz von Entwicklungsstörungen nur eine eingeschränkte Hilfe. Auch im Hinblick auf altersgemäßen Unterricht, auf Rehabilitation und auf das Erreichen von Schulabschlüssen sind zwei oder drei Klassen keine optimale Lösung. An einzelnen Waldorfschulen entstanden daher mehr oder weniger ausgebaute Förderzüge. Die Entwicklung zu voll ausgebauten Schulen dieser Art setzte sich fort. Das gilt besonders – aber nicht nur – für Nordrhein-Westfalen, wo eigenständige «Waldorf-Sonderschulen für Erziehungshilfe» unter dem Dach der «Regel»-Waldorfschule genehmigt wurden (Bonn, Bochum, Dortmund, Essen, Schloß Hamborn, Wanne-Eickel und in anderen Bundesländern: Chemnitz, Hannover-Bothfeld, Mannheim und Überlingen). In diesen Schulen können entwicklungsgestörte Kinder mit unterschiedlichen Behinderungen gemeinsam unterrichtet werden, und sie haben – sofern sie nicht nach Überwindung ihrer Störungen zur Regelschule rückgegliedert werden können – die Möglichkeit, nach 12jähriger Waldorfschulzeit in der kleinen Klasse normale Abschlüsse (Hauptschulabschluß und Fachhochschulreife) zu erlangen.

Neben den integrierten Förderzügen entstanden seit den sechziger Jahren auch eigenständige Waldorfschulen für Erziehungshilfe in Berlin, Freiburg, Hamburg und bei Saarbrücken. In der Regel werden in diesen Waldorf-Sonderschulen lernbehinderte und verhaltensgestörte Kinder gemeinsam unterrichtet.

3. Nach 1945 gab es in der Bundesrepublik nicht genügend Heimplätze für seelenpflegebedürftige Kinder, die damals weitgehend nicht schulpflichtig waren. Besonders in den großen Städten lebten viele dieser Kinder, die bildungsfähig waren, für die es aber keinen Rechtsanspruch auf Schulbildung und Sozialhilfe gab. Die Unterbringung in Heimen scheiterte zumeist an mangelnden Heimplätzen und an finanziellen Problemen; schließlich war auch in vielen Fällen eine Herausnahme aus dem Familienzusammenhang nicht unbedingt erforderlich. Darum entstanden in der Bundesrepublik in über zehn Großstädten lange vor dem Erlaß des Bundessozialhilfegesetzes (1961) und vor der Einführung der Schulpflicht für schwerbehinderte Kinder sogenannte Tagesbildungsstätten für seelenpflegebedürftige Kinder. Nur unter großen Opfern von seiten der Eltern und der anthroposophischen Heilpädagogen konnten diese Schulen errichtet und aufrechterhalten werden. Erst gegen Ende der sechziger Jahre wurde die rechtliche und wirtschaftliche Situation dieser Schulen durch das Bundessozialhilfegesetz und durch Einführung der allgemeinen Schulpflicht gesichert. Mit der Neuordnung des Sonderschulwesens in der Bundesrepublik wurden die Schulen für seelenpflegebedürftige Kinder, die bisher als Tagesbildungsstätten der Aufsicht der Sozialbehörden unterstanden, weitgehend umgewandelt in sogenannte «Sonderschulen für Geistigbehinderte». Was sich vorher in relativ großzügiger Freiheit entfalten und bewähren konnte, wurde jetzt mehr und mehr durch Anpassungszwang von außen eingeengt und eingeschränkt:

a) Die Aufnahme von Schülern wurde staatlich überwacht und vollzog sich nach defektorientierten Gesichtspunkten. Der gemeinsame

Unterricht verschiedenartig behinderter Kinder wurde weitgehend erschwert oder verunmöglicht. Eine eigenständige integrative Schulform «Schule für seelenpflegebedürftige Kinder» konnte bisher in keinem Bundesland rechtlich durchgesetzt werden.

b) Mit der Herausgabe von staatlichen Bildungsplänen für Geistigbehinderte (praktisch Bildbare), die sich nach den eingeschränkten Möglichkeiten der Behinderten richteten, wurde der Waldorflehrplan für diesen Bereich nur noch bedingt anerkannt; es mußten gleichwertige Bildungspläne für seelenpflegebedürftige Kinder geschaffen werden, die sich an den staatlichen Plänen zu orientieren hatten.

c) Mit zunehmender Differenzierung der Sonderschulausbildung im staatlichen Bereich traten personelle Schwierigkeiten auf, weil langjährig bewährte Mitarbeiter und Leiter der Heim- und Tagesschulen von den Aufsichtsbehörden in Frage gestellt wurden und weil die grundständige Ausbildung zum anthroposophischen Heilpädagogen nicht als gleichwertig der staatlichen Sonderschullehrerausbildung anerkannt wurde.

III.

Zur Zeit gibt es in der Bundesrepublik 22 «Sonderschulen» für seelenpflegebedürftige Kinder. Sie sind – wie auch die 20 Heim-«Sonderschulen» – weitgehend Mitglied im «Verband anthroposophischer Einrichtungen für Heilpädagogik und Sozial-Therapie e. V.» oder in der deutschen Camphill-Bewegung. Dagegen sind die unter II,2 genannten Förderzüge und Schulen für Erziehungshilfe weitgehend Mitglied im «Bund der Freien Waldorfschulen e. V.».

Die heilpädagogischen Heim- und Tagesschulen sowie die Waldorfschulen mit Förderklassen und -zügen haben sich zusammengeschlossen zu einer fachorientierten «Arbeitsgemeinschaft heilpädagogischer Schulen auf anthroposophischer Grundlage». Diese Arbeitsgemeinschaft versteht sich als Fachkonferenz der als Lehrer tätigen anthroposophischen Heilpädagogen und sieht ihre Aufgabe auf folgenden Gebieten:

1. Weiterarbeit an den therapeutischen und pädagogischen Grundlagen (anthroposophische Menschenkunde; Lehrplan; Methodik; Therapie usw.).

2. Ausbildung und Fortbildung von unterrichtenden Heilpädagogen in Fortbildungstagungen, berufsbegleitenden Kursen, in Um-

schulungs-Jahreskursen und in der Einrichtung einer grundständigen gleichwertigen Ausbildung zum Lehrer an heilpädagogischen Schulen auf anthroposophischer Grundlage.

3. Beratung und Betreuung von Gründungsinitiativen.

4. Zusammenarbeit hinsichtlich der bildungspolitischen und schulrechtlichen Entwicklung in den Bundesländern in Verbindung mit dem «Bund der Freien Waldorfschulen» und der «Arbeitsgemeinschaft der Schulen in freier Trägerschaft».

Gerold Becker unter Mitarbeit von Johann Peter Vogel und Klaus Weidauer

Die deutschen Landerziehungsheime

Vorbemerkung

Die folgende Darstellung besteht aus drei Teilen. Im ersten Teil wird versucht, aus der Geschichte und der gegenwärtigen Wirklichkeit der Landerziehungsheime abzuleiten, was eigentlich ihr «gemeinsamer Nenner» ist. In einem zweiten Teil soll an einer Reihe von Beispielen verdeutlicht werden, wie diese pädagogische Theorie in alltäglicher Praxis aussieht. Der dritte Teil gibt eine Übersicht über Bestand, Geschichte und Bibliographie der Landerziehungsheime.

I.
Wurzeln in der «reformpädagogischen Bewegung»

In der «Vereinigung Deutscher Landerziehungsheime» sind achtzehn selbständige Internatsschulen (siebzehn in Deutschland und eine in der Schweiz) zu einer Arbeitsgemeinschaft zusammengeschlossen. In ihnen ist eine besondere Form der Internatserziehung verwirklicht. Sie hat ihre Wurzeln in der «reformpädagogischen Bewegung» des ersten Drittels dieses Jahrhunderts und ist von den Wertentscheidungen und Hoffnungen, Entwürfen und «Erfindungen» dieser Bewegung beeinflußt.

Im kleinsten Landerziehungsheim leben etwa 90, in den drei (an verschiedenen Orten gelegenen) Zweigschulen des größten etwa 500 Jungen und Mädchen. Insgesamt haben die in der «Vereinigung Deutscher Landerziehungsheime» zusammenarbeitenden Internatsschulen etwa 4000 Schüler. Sie sind also, verglichen z. B. mit den großen Verbänden konfessioneller Schulen, eine kleine Gruppe von Schulen in freier Trägerschaft. Um so bemerkenswerter ist es, daß ihnen in Darstellungen der Geschichte der Pädagogik des 20. Jahrhunderts immer ein besonders wichtiger Platz zugewiesen wird.

Träger der einzelnen Landerziehungsheime sind jeweils Stiftungen oder gemeinnützige Vereine. Bei allen bilden Schule und Heim (Internat) eine untrennbare Einheit. Die meisten sind «reine» Internatsschulen, das soll heißen, daß sie unter ihren Schülern jeweils nur einen geringen Anteil von «externen» (also: von nicht in der Schule wohnenden) Schülern haben. Oder umgekehrt: fast alle Jungen und Mädchen, die Schüler eines Landerziehungsheimes sind, gehen dort nicht nur zur Schule, sondern leben dort auch während der Schulmonate – oft viele Jahre lang.

Die meisten Landerziehungsheime sind Gymnasien, einige mit Realschulzweigen. Sie folgen, wo sie nicht eigene Programme entwickelt haben, den Lehrplänen der entsprechenden staatlichen Schularten ihres Bundeslandes. Die Odenwaldschule ist eine Gesamtschule besonderer pädagogischer Prägung. Schulrechtlich sind die Landerziehungsheime «anerkannte Ersatzschulen», das heißt unter anderem, daß die an ihnen erworbenen Zeugnisse unter denselben Bedingungen erteilt werden und die gleichen Berechtigungen verleihen wie die Zeugnisse entsprechender staatlicher Schulen.

Trotz der verhältnismäßig kleinen Zahl kann nur mit Einschränkungen von einem einheitlichen Internatsschultyp gesprochen werden: Jedes Landerziehungsheim hat seinen eigenen Charakter. Das Gemeinsame und Verbindende liegt zunächst darin, daß sich alle (mit Ausnahme des viel früher gegründeten, in Herrnhuter Traditionen stehenden Zinzendorf-Gymnasiums in Königsfeld) bei ihrer Gründung in Zustimmung oder Abgrenzung auf die pädagogischen Ideen von Hermann Lietz berufen haben.

Hermann Lietz ist die (Wieder-)Entdeckung der Einsicht zu verdanken, daß Aufwachsen im Internat mehr ist (sein könnte, sein sollte) als der Besuch einer guten Schule mit angeschlossener Wohnmöglichkeit. Schon in dem von ihm für seine erste Gründung gewählten Namen *«Landerziehungsheim»* sind, programmatisch, drei Elemente dieses pädagogischen Entwurfs benannt und miteinander in Verbindung gebracht:

- Es sind Internatsschulen, die nicht zufällig, sondern absichtsvoll *auf dem Land* liegen (meist in sehr eindeutig geprägten «Land»-schaften – von einer Nordseeinsel bis hoch in den Schweizer Alpen). Die unmittelbar erfahrbare Nähe der Natur, ein vom Wechsel der Jahreszeiten und von den Besonderheiten der Landschaften bestimmter Lebensraum scheint ihnen, heute wie zur Zeit ihrer Gründer, eine Voraussetzung für die Verwirklichung einer Lebensform zu sein, die ihrer pädagogischen Zielsetzung, aber auch einem neu erwachten ökologischen Bewußtsein entspricht.

- Es sind Internatsschulen, die *Erziehung* als ihre wichtigste Aufgabe ansehen. In den Begriffen von heute läßt sich diese Betonung des Erzieherischen als ein Protest gegen die «Kopflastigkeit» von Schule, gegen die «einseitige Überbewertung von intellektuellen Leistungen», gegen die Verkümmerung der Schule zur reinen «Lernschule» interpretieren. Natürlich ist für die Landerziehungsheime schulisches Lernen ein wichtiger Teil der von ihnen gewollten Erziehung. Aber sie gehen davon aus, daß auch die anderen, nicht-intellektuellen Kräfte und Möglichkeiten, Eigenschaften und Fähigkeiten jedes Kindes und Jugendlichen der Anregung und Förderung, der Kultivierung und Bildung bedürfen. Sie meinen, daß eine Schule, die diese Erziehungsaufgaben verdrängt oder als «Überforderung» von sich weist oder durch «Dressur» oder «Disziplinarmaßnahmen» zu lösen versucht, ihren pädagogischen Auftrag verfehlt.
- Es sind Internatsschulen, die nicht «Institute» oder «Anstalten» sein wollen, sondern ein *Heim*, ein Ort also, wo man als Kind oder Jugendlicher «heimisch» werden, sich «zu Hause» fühlen kann. Sie sind «Wohnschulen» für ihre Schüler und für ihre Lehrer. Es ist in ihnen nicht ungewöhnlich, daß ehemalige Schüler später ganz selbstverständlich «zurück»kommen, um einige Tage in «ihrer» Schule zu leben.

Das Landerziehungsheim eröffnet ergänzende Erfahrungs- und Lebensmöglichkeiten, die selbst das «beste» Elternhaus in Verbindung mit der «besten» Tagesschule heute so wenig versprechen kann wie zur Zeit der Gründung der Landerziehungsheime:
- die Lebens- und Arbeitsgemeinschaft der Generationen;
- die Notwendigkeit, über das «gemeinsame Gute» tagtäglich nachzudenken, es miteinander auszuhandeln und zu verwirklichen, d.h., sich immer wieder darüber zu einigen, was jetzt gelten soll, wie ein Wertkonflikt gelöst werden kann und was deshalb in einem konkreten Fall (im Unterricht oder im Miteinanderleben) geschehen muß;
- die prägende Erfahrung von praktischer Verantwortung füreinander und für den gemeinsamen Lebensraum, auch und gerade wenn der nicht auf persönliche oder familiäre Bindungen beschränkt ist; und das bedeutet notwendig:
- gute Chancen für das Heranwachsen zum mutigen und verantwortungsbereiten «mündigen Bürger» in einer Zeit, in der die Lebensbedingungen immer anonymer und fremdbestimmter werden.

Die gemeinsame Überzeugung der Landerziehungsheime ist, daß ihr Festhalten an dieser «Entdeckung» ihrer Gründer nicht etwa das Beharren bei liebgewordenen und entsprechend verklärten Traditionen ist, sondern ein Auftrag, auch unter den Bedingungen der Gegenwart und der voraussehbaren Zukunft verantwortlich, menschenwürdig und zugleich den Bedürfnissen der Kinder und Jugendlichen entsprechend zu erziehen. Sie versuchen in ihrer pädagogischen Arbeit bewußt die «Schlüsselprobleme» der Gegenwart und der voraussehbaren Zukunft ernst zu nehmen (Stichworte: Bewahrung der natürlichen Lebensgrundlagen, Friedenserziehung, Umgang mit «Fremden», ein neues Verständnis der Männer- und Frauenrolle usw.)

Den Landerziehungsheimen bleibt in vielen Fällen gar keine andere Wahl, als «Ersatz» für ein Elternhaus und das Aufwachsen in der Familie zu sein (z. B. weil es diese Familie nicht mehr gibt oder sie unerreichbar ist). Sie bejahen diese Aufgabe. Doch wissen sie, daß sie all ihren Schülern (auch und gerade denen, die das Glück eines verläßlichen Elternhauses haben – und das sind die meisten von den Jungen und Mädchen, die in Landerziehungsheimen leben) darüber hinaus Erfahrungen ermöglichen müssen und können, durch die nicht nur die Kräfte des Verstandes entwickelt und geübt werden, sondern die ganze Person «gebildet» wird. Sie wissen außerdem, daß durch die Notwendigkeiten des Zusammenlebens von Lehrern und Schülern (also von Menschen, die weder verwandtschaftlich verbunden sind noch sich nach Sympathie ausgewählt haben) dieses Ziel sicherer zu erreichen ist als in einer Vormittagsschule. Aus diesem Grunde haben sie die Form von überschaubaren Gemeinwesen,

- in denen «theoretische» Überlegungen und Überzeugungen ständig durch Alltagspraxis eingelöst werden müssen;
- in denen sachliche Kompetenz und persönliche Integrität aller Beteiligten sich immer wieder neu in konkreten Situationen bewähren müssen;
- in denen es gute Chancen gibt, bedeutungsvolle menschliche Beziehungen mit Gleichaltrigen, Älteren oder Jüngeren auch außerhalb der Familie anzuknüpfen und durchzuhalten;
- wo also die Bedingungen günstig sind, daß sich «soziales» Lernen gleichsam «von selbst» und damit vermutlich um so wirkungsvoller ereignet.

Über Hermann Lietz und die anderen «Gründer» hinaus stehen die Landerziehungsheime in einer pädagogischen Tradition, die in einer kritischen amerikanischen Bestandsaufnahme der Pädagogik der letzten 200 Jahre so formuliert worden ist: «Wenn die alten progressiven Pädagogen davon sprachen, ‹das ganze Kind› zu unterrichten, so waren sie nicht idealistisch. Sie waren realistisch. Lehrer haben keine andere Möglichkeit als die, ‹das ganze Kind› zu unterrichten... Alle diese Männer haben etwas gemeinsam; fast alle sind ‹Romantiker›, d.h., sie glauben daran, daß die menschlichen Lebensbedingungen sich durch intelligente Reformen verbessern lassen. Sie sind alle mutige und einfallsreiche Denker, d.h., daß sie von der lähmenden Ängstlichkeit konventioneller Vorstellungen frei sind. Alle haben versucht, mit gegenwärtigen Problemen fertig zu werden, d.h., alle können eine unwichtige, nicht realisierbare Idee von einer wichtigen und realisierbaren unterscheiden.» (Neil Postman/Charles Weingartner, Fragen und Lernen, Frankfurt 1972, S. 13 und 122).

Geschichte

Hermann Lietz (geboren 28. April 1868) hatte in seiner Jugend in Greifswald und Stralsund Schulerfahrungen gemacht, die sein späteres Urteil über die Verhältnisse an staatlichen Schulen beeinflußten und ihn zu der Überzeugung brachten, daß es notwendig sei, Gegenmodelle zu entwickeln. Nach dem Studium der Theologie und der Promotion in Philosophie legte er 1892 die Oberlehrerprüfung ab (Philosophie, Deutsch, Religion, Hebräisch).

Nach einigen Jahren wechselnder Lehrtätigkeit an staatlichen und privaten Schulen, unterbrochen durch soziale Arbeit mit Berliner Arbeiterkindern, kam er 1896 für ein Jahr zu Cecil Reddie an die englische Internatsschule Abbotsholme. «The New School Abbotsholme» war von Reddie 1889 als Alternative zu den üblichen (und teilweise hochberühmten) englischen *Public Schools* gegründet worden; in ihr wurde eine einfache, naturverbundene Lebensweise, körperliche Arbeit – vor allem in der Landwirtschaft – und ein nicht auf hierarchischer Distanz beruhendes Verhältnis zwischen Schülern und Lehrern besonders betont. Was Lietz bei diesem Aufenthalt erlebte und erkannte, formulierte er auf dem Hintergrund seiner früheren Erfahrungen in einer kritischen Streitschrift, die zugleich das Bild einer «neuen Schule» entwarf («Emlohstobba», das ist: «Abbotsholme» rückwärts gelesen, erschienen 1897). Dieses Programm suchte er dann 1898 mit seiner ersten Gründung, dem «Deutschen Landerziehungsheim» in Ilsenburg am Harz in pädagogische Praxis umzusetzen.

Mit seinen Zielvorstellungen entsprach er, mit seiner Praxis verwirklichte er Gedanken und Hoffnungen, die auch andere bewegten. So gab es innerhalb weniger Jahre, oft durch Mitarbeiter, die sich von Lietz getrennt hatten, eine Reihe weiterer Gründungen, die bei allen Unterschieden im einzelnen doch so viele gemeinsame Züge aufwiesen, daß sich die von Lietz für seine Schulen gewählte Bezeichnung «Landerziehungsheim» als eine Art Gattungsbezeichnung durchsetzte. (Daneben auch «Freie Schulgemeinde», «Landschulheim» und andere Bezeichnungen. Eine 1924 in der Odenwaldschule gegründete Arbeitsgemeinschaft all dieser Gründungen hieß «Vereinigung der Freien Schulen [Landerziehungsheime und Freie Schulgemeinden] in Deutschland», sie war der Vorläufer der 1947 gegründeten «Vereinigung Deutscher Landerziehungsheime».)

In der Geschichte der «reformpädagogischen Bewegung» bildet die «Landerziehungsheimbewegung» mit Recht einen wichtigen Unterabschnitt. Zutreffend ist sie als «Schulreform durch Neugründung» beschrieben worden. Der Anfang der Landerziehungsheime um die Jahrhundertwende gehört in den Zusammenhang der Jugendbewegung, der Frauenbewegung, der Arbeiterbildungsbewegung. Er war somit Teil umfassender reformerischer Bemühungen, die nicht nur die Schule betrafen. An ihm ist deutlich geworden, daß es privater Initiative gelingen konnte, Gegenmodelle zum staatlichen Schulwesen zu entwerfen und zu verwirklichen, die in der Folgezeit einen erheblichen Einfluß auf die Veränderung gerade dieses staatlichen Schulwesens gehabt haben.

Der Entwurf eines neuen Typs von Schule, wie ihn Hermann Lietz unternommen hatte, ist für alle Gründungen der folgenden Jahrzehnte Maßstab und – auch in der Auseinandersetzung mit ihm – Anregung gewesen, so für die «großen Gründer» der ersten Zeit und ihre Nachfolger: Julius Lohmann, später Ernst Reisinger (Schondorf), Gustav Wyneken (Wickersdorf), Paul Geheeb (Odenwaldschule), Alfred Kramer und Theo Lehmann (Holzminden), Martin Luserke (Schule am Meer, Juist), Bernhard Uffrecht (Freie Schul- und Werkgemeinschaft Letzlingen), Alfred Andreesen (Ettersburg, Gebesee, Buchenau, Spiekeroog, Hohenwehrda) und auch für Kurt Hahn (Salem). Viele von ihnen haben seinen Entwurf um entscheidende Gedanken erweitert. Die einen haben die patriarchalische Struktur der Lietzschen Heime durch eine stärkere Beteiligung der Schüler an allen Entscheidungen («Schulgemeinde») verändert (Wyneken und Geheeb). Ein anderer (Geheeb) hat das Prinzip Koedukation konsequent zu Ende gedacht, nicht nur als gemeinsame Erziehung der Geschlechter (ab 1919), sondern auch als «Koedukation» der Rassen, der Nationen, der Religionen, der sozialen Schichten, der Begabungen in einer «Schule der Menschheit», der Ecole d'Humanité (ab 1934). Ein anderer hat als neue Form des Theaters in der Schule das «Laienspiel» erfunden (Luserke). Ein anderer hat die philosophischen und religiösen Strömungen der Zeit aufgenommen und als Interpret der «Jugendbewegung» mit einer einflußreichen schriftstellerischen Tätigkeit die Vorstellungen seiner Epoche über die Bedeutung der «Jugend» verändert (Wyneken). Ein anderer hat die Aufmerksamkeit auf den erzieherischen Wert der Erfahrung von Grenzsituationen und realer Verantwortung gerichtet (Hahn). Ein anderer hat die Pädagogik der Landerziehungsheime mit christlichen Traditionen des Gemeinschaftslebens verbunden und zu einer «Evangelischen Schulgemeinde» zusammengeführt (Hell). Andere, ausgehend von einem lebensreformerischen Konzept (Uffrecht) oder von einem kämpferischen Sozialismus (Minna Specht), haben den Bildungswert körperlicher Arbeit radikal begründet.

Neben der schon beschriebenen positiven Bedeutung, die sie dem Aufwachsen in einer erzieherischen Lebensgemeinschaft zumaßen, waren sich die Gründer, wie man aus den Beschreibungen des Alltags der Heime in diesen Jahren sehen kann, bei allen Unterschieden und individuellen Schwerpunkten offenbar in bestimmten pädagogischen Überzeugungen einig:

- Wesentliche Bildungsaufgaben (z. B. Bildung des Charakters, Erziehung der Emotionen, Ausbildung der Handfertigkeit) bleiben in einer Schule, die sich nur auf das Unterrichten im herkömmlichen Sinne beschränkt, ungelöst. Aber nicht nur die traditionell von der Schule geförderten intellektuellen Fähigkeiten sind wichtig und förderungswürdig. Andere Anlagen (z. B. musische Begabungen, manuelle Geschicklichkeit, auch soziale Fähigkeiten) werden als prinzipiell gleichrangig angesehen.
- Daher muß der Unterricht neu durchdacht werden, muß mehr praktische Anteile und mehr Lebensbezug erhalten, muß aber vor allem auch der außerunterrichtliche Bereich bewußt in pädagogische Verantwortung übernommen, müssen die Regeln und Strukturen des gemeinsamen Lebens sorgfältig überlegt werden. Die Grenze zwischen Unterricht und außerunterrichtlichen Veranstaltungen, zwischen Schule und Internat wird fließend. (Lietz: «In früherer Zeit fiel der Schule in der Hauptsache nur der Unterricht als Aufgabe zu. Für die Erziehung sorgten im allgemeinen Elternhaus und Umgebung. Heute muß die Schule die Aufgaben der Er-

ziehung zum Teil mit übernehmen und darf sich mit der Erledigung des bloßen Unterrichts nicht mehr begnügen.»)

- Die Bereitschaft einer Schule, sich auf die Einmaligkeit jedes Kindes und seine besonderen Gaben und Fähigkeiten einzulassen, erweist sich deutlich gerade an denjenigen, die vom Durchschnitt abweichen, den einseitig oder überdurchschnittlich Begabten, aber auch den Schwierigen, den Frühreifen, den Spätentwicklern, den Originellen, den Abweisenden. So fanden in den Landerziehungsheimen von Anfang an immer auch Schüler (und Lehrer!), die im Routinebetrieb des öffentlichen Schulwesens mit seinen geringen Toleranzspielräumen zerbrochen wären oder zerbrochen waren, Lebens- und Entwicklungsmöglichkeiten.
- Das Milieu, die Atmosphäre, in der ein Kind oder Jugendlicher lebt, erzieht ihn dauernd und vielleicht nachhaltiger als aller Unterricht. Deshalb sind der «Stil» des Heimes, seine Lage, seine Größe, die täglichen Bräuche so außerordentlich wichtig. Manche der damals gefundenen Lösungen (ob mit oder ohne jugendbewegten Einschlag) wirken heute vielleicht ein wenig altmodisch, aber die Grundeinsicht, daß auch die Bedingungen, unter denen ein Kind günstiger oder ungünstiger aufwächst, beeinflußbar sind und deshalb vom Erzieher verantwortet werden müssen, gilt unverändert.
- Die erzieherische Funktion der Altersgruppe (also die zentrale Erfahrung der Jugendbewegung) wird verstanden, bejaht und bewußt eingesetzt: In allen Heimen haben die Untergruppen («Familien», Wohngemeinschaften, Mentorate o. ä.) in unterschiedlichen Formen ein autonomes Eigenleben entfaltet.

Eigenarten des pädagogischen Alltags

Diese gemeinsamen pädagogischen Grundüberzeugungen setzten sich in bestimmte, kennzeichnende Eigenarten des pädagogischen Alltags um, die die einzelnen Landerziehungsheime auch heute bei aller Unterschiedlichkeit untereinander doch sehr ähnlich (und von anderen Internaten unterscheidbar) machen. Zu nennen wären etwa:

- die Tatsache, daß der Erwachsene nicht so sehr in Gefahr ist, ein auf seine «Lehrfunktionen» reduzierter Lehrer zu werden, weil er als ein Partner der Kinder und Jugendlichen im ständigen Dialog mit ihnen leben kann (Lietz: «Das ganze Jahr hindurch lebte ich mit den Schülern und für sie, auch in den Ferien.»);
- eine starke Identifikation der Lehrer mit ihrem Beruf;

- die Bereitschaft zur Individualisierung des pädagogischen Handelns, d.h. die Bereitschaft, sich für die individuellen Probleme eines Kindes individuelle Lösungen zu überlegen;
- Geduld und die Fähigkeit, lange abzuwarten und «pädagogische Phantasie» einzusetzen, um auch bei Fehlschlägen neue Versuche zu unternehmen;
- die Ausprägung eines jeweils eindeutigen Stils und besonderer Bräuche und Traditionen in den einzelnen Heimen. Für die Kinder und Jugendlichen, aber auch für die Erwachsenen ist «ihre» Schule unverwechselbar;
- die Anerkennung der grundsätzlichen Gleichwertigkeit von anderen als den herkömmlichen «schulischen» Leistungen und Fortschritten für die Entwicklung eines Kindes oder Jugendlichen (darum: die Betonung von Anregung, Anleitung und Ausbildung z. B. in Kunst, Theater, Sport, Handwerk usw.);
- das Wissen, daß das jeweilige Landerziehungsheim jeweils das gemeinsame «Werk» aller Beteiligten ist; Schule kann also etwas anderes sein als eine von der staatlichen Verwaltung vorgegebene Institution; damit eröffnet sich die Möglichkeit, Konflikte und Solidarität bei der Formulierung und Bewältigung von gemeinsamen, konkreten Aufgaben zu erfahren und nicht in einem abstrakten Widerstand gegen «die Schule» oder «die Verwaltung»;
- das entschlossene Ernstnehmen des Kindes und Jugendlichen als Gesprächspartner und Gegenüber. Das zeigte sich damals etwa in der Einrichtung der «Schulgemeinde», einer abstimmungsberechtigten Vollversammlung aller Schüler und Lehrer, wie sie manche Landerziehungsheime besaßen. Heute findet es seine Verwirklichung in unterschiedlichen, meist aber sehr weitreichenden Formen der Beteiligung aller Betroffenen, also auch der Schüler, an allen Entscheidungsvorgängen;
- die Überzeugung: eine gute Schulausbildung und anerkannte Abschlußzeugnisse mit ihren Berechtigungen sind für Kinder und Jugendliche heute unverzichtbar. Deshalb muß es guten Unterricht unter günstigen Bedingungen (z. B. kleine Lerngruppen, wechselnde Unterrichtsformen, individuelle Lernhilfen, Anleitung zur Selbsttätigkeit usw.) geben. Noch wichtiger aber ist es, daß diese Kinder und Jugendlichen so aufwachsen, daß sie auch in der Welt von morgen fähig sein werden, in «Freiheit und Würde», in Selbstbestimmung und Verantwortung zu leben;
- die Möglichkeit eines gemeinsamen Handelns mit den Eltern, die ja aus einem «Angebot» verschiedener Internatsschulen sich ge-

rade ein bestimmtes Landerziehungsheim gewählt haben, weil sie bei aller kritischen Distanz in Einzelfragen seine Wertentscheidungen und seine Zielsetzung bejahen.

Kein verbindliches weltanschauliches Programm

Die Entwicklung der Landerziehungsheime war nicht von Anfang an festgelegt, denn sie hatten kein weltanschauliches oder religiöses Programm, das für alle verbindlich gewesen wäre und eine gemeinsame Pädagogik begründet hätte (auch wenn sie in der Radikalität ihres Verständnisses von «pädagogischer Verantwortung» wohl mehr Gemeinsamkeit besaßen, als ihnen selbst bewußt war). Was wie ein Mangel aussieht, nämlich das Fehlen einer solchen weltanschaulichen oder religiösen Festlegung, erwies sich als die große Chance der Landerziehungsheime: Sie standen von Anfang an allen Konfessionen und Geistesrichtungen offen; sie mußten lernen, die Auseinandersetzungen, die sich aus der Vielfalt ergaben, nicht als Störung, sondern als erzieherischen Glücksfall zu begreifen: Gegenseitiges Verstehen, Achtung vor dem anderen, Toleranz sind darum in den Landerziehungsheimen nicht abstrakte Werte, sondern können im Alltag immer wieder neu erfahren werden und sich bewähren. Die Gefahr der Unverbindlichkeit, die damit verbunden sein könnte, ist geringer als der pädagogische Gewinn, der in der Notwendigkeit liegt, die Pluralität anzuerkennen und Konflikte auszutragen. Wyneken hat es freilich als Kritik gemeint, wenn er von den Landerziehungsheimen sagte, «daß sie keine eigentliche Idee verkörpern, sondern zufälligen Zeitumständen ihre Entstehung verdanken». Er hat recht. Doch sind die Landerziehungsheime eben nicht an diese «Zeitumstände» ihrer Entstehung gebunden geblieben, sondern antworten auf neue Aufgaben mit neuen Lösungen.

Die Heime haben immer auch für Menschen offengestanden, die durch die Umstände ihrer Zeit besonders geschädigt waren; etwa nach 1933, nach dem Ende des Zweiten Weltkrieges, in den Jahren des wirtschaftlichen Wiederaufbaus, in den gesellschaftlichen Umbrüchen der 60er und 70er Jahre oder auch im Zusammenhang mit der Teilung und Vereinigung Deutschlands. An ihnen wurden und werden jedoch jeweils allgemeine Schwierigkeiten sichtbar. Probleme, die sich auch an anderen Orten stellen, zeigen sich im überschaubaren Raum der Heime früher und deutlicher. Wege zu ihrer Lösung können zielbewußter als anderswo gesucht und beschritten werden.

Gemeinsame Aufgaben, besondere Schwerpunkte

Alle Heime wissen, daß sie nicht nur eine gute Schulbildung zu vermitteln haben, sondern für die gesamte Entwicklung der jungen Menschen verantwortlich sind. Dieser Aufgabe entsprechen sie mit einem individualisierten, die besonderen Bedürfnisse des einzelnen Jungen oder Mädchens berücksichtigenden Unterricht ebenso wie durch die verschiedenen Formen des außerunterrichtlichen Lebens. So versuchen sie, weitgespannte Zielvorstellungen wie «Persönlichkeitsbildung» im pädagogischen Alltag einzulösen.

Dabei haben sich im Laufe der Zeit in den einzelnen Schulen Schwerpunkte gebildet: Einige pflegen besonders den musischen Bereich: Chor, Instrumentalmusik, Theaterspielen oder auch Malerei, plastische Arbeiten, Druckgraphik. Andere legen besonderen Wert auf ein Training an «sozialen» Aufgaben (Schulfeuerwehr, Seenotrettungsdienst, Technisches Hilfswerk und organisierte Sozialdienste). Wieder andere betonen die handwerkliche Ausbildung, in Einzelfällen bis zur Berufsreife (ausführlicher sind eine Reihe solcher Beispiele in Teil II beschrieben). Was in einer bestimmten Schule vielleicht mit besonderem Nachdruck betrieben wird, gibt es allerdings in «Normalform» in fast allen Landerziehungsheimen: Theater wird überall gespielt, wie es an allen Landerziehungsheimen zumindest praktische Kurse oder eine kleine Schulfeuerwehr gibt.

Eine wichtige Voraussetzung für diese Formen der Persönlichkeits- und Charakterbildung ist, daß Schule und Heim nicht nebeneinander her existieren, sondern aufeinander bezogen sind, ja räumlich und personell eine Einheit bilden.

Die Landerziehungsheime und das Regelschulsystem

Welche Bedeutung haben die Landerziehungsheime heute für die «normalen» Schulen, für das allgemeine Bildungswesen?

Einerseits können sie Anregungen geben, rascher und unbefangener neue Lösungen für alte oder neue Fragen erproben. Sie verdeutlichen, daß bestimmte (von vielen bejahte) pädagogische Zielsetzungen nicht nur «eine schöne Utopie» sind, sondern in sehr verschiedenen Formen Alltagswirklichkeit werden können. Auch für das Regelschulsystem sind die Landerziehungsheime eine Mahnung, daß die (notwendige) Reform der Schule sich nicht in mehr oder weniger technokratischen Unterrichtsreformen erschöpfen darf.

Andererseits entlasten sie das Regelschulsystem im Einzelfall von Aufgaben, mit denen es überfordert wäre. Viele Lehrerinnen und Lehrer wissen das. Bei allen Landerziehungsheimen kommt es immer wieder vor, daß die Anmeldung eines neuen Schülers von einem spontan geschriebenen Brief eines seiner bisherigen Lehrer begleitet wird. In solchen Briefen wird dann dringend gebeten, doch gerade diesen Jungen oder dieses Mädchen aufzunehmen, da er oder sie wegen der besonderen Bedingungen in seiner bisherigen Schule (oder in Vormittagsschulen überhaupt) dort nicht die Anregung und Förderung erfahren könne, die er oder sie unbedingt brauche. Vergleichbares gilt sicher auch für viele Orte in den neuen Bundesländern und hat bald nach der Vereinigung Deutschlands zu entsprechenden Anfragen geführt.

Pädagogische Provinzen?

Die Lage der Heime auf dem Land könnte den Eindruck idyllischer Abgeschlossenheit erwecken. Tatsächlich sind sie heute nach außen hin offen, sind in alle Fragen des öffentlichen Lebens hineingestellt und zur Auseinandersetzung mit ihnen gezwungen. Die Erfahrung zeigt, daß die Dichte des Zusammenlebens und die relative Distanz zu den zahlreichen Ablenkungsmöglichkeiten städtischen Lebens oft zu einer größeren Intensität dieser Auseinandersetzung führt.

Wesentliche Probleme des Lebens nach der Schule werden Probleme des menschlichen Zusammenlebens sein. Gerade diese stellen sich besonders deutlich im überschaubaren Raum der Heime. So liegt in der Notwendigkeit, eng mit Menschen zusammenleben und -arbeiten zu müssen, die man sich nicht ausgesucht hat, eine wirksame Vorbereitung auf das Leben nach dem Ende der Schulzeit.

Dem entspricht, daß die Heime nicht Räume einer konfliktlosen Harmonie und patriarchalischen Ordnung sein wollen. Sie wären dazu auch gar nicht in der Lage und würden damit ihrer Aufgabe nicht gerecht. Es geht vielmehr darum, gemeinsame Interessen erfahrbar zu machen und zugleich die Möglichkeiten von Konflikten zwischen den verschiedenen Gruppen des Heimes oder zwischen Individuen anzuerkennen und das faire Austragen und Lösen dieser Konflikte zu üben. Anders, als das im begrenzten Rahmen der Familie mit ihrer vorgegebenen Struktur möglich ist, haben die Kinder und Jugendlichen im Landerziehungsheim die Chance, «soziale» und «politische» Verhaltensweisen zu lernen, die für sie schon jetzt, aber auch für später wichtig sind. Die einzelnen Heime haben dafür jeweils verschiedene Formen gefunden. «Pädagogische Provinzen» sind die Landerziehungsheime also nicht im Sinne einer realitätsfernen Idylle, sehr wohl aber als eine zeitgemäße Verwirklichung der alten Idee einer bewußt gestalteten Umwelt, die dem Aufwachsen von Kindern und Jugendlichen so gut wie möglich nützt.

Kinder und Jugendliche haben nicht nur Schulsorgen

Ihre wichtigste Aufgabe sehen die Landerziehungsheime darin, auf das einzelne Kind einzugehen, es in seiner Besonderheit, seinen Schwierigkeiten und Möglichkeiten zu akzeptieren, ihm zu seiner individuellen Entwicklung zu helfen. Zugleich soll es seine besondere Rolle in einem größeren sozialen Zusammenhang finden. Auch deshalb ist eine Umwelt so wichtig, in der nicht nur die intellektuellen Kräfte herausgefordert und geübt werden, sondern in der es viele Anlässe und «Angebote» gibt, die eigenen Fähigkeiten an neuen Aufgaben zu erproben und zu üben: vom Anlegen eines eigenen Beetes in der Gärtnerei bis zur Organisation einer Hilfsaktion für Erdbebenopfer, vom gemeinsamen Musizieren in einem Kammermusikkreis bis zum wochenlangen stummen «Dialog» mit einem Computer, von einer Diskussionsveranstaltung mit einem Politiker, der als Gast in die Schule gekommen ist, bis zum Bau eines Baumhauses im Wald hinter der Schule, von einer Hockeymeisterschaft unter befreundeten Landerziehungsheimen bis zu einem Fest, das die großen Schüler eines Heims für «die Kleinen» ausrichten.

Darüber hinaus aber ist es notwendig, daß vor allem auch Zeit und Raum vorhanden sind für das nicht auf Schulprobleme verengte, persönliche Gespräch zwischen dem Erwachsenen und dem Kind oder Jugendlichen. Durch die Struktur der Landerziehungsheime wird das möglich: in fast allen Heimen wohnen die Kinder und Jugendlichen in kleinen Gruppen mit jeweils einem Erwachsenen oder einem Ehepaar zusammen in «Kameradschaften», «Familien», «Mentoraten».

In den Fragen, die dem Heranwachsenden Schwierigkeiten machen und ihn in Konflikte bringen, kann ihm so leichter menschliche Hilfe geleistet werden: Wie finde ich zuverlässige Freunde? Wie kann ich mich mit Erwachsenen verständigen? Wie gegenüber meinen Eltern verselbständigen? Was heißt das: ich bin ein Junge; oder: ich bin ein Mädchen? Wie ist das mit meiner Sexualität? Was bedeutet sie für mich? Was könnte oder sollte sie vielleicht bedeuten? Was kann ich gegen meine Ängste, gegen Langeweile oder gegen das Gefühl tun, daß es sowieso keinen Zweck hat, wenn ich mich anstrenge? Wie soll ich mich gegenüber den Erwartungen meiner Altersgruppe verhalten? Gilt das auch in bezug auf Rauchen und Trinken oder auf andere Drogen? Wie gehe ich mit meiner Neugier in diesen Bereichen um? Oder mit meinem Bedürfnis nach Anerkennung? Was sind eigentlich «meine» Werte, an denen ich um jeden Preis festhalten will? Hat mir die Antwort der Religionen etwas zu sagen? Was für einer will ich einmal werden? In welchem Beruf könnte ich das wohl am besten? Wozu bin ich gut? Ja, wozu lebe ich überhaupt? Der Erwachsene kann dem Kind oder Jugendlichen – hoffentlich – bei seiner Suche nach eigenen Verhaltensweisen, Einstellungen und Überzeugungen helfen. Die Lebensgemeinschaft begünstigt, daß solche Gespräche nicht einmalige Ereignisse bleiben, sondern immer wieder aufgenommen und fortgesetzt werden können. In den pädagogischen Konferenzen wird der Hintergrund solcher Fragen von den Erwachsenen gemeinsam bedacht. Mehr als früher vertraut man dabei nicht bloß dem pädagogischen Fingerspitzengefühl des «geborenen Erziehers», sondern arbeitet auch mit Fachleuten zusammen. Viele Heime haben einzelne psychologisch ausgebildete Mitarbeiter oder einen eigenen Schulpsychologen.

Folgen des pädagogischen Konzepts für den Unterricht

Der Unterricht muß dem allgemeinen pädagogischen Konzept entsprechen, d.h., er wird das tun müssen, was große Pädagogen seit jeher fordern: «vom Kinde ausgehen». Dafür gibt es an den Landerziehungsheimen manche Formen und Bedingungen, die vielfach an staatlichen Schulen noch nicht üblich, nicht möglich oder nicht gegeben sind:

- regelmäßige pädagogische Konferenzen, die nicht dazu dienen, die Leistungen der Schüler zu beurteilen, sondern die pädagogischen Bemühungen der Erwachsenen kritisch zu bedenken und Neues anzuregen;
- den Unterricht in kleineren Lerngruppen, die ein stärkeres Eingehen auf den einzelnen ermöglichen;
- bei Lernschwierigkeiten individuelle Hilfe auch außerhalb des Unterrichts, die sich in dem Zusammenleben von Schülern und Erwachsenen leichter verwirklichen läßt;
- besondere Formen des Unterrichts, wie Binnendifferenzierung

oder Gruppenunterricht, Projekte, angeleitete Selbsttätigkeit u. ä., durch die die Fähigkeit zur Kooperation entwickelt und der einzelne ermutigt wird;
- besonders gute Chancen (und lange Erfahrungen mit entsprechenden Projekten!) für andere Lernformen, insbesondere für «praktisches Lernen», also für handelndes, gestaltendes oder forschendes Lernen;
- die Möglichkeit der Wahl zwischen Alternativangeboten von Fächerkombinationen, Leistungsgruppen oder Lerninhalten.

Um Verbesserungen zu erproben, braucht eine Schule Freiräume

Oft muß es bei Veränderungen der Methode bleiben, wenn der staatlichen Schulaufsicht nicht ein größerer Spielraum abzuringen ist. Wo aber die Schulaufsicht den Freiraum für die Unterrichtsgestaltung respektierte, den das Grundgesetz den Schulen in freier Trägerschaft ausdrücklich garantiert, sind einzelne Heime auch zu einer Reform des Programms und zu einer Einbeziehung neuer Gegenstände wie Technikwissenschaften, Informatik, Pädagogik, Psychologie, Theologie oder Politikwissenschaften, Astronomie oder Rechtskunde in den Unterricht übergegangen.

Gelegentlich werden solche Versuche wissenschaftlich begleitet, geschehen in Zusammenarbeit mit Universitätsinstituten oder Forschungsgruppen. Zu Hilfe kommen den Landerziehungsheimen ihre langjährigen Erfahrungen mit der schulischen Integration von Kindern und Jugendlichen, die aus sehr verschiedenen deutschen und ausländischen Schulsystemen zu ihnen kommen, ihre Erfahrungen mit der Differenzierung von Unterrichtsangeboten oder mit der teilweisen Auflösung des Klassenverbandes, mit der Notwendigkeit, Unterricht und Freizeit in eine sinnvolle Beziehung zueinander zu setzen. Wesentlich ist dabei, daß von seiten des Staates die Freiräume garantiert werden, die es den Landerziehungsheimen ermöglichen, die neuen pädagogischen Probleme, die fast immer zugleich pädagogische Probleme des gesamten Schulwesens sind, sachangemessen und vielleicht beispielgebend zu bewältigen.

Freiraum ist auch in materieller Hinsicht erforderlich. Erziehung und Unterricht in den Landerziehungsheimen sind, wie jede pädagogisch anspruchsvolle Internatsbetreuung oder «Fremdunterbringung», kostenaufwendig und müssen im wesentlichen von den Eltern finanziert werden. Das hat diesen Einrichtungen immer wieder den

Vorwurf eingetragen, ihre Schüler würden nach den Vermögensverhältnissen der Eltern ausgewählt. Die Landerziehungsheime bemühen sich, dem entgegenzuwirken (dazu Beispiele im folgenden Teil II). Solange jedoch die Länder lediglich einen Teil der Unterrichtskosten aus öffentlichen Mitteln finanzieren, zur Finanzierung der Internatsbetreuung aber nichts beitragen (bei gleichzeitig hoher Subventionierung der eigenen Internatsschulen), liegt hier eine Beschränkung der öffentlichen Wirksamkeit der Landerziehungsheime.

II.
Beispiele zur Verdeutlichung

Der folgende Versuch, die allgemeinen Überlegungen über die Landerziehungsheime durch eine Reihe von Beispielen zu verdeutlichen, ist aus mehreren Gründen ein wenig problematisch. Gerade im Alltag pädagogischer Institutionen gilt die alte Einsicht, daß «der Ton die Musik macht» oder auch, daß «der Teufel im Detail» steckt. Der beschränkte Raum, der für diese Darstellung zur Verfügung steht, aber auch der Charakter eines «Handbuches» lassen es nicht zu, Einzelheiten in der nötigen Ausführlichkeit zu beschreiben. Auch mußten ermüdende Wiederholungen möglichst vermieden werden: Vieles, was am Beispiel eines bestimmten Landerziehungsheimes dargestellt wird, gilt mit einigen kleinen, aber sehr typischen Veränderungen auch für viele andere. Es ist also wichtig, sich klarzumachen, daß es sich in der Tat nur um Beispiele handelt. Vollständigkeit in der Beschreibung aller Landerziehungsheime konnte nicht angestrebt werden. Schließlich fehlt in diesen Beispielen die Beschreibung des Wichtigsten, nämlich der Kinder und Jugendlichen und der Erwachsenen, die zusammen in den Landerziehungsheimen leben. Strukturelle und organisatorische Lösungen, Regelungen, die man für ein bestimmtes Problem getroffen hat, oder ähnliches können ein Hinweis sein für den Geist, aus dem eine pädagogische Einrichtung lebt – aber eben doch nicht mehr als ein Hinweis. Wichtiger ist, wie dies alles von den Beteiligten erlebt wird, was es für Wirkungen auf sie hat. Es müßte also eigentlich von den Motiven und Einstellungen, ja von der Vorgeschichte und den Zukunftsperspektiven ebenso wie von den Formen des Umgangs und von den Gesprächsinhalten der Menschen berichtet werden, die in den Landerziehungsheimen leben. Auch das ist natürlich prinzipiell möglich, aber vermutlich nur in einer «subjektiven» Form des Erzählens, die im Rahmen eines «Handbuches» unangebracht wäre. Dennoch ist es wichtig, sich bei den folgenden Beschreibungen immer wieder zu verdeutlichen, daß sie vor allem den Teil der Alltagswirklichkeit betreffen, der sich relativ leicht «objektivieren» läßt. Das muß nicht unbedingt das sein, was die unmittelbar betroffenen Jungen und Mädchen ebenso wie ihre Eltern und Lehrer als für sie jeweils besonders bedeutsam erleben.

Beobachtern, die Landerziehungsheime aus einer gewissen Distanz «von außen» sehen, fällt immer wieder etwas auf, was sich so ausdrücken läßt: Es ist verblüffend, wie unterschiedlich die Landerziehungsheime, die doch eine gemeinsame Idee verkörpern, in der Wirklichkeit sind. Jedes Landerziehungsheim ist sozusagen ein unverwechselbares Individuum und von jedem anderen deutlich zu unterscheiden. Aber es ist ebenso verblüffend, wieviel Ähnlichkeit es dann doch unter diesen höchst individuellen Schulen gibt, die jeweils eine besondere Geschichte haben und von bestimmten unverwechselbaren Menschen geprägt wurden und werden.

Rahmenbedingungen

In den meisten Landerziehungsheimen ist ein «ganzes Gymnasium» untergebracht, d.h., es leben dort Jungen und Mädchen aus den Klassen 5–13, also 10–20jährige zusammen. Doch gibt es Abweichungen von diesem Grundmuster: die *Schule Schloß Salem* hat drei, die *Stiftung Deutsche Landerziehungsheime Hermann Lietz-Schule* zwei räumlich auseinanderliegende Heime, in denen jeweils nur eine bestimmte Altersstufe lebt (etwa Klassen 5–7, 8–11, 12 und 13 in den Salemer Schulen oder 5–10 und 10–13 in den Lietz-Schulen); auch *Louisenlund* hat etwa einen Kilometer vom Schloßbezirk entfernt einen eigenen Bereich für die Jüngeren (Klassen 5–8). *Burg Nordeck* endet mit der Klasse 10. Die *Ecole d'Humanité* umfaßt auch eine Grundschule; die *Odenwaldschule* ist zugleich die Grundschule des Dorfes Ober-Hambach, und es gibt auch in ihrem Internat einige Kinder, die jünger als 10 Jahre sind und diese Grundschule besuchen.

Etwas, das heute einigermaßen selbstverständlich scheint, war es bei der Gründung der verschiedenen Landerziehungsheime keineswegs: nämlich, daß sie Heimschulen für Jungen *und* Mädchen, also Koedukationsschulen sind (oder im Laufe der Zeit geworden sind).

Natürlich haben schon diese äußeren Vor-Entscheidungen Folgen für das pädagogische Klima. Das Internat für nur eine Altersstufe kann seine Ordnungen und sein pädagogisches «Klima» ganz besonders auf die Bedürfnisse dieser Altersstufe abstimmen. Aber dort, wo alle Altersstufen zusammenleben, gibt es neue Verantwortungen für die «Großen» (etwa bei der Betreuung jüngerer Mitschüler) und «Vorbilder» und «Perspektiven» für die «Kleinen».

In den meisten Landerziehungsheimen lebt auch ein mehr oder weniger großer Teil der Lehrerinnen und Lehrer mit im Heim und hat dort Aufgaben. In einigen Heimen sind das praktisch alle Lehrerinnen und Lehrer. Entsprechend klein können dann die Internatsgruppen sein, für die sie verantwortlich sind. Mit im Heim leben, das bedeutet z. B. mit den Schülerinnen und Schülern essen, leicht anredbar sein, miteinander auch außerhalb vom Unterricht bestimmter Zusammenhänge und Fragen ständig zu tun zu haben.

Zu den äußeren Vorgaben, die zugleich pädagogische Randbedingungen setzen, gehört auch die Architektur im weitesten Sinne: in einer alten Burg (z. B. *Nordeck*), einem ehemaligen Schloß (z. B. *Bieberstein, Louisenlund* oder *Neubeuern*), einem Kloster (*Salem, Urspring*) oder auf einem Gutshof (*Marienau*) zu wohnen, ist etwas anderes, als in einem eigenen «Dorf» zu leben, das aus vielen nur für dieses Landerziehungsheim gebauten Häusern besteht (z. B. die *Odenwaldschule,* die *Ecole d'Humanité* oder *Kirchberg*); ein Landerziehungsheim am Rande einer Universitätsstadt (*Steinmühle*), einer Mittelstadt oder eines größeren Dorfes (z. B. *Holzminden, Schondorf*) hat andere Chancen und Schwierigkeiten als ein Landerziehungsheim am Rande des Wattenmeeres auf einer Nordseeinsel (*Spiekeroog*) oder in den Schweizer Alpen (*Ecole d'Humanité*). Es gibt gute pädagogische Argumente für Dreier- oder Viererzimmer ebenso wie für Zweier- oder Einzelzimmer, auch wenn das, was nach der Meinung des einzelnen Heimes pädagogisch allein wünschenswert wäre, dann mit den baulichen Möglichkeiten einen Kompromiß eingehen muß.

Landerziehungsheime sind konfessionell nicht gebunden; Zwar befindet sich das evangelische *Zinzendorf-Gymnasium Königsfeld* in kirchlicher Trägerschaft, steht aber ebenfalls Jungen und Mädchen aller Religionen und Konfessionen offen. In evangelischer Tradition versteht sich auch das Landerziehungsheim *Urspring*.

Die Gruppe als ein wichtiger Ort der Erziehung

Neben diesen mehr «äußeren» Vorgaben stehen dann die pädagogischen Entscheidungen über die «innere» Gliederung des Heims. «Internat» hat ja für die Landerziehungsheime von Anfang an bedeutet, die «Gruppe» als pädagogisch besonders wichtig zu betrachten. Daß diese allgemeine Einsicht zu sehr verschiedenen Lösungen führen kann, soll an zwei Beispielen verdeutlicht werden: in *Salem* ist das Heim in «Flügel» gegliedert (ursprünglich jeweils einer der langen Flure im alten Klostergebäude). Das sind entweder nur Jungen – oder, in anderen Häusern, nur Mädchen –, und zwar je etwa 15–20 aus der gleichen Altersstufe, die jeweils zu dritt oder viert auf einem Zimmer leben. Dem für sie verantwortlichen «Mentor» bzw. der «Mentorin» (die in der Regel zugleich Lehrer sind – allerdings mit verringerten Unterrichtsverpflichtungen) stehen zwei Schülerinnen und Schüler als vom «Flügel» gewählte «Flügelhelfer» und «Assistenten» zur Seite. Sie haben, ebenso wie andere Schüler, die besondere Ämter wahrnehmen, ein erhebliches Maß an Verantwortung für den Internatsalltag. Aus Salem stammt der Satz: «Im Idealfall müßte es so sein, daß das Internat zusammenbräche, wenn die Schüler in ihren Ämtern und Funktionen in Streik träten.»

Eine andere Lösung für die Frage, wie die Gruppe durch die innere Gliederung des Heims nutzbar gemacht werden kann, ist die «Familie», wie sie, mit einigen Unterschieden im einzelnen, viele Heime haben. In der *Odenwaldschule* und in der *Ecole d'Humanité* sieht das beispielsweise so aus: es gibt nur Zweier- oder Einzelzimmer. Als Zimmerkameraden hat man einen von der gleichen «Sorte», also etwa zwei Jungen aus der 6. Klasse oder zwei Mädchen aus der Oberstufe. Etwa drei, vier oder fünf solcher Zimmer (das hängt von den baulichen Gegebenheiten ab) bilden zusammen mit einem pädagogischen Mitarbeiter oder einer pädagogischen Mitarbeiterin, die – oft mit eigener Familie – im gleichen Haus leben, eine Internats-«Familie». Eine solche «Familie» besteht also aus 6–10 Jungen und Mädchen verschiedener Altersstufen. Bei den Mahlzeiten hat jede «Familie» ihren eigenen Tisch. Wechsel aus einer «Familie» in eine andere ist zu Beginn eines neuen Schuljahres möglich, aber oft bleiben Jungen und Mädchen auf diese Weise viele Jahre in der gleichen Wohn- und Lebensgruppe zusammen. Die Kleinheit der Gruppen macht viele formale Regelungen überflüssig, aber die Verschiedenartigkeit der Zusammenlebenden erzeugt sozusagen «von selbst» die Notwendigkeit, Arbeiten gerecht und angemessen zu teilen, als Älterer unauffällig Verantwortung für die Jüngeren in der «Familie» zu übernehmen usw.

Eine andere Variante sieht so aus: die Schüler wohnen, nach Altersstufen getrennt, in verschiedenen Häusern, wo es jeweils einen verantwortlichen «Hauserwachsenen» gibt. Die älteren Schüler wählen sich aber unter allen übrigen pädagogischen Mitarbeitern einen «Mentor», dessen «Mentorengruppe» dann z. B. bei den Mahlzeiten zusammensitzt und auch sonst Gemeinsames unternimmt (so z. B. im *Birklehof* und in *Schondorf*, ähnlich in einigen anderen Heimen).

Feste Zeiten, Riten, Feiern

Zur inneren Struktur eines Internats gehört auch die Gliederung der Zeit, sowohl durch das Gerüst eines Tagesplanes als auch durch feste Veranstaltungen, die bestimmte Gruppen oder alle Schüler und Lehrer zu bestimmten Zeiten an bestimmten Orten zusammenführen (z. B. die zweimal in der Woche stattfindenden «Abendsprachen» in der «Hohen Halle» in *Holzminden*, die «Kapelle» in den *Hermann Lietz-Schulen* oder in *Neubeuern*, der «Betsaal» in *Salem*). Alle Landerziehungsheime feiern bestimmte, jährlich wiederkehrende Feste oder haben in langer Tradition entstandene Riten, die den Beginn oder das Ende des Schuljahres oder die Vorweihnachtszeit begleiten, oder mit denen die neuen Mitschülerinnen und Mitschüler in die Schulgemeinschaft aufgenommen werden.

Beteiligung der Betroffenen an Entscheidungen

In ihren Jahren in Landerziehungsheimen werden aus Kindern Jugendliche, aus Jugendlichen junge Erwachsene. Die einzelnen Heime haben im Laufe ihrer Geschichte unterschiedliche Formen der Beteiligung aller Betroffenen an den vielen kleinen und großen Entscheidungen entwickelt, die im Alltag eines Landerziehungsheimes zu treffen sind. Dabei kann es um Entscheidungen gehen, die nur eine Teilgruppe (z. B. ein Haus, eine «Familie», eine «Mentorengruppe») oder eine Klasse betreffen; oder es kann um Fragen gehen, bei denen die Interessen aller Schülerinnen und Schüler in der Konferenz oder auch dem Schulträger gegenüber zu vertreten sind. Dem dienen etwa die «paritätische Lehrer/Schüler-Konferenz» der *Urspringschule*, die «Schulgemeinde» in der *Ecole d'Humanité* oder ähnliche Einrichtungen in anderen Heimen, etwa der «Ring» in *Schondorf*, das «Parlament» in der *Odenwaldschule* und in *Holzminden* oder Schulversammlungen, aus denen paritätisch besetzte Ausschüsse hervorgehen, wie in *Marienau* und *Kirchberg*. Eine noch so perfekte Regelung von Mitbestimmungsrechten bleibt allerdings wirkungslos, wenn die Praxis nicht von der Bereitschaft der Erwachsenen bestimmt ist, die Kinder und Jugendlichen als Partner ernst zu nehmen. Nur so kann vermieden werden, daß bei ihnen das falsche Gefühl entsteht, sich «auf einer demokratischen Spielwiese austoben» zu dürfen. Kindern und Jugendlichen ein hohes Maß an Verantwortung zuzumuten und damit verantwortliches Handeln bei ihnen herauszufordern, gehört seit Beginn der Landerziehungsheimbewegung zu ihren wichtigsten Motiven. Die zu diesem Fragenkreis teilweise schon vor dem Ersten Weltkrieg formulierten Grundsätze und Forderungen und die diesen Grundsätzen entsprechende Praxis haben unmittelbare Auswirkungen auf die Geschichte der «Schülermitverwaltung» auch an öffentlichen Schulen gehabt. In diesen Zusammenhang gehört auch der pädagogisch besonders fruchtbare Gedanke, einzelnen, sorgfältig ausgewählten älteren Schülern die Verantwortung für eine kleine Gruppe jüngerer Mitschüler zu übertragen (so in der *Odenwaldschule*) oder für bestimmte Bereiche des Zusammenlebens im Heim Organisation und Verantwortung weitgehend an Schülerinnen und Schüler zu übertragen, ob das nun Sportangebote, ein Schülercafé, die Verwaltung des Fotolabors, die Bücherausleihe der Bibliothek nach dem Arbeitsschluß der Bibliothekarin oder auch ein Filmklub sind.

Fast alle Heime haben eine eigene Schülerfeuerwehr, einige zusätzlich eine Stützpunktgruppe des Technischen Hilfswerks (*Salem* und *Louisenlund*), einen Seenotrettungsdienst (*Salem*) oder einen Umweltschutzdienst (z.B. *Marienau*). Die Feuerwehren sind üblicherweise in das örtliche Feuerwehrnetz eingeordnet, doch dienen sie in erster Linie der Sicherheit und Gefahrenabwehr in den Heimen selbst, von denen viele ja in alten Gebäuden weit entfernt vom nächsten Feuerwehrstützpunkt untergebracht sind.

Das schulische Angebot

Viele Landerziehungsheime haben in Teilbereichen der Unterrichtsorganisation neue Wege zu erproben versucht. Schon vor der Einführung der reformierten Oberstufe hatten einige von ihnen (z.B. der

Birklehof, Holzminden, Neubeuern, Schondorf, Marienau und die *Odenwaldschule*) eigene, teilweise sehr interessante und weit beachtete Oberstufenmodelle entwickelt und verwirklicht. Diese fruchtbaren Reformansätze mußten dann allerdings dem Vereinheitlichungsbedürfnis der jeweiligen Schulaufsicht geopfert werden, als die reformierte Oberstufe eingeführt wurde. Bei ihrer Gründung oder später sind die meisten Landerziehungsheime einer der vorgegebenen staatlichen Schulformen gefolgt, vor allem den verschiedenen Formen des Gymnasiums bis hin zum bayerischen «Sozialwissenschaftlichen Gymnasium» für Mädchen (das einer der Schulzweige in *Reichersbeuern* ist). Zum Teil sind sie nur auf die Sekundarstufe I beschränkt (*Nordeck*). Es gibt auch die Koppelung eines Gymnasiums mit einem Realschulzweig (*Stiftung Deutsche Landerziehungsheime Hermann-Lietz-Schule, Zinzendorf-Gymnasium Königsfeld, Nordeck*). Zu einer Gesamtschule besonderer pädagogischer Prägung, die vom Kindergarten bis zur gymnasialen Oberstufe reicht, hat sich die *Odenwaldschule* in den letzten 35 Jahren entwickelt. In ihr können die Abschlüsse der Hauptschule, der Realschule, der Fachoberschule («Fachhochschulreife») und des Gymnasiums («allgemeine Hochschulreife») erworben und zugleich ein Berufsabschluß (Gesellenprüfung oder Abschlußprüfung als «Staatlich geprüfter Chemisch-Technischer Assistent») erreicht werden. *Salem* bietet mit dem «Internationalen Baccalaureat» einen auf der ganzen Welt anerkannten Hochschulzugang an. An der *Ecole d'Humanité* kann neben Schweizer Schulabschlüssen das Diplom der amerikanischen Highschool erworben werden, das zum Studium an amerikanischen und englischen Colleges und Universitäten berechtigt. Die *Stiftung Deutsche Landerziehungsheime Hermann-Lietz-Schule* plant, nach entsprechenden Vorbereitungen auch die in den neuen Bundesländern gelegenen Hermann-Lietz-Schulen wieder zu eröffnen: *Gebesee*, das in eine sozialpädagogische Einrichtung umgewandelt worden war, wird unter Verantwortung der Stiftung als solche weitergeführt werden, *Grovesmühle* und *Haubinda* werden Schulformen im Bereich der Sekundarstufe I haben.

Auch wenn die Organisationsform staatlicher Schularten übernommen wurde oder werden mußte, kann sich die pädagogische Konzeption der Landerziehungsheime doch auf Formen und Methoden des Unterrichts auswirken. Ein Beispiel soll das verdeutlichen: An der *Urspringschule*, schulrechtlich einem «normalen» Gymnasium, ist das Schuljahr in vier Quartale mit je vier 14tägigen Stundenplaneinheiten gegliedert. Das bedeutet, daß der Unterricht der Mittelstufe (in der

Jahrgangsstufe 8 und 9 in den meisten Fächern konsequent als Epochenunterricht organisiert) und die Kurse der Oberstufe koordiniert und in die 10 Unterrichtstage einer solchen Stundenplaneinheit eingepaßt werden müssen. Übungs- und Vorbereitungszeiten (anstelle der «Hausaufgaben») sind in dieses Zeitraster von vornherein eingeplant. Selbständigkeit und Selbstverantwortung werden ständig herausgefordert. Ergänzend zu diesem «integrierten Unterricht» sind vier Wochen im Jahr der gemeinsamen Projektarbeit gewidmet, aus der unter anderem Themen erwachsen, zu denen die Schüler in der 10. und 11. Jahrgangsstufe jeweils eine umfangreiche «Quartalsarbeit» anfertigen. An der *Ecole d'Humanité* gibt es eine seit Jahrzehnten bewährte Organisation des Unterrichts, bei der die Schülerinnen und Schüler während einer mehrere Wochen dauernden Kursperiode jeweils nur drei oder vier Kurse (also «Fächer») wählen, in ihnen aber höchst intensiv und mit viel selbständiger Arbeit beschäftigt sind.

Facharbeiten, ob in dieser Form oder als Semester- oder Jahresarbeiten, sind an vielen Landerziehungsheimen eine zum Teil seit den zwanziger Jahren bewährte Tradition, über die auch verschiedene zusammenfassende Veröffentlichungen vorliegen. Sie entsprechen in besonderer Weise der Zielvorstellung vom selbstgeplanten und selbstverantworteten Lernen.

Ehemalige Schüler jener Landerziehungsheime, die diese Tradition besonders pflegen (*Schondorf, Hermann-Lietz-Schule, Birklehof, Marienau, Odenwaldschule, Ecole d'Humanité, Salem, Louisenlund, Zinzendorf-Gymnasium*), berichten immer wieder, daß sich diese Vorübung in ihrem späteren Studium als ganz besonders nützlich erwiesen habe. Es ist interessant, daß die aus der reformpädagogischen Bewegung und da vor allem aus den Landerziehungsheimen stammenden Erfahrungen mit den Facharbeiten (und die in die gleiche Richtung weisende Übung regelmäßiger unterrichtsfreier, aber angeleiteter «Studientage» für Oberstufenschüler) Eingang sowohl in die Reformvorschläge des Preußischen Kultusministeriums in den zwanziger Jahren als auch des «Deutschen Ausschusses» in den fünfziger Jahren, des «Deutschen Bildungsrates» in den sechziger Jahren und der «Vereinbarung zur Neugestaltung der gymnasialen Oberstufe» von 1972 gefunden haben. Daß sie sich in den Vormittagsschulen kaum durchsetzen konnten, wird seine Ursache wohl auch darin haben, daß deren Unterrichtsorganisation die notwendige individuelle Betreuung und Beratung der Schülerinnen und Schüler erschwert.

Fast alle Landerziehungsheime haben das Standardangebot des für ihre Schulform vorgeschriebenen Fächerkanons zumindest noch um ein paar Gebiete erweitert. Da gibt es z. B. Kurse in Astronomie (*Kirchberg*), Rechtskunde und Pädagogik (*Holzminden, Neubeuern*), in integrierten Naturwissenschaften (*Marienau*) oder in Wirtschaftsfranzösisch und Wirtschaftsenglisch (*Louisenlund*).

Handwerkliche Bildung und Ausbildung

Die «Bildung der Hand» gehörte von Anfang an zum Programm der Landerziehungsheime. Hinter dieser Betonung des bildenden Wertes praktischer Arbeit wird ein veränderter Begriff von «Allgemeinbildung» deutlich, der zugleich eine soziale und eine politische Dimension hat.

Alle Landerziehungsheime haben vielfältige Werkstätten. Neben «klassischen» wie Schlosserei, Schreinerei, Töpferei, Weberei, Schneiderei, Druckerei gibt es auch Landwirtschaft und Gartenbau oder «Modernes» wie Elektronik- oder Siebdruckwerkstätten. Oft sind die anleitenden Erwachsenen bei dieser praktischen Arbeit nicht Lehrer, sondern erfahrene Handwerker. Fast in allen Heimen ist die Teilnahme an mindestens einem solchen Kurs für bestimmte Altersstufen Pflicht. Es geht dabei nicht in erster Linie um «sinnvolle Freizeitgestaltung», sondern die handwerkliche Ausbildung wird selbst als ein wichtiger Teil der Erziehung verstanden. Die am Handwerk erlernte Sorgfalt und Sachgerechtigkeit und die Selbstbestätigung beim Gelingen einer Arbeit verändern den jungen Menschen und haben oft Auswirkungen auch auf sein übriges Lernverhalten. Gelegentlich gibt es ganz unmittelbare Verbindungen: So wird etwa in der *Urspringschule* der Setzereikurs in der Druckerei für die 6. Klasse auch als Rechtschreibtraining und als Hilfe für legasthene Schüler erfolgreich eingesetzt.

Wenn darüber hinaus in der *Odenwaldschule* und in den Landerziehungsheimen *Schondorf* und *Urspring* in einzelnen handwerklichen Ausbildungsgängen die Gesellenprüfung bzw. die Zwischenprüfung vor der zuständigen Handwerkskammer abgelegt werden können, dann geht es auch hier erst in zweiter Linie um den Erwerb einer «Doppelqualifikation»; wichtiger ist es, daß daran deutlich wird, daß der «praktische» Unterricht mit seinen Abschlüssen genauso ernstgenommen wird wie der «wissenschaftliche». Es ist nicht überraschend, daß die Schüler bereit sind, sehr viel zusätzliche Zeit für diese Ausbildung aufzuwenden, und über das im Rahmen des jeweiligen

Ausbildungsgangs festgelegte «Pflichtprogramm» hinaus oft viele Stunden in der Woche freiwillig in den Werkstätten oder Labors arbeiten.

Die Rolle des Sports

Zu den zivilisationskritischen Motiven bei der Gründung der ersten Landerziehungsheime gehörte die Forderung nach einem «gesunden» Leben. Die ländliche Umgebung begünstigte und begünstigt Sport- und Spielformen im Freien, die besonderen Möglichkeiten bestimmter Landschaften legten dazu auch die Pflege besonderer Sportarten nahe: Skilaufen (im *Birklehof*, in der *Ecole d'Humanité* und in *Kirchberg* oder in den bayerischen Heimen *Schondorf, Neubeuern, Reichersbeuern, Stein an der Traun*), Reiten (z. B. in *Marienau, Reichersbeuern*, in der *Steinmühle*, in *Stein an der Traun*), Segeln oder Rudern (im *Birklehof*, in *Schondorf* und in der *Steinmühle*, dort mit beachtlichen sportlichen Erfolgen [zweimal Deutscher Jugendmeister im Doppelzweier und im Achter]), Kuttersegeln (in *Louisenlund* und *Spiekeroog*).Tennis wird in einigen Landerziehungsheimen als Schwerpunktsportart besonders gepflegt (*Neubeuern, Louisenlund*). Der Gedanke des «Fair play», hat in manchen Landerziehungsheimen zur Bevorzugung bestimmter Mannschaftssportarten geführt; beispielsweise hat aus diesem Grund in *Louisenlund*, in *Schondorf*, in *Salem* und im *Birklehof* das Hockeyspielen eine große Bedeutung. Fast überall wird deutlich mehr Sport getrieben, als es die Stundentafel für die staatlichen Schulen vorsieht. In *Salem* beginnt der Tag für alle mit einem Morgenlauf, in der *Urspringschule* ist die Teilnahme an mindestens zehn Sportstunden innerhalb einer zweiwöchigen Stundenplaneinheit verpflichtend. Die Akzente werden sicher sehr unterschiedlich gesetzt, doch wird man im allgemeinen sagen können, daß nicht einzelne Höchstleistungen das wichtigste Ziel sind, sondern die besondere Aufmerksamkeit darauf gerichtet ist, gerade auch diejenigen zu ermutigen, die sich selbst nichts zutrauen oder ungeschickt sind. Viele Heime konnten – oft mit erheblicher Eigenarbeit der Schüler – große Außenanlagen schaffen. Reichen die eigenen Voraussetzungen nicht aus, dann gibt es Zusammenarbeit mit örtlichen Sportvereinen, regelmäßige Fahrten zum Schwimmen in ein nahes Hallenbad usw.

Musik, Kunst, Theater usw.

Die Landerziehungsheime haben zwei Voraussetzungen zu berücksichtigen: 1. Ihrem Erziehungsverständnis entsprechend sind die «künstlerischen» Gaben und Fähigkeiten eines Kindes oder Jugendlichen genauso wichtig wie seine «intellektuellen»; 2. während die Vormittagsschule sich damit trösten kann, für besondere Förderung in diesem Bereich müßten halt die Eltern sorgen, es gebe ja Jugendmusikschulen, Volkshochschulkurse, Jugendgruppen usw., hat das Landerziehungsheim diese Möglichkeit der Delegation nicht. Das bedeutet, es müssen Möglichkeiten für sehr verschiedene künstlerische Tätigkeiten eröffnet und entweder einmalige Anleitung oder planmäßiger Unterricht sichergestellt werden, und es müssen – ähnlich wie beim Sport – gerade die angeregt werden, die sich selbst vielleicht für ganz unbegabt halten. Auch deshalb beginnt zum Beispiel auf dem *Birklehof* jeder Tag für die Schüler der 5. und 6. Klasse mit einer Spiel- und Musikstunde (die zugleich ein wichtiges soziales Trainingsfeld ist); *Neubeuern* hat ein ständiges Orff-Orchester; Kammermusikgruppen oder kleine Schulorchester (und entsprechenden Instrumentalunterricht) gibt es an fast allen Landerziehungsheimen; an manchen hat darüber hinaus ein traditionsreicher Schulchor oder eine Kurrendegruppe einen wichtigen Platz. Der *Birklehof* hat sich für Proben und Aufführungen ein eigenes «Musikhaus» gebaut und veranstaltet dort in Zusammenarbeit mit der Freiburger Hochschule für Musik regelmäßig Konzerte. Fast in jedem Landerziehungsheim gibt es immer wieder von Schülern selbst ins Leben gerufene «Bands», in denen sie «ihre» Musik spielen. Es ist wichtig, daß von seiten des Heims aus solche Versuche nicht nur stumm geduldet, sondern positiv aufgenommen und vielleicht mit konstruktiver Kritik begleitet werden.

Für die bildende Kunst gibt es besonders günstige Voraussetzungen, da für zeitaufwendige Arbeiten die Räume (und oft auch die Lehrerinnen und Lehrer!) auch an den Nachmittagen zur Verfügung stehen. So ist die bildende Kunst mit Ausstellungen, Wandbemalungen, land-art-Projekten, visuellem Theater und freier Atelierarbeit zum Beispiel in *Marienau* ein besonderer Schwerpunkt geworden.

Kein Landerziehungsheim, an dem nicht von Zeit zu Zeit Theater gespielt würde. Das reicht von kleinen Laienspielen «für den Hausgebrauch» bis zu großen und lang geprobten Aufführungen, für die zugleich auch Bühnenbilder entworfen und angefertigt, Kostüme geschneidert, viele technische Probleme von vielen kleinen und großen Helfern gelöst werden müssen. In manchen Heimen ist diese Theaterarbeit sehr bewußt ein Teil des Literaturunterrichtes, in anderen sind es eher zusätzliche «Arbeitsgemeinschaften», oft von älteren Schülern ins Leben gerufen und zusammengehalten. Manchmal wird ein bestimmtes Stück immer wieder aufgeführt, so z. B. in der Kapelle von *Nordeck* seit Jahrzehnten zur Weihnachtszeit ein altes Krippenspiel. In *Kirchberg* gibt es seit vielen Jahren eine interessante experimentelle Marionettenbühne.

Zur Tradition der meisten Heime gehört ein «Sommerfest» oder eine ähnliche Veranstaltung, zu der auch Eltern und andere Gäste eingeladen werden. Das ist ein guter Anlaß nicht nur für musikalische und dramatische Aufführungen oder sportliche Vorführungen, sondern auch für Ausstellungen von künstlerischen und handwerklichen Schülerarbeiten. Dort gibt es gelegentlich sehr beachtliche Werke einzelner Schüler zu sehen. Viel wichtiger ist jedoch der Eindruck, daß offenbar viele mit unbefangener Freude und Phantasie dabei sind, zu malen und zu zeichnen, zu radieren und zu modellieren, zu drucken oder mit Fototechniken zu experimentieren. Eine solche Bereitschaft entsteht vermutlich nur, wenn Kinder und Jugendliche erfahren, daß ihre Tätigkeiten in diesen Bereichen nicht als überflüssige «Verzierungen» angesehen werden, sondern als eine wichtige Form, in der sie lernen müssen, sich auszudrücken.

Konnten die Landerziehungsheime lange Zeit davon ausgehen, daß ihre Schüler vorwiegend aus Elternhäusern kamen, in denen der Besuch von Konzerten, Theateraufführungen, Ausstellungen usw. nichts Ungewöhnliches war, so ist das heute auch bei «bürgerlichen» Elternhäusern durchaus nicht mehr selbstverständlich. Darum ist die gemeinsame Fahrt mit Mitschülern und Mitarbeitern in eine erreichbare Großstadt, um dort z. B. eine Shakespeare-Inszenierung zu sehen oder ein Konzert eines gastierenden Orchesters oder einer Jazzband zu erleben oder eine Ausstellung zu besuchen, für nicht wenige Jungen und Mädchen die erste Begegnung mit einer Welt, die sie bisher nur vom Hörensagen kannten und über die sie entsprechende Vorurteile hatten.

Die nicht vom Unterricht bestimmte Zeit

Jeden Tag gibt es im Landerziehungsheim – natürlich nach Altersstufen unterschiedlich – etwa vier bis sechs Stunden nicht unmittelbar vom Unterricht oder der Vorbereitung auf ihn bestimmte Zeit; dazu kommen die Wochenenden. Das «Freizeit»-Problem an Landerziehungsheimen läßt sich nicht ganz genau – und schon gar nicht für alle in gleicher Weise – fassen. Aber das Grundmuster ist verallgemeinerbar: Es gibt sehr verschiedenartige Angebote von einem Batik-Kurs bis zu einer Gruppe, die Flugmodelle baut; von einer Wasserballmannschaft, die zusammen mit einem Sportverein in einer nahegelegenen Stadt trainiert, bis zu einer Volkstanzgruppe; von einem Arbeitskreis, der sich praktisch für Umweltprobleme engagiert, bis zu einem «literarischen Café», in dem man sich gegenseitig selbstgeschriebene Kurzgeschichten vorliest; von einer Gruppe von kleinen «Höhlenforschern», die Wochenendexkursionen in die Schwäbische Alb vorbereitet, durchführt und auswertet, bis zu täglich trainierenden Langstreckenläufern; von der Möglichkeit, indonesisch kochen zu lernen, bis zum Hochsitzbau zur Tierbeobachtung (*Marienau*) oder zur Möglichkeit, gemeinsam mit anderen einen Videofilm zu drehen oder in der eigenen Sternwarte (*Holzminden* und *Reichersbeuern*) astronomische Beobachtungen zu machen.

Manches von diesem «Angebot» ist sehr beständig, gehört sozusagen zum Repertoire, anderes wechselt, findet für eine Weile großes Interesse, wird Mode und verschwindet dann wieder. Auffällig ist, ein wie großer Teil dieses «Angebots» jeweils eigene Initiative, Mitmachen, Selbermachen erfordert, wie wenig darunter ist, wo man sich an die Rolle des passiven Konsumenten eines «Freizeitangebotes» gewöhnen kann. Ja, das Wort «Angebot» wird in diesem Zusammenhang, wahrscheinlich unbewußt, vermieden: Je nach sprachlicher Tradition des einzelnen Landerziehungsheimes spricht man von «Gilden», «Nachmittagsplänen», «Werken» oder ähnlichem. Unterschiedlich ist die Zahl der «Gilden» usw., die der einzelne jeweils wählen, an denen er oder sie pflichtgemäß teilnehmen muß. In manchen Heimen verzichtet man sehr bewußt ganz auf formelle Vorgaben, in anderen ist der Rahmen (meist nach Altersstufen unterschiedlich) sehr genau geregelt, z. B. so, daß für die älteren Mittelstufenschüler jede Woche mindestens ein zusätzliches sportliches Vorhaben, eine praktische, technische oder künstlerische Tätigkeit und eine «Arbeit», die anderen zugute kommt, sei es im Heim selbst oder außerhalb, gewählt werden muß.

Die Wochenenden bieten dann Gelegenheiten für größere Unternehmungen – vom heiminternen Tischtennisturnier bis zur Exkursion mit ein paar Freunden. In vielen Heimen gibt es am Samstagabend eine, meist von den Schülern selbst organisierte, «disco-ähnliche» Veranstaltung.

Die beispielhafte Aufzählung verschiedener Möglichkeiten für die nicht vom Unterricht bestimmte Zeit könnte einen falschen Eindruck erwecken: Es entspricht nicht den pädagogischen Vorstellungen der Landerziehungsheime, daß es wünschenswert wäre, möglichst jede Minute des Tages für «nützliche» oder «wertvolle» Tätigkeiten zu verplanen. Kinder und Jugendliche brauchen viel Zeit für sich selbst und für einander, Zeiten, in denen scheinbar gar nichts geschieht außer unendlichen Gesprächen mit oder ohne Tee und/oder Musik oder wo jemand auch nur still vor sich hin träumt. Der Tages- und Wochenplan des Landerziehungsheims kann solche «Muße» nicht herstellen, aber er kann sie ermöglichen und schützen.

Gemeinsam reisen

Nicht nur, um dem «Insel-feeling», wie die Schüler gelegentlich sagen, entgegenzuwirken, ist es eine alte Tradition der Landerziehungsheime, die eigene «pädagogische Provinz» immer wieder zu verlassen. Überall gibt es kleinere oder größere Exkursionen von Unterrichts- oder Interessengruppen, mehrtägige Wanderfahrten, Skifreizeiten o. ä. Für die Oberstufenschüler ist oft eine regelrechte «Studienfahrt» etwa ins Ausland oder auch in eine deutsche Industriestadt vorgesehen. An drei Landerziehungsheimen ist die gesamte Schule bald nach Beginn des Schuljahres für eine Woche in kleinen Gruppen unterwegs, im Rahmen der «Kameradschaft» (*Holzminden*) bzw. der «Familie» (*Odenwaldschule* und *Ecole d'Humanité*). In allen Fällen heißt das «große Wanderung», auch wenn man mit dem Fahrrad oder auf einem Schleppkahn unterwegs ist oder eine Woche auf einem Bauernhof hilft. Also: gelebte «Erlebnispädagogik» und abenteuerliche Grenzerfahrungen. Diese gemeinsame Zeit außerhalb der Schule erweist sich als ein besonders hilfreiches Mittel, die neuen Schüler rasch in ihrer neuen Wohngruppe heimisch werden zu lassen. Erlebnispädagogische Fahrten zum Beispiel mit dem Segelschiff «Thor Heyerdahl» oder regelrechte gemeinsame «Projekte» im Ausland haben in vielen Landerziehungsheimen ihren festen Platz im Jahresplan (*Marienau, Urspringschule, Hermann-Lietz-Schulen Spiekeroog* und *Hohenwehrda*).

In einen vergleichbaren Zusammenhang (Lernen in «Realsituationen») gehört auch der Brauch einiger Landerziehungsheime, z. B. des *Birklehofs* oder *Reichersbeuerns*, Gruppen von älteren Schülern regelmäßig an Fachtagungen in evangelischen oder katholischen Akademien oder ähnlichen Einrichtungen teilnehmen zu lassen.

Anderen helfen – Stichwort: Sozialdienste

Auch das Folgende hat teilweise mit dem Bedürfnis zu tun, die Grenzen der eigenen «pädagogischen Provinz» zu überschreiten. Zwei andere Motive kommen hinzu: Kinder und Jugendliche (und auch Erwachsene) vergessen in der besonderen Welt eines Landerziehungsheimes nur zu leicht, daß zur gesellschaftlichen Wirklichkeit auch andere Lebensbereiche und -probleme gehören, wo es z. B. Notfälle gibt und wo tatkräftige praktische Hilfe geboten ist. Auch das Helfen kann gelernt, anfängliche Berührungsängste können überwunden werden.

Deshalb haben viele Landerziehungsheime, zum Teil schon seit vielen Jahren, Möglichkeiten geschaffen, daß ihre Schüler ein Stück konkreter sozialer Hilfe für Menschen außerhalb der Heimgemeinschaft leisten, sei es im Rahmen der Betreuung von alten oder behinderten Menschen, sei es als Nachhilfelehrer für Gastarbeiterkinder oder vernachlässigte Kinder aus deutschen «sozial schwachen» Familien, wie sie amtlich heißen, sei es durch eine regelmäßige Besuchsgruppe für Patienten eines psychiatrischen Krankenhauses oder durch wöchentlichen «Deutschunterricht» (der dann gemeinsame Feste nicht ausschließt) für Asylbewerber, die sonst völlig isoliert in einem Wohnheim leben (*Salem, Holzminden, Marienau, Odenwaldschule*). In *Kirchberg* gibt es die tatkräftige Mitarbeit bei einer Aktion «Essen auf Rädern» für ältere Mitbürger der Gemeinde und einen Fahrdienst zu Veranstaltungen des örtlichen Altenclubs. Das Wichtigste, was Jungen und Mädchen in diesem Zusammenhang lernen müssen, ist zuverlässige Beharrlichkeit und Durchhaltevermögen, auch wenn der erste, eher gefühlvolle Teil des «sozialen» Engagements vielleicht schwächer wird. Sie müssen lernen, sich situationsangemessen und unverkrampft zu verhalten. Dazu hilft, wenn sie ihre Erlebnisse und Eindrücke bei solchen Einsätzen regelmäßig miteinander und mit erfahrenen Erwachsenen aufarbeiten können. Besonders bedeutsam ist für sie im allgemeinen die Erfahrung, ganz unmittelbar gebraucht zu werden; oft verstehen sie auch, wie hilfreich es in dem einen oder anderen Fall wäre, über menschliches Engagement hinaus Fachkenntnisse und Wissen von allgemeinen Zusammenhängen zu haben. Ähnliches gilt sicher auch für Einsätze im mehr «technischen» Bereich: Ob im THW bei Katastrophen kleineren oder größeren Ausmaßes geholfen wird (bis hin zu Einsätzen im Erdbebengebiet in Italien oder an der ölverschmierten französischen Küste) oder ob die Feuerwehr auch bei Bränden in der Umgebung eingreift – jedesmal treffen die Jugendlichen auf eine Situation, die nicht künstlich pädagogisch geschaffen wurde, sondern die das Leben selbst schafft. Entsprechend identifizieren sich die Schüler mit den «Diensten», weil sie gebraucht und jenseits der Schule als eigene Person gefordert werden.

Andere Vorhaben in anderen Landerziehungsheimen versuchen verwandte Motive aufzunehmen: alle Oberstufenschüler des *Landschulheims Holzminden* müssen ein sechswöchiges, alle Schüler, die in *Nordeck* einen Realschulabschluß anstreben, müssen ein vierwöchiges Betriebspraktikum absolvieren; für die Mädchen, die den sozialwissenschaftlichen Zweig von *Reichersbeuern* besuchen, gehört ein vierwöchiges Sozialpraktikum zu ihrem Ausbildungsprogramm. Es reicht vom Kindergarten über die Schwesternhelferinnenausbildung bis zum Altendienst. Gelegentlich haben die Mädchen dieses Praktikum auch in einem israelischen Kibbuz gemacht. In *Marienau* ist es die Verantwortung für einen Waldlehrpfad und für ein «Ökotopia», ein fast 4 Hektar umfassendes ökologisches Renaturierungsprojekt, in der Hermann-Lietz-Schule *Spiekeroog* die Beteiligung am Deichbau oder handfeste Verantwortungen im Rahmen des «Nationalparks Wattenmeer».

Ein Schülerprojekt zur Ermöglichung von Hilfsmaßnahmen im Dürregebiet von Niger/Westafrika, das der *Birklehof* zusammen mit der Grund- und Hauptschule Hinterzarten seit 1974 bis heute vorantreibt, konfrontiert die Schüler besser, als das sonst möglich wäre, mit Problemen der Dritten Welt: In vielen kleinen und größeren Aktionen (Weihnachtsmarkt, Theateraufführungen, Blumenverkauf und anderes) haben die Schülerinnen und Schüler in achtzehn Jahren mehr als 300000 DM gesammelt. Damit konnten mehrere Tiefbrunnen gebaut und der Aufbau und Unterhalt eines einheimischen Gesundheitsdienstes für zwölf Dörfer finanziert sowie eine baufällige Poliklinik wiedererrichtet werden. Zu zwei Schulen aus diesen Dörfern bestehen Kontakte.

Das soziale Engagement der Landerziehungsheime hat noch eine andere Komponente: die der Bemühung, trotz des erheblichen Aufwandes, den Internatserziehung erfordert, die Zusammensetzung der Schülerschaft nicht zu einseitig ausfallen zu lassen. Dem dienen Stipendien, die von besonderen Stiftungen, wohlhabenderen Eltern und Industrieunternehmen finanziert werden. Darüber hinaus hat sich zwischen einzelnen Landerziehungsheimen (z. B. *Nordeck, Urspring, Marienau, Odenwaldschule*) und Jugendämtern eine fruchtbare Zusammenarbeit entwickelt, um geeigneten Schülern die notwendige pädagogische Förderung auf öffentliche Kosten zukommen zu lassen.

Verbindungen zur unmittelbaren Umgebung

Unabhängig von den beschriebenen «Sozialdiensten» sind die verschiedenen Landerziehungsheime je nach ihrer Lage und Tradition unterschiedlich stark in ihre unmittelbare Umgebung eingebunden: Das *Zinzendorf-Gymnasium*, dessen Träger die Herrnhuter Brüdergemeine ist, liegt mit seinem Internat inmitten von Königsfeld und hat zu anderen Einrichtungen der Brüdergemeine, die ebenfalls dort angesiedelt sind, ständigen Kontakt. In *Marienau* ist die Zahl der externen Kinder etwa so groß wie die Zahl der im Internat wohnenden, in *Reichersbeuern*, in der *Steinmühle* als Stadtrandschule vor den Toren Marburgs und in *Kirchberg* sogar größer. Oft sind diese externen Schülerinnen und Schüler «Tagesheimschüler», das heißt, sie nehmen an den Mahlzeiten und am gesamten Internatsleben teil und kehren erst am Spätnachmittag oder Abend in ihre Elternhäuser zurück. In den hessischen *Hermann-Lietz-Schulen* gibt es dagegen fast keinen externen Schüler. Die *Odenwaldschule* wird als Gesamtschule auch von allen im Dorf Ober-Hambach lebenden Kindern (etwa 30, gegenüber 260 Internatsschülern) bis zum Schulabschluß besucht, nimmt aber sonst keine externen Schüler auf.

Zu den «kulturellen» Veranstaltungen der einzelnen Heime wird oft auch die «Öffentlichkeit» aus der näheren Umgebung eingeladen. Besonders in abgelegenen ländlichen Gebieten – aber durchaus nicht nur da – kann das eine echte Bereicherung sein und der zunehmenden Konzentration von «Kultur» auf die großen Städte ein wenig entgegenwirken. In diesem Sinn haben etwa die regelmäßigen Konzerte im *Birklehof*, in *Salem* und in *Neubeuern* oder Theateraufführungen, Vorträge von Gästen usw. auch eine gewisse kulturpolitische Funktion. *Kirchberg* hat eine alte Fabrik zu einem Werkstatt- und Kulturzentrum ausgebaut, das nicht nur von der Schule, sondern auch von der Gemeinde ständig genutzt wird.

Internationale Verbindungen

Der deutschen «reformpädagogischen Bewegung» entsprach eine Bewegung für «neue» (oder «progressive») Schulen in den angelsächsischen Ländern und in Frankreich, die ihre Auswirkungen bis nach Indien und Japan gehabt hat. Manche der Auslandskontakte einzelner Landerziehungsheime reichen bis in diese Vergangenheit zurück. In der «Round-Square-Conference», der *Salem, Louisenlund* und der

Birklehof angehören, sind Schulen aus aller Welt zusammengeschlossen, die unmittelbar oder mittelbar auf Kurt Hahn zurückgehen und untereinander einen lebhaften Schüleraustausch pflegen.

Daß es nicht nur für die Verbesserung der Sprachkenntnisse besonders nützlich ist, als Schüler einige Wochen oder Monate Gast in einer ausländischen Schule zu sein, leuchtet unmittelbar ein. Die positiven Wirkungen sind besonders groß, wenn man dort als einziger Deutscher und deshalb gezwungen ist, sich wirklich auf die fremde Umgebung einzulassen. Das macht solche Aufenthalte viel wirksamer als die üblichen Feriensprachkurse und gibt ihnen eine über das Sprachenlernen hinausgehende Bedeutung. Aus diesem Grunde fördern alle Landerziehungsheime den Schüleraustausch, teilweise auch mit «ungewöhnlichen» Ländern, zum Beispiel Ungarn, Israel, Spanien. Oft sind ihre englischen, französischen und gelegentlich auch amerikanischen Partnerschulen ebenfalls Internate. Einen besonderen Weg ist die *Odenwaldschule* gegangen: Sie hat in zehn englischen Internaten je einen Platz fest «gebucht» und besetzt ihn im Laufe eines Jahres dreimal mit je einem neuen Schüler. Auf diese Weise ist es möglich, daß im Laufe eines Schuljahres fast jeder Schüler der 9. Klasse jeweils für ein Trimester als Gast in einem englischen Internat lebt. Der Unterrichtsplan für die 9. Klasse ist darauf abgestimmt, so daß die «Rückkehrer» nach einer bestimmten Übergangszeit wieder auf dem gleichen Stand sind wie die übrige Klasse.

Das *Landschulheim Holzminden* und *Neubeuern* haben jeweils eigene Ausländerabteilungen für Jungen und Mädchen, die – meist nach dem Besuch der Mittelstufe einer deutschen Schule in ihrer Heimat – in Deutschland Abitur machen wollen. In *Holzminden* ist darum auch Spanisch als Leistungsfach in der Oberstufe möglich. *Salem* hat mit dem «Internationalen Baccalaureat» ein Angebot, das in der Oberstufe gerade auch für ausländische Schüler attraktiv ist. In der *Ecole d'Humanité* besteht neben dem deutschsprachigen Schulsystem das amerikanische, das Schülerinnen und Schüler aus vielen Ländern auf amerikanische und englische Colleges und Universitäten vorbereitet. *Louisenlund* hat eine Europaklasse eingerichtet, in der Mädchen und Jungen der 8. Jahrgangsstufe aus England, Frankreich und Deutschland für acht Wochen gemeinsam unterrichtet werden.

Öffentliches Interesse

In vielen Bundesländern heißen die Schulen in freier Trägerschaft, also auch die Landerziehungsheime, immer noch «Privatschulen». Es ist bemerkenswert, daß die «privaten» Landerziehungsheime – zumindest einige von ihnen – vermutlich zu den «öffentlichsten» Schulen der Bundesrepublik gehören. Es ist nicht ungewöhnlich, daß Woche für Woche in kleinen Gruppen oder als ganze Busladungen Besucher aus dem In- und Ausland kommen, die diese Heimschulen besonderer pädagogischer Prägung kennenlernen möchten. Besonders wichtig ist das sicher für angehende Lehrer. Bei einigen Landerziehungsheimen hat sich deshalb eine regelmäßige Zusammenarbeit mit bestimmten Studienseminaren entwickelt.

Auch das Interesse der pädagogischen Wissenschaft hat in den letzten Jahren wieder deutlich zugenommen, was zum Teil mit der Enttäuschung über den technokratischen Weg der Schulreform gerade bei denen zusammenhängen mag, die eine Veränderung der herkömmlichen Schule nach wie vor für dringend geboten halten. Einen besonderen Weg ist *Marienau* gegangen und hat bereits mehrfach international besetzte Konferenzen zu Zukunftsfragen oder zur Diskussion über pädagogische Probleme veranstaltet.

Diesem «öffentlichen» Interesse an ihrer Arbeit hat die «Vereinigung Deutscher Landerziehungsheime» insgesamt und haben viele einzelne Heime durch Publikationen, ja durch ganze Schriftenreihen zu entsprechen versucht. Dazu kommen noch viele Aufsätze in Fachzeitschriften und Sammelbänden, vor allem aber die «Jahrbücher», «Jahresberichte», Schulzeitschriften und Jubiläumsbände, die fast jedes Landerziehungsheim in regelmäßigen Abständen veröffentlicht.

Eine eigene Lehrerfortbildung

Auf die besonderen Aufgaben und Herausforderungen, die pädagogische Mitarbeiter in Landerziehungsheimen erwarten, bereitet die «normale» Lehrerausbildung nur unzureichend vor. Auch die Angebote der staatlichen Lehrerfortbildung beheben diesen Mangel höchstens in Teilbereichen. In vielen Heimen gibt es deshalb seit langem besondere Veranstaltungen, die dazu helfen sollen, die Internatslehrer wirklich zu Mit-Arbeitern zu machen, indem Erfahrungen ausgetauscht werden und über gemeinsame Probleme, ihre Ursachen und Lösungsmöglichkeiten nachgedacht wird. Seit mehr als dreißig

Jahren hat die «Vereinigung Deutscher Landerziehungsheime» versucht, durch eine gezielte Beratung die Erfahrung einzelner Heime auch für die anderen nutzbar zu machen. Seit Beginn der achtziger Jahre gab es einzelne Fachtagungen von Lehrern aus allen Landerziehungsheimen. 1985 begann nach einer längeren Planungszeit die «Pädagogische Arbeitsstelle» ihre Tätigkeit. Sie veranstaltet jährlich bis zu zehn mehrtägige, themengebundene «Seminare» oder «work-shops». Dort arbeiten pädagogische Mitarbeiter aus allen Landerziehungsheimen zusammen. Teilweise habe sich aus solchen Veranstaltungen feste Arbeitsgruppen zu bestimmten Themen (z. B. «Ökologische Projekte», «Informatik», «Geschichte der Landerziehungsheime in der NS-Zeit» usw.) verselbständigt. Eine Unterstützung durch die Robert-Bosch-Stiftung ermöglicht es, daß auch Lehrer aus dem öffentlichen Schulwesen an diesen Fortbildungsveranstaltungen teilnehmen können: ein weiterer Versuch, die Erfahrungen der Landerziehungsheime an das allgemeine Schulwesen zu vermitteln. Die Themen der einzelnen Veranstaltungen berücksichtigen einerseits die besonderen Aufgaben des Internatslehrers (vom Vorbereitungskurs für Expeditionsleiter bei Outward-Bound-Unternehmen bis zu einer Tagung über die Frage, ob es denn heute noch besondere Ziele, Inhalte und Formen der Mädchenerziehung geben könne oder müsse), andererseits versuchen sie, zu Unterrichtsvorhaben anzuregen, die nach Gegenstand und Vorgehensweise der reformpädagogischen Tradition der Landerziehungsheime besonders entsprechen: Projektunterricht, praktisches Lernen, fächer- und/oder jahrgangsübergreifende Unterrichtsformen usw. Mit mehr als 500 Teilnehmern ist in Würzburg 1990 zum erstenmal eine gemeinsame Tagung für alle pädagogischen Mitarbeiter aller Landerziehungsheime durchgeführt worden und soll in regelmäßigen Abständen wiederholt werden.

III.
Bestand, Geschichte und Bibliographie der Landerziehungsheime

Der derzeitige Bestand und die verflochtene Geschichte der Landerziehungsheime seien ergänzend mit einigen Stichworten und Daten dargestellt. Die heute noch existierenden und in der «Vereinigung Deutscher Landerziehungsheime» zusammengeschlossenen Landerziehungsheime sind jeweils kursiv gesetzt. Die Angaben stützen sich auf die «Bibliographie der deutschen Landerziehungsheime» von Karl Schwarz (Klett-Verlag, Stuttgart 1970). Diese Bibliographie ist eine unersetzliche Fundgrube für jeden, der sich mit der Geschichte der Landerziehungsheime von 1898 bis 1970 befassen will. Auf 263 Seiten sind fast 2700 Veröffentlichungen verzeichnet, systematisch geordnet und bibliographisch genau nachgewiesen. Dazu kommen Kurzbiographien der Gründer und andere erklärende Anmerkungen. Eine kleine Auswahl später erschienener Literatur ist in den folgenden Text eingearbeitet.

Gründungen von Hermann Lietz [1868–1919] und seinem Nachfolger Alfred Andreesen [1886–1944]

Deutsches Landerziehungsheim Ilsenburg im Harz (1898), später Ettersburg bei Weimar (1923–1945) und *Gebesee* bei Erfurt (1923–1945. Von der DDR als «Jugendwerkhof» weitergeführt, seit 1992 wieder in mittelbarer Trägerschaft der «Stiftung Deutsche Landerziehungsheime Hermann-Lietz-Schule»).

Deutsches Landerziehungsheim für Mädchen in Stolpe (1900), später in Gaienhofen (1904, heute evangelische Internatsschule).

Deutsches Landerziehungsheim Haubinda in Thüringen (1901–1945, Schließung durch DDR, 1992 erneut in Gründung).

Deutsches Landerziehungsheim Bieberstein/Rhön (1904).

Landwaisenheim Veckenstedt (1914–1945, Schließung durch DDR, 1992 als Landerziehungsheim *Grovesmühle* wieder gegründet).

Deutsches Landerziehungsheim Buchenau/Rhön (1924–1984).

Deutsches Landerziehungsheim Spiekeroog/Nordsee (1928).

Deutsches Landerziehungsheim Hohenwehrda/Rhön (1941).

Vier der sechs noch bestehenden Heime (*Bieberstein, Hohenwehrda, Gebeese* und *Haubinda*) werden gemeinsam getragen von der *Stiftung Deutsche Landerziehungsheime Hermann-Lietz-Schule*.

Lit.: R. Lassahn (Hg.), Hermann Lietz. Schulreform durch Neugründung. Paderborn 1970; R. Koerrenz, Landerziehungsheime in der Weimarer Republik, Frankfurt/M. u. a. 1992.

Gründungen aus Sezessionen von Hermann Lietz.

Freie Schulgemeinde Wickersdorf (Paul Geheeb [1870–1961]/Gustav Wyneken [1875–1964], 1906–1933, Übernahme durch

NSDAP, dann durch die DDR, geschlossen 1990; eine Neugründung hat sich aus finanziellen Gründen bisher nicht verwirklichen lassen).

Erziehungsschule Schloß Bischofsstein (Dr. Gustav Marseille, 1908 bis 1945, Schließung durch DDR). Der letzte Leiter, Heinrich Hoffmann, gründete später das Landerziehungsheim Gut Honneroth/Westerwald (1957–1986).

Oberharzer Erziehungsschule Hohegeiß (Alfred Kramer [1868–1918]/Theo Lehmann [1882–1943], 1909), später *Stiftung Landschulheim am Solling* in Holzminden (1909).

Lit.: H. W. Jannasch, Pädagogische Existenz. Göttingen 1967; Borchardt/Landmann (Hg.), Landschulheim am Solling. Eine Festgabe zum 75jährigen Bestehen. LSH am Solling 1984.

Landerziehungsheim Walkemühle (Ludwig Wunder [1878–1949]/Leonhard Nelson [1882–1927]/Minna Specht [1878–1961], 1923–1933, Schließung durch NSDAP). Minna Specht leitete nach ihrer Rückkehr aus der Emigration 1946–1951 die Odenwaldschule.

Lit.: I. Hansen-Schaberg: Minna Specht – Eine Sozialistin in der Landerziehungsheimbewegung. Frankfurt/M. u. a. 1992.

Landerziehungsheim Schloß Michelbach/Bilz (Ludwig Wunder 1926–1945, heute evangelische Internatsschule).

Landerziehungsheim Ambach (Max Rill [1896–1963], 1936), später *Landerziehungsheim Reichersbeuern – Max-Rill-Schule*/b. Bad Tölz, Oberbayern (1938).

Gründungen nach erneuter Sezession von früheren Lietz-Mitarbeitern.

Odenwaldschule Ober-Hambach bei Heppenheim/Bergstraße (Paul Geheeb und Edith Geheeb-Cassirer, 1910 von Wickersdorf).

Lit.: W. Schäfer/W. Edelstein/G. Becker, Probleme der Schule. Das Beispiel Odenwaldschule. Frankfurt/M. 1971; W. Schäfer, Erziehung im Ernstfall. Die Odenwaldschule 1946–1972. Frankfurt/M. 1979; G. Becker, Miteinander reden – miteinander umgehen. In: Ilse Lichtenstein-Rother (Hg.), Zusammen lernen – miteinander leben. Freiburg 1981.

Ecole d'Humanité Berner Oberland (Schweiz) (Paul Geheeb und Edith Geheeb-Cassirer 1934 nach ihrer Emigration aus Deutschland).

Dürerschule Hochwaldhausen (G. H. Neuendorff [1882–1949], 1912–1920 von Wickersdorf. Bis 1927 fortgesetzt als Bergschule Hochwaldhausen).

Freie Schul- und Werkgemeinschaft Jägerhaus/Bergstraße (Bernhard Uffrecht [1885–1959] 1919 von Wickersdorf, danach im Sinntalhof/Rhön 1919, danach im Jagdschloß Dreilinden/Potsdam 1920, endgültig in Letzlingen, 1920–1933, Schließung durch NSDAP).

Schule am Meer/Juist (Martin Luserke [1880–1968], 1925–1934 von Wickersdorf, Schließung durch NSDAP).

Landschulheim Burg Nordeck b. Gießen (Otto Erdmann [1883–1960], 1926 von der Odenwaldschule).

Urspringschule/Schwäbische Alb (Bernhard Hell [1877–1955], 1930 vom Landschulheim am Solling).

Gründungen außerhalb des Lietz-Kreises

Stiftung Landerziehungsheim Schondorf am Ammersee/Oberbayern (Julius Lohmann [1869–1919]/Ernst Reisinger [1884–1952], 1905).

Lit.: Rudolf Berg u.a., Gruppe – Kollektiv. Starnberg 1973; Klaus Ruder, Gymnasium und Handwerk. Modell der handwerklichen Ausbildung im Landerziehungsheim Schondorf/Ammersee. Karlsruhe 1979; Stiftung LEH Schondorf (Hg.), 1905–1980. Stiftung LEH Schondorf 1980.

Schulgemeinde Sinntalhof/Rhön (Max [1892–1951] und Gertrud Bondy, 1920, später Gandersheim 1923, schließlich: *Schule Marienau* (1928).

Lit.: G. Fischer (Hg.), Alpdruck. Auswege und Hilfen durch die Heimschule. München 1969; P. Klutmann, Rund um die Hühnerkirche. Marienau 1974.

Windsor Mountain School/Mass., USA (Max und Gertrud Bondy 1940 in der Emigration).

Schule Schloß Salem Bodenseegebiet (Kurt Hahn [1886–1974] 1920) mit den Zweigschulen *Hohenfels* und *Spetzgart*.

Lit.: Götz Plessing, Soziale Dienste als Erfahrungs-, Übungs- und Bewährungssituation. In: Ilse Lichtenstein-Rother (Hg.), Zusammen lernen – miteinander leben. Freiburg 1981; Kurt Hahn, Erziehung und die Krise der Demokratie. Stuttgart 1986.

Schule Schloß Kirchberg/Jagst (1926).

Schule Birklehof Hinterzarten/Hochschwarzwald (Kurt Hahn, 1932; später Georg Picht).

Lit.: Schule Birklehof (Hg.), 50 Jahre Birklehof. Birklehof 1982.

Gordonstoun/Schottland (Kurt Hahn, 1933 in der Emigration).

Landerziehungsheim Stiftung Louisenlund bei Schleswig (Hans Lues 1949 von Salem).

Lit.: Hans Lues, Die Louisenlunder Sonnenuhr. Louisenlund 1972.

Landerziehungsheim Neubeuern b. Rosenheim / Oberbayern (1925).

Lit.: M. F. Rieger, Aufwachsen und Lernen mit Ausländern. In: Ilse Lichtenstein-Rother (Hg.), Zusammen lernen – miteinander leben. Freiburg 1981.

Landerziehungsheim Schule Schloß Schwarzenberg (1945–1968, jetzt in der Mathilde-Zimmer-Stiftung).

Landschulheim Stein an der Traun / Oberbayern (1948).

Landschulheim Steinmühle bei Marburg (1949).

Landerziehungsheim und Werkschule Schloß Craheim (1950–1967).

Der Vereinigung Deutscher Landerziehungsheime angeschlossen ist:

Zinzendorf-Gymnasium der Herrnhuter Brüdergemeine, Königsfeld / Schwarzwald (1813).

Schulen in freier Trägerschaft des Bundesverbandes Deutscher Privatschulen

Joachim Böttcher

Der Bundesverband Deutscher Privatschulen (VDP)

Der Bundesverband Deutscher Privatschulen – Schulen in freier Trägerschaft – (VDP) vertritt bundesweit annähernd tausend Schulen, die sowohl im allgemein- und berufsbildenden Bereich als auch in der freien Erwachsenenbildung tätig sind. Der Bundesverband bindet seine Mitglieder weder weltanschaulich noch konfessionell oder parteilich. Er unterstützt seine Schulen in dem Ziel, die Schüler zur Humanität, zur Toleranz gegenüber Andersdenkenden, zur Verantwortung gegenüber der Gesellschaft und zur Achtung vor dem Staat und seinen Gesetzen zu erziehen. VDP-Mitgliedsschulen sind von der Bildungsorganisation der UNO auch mit dem Prädikat »UNESCO-Modellschule« ausgezeichnet worden.

Der Bundesverband Deutscher Privatschulen (VDP) ist der älteste Zusammenschluß von freien Schulträgern in Deutschland. Im Jahre 1901 gründeten nichtstaatliche Handels- und Höhere Handelsschulen von Königsberg bis Freiburg einen Verband. Dieser ging 1919 im Reichsverband Deutscher Privatschulen auf, einer Vereinigung allgemein- und berufsbildender Schulen.

Während des Dritten Reichs wehrte sich der als NS-Fachschaft degradierte Verband gegen den Gleichschaltungsdruck der Nationalsozialisten; er versuchte, freies Schulwesen auch gegen ein System zu erhalten, das jeglichen Pluralismus zu unterdrücken bemüht war.

In den Jahren nach 1945 half der wieder ins Leben gerufene Verband Deutscher Privatschulen mit, das Privatschulwesen auf der Grundlage des neugeschaffenen Artikels 7 Grundgesetz zu organisieren und zu gestalten. Heute ist der VDP mit seinen Landesverbänden immer gefordert, wenn Gesetze parlamentarisch beraten werden, die für den schulischen oder den Weiterbildungsbereich bedeutsam sind.

Dies gilt heute besonders für die Gesetzgebungsverfahren in den fünf neuen Bundesländern, in denen die Privatschultraditionen nahezu vollständig untergegangen waren. Unmittelbar nach der Vereinigung am 3. Oktober 1990 hat der VDP deshalb eigene Landesverbände für Berlin-Brandenburg, Mecklenburg-Vorpommern, Sachsen, Sachsen-Anhalt und Thüringen gegründet.

Private Schulen – öffentliche Aufgaben

Privatschulen haben – wie staatliche Schulen – eine öffentliche Aufgabe, die durch das Grundgesetz und zusätzlich durch einige Schulgesetze der Bundesländer ausdrücklich festgeschrieben ist. Sie haben der demokratisch legitimierte andere Weg im Bildungswesen zu sein, demokratische Auswahlmöglichkeiten zu gewährleisten und ein staatliches Schulmonopol zu verhindern. Diese öffentliche Aufgabe hat die Bezeichnung Privatschulen fragwürdig gemacht. Denn Privatschule steht hier als Begriff für «nichtstaatliche Schule».

Die positiven Inhalte des Begriffs «privat» lassen viele ungern von dem Begriff Privatschule abrücken: Privat wird gleichgesetzt mit Initiative, Beweglichkeit, Anpassungsfähigkeit, Erkennen von Notwendigkeiten und schnelles Reagieren darauf; privat impliziert aber auch individuelle Schule, Ablehnung des Trends zur Massenschule, wie er sich in vielen Bundesländern darstellt, Betreuung, Überschaubarkeit. Der Begriff privat hat jedoch auch andere, der heutigen Situation dieser Schulen nicht mehr gerecht werdende Inhalte: Er ist mit dem Begriff Gewinnstreben, mit der Gewinnmaximierung verbunden, er klingt nach kommerzieller Unternehmerschule. Und gerade das ist es, was die allermeisten der heutigen Privatschulen nicht (mehr) sind: Sie sind eingebunden in ihre öffentliche Aufgabe, sie arbeiten oft schulrechtlich oder sogar steuerrechtlich gemeinnützig; sie werden immer seltener von natürlichen Personen getragen, sondern von juristischen Personen wie einer gemeinnützigen GmbH oder einem gemeinnützigen Verein.

So wird die Bezeichnung «Schule in freier Trägerschaft» – was lediglich ausdrückt: in nicht-staatlicher Trägerschaft – der Situation am ehesten gerecht; sie wird im übrigen parallel zu anderen Bereichen, etwa dem der Wohlfahrtspflege, gehandhabt, wo ebenfalls von freien Trägern im Gegensatz zum Staat gesprochen wird.

Ergänzungsschulen – Ersatzschulen

Staatliche Schulen müssen zwangsläufig normiert sein; das bedeutet, daß sie wegen ihrer Ausrichtung auf eine große Zahl auf geringere Zahlen anders begabter Schüler nicht in der erforderlichen Weise eingehen können und sich auch schwertun, Randgruppen angemessen zu betreuen (Spätaussiedler, Ausländer, einseitig Begabte). Die flexiblere Schule in freier Trägerschaft vermag auch diese Kreise von Schülern anzusprechen. Gerade diese Bildungsaufgaben – außerhalb dessen, was auch der Staat zu leisten vermag – waren seit jeher Anliegen der Schulen in freier Trägerschaft.

Schulrechtlich werden solche Schulen als Ergänzungsschulen bezeichnet. Die übrigen – auch vom Staat angebotenen – Schultypen sind Ersatzschulen. Die meisten Schulgesetze der Bundesländer definieren: Ersatzschulen sind solche Schulen in freier Trägerschaft, die beim Staat ebenfalls geführt werden oder doch grundsätzlich vorgesehen sind. Schluß auf das Gegenteil also: Ergänzungsschulen sind Schulen, die beim Staat nicht geführt werden und auch nicht grundsätzlich vorgesehen sind.

Die Ersatzschulen haben, sollen sie die entsprechenden Berechtigungen verleihen und auch vom Staat finanziell unterstützt werden, in der Qualität ihrer Lehrkräfte, in den Ausbildungsinhalten und in ihren Abschlußprüfungen den staatlichen Schulen gleichwertig zu sein. Sie haben einen Anspruch auf Genehmigung, wenn sie diese Voraussetzungen erfüllen und darüber hinaus keiner Sonderung der Schüler nach den Besitzverhältnissen ihrer Eltern Vorschub leisten. Da nun tut sich ein großes Problem auf: Woran mißt die staatliche Schulaufsicht, der auch die Schulen in freier Trägerschaft unterstehen und unterstehen müssen, Gleichwertigkeit? Natürlich an ihren Schulen.

So wird in der Schulpraxis die Forderung nach Gleichwertigkeit allzuoft zur Forderung nach Gleichartigkeit und damit zu einer immer bedrohlicher werdenden Anpassungs- und Nivellierungstendenz. Dieser Trend, Gleichwertigkeit zur Gleichartigkeit zu stempeln, erschwert es den Schulen in freier Trägerschaft, ihre öffentliche Aufgabe zu erfüllen, eine Alternative zum staatlichen Schulwesen zu sein.

Die Definition der Ergänzungsschule, nämlich einer im staatlichen

Schulwesen nicht vorgesehenen Schulform, führt häufig zu einer abwertenden Beurteilung der Ergänzungsschule. Das zeigt sich auch in den Finanzhilfebestimmungen der einzelnen Länder, deren Schulgesetze, mit einer rühmlichen Ausnahme in Baden-Württemberg, keine, nicht einmal eine fakultative Finanzhilfe für Ergänzungsschulen vorsehen. Dabei ist gerade die Ergänzungsschule die prädestinierte Schule in freier Trägerschaft: Aus den pädagogischen Erfahrungen der Ersatzschularbeit können spezielle Bildungsangebote entwickelt und erprobt werden; die Ergänzungsschule ist pädagogische Pionierarbeit. Häufig hat später das staatliche Schulwesen von dieser Pionierarbeit profitiert und bewährte und erprobte Ergänzungsschulbereiche in das staatliche Schulwesen übernommen: Die zweijährigen Berufsfachschulen für Wirtschaftsassistenten sowohl für Fremdsprachen und Korrespondenz als auch für Sekretariat und für Informatik in Niedersachsen sind ein treffendes Beispiel dafür.

Die Ergänzungsschulen haben mit einem weiteren Problem zu kämpfen: Da sie sich aus Schulgeldern finanzieren müssen, Schule aber immer teurer wird, laufen sie Gefahr, nur noch bestimmte Kreise der Bevölkerung mit ihrem Angebot zu erreichen. Damit tritt allzu leicht ein, was den Schulen in freier Trägerschaft für ihre Ersatzschulen durch das Grundgesetz untersagt ist: eine Sonderung der Schüler nach den Besitzverhältnissen der Eltern. Aber nicht nur diese Konsequenz läßt Unbehagen aufkommen: Die meisten Schulen in freier Trägerschaft können es auch mit ihrem Selbstverständnis nicht vereinbaren, nur wohlhabende Bevölkerungskreise anzusprechen.

Bundesverband Deutscher Privatschulen e. V. Schulen in freier Trägerschaft

Leitlinien

Grundsätze

1. Grundgesetzlicher Auftrag
   Schule ist eine öffentliche Aufgabe unter öffentlicher Verantwortung. Damit nimmt jede Schule – ob in staatlicher oder freier Trägerschaft – eine öffentliche Aufgabe wahr (Art. 7, 1 GG).
   Der Staat besitzt weder ein Bildungs- und Erziehungsmonopol noch ein Schulmonopol. In der freiheitlich-demokratischen Staats-

form unseres Grundgesetzes sind neben und anstelle von staatlichen Schulen entsprechende Schulen in freier Trägerschaft (Privatschulen) als Ersatzschulen vom Staat nicht nur zu dulden, sondern zu *gewährleisten* (Art. 7, 4 GG).
Eine pluralistische Gesellschaft braucht neben den staatlichen Schulen die Schulen in freier Trägerschaft. In der freiheitlich-demokratischen Staatsform sind sie nach dem Urteil des Bundesverfassungsgerichts vom 08.04.1987 ein Verfassungsgebot.

2. Wegbereiter
Die Geschichte der Pädagogik von der Antike bis zur Gegenwart ist eine Geschichte privater Initiativen zum freien Lehren und Lernen. Die Schulen in freier Trägerschaft und die in ihnen Wirkenden waren und sind Wegbereiter für das gesamte Schulwesen. Die Vielfalt des heutigen Bildungswesens ist undenkbar ohne freie Ideen und fortgesetzte individuelle Initiativen.

3. Konstruktive Kritik
Im Vergleich zu den europäischen Nachbarstaaten unterliegt das deutsche Bildungswesen einer starken staatlichen Dominanz. Schulen in freier Trägerschaft übernehmen daher die Aufgabe konstruktiver Kritik; sie sind ein demokratisch legitimierter anderer Weg. Privatschulen können Bildungsbedürfnisse aus der Gesellschaft – auch Bildungsbedürfnisse von Minderheiten – flexibel und schnell befriedigen. Sie entwickeln und verantworten eigene pädagogische Modelle. Zudem schließen sie durch ihre Arbeit qualitative wie quantitative Lücken im staatlichen Angebot.
Privatschulen stellen gewonnene Erfahrungen dem gesamten Schulwesen zur Verfügung.

4. Grundlagen der Arbeit
Der Bundesverband Deutscher Privatschulen bindet seine Mitglieder weder weltanschaulich noch konfessionell oder parteilich. Er unterstützt seine Schulen in dem Ziel, die Schüler zu Humanität, zur Verständigungsbereitschaft gegenüber Andersdenkenden, zur Verantwortung gegenüber der Gesellschaft und zum Denken in internationalen Zusammenhängen zu erziehen.
Der Bundesverband Deutscher Privatschulen und seine Schulen arbeiten mit ausländischen und internationalen Schulverbänden und Schulen zusammen; ihre internationale Arbeit umfaßt:

- internationale Schüleraustauschprogramme,
- internationalen Dozentenaustausch,
- Hilfe bei Schulgründungen, insbesondere in Osteuropa,
- Beratung für freie Bildungsinitiativen in Osteuropa,
- Unterstützung pädagogischer Initiativen in Entwicklungsländern,
- Aufnahme von ausländischen Hospitanten,
- Mitarbeit an der Verwirklichung europäischer Bildungsprogramme.

5. Aufgabengerechter Freiraum
Das gesamte Schulwesen steht unter der Aufsicht des Staates. Hierbei gilt der Grundsatz der *Gleichwertigkeit* von Schulen in freier Trägerschaft und entsprechenden staatlichen Einrichtungen, nicht der Grundsatz der Gleichartigkeit.
Sollen Schulen in freier Trägerschaft ihre Aufgaben erfüllen, so muß ihnen der Staat die für ihr pädagogisches Bemühen erforderlichen Freiräume sichern.
Eine Privatschule darf nicht deshalb besser behandelt werden, weil sie in ihrem Konzept der staatlichen Schule näherkommt; dies gilt für die Zuerkennung von Berechtigungen wie für die finanzielle Unterstützung. Druck zu Anpassung an staatliche Vorgaben erschwert Innovationen.

6. Gleichrangigkeit von Ergänzungsschulen
Die Arbeit der auf die unterschiedlichen Bildungsbedürfnisse und auf neu auftretende Bildungsanforderungen ausgerichteten Ergänzungsschulen ist der Arbeit der Ersatzschulen gleichrangig. Bei Novellierungen von Schul- und Privatschulgesetzen müssen fortschrittliche Lösungen gefunden werden, die der Gleichrangigkeit der Ergänzungsschulen gerecht werden. Noch vorhandene Benachteiligungen der Ergänzungsschulen sind aufzuheben.

7. Kostengünstiges Angebot
Die Schulen in freier Trägerschaft sind im Vergleich zur staatlichen Schule für die öffentlichen Haushalte kostengünstiger.
Eine angemessene Eigenleistung der Schulträger und die Kostenbeteiligung der Eltern oder Schüler unterstreicht die Eigenverantwortlichkeit der Privatschule.

8. Gewährleistungsanspruch
   Die Schule in freier Trägerschaft ist nach bundesverfassungsgerichtlicher Entscheidung so zu sichern, daß
   - Lehrziele und Einrichtungen nicht hinter denen der staatlichen Schulen zurückstehen,
   - keine Schulgelder erhoben werden müssen, die zu einer Sonderung der Schüler nach den Besitzverhältnissen der Eltern führen und die allgemeine Zugänglichkeit gefährden,
   - die wirtschaftliche und rechtliche Stellung der Lehrkräfte gesichert ist.

9. Grundsätze der Erwachsenenbildung
   Auf dem Gebiet der Erwachsenenbildung tritt der Bundesverband Deutscher Privatschulen für konsequente Einhaltung des Subsidiaritätsprinzips ein: Angebote des Staates in der Erwachsenenbildung nicht dort, wo freie Träger die Bedürfnisse abdecken. Das Verhältnis verschiedener freier Träger untereinander hat durch Chancengleichheit und Wettbewerbsgerechtigkeit geprägt zu sein: Unterstützungen durch die öffentliche Hand für alle Trägergruppen nach gleichen Möglichkeiten und Grundsätzen.
   Damit korrespondiert die Forderung nach einer teilnehmer- und nicht trägerbezogenen Förderung. Das vom VDP favorisierte Modell eines «Bildungsgutscheins» steht für die größtmögliche Freiheit des Teilnehmers und für arbeitsmarktorientierte Angebote der Weiterbildungsträger.
   Der Bundesverband Deutscher Privatschulen verpflichtet seine Mitgliedsschulen zur Einhaltung der VDP-Qualitätskriterien. Außerdem leistet er mit seinem bundesweiten Zertifikatswesen einen Beitrag zur Transparenz und Qualitätssicherung im Weiterbildungsbereich.

Aufbau

1. Der Aufbau des Bundesverbandes Deutscher Privatschulen
   a) Die Organe des Verbandes sind
      die Mitgliederversammlung
      der Präsident
      der Vorstand
      das Präsidium
   b) Zur Unterstützung des Präsidenten und der Vorstände arbeiten eine Bundesgeschäfts- und eine Pressestelle.

c) Die pädagogische Arbeit wird in den folgenden Fachgruppen geleistet:
Fachgruppe der allgemeinbildenden Schulen
Fachgruppe der Wirtschaftsschulen
Fachgruppe der naturwissenschaftlich-technischen Schulen
Fachgruppe der Sprachschulen
Fachgruppe der Schulen im Gesundheitswesen
Arbeitsgemeinschaft Computer und Beruf

d) Darüber hinaus bestehen in den Bundesländern Landesverbände, die sich insbesondere der landespolitischen Aufgaben annehmen. Landesverbände bestehen für:
- Baden-Württemberg
- Bayern
- Berlin/Brandenburg
- Hamburg
- Hessen
- Mecklenburg-Vorpommern
- Niedersachsen/Bremen
- Nordrhein-Westfalen
- Rheinland-Pfalz/Saarland
- Sachsen
- Sachsen-Anhalt
- Schleswig-Holstein
- Thüringen

2. Schulträger im Bundesverband Deutscher Privatschulen
   a) natürliche Personen
   b) gemeinnützige Schulvereine und Stiftungen
   c) gemeinnützige Gesellschaften
   d) sonstige juristische Personen

3. Arbeitsgemeinschaft Freie Schulen
   Der Bundesverband Deutscher Privatschulen bildet mit dem Arbeitskreis Katholischer Schulen, der Arbeitsgemeinschaft Evangelischer Schulbünde, dem Bund der Freien Waldorfschulen und der Vereinigung Deutscher Landerziehungsheime die Arbeitsgemeinschaft Freie Schulen. Der Vorsitz der Arbeitsgemeinschaft wird von den Mitgliedsverbänden im Rotationsverfahren wahrgenommen.

Arbeit

1. Allgemeinbildender Bereich
   (z. T. mit Ganztagsschulen, Internaten und Wohnheimen)
   - Kindergärten und Vorschulen
   - Grundschulen
   - weiterführende Schulen
     (Hauptschulen, Realschulen, Kollegschulen, Gymnasien)
   - Schulen für Behinderte

2. Berufsbildender Bereich
   (z. T. mit Ganztagsschulen, Internaten und Wohnheimen)
   2.1 Berufsvorbereitende Schulen
   mit den Fachrichtungen Wirtschaft, Hotel- und Gaststättengewerbe, Technik, Sozialwesen, Gesundheit, Kosmetik
   - Berufsvorbereitungsjahr
   - Berufsgrundbildungsjahr
   - Berufsfachschulen
   - Höhere Berufsfachschulen

   2.2 Berufsschulen
   2.3 Schulische Berufsausbildung,
   z. T. auch berufsbegleitend
   (Assistentenberufe: Chemie, Pharmazie, Physik, Biologie, Wirtschaft, Sprachen, Sekretariat; Kosmetik, Gymnastik, Krankengymnastik, Massage)
   - ein- und zweijährige Berufsfachschulen
   - zweijährige Berufskollegs
   - musikpädagogische Ausbildungsstätten (Konservatorien)
   - Ausbildungsstätten für Sportlehrer und Gymnasten
   - Übersetzer- und Dolmetscherausbildung

   2.4 Fachschulen
   (berufsfortbildende Schulen), auch berufsbegleitend
   - Fachschulen Wirtschaft (staatlich geprüfter Betriebswirt)
   - Fachschulen für Datenverarbeitung (Programmierer, Systemanalytiker, EDV-Fachleute)
   - Fachschulen Technik (staatlich geprüfter Techniker und staatlich geprüfter Chemotechniker)
   - Fachschulen für Hotel- und Gaststättengewerbe (staatlich geprüfter Betriebswirt)
   - Fachschulen für Altenpflege (staatlich geprüfter Altenpfleger)

- Fachschulen für Altenpflegehilfe (staatlich geprüfter Altenpflegehelfer)
- Fachschulen für Sozialpädagogik (staatlich geprüfter Erzieher)

2.5 Studienqualifizierende berufliche Schulen

2.5.1 Fachoberschulen, ein- oder zweijährig, auch berufsbegleitend
- Gestaltung
- Sozialarbeit
- Technik
- Verwaltung
- Wirtschaft

2.5.2 Fachgymnasien und Kollegschulen
- Technik
- Wirtschaft

2.6 Fachhochschulen
- Chemie
- Technik
- Physikalische Technik
- Wirtschaft, Informatik

3. Freie Unterrichtseinrichtungen, Kurse der Jugend- und Erwachsenenbildung
allgemeinbildende, wirtschaftliche, sprachliche, schreibtechnische Lehrgänge, Musik und Sport, Lehrgänge im Gesundheitswesen, gewerblich-technische Lehrgänge

4. Umschulung und Anpassung an Veränderungen der Arbeitswelt (im Auftrag der Bundesanstalt für Arbeit nach dem Arbeitsförderungsgesetz)
- in Lehrgängen
- in Laboren und Werkstätten
- in Übungswerkstätten
- in Übungsfirmen

5. Berufsbegleitende Fortbildungsmaßnahmen
(z. B. Bilanzbuchhalter, Fachwirte, Fachkaufleute, Sekretärinnen, Fremdsprachenkaufleute, Meister, Techniker)

6. Berufliche Rehabilitationsmaßnahmen

7. Sprachausbildung für Spätaussiedler und Ausländer

8. Umschulung und berufliche Wiedereingliederung von Zeitsoldaten

9. Ausbildung im Rahmen überbetrieblicher Ausbildungen, ausbildungsbegleitende Hilfen

10. Angebote im Rahmen der Bildungsurlaubs- und Freistellungsgesetze der Länder

Die Fachgruppen

Michael Büchler

Fachgruppe «Allgemeinbildende Schulen»

Allgemeinbildende Schulen in freier Trägerschaft machen heute im Vergleich zu den staatlichen und kommunalen Schulen einen relativ geringen Prozentsatz aus; dennoch sind sie im Schulwesen traditionell eine prägende Kraft. Der Bundesverband Deutscher Privatschulen vertritt bundesweit Kindergärten, Grundschulen, Hauptschulen, Realschulen, Gesamtschulen, Gymnasien und Abendschulen. Alle Schularten sind auch mit Ganztags- und Internatsschulen vertreten.

Jede Schule hat ihr ganz eigenes Profil und kann für sich beanspruchen, im Bildungswesen ihres Einzugsgebiets eine besondere Rolle zu spielen: Die eine Schule ist vor allem einem sozialen Auftrag verschrieben, die andere steht im Dienst einer besonderen pädagogischen oder weltanschaulichen Konzeption. Einige Schulen stehen bereits im zweiten Jahrhundert ihrer Tätigkeit und haben sich auch überregional einen großen Ruf erworben.

Der Bereich freier Bildung und Erziehung, der gemeinhin am stärksten mit dem Begriff Privatschulen verknüpft wird, ist der der Internats- und Ganztagsschulen. Hier assoziiert man unwillkürlich die Namen großer Pädagogen und traditionsreicher Bildungseinrichtungen. Schulgründer wie Anna Schmidt, Professor Metzger, Professor Hermann und Otto Büchler, Professor Dr. Paul Scheid, Professor Merz haben ihren Schulen als Vermächtnis hinterlassen, daß Bildung eine Frage des Gemüts, des Herzens genauso ist wie eine Frage des Verstandes. Doch gäbe es diese Schulen schon längst nicht mehr, wenn sie nur an dem einmal Entwickelten und Erprobten festhielten. Gerade die Internats- und Ganztagsschulen bieten den geeigneten schulischen Rahmen für die Erprobung neuer pädagogischer Ideen und die Weiterentwicklung didaktischer Ansätze.

Internatsschulen

Internatsleben ist kein «Urlaub mit Vormittagsunterricht»: Im Mittelpunkt steht vielmehr ein zielgerichtetes Hinarbeiten auf das erfolgreiche Bestehen schulischer Abschlüsse sowie die Vermittlung von

Schlüsselqualifikationen, wie Selbständigkeit, Leistungsbereitschaft, Zuverlässigkeit, Kritikfähigkeit und Toleranz. Dafür soll das Internatsleben die geeigneten Rahmenbedingungen schaffen. Innerhalb der Gemeinschaft lernen Jugendliche sich zu integrieren und gleichzeitig ihre Interessen selbständig zu vertreten. VDP-Schulen sehen deshalb in ihrem Freizeitangebot keinen Selbstzweck, sondern die konsequente Ergänzung des Unterrichts und die Verwirklichung des Erziehungsauftrags, den die Eltern der Schule übertragen haben.

Mit dieser Zielsetzung korrespondiert auch die Abneigung gegen kommerzielle Internatsvermittler, die den Eltern bisweilen Nebenaspekte der eigentlichen Schulwirklichkeit als Hauptinhalte andienen. Nach Auffassung des VDP muß allein das Wohl des Kindes Grundlage einer Empfehlung sein, weshalb der Verband dazu übergegangen ist, eine eigene Eltern- und Schülerinformation einzurichten.

Ganztagsschulen

Keine andere Schulform hat in den letzten Jahren mehr von sich reden gemacht als die Ganztagsschule. Eine parlamentarische Anfrage jagte die andere, Umfragen unter Eltern, Schülern und Lehrern fanden sogar Eingang in Tageszeitungen und Illustrierte, und kein Ministerium verzichtete auf «sein» Modellprojekt. Tatsache ist, daß über Jahrzehnte hinweg gerade die Privatschulen den besonderen pädagogischen Wert von Ganztagsschulen erkannt und ständig neue und zeitgemäße Formen der ganztägigen Betreuung entwickelt haben. Noch heute befindet sich jede zweite Ganztagsschule in freier Trägerschaft – bei einem Anteil der Privatschulen am gesamten deutschen Schulwesen von nur fünf Prozent.

Der VDP weist immer wieder darauf hin, daß nach seinen Vorstellungen Ganztagsschule mehr sein muß als eine Hausaufgabenbetreuung mit vorangehender Essensausgabe. Ein durchdachtes pädagogisches Profil mit differenzierten Freizeitangeboten und integrierten Entspannungsphasen ist konstitutiv für den Begriff Ganztagsschule.

Ersatz- oder Ergänzungsschule

Nur dann, wenn eine Privatschule einer Schulform des staatlichen Schulwesens entspricht, erhält sie den Status einer Ersatzschule und bei Gemeinnützigkeit auch finanzielle Beihilfen des Landes. Es gibt aber auch im allgemeinbildenden Bereich Schulen, die nicht dazu bereit sind, sich den staatlichen Vorgaben so stark anzupassen; sie wollen staatliche Bildungsangebote nicht ersetzen, sondern ergänzen. Für den Bundesverband Deutscher Privatschulen zeigen diese Schulen, daß gerade bei geringerer staatlicher Einflußnahme erfolgreiche pädagogische Modelle zu entwickeln sind. Nicht selten gehen von den Ergänzungsschulen Impulse für das gesamte Schulwesen aus. So gesehen sollten auch diese Schulen in die sich aus Artikel 7 des Grundgesetzes ergebenden Leistungen einbezogen werden.

Joachim Böttcher

Fachgruppen der berufsbildenden Schulen

Einleitung: Die berufsbildenden Schulen in freier Trägerschaft

Private Schulen haben im berufsbildenden Bildungswesen Deutschlands eine lange, erfolgreiche Geschichte: Das gesamte berufsbildende Schulwesen geht auf private Initiative zurück; das berufsbildende Fortbildungswesen (Fachschulen, berufsbegleitende Erwachsenenbildung) hat seine wesentlichen Impulse von privaten Trägern erhalten; ganze Ausbildungsbereiche wie etwa die der Fachlehrerausbildung und die der Datenverarbeitungsberufe haben durch die Privatschulen entscheidende Impulse bekommen, die Intentionen des Arbeitsförderungsgesetzes mit seinen vielfältigen Umschulungs- und Fortbildungsangeboten wären ohne die privaten Träger nicht realisierbar gewesen.

Vielfältig differenziert

Die berufsbildenden Schulen in freier Trägerschaft präsentieren heute ein vielfältig differenziertes Schulwesen, das darüber hinaus auch, von den Schülerzahlen aus betrachtet, erhebliche Bedeutung hat: 16,2 Prozent aller Berufsfachschüler der Bundesrepublik, gar 41,4 Prozent aller Fachschüler der Bundesrepublik sind Schüler von Schulen in freier Trägerschaft.

In Zeiten struktureller Arbeitslosigkeit und erheblicher Umschichtungen im Beschäftigungssystem – besonders in den neuen Bundesländern – kommt den Schulen in freier Trägerschaft eine ganz besonders wichtige zusätzliche Aufgabe zu. Sie haben auf die Herausforderungen der neuen Entwicklungen folgende Antworten gefunden:

Die internationalen wirtschaftlichen Verflechtungen werden immer enger und vielfältiger. Das bedeutet, daß die Zahl der Arbeitsplätze in den sprachmittelnden Berufen weiter steigen wird. Benötigt werden künftig also Mitarbeiter, die über ein wirtschaftliches Grundwissen, ein Spezialwissen in Außenwirtschaftsfragen und über ausgezeichnete Sprachkenntnisse – möglichst in mehreren Fremdsprachen – verfügen. Die berufsbildenden Schulen in freier Trägerschaft sind an der Entwicklung entsprechender Ausbildungsgänge, z. B. der Berufskollegs in Baden-Württemberg oder der «Zweijährigen Berufsfachschulen für Wirtschaftsassistenten – Fremdsprachen und Korrespondenz» in Niedersachsen maßgeblich beteiligt gewesen.

Mit einer zu erwartenden weiteren Verkürzung der Arbeitszeit wird die Freizeitgestaltung und hier besonders die Touristik an Bedeutung gewinnen. Die Touristik wird wie die Wirtschaft überhaupt zunehmend internationaler. Auch so betrachtet, ergibt sich eine weitere Notwendigkeit, die sprachliche Ausbildung in der beruflichen Grundbildung zu verstärken. Um den Beschäftigten oder Beschäftigungssuchenden in den neuen Bundesländern die für die neuen Strukturen erforderlichen Kenntnisse und Fähigkeiten in angemessener Zeit und ohne überflüssige Umwege zu vermitteln, haben die Schulen Konzepte und Brückencurricula entwickelt, die auf der Basis der alten DDR-Berufe die nötige Fortbildung zu leisten vermögen.

Die Verzahnung wirtschaftlicher und gewerblich-technischer Inhalte wird immer dringender. In der Arbeitsvorbereitung, in der Kalkulation, in der Reklamationsbearbeitung sind kaufmännische und technische Tätigkeiten kaum mehr zu trennen. Der Mitarbeiter, der über Wissen auf beiden Gebieten verfügt, wird um seinen Arbeitsplatz kaum zu bangen haben.

Rationalisierung in den Büros wird in erster Linie durch den Einsatz von Computern und hier insbesondere der neuesten PC-Technik möglich. Hier nun muß auch bei älteren Arbeitnehmern auf die Erkenntnis hingearbeitet werden, daß diese Entwicklung für sie nicht nur das Risiko des Arbeitsplatzverlustes bedeutet, sondern daß sie auch Chancen bietet: Wer sich auf die neuen Technologien einstellt und mit ihnen arbeitet, braucht nicht sorgenvoll in die Zukunft zu sehen. Keine Maschine arbeitet ohne Programm und ohne das organisatorisch aufgearbeitete Umfeld. Diese Programme und diese Organisationsstrukturen aber kommen vom Menschen. Also wächst der Bedarf an qualifizierten Mitarbeitern, und die berufsbildenden Schulen, ganz besonders die berufsbildenden Schulen in freier Trägerschaft, haben die Aufgabe, hier schnell zu reagieren und diese qualifizierten Mitarbeiter auszubilden. Sie tun es inzwischen – in berufsweiterführenden Fachschulen und Fortbildungsstätten, aber auch schon in berufsvorbereitenden Berufsfachschulen.

Unsere Wirtschaft wird komplizierter, Zusammenhänge werden schwerer durchschaubar: die Gesetze werden schwerer verständlich, für den Bürger kaum noch ohne Hilfe praktikabel. Das bedeutet, daß Spezialisten Dienstleistungen anbieten müssen, auf die der Bürger angewiesen ist. Als Beispiele seien nur kurz erwähnt: Steuerberatung, Finanzierungsberatung, Anlageberatung, Rentenberatung, Wohnungswirtschaft, Rechtsberatung. Hier sind berufliche Möglichkeiten im Bereich des Sektors Wirtschaft, die entweder neu entstehen oder aber künftig noch mehr an Bedeutung gewinnen werden. Entsprechende Konzeptionen in den Bereichen der kaufmännischen und technisch-gewerblichen Berufe wurden erstellt und verwirklicht.

Die mit dem Umweltschutz zusammenhängenden Probleme werden umfangreicher und komplizierter. Hier haben die Schulen in freier Trägerschaft Fortbildungsgänge entwickelt, die ihren Absolventen in der Zukunft Beschäftigungschancen eröffnen. Nur beispielhaft: die Fortbildung zum umwelttechnischen Assistenten, zum bio-technologischen Assistenten und zur betrieblichen Fachkraft für Umweltrecht.

Um auch für solche Fortbildungen, die nicht auf öffentlich-rechtliche Abschlüsse vorbereiten, bundeseinheitliche Qualitätsstandards und Prüfungsanforderungen zu sichern, haben die im Bundesverband Deutscher Privatschulen zusammengeschlossenen berufsbildenden Schulen in freier Trägerschaft ein umfassendes bundeseinheitliches Zertifikatswesen aufgebaut.

Joachim Böttcher

Fachgruppe der Wirtschaftsschulen

Die in dieser Fachgruppe vereinigten Wirtschaftsschulen in freier Trägerschaft nehmen – wie die entsprechenden Einrichtungen des öffentlichen Schulwesens – solche Schüler auf, die mindestens neun Jahre ihrer gesetzlichen Vollschulpflicht genügt, meist schon eine berufliche Vorentscheidung getroffen haben und sich in einer berufsbildenden Schule zielgerichtet und möglichst praxisgerecht auf die von ihnen gewählte berufliche Fachrichtung vorbereiten wollen. So waren und sind diese Berufsfachschulen für viele die Stätten, in denen durch weitgehend selbstgewählte neue Lehr- und Bildungsinhalte auch neue Lern- und Arbeitsanreize geweckt werden. Der Weg führt über die Abschlüsse dieser Schulen entweder zum Berufseintritt oder zum Besuch weiterführender Berufsfach- und höherer Berufsfachschulen und Fachoberschulen und kann bis zum Studium gehen. Nach einer beruflichen Ausbildung und Praxis können Fachschulen besucht werden. Die Wirtschaftsschulen erweisen sich damit als Aufstiegsschulen für die praktisch-kaufmännisch Begabten. Dies gilt auch für jene Realschüler und Gymnasiasten, die wegen ihrer vorwiegend praktisch-kaufmännischen Begabung kein Universitätsstudium anstreben – zumindest nicht über die gymnasiale Oberstufe – und den Weg über die berufsnähere Berufsfachschule oder Fachoberschule, verbunden mit betrieblichem Praktikum oder voller dualer Ausbildung vorziehen, ohne daß sie damit die Möglichkeit eines späteren Hochschulbesuchs verlieren. Bei zunehmender Bedeutung der verwaltenden Berufe im öffentlichen Dienst und in allen Bereichen der Wirtschaft liegt in der Öffnung und Verbreiterung dieses Weges für viele die Chance, zu gehobenem Schulbesuch und gegebenenfalls zum Hochschul- und Universitätsstudium zu gelangen. Die kaufmännischen Berufsfachschulen, nicht zuletzt die Einrichtungen dieser Art in freier Trägerschaft, tragen damit zu einem erheblichen Teil zur Deckung des Kräftebedarfs auf diesen Gebieten bei.

In ihrer Arbeit legen die Schulen besonderen Wert auf eine individuelle Ausbildung. Die Schulen in freier Trägerschaft sind oft führend in der Erprobung moderner Unterrichtsmittel und Methoden auch für die staatlichen Schulen. Langjährige Erprobungen z. B. in der Methodik der Schreibtechniken, der Datenverarbeitung und anderer kaufmännischer Fächer konnten die staatlichen Schulen ohne Übergangsschwierigkeiten übernehmen.

Hervorzuheben ist ferner die Vielfalt des Angebots der kaufmännischen Schulen in freier Trägerschaft auf Gebieten, die von den staatlichen Schulen nicht erfaßt werden. Die Schaffung von Ausbildungsgängen beispielsweise für Fremdsprachenkorrespondenten, die Wirtschaftsassistentin, die kaufmännisch-praktische Arzthelferin sind das Ergebnis jahrelanger Arbeit der Wirtschaftsschulen in freier Trägerschaft, die die Stoff- und Ausbildungspläne entwickelt und zur Erstellung der entsprechenden Berufsbilder und Prüfungsordnungen beigetragen haben.

Die Wirtschaftsschulen sind Stätten der Berührung und der Verbindung von Schule und Praxis. Diese Funktion spiegelt sich nicht nur in der Auswahl der Stoffe und in deren praxisnaher Darbietung wieder. Sie findet ihre Fortsetzung in der unterrichtlichen Betreuung der Absolventen über die eigentliche Vollschulzeit hinaus. So sind insbesondere die Wirtschaftsschulen in freier Trägerschaft seit langem in der Erwachsenenbildung tätig. In Zusammenarbeit mit der Praxis haben sie zahlreiche Bildungseinrichtungen geschaffen, die sich für die Bedürfnisse von Wirtschaft und Verwaltung als notwendig erwiesen haben und deren Wirken aus der berufsverbundenen Erwachsenenbildung heute nicht mehr wegzudenken ist. Hierher gehören auch die im Rahmen der Maßnahmen nach dem Arbeitsförderungsgesetz durchgeführten Fortbildungs- und Umschulungslehrgänge, die von den Arbeitsämtern besonders gern den Schulen in freier Trägerschaft anvertraut werden. Auf diese Weise finden insbesondere Frauen, die nach langer Pause wieder berufstätig werden oder ihren Beruf wechseln müssen, einen neuen Zugang zu qualifizierten Tätigkeiten.

Die Wirtschaftsschulen widmen sich heute sehr stark der Betreuung Arbeitssuchender, auch in den neuen Bundesländern. In Übungsfirmen, zum Teil mit angegliederten Übungswerkstätten in den Berufsfeldern Metall, Elektro, Bau, Holz sowie Farbtechnik und Raumgestaltung, vermitteln sie ein intensives und qualifizierendes Berufstraining und erleichtern so die Wiedereingliederung in den Arbeitsprozeß. In speziellen Fortbildungs- und Umschulungsmaßnahmen im Auftrag der Arbeitsämter und Rentenversicherungsträger werden die Fähigkeiten und Kenntnisse vermittelt, die für den heutigen Arbeitsmarkt erforderlich sind, z. B. Spezialisierung auf Rechnungswesen/Kostenrechnung, EDV, Textverarbeitung, Werbung und Marketing, Organisation.

Magnus Gross

Fachgruppe der Sprachschulen

Kaum ein Schulsektor in Deutschland ist so unübersichtlich wie der Bereich der Sprachschulen. Das liegt zum einen daran, daß der Übergang von der Erteilung privaten Sprachunterrichts zum Betreiben einer Sprachschule fließend ist. Das liegt zum anderen daran, daß unter Sprach*schule* meist auch der dem Gesetzestext nach nicht-schulische Bereich der freien Erwachsenenbildung verstanden wird.

Der Bundesverband Deutscher Privatschulen (VDP) versucht, dieser Unübersichtlichkeit durch klare Kriterien bei der Aufnahme von Sprachschulen und durch eigene Publikationen entgegenzuwirken. Transparenz der Angebote und Trägerstrukturen erhöht die Entscheidungsfähigkeit der Kunden. Und die Kundschaft von Sprachschulen ist vielseitig: Privatpersonen, die ihr «Italienisch für den Urlaub» aufbessern wollen, Geschäftsleute, die die «Sprache des Kunden» beherrschen müssen, Firmen, die ganze Seminare buchen, und nicht zuletzt das Arbeitsamt, das die Schulen mit zahlreichen Umschulungs- und Fortbildungsmaßnahmen beauftragt.

Die Stellenanzeigen der Tageszeitungen beweisen es Woche für Woche: Mitarbeiter mit Fremdsprachenkenntnissen sind gesucht. Dies liegt nicht zuletzt am europäischen Binnenmarkt, der für innereuropäische Geschäfte zahlreiche Vereinfachungen gebracht hat. Auch Deutschlands traditionelle Stellung als Exportnation und die fortschreitende Vereinfachung internationaler Kontakte durch neue Kommunikations- und Mediensysteme sind von entscheidender Bedeutung.

Die Sprachschulen des Bundesverbandes Deutscher Privatschulen stehen in ständigem Kontakt mit Wirtschaft und Industrie- und Handelskammern sowie mit den Berufsverbänden der Fremdsprachenlehrer; sie passen ihre Aus- und Weiterbildungsangebote unmittelbar den regionalen Erfordernissen an. Da der Einsatz fremdsprachlicher Kenntnisse im Beruf außerordentlich vielgestaltig ist, muß das Angebot für die fremdsprachliche Ausbildung entsprechend differenziert sein, wobei auch der Anteil kaufmännischer Bildungsinhalte ständig wächst.

Beispielhaft seien die berufliche Aus- und Weiterbildung zu Fremdsprachenkorrespondent(inn)en, Übersetzer(inne)n, Wirtschaftsdolmetscher(inne)n, Fremdsprachen- und Europasekretärinnen genannt. Auch die Vermittlung von speziellen Sprachkenntnissen an Führungskräfte der Wirtschaft, Wissenschaft und Politik, an Ingenieure, Ärzte, Architekten u. a. m. gehört zum zentralen Aufgabengebiet der privaten Sprachschulen.

Die privaten Einrichtungen müssen jedoch – im Gegensatz zu manchen subventionierten halböffentlichen Trägern – ihre Kosten vollständig auf die Teilnehmerbeiträge umlegen. Daß sie sich in diesem ungleichen Wettbewerb dennoch bewähren, beweist, daß Effizienz, Individualität und Flexibilität von den Teilnehmern honoriert werden.

Ein Verzeichnis der im Bundesverband Deutscher Privatschulen organisierten Sprachschulen ist bei der Bundesgeschäftsstelle des VDP, Darmstädter Landstraße 85A, 60598 Frankfurt am Main kostenlos erhältlich.

Wolfgang Flad

Fachgruppe der naturwissenschaftlich-technischen Schulen

Die Mitgliedsschulen der Fachgruppe der naturwissenschaftlichen und technischen Schulen im Bundesverband Deutscher Privatschulen bieten zahlreiche Ausbildungsgänge in den Berufsfeldern Chemie, Umwelt, Biologie, Physik, Pharmazie, Medizin und Technik an. Die Abschlüsse reichen vom chemisch-technischen Assistenten und den entsprechenden naturwissenschaftlich-technischen Assistenten über die Techniker der verschiedensten Fachrichtungen bis zum Diplomingenieur (FH). In der Regel gehen die Ausbildungsgänge auch auf private Initiative der Schulen in freier Trägerschaft zurück.

Soweit es sich um staatlich anerkannte oder genehmigte Ersatz- oder Ergänzungsschulen handelt, sind die staatlichen Ausbildungsordnungen auch für die Schulen in freier Trägerschaft verbindlich. Dennoch verpflichtet die garantierte Privatschulfreiheit zu ständigem Fortentwickeln der Lehrpläne und Unterrichtsangebote. Gerade im beruflichen Schulwesen und da nicht zuletzt im naturwissenschaftlichen und technischen Bereich ist eine moderne Berufsausbildung nur dann gewährleistet, wenn die Schulen ihr Ausbildungsprogramm ständig reformieren. Aufgrund ihrer besonderen Organisationsform und Rechtsstellung übernehmen so die berufsbildenden Schulen in freier Trägerschaft eine wichtige öffentliche Aufgabe.

Bedingt durch die Kulturhoheit der einzelnen Bundesländer, gibt es immer mehr oder minder große Abweichungen zwischen den entsprechenden Lehrplänen und Prüfungsordnungen. Hier korrigierend einzugreifen, ist eine der wichtigen Aufgaben der Fachgruppe. Neben diesem allgemeinen Erfahrungsaustausch hat sich die Fachgruppe außerdem mit der Erstellung und dem Austausch von Lehrmitteln und Unterrichtseinheiten für die praktische Ausbildung zu befassen. Auch über die zahlreichen Schulversuche an den einzelnen Schulen wird innerhalb der Fachgruppe regelmäßig berichtet und beraten. Ein solcher Erfahrungsaustausch gewährleistet auch die Bewältigung schwieriger Aufgaben wie in den letzten Jahren die Eingliederung der ausländischen Schüler.

Natürlich hat sich die Fachgruppe auch zu bildungspolitischen und verbandspolitischen Fragen zu äußern und den Kontakt zu anderen Fachgruppen und Schularten zu pflegen. Hier steht neuerdings die Bemühung im Vordergrund, den Abbau des Fachunterrichts im Rahmen der Ausbildung zu verhindern.

Uwe Friese

Fachgruppe der Schulen im Gesundheitswesen

Unsere Zeit fördert ein länderübergreifendes gesundheitspolitisches Konzept, das Maßnahmen zur Koordination und Effektivität bei allen beteiligten Institutionen beim Staat, bei den Kostenträgern und in allen Bereichen der betreffenden Berufsausbildungen erfordert.

Das gemeinsame Ziel kann nur sein, ein umfassendes ganzheitliches Gesundheitsbewußtsein zu schaffen. Dies erfordert in den Berufsausbildungen Maßnahmen, die alle Bereiche des Gesundheitswesens integrieren und sich den Ansprüchen einer neuen politischen Konstellation in Deutschland und Europa stellen können.

Dies kann nicht mehr von einer Berufsgruppe oder einem Berufsfeld isoliert geleistet werden, vielmehr müssen Gesundheitsbereiche wie Ernährung, Heilverfahren, Hygiene, Behinderungen, Pflege, Bewegungsmangel und Technik miteinander kooperieren. Mit konkretem helfendem Eingreifen wollen die beteiligten Berufe eine Gesundheitsbildung vermitteln, die ein medizinisches, pädagogisches und technisches Verständnis als Grundlage hat.

Folgerichtig sind im Bundesverband Deutscher Privatschulen die

Ausbildungsstätten mit den Berufsfeldern in der Vorbeugung, der Betreuung, dem Ausgleich, der Nachbehandlung und der Wiederherstellung von gesundheitlichen Schwächen und Schäden zusammengefaßt zur Fachgruppe «Schulen im Gesundheitswesen».

In dieser Fachgruppe sind vier Arbeitskreise unterschiedlicher Bildungseinrichtungen aktiv:

1. Kosmetikschulen
2. Schulen der Altenpflege, der Heilerziehungspflege, der Hauswirtschaft, der Arzt- und Zahnarzthelferinnen u. a.
3. Schulen zur Ausbildung von Medizinisch-technischen Assistentenberufen (MTA), von Pharmazeutisch-technischen Assistentenberufen (PTA) u. a.
4. Schulungseinrichtungen für Krankengymnasten, Sportgymnasten, Masseure, Bademeister, Heilpraktiker u. a.

Viele dieser Schulen sind durch Ländergesetze als Ersatzschulen, Berufsfachschulen bzw. Ergänzungsschulen staatlich anerkannt oder genehmigt und führen zu geregelten Berufsabschlüssen und/oder zu Abschlüssen in der beruflichen Fortbildung.

Neue Formen der Aus- und Weiterbildung können von Schulen in freier Trägerschaft wesentlich schneller und effektiver umgesetzt werden, so daß die beruflichen Chancen der Teilnehmer entsprechend steigen.

Einzeldarstellungen

Herbert Weidlich

Anna-Schmidt-Schule, Frankfurt am Main

eine staatlich anerkannte Schule in freier Trägerschaft – vom Kinderhaus bis zum Abitur –

Die Anna-Schmidt-Schule wurde 1886 von Frau Anna Schmidt als höhere Mädchenschule gegründet. Seit dieser Zeit ist sie ein fester Bestandteil des schulischen Angebots in Frankfurt am Main.

Nach dem Zweiten Weltkrieg wurde die Schule durch ein Montessori-Kinderhaus, eine Montessori-Grundschule und eine traditionelle Grundschule erweitert. Die Anna-Schmidt-Schule ist heute im Bereich Kinderhaus und Grundschule eine anerkannte Montessori-Modellschule. Sie gehört außerdem zum Kreis der UNESCO-Projektschulen und pflegt Schulpartnerschaften mit Frankreich, England und Ungarn.

Als staatlich anerkannte Ersatzschule ist die Anna-Schmidt-Schule an das Hessische Schulgesetz sowie Richtlinien und Verordnungen gebunden. So sind auch die Lehrpläne des Landes Hessen Grundlage der unterrichtlichen Arbeit.

Das Ziel der Anna-Schmidt-Schule ist – neben der Aufgabe, Bildung und Wissen zu vermitteln –, die jungen Menschen ganzheitlich zu erziehen und ihnen Grundwerte wie Verantwortungsgefühl, Nächstenliebe, Achtung und Duldsamkeit zu vermitteln sowie die Schüler zu selbständigem und kritischem Denken anzuregen.

Das Gesamtangebot der Anna-Schmidt-Schule im Überblick:

- Montessori-Kinderhaus für drei- bis sechsjährige Mädchen und Jungen
- Jahrgangsübergreifende Montessori-Grundschulklassen (1. bis 4. Schuljahr)
- Traditionelle Grundschule vom 1. bis 4. Schuljahr
  Kinder beider Grundschulen können auf Wunsch ein Mittagessen einnehmen und an einer Nachmittagsbetreuung teilnehmen.
- Gymnasium für die Jahrgangsstufen 5 bis 13 für Mädchen und Jungen
  Sprachenfolge: Englisch ab Klasse 5
  Französisch oder Latein ab Klasse 7 und
  ab Klasse 9 im Wahlpflichtbereich.
  Weitere Angebote im Wahlpflichtbereich sind Kunst, Musik, sozialkundliche Themen und informationstechnische Grundbildung.
  Parallelklassen in der Sekundarstufe I werden als Ganztagsklassen geführt; die Aufgabenbetreuung erfolgt durch die Fachlehrer. Grundprinzipien der Montessori-Pädagogik finden auch Eingang in die Sekundarstufe I.
  In der Oberstufe wird im Kurssystem unterrichtet. Eine begrenzte Jahrgangsbreite garantiert überschaubare Lerngruppen.

Ein breites jahrgangsübergreifendes Angebot an Arbeitsgemeinschaften gibt den Schülerinnen und Schülern die Möglichkeit, ihren Interessen auf den verschiedensten Gebieten nachzugehen. Unterschiedliche Projekte, wie z. B. Betriebspraktika und Informationen zur Berufsbildung, gehören zum Angebot der Schule.

Die Verwirklichung der Bildungs- und Erziehungsziele der Anna-Schmidt-Schule wird durch die Montessori-Pädagogik verstärkt.

Das Motto «Hilf mir, es selbst zu tun» gibt, wie Montessori es nennt, die «selbsttätige Erziehung in einer didaktisch vorbereiteten Umgebung» wieder.

Schulleitung und Kollegium sehen einen wesentlichen Teil ihres Erziehungsauftrags in der Vermittlung von Verständnis für internationale Verständigung und Zusammenarbeit sowie zur Wahrung der Menschenrechte und Grundfreiheiten. Schulträger ist ein gemeinnütziger Elternverein. Eltern, die ihre Kinder in der Schule anmelden, werden Mitglieder dieses Schulvereins.

Klaus Büchler

Pädagogium Baden-Baden

Über 100 Jahre miteinander leben, lehren, lernen

Das Pädagogium, eine von Professor Hermann Büchler 1887 gegründete Internats- und Tagesschule für Mädchen und Jungen ist bis zum heutigen Tage ein Ort lebensnaher Begegnungen zwischen Lehrern und Schülern wie der offenen Gespräche mit den Eltern.

Unser Bildungsziel ist eine gesunde Jugend sowie eine gute Erziehung mit dem Schwerpunkt einer Wertevermittlung, die den individuellen Anspruch des einzelnen mit seinen Pflichten gegenüber der Gesellschaft in Übereinstimmung zu bringen vermag. Zugleich wird sorgfältiger Unterricht erteilt, der langfristig angelegte Kenntnisse und Fertigkeiten zum Ziel hat.

Eine gesunde Jugend, gute Erziehung und sorgfältiger Unterricht sind gemeinsam die Vermittler einer ganzheitlichen Handlungsfähigkeit. Ein jeder soll das Beste daraus machen können. Damit wird in den jungen Menschen ein Grundstein gelegt, um den sich ständig ändernden Gegebenheiten des Lebens gerecht zu werden, sie aber dennoch selbständig und der eigenen Fähigkeiten bewußt mitzugestalten. Diese Aufgaben erfordern eigens dafür gestaltete Erlebensbereiche.

Der Lebensraum unserer Schule innerhalb der Stadt Baden-Baden verfügt deshalb über eine breite Palette von Einrichtungen, die neben dem Wissenserwerb auch die tägliche Begegnung mit vielen Dingen des Alltags ermöglicht. Dadurch werden den Schülern begreifbare Einsichten in die Zusammenhänge unseres Daseins gegeben.

Dazu gehören Werkstätten, Schlosserei, Schreinerei, Töpferei sowie Schülerarbeitsräume für das Fach «Technik». Sie ermöglichen die Koordination von Kopf und Hand. Pläne, ob zur Herstellung von Gegenständen oder Maschinerien, können hier Wirklichkeit werden. Unseren Schülern steht ein schuleigener 50 Hektar großer Bauernhof zur Verfügung. Ganz nebenbei lernt man im Wald, auf Wiesen und in Ställen vieles über gesunde Natur und Ernährung. Man kann versuchen, den ausgeklügelten Techniken der Schöpfung auf die Spur zu kommen, und man kann essen, was man selbst großgezogen hat.

Nicht weniger wichtig ist das Wassersportheim am Rhein als Ort der Begegnung mit seinen Trainingsmöglichkeiten für Teams. Segeln, Paddeln, Surfen sind zur Kooperation gleich wichtig wie Mannschaftssport und Leichtathletik auf unserer Sportanlage.

Neben dem Selbstzweck dienen diese Einrichtungen sehr wesentlich der Motivation des Lernens und der Verknüpfung des Schulwissens mit den Aufgaben eines Tagesablaufs.

Die Lernziele unserer Schulen entsprechen den Abschlußforderungen der jeweiligen Schulart.

Die Grundschüler müssen auf kindgerechte Weise lernen zu lernen, damit sie in einer weiterführenden Schule Erfolg haben. Realschüler brauchen einen guten Abschluß, der ihnen den Übergang in das Wirtschaftsgymnasium ermöglicht, das zu einem modernen Abitur mit einer Zusatzqualifikation in wirtschaftlichen Bereichen führt. Am Ende aller Arbeit im Gymnasium wie im Wirtschaftsgymnasium steht ein gutes Zentralabitur.

Das Lernen in unseren Schulen wird besonders durch einen fächerübergreifenden Unterricht und das «Teamteaching» geprägt, aber auch durch die Studierzeiten und das Lernen in der Gruppe. Diese Unterrichtsformen sind ebenfalls Voraussetzungen der erstrebten ganzheitlichen Bildungs- und Handlungsfähigkeit.

Schließlich gehört es zum Prinzip des Pädagogiums, daß Internatsschüler nicht von der Umwelt abgekapselt aufwachsen. Die Tagesschüler aus unserer Stadt stellen die wichtige Verbindung des «internen Schülers» zum Leben des Umfelds her. Kontaktfähigkeit ist neben dem offenen Auge für die Umwelt und die Mitmenschen eine ganz entscheidende Voraussetzung für ein erfülltes Leben.

Offenheit ist nicht Zerstreuung, ebensowenig wie Konzentration nicht die Folge von Abgeschlossenheit ist. Wir wissen seit langem, daß Freundschaft, Gemeinsamkeit und Teamwork eine entscheidende Rolle in der Erziehung übernommen haben. Daraus entwickelt sich der tragende Bildungsgedanke des «Hilf mir, es selbst zu tun». Dies gilt für das Schüler – Schülerverhältnis ebenso wie für den Kontakt Schüler – Lehrer.

Neben all dem darf eine Lebensstätte junger Menschen nicht vergessen, daß zur ARBEIT auch MUSSE gehört. Das Fest, die Feier, Musik, Kunst, Kultur, Baden-Badens Theater, seine Orchester, die berühmte Kunsthalle, der Südwestfunk, überhaupt das Ambiente dieser schönen Stadt sind Miterzieher und bieten die besten Voraussetzungen zum HÖREN, SEHEN UND MITMACHEN.

Gerhard H. E. Blohm

Privatschulpädagogische Gesellschaft (PPG) und Freie Hanseatische Schulgesellschaft (FHS)

Beide Gesellschaften besitzen die Rechtsform einer gemeinnützigen GmbH, damit der Schuletat durch Steuern und etwaige Unternehmergewinne nicht belastet wird. Gesellschafter können nur hauptamtliche Mitarbeiter in den verschiedenen Schulbereichen werden, damit nicht fremde Interessen in die Schulen einfließen. Die PPG wurde 1967 von den Mitarbeitern der damaligen Ergänzungsschule Institut Dr. Ahrens gegründet, die seit 1925 bestand. Die Entwicklung der PPG und die Schulenvielfalt wurde bis 1991 entscheidend von Herrn Dr. Dietmar Schulte geprägt, der nach siebzehnjähriger Prozeßdauer im Jahre 1987 ein Verfassungsgerichtsurteil erstritt, das die Privatschulgesetzgebung der Länder entscheidend beeinflußte. Die Schwestergesellschaft FHS unter Leitung von Herrn Gerhard Blohm wurde gegründet, um die staatlich unterstützten Ersatzschulen von den Ergänzungsschulen finanziell sauber trennen zu können. Seit dem Ausscheiden von Herrn Dr. Schulte liegt die Gesamtleitung in den Händen von Herrn Gerhard H. E. Blohm.

PPG und FHS vereinen folgende freie Schulen unter einem Dach: Ganztagsrealschule St. Georg, Fachoberschule St. Georg für Wirtschaft und Verwaltung, Ganztagsschule Jenisch-Gymnasium, Studienschule Hermanneum, Abendstudienschule Hermanneum (in besonderer Trägerschaft).

Ganztagsrealschule St. Georg

Die staatlich anerkannte Realschule ist in ihrer Art im Hamburger Raum einmalig; sie umfaßt in Übereinstimmung mit dem Hamburger Schulgesetz die Klassenstufen 7–10. Sie bietet seit Jahrzehnten eine überzeugende Alternative zu überfüllten Klassen, Lehrerausfällen und gekürzten Stundenplänen im staatlichen Schulwesen. Seit der staatlichen Anerkennung 1977 müssen die Schüler keine externen Prüfungen mehr ablegen, denn die Zeugnisse sind denen der staatlichen Schulen gleichgestellt.

Die Ganztagsschule ist konfessionell und weltanschaulich ungebunden; sie beschränkt sich bewußt auf die Vermittlung der Stoffpläne staatlicher Realschulen und bedient sich bei aller Besonderheit eines ganztägigen Betriebes derjenigen Methoden in der Förderung von Schülern, die auch in staatlichen Schulen dem Stand wissenschaftlicher pädagogischer Erkenntnisse entsprechen. Man könnte sagen, sie tut für ihre Schüler das, was jede staatliche Schule auch tun sollte, aber in der Praxis aus den verschiedensten Gründen nicht immer tun kann. Der Ganztagsbetrieb umfaßt je Klasseneinheit über 40 Lehrerwochenstunden, womit die Möglichkeit gegeben ist, eine Reihe von wissenschaftlichen Unterrichtsfächern gegenüber dem Stundenplanangebot staatlicher Schulen zu verstärken. Die zusätzlichen Stunden dienen nicht dem Zweck, den Stoff über das an staatlichen Schulen gebotene Maß hinaus auszuweiten oder seine Darbietung zu beschleunigen, sondern es werden in einem abgestuften System von Stoffdarbietung und besonders ausgedehnten Übungsteilen alle wünschenswerten Wiederholungen, Vertiefungen und Verknüpfungen im Stundenplanbetrieb so erarbeitet, daß herkömmliche Hausaufgaben nicht anfallen.

Die Realschule St.Georg hat sich in Hamburg durch ihre künstlerische Arbeit einen Namen gemacht. Ein Schwerpunkt ihrer Arbeit besteht auch in der Betreuung lese- und rechtschreibschwacher Kinder.

Die Besonderheit einer Bildungseinrichtung wie die der Realschule St.Georg ist weniger geprägt durch das, was im Rahmen staatlicher Lehrpläne gelehrt, sondern dadurch, wie gelehrt wird. Die schulische Arbeit ist bestimmt durch individuelle Betreuung im besten Sinne des Wortes, durch kleine Klassenverbände, eine überschaubare Schulgemeinschaft sowie aufgeschlossene und engagierte Lehrer von meist besonderer wissenschaftlicher und pädagogischer Qualifikation. Weltoffenheit, Toleranz gegenüber Andersdenkenden, Achtung gegenüber dem Staat und seinen Gesetzen sowie die aus Sachkompetenz und Leistung erwachsene natürliche Autorität der Pädagogen bilden die Grundlagen jeder Arbeit.

Ganztagsschule Jenisch-Gymnasium

Die besonderen pädagogischen Aufgaben unserer Ganztagsschule sind darauf gerichtet,

- Schüler zu fördern, die aufgrund der Berufstätigkeit der Eltern oder anderer besonderer Familienverhältnisse, längerer Krankheit, Spätentwicklung, Umschulung aus einem anderen Bundesland usw. keine geeignete staatliche Schule finden können oder wollen,
- Eltern zu helfen, die für ihre Kinder individuelle Betreuung in einer überschaubaren Schule und aufgeschlossene, engagierte Lehrer wünschen, deren Autorität auf Sachkompetenz und Leistung beruht,
- Eltern entgegenzukommen, die für ihre Kinder ein Erziehungskonzept wünschen, das Weltoffenheit und Toleranz gegenüber Andersdenkenden ebenso einschließt wie die Achtung gegenüber dem Staat und seinen Gesetzen.

Die Ganztagsschule Jenisch-Gymnasium arbeitet seit über 30 Jahren inmitten eines 26000 m^2 großen Parkgeländes unweit des S-Bahnhofs Klein Flottbek. Ein Doppelstundenrhythmus sorgt dafür, daß jede Unterrichtseinheit in einen Darbietungs- und einen Übungsteil gegliedert werden kann, der sicherstellt, daß jeder Schüler unter unmittelbarer Anleitung seines Fachlehrers alle erforderlichen Lernschritte vollzieht, die in einer Halbtagsschule aus Zeitmangel teilweise als «Hausaufgabe» in das Elternhaus delegiert werden.

Wie in jedem Gymnasium beginnt der Unterricht mit Klasse 5, erste Fremdsprache ist Englisch. Vom 8. Schuljahr an steht jedem Schüler ein breit gefächertes Angebot zur Verfügung, in Wahlpflichtfächern individuelle Begabungen und Interessen zu fördern. Hierzu gehören u. a. Angebote wie Tennis, Squash, Tischtennis, Basketball, Theater, Kunst, Modellbau, Informatik und Goldschmieden. Der damit verbundene Gewinn an dauerhafter Allgemeinbildung und Persönlichkeitsentfaltung findet dann in der Oberstufe seinen Niederschlag in einem Unterrichtssystem, welches bis zum Abitur obligatorische Fächer wie Deutsch, zwei Fremdsprachen und Mathematik einschließt und so Wege offenhält für ein Universitätsstudium in allen Fachrichtungen. Auch in der Oberstufe wird im Klassenverband unterrichtet.

Fachoberschule St. Georg für Wirtschaft und Verwaltung

Dies ist eine Schule, die zur Fachhochschulreife führt.
- In einem Jahr (Kl. 12) für Schüler mit kaufmännischer Berufsausbildung und einer dem Realschulabschluß vergleichbaren Vorbildung. Die Klasse 12 hat ca. 32 Wochenstunden Unterricht.
- In zwei Jahren für Schüler ohne Berufsausbildung. Diese wird in Klasse 11 durch ein Betriebspraktikum, das von der Schule sorgfältig begleitet wird, ersetzt. Das Betriebspraktikum dauert wöchentlich dreieinhalb Tage. Zusätzlich findet eineinhalb Tage in der Woche Unterricht mit ca. 12 Wochenstunden statt.

Diese Schulausbildung ist eine sinnvolle Alternative zum traditionellen Abitur, ist sie doch allgemeinbildend und praxisnah zugleich und befähigt damit zu einem erfolgreichen Studium an einer Fachhochschule und/oder zu betrieblichen Führungsaufgaben.

Studienschule Hermanneum

Das Hermanneum ist eine Ergänzungsschule und somit nicht an die schulrechtlichen Vorschriften des Ersatzschulwesens gebunden. Als allgemeinbildende Schule konnte sie deshalb ganz neue Formen des Unterrichts gestalten und zeigen, daß es möglich ist, eine Schulform zu entwickeln, die einer Idee Maria Montessoris folgend eine vorbereitete Umgebung schafft, in der die Schüler ganz nach ihrer besonderen Eigenart vorankommen und nicht dem Zwang unterliegen, es in einer ganz bestimmten vorgeschriebenen Weise tun zu müssen.

Was macht denn nun das System Studienschule aus? 1. Es gibt keine Jahresklassen, sondern jede Klasse endet nach einem halben Jahr. Dadurch gibt es zu jedem 1. Februar und 1. September eine neu beginnende Klasse. 2. Es gibt für alle Schüler einen einheitlichen, also gleichen Stundenplan. 3. Eine Versetzung erfolgt nur fachweise. 4. Beim Durchlaufen bestimmter Klassenstufen werden die Schulabschlüsse Hauptschulabschluß, Realschulabschluß und Abitur erworben. 5. Nach einem festen Plan werden jede Woche Klassenarbeiten geschrieben, die Termine stehen schon bei Semesterbeginn fest, und am Semesterende gibt es in allen Fächern mündliche Prüfungen. 6. Nach Unterrichtsende finden Veranstaltungen statt, die Hilfe bei der Anfertigung von Hausaufgaben bieten, oder es sind Arbeitsgemeinschaften für besondere Themen eingerichtet.

Die Studienschule bietet somit dem Schüler einen ganz auf ihn abgestimmten Schulverlauf. Er kann bei entsprechender Begabung und Fleiß wesentlich schneller sein Schulziel erreichen als im normalen Schulsystem. Da Einzelfächer wiederholbar sind, werden Schwächen sehr schnell behoben, ohne daß sich dadurch die Schulzeit verlängern muß. Im Hermanneum werden Schüler erst nach 15 Lebensjahren aufgenommen. Der Hauptschulabschluß kann nach einem halben Jahr, ein Jahr später der Realschulabschluß und weitere zwei Jahre später das Abitur abgelegt werden.

Abendstudienschule Hermanneum

Die Abendschule ist für Berufstätige gedacht, Berufstätigkeit ist aber nicht vorgeschrieben. Der Schulbetrieb findet abends an nur drei Tagen statt. Das Schulsystem und die Ausbildungsdauer gleichen dem der Tagesschule. Der Stundenumfang ist geringer, wird aber durch Lebens- und Berufserfahrung ausgeglichen. Übrigens sind auch Einzelfächer belegbar. Man kann auch den Unterricht der Tagesschule mit dem der Abendschule kombinieren.

Eberhard Mittag

Private Schulen Krüger, Lotte (OT Wersen)

Die Privaten Schulen Krüger mit Internat wurden 1945 in Osnabrück gegründet. Sie befinden sich heute in Lotte-Wersen in Nordrhein-Westfalen und sind von Osnabrück etwa sechs Kilometer entfernt.

Die Schule umfaßt folgende Schulformen:

1. zweijährige Berufsfachschule für Wirtschaft und Verwaltung (Handelsschule) – Fachoberschulreife,
2. zweijährige höhere Berufsfachschule für Wirtschaft (höhere Handelsschule) – Fachhochschulreife,
3. dreijährige höhere Berufsfachschule mit gymnasialer Oberstufe – Typ Wirtschaft – uneingeschränkte Hochschulreife (Abitur).

Alle Schulformen sind staatlich anerkannt. Der Unterricht findet im Klassenverband statt.

Für legasthene Schüler wird sowohl ein individuelles als auch ein gruppenbezogenes Therapieprogramm durchgeführt, nämlich psychotherapeutische Behandlung sowie LRS-Training durch eine Diplom-Psychologin und Legastheniepädagogin.

Die Durchlässigkeit der einzelnen Schulformen gibt die Gewähr, jeden Schüler individuell zu beraten und zu fördern. Regelmäßige Leistungskontrollen und Schulaufgabenbetreuung durch Lehrer und Erzieher unterstützen das Bemühen der Lehrer, jeden Schüler aufgrund seiner Begabung und seiner Interessen individuell weiterzubilden. Durch ständigen Kontakt zwischen Elternhaus und Schule wird die Bildungsarbeit erleichtert.

Die Oberstufen entwickeln einerseits die Studierfähigkeit im Hinblick auf das künftige Hochschul- oder Universitätsstudium, andererseits vermitteln sie das Wissen und Können, das für jede berufliche Ausbildung unentbehrlich ist. Diese Doppelprofilierung bzw. Doppelqualifikation erleichtert dem Schüler den Eintritt in das Berufsleben.

Als berufsbildende Schule im Fachbereich Wirtschaft legen die Privaten Schulen Krüger großen Wert darauf, daß ergänzend zum theoretischen Wissen über wirtschaftliche Vorgänge auch die Praxis nahegebracht wird. Durch integrative Betriebsbesichtigungen wird versucht, die Schüler am marktwirtschaftlichen Entscheidungsprozeß – sei es im Klein-, Mittel- oder Großbetrieb – teilnehmen zu lassen, wobei die unternehmerischen Entscheidungen mit ihren vielfältigen Auswirkungen auf das betriebliche Geschehen und die Stellung des Unternehmens im Markt transparent gemacht werden.

Gustav Huber

Schulverbund München

1968 wurde in München eine kleine Privatschule gegründet, die sich bis heute zu einer der bedeutendsten Privatschulen Deutschlands entwickelt hat. Die Nachfrage steigt von Jahr zu Jahr; in vielen Klassen mußte ein Aufnahmestop mit Wartelisten eingerichtet werden.

Der Erfolg des am Isartor gelegenen Schulverbunds München beruht auf seiner einmaligen Konzeption:

1. Ein besonderes Unterrichtssystem
   Jeder Unterrichtsstunde folgt unmittelbar eine Arbeitsstunde, in der die Schüler bei Anwesenheit der Fachlehrkraft den Stoff wiederholen und vertiefen. Dadurch können Wissenslücken praktisch gar nicht entstehen. Der Wechsel von Spannung und Entspannung, Vermittlung von Wissen und eigener Übung gewährleistet den Übergang des Stoffes vom Kurzzeit- in das Langzeitgedächtnis. Die Kinder erledigen die Aufgaben bereits in der Schule und genießen zu Hause einen unbeschwerten Familienabend.
   Voraussetzungen für diese Unterrichtsmethode sind kleine Klassen, die eine individuelle Förderung gewährleisten, eine Ganztagsschule, da die zusätzlichen Arbeitsstunden den Schultag verlängern, und ein speziell für dieses pädagogische Prinzip ausgewähltes und eingearbeitetes Lehrerkollegium.

2. Durchlässiger Verbund unterschiedlicher Schularten
   Inzwischen haben sich sechs kleine private Ganztagsschulen zum Schulverbund München zusammengeschlossen. Die Schüler, die aus München und Umgebung kommen, besuchen eine kleine, familiäre Schule, in der jeder jeden kennt, und genießen gleichzeitig die Vorteile einer großen Bildungseinrichtung. In acht Schulhäusern, die alle durch gartenähnlich gestaltete Schulhöfe miteinander verbunden sind, steht ihnen ein großes Angebot an Einrichtungen, Veranstaltungs- und Fachräumen zur Verfügung.
   Das Konzept des Schulverbunds kombiniert in idealer Weise die Vorteile einer kleinen überschaubaren Schule mit den Vorzügen eines Fachraum- und Fachlehrerangebots, wie es sonst nur die ganz großen Schulzentren anbieten können, ohne deren Nachteile der Anonymität und Vermassung zu übernehmen. Der Verbund der verschiedenen Schularten von der Volksschule bis zum Gymnasium mit seiner wirklich praktizierten Durchlässigkeit bietet für jeden Schüler die Schulart, die seiner jeweiligen Leistungsfähigkeit entspricht. Jeden optimal zu fördern ist das Ziel.

3. Kerschensteiner-Konzept
   Über die Lehrpläne des staatlichen Bildungswesens hinaus hat der Schulverbund München das Fach «Manuell-technisch-berufsorientierte Ausbildung» (MTBA) eingerichtet. Hier lernen Schülerinnen und Schüler handwerkliches Geschick sowie technisches und kaufmännisches Grundverständnis und erfahren eine berufsorientierte Vorbereitung auf das Leben nach der Schule. Das Kennen-

lernen wichtiger Berufsfelder, vom handwerklichen bis zum akademischen Beruf, gehört ebenso zur Ausbildung wie ein Bewerbungstraining.

4. Schwerpunkt Erziehung
   Die Erziehung als Aufgabe der Schule steht seit Gründung des Schulverbunds gleichberechtigt neben der Wissensvermittlung. Die traditionellen Erziehungsideale, die das Kollegium pflegt, lassen einen Elitegeist entstehen, ohne daß der Schulverbund elitär wäre. Leistung und Erfolg, nicht die Herkunft zählen. Begabte, für deren Eltern das Schulgeld eine zu große Hürde darstellt, können einen Antrag auf ein Stipendium stellen.
   Charakteristisch für die Auffassung des Erziehungsauftrags am Schulverbund ist auch die Tatsache, daß hier immer wieder innovative Ansätze erprobt und ausgewertet werden. So gehört die Isar-Realschule zu den neun privaten Realschulen in Bayern, an denen das Kultusministerium erprobt, ob die sechsstufige Realschule auch in Bayern eingeführt werden sollte. Am Isar-Gymnasium wurde im Jahr 1992 mit großem Erfolg eine Sportklasse eingerichtet, deren Trainingseinheiten – bislang bundesweit einmalig – von den betreffenden Sportverbänden und deren Trainern ausgearbeitet und betreut werden. Dieser Schulzweig wird als Sportgymnasium ausgebaut.

Milton Jones

The Frankfurt International School e. V.

Die Frankfurt International School (FIS) wurde 1961 gegründet und bietet der internationalen Gemeinschaft des Großraums Rhein/Main eine Schulbildung mit Englisch als Unterrichtssprache. Träger des gemeinnützigen Vereins sind die Eltern, die Schulgebühren entrichten. Der gewählte Vorstand besteht aus zehn Eltern und einem nicht stimmberechtigten Vertreter aus den Reihen der Angestellten. FIS ist von der Middle States Association und vom European Council of International Schools anerkannt.

Etwa 1300 Schüler im Alter von vier bis 18 Jahren besuchen die FIS. Der Lehrplan ist sowohl anglo-amerikanisch als auch international ausgerichtet. Zwei Schulabschlüsse werden geboten: das amerikanische High School Diploma und das Internationale Baccalauréat. Deutsch als Fremdsprache ist in der Regel Pflichtfach, Französisch Wahlfach ab der sechsten Klasse. Unterricht in Englisch als Fremdsprache steht allen zur Verfügung, deren Muttersprache nicht Englisch ist. Die FIS bereitet Schüler auf ein Hochschulstudium in der ganzen Welt vor.

FIS ist eine koedukative Tagesschule mit Kindergarten, Vorschule und den Klassen 1 bis 12. Schulbetrieb ist an 180 Schultagen von August bis Juni, montags bis freitags von 8.30 bis 15.00 Uhr. Nachmittags werden zahlreiche Sport-, Musik- und Kunstprogramme angeboten. Ein Schulbustransport steht zur Verfügung.

Dem Schuldirektor unterstehen die Leiter der Grund-, Mittel- und Oberstufe mit insgesamt 140 Lehrkräften, die alle Hochschulabschluß mit Lehrbefugnis und durchschnittlich sechs Jahre Unterrichtserfahrung haben.

Die Schülerschaft setzt sich wie folgt zusammen: 37 Prozent US-Amerikaner, 13 Prozent Briten, neun Prozent Deutsche und acht Prozent Japaner. Die restlichen 33 Prozent kommen aus weiteren 36 Ländern.

Die Schulgebäude sind neu bzw. renoviert mit 97 Klassenräumen, acht Labors, drei Kunsträumen, drei Computerräumen, drei Büchereien, zwei Sporthallen, zwei Sportplätzen, einem Auditorium und einer Cafeteria. Die Kindergärtner, Vorschüler und Erstkläßler sind in einer zwei Kilometer entfernten Zweigschule untergebracht.

Im Sommer 1992 nahm die mit der FIS assoziierte International School Wiesbaden (ISW) in Wiesbaden-Dotzheim ihren Grundschulbetrieb auf.

Joachim Böttcher

Oskar-Kämmer-Schule, Braunschweig

Ein Beispiel für die Entwicklung des kaufmännischen Bildungswesens in freier Trägerschaft nach dem Kriege und für seine Vielfalt ist die Gemeinnützige Schulgesellschaft Oskar-Kämmer-Schule in Braunschweig, die am 1. September 1945 – vier Monate nach der Kapitulation Deutschlands – ihre unterrichtliche Tätigkeit aufnahm. Der Privatunterricht für Stenographie und Maschinenschreiben, mit dem begonnen wurde, fand regen Zuspruch. Zahlreiche interne Schulwettbewerbe und wiederholte Beteiligung an nationalen und internationalen Wettkämpfen regten die Schüler zu guten Leistungen an. Diese Beispiele wirkten anspornend. Die Oskar-Kämmer-Schule stellt bis heute eine der stärksten deutschen Mannschaften für Stenographie und Maschinenschreiben. Allgemeinbildende und berufsbildende Fächer wie Deutsch, Rechnen, Buchführung, Betriebswirtschaftslehre, Volkswirtschaftslehre vervollständigten bald das Programm. Heute stehen im Vordergrund der berufsbegleitenden Erwachsenenbildung vor allem Qualifizierungslehrgänge, die auf amtliche Prüfungen vorbereiten: Bilanzbuchhalter, Fachwirte, Sekretärinnen, Fremdsprachensekretärinnen, Chefassistentinnen, Programmierer, Fremdsprachenkaufleute und -korrespondenten. Die Schule betreibt diese Erwachsenenbildungsarbeit inzwischen in Braunschweig, Wolfenbüttel, Wolfsburg, Gifhorn, Peine, Helmstedt, Salzgitter, Magdeburg, Schönebeck, Halberstadt, Quedlinburg und Wernigerode.

Ein weites Feld nehmen die Kurse im Auftrag des Arbeitsamtes ein, die der Umschulung oder Fortbildung der Teilnehmer dienen, ebenso den Soldaten zur Wiedereingliederung in den zivilen Arbeitsprozeß. Seit dem Frühjahr 1970 werden Umschulungskurse mit den Schwerpunkten Rechnungswesen, Steuerfachgehilfen, Schreibtechniken, Datenverarbeitung, Industriekaufmann, Speditionskaufmann, Versicherungskaufmann, Bankkaufmann im Groß- und Außenhandel (Schwerpunkt Europarecht), Reiseverkehrskaufmann und Einzelhandel durchgeführt.

Wichtiger Bestandteil sind heute sieben Übungsfirmen mit 240 Ausbildungsplätzen sowie die Übungswerkstätten (integrierte Übungsbetriebe) in den Bereichen Metall, Holz, Farbtechnik und Raumgestaltung. Hinzugetreten ist ein weites Ausbildungsfeld in gastronomischen Berufen. Auch die Sprachlehrgänge und die Lehrgänge zur beruflichen Eingliederung der Spätaussiedler aus den osteuropäischen Ländern haben erhebliche Bedeutung.

Im Jahr 1951 begann die erste Klasse der zweijährigen Berufsfachschule Wirtschaft – Handelsschule – mit staatlichem Abschluß (Sekundarabschluß I – Realschulabschluß). In kurzen zeitlichen Abständen folgten die einjährige höhere Handelsschule, die Sprachschule für Wirtschaftsassistenten (Fremdsprachen und Korrespondenz), die Wirtschaftsassistentenausbildung in den Bereichen Sekretariat und Informatik sowie die Hotelberufsfachschule (Ergänzungsschule). Das Bildungsprogramm ist inzwischen durch die Einrichtung von Fachoberschulen Wirtschaft, Sozialarbeit und Gestaltung erweitert worden, die zur Fachhochschulreife und damit zur Studienberechtigung auf einer Fachhochschule führen. Alle diese Schulzweige sind staatlich anerkannt.

In Wolfenbüttel sind die zweijährige Fachschule Betriebswirtschaft und eine Fachschule für den Hotel- und Gaststättenbereich hinzugetreten.

Die Gründung des Niedersächsischen Vereins für freie Erwachsenenbildung e. V. geht auf die Initiative dieser Schule zurück. Eine besondere Aufgabe sieht die Schule in der Betreuung und Ausbildung ausländischer Jugendlicher und jugendlicher Arbeitsloser. In Berufsfindungslehrgängen, überbetrieblichen Ausbildungen und ausbildungsbegleitenden Hilfen nimmt sie sich dieser Jugendlichen an. Auch in der Rehabilitationsarbeit ist die Schule tätig.

Jakob G. Heck

FBD-Schulen Stuttgart – Ludwigsburg – Freiburg

Die FBD-Schulen sind eine der größten privaten Einrichtungen für berufliche Weiterbildung und Umschulung.

Zu den FBD-Schulen gehören so namhafte Institute wie die seit 80 Jahren existierende Handelsschule C. G. Zimmermann (eine staatlich anerkannte Ergänzungsschule), die seit 1945 tätige Private Berufsfachschule für das Dolmetscherwesen (eine staatlich anerkannte Ergänzungsschule), die ebenfalls 1945 gegründete Private Handelsschule Eggers und die 1970 gegründete Private Fachschule für Betriebswirtschaft und Datenverarbeitung (gemeinnützige GmbH).

Zur Familie gehören außerdem die Private Fachschule für Programmierung und Organisationsprogrammierung (eine staatlich anerkannte Ergänzungsschule), die Private Fachschule für Fremdsprachen und Wirtschaftskorrespondenz (ebenfalls eine staatlich anerkannte Ergänzungsschule) sowie die Private Akademie für Steuerrecht in der Wirtschaft GmbH.

Die FBD-Schulen haben Niederlassungen in Stuttgart, Ludwigsburg und Freiburg. Schwerpunkte der Umschulung und Weiterbildung sind Fremdsprachen, Betriebswirtschaft, Datenverarbeitung, Bürokommunikation, Rechnungswesen und Steuern. Unsere derzeit 180 Dozenten sind hoch qualifiziert und unterrichten täglich über

2000 Erwachsene. Die Ausstattung umfaßt einen IBM-Großrechner ES/9000–320, vier Knotenrechner IBM 9370 und 160 Terminals, PC-Schulungsräume mit 130 IBM-PCs der Modellreihen PS/2–30, -60, -70 und -80 mit Tokenrings, eine Übungsfirma mit EDV-Ausstattung und BTX-Anschluß, eine psychologische Beratungsstelle und Cafeterias.

Wer einen Berufsabschluß nachholen will oder nach Unfall oder Krankheit umschulen muß, wer nach mittlerer Reife oder Abitur eine attraktive Alternative zu Lehrstelle oder Studium sucht, wer als Akademiker ohne Anstellung einen neuen Beruf erlernen muß, wer sich auf die Erfordernisse des europäischen Binnenmarktes vorbereiten will, wer als Frau wieder ins Berufsleben einsteigen will und wer sich generell abends oder am Wochenende im Beruf weiterbilden will, der ist bei den FBD-Schulen richtig.

Fast alle unsere Kurse enden mit IHK-Zertifikaten oder staatlich anerkannten Prüfungen. Und selbstverständlich führen die FBD-Schulen seit vielen Jahren Firmenkurse durch. Lernen mit Effizienz, aber auch mit Vergnügen heißt die Devise, für die das Team der FBD-Schulen steht.

Erich Gahl und Corinna Gahl-Haupt

Dr. Zimmermannsche Wirtschafts- und EDV-Schulen, Koblenz

Die Dr. Zimmermannsche Wirtschaftsschule wurde 1894 von Herrn Dr. Zimmermann als eine kaufmännische Fortbildungsschule für Mädchen gegründet. Mit der Erweiterung der Halbjahresklassen zu Jahresklassen mit Vollzeitunterricht entstand 1898 die erste Handelsschule für Mädchen im Rheinland und Westfalen.

Als Herr Dr. Zimmermann 1903 starb, übernahm 1906 Herr Hacke die Leitung der Schule und erwarb 1914 die Schule käuflich von Frau Anna Zimmermann. So befindet sich diese Schule in freier Trägerschaft seit über 85 Jahren in den Händen von drei Familiengenerationen, und die vierte Generation schickt sich an, die Arbeit fortzusetzen.

Wegen ihrer hervorragenden Leistungen wurde der Schule 1928 als einer der ersten Privatschulen in Preußen die staatliche Anerkennung ausgesprochen und damit die Gleichstellung mit einer öffentlichen Schule der betreffenden Art gewährleistet. 1933 erhielt die Dr. Zimmermannsche Privathandelsschule schließlich auch die Berechtigung, den Schülern der zweijährigen Handelsschule das Zeugnis der mittleren Reife zu verleihen.

1941 übernahm Herr Schoeller zusammen mit seiner Ehefrau, geb. Hacke, die Schulleitung. Ihre Hauptverdienste sind besonders die Wiederherstellung des im letzten Krieg zerstörten Schulgebäudes und der dann notwendig gewordene Bau eines größeren Schulgebäudes.

Nach der äußerlichen Aufbauphase begannen 1968 Herr Gahl und seine Frau, geb. Schoeller, die Schule so umzustrukturieren, daß diese gegenwärtigen und zukünftigen Anforderungen entspricht:

1968 Gründung der zweijährigen höheren Handelsschule. Sie löste den einjährigen höheren Bildungsgang ab.

1968 Einrichtung einer Sekretärinnenausbildung in Teilzeitform für junge Frauen, die entsprechende Positionen anstreben (erste Schule dieser Art in Rheinland-Pfalz).

1971 Gründung des ersten Berufsgrundschuljahres Wirtschaft und Verwaltung im nördlichen Rheinland-Pfalz.

1973 Gründung der ersten Fachschule Wirtschaft in Rheinland-Pfalz mit den Schwerpunktfächern Rechnungswesen und Personal- und Ausbildungswesen.

1974 Einrichtung des Telekollegs I, das in Teilzeitform Berufstätigen den Erwerb des Sekundarabschlusses I ermöglicht.

1980 Einrichtung eines Berufskollegs Wirtschaft für Realschüler und Abiturienten zur Erleichterung des Berufseinstiegs in Form einer einjährigen höheren Handelsschule als Alternativangebot zum zweijährigen höheren Bildungsgang.

1980 Umstellung von Stundentafel und Lehrplänen des zweijährigen höheren Bildungsganges (Schwerpunktfächer: Rechnungswesen, Sekretariatskunde und Fremdsprachen). Die erfolgreichen Absolventen erwerben eine schulische und berufliche Qualifikation mit der Bezeichnung «Staatlich geprüfter kaufmännischer Assistent».

1983 Einrichtung eines Berufsgrundschuljahres in Sonderform (erste Gründung in Rheinland-Pfalz im kaufmännisch-verwaltenden Bereich) für Hauptschulabsolventen ohne Abschluß. Erfolgreiche Schüler können damit den fehlenden Hauptschulabschluß nachholen und haben dann ihre Berufsschulpflicht erfüllt.

1986 Gründung der Dr. Zimmermannschen EDV-Schule als gemeinnützige Schulgesellschaft.

1991 Weiterführung der Fachschule Wirtschaft in kooperativer Form mit der benachbarten Bundeswehrfachschule.

Dr. Christian Buhmann

Wirtschaftsschule Dr. Buhmann, Hannover

Die Wirtschaftsschule Dr. Buhmann, gegründet 1907, ist die größte berufsbildende Privatschule im Raum Hannover. Schwerpunkte sind die Gebiete der Wirtschaft, der Fremdsprachen und der Informatik. Die beiden Schulgebäude befinden sich in der Prinzenstraße, nur fünf bis zehn Gehminuten vom Hauptbahnhof entfernt. Sie sind mit allem ausgerüstet, was für eine zeitgemäße berufliche Bildung nötig ist: DV-Anlagen mit Bildschirmarbeitsplatz für jeden Teilnehmer, vielseitig ausgestattete Bürofachräume, schließlich Overheadprojektoren in jedem Klassenraum sowie Film- und Videoanlagen.

Alle Schulformen des Vollzeitunterrichts sind staatlich anerkannt: zweijährige Berufsfachschule Wirtschaft, einjährige höhere Handelsschule, Fachschule Betriebswirtschaft (Abschluß: staatlich geprüfter Betriebswirt), Fachoberschule Wirtschaft (ab 1993 auch Fachoberschule Gestaltung). Staatlich anerkannt ist auch die Berufsausbildung zum Wirtschaftsassistenten Informatik und zum Wirtschaftsassistenten Fremdsprachen und Korrespondenz.

Ein besonderes Ziel ist die Vorbereitung auf internationale Berufstätigkeiten. Abiturientinnen können den Abschluß einer Europasekretärin erwerben, Akademiker im Rahmen einer AFG-geförderten Fortbildung u.a. den Titel eines Betriebswirt VDP – Fachrichtung Außenhandel. Die Wirtschaftsschule Dr. Buhmann unterhält Partnerschaften mit verschiedenen Bildungseinrichtungen im europäischen Ausland und den USA und ermöglicht so einen regelmäßigen Schüleraustausch und die Vermittlung von Auslandspraktika.

Die Abendlehrgänge dienen der beruflichen Fortbildung (z. B. Bilanzbuchhalter IHK) oder dem Erwerb staatlicher Abschlüsse (z. B. Fachhochschulreife). Heute sind die meisten Schüler und Studierenden der Wirtschaftsschule Dr. Buhmann Erwachsene. 90 Prozent haben bereits den Realschulabschluß, das Abitur oder ein akademisches Diplom. Dem anspruchsvollen Bildungsprogramm entsprechend umfaßt das Einzugsgebiet ganz Niedersachsen und reicht bis in die benachbarten Bundesländer.

Als gemeinnützige Einrichtung gewährt die Schule bei sozialer Bedürftigkeit Stipendien. Aber auch finanzielle Unterstützungen nach BAFöG, AFG oder durch andere öffentliche Stellen sind möglich.

Kurt Paykowski

Schulverbund Rhode/Dr. Wessel

Der Schulverbund Rhode/Dr. Wessel, eines der großen privaten Bildungsinstitute in der Bundesrepublik, hat seinen Hauptsitz in Essen. Der Schulverbund umfaßt heute zehn Ausbildungszentren und acht Übungsfirmen. Jährlich werden etwa 7000 Teilnehmer in mehr als 450 verschiedenen Lehrgängen und Seminaren betreut. In berufsbildenden Maßnahmen, in Ausbildungen mit qualifiziertem Abschluß vor der IHK, in berufsbegleitenden Lehrgängen und Managementseminaren garantieren 300 erfahrene Ausbilder und Dozenten marktgerechte Teilnehmerqualifizierung und -beratung.

Mehr als 750 Unternehmer aller Branchen haben dem Schulverbund bereits bei der Qualifizierung ihrer Mitarbeiter das Vertrauen ausgesprochen. Allein an den Standorten Düsseldorf, Essen, Velbert, Wuppertal erfassen wir mit den Ballungszentren an Rhein und Ruhr einschließlich des Bergischen Landes firmenorientiert den größten Wirtschaftsraum Deutschlands mit ca. 14 Millionen Einwohnern. Neben diesen langjährigen Aktivitäten in Nordrhein-Westfalen gehört der Schulverbund auch in den neuen Bundesländern mit seinen Standorten in Berlin, Frankfurt/Oder und Finkenheerd zu den Bildungsträgern der ersten Stunde.

Selbstverständlich wird in unseren Häusern auch ein breites Spektrum von Umschulungen zu den wichtigsten kaufmännischen Berufsbereichen sowie von Qualifizierungen mit Abschluß vor der Industrie- und Handelskammer abgedeckt. Besondere Aktivität im Hinblick auf die Realisierung des europäischen Binnenmarktes gewinnen Maßnahmen in beiden Bereichen durch die internationalen Kooperationen des Schulverbunds und die Anknüpfung unserer Lehrgänge an EG-Förderprogramme, die einerseits die Möglichkeit eröffnen, Betriebspraktika in ausländischen Unternehmen zu absolvieren, andererseits auch zusätzliche Abschlüsse vor Institutionen eines EG-Mitgliedstaates vorsehen.

Im Mittelpunkt der beruflichen Bildung in unseren Schulungszentren stehen Qualifizierungsmaßnahmen zu allen Teilbereichen kaufmännischer Arbeit. Besondere Effizienz gewinnen diese Ausbildungen durch die konsequente Einbindung in ein an modernsten marktwirtschaftlichen Erfordernissen ausgerichtetes, praxisorientiertes Übungsfirmengeschehen.

Dr. Rainer Köllner

Bildungsinstitute Dr. Köllner, Kassel

Die Bildungsinstitute Dr. Köllner decken als private Einrichtung mit den angeschlossenen Fachinstituten die wesentlichen Gebiete der Erwachsenenbildung im nord- und mittelhessischen Raum ab. Sie sind seit über 30 Jahren aktiver Partner von Wirtschaft und Verwaltung.

Das Aus- und Fortbildungsspektrum umfaßt den kaufmännischen Bereich, EDV-Bereich, Verkaufs- und Servicebereich, den medizinischen und klinisch-therapeutischen Bereich, den gestalterischen und handwerklichen Bereich, den sprachlichen Bereich, akademischen Bereich und verschiedene Sonderbereiche. Über diese Unternehmensbereiche hinaus arbeiten die Bildungsinstitute Dr. Köllner mit mehreren Unternehmen in Deutschland als Partner zusammen.

Unter dem Motto «Bildung als Perspektive» werden Seminare und Umschulungen durchgeführt, die auf die Bedürfnisse der Wirtschaft und Verwaltung abgestimmt sind. Dazu tragen innovative Seminarinhalte und die gehobene technische Ausstattung bei.

Die Bildungsinstitute Dr. Köllner sind Mitglied in unterschiedlichen Arbeitskreisen, Vereinen und Verbänden, die sich die Qualität und den Ausbau der Erwachsenenbildung in Deutschland zum Ziel gesetzt haben.

Ernst Hunkel

Merkur-Akademie, Karlsruhe

Bereits im Jahr 1903 wurde die Akademie als Merkur-Schule in Karlsruhe gegründet. Die junge Privatschule gewann schnell an Bedeutung und ist bis heute die führende private Bildungseinrichtung der Region geblieben. Kaufmännische Grundausbildungslehrgänge für junge Menschen und Erwachsene gehören weiterhin zum Programm, ebenso wie Teilzeitkurse.

Bereits Mitte der 70er Jahre wurde auf den wachsenden Bedarf der Wirtschaft an Mitarbeitern für die internationalen Bereiche eingegangen. Diese Bildungsgänge gewannen ständig an Bedeutung. 1992 wurden sie zu einer selbständigen Abteilung, der Merkur-Akademie, zusammengefaßt.

Die Merkur-Akademie bietet folgende Studienrichtungen:

1. Für Abiturientinnen das zweijährige staatlich anerkannte Berufskolleg Europasekretärin. Bei erfolgreichem Abschluß ist die Ausbildung von einer englischen und einer französischen Universität als Grundstudium anerkannt und wird in vollem Umfang auf dortige Studien angerechnet. Die Absolventinnen der Merkur-Akademie können damit nach einem weiteren Studienjahr an einer dieser Auslandsuniversitäten den akademischen Grad Bachelor (BA Hons) oder die Licence erwerben.
2. Für Schülerinnen mit mittlerer Reife das zweijährige staatlich anerkannte Berufskolleg Fremdsprachensekretärin.
3. In der beruflichen Weiterbildung bietet die Merkur-Akademie zwei Studienrichtungen: die staatlich anerkannte Ausbildung zum/zur staatlich geprüften Betriebswirt/in, Fachrichtung Außenhandel, und die Weiterbildung zur Fremdsprachensekretärin IHK.

Die Akademie verfügt über mehrere internationale Partnerschaften und zahlreiche Kontakte zu Bildungseinrichtungen im Ausland. Englische und französische Studentinnen der Partneruniversitäten verbringen ihr Auslandssemester in Karlsruhe.

Seit einigen Jahren ist die Akademie offizielle Prüfungsstelle der London Chamber of Commerce and Industry, der Chambre de Commerce et d'Industrie de Paris und der Cámara de Comercio e Industria de Madrid.

Studentinnen und Studenten aus allen Teilen Deutschlands und dem Ausland besuchen die Merkur-Akademie. Zum Service gehören nicht nur ein Zimmernachweis für Auswärtige, sondern auch vorbereitende Kurse und ein langjähriges Programm für Studiendarlehen, das bei der Finanzierung der Studienkosten behilflich ist.

Dr. Christof Stiebler

Sabel-Schulen, München und Nürnberg

Den Grundstein für die privaten Schulen Sabel legte im Jahr 1895 Dr. Gustav Adolf Sabel in Nürnberg. Im Jahr 1900 wurde die Münchener Schule eröffnet. Nach dem Tod seiner Erben 1971 wurde das Unternehmen in eine Stiftung umgewandelt. Dazu gehören heute mehrere rechtlich selbständige Schulen und Erwachsenenbildungseinheiten in München, Nürnberg, Berlin, Leipzig, Freital und

Saalfeld. An vier dieser Orte sind die Schulen in eigenen Häusern untergebracht.

Das Programm der Sabel-Schulen erstreckt sich auf kaufmännische Aus- und Fortbildung, Umschulung, Seminare, Auftragsmaßnahmen der Arbeitsämter (u. a. sieben Übungsfirmen), Technikerausbildung, umfangreiche EDV-Schulungen, Maßnahmen für die Bundeswehr und die Universität München.

In München und Nürnberg (den Stammhäusern) sind drei- und vierstufige Wirtschaftsschulen, Berufsfachschulen für kaufmännische Assistenten, Fachschulen für Datenverarbeitung, Fachschulen für Techniker sowie eine Fachakademie für Betriebswirtschaft (alle staatlich anerkannt) tragende Säulen des Unternehmens. An diesen beiden Orten gibt es für Besucher der Wirtschaftsschule Tagesheim mit Mittagstisch.

Satzungsgemäß werden auch Stipendien (Schulgeldnachlässe) gewährt. Ein Stiftungsrat unterstützt die fünfköpfige Vorstandschaft; ersterem gehören prominente Vertreter aus Politik, Wirtschaft, Banken u. a. m. an. Stiftung und fast alle Tochtergesellschaften sind gemeinnützig.

Die Wirtschaftsschule ist eine speziell bayerische Einrichtung; Schüler aus der Hauptschule Klassen 6, 7 oder 8 können hier in die drei- oder vierstufige Form eintreten und erwerben die mittlere Reife. Hauptschüler mit Qualifikation treten in besondere neunte Klassen ein und erreichen nach zwei Jahren die mittlere Reife. Das Schulangebot wird durch zahlreiche außerschulische Veranstaltungen (Skilager, Aktionstage, Schüler- und Praktikantenaustausch mit Frankreich, Arbeiten in der schuleigenen Übungsfirma) bereichert.

Gerda Meinl-Kexel

FTO Bad Homburger Akademie, Bad Homburg

Die FTO Bad Homburger Akademie für Fremdsprachen, Textverarbeitung, Organisation wurde 1980 gegründet. Das Schulungsgebäude umfaßt einen renovierten Altbau aus dem Jahr 1910 und einen Neubau mit 13 großen Unterrichtsräumen. Die Ausstattung ist auf dem modernsten Stand mit vier teils vernetzten Computerräumen, Videoraum und Bibliothek.

Die Bad Homburger Akademie besteht aus zwei Schulformen:

1. FTO Bad Homburger Akademie für Fremdsprachen, Textverarbeitung, Organisation

   In dieser Schulform beschäftigen wir uns mit Bildungsgängen zur Internationalen Direktionsassistentin IDA, Europasekretärin ESA, Fremdsprachensekretärin, Fremdsprachenkorrespondentin, geprüften Sekretärin, Direktionsassistentin sowie EDV-Ausbildungen (Textverarbeitungsassistentin usw.) und Fremdsprachenausbildungen (in Zusammenarbeit mit der Londoner, Pariser und Madrider Handelskammer).

   1985 erteilte der hessische Kultusminister die Genehmigung zur Führung einer Privaten Berufsfachschule für Fremdsprachenkorrespondenz als staatlich anerkannte Ergänzungsschule.

   Die Voraussetzungen zum Besuch dieser Ausbildungen sind mindestens mittlerer Bildungsabschluß und Sprachkenntnisse. Ein Großteil der Lehrgänge wird bei Vorliegen der persönlichen Voraussetzungen durch das Arbeitsamt gefördert.

2. Bad Homburger Akademie für Betriebswirtschaft GmbH

   Die GmbH beschäftigt sich mit dem sechssemestrigen Studium zum Internationalen Betriebswirt BBA (Bachelor of Business Administration) mit anschließendem Aufbaustudium zum MBA (Master of Business Administration).

   In diesem Studiengang werden – anders als an den überlaufenen deutschen Universitäten – in kleinen Studiengruppen betriebswirtschaftliche und volkswirtschaftliche Inhalte mit internationaler Orientierung und Fremdsprachen vermittelt. Innerhalb der sechs Semester sind ein Auslandssemester in den USA oder England und ein Praktikum im In- und Ausland vorgesehen.

   Mit häufigen Vorträgen durch Praktiker aus Wirtschaft und Verwaltung wird für die erforderliche Praxisnähe gesorgt.

Hermann Jack und Peter Usunov

Wirtschaftsinstitut und EDV-Bildungszentrum Lenzen-Jack in Hamm, Ahlen, Beckum, Warendorf

Seit 40 Jahren heißt unser Leitspruch «Tradition und Fortschritt». Das 20. Jahrhundert ist gekennzeichnet durch die dynamische Entwicklung der Technik, der sich Industrie, Handel, Handwerk, Gewerbe und Verwaltung anpassen müssen. Daraus ergibt sich, daß der

Mensch mit seinem Grundwissen nicht mehr die gleichen Aussichten hat wie in früheren Jahren.

Um in das Wirtschaftsleben einzutreten, in ihm bestehen und mit Erfolg weiterkommen zu können, bedarf es einer umfassenden und gründlichen Aus- und Weiterbildung in allen kaufmännischen und schreibtechnischen Fächern sowie im Umgang mit der EDV. Deshalb ist es unsere Aufgabe, als freie, unabhängige Bildungsstätte jedem Interessenten, gleich welcher Vorbildung, die Möglichkeit zu geben, sich im Rahmen unseres Bildungsprogramms zu qualifizieren.

Die Fortbildung in unserem Qualifizierungszentrum ermöglicht jedem Teilnehmer eine bedarfsorientierte und gezielte Vorbereitung auf den Einsatz in der Berufspraxis. Ein Team von erfahrenen Dozenten, freiberuflichen Fachkräften und Sozialpädagogen bringt die Teilnehmer zum beruflichen Erfolg unter dem Motto: «Aus der Praxis – für die Praxis!»

Einen besonderen Stellenwert nimmt für alle Zielgruppen die Fortbildung in der Anwendung verschiedener Formen der EDV ein. Ein umfassender Maschinenpark modernster Ausstattung unterstützt die praxisbezogene Aus- und Weiterbildung.

Das Lehrgangsspektrum reicht von Umschulungen in Vollzeit- und Teilzeitform zum Industriekaufmann bzw. Bürokaufmann über das kaufmännische Training in der Übungsfirma, speziellen EDV-Lehrgängen wie «Fachkraft für EDV-Sachbearbeitung» und «Bürokommunikation» bis hin zu Sprach- und Bildungslehrgängen für Aussiedler. Einmalig in Nordrhein-Westfalen ist bisher die Qualifizierung von Aussiedlern zum «Fremdsprachlichen Korrespondenten Deutsch-Russisch».

Berufsbegleitend werden seit 30 Jahren die Fortbildung zur «Geprüften Sekretärin» mit IHK-Prüfung im eigenen Haus, Nachmittags- und Abendlehrgänge in Kurzschrift und Maschinenschreiben sowie EDV-Abendlehrgänge für Berufstätige durchgeführt.

Für Unternehmen werden maßgeschneiderte Einzel- und Gruppenschulungen angeboten, die auf die speziellen Bedürfnisse der Mitarbeiter zugeschnitten sind.

Uwe Lippenberger

inlingua Sprachschulen

Als internationale Organisation mit weltweit über 260 Sprachschulen hat sich inlingua durch die Entwicklung von aktuellen Programmen, Unterrichtsmaterialien und Broschüren im Bereich Fremdsprachenunterricht und -training viel Anerkennung erarbeitet. Seit ihrer Gründung vor 25 Jahren hat die inlingua Organisation das Ziel verfolgt, der individuellen Zielsetzung des Kunden – sei es ein Einzelschüler, eine Gruppe oder der komplette Mitarbeiterstab eines Unternehmens – hundertprozentig zu entsprechen. inlinguas höchstes Ziel war und bleibt es, ein zuverlässiger Partner auf diesem speziellen Gebiet zu sein.

Die Organisation bietet ein flexibles, selbstentwickeltes Unterrichtsprogramm mit Qualität, Kompetenz und Sachverstand an, das sich den Gegebenheiten und Erfordernissen der Zeit anpaßt und eine umfangreiche Produktpalette in vielen Sprachen umfaßt. Viele inlingua Sprachschulen haben Kurse für Fremdsprachen- und Auslandskorrespondenten, Übersetzer und Dolmetscher in ihrem Angebot. inlingua unterhält in vielen Ländern Ferienkurse, Residentialkurse und Fachkurse, wie z. B. den Cambridge-Kurs, oder Programme für den kaufmännischen Bereich.

Das inlingua-Logo stellt heute in der ganzen Welt einen Qualitätsstandard für Sprachunterricht und damit verbundene Dienstleistungen dar. Wenngleich alle Schulen wirtschaftlich selbständig sind, unterstützt die Zentrale der Internationalen inlingua Sprachschulen AG in Mainz jeden Schulinhaber mit den im Hause entwickelten Lehr- und Lernmitteln, die ihnen helfen, ihr lokales Geschäft erfolgreich zu betreiben. Zusätzlich nimmt die permanente Aus- und Weiterbildung der Lehrkräfte einen hohen Stellenwert ein.

Über den reinen Sprachunterricht hinaus wird bei inlingua jeder Kursteilnehmer in seinem Bestreben unterstüzt, sich in den unterschiedlichsten Sprach- und Kulturlandschaften sicher bewegen zu können.

Ein «i» geht um die Welt – dieser bei Gründung der Gesellschaft 1968 ausgewählte Leitspruch reflektierte inlinguas ausgeprägtes Verständnis für die Bedeutung des Fremdsprachentrainings in der ganzen Welt. Er steht heute und auch in Zukunft weltweit für Qualität und Kompetenz.

Dr. Harms Kaufmann

Würzburger Dolmetscherschule

Die Würzburger Dolmetscherschule (WDS) kann auf eine jahrzehntelange erfolgreiche Tätigkeit auf dem Gebiet der Fremdsprachenberufsausbildung blicken. Sie ist eine staatlich anerkannte Ersatzschule (gemeinnützige GmbH). Die an der WDS angebotenen Ausbildungsgänge erstrecken sich auf folgende Ausbildungsmöglichkeiten:

1. Ausbildung zum/zur staatlich geprüften Fremdsprachenkorrespondent/in
2. Ausbildung zum/zur staatlich geprüften Übersetzer/in bzw. Übersetzer/in und Dolmetscher/in

Bei der Ausbildung zum Fremdsprachenkorrespondenten an der **Berufsfachschule** für Fremdsprachenberufe handelt es sich um einen zweijährigen Ausbildungsgang (Eingangsvoraussetzung mittlere Reife) mit einer Hauptsprache und einer Zusatzsprache sowie einem Fachgebiet (Wirtschaft), der zu einer zentralen berufsqualifizierenden staatlichen Prüfung führt. Diese Ausbildung ermöglicht den Einsatz der Absolventen im fremdsprachlichen Bereich auf einer mittleren Ebene.

An der WDS werden Englisch, Französisch und Spanisch als Haupt- und als Zusatzsprachen angeboten, Italienisch als Zusatzsprache. Der Gesamtumfang des Unterrichts liegt bei etwa 30 Wochenstunden. Für die Hauptsprachen Englisch und Französisch sind Schulvorkenntnisse erforderlich. Die Hauptsprache Spanisch beginnt ohne Vorkenntnisse. Der solide Sprachenunterricht wird ergänzt durch eine Ausbildung in Bürokommunikation einschließlich EDV.

Die Abschlußprüfung als staatlich geprüfte(r) Fremdsprachenkorrespondent berechtigt Absolventen ohne Hochschulreife zum Eintritt in die Fachakademie für Fremdsprachenberufe. Die Ausbildung erfolgt nach den Bestimmungen der «Schulordnung für die Berufsfachschulen für Fremdsprachenberufe in Bayern», die vom Staatsministerium für Unterricht, Kultus, Wissenschaft und Kunst erlassen wurde.

Die **Fachakademie** für Fremdsprachenberufe setzt die Fachhochschulreife, die allgemeine Hochschulreife oder die erfolgreiche Teilnahme an der staatlichen Prüfung für Fremdsprachenkorrespondenten voraus. Ziel der Ausbildung ist die vom Kultusministerium durchgeführte staatliche Prüfung für Übersetzer/Dolmetscher, deren Niveau anerkanntermaßen sehr hoch ist. Die Studiendauer umfaßt drei Studienjahre. Bewerber mit erweiterten oder überdurchschnittlichen Sprachkenntnissen können in ein höheres Studienjahr aufgenommen werden.

Die Ausbildung erfolgt nach den Bestimmungen einer staatlichen Schulordnung in einer Haupt- und einer Zusatzsprache sowie einem Fachgebiet. Die WDS bietet Englisch und Französisch als Haupt- und Zusatzsprachen, Italienisch und Spanisch als Zusatzsprachen. Als Fachgebiete können Wirtschaft und Naturwissenschaften sowie bei Bedarf Technik belegt werden.

Die Ausbildung ist praxisorientiert und vermittelt auch die für Übersetzer relevanten Kenntnisse in der EDV-Anwendung. Die Qualifikation als staatlich geprüfte/r Übersetzer/in bzw. Übersetzer/in und Dolmetscher/in ist Grundlage für die öffentliche Bestellung und Beeidigung bei Gericht.

Magnus Gross

Bénédict Sprachen-, Wirtschafts- und Berufsfachschulen, Dortmund, Gotha, Hamm und Weimar

Im Jahr 1928 eröffnete Dr. Gaston Bénédict, Schweizer Sprachwissenschaftler und ehemaliger Professor an der University of Southern California, in Lausanne die erste Bénédict Schule. Der Erfolg war so überzeugend, daß sich daraus innerhalb von 60 Jahren eine der größten europäischen Schulorganisationen entwickelt hat.

Die Bénédict Schulen Dortmund und Hamm wurden nach Kriegsende gegründet. Nach dem Fall der Mauer kamen Filialen im neuen Bundesland Thüringen in Gotha und Weimar hinzu. Die Bénédict Schulen sind private und rechtlich selbständige Institutionen und gehören dem Bundesverband Deutscher Privatschulen (VDP) an.

Nach der anfänglich ausschließlich auf Fremdsprachen-Berufsausbildung konzentrierten Arbeit entwickelten sich in Dortmund und Hamm moderne Bildungseinrichtungen, die über Sekretärinnenseminare und Managementlehrgänge bis hin zu Schulungen in allen Anwendungsbereichen des Personal Computing arbeitsmarktgerechte Ausbildungsinhalte vermitteln.

Die Standorte Gotha und Weimar profitieren von diesen Erfahrungen. Dort werden Fortbildungen und Umschulungen in fast allen kaufmännischen, organisatorischen und verwaltenden Berufen durchgeführt – neben den klassischen Fremdsprachenerstausbildungen und der EDV-Anwendung.

Die folgende Zusammenfassung stellt einen Auszug der Standardausbildungsangebote dar: Fremdsprachenkorrespondent (IHK) in Englisch, Französisch, Spanisch, Italienisch, Deutsch und Russisch; Fremdsprachenkaufmann (IHK) in denselben Sprachen; Dolmetscher und Übersetzer (IHK); Europasekretärin; geprüfte Sekretärin (IHK); PC-Anwender mit VDP-Zertifikat.

Die Bénédict Schulen werden von Wirtschaftsfachleuten und erfahrenen Pädagogen geleitet. Über 80 Prozent der Lehrkräfte sind fest angestellt und garantieren qualitativ hervorragenden Unterricht. Im Rahmen des schulinternen Personalentwicklungssystems werden die Lehrkräfte ständig mit neuen Inhalten und Methoden der Unterrichtsführung vertraut gemacht.

Heinz Graf

Sprachen- und Dolmetscher-Institut München

Das Sprachen- und Dolmetscher-Institut München ist eine private, gemeinnützige, staatlich anerkannte Berufsfachschule für Fremdsprachenberufe (zur Ausbildung von Fremdsprachenkorrespondenten, aufbauend auf einem mittleren Schulabschluß) und eine private, gemeinnützige, staatlich anerkannte Fachakademie für Fremdsprachenberufe (zur Ausbildung von Übersetzern und Dolmetschern, aufbauend auf der Reifeprüfung oder dem erfolgreichen Besuch der Berufsfachschule). Der Abschluß erfolgt nach zwei (Berufsfachschule) oder drei Jahren (Fachakademie) mit einer staatlichen Prüfung. Darüber hinaus betreibt das Institut die Abteilung «Deutsch als Fremdsprache» (Voraussetzung äquivalent zum deutschen mittleren Schulabschluß) und die Ausbildung zum Fachdolmetscher und/oder Konferenzdolmetscher (Voraussetzung guter Abschluß der Fachakademie).

Die Ausbildung ist gebührenpflichtig (Gebühren ca. DM 1500,– pro Halbjahr); der Unterricht umfaßt ca. 30 Wochenstunden. Schüler und Studierende der Berufsfachschule und der Fachakademie erhalten vom Staat DM 100,– pro Unterrichtsmonat als Schulgeldrückerstattung. Bei Vorlage der persönlichen Voraussetzungen wird BAFöG gewährt.

Studienfächer sind Englisch, Französisch, Spanisch, Italienisch oder Russisch mit den Fachgebieten Wirtschaft oder Technik (Berufsfachschule); in der Fachakademie können außerdem noch Chinesisch und die Fachgebiete Recht oder Naturwissenschaften gewählt werden. Die Hinzunahme einer zweiten Sprache oder eines zweiten Fachgebietes ist obligatorisch.

Derzeit besuchen etwa 1000 Schüler und Studierende das Institut. Der Unterricht wird von rund 100 Lehrkräften erteilt, davon etwa die Hälfte Muttersprachler. Charakteristisch für das Institut ist die gemeinsame Ausbildung von Deutschen und Muttersprachlern zu zweisprachigen Korrespondent(inn)en oder Übersetzer(inne)n. Ihr berufliches Tätigkeitsfeld finden die Absolventen in Wirtschaftsunternehmen, Verlagen, in der Tourismusbranche, bei Behörden und wissenschaftlichen Einrichtungen oder als freiberufliche Übersetzer und Dolmetscher.

Wolfgang Flad

Chemisches Institut Dr. Flad, Stuttgart

Mehr als vier Jahrzehnte im Dienst einer internationalen Berufsausbildung

Das Chemische Institut Dr. Flad in Stuttgart (Baden-Württemberg) gehört zu den großen Privatschulen in Deutschland und bildet Chemisch-technische und umwelttechnische Assistenten aus. Die 1951 gegründete Schule ist eine internationale Schule im Sinne des Wortes. In den vergangenen vier Jahrzehnten besuchten Schüler und Schülerinnen aus 49 Ländern der Welt diese Schule. Sie war die erste berufsbildende UNESCO-Modellschule in Deutschland und ist innerhalb der International Schools Association (einer n.g. UNESCO-Organisation) Schwerpunktschule für Chemie und koordiniert auf internationaler Ebene Fragen der Chemieausbildung. 1980 war das Institut Geburtsstätte der ersten internationalen Berufsabschlußprüfung überhaupt und derzeit bereitet es ein Europadiplom Chemie für die FEDE (Fédération Européenne des Ecoles) vor, die offiziellen Beraterstatus beim Europarat besitzt. Am Chemischen Institut Dr. Flad (CHF) finden seit vielen Jahren regelmäßig die internationalen Stuttgarter Chemietage unter der Schirmherrschaft von Oberbürgermeister Dr. Manfred Rommel statt mit zuletzt (bei den 5. Stuttgarter Chemietagen) 40 Veranstaltungen an fünf Tagen und Gästen aus 18 Ländern Europas. 1991 fand auf Anregung des CHF im Auftrag und unter der Schirmherrschaft des Bundesministers für Bildung und Wissenschaft erstmalig der europäische Chemiewettbewerb «Grand Prix Chimique» statt und war ein großer Erfolg. Internationale Geschäftsstelle dieses Wettbewerbs ist und bleibt das CHF. Für 1993 hat Bundesminister Prof. Dr. Ortleb bereits erneut die Schirmherrschaft übernommen. Derzeit bereitet das CHF ein UNESCO-Forum der Begegnung vor; die Schirmherrschaft hierfür hat Bundesaußenminister Kinkel übernommen. Außerdem ist das CHF ständig an mindestens einem UNESCO-Projekt beteiligt (derzeit am Projekt «Schöne blaue Donau») und vertritt neben anderen die Bundesrepublik Deutschland auf internationalen Umweltkonferenzen.

In Deutschland für einige Zeit (2 Jahre) zu studieren und zu leben, bietet mehrere Vorteile. Deutschland genießt auf dem Gebiet der Chemieausbildung einen sehr guten Ruf. Und wer eine Chemieausbildung in Deutschland absolviert hat, wird anschließend gerne beschäftigt. Gleichzeitig lernt man in dieser Zeit Land und Leute, Kultur und Wirtschaft richtig kennen. Dies ist für ein langsam entstehendes gemeinsames Europa von entscheidender Bedeutung. Nur wer die Nachbarn kennt und versteht und toleriert, der ist auch zur Zusammenarbeit und zum Zusammenleben bereit. Hinzu kommt die Tatsache, daß in etlichen Ländern die chemische Industrie so expandiert, daß der Bedarf an qualifiziert ausgebildeten Fachkräften auf Anhieb im eigenen Land nicht gedeckt werden kann. Berücksichtigt man außerdem, daß die chemische Industrie Deutschlands Teile der Forschung und der Produktion ins Ausland verlagert hat und verlagern wird, dann wird offensichtlich, daß die Nachfrage nach Absolventen einer soliden Chemieausbildung stark ansteigen wird.

Bleibt noch die Frage, ob eine mittlere Chemieausbildung oder aber ein Studium der Chemie an einer Universität angestrebt werden sollte. Die Statistiken des Arbeitsmarktes sprechen hier eine deutliche Sprache. Während viele Akademiker im Bereich der Chemie arbeitslos sind, sind Chemisch-technische Assistenten nach wie vor Mangelware und gut bezahlte Fachkräfte. Sollte sich im Rahmen einer Assistentenausbildung eine besondere Qualifikation oder Begeisterung unter Beweis stellen, so bietet sich natürlich die Möglichkeit eines anschließenden Chemiestudiums ohne Zeitverlust. Eine große Zahl ehemaliger Schüler des CHF hat diesen Weg mit großem Erfolg gewählt. Einige hundert promovierte Chemiker und etliche Professoren der Chemie gehören zu den sogenannten «Fladianern». Neuerdings bietet das CHF auch die Ausbildung zum Umwelttechnischen Assistenten an. Chemie und Umwelt sind begreiflicherweise eng verbunden. Wer eine frühe Spezialisierung aber vermeiden möchte und sich dennoch für Teile der Umweltausbildung interessiert, entscheidet sich für die Ausbildung zum Chemisch-technischen Assistenten mit dem Schwerpunkt Umwelt.

Birgit Fresenius

Chemieschule Fresenius Wiesbaden

Tradition und Fortschritt vereinigt die Chemieschule Fresenius Wiesbaden in ihrem Aus- und Weiterbildungsangebot. Dem Grundgedanken von Carl Remigius Fresenius, der 1848 das Chemische Laboratorium in Wiesbaden gründete, wird durch die Verknüpfung von Forschung, Lehre und Praxis Rechnung getragen. Aus der Lehre entwickelte sich die Chemieschule Fresenius, eine gemeinnützige, staatlich anerkannte Institution. Die vielfältigen Probleme der Praxis bearbeitet das Institut Fresenius. Für die Wissenschaft steht seit 1862 Fresenius' «Journal of Analytical Chemistry». Forschung, insbesondere im Umweltbereich, treiben Institut und Fachhochschule Fresenius in enger Kooperation mit der chemischen Industrie und den Behörden.

Forschung, Lehre und Praxis aus einer Hand: Diese Konzeption prägt auch die Chemieschule Fresenius. Mit ihrer 1992 gegründeten Fresenius Akademie bietet sie Ausbildungen und Fortbildungen an, die auf unterschiedlichen Voraussetzungen aufbauen und teilweise durchlässig nach oben bzw. unten sind. Standorte sind neben dem Stammhaus in Wiesbaden Dresden, Dortmund und Herten. Über die Hälfte der Schüler und Studenten sind Frauen.

Aus- und Fortbildungsangebote:

1. Chemisch-technische(r) Assistent/in
   Man braucht einen mittleren Bildungsabschluß und schließt die Ausbildung in Theorie und Praxis nach zwei Jahren als staatlich geprüfte(r) Chemisch-technische(r) Assistent/in, Schwerpunkt

Laboratoriumstechnik bzw. Umweltanalytik ab. Daneben kann die Fachhochschulreife erworben werden, die ein weiteres Studium an der Fachhochschule ermöglicht.

2. Chemietechniker/in
Die Fortbildung setzt einen abgeschlossenen, einschlägigen Ausbildungsberuf und eine mindestens einjährige Berufspraxis voraus. In zwei Jahren wird man staatlich geprüfte(r) Chemietechniker/in, Schwerpunkt Laboratoriumstechnik. Man lernt vor allem vertiefte Kenntnisse und Fertigkeiten in den Bereichen Methoden zur Lösung analytischer Probleme, präparative Methoden zur Synthese sowie die Anwendung mikrobiologischer Arbeitsweisen für die Fragestellungen in Industrie und Umwelt.
Ein gleichzeitiger Erwerb der Fachhochschulreife ermöglicht einen Einstieg in ein höheres Semester der Fachhochschule. Zusätzlich kann die Ausbildereignungsprüfung abgelegt werden.

3. Diplom-Ingenieur/in – Fachrichtung Chemie
wird man nach einem achtsemestrigen Studium an der Fachhochschule. Nach dem viersemestrigen Grundstudium wird die Diplom-Vorprüfung abgelegt. Das viersemestrige Hauptstudium beginnt mit einem berufspraktischen Semester. Im sechsten und siebten Semester wählt man einen Schwerpunkt aus den Wahlpflichtfachgruppen Chemische Technik, Umweltchemie (Instrumentelle Analytik und Umweltschutz) oder Organische Chemie und Biochemie. Nach erfolgreicher mündlicher Prüfung wird eine praktische Diplomarbeit in drei bis fünf Monaten durchgeführt und mit der Disputationsprüfung abgeschlossen. Studentinnen und Studenten mit guten Leistungen können, vom Deutschen Akademischen Austauschdienst (DAAD) gefördert, ein Semester an einer Partnerhochschule in den USA studieren. Die dort erbrachten Leistungen werden ohne Zeitverlust auf das Studium angerechnet.

4. Pharmazeutisch-technische(r) Assistent/in
wird man, aufbauend auf einem mittleren Bildungsabschluß, nach zweijährigem Besuch der Berufsfachschule und einem anschließenden halbjährigen Praktikum in einer Apotheke. Die erworbenen Kenntnisse, insbesondere in der Herstellung und Reinheitskontrolle von Arzneimitteln, ermöglichen die Mitarbeit in einer Apotheke oder in pharmazeutischen Forschungs- und Produktionseinrichtungen. Der Abschluß ermöglicht auch eine Fortbildung zum Chemietechniker oder Geprüften Pharmareferenten.

5. Geprüfte(r) Pharmareferent/in (IHK)
ist das Berufsziel einer Fortbildung von 25 Wochen, die eine Be-

rufsausbildung im naturwissenschaftlichen, medizinischen oder kaufmännischen Bereich bzw. ein (möglicherweise abgebrochenes) Studium voraussetzt. Die Abschlußprüfung wird von der IHK abgenommen. Aufgrund der erworbenen Kenntnisse im medizinischen, rechts- und wirtschaftskundlichen Bereich ist der Geprüfte Pharmareferent ein Gesprächspartner des Arztes zum Austausch von Informationen.

6. Staatlich geprüfte Desinfektoren/innen
   werden in Zusammenarbeit mit dem örtlichen Regierungspräsidium in dreiwöchigen Kursen ausgebildet bzw. in Wiederholungskursen auf die Nachprüfung vorbereitet.

Mit dem Ziel, die praxisorientierte Fortbildung zu intensivieren, wurde unter der Trägerschaft der Chemieschule Fresenius die Fresenius Akademie gegründet. In Herten, Dortmund, Dresden und Wiesbaden wird der Grundgedanke eines ganzheitlichen Umweltmanagements als Fortbildungskonzept verfolgt.

1. Betriebliche(r) Umweltschutzbeauftragte(r)
   Der Kurs führt in 32 Wochen Akademiker/innen aus dem naturwissenschaftlichen Bereich zu einem Abschluß mit IHK-Zertifikat. Die komplexen betrieblichen Aufgabenstellungen aus dem Bereich der Umwelt werden erarbeitet und die Persönlichkeitsprofile der Teilnehmer durch praxisnahe Schulungen mit Übungen und Fallbeispielen entwickelt bzw. trainiert.
2. Umweltqualifizierung für Mitarbeiter/innen
   z. B. aus dem Baugewerbe mit dem Ziel der stofflichen Wiederverwertung von Materialien beim Abriß kontaminierter Gebäude bei Altlastensanierung.
3. Berufliche Umweltbildung
   als Wiedereingliederungsmaßnahme für Frauen, aufbauend auf einem vorangegangenen Berufsabschluß, z. B. als Chemisch-technische Assistentin oder Pharmazeutisch-technische Assistentin.

Außerdem werden verschiedene umweltschutzbezogene Seminare angeboten. Zweimal jährlich stehen aktuelle umweltrelevante Fragen im Mittelpunkt des Fresenius Umwelt-Forums. Die Informationsreihe «Aus der Praxis – für die Praxis» stellt in mehrtägigen Veranstaltungen das Know-how der Aus- und Fortbildung und der Experten aus der Institut Fresenius Gruppe mit Fachhochschule Fresenius und Fresenius Akademie zu bestimmten Themenkreisen dar. Teilnehmerinnen und Teilnehmer diskutieren mit Praktikern.

Dr. Peter Pook

Berufsfachschule Chemie und Pharmazie Dr. von Morgenstern

Seit fast 80 Jahren nimmt die Berufsfachschule Chemie und Pharmazie Dr. von Morgenstern, die sich zwischenzeitlich die Rechtsform einer gemeinnützigen Schulgesellschaft mbH gegeben hat, einen festen Platz im beruflichen Schulwesen in Braunschweig, Magdeburg und Lüneburg ein.

In ihren drei technischen Fachrichtungen Biologie, Chemie und Pharmazie bildet die Berufsfachschule Chemie und Pharmazie Dr. von Morgenstern – gemeinnützige Schulgesellschaft mbH – zum Biologisch-, Chemisch- und Pharmazeutisch-technischen Assistenten aus. Für diese Fachrichtungen ist mindestens der Sekundarabschluß I – Realschulabschluß – vorgeschrieben.

In der vierten Fachrichtung können Interessentinnen mit mindestens Hauptschulabschluß zu staatlich geprüften Kosmetikerinnen ausgebildet werden. Alle vier Fachrichtungen schließen mit einer staatlichen Abschlußprüfung ab.

Heute ist es mehr denn je erforderlich, eine qualifizierte Berufsausbildung zu durchlaufen, um im späteren Berufsleben eine Chance zu erhalten. Wichtig ist bei der Entscheidung für die technischen Berufe, daß neben manueller Geschicklichkeit und Spaß an naturwissenschaftlichen Arbeitsmethoden auch Ordnungssinn, eine exakte Beobachtungsgabe, Organisationstalent für oft komplexe Versuchsabläufe und Flexibilität, sich auf unterschiedliche Arbeitsbedingungen kurzfristig einstellen zu können, vorhanden sind.

Für die staatlich geprüfte Kosmetikerin steht ein vielfältiges Angebot von Berufsmöglichkeiten zur Verfügung. So besteht ein Betätigungsfeld z. B. als Kosmetikerin im Kosmetik-Institut, als Fachberaterin auf journalistischem Gebiet, als Assistentin in einer Kosmetikschule oder als beratende Verkäuferin in Parfümerien. Neben diesen vielen Möglichkeiten als angestellte Kosmetikerin besteht die Möglichkeit, als selbständige Kosmetikerin mit eigener Kosmetikpraxis unternehmerisch tätig zu werden.

Jan G. Heinze

Technische Fachschule Heinze, Hamburg

Die Technische Fachschule Heinze wurde 1937 als erste Fachschule für Technisches Zeichnen des allgemeinen Maschinenbaus in Hamburg gegründet. In den Folgejahren wurde das Profil der Schule ständig erweitert. Es erfolgte die staatliche Anerkennung für die Ausbildung von Hoch-, Tief- und Maschinenbautechnikern sowie für die Ausbildung im Technischen Zeichnen und Bauzeichnen.

Mit dem Einzug in ein neues Schulgebäude im Mexikoring 15 (City Nord) wurden moderne Lehrwerkstätten für Bau- und Metallberufe eingerichtet. Hinzu kamen Labors für die Ausbildung von Zahntechnikern und Augenoptikern sowie die Einrichtung eines Meß- und Prüfraums für die Ausbildung von Güteprüfern.

Das besondere Verdienst der Technischen Fachschule Heinze liegt in dem Bemühen, Rehabilitanden einen neuen Berufsabschluß zu ermöglichen. Dazu ist eine spezielle rehabilitationsärztliche Abteilung für ausbildungsbegleitende ärztliche, psychologische und soziale Betreuung von Umschülern aufgebaut worden. Entsprechend diesem Schulungspotential erfolgt eine intensive Zusammenarbeit mit der Bundesanstalt für Arbeit, den Landesversicherungsanstalten, den Berufsgenossenschaften, der Bundesversicherungsanstalt für Angestellte und der Seekasse.

Das gesamte Leistungsangebot der Technischen Fachschule Heinze umfaßt Arbeitserprobung/Berufsfindung, Reha-Vorbereitungslehrgänge, Reinzeichner/DTP, Technisches Zeichnen/Metallgrundpraktikum, Maschinenbautechniker, Bauzeichnen/Baugrundpraktikum, Hoch-/Tiefbautechniker, Werkzeugmacher/Zerspanungsmechaniker, Güteprüfer, Augenoptiker, Zahntechniker, CAD/CNC (Dreh- und Fräsetechnik).

Voraussetzung für den Besuch dieser Fachschule ist der Hauptschulabschluß. Schüler, die diesen noch nicht erreicht haben, werden auf dessen Erlangung vorbereitet. Für die Technikerausbildung kommt eine mehrjährige Berufserfahrung hinzu.

Sowohl für die Aufnahme in die Schule als auch für die Arbeit mit den Schülern ist das Prinzip der individuellen Beratung und Förderung charakteristisch sowie das Bemühen der Lehrer, jeden Schüler aufgrund seiner Begabung und seiner Interessen individuell zu bilden.

Jörg Piepkorn

Teutloff-Schule, Braunschweig

Im neunzigsten Jahr seines Bestehens präsentiert sich Teutloff als eine der führenden privaten Einrichtungen der gewerblich-technischen Aus- und Weiterbildung im niedersächsischen Raum. 1903 von dem Ingenieur Richard Teutloff als «Schule für Maschinentechnik» gegründet, hat sich das Zentrum stets als Alternative und Ergänzung zu öffentlichen Bildungsträgern verstanden.

Das Anliegen, Partner der Wirtschaft zu sein, bedeutet für Teutloff heute vor allem, Qualifikationen für die sich rapide wandelnden Anforderungen der Produktion zu vermitteln. In seinen Standorten in der Region Braunschweig – neben dem Stammsitz Braunschweig unterhält Teutloff auch Einrichtungen in Königslutter, Peine, Salzgitter, Wolfenbüttel und Wolfsburg sowie seit 1989 auch in Sachsen-Anhalt – bietet das Bildungszentrum ein breites Spektrum an Lehrgängen und Kursen für die Bereiche Metalltechnik, Holztechnik, Elektronik, Kunststofftechnik und Automatisierung an. Das reicht von der Meister- und Technikerausbildung und speziellen Schulungen bis hin zur Ausbildung und Umschulung in gewerblich-technischen Berufen.

Immer den neuesten Stand der Technologie zu vermitteln, ist für Teutloff oberstes Gebot. In den Ausbildungsräumen und Labors stehen u. a. SPS-, CNC-, CAD-, Pneumatik- und Hydraulik-Anlagen bereit. Der enge Kontakt zu den Unternehmen der Region (darunter u. a. Preussag, Mercedes, VW) ermöglicht eine Ausbildung, deren hoher Praxisanteil flexibel auf die jeweils aktuellen Anforderungen der Wirtschaft ausgerichtet ist. Umgekehrt führt der Kontakt zu den Betrieben dazu, daß viele mittelständische Firmen ihre Mitarbeiter bei Teutloff weiterbilden lassen.

Das Bildungszentrum geht aber noch weiter: Vorausschauend schafft es von sich aus neue Qualifikationen. Beispiele dafür sind die Ausbildung zum staatlich anerkannten Automatisierungstechniker und die Ausbildung zum Technischen Assistenten für Informatik.

Prof. Dr. Dirk Harms

Physikalisch-Technische Lehranstalt, Wedel/Holstein

Berufsfachschule für Informatik-, Physik- und Elektronik-Assistenten

Die Physikalisch-Technische Lehranstalt (PTL) ist eine private, staatlich anerkannte Berufsfachschule. An ihr werden Technische Assistentinnen und Assistenten in drei Fachrichtungen ausgebildet: Physik, Informatik und Elektronik.

Räumlich und fachlich ist die PTL eng mit der Fachhochschule Wedel verbunden. Die PTL vermittelt jungen Menschen mit der mittleren Reife oder dem Abitur eine Berufsausbildung, die sie befähigt, in vielen technischen Funktionen auf dem neuesten Stand der Technik mitzuarbeiten und Verantwortung ähnlich wie ein Ingenieur, zu übernehmen.

Für Realschülerinnen und Realschüler ist die Assistentenausbildung auch deswegen interessant, weil sie keine Sackgasse darstellt. Durch ein Zusatzangebot in den Fächern Deutsch und Englisch können sie gleichzeitig mit dem Assistentenexamen die Fachhochschulreife erwerben. So ist es möglich, ohne Zeitverlust an der Fachhochschule Wedel weiter zu studieren.

Auch für Abiturientinnen und Abiturienten ist der Abschluß als Technische Assistentin/Technischer Assistent attraktiv, vor allem wegen der relativ kurzen Ausbildungsdauer und der anschließend guten Verdienstmöglichkeiten. Für Personen, die bereits eine technische oder kaufmännische Lehre absolviert haben, stellt die Assistentenausbildung eine gute Möglichkeit zu einer Höherqualifikation dar. Die Ausbildung beginnt am 1. Oktober eines jeden Jahres. Sie dauert fünf Semester.

Jeweils im Wechsel finden statt:

3½ Monate Vorlesungen, Übungen, Seminare und Praktika;

2½ Monate Aufarbeitung des Lehrstoffs, Bearbeiten von Seminaraufgaben, z. B. im Bereich Digitaltechnik, Mikrocomputertechnik oder Programmierung sowie die Durchführung eines Industriepraktikums von insgesamt 16 Wochen. Dies wird selbst organisiert, was es erlaubt, individuelle Wünsche zu berücksichtigen.

Um die Durchlässigkeit zur Fachhochschule zu fördern, sind manche Lehrveranstaltungen so angelegt, daß sie zusammen mit Studenten der Ingenieurfachrichtungen absolviert werden können. Im fünften Semester wird von den Schülern selbständig neben dem Unterricht eine Abschlußarbeit mit entsprechender Dokumentation angefertigt. Danach findet die Abschlußprüfung unter staatlicher Aufsicht statt.

Dr. Dr. Horst-W. Fügemann

Berufsfachschule Greifswald GmbH (gemeinnützig)

Die Berufsfachschule Greifswald wurde unter dem Namen «Medizinisch-Pharmazeutisches College» als gemeinnützige GmbH am 29. April 1991 gegründet und nach ihrer Umbenennung am 17. Januar 1992 in das Handelsregister Rostock eingetragen. Mitgesellschafter ist u. a. der Landkreis Greifswald. Unterrichtsstätten befinden sich in Greifswald, Bandelin (Landkreis Greifswald) und Stettin (Republik Polen).

In Greifswald befinden sich das zentrale Schulgebäude und das Laborgebäude. Eine internatsmäßige Unterbringung (Zweibettzimmer) und Verpflegung sind hier möglich. Dieser Teil der Schule befindet sich auf dem Gelände eines Gesundheits- und Sozialzentrums in schöner Lage inmitten Greifswalds.

Die Schule gliedert sich in die Fachbereiche Apothekenwesen, Gesundheits- und Sozialwesen, Umweltschutz sowie Sprachen und Kommunikation. Gegenwärtig sind Erstausbildung und Umschulung sowie Fortbildung und Weiterbildung gleichberechtigte Ausbildungsarten an der Schule. Voraussichtlich ab 1995 werden Erstausbildung und Weiterbildung dominieren.

Angeboten werden derzeit die Bildungsgänge Pharmazeutisch-technische/r Assistent/in, Altenpfleger/in, Heilerziehungspfleger/in, Arzthelfer/in, Rettungssanitäter/in, Fachkraft im Umweltschutz/Umweltschutzberater/in, Werbekaufmann/-kauffrau und Sprachausbildung.

Vorbereitet werden die Ausbildungsgänge Chemisch-technische/r Assistent/in und Biologisch-technische/r Assistent/in ab September 1993.

Neben Pädagogen aus den einschlägigen Fächern besteht der Lehrkörper aus Ärzten, Apothekern, Chemikern und Biologen, die zum größten Teil habilitiert bzw. promoviert sind. An der Schule befindet sich auch eine sozialpädagogische/psychologische Beratungsstelle für die Schülerinnen und Schüler.

Angelika Kämmerer

Schwarzerden/Rhön e. V.

Berufsfachschule für Gymnastik und Gesundheitserziehung (gegr. 1927)
Ausbildungsstätte für Ergotherapie (gegr. 1985)

Schwarzerden wurde in den 20er Jahren von Frauen aus der Jugendbewegung gegründet. Sie siedelten in der Rhön und verwirklichten ihre Idee von einem ganzheitlichen Leben in Gemeinschaft auf dem Lande. 1922 wurde mit den ersten Kursen, 1927 mit der Gymnastikausbildung begonnen, die bereits zu diesem Zeitpunkt als «Sozialgymnastik» bezeichnet wurde und den Menschen in seiner physischen, psychischen und kognitiven Gesamtheit ansprach.

Die hier angebotenen Ausbildungssrichtungen ermöglichen in allen ihren Bereichen ein hohes Maß an Eigenerfahrung. Solche Erfahrungen sind grundlegend für das Wahrnehmen eigener Bedingungen und Bedürfnisse und der/des anderen.

Der/die Gymnastiklehrer/in arbeitet hierbei mit dem Medium der Bewegung im präventiven und rehabilitativen Bereich der Gesundheitserziehung: im gesamten Freizeit-, Erholungs- und Kurbereich, in Rehabilitationszentren, psychosomatischen Kliniken, Arztpraxen, Einrichtungen der Behindertenpädagogik und Altenarbeit, in Volkshochschulen, sozialpädagogischen Institutionen, Industriebetrieben und eigener Praxis sowie an Ausbildungsstätten für soziale Berufe.

Die Schule Schwarzerden gehört zu den führenden Ausbildungsstätten für Bewegungs- und Gesundheitspädagogen in Deutschland. Ergotherapie findet ihren Schwerpunkt in der Förderung kranker und behinderter Menschen in Hinblick auf eine (Wieder-)Erlangung der Selbständigkeit sowie im arbeitstherapeutischen Bereich im Training der Arbeitsfähigkeit für eine Wiedereingliederung in den Beruf. Medium des Ergotherapeuten/der Ergotherapeutin sind hierbei weitgehend handwerkliche Tätigkeiten. Die Einsatzbereiche sind Orthopädie, Chirurgie, Neurologie, Psychosomatik, Psychiatrie (z. B. Kinder- und Jugendpsychiatrie sowie Gerontopsychiatrie), Sucht, Pädiatrie, Geriatrie, Behindertenarbeit und berufliche Rehabilitation.

Sigrid Loges

Loges-Schule Nordsee

Die Loges-Schule Nordsee, staatlich anerkannte private Lehranstalt für Krankengymnastik, mit ihrem Sitz in Wilhelmshaven und Oldenburg, bildet Krankengymnast(inn)en aus.

Hervorgegangen aus einer Berufsfachschule für Turn-, Sport- und Gymnastiklehrer, die ihre Ursprünge bis in das Jahr 1921 zurückverfolgen kann, wurde 1979 an der Loges-Schule Nordsee in Wilhelmshaven und 1981 an der Loges-Schule Nordsee in Oldenburg die Krankengymnastikausbildung aufgenommen. Die Loges-Schule befindet sich seit drei Generationen in privater Trägerschaft der Familie Loges.

Allein für die Krankengymnastikausbildung kann gesagt werden, daß in dem Zeitraum von 1979 bis heute nahezu 1500 Schüler und Schülerinnen das Examen als Krankengymnast(inn)en abgelegt haben. Die Schule ist Ausbildungsort für Schüler, aber auch Arbeitsplatz für festangestellte Fachlehrkräfte der Krankengymnastik, freie Dozenten aus dem medizinischen Bereich sowie Verwaltungspersonal. Die Loges-Schule Nordsee steht im Rahmen der schulischen Klinikpraktika in enger Kooperation mit den großen Kliniken aus dem Wilhelmshavener und Oldenburger Raum.

Der Einzugsbereich der Schüler/innen erstreckt sich auf die gesamte Bundesrepublik und das angrenzende Ausland, insbesondere auf Skandinavien. Sehr gute Erfahrungen hat die Loges-Schule mit der Integration junger Menschen aus den neuen Bundesländern gemacht. Auch Schüler/innen aus ferneren Ländern wie Australien, Peru und den USA sind an der Loges-Schule eingeschrieben. Insofern kommen ihr gleichermaßen überregionales Interesse und überregionale Bedeutung auf ihrem Ausbildungssektor zu.

Die Absolvent(inn)en der Loges-Schule befinden sich im Einsatz an regionalen und überregionalen Krankenhäusern in Deutschland oder bereichern als niedergelassene Krankengymnast(inn)en den Markt der Gesundheitsvor- und -nachsorge.

Als eine Besonderheit kann vermerkt werden, daß die Loges-Schule Nordsee einen Orientierungslehrgang – das ist ein halbjähriger Vorbereitungslehrgang – anbietet, bei dem zukünftigen Krankengymnastikschülern/innen ein erster Einblick in Beruf und Berufsausbildung vermittelt wird. Im Orientierungslehrgang Krankengymnastik werden auch Fachgebiete angeboten, die die gesetzliche Ausbildungsordnung bei Krankengymnasten nicht berücksichtigt. Zu nennen sind beispielsweise Fachgebiete wie Biomechanik, Kybernetik, Trainingslehre und vieles andere mehr.

Prof. Dr. Manfred Rimpler

Cosmetic College Hannover

Das Cosmetic College Hannover ist eine gemeinnützige, staatlich anerkannte Berufsfachschule für Kosmetik, die in zweijähriger Ausbildung zum/zur «staatlich geprüften Kosmetiker(in)» führt. Die Schule hat als erste das 1980 von der niedersächsischen Landesregierung angestrebte ideelle Konzept des Berufs gezielt umgesetzt und zählt weit über die Bundesrepublik hinaus zu den modernsten Einrichtungen dieser Art.

Die zentrale Lage der Schule, fünf Minuten Fußweg vom Hauptbahnhof entfernt, ist für die auswärtigen Schüler/innen vorteilhaft, da sie aus allen Richtungen leicht erreichbar ist. Die lebendige Landeshauptstadt mit ihren zahlreichen Bildungsstätten bildet den anspruchsvollen Rahmen, in den sich das «College» nahtlos einfügt. Räumlich wie technisch ist die Schule für einen optimalen Unterricht ausgestattet, Dozenten der Medizinischen Hochschule sowie qualifizierte Pädagogen bürgen für eine bestmögliche Ausbildung.

Voraussetzung für den Besuch der Berufsfachschule ist mindestens der Hauptschulabschluß oder ein äquivalentes Zeugnis aus dem Ausland. Die Ausbildung beginnt jeweils am 1. August, wobei das Schuljahr in Anlehnung an die Ferienregelung im Land Niedersachsen festgelegt wird. Der Besuch der Schule ist bei Vorliegen der persönlichen Voraussetzungen nach dem Bundesausbildungsförderungsgesetz und weiteren staatlichen Maßnahmen förderungswürdig. Schüler/innen aus dem gesamten Bundesgebiet bilden mit jungen Menschen aus dem europäischen und ferneren Ausland jährlich die Eingangsklassen.

Im theoretischen Unterricht umfaßt eine Klasse 26 Schüler/innen, bei den praktischen Übungen stehen zwei Lehrkräfte acht Schüler(inne)n zur Seite. Eine Reihe von möblierten Zimmern sind der Schule als Wohnheim angegliedert.

Der Arbeitsmarkt nimmt die Absolvent(inn)en gerne auf, da sie sich in der Praxis glänzend bewährt und einen zukunftssicheren Beruf im Dienstleistungsbereich gewählt haben.

Gabriele Troschka

Karlsruher Berufsfachschule für Kosmetik

Viele Mädchen und Frauen suchen heute nach einem Beruf, der ihnen nicht nur kreative Entfaltung, sondern vor allem Umgang mit Menschen bietet. «Staatlich anerkannte Kosmetikerin» ist ein Beruf, der diese Voraussetzungen erfüllt.

Kosmetikerin ist kein Modeberuf, sondern ein moderner Beruf auf dem Gebiet der Gesundheits- und Schönheitspflege. Durch Streßbelastung und Umweltverschmutzung treten heute Hautschäden in vermehrtem Umfang auf, die durch fachgerechte Behandlung günstig beeinflußt oder gar behoben werden können. Nicht unerheblich ist aber auch der Einfluß der Kosmetik auf die Persönlichkeitsbildung und -gestaltung: Ein gepflegtes Äußeres prägt die Persönlichkeit und bietet mehr Selbstsicherheit. Eine gute Kosmetikerin «verkauft nicht nur Farbe», sondern fördert durch ihre Beratung die Individualität der Kundin. Dies ist ein kreativer Prozeß, der sowohl Einfühlungsvermögen der Kosmetikerin erfordert als auch ein persönliches Vertrauensverhältnis zwischen Kundin und Kosmetikerin bedingt.

In der Ausbildung werden Fächer wie Anatomie und Physiologie, also die Lehre vom Körper und seinen Lebensvorgängen, Dermatologie, die Lehre von den Hautkrankheiten, Physik/Apparatekunde, Chemie/Warenkunde, Fachkunde und Berufskunde vermittelt. Im praktischen Bereich lernen die Schülerinnen Hautdiagnose, Gesichts-, Hals- und Dekolleté-Massage, Ganzkörpermassage, Handpflege, Ganzkörperbehandlungen, Haarentfernungsmethoden, die unterschiedlichsten Schminktechniken, manuelle Lymphdrainage, medizinische Fußpflege, die Handhabung der wichtigsten in der Kosmetik bekannten Geräte und Apparate, kosmetische Gymnastik und Entspannungstraining.

Die Ausbildung an der Karlsruher Berufsfachschule für Kosmetik dauert ein Jahr und endet mit der staatlich anerkannten Abschlußprüfung. Der Unterricht umfaßt 30 Wochenstunden. Die Ausbildung wird bei Vorliegen der persönlichen Voraussetzungen durch das Bundesausbildungsförderungsgesetz (BAFöG) gefördert.

Heike Hölzinger

Frankfurter Berufsfachschule für Kosmetik

– staatlich anerkannte Ergänzungsschule –

Die Frankfurter Berufsfachschule für Kosmetik wurde 1969 von Frau Gerlich-Bröker gegründet. Im März 1977 übernahm Frau Heike Hölzinger die Ausbildungsstätte. Im April 1977 erhielt die Schule vom Land Hessen die staatliche Anerkennung als Ergänzungsschule. Die Ausbildung zur Kosmetikerin erfolgt gemäß den Richtlinien des Landes Hessen. Insgesamt werden 1280 Unterrichtsstunden erteilt.

Die theoretischen Fächer umfassen Theorie der Kosmetik, Anatomie/Physiologie, Dermatologie, Warenkunde, Berufskunde, Chemie/Rohstoffkunde, Physik/Apparatekunde und Politik/Wirtschaftskunde mit zusammen 680 Unterrichtsstunden. Die praktischen Fächer sind Handpflege, Fußpflege, kosmetische Massagen und dekorative Kosmetik mit zusammen 600 Unterrichtsstunden. Aufgrund der umfassenden Ausbildung im praktischen Bereich werden die Schülerinnen und Schüler in Ganzheitskosmetik ausgebildet.

Die Zugangsvoraussetzungen sind mindestens Hauptschulabschluß, ärztliches Gesundheitsattest sowie ein Mindestalter (innerhalb der Ausbildung) von 17 Jahren. Am Ende der Ausbildung erfolgt nach erfolgreicher und regelmäßiger Teilnahme die Zulassung zur staatlichen Abschlußprüfung. Berufsabschluß: Kosmetikerin, staatlich geprüft.

Bei Vorlage der persönlichen Voraussetzungen erhalten Schülerinnen für die Dauer der Ausbildung Leistungen nach dem Bundesausbildungsförderungsgesetz (BAFöG) oder nach dem Arbeitsförderungsgesetz (AFG).

Reinhard Froese

Hamburger Konservatorium

Drei wichtige Institutionen für Musik in Hamburg, die Staatliche Jugendmusikschule, das Hamburger Konservatorium und die Hochschule für Musik und darstellende Kunst, pflegen eine enge Zusammenarbeit in den Bereichen Studienvorbereitung, Aus-, Weiter- und

Lehrerfortbildung. Die drei Institutionen stehen dabei in ständigem engen Kontakt und stimmen Schwerpunkte der Ausbildungsaufgaben ab.

Heute besuchen rund 1250 Schüler, darunter 250 Studierende, das Konservatorium, das damit zu der größten privaten Lehranstalt für Musikerziehung in der Bundesrepublik geworden ist. Das Konservatorium trägt sich vornehmlich durch die Einnahme von Studiengebühren sowie durch Zuschüsse der Kulturbehörde der Freien und Hansestadt Hamburg.

Seit nunmehr über 75 Jahren ist das Konservatorium eine Stätte qualifizierten Instrumental- und Vokalunterrichts, seit über fünfzehn Jahren außerdem Schwerpunkt musikalischer Früherziehung. Erwachsenenbildung und ein reichhaltiges internes und externes Veranstaltungswesen, auch auf dem Gebiet musikalischer Sozialarbeit, ergänzen das Programm.

Im Bereich der *Allgemeinen Musikschule* nimmt die musikalische Früherziehung einen besonderen Stellenwert ein. Die seit 1966 regelmäßig angebotenen Kurse erfreuen sich ständig wachsender Beliebtheit. In den gegenwärtig laufenden 31 Kursen werden rund 300 Kinder im Alter von 4–6 Jahren von qualifizierten Fachkräften betreut und an die Musik herangeführt. Während der zwei Kursusjahre lernen die Kinder zu singen, auf einfachen Instrumenten zu musizieren, sich zur Musik zu bewegen, musikalische Verläufe zu erfinden, sie aufzumalen und zu reproduzieren. Das Hören von Musik und das Erlernen der normalen Notenschrift sowie das Gestalten musikalischer Kinderspiele sind in abwechslungsreicher Vielfalt die Schwerpunkte im Unterricht.

Das Gesamtprogramm umfaßt Kurse in musikalischer Früherziehung, musikalischer Grundausbildung, Rhythmik für Kinder, Kindertanz, Musikhören für Kinder, Kinderchor und Eltern-Kind-Kurse.

Um den allgemeinen Ausbildungsbedürfnissen im weiten Feld der Popularmusik zu entsprechen, ist am Hamburger Konservatorium ein Bereich *Jazz- und Popularmusik* eingerichtet worden. Erfahrene Musiker und Pädagogen sollen im Einzel- und Gruppenunterricht Anfänger wie Fortgeschrittene praktisch und theoretisch in den Bereichen Jazz, Folk, Lied, Song und Musikautoren unterweisen. Das Lehrangebot soll sich in Zukunft auch auf die berufsbildende Akademieabteilung erstrecken.

Im *Akademiebereich* stellt das Institut 60 Prozent der Hamburger

Ausbildungsplätze für Absolventen der Diplommusiklehrerprüfung für Musiklehrer im freien Beruf und an Musikschulen (DMP). Dieser Studiengang wird gemeinsam mit der Hochschule für Musik und darstellende Kunst Hamburg angeboten und schließt mit einem Hochschuldiplom ab.

Stichworte zu den drei wichtigsten Abteilungen des Hamburger Konservatoriums

Akademie:
Berufsausbildung in allen Instrumentalfächern, Gesang, Chor- und Orchesterschule, Kammermusik

In Zusammenarbeit mit der Hochschule für Musik Hamburg:
Ausbildung für Musiklehrer im freien Beruf und an Musikschulen (Diplommusiklehrerprüfung) – alle Instrumentalfächer, Gesang, Allgemeine Musikerziehung, Rhythmik, Historische Blasinstrumente
Aufnahmeprüfungen jeweils zum Wintersemester im September

Allgemeine Musikschule
Unterricht in allen Instrumentalfächern, Gesang, Musikalische Früherziehung, Rhythmik, Erwachsenenbildungskurse, Chor- und Orchesterschule, Kinderstreichorchester.

Bereich Jazz- und Popularmusik
Instrumental- und Vokalunterricht für Anfänger und Fortgeschrittene

Organisation der Schulen in freier Trägerschaft

Einleitung

Die meisten Schulen in freier Trägerschaft sind sowohl nach ihren pädagogischen Zielen als auch unter regionalen Gesichtspunkten organisiert. Neben der Arbeitsgemeinschaft freier Schulen (A) gibt es außer einer geringen Zahl nicht in Verbänden organisierter Schulen zwei weitere Bundesverbände: den Bundesverband der Freien Alternativschulen (18 Schulen und Initiativen mit ca. 500 Schülern) und die Vereinigung Internationaler Schulen in Deutschland (10 Schulen mit ca. 5000 Schülern). Einige dieser Schulen arbeiten aber in einigen Landesarbeitsgemeinschaften (C) mit. Um die Orientierung über die verschiedenen Verbände, Vereinigungen und Arbeitsgemeinschaften zu erleichtern, ist im folgenden eine knappe Übersicht gegeben. Sie ist gegliedert

- nach Angaben zur Arbeitsgemeinschaft Freier Schulen (A),
- nach Bundesverbänden und -vereinigungen der unterschiedlichen pädagogischen Zielsetzungen (B),
- nach regionalen Arbeitsgemeinschaften (C) und
- nach Landesarbeitsgemeinschaften von Eltern oder Schülern freier Schulen (D).

Auf eine vollständige Aufführung aller mit Schulen befaßten Institutionen, vor allem im konfessionellen Bereich, wurde aus Gründen der Übersichtlichkeit verzichtet. Hinweise ermöglichen dem, der Näheres wissen möchte, bei den entsprechenden Stellen anzufragen.

A. Die Arbeitsgemeinschaft Freier Schulen

Arbeitsgemeinschaft Freier Schulen. Vereinigungen und Verbände gemeinnütziger Schulen in freier Trägerschaft

Am Schlachtensee 2, 14163 Berlin, Tel. 030/8012079, Fax 030/8022392. Vorsitzender: Volkert Prahl, Bund der Freien Waldorfschulen. Geschäftsführer: Prof. Dr. Johann Peter Vogel.

In der Arbeitsgemeinschaft arbeiten zusammen:
1. *Arbeitskreis Katholischer Schulen in freier Trägerschaft* (B 1 a);
2. *Arbeitsgemeinschaft Evangelischer Schulbünde e. V.* (B 2), vertritt zugleich die Schulen des Evangelischen Jugenddorfwerks Deutschlands e. V. (B 2 b);
3. *Bund der Freien Waldorfschulen e. V.* (B 3), vertritt zugleich die Arbeitsgemeinschaft der heilpädagogischen Schulen auf anthroposophischer Grundlage (B 4);
4. *Vereinigung Deutscher Landerziehungsheime* (B 5);
5. *Bundesverband Deutscher Privatschulen. Schulen in freier Trägerschaft e. V.* (VDP) (B 6).

B. Verbände und Vereinigungen freier Schulen nach pädagogischen Zielsetzungen auf Bundesebene

1. **Die katholischen Schulen in freier Trägerschaft** werden getragen von Orden, Stiftungen, Vereinen oder Diözesen. Eine Gesamtübersicht bietet das «Verzeichnis der katholischen Schulen, Internate und Schülerheime in freier Trägerschaft in der Bundesrepublik Deutschland», Herausgeber: Arbeitskreis Katholischer Schulen in freier Trägerschaft (B 1 a).
   Neben den im folgenden genannten Verbänden und Arbeitsgemeinschaften vertreten auch die Ordinariate/Generalvikariate der Bistümer die allgemeinen Interessen der katholischen Schulen und die katholischen Büros auf Bundes- und Landesebene, die politischen Interessen der Schulen gegenüber den Organen des Bundes und der Länder, den Parteien und gesellschaftlichen Kräften.

   a) *Arbeitskreis Katholischer Schulen in freier Trägerschaft in der Bundesrepublik Deutschland*, Kaiserstr. 163; 53113 Bonn, Tel. 0228/103-0, Fax 0228/103-330. Vorsitzender: Prälat Prof. Dr. Bernhard Krautter.
   Im Arbeitskreis wirken zusammen: Vertreter der Landesarbeitsgemeinschaften Katholischer Schulen in freier Trägerschaft (s. C); Vertreter der Vereinigung Deutscher Ordensschulen und Internate (ODIV), Sektion Schule (B 1 b); Vertreter der Schulabteilungen der Diözesen; Vertreter der Katholischen Büros/Kommissariate der Bischöfe beim Bund und den Ländern; Vertreter der Zentralstelle Bildung der Deutschen Bischofskonferenz (s. B 1 e); Verband katholischer Einrichtun-

gen für Lern- und Geistigbehinderte e. V. (s. B 1c); Bundesarbeitsgemeinschaft katholischer Ausbildungsstätten für Erzieher (s. B 1d).

b) *Vereinigung Deutscher Ordensschulen und -internate (ODIV) – Sektion Schule*, Schulgasse 2, 92224 Amberg, Tel. 09621/12822, Fax 09621/42337. Vorsitzende: OStD Sr. M. Canisia Engl.
Die ODIV ist der Zusammenschluß katholischer freier weiterführender Schulen, für deren Leitung und/oder Unterhalt Ordensleute verantwortlich sind.

c) *Verband katholischer Einrichtungen für Lern- und Geistigbehinderte e. V.* Fachverband des Deutschen Caritas-Verbandes, Karlstr. 40, 79104 Freiburg, Tel. 0761/200-0. Vorsitzender: SoSchR Rudolf Krumm.
Der Verband ist der Zusammenschluß katholischer Sonderschulen.

d) *Bundesarbeitsgemeinschaft katholischer Ausbildungsstätten für Erzieher*, Karlstr. 40, 79104 Freiburg, Tel. 0761/200-0. Vorsitzende: Sr. Uta Brockschmidt.
Die Arbeitsgemeinschaft ist der Zusammenschluß katholischer Fachschulen und Fachakademien für Sozialpädagogik.

e) Zentrale Dienststelle für den katholischen Schulbereich ist die *Zentralstelle Bildung der Deutschen Bischofskonferenz*, Kaiserstr. 163, 53113 Bonn, Tel. 0228/103-0, Fax 0228/103-330. Leitung: Prälat Prof. Dr. Bernhard Krautter.
Sie ist das Sekretariat der Kommissionen für «Erziehung und Schule» und für «Wissenschaft und Kultur» der Deutschen Bischofskonferenz sowie das Referat für diese Sachgebiete im Sekretariat der Deutschen Bischofskonferenz. Als zentrale Einrichtung für den katholischen Schulbereich arbeitet die Zentralstelle Bildung mit den übrigen Gremien und Vereinigungen katholischer Schulen und Schulträger zusammen.

2. **Die evangelischen Schulen und Bildungseinrichtungen** werden von Landeskirchen, Werken und Vereinen getragen. Eine Gesamtübersicht in 7 Bänden findet sich in der EKD-Reihe des Comenius-Instituts, Schreiberstr. 12, 48149 Münster.

Neben den im folgenden aufgeführten Verbänden und Arbeitsgemeinschaften nehmen auch die Evangelischen Landeskirchen die Interessen der evangelischen Schulen wahr.

a) *Arbeitsgemeinschaft Evangelischer Schulbünde e. V.* Vorsitzender: OStD i. K. Herbert Ochel, Ev. Gymnasium Siegen, Im Tiergarten 5–7, 57076 Siegen, Tel. 0271/72171.
   In der Arbeitsgemeinschaft sind zusammengeschlossen:
   aa) Evangelischer Schulbund e. V. Vorsitzender: Dr. Horst Bahn M. A., Zinzendorfschule, Postfach 120, 26969 Butjadingen 3 (Tossens), Tel. 04736/413.
   ab) Evangelischer Schulbund in Südwestdeutschland. Vorsitzender: OStD Werner Kast, Ev. Heidehofgymnasium, Heidehofstr. 49, 70184 Stuttgart, Tel. 0711/462006.
   ac) Evangelischer Schulbund in Bayern/Evang. Schulstiftung in Bayern. Vorsitzender: OStD Dr. Jürgen Bohne, Theresienplatz 8, 90403 Nürnberg, Tel. 0911/221891, Fax 0911/2418351.

b) *Evangelisches Jugenddorfwerk Deutschlands e. V.*, Panoramastr. 55, 73035 Göppingen, Tel. 07161/20050, Fax 07161/23408. Präsident: Dr. Chr. Dannenmann.

c) Die *Ausbildungsstätten für soziale Berufe* und die sonderpädagogischen Schulen sind in mehreren Fachverbänden für das Schul- und Ausbildungswesen zusammengeschlossen. Auskünfte erteilt die Hauptgeschäftsstelle des Diakonischen Werks, Stafflenbergstr. 76, Postfach 476, 70184 Stuttgart.

3. **Bund der Freien Waldorfschulen e. V.**
   Heidehofstr. 32, 70184 Stuttgart, Tel. 0711/21042–0, Fax 210419.
   Der Bund vertritt alle Waldorfschulen in der Bundesrepublik.

4. **Arbeitsgemeinschaft der heilpädagogischen Schulen auf anthroposophischer Grundlage.**
   Auskünfte erteilt die Geschäftsstelle:
   Thomas Hilden und Hans-F. Jaenicke,
   Karl-Schubert-Schule, Obere Weinsteige 40, 70597 Stuttgart, Tel. 0711/764084.

In der Arbeitsgemeinschaft sind alle Sonderschulen auf anthroposophischer Grundlage zusammengeschlossen.

5. **Vereinigung Deutscher Landerziehungsheime**
Am Schlachtensee 2, 14163 Berlin, Tel. 030/8012079, Fax 030/8022392.
Vorsitzender: Prof. Dr. Hellmut Becker,
Geschäftsführer: Prof. Dr. Johann Peter Vogel.
Die Vereinigung umfaßt Internatsschulen, die in ihrer pädagogischen Zielsetzung auf Hermann Lietz zurückgehen.

6. **Bundesverband Deutscher Privatschulen**
Schulen in freier Trägerschaft e. V.
Darmstädter Landstr. 85 A, 60598 Frankfurt/Main, Tel. 069/614058, Fax 069/626763.
Präsident: Joachim Böttcher, c/o Oskar-Kämmer-Schule, Jasperallee 23, 38102 Braunschweig. Bundesgeschäftsführer: RA Christian Lucas; Pressesprecher: Bernhard Marohn.
Im Bundesverband werden alle die Schulen zusammengefaßt, die andere pädagogische Richtungen vertreten als die in den unter B 1–5 genannten Verbänden organisierten Schulen. Der Bundesverband ist nach Fachgruppen und Landesverbänden (s. C) gegliedert:

a) *VDP-Fachgruppe «allgemeinbildende Schulen».* Vorsitzender: Michael Büchler, Pädagogium Baden-Baden, Burgstr. 2, 76530 Baden-Baden, Tel. 07221/23862, Fax 07221/38757.

b) *VDP-Fachgruppe «Wirtschaftsschulen».* Vorsitzender: Peter Susat, Oskar-Kämmer-Schule, Jasperallee 23, 38102 Braunschweig, Tel. 0531/2343-0, Fax 0531/2343-150.

c) *VDP-Fachgruppe «Sprachschulen».* Vorsitzender: Magnus Gross, Bénédict-School, Brückstr. 20–26, 44135 Dortmund, Tel. 0231/528081, Fax 0231/551769.

d) *VDP-Fachgruppe «Naturwissenschaftlich-technische Schulen».* Vorsitzender: Wolfgang Flad, Chemisches Institut Dr. Flad,

Breitscheidstr. 127, 70176 Stuttgart, Tel. 0711/634760, Fax 0711/638322.

e) *VDP-Fachgruppe «Schulen im Gesundheitswesen»*. Vorsitzender: Uwe Friese, Lehrinstitut Friese, Marientorgraben 3–5, 90402 Nürnberg, Tel. 0911/2059966, Fax 0911/2059965.

f) *VDP-Arbeitsgemeinschaft «Computer und Beruf» e. V.* (ACB). Vorsitzender: Hilmar Conrad, Prager-Schule, Weender Landstr. 3–5, 37073 Göttingen, Tel. 0551/49650, Fax 0551/496516.

g) *Arbeitskreis «Übungsfirmenträger im VDP»*. Vorsitzender: Kurt Paykowski, Schulverbund Rhode/Dr. Wessel, Gutenbergstr. 20, 45128 Essen, Tel. 0201/235098, Fax 0201/202552.

C. Regionale Arbeitsgemeinschaften

1. Baden-Württemberg

a) *Arbeitsgemeinschaft der katholischen freien Schulen in der Erzdiözese Freiburg*. Vorsitzender: OStD Eberhard Breckel, Kolleg St. Sebastian, Hauptstr. 4, 79252 Stegen, Tel. 07661/6027, Fax 07661/6028.

b) Die *Schulstiftung der Erzdiözese Freiburg*, Herrenstr. 35, 79098 Freiburg, Tel. 0761/2188–216. Direktor: OStD Dr. A. Weisbrod.

c) Die *Ordensschulen im Bereich der Diözese Rottenburg*. Vorsitzender: OStD P. Heribert Schneider, Missionskolleg St. Johann, Arnold-Janssen-Str. 10, 88326 Aulendorf-Blönried, Tel. 07525/208–280, Fax 07525/208–283.

d) Die *Stiftung freie katholische Schule*, Postfach 9, 72108 Rottenburg, Tel. 07472/169400.

e) Die evangelischen baden-württembergischen Schulen des *Evangelischen Schulbundes in Südwestdeutschland* (s. B 2 ab und b).

f) Die *Schulen der Evangelischen Landeskirchen Württemberg*. Ev. Oberkirchenrat, Gänsheidestr. 2–4, 70184 Stuttgart, Tel. 0711/21490.

g) *Arbeitsgemeinschaft der Freien Waldorfschulen in Baden-Württemberg*, Heidehofstr. 32, W 7000 Stuttgart 1, Tel. 0711/210420, Fax 0711/21042-19. Sprecher: Michael Harslem, Freie Waldorfschule am Bodensee, 88662 Überlingen-Rengoldshausen, Tel. 07551/63077.

h) *Arbeitskreis baden-württembergischer Landerziehungsheime*. Vorsitzender: Prof. Dr. Johann Peter Vogel, Am Schlachtensee 2, 14163 Berlin, Tel. 030/8012079, Fax 030/8022392.

i) *VDP-Landesverband Baden-Württemberg*. Vorsitzender: Direktor Klaus J. Büchler, Pädagogium Baden-Baden, Am Schloßberg, 76532 Baden-Baden, Tel. 07221/23862, Fax 07221/38757.

Die genannten Arbeitsgemeinschaften und Institutionen arbeiten zusammen in der *Arbeitsgemeinschaft Freier Schulen in Baden-Württemberg*. Vorsitzender: Direktor Klaus J. Büchler (1i).

2. **Bayern**

a) *Katholisches Schulwerk in Bayern* KöR, Schrammerstr. 3, 80333 München, Tel. 089/22830/63, Fax 089/2283065. Direktor: Dr. Andreas Hatzung; pädagogischer Leiter: Dr. Dieter Lorenz.

b) *Evangelischer Schulbund in Bayern/Evangelische Schulstiftung in Bayern* (B 2ac).

c) *Landesarbeitsgemeinschaft der Freien Waldorfschulen in Bayern*. Sprecher: Dr. Erich Heinermann, Steinplattenweg 25, 90491 Nürnberg, Tel. 0911/543077.

d) *Arbeitskreis bayerischer Landerziehungsheime*. Sprecher: Dr. Rolf Mantler, Landerziehungsheim Schondorf, 86938 Schondorf, Tel. 08192/8090, Fax 08192/7993.

e) *VDP-Landesverband Bayern.* Vorsitzender: Gustav Huber, Schulverbund München, Kohlstr. 5, W 80469 München, Tel. 089/231718–70, Fax 089/231718–12.

Die genannten Verbände und Institutionen arbeiten zusammen in der *Arbeitsgemeinschaft Freier Schulen in Bayern.*

3. **Berlin**

a) Die *katholischen Schulen* werden vertreten vom Bistum Berlin – Schulabteilung –, Wundtstr. 48/50, 14057 Berlin, Tel. 030/32006–126. Leiter: StD Hans-Peter Richter.

b) Die *Berliner evangelischen Schulen* des *Ev. Schulbundes e. V.* (B2aa). Ev. Konsistorium – Schulabteilung – Badstr. 1–2, 13357 Berlin, Tel. 030/39001–2.

c) *Arbeitsgemeinschaft der Freien Waldorfschulen in Berlin und Brandenburg* c/o Rudolf Steiner Schule Berlin e. V., Auf dem Grat 3, 14195 Berlin, Tel. 030/8327086, Fax 030/8300 9115.

d) *VDP-Landesverband Berlin/Brandenburg.* Vorsitzender: Horst Seidel, Private Kant-Schule, Grunewaldstr. 44, 10825 Berlin, Tel. 030/79000–355, Fax 030/79000–337.

4. **Brandenburg**

a) Die *katholischen Schulen* werden vertreten vom Bistum Berlin (3a).

b) Die *brandenburgischen Schulen* des *Evangelischen Schulbundes e. V.* (2aa). Sprecher: Rektor Christoph Schröder, Evangelisches Gymnasium, Haus 18, 14473 Potsdam-Hermannswerder, Tel. 0331/3130.

c) *Arbeitsgemeinschaft der Freien Waldorfschulen in Berlin/Brandenburg* (s. 3c).

d) *VDP-Landesverband Berlin/Brandenburg* (s. 3d).

e) Die *Internationale Schule Berlin-Potsdam* in der Vereinigung Internationaler Schulen in Deutschland, c/o Am Schlachtensee 2, 14163 Berlin, Tel. 030/8012079, Fax 030/8022392.

Die Schulen und Initiativen in freier Trägerschaft arbeiten zusammen in der *Arbeitsgemeinschaft Freier Schulen im Land Brandenburg*, c/o Internationale Schule Berlin-Potsdam, Seestr. 33, 14467 Potsdam, Tel. 0331/22738, Fax 030/7728515.

5. **Bremen**

a) Die *katholischen Schulen* werden vertreten vom katholischen Gemeindeverband in Bremen, Hohestr. 7, 28195 Bremen, Tel. 0421/36940, Fax 0421/3630580.

b) Die evangelischen Schulen werden vertreten vom *Evangelischen Schulbund e. V.* (B 2a aa).

c) *Landesarbeitsgemeinschaft der Freien Waldorfschulen in Niedersachsen/Bremen* (s. 9c).

d) *VDP-Landesverband Niedersachsen/Bremen*. Vorsitzender Dr. Christian Buhmann, Buhmannschule, Prinzenstr. 13, 30159 Hannover, Tel. 0511/30108-0, Fax 0511/30108-66.

6. **Hamburg**

a) Die *katholischen Schulen* werden vertreten vom Verband der römisch-katholischen Kirchengemeinden in der Freien und Hansestadt Hamburg – Schulabteilung –, Danziger Str. 52, 20099 Hamburg, Tel. 040/248770. Leiter: OSchR Günther Manzke.

b) Die evangelischen Schulen werden vertreten vom *Evangelischen Schulbund* (B 2aa).

c) *Arbeitsgemeinschaft der Rudolf-Steiner-Schulen (Waldorfschulen) in Hamburg*, Rahlstedter Weg 60, 22159 Hamburg, Tel. 040/6451011.

d) *VDP-Landesverband Hamburg*. Vorsitzender: Richard Gelinek, Fachoberschule St. Georg, Rostocker Str. 62, 20099 Hamburg, Tel. 040/247087, Fax 040/246869.

7. **Hessen**

a) *Landesarbeitsgemeinschaft der Katholischen Schulen in freier Trägerschaft im Lande Hessen*. Vorsitzender: OStR Dr. Rudolf Schweighöfer, Seekatzstr. 18–22, 64285 Darmstadt, Tel. 06151/63207.

b) Die evangelischen Schulen werden vertreten vom *Evangelischen Schulbund* (B 2aa und b).

c) *Arbeitsgemeinschaft Freier Waldorfschulen in Hessen*. Sprecherin: Dr. Friedrun Karsch, Ockershäuser Allee 14, 35037 Marburg, Tel. 06421/25256, Fax 06421/21517.

d) Die *hessischen Landerziehungsheime*. Sprecher: Günther Schweigkofler, Odenwaldschule, Paul-Geheeb-Straße, 64646 Heppenheim, Tel. 06252/71077, Fax 06252/78328.

e) *VDP-Landesverband Hessen*. Vorsitzender: Dr. Rainer Köllner, Bildungsinstitute Dr. Köllner, Königstor 16, 34117 Kassel, Tel. 0561/773639, Fax 0561/14007.

Die genannten Arbeitsgemeinschaften arbeiten mit ihren gemeinnützigen Schulen zusammen in der *Hessischen Arbeitsgemeinschaft der gemeinnützigen Schulen in freier Trägerschaft*. Vorsitzender: Günther Schweigkofler, Odenwaldschule (s. 7d).

8. **Mecklenburg-Vorpommern**

a) Die *CJD-Schule Rostock* wird vertreten vom Evangelischen Jugenddorfwerk Deutschlands (B 2b).

b) *VDP-Landesverband Mecklenburg-Vorpommern.* Vorsitzender: Knut von Oertzen, Mecklenburgisches Bildungszentrum, Lagerstr. 7, 18055 Rostock, Tel. 0381/441, Fax 0381/601.

9. **Niedersachsen**

a) *Arbeitsgemeinschaft der Katholischen Schulen in freier Trägerschaft im Lande Niedersachsen.* Vorsitzender: Rektor Norbert Solf, Albertus-Magnus-Realschule, Brühl, 31134 Hildesheim.

b) Die *niedersächsischen Schulen des Evangelischen Schulbundes* (B2aa u. b).

c) *Landesarbeitsgemeinschaft der Freien Waldorfschulen in Niedersachsen/Bremen.* Sprecher: Dr. Michael Grübler, Freie Waldorfschule Evinghausen, 49565 Bramsche, Tel. 05468/424, Fax 05468/424.

d) *Die niedersächsischen Landerziehungsheime*
c/o Schule Marienau, Neetzetalstr. 1, 21368 Dahlem, Tel. 05851/517, Fax 05851/7278.

e) *VDP-Landesverband Niedersachsen/Bremen* (s. 5d).

f) Die niedersächsischen Schulen des *Bundesverbandes der Freien Alternativschulen e. V.*

Die niedersächsischen Schulen in freier Trägerschaft arbeiten zusammen in der *Arbeitsgemeinschaft Freier Schulen in Niedersachsen.* Vorsitzender: Prof. Dr. Johann Peter Vogel, Am Schlachtensee 2, 14163 Berlin, Tel. 030/8012079, Fax 030/8022392. Stellvertretende Vorsitzende: OStD'in Sr. Annuntiata Bays.
Die *durch Konkordat errichteten katholischen Schulen* werden vertreten vom Katholischen Büro Niedersachsen/Kommissariat der katholischen Bischöfe, Nettelbeckstr. 11, 30175 Hannover, Tel. 0511/281079, Fax 0511/2834766. Leiter: Prälat Dr. Heinz Gerwers.

10. **Nordrhein-Westfalen**

a) *Landesarbeitsgemeinschaft Katholischer Schulen in freier Trägerschaft im Lande Nordrhein-Westfalen.* Vorsitzender: OStD Dr. Winfried Knoch, Schulstr. 11, 40213 Düsseldorf, Tel. 0211/326039.

b) Die *nordrhein-westfälischen Schulen des Evang. Schulbundes e. V.* (B 2aa und b).

c) *Arbeitsgemeinschaft der Freien Waldorfschulen im Lande Nordrhein-Westfalen.* Sprecher: G. Kellermann, Rudolf-Steiner-Schule, Billerbeckstr. 2, 58455 Witten-Heven.

d) *Die nordrhein-westfälischen Schulen der Arbeitsgemeinschaft der heilpädagogischen Schulen auf anthroposophischer Grundlage.*

e) *VDP-Landesverband Nordrhein-Westfalen.* Vorsitzender: Kurt Paykowski, Schulverbund Rohde/Dr. Wessel, Gutenbergstr. 20, 45128 Essen, Tel. 0201/235098, Fax 0201/202552.

f) *Die nordrhein-westfälischen Schulen des Bundesverbandes der Freien Alternativschulen e. V.*, c/o Freie Schule Bochum, Liboriusstr. 39, 44807 Bochum.

Die genannten Verbände arbeiten zusammen in der *Arbeitsgemeinschaft Freier Schulen in Nordrhein-Westfalen.* Vorsitzender: G. Kellermann, Hauptstr. 92, 44894 Bochum.

11. **Rheinland-Pfalz**

a) *Landesarbeitsgemeinschaft der Katholischen Schulen in freier Trägerschaft im Lande Rheinland-Pfalz.* Vorsitzender: OStD Dr. Norbert Hämmerer, Bischöfliches Willigis-Gymnasium, Willigisplatz 2, 55116 Mainz, Tel. 06131/286760, Fax 06131/2867612.

b) Die *rheinland-pfälzischen Schulen des Evangelischen Schulbundes e. V.* (B 2ab).

c) *Arbeitsgemeinschaft der Freien Waldorfschulen in Rheinland-Pfalz*. Sprecher: Verena Maier, Waldorfschule Vorderpfalz, Julius-Bettinger-Str. 1, 67227 Frankenthal.

d) *VDP-Landesverband Rheinland-Pfalz / Saarland*. Vorsitzender: Erich Gahl, Zimmermannsche Wirtschaftsschule, Mainzer Str. 50, 56068 Koblenz, Tel. 02261/36981, Fax 0261/36987.

12. **Saarland**

a) *Landesarbeitsgemeinschaft der Katholischen Schulen in freier Trägerschaft im Saarland*. Vorsitzende: RD Sr. Gabriele Kuhn, Albertus-Magnus-Schule, Auf der Meß 16, 66386 St. Ingbert, Tel. 06894/2242.

b) *Arbeitsgemeinschaft der Freien Waldorfschulen im Saarland*. Sprecher: W. Rech, Freie Waldorfschule Saar-Pfalz, Parkstr., 66450 Bexbach.

c) *VDP-Landesverband Rheinland-Pfalz / Saarland*. (s. 11 d).

13. **Sachsen**

a) *Arbeitsgemeinschaft Freier Schulen in katholischer Trägerschaft in Sachsen, Sachsen-Anhalt und Thüringen*. Vorsitzender: OStD Klaus Kayser, Max-Josef-Metzger-Str. 1, 39104 Magdeburg, Tel. 0391/3800, Fax 0391/38089 und 38088.

b) Die evangelischen Schulen im *Evangelischen Schulbund in Bayern e. V. / Evangelische Schulstiftung in Bayern* (B 2 ac).

c) *Arbeitsgemeinschaft der Freien Waldorfschulen in Sachsen*. Sprecher: Dr. K. Schneider, Waldorfschule Dresden, Wilder-Mann-Str. 11/13, 01129 Dresden, Tel. 0351/4658296, Fax 0351/5987387.

d) *VDP-Landesverband Sachsen*. Vorsitzender: Gotthard Dittrich, Wirtschaftsakademie Dr. P. Rahn, Stephanstr. 14, 04103 Leipzig, Tel. 0341/21139249, Fax 0341/7175245.

e) Die sächsischen Schulen des *Bundesverbandes der Freien Alternativschulen e. V.* (10f).

f) Die Internationale Schule Leipzig in der *Vereinigung Internationaler Schulen in Deutschland e. V.* (4e).

Die Schulen und Initiativen in freier Trägerschaft arbeiten zusammen in der *Arbeitsgemeinschaft der sächsischen Schulen in freier Trägerschaft*. Vorsitzende: Elke Urban, Waldstr. 56, 51373 Leipzig, Tel. 0341/4999214, 286991, Fax 0341/476447. Stellvertretender Vorsitzender: Dr. Konrad Schneider.

14. **Sachsen-Anhalt**

a) *Arbeitsgemeinschaft Freier Schulen in katholischer Trägerschaft in Sachsen, Sachsen-Anhalt und Thüringen* (s. 13a).

b) Die *sachsen-anhaltischen Schulen des Evang. Schulbundes e. V.* (B2aa und b).

c) *Arbeitsgemeinschaft Freier Waldorfschulen in Sachsen-Anhalt* c/o Freie Waldorfschule Halle, Frohe Zukunft 1a, 06118 Halle/Saale, Tel. 0345/23237.

d) Das *Landschulheim Grovesmühle* wird vertreten von der Vereinigung Deutscher Landerziehungsheime (B 5).

e) *VDP-Landesverband Sachsen-Anhalt*. Vorsitzender: Peter Susat, Oskar-Kämmer-Schule, Wanzleberstr. 1, 39112 Magdeburg, Tel. 0391/682238, Fax 0391/683746.

15. **Schleswig-Holstein**

a) *Arbeitsgemeinschaft Freier Waldorfschulen in Schleswig-Holstein*. Sprecher: B. Hadewig, Freie Waldorfschule, Schleswiger Str. 112, 24340 Eckernförde.

b) *Das Landerziehungsheim Louisenlund* wird vertreten von der Vereinigung Deutscher Landerziehungsheime (B 5).

c) *VDP-Landesverband Schleswig-Holstein*. Vorsitzender: Heinz Raddatz, Privatschule Düsternbrook, Hindenburgufer 93, 24105 Kiel, Tel. 0431/85189, Fax 0431/802385.

16. **Thüringen**

a) *Arbeitsgemeinschaft Freier Schulen in katholischer Trägerschaft in Sachsen, Sachsen-Anhalt und Thüringen* (s. 13a).

b) Die *thüringischen Schulen des Evang. Schulbundes e. V.* (B 2aa und b). Sprecher: R. Schilling, Evang. Ratsgymnasium, Meister-Eckehard-Str. 1, 99084 Erfurt, Tel. 0361/6438018.

c) *Arbeitsgemeinschaft Waldorfpädagogik in Thüringen*. Sprecher: Eberhard Balle, Hauptstr. 15, 07745 Jena-Göschwitz, Tel. 03641/31820.

d) *VDP-Landesverband Thüringen*. Vorsitzender: Dr. Gerhard Reeg, Akademie für Aus- und Weiterbildung, Vettinerstr. 8, 04600 Altenburg, Tel. u. Fax 03447/4079.

e) Die thüringische Schule des Bundesverbandes der *Freien Alternativschulen e. V.* (s. 10f).

Die Schulen und Initiativen in freier Trägerschaft arbeiten zusammen in der *Arbeitsgemeinschaft Freier Schulen in Thüringen*, c/o Ev. Ratsgymnasium, Meister-Eckehard-Str. 1, 99084 Erfurt, Tel. 0361/6438018.

D. Arbeitsgemeinschaften von Eltern oder Schülern freier Schulen

1. **Baden-Württemberg**
Landesarbeitsgemeinschaft der Elternbeiräte Freier Schulen in Baden-Württemberg. Vorsitzender: N. N.
Die Arbeitsgemeinschaft umfaßt die Elternbeiräte der in den unter C. 1 aufgeführten Verbänden zusammengeschlossenen Schulen.

2. Niedersachsen

a) *Arbeitsgemeinschaft der Elternbeiräte allgemeinbildender Schulen in freier Trägerschaft in Niedersachsen.* Vorsitzende: Marieluise Unnewehr, Zum Töfatt 1 A, 49082 Osnabrück, Tel. 0541/59060.

Die Arbeitsgemeinschaft umfaßt alle Elternbeiräte niedersächsischer allgemeinbildender freier Schulen.

b) *Landesschülervertretung freier Schulen Niedersachsens* – fsn –. Die Landesschülervertretung umfaßt die Schülersprecher aller niedersächsischen freien Schulen.

Schulverzeichnis

INHALT

ABKÜRZUNGSVERZEICHNIS

BFS	Berufsfachschule
BGJ	Berufsgrundschuljahr
BS	Berufsschule
D	Damen
E	Schule in evangelischer Trägerschaft
EH	Erziehungshilfe
FA	Fachakademie
FOS	Fachoberschule
FS	Fachschule
GA	Grundausbildungslehrgang
GB	Geistigbehinderte
GE	Gesamtschule
GS	Grundschule
GTS	Ganztagsschule
Gy	Gymnasium
H	Herren
HR	Hochschulreife
HS	Hauptschule
HSA	Hauptschulabschluß
J	Jungen
K	Katholische Schule
KB	Körperbehinderte
L	Landerziehungsheim
LB	Lernbehinderte
M	Mädchen
OR	Orientierungsstufe
RS	Realschule
RSA	Realschulabschluß
SB	Sprachbehinderte
SWB	Schwerstbehinderte
TeilGS	Teilgrundschule
TeilHS	Teilhauptschule
V	Schule des Verbandes Deutscher Privatschulen
VG	Verhaltensgestörte
W	Waldorfschule
WiGy	Wirtschaftsgymnasium

1. TAGESSCHULEN

1.1. Allgemeinbildende Schulen

1.1.1. Grundschulen, Orientierungsstufen, Hauptschulen

K 54298 Aach
Hauptschule der Schwestern
vom Guten Hirten
für M; HS
Haus auf dem Wehrborn
Tel. 0651/85056

K 52062 Aachen
Domsingschule für J; GS
Ritter-Chorus-Str. 1–4
Tel. 0241/47709-15

K 84503 Altötting
Heimvolksschule Franziskushaus
für J; GS/HS
Neuöttinger Str. 53
Tel. 08671/1465

K 55232 Alzey
St. Marienschule für J/M; GS
Schulgäßchen 7
Tel. 06731/6749

E 91522 Ansbach
Evangelische Grundschule
für J/M; GS
Hospitalstr. 34
Tel. 0981/95671

K 88339 Bad Waldsee
Eugen-Bolz-Schule für J/M;
GS/HS
Steinacher Str. 39
Tel. 07524/5855

K 14789 Bendorf-Sayn
Don-Bosco-Schule für J; HS
Koblenz-Olper-Str. 39
Tel. 02622/6061/2, 4977

K 88450 Berkheim-Bonlanden
Faustin-Mennel-Schule,
Freie Mädchenschule
der Franziskanerinnen
für M; HS
Tel. 07354/8840
Fax. 07354/884–153

E 10587 Berlin
Evangelische Schule Charlottenburg
für J/M; GS mit Vorklasse/RS
Guerickestr. 4/5
Tel. 039/3413993

K 10719 Berlin
Katholische Schule St. Ludwig
für J/M; GS mit Vorklasse
Düsseldorfer Str. 13
Tel. 030/8824867

K 14055 Berlin
Katholische Schule Herz-Jesu
für J/M; GS mit Vorklasse
Insterburgallee 8/10
Tel. 030/3055864

K 13585 Berlin
Kath. Schule Bernhard Lichtenberg
für J/M; GS
Hohenzollernring 156–159
Tel. 030/3332010

E 13587 Berlin
Evangelische Schule Spandau
im Johannesstift für J/M; GS
mit Vorklasse/RS
Schönwalder Allee 26
Tel. 030/3354053

K 10551 Berlin
Kath. Schule Sankt Paulus für J/M;
GS mit Vorklasse
Waldenserstr. 27
Tel. 030/3954196

K 13439 Berlin (Reinickendorf)
Katholische Schule Salvator
Filiale in St. Martin
für J/M; GS mit Vorklasse
Königshorster Str. 4
Tel. 030/4164656

K 13469 Berlin
Kath. Schule Salvator
für J/M; GS

Fürst-Bismarck-Str. 2/10
Tel. 030/4111198 und 4111599

E 13465 Berlin
Evangelische Schule Frohnau
für J/M; GS mit Vorklasse/Gy
Benediktinerstr. 11–17
Tel. 030/4014954

K 10781 Berlin
Kath. Schule St. Franziskus
für J/M; GS
Hohenstaufenstr. 1–2
Tel. 030/2163565

K 10781 Berlin
Kath. Schule St. Franziskus
für J/M; HS
Hohenstaufenstr. 1–2
Tel. 030/2163565

K 14169 Berlin
Kath. Schule St. Ursula
für J/M; GS
Kleinaustr. 4
Tel. 030/8113555

E 12167 Berlin
Evangelische Schule Steglitz
für J/M; GS mit Vorklasse/RS
Beymestr. 6–7
Tel. 030/7916001

V 12165 Berlin
Priv. Kant-Schule für J/M;
GS/GE
Grunewaldstr. 44
Tel. 030/79000-333
Fax. 030/79000-337

K 12043 Berlin
Kath. Schule St. Marien
für J/M; HS
Donaustr. 58–64
Tel. 030/6874064

E 12053 Berlin
Evangelische Schule Neukölln
für J/M; GS/GE: Sek. I
Mainzer Str. 47
Tel. 030/4202728

K 12249 Berlin
Kath. Schule St. Alfons
für J/M; GS mit Vorklasse
Tennstedter Str. 1
Tel. 030/7111075

K 12353 Berlin
Kath. Schule St. Marien J/M;
GS mit Vorklasse
Hugo-Heimann-Str. 2
Tel. 030/6052032

K 88400 Biberach-Rißegg
Bischof-Sproll-Bildungszentrum
für J/M; GS/HS
Rißegger Str. 108
Tel. 07351/21031 und 31415

K 54634 Bitburg
Schulzentrum St. Matthias
für J/M; GS
Prümer Straße
Tel. 06561/5333

K 54634 Bitburg
Hauptschule St. Matthias
für J/M; HS
Prümer Straße
Tel. 06561/2456
Fax. 06561/17504

E 44803 Bochum
Freie Christliche Schule Bochum
für J/M; GS
Wasserstr. 46
Tel. 0234/380882

V 53173 Bonn
HEBO-Privatschule für J/M;
HS/GTS
Am Büchel 100
Tel. 0228/354234

K 28217 Bremen
St.-Marien-Schule
für J/M; GS
Hauffstr. 2
Tel. 0421/3809370

K 28195 Bremen
St. Johannis-Schule
für J/M; GS
Tiefer 12
Tel. 0421/3694170
Fax. 0421/3694200

K 28239 Bremen
St.-Joseph-Schule
für J/M; GS
Alter Heerweg 35
Tel. 0421/640495

K 27570 Bremerhaven
Johannesschule für J/M; GS
Voßstr. 20
Tel. 0471/34402

K 27576 Bremerhaven
Alfred-Delp-Schule für J/M; GS
Frenssenstr. 61
Tel. 0471/51127

K 27578 Bremerhaven
St. Ansgar-Schule für J/M; GS
Mecklenburger Weg 32
Tel. 0471/60361

K 27568 Bremerhaven
Edith-Stein-Schule für J/M;
OR/HS
Grazer Str. 15a
Tel. 0471/42194

V 33142 Büren-Wewelsburg
Internat Gut Böddeken für J/M;
staatl. GS/HS
– Haupthaus –
Tel. 02955/6625
Fax. 02955/6025

E 09116 Chemnitz
Evangelisches Schulzentrum
für J/M; GS/MS/Gy
Jugendweg 1a
Tel. 0371/850573

K 49661 Cloppenburg
St.-Andreas-Hauptschule
für J/M; HS
Kirchhofstr. 4a
Tel. 04471/2465

K 49661 Cloppenburg
Don-Bosco-Schule für J/M;
Kampstr. 13
Tel. 04471/5690

K 37115 Duderstadt
St. Ursula-Schule für J/M;
HS mit OR
Christian-Blank-Str. 22
Tel. 05527/1761

K 45141 Essen (Stoppenberg)
Hauptschule am Stoppenberg
für J/M; Tagesheimschule
des Bistums Essen; HS
Im Mühlenbruch 45
Tel. 0201/321771

V 60322 Frankfurt/Main
Anna-Schmidt-Schule; J/M;
GS/GTS
Gärtnerweg 29
Tel. 069/553652
Fax. 069/5962111

V 60322 Frankfurt/Main
Private Kant-Schule für J/M;
GS/GTS
Hammanstr. 9
Tel. 069/550272
Fax. 069/5976665

E 60386 Frankfurt
Freie Christliche Schule für J/M;
GS/Gy Jakobsbrunnenstr. 1
Tel. 069/417177

K 79104 Freiburg
Hauptschulkurs in der Vollzugs-
anstalt des Bildungswerkes
der Erzdiözese Freiburg für J; HS
Hermann-Herder-Str. 8
Tel. 0761/70862-12
Fax. 0761/7064337

K 88045 Friedrichshafen
Bodenseeschule St. Martin
Freie Kath. Grund- und Haupt-
schule für J/M; GS/HS
Zeisigweg 1
Tel. 07541/92160

K 49584 Fürstenau-Schwagstorf
Marienschule für M; GS/HS
mit 10. Klasse
Tel. 05901/3090

K 94538 Fürstenstein
Heimvolksschule für J; GS/HS
Burgstr. 10
Tel. 08504/1727

K 94081 Fürstenzell
Heimvolksschule «St. Maria»
für J/M; GS/HS
Passauer Str. 23
Tel. 08502/8060
Fax. 08502/80614

K 37085 Göttingen
Bonifatiusschule II für J/M;
OR/HS
Schildweg 4–6
Tel. 0551/44832

E 06108 Halle/Saale
Reformschule «Maria Montessori»
für J/M, GS
Mittelstr. 14/15
Tel. 0345/30668

K 20099 Hamburg
Kath. Grundschule für J/M; GS
Danziger Str. 60/Schmilinskystr. 70
Tel. 040/24877261-3

K 20149 Hamburg
Kath. Schule Hochallee
für J/M; GS Hochallee 9
Tel. 040/455239

K 20255 Hamburg
Kath. Grund- und Hauptschule
Am Weiher, für J/M; GS/HS
Am Weiher 29
Tel. 040/407973

K 20535 Hamburg
Kath. Schule Hamm für J/M; GS
Bei der Hammer Kirche 10
Tel. 040/217015

K 22767 Hamburg
Kath. Schule Hamburg-Altona
für J/M; GS/Beobachtungsstufe/
HS/RS/
Vorschulklasse
Dohrnweg 6
Tel. 040/4300781

K 22763 Hamburg
Kath. Schule Altona für J/M;
GS/Vorschulklasse
Eulenstr. 68
Tel. 040/396758

V 22609 Hamburg
Studienschule Hermanneum
für J/M; HS/GTS
Jenischstr. 48
Tel. 040/826002

K 22587 Hamburg
Kath. Schule Hamburg-Blankenese
für J/M; GS mit Vorschule
Mörikestr. 16
Tel. 040/864839

K 22299 Hamburg
Katholische Schule
Alsterdorfer Straße
für J/M; GS
Alsterdorfer Str. 73/75
Tel. 040/516504

K 22305 Hamburg
Kath. Schule Lämmersieth für J/M;
Beobachtungsstufe/HS/RS
Lämmersieth 38
Tel. 040/613343

K 22415 Hamburg
Kath. Schule Hamburg-Langenhorn
für J/M; GS/Beobachtungsstufe/
HS/RS
Eberhofweg 75
Tel. 040/5207725

K 22041 Hamburg
Kath. Schule Wandsbek für J/M;
GS/Beobachtungsstufe/HS/RS
mit Vorschulgruppen
Böhmestr. 3–5
Tel. 040/6529580

K 22159 Hamburg
Kath. Schule Farmsen für J/M; GS
Rahlstedter Weg 15
Tel. 040/6437007

K 22111 Hamburg
Kath. Volksschule Billstedt für
J/M; GS/Beobachtungsstufe/HS
Vorschulklasse
Öjendorfer Weg 14
Tel. 040/7313262

E 22111 Hamburg
Wichern-Schule für J/M; Koop.
GS/HS/RS/Gy

Horner Weg 164
Tel. 040/6514161

K 22083 Hamburg
Kath. Schule Barmbek für J/M; GS/Vorschule
Elsastr. 46
Tel. 040/294266

K 21029 Hamburg
Kath. Schule Bergedorf für J/M; GS/Beobachtungsstufe/ Vorschule/Sprachförderung für Aussiedler
Chrysanderstr. 40
Tel. 040/7215164

K 21073 Hamburg
Kath. Schule Harburg für J/M; GS/Beobachtungsstufe/ HS/RS/Förderunterricht für Aussiedlerkinder
Julius-Ludowieg-Str. 89
Tel. 040/778310

K 21079 Hamburg
Katholische Schule Harburg Filiale für J/M; GS/Vorschule/Förderunterricht für Aussiedlerkinder
Reeseberg 8 u. 10a
Tel. 040/7633234 und 7635949

K 21149 Hamburg
Kath. Schule Neugraben für J/M; GS/Beobachtungsstufe/ HS/RS/Förderunterricht für Ausländerkinder
An der Falkenbek 8–12
Tel. 040/7022083

K 21107 Hamburg
Schule Bonifatiusstraße
Kath. Volks- und Realschule für J/M; GS/Beobachtungsstufe/ HS mit Vorschule
Bonifatiusstr. 2
Tel. 040/758113 und 7522451

V 63454 Hanau
Christl. Schulverein für J/M; GS/OR
Hopfenstr. 43
Tel. 06181/23773

K 30173 Hannover
Ludwig-Windthorst-Schule für J/M; HS/OR
Altenbekener Damm 81
Tel. 0511/880051

L 64646 Heppenheim/Oberhambach
Odenwaldschule; staatl. anerk. GE für J/M; GS/OR/HS
Tel. 06252/71077
Fax. 06252/78328

K 91074 Herzogenaurach
Priv. Volksschule Liebfrauenhaus für J/M; GS/HS
Erlanger Str. 35
Tel. 09132/6274 9

K 31141 Hildesheim
Don-Bosco-Schule für J/M; HS mit OR
Bromberger Str. 36
Tel. 05121/83777

K 31134 Hildesheim
St. Augustinus-Schule für J/M; HS/OR
Treibestr. 2
Tel. 05121/32266

E 07768 Kahla
Paul-Gerhardt-Schule für J/M; GS,HS
Freigerichtstr. 1
Tel. 06188/3690

K 50931 Köln
Domsingschule für J/M; GS
Clarenbachstr. 5–15
Tel. 0221/408949
Fax. 0221/400012 4

K 47803 Krefeld
Bischöfliche Maria-Montessori-Grundschule für J/M; GS
Minkweg 28–30
Tel. 02151/564711

K 84034 Landshut
Priv. Volksschule Seligenthal für J/M; GS/HS/Tagesheim
Bismarckplatz 14
Tel. 0871/821-160

K 66822 Lebach
Nikolaus-Gross-Schule für J/M; GS/HS
Dillinger Str. 67
Tel. 06881/51534
Fax. 06881/53335

E 04107 Leipzig
Evangelisches Schulzentrum für J/M; GS, MS, Gy
Schletterstr. 7
Tel. 0341/325090
Fax. 0341/325090

K 49808 Lingen
Marienschule für J/M; HS/OR
An der Marienschule 1
Tel. 0591/64544 und 64546

K 55131 Mainz
Martinus-Schulen für J/M; GS
An der Philippsschanze 3
Tel. 06131/52849

K 55116 Mainz
Martinus-Schule für J/M; GS/HS
Weißliliengasse 11
Tel. 06131/229153

L 55124 Mainz-Gonsenheim
Martinus-Schulen für J/M; GS
Breite Str. 2
Tel. 06131/41830

K 55130 Mainz-Weisenau
Martinus-Schulen für J/M; GS
Heinrich-Schrohe-Str. 10
Tel. 06131/839207

K 68159 Mannheim
Bildungswerk der Erzdiözese Freiburg
Außenstelle Mannheim; für J; HS (Hauptschulabschluß im Strafvollzug) F2, 6
Tel. 0621/20138

K 83250 Marquartstein
Grund- und Teilhauptschule der Schwestern v. d. Heimsuchung Mariä Niedernfels für J/M; GS/TeilHS
Schloßstr. 39
Tel. 08641/63221 und 8827

K 49716 Meppen
Johannesschule für J/M; HS/OR
Nagelshof 21
Tel. 05931/12025

K 82272 Moorenweis/Obb.
Priv. Volksschule im Kath. Landschulheim Grunertshofen für J/M; GS/HS
Tel. 08146/454

V 80469 München
Isar-Volksschule für J/M; GS/HS/GTS
Kohlstr. 5
Tel. 089/231718-60
Fax. 089/231718-12

E 81377 München
Lucas-Schule für J/M; GS/HS
Oberauer Str. 3–5
Tel. 089/7143211

K 66540 Neunkirchen-Wiebelskirchen
Maximilian-Kolbe-Schule für J/M; GS/HS
Prälat-Schütz-Str. 15
Tel. 06821/51000
Fax. 06821/59357

K 94557 Niederaltaich
Abt-Joscio-Schule für J/M; GS/Teil HS
Maria-Ward-Platz 1
Tel. 09901/7122

K 25845 Nordstrand
Kath. Grundschule Süden für J/M; GS
Tel. 04842/453

K 90489 Nürnberg
Maria-Ward-Schule für M; GS/Teil HS der Erzdiözese Bamberg
Keßlerplatz 2
Tel. 0911/533599

E 90429 Nürnberg
Wilhelm-Löhe-Schule für J/M; GS/HS
Deutschherrnstr. 10
Tel. 0911/2708228

V 90425 Nürnberg
Adolf-Reichwein-Schulverein für J/M; RS/OR
Rollnerstr. 187
Tel. 0911/354640

V 61440 Oberursel
Taunus Montessori School; J/M; Teil-GS/GTS
Altkönigstr. 1
Tel. 06171/3230

K 26121 Oldenburg
Paulus-Schule für J/M; HS/OR
Margaretenstr. 46
Tel. 0441/72519

K 49090 Osnabrück
Thomas-Morus-Schule für J/M; HS/OR
Bramstr. 40
Tel. 0541/65088 und 65089

K 49074 Osnabrück
Schulzentrum Dom
Johannisschule für J/M; HS/RS
Süsterstr. 8–10
Tel. 0541/29085

K 49074 Osnabrück
Orientierungsstufe Dom für J/M; OR
E. M. Remarque-Ring 9
Tel. 0541/29838

K 26871 Papenburg
Michaelsschule für J/M; HS/OR
Splitting links 23/24
Tel. 04961/73025 und 73026

K 93188 Pielenhofen
Priv. Volksschule der Regensburger Domspatzen für J; GS
Klosterstr. 10
Tel. 09409/1021

K 66953 Pirmasens
Priv. Grund- und Hauptschule Nardinihaus für J/M; GS/HS
Klosterstr. 1–3
Tel. 06331/722-138 und 137

K 50259 Pulheim (Stommeln)
Priv. Erzbischöfliche Hauptschule «Papst Johannes XXIII.-Schule» für J/M; HS/bilinguale Schule/ Scuola Media/Hort
Ingendorfer Str. 2
Tel. 02238/13550
Fax. 02238/14930

K 82049 Pullach
Priv. Volksschule des Kath. Familienwerks für J/M; GS/TeilHS
Wolfratshauser Str. 30
Tel. 089/79198-0 und 79198-250

K 88212 Ravensburg
Bildungszentrum St. Konrad für J/M; GS/HS
Am Sonnenbüchel 45
Tel. 0751/8883-100
Fax. 0751/8882-295

K 88214 Ravensburg
Theresia-Gerhardinger-Grundschule «Klösterle» für M; GS
Olgastr. 13
Tel. 0751/36193-0

K 72764 Reutlingen
St. Wolfgang-Schule für J/M; GS/HS
Werastr. 81
Tel. 07121/270741 und 239787

E 72766 Reutlingen
Freie Evangelische Schule für J/M; GS/HS
Königsträßle 27, PF 1553
Tel. 07121/42982

K 72108 Rottenburg
Carl-Josef-Leiprecht-Schule für J/M; GS/HS
Weggentalstr. 69–71
Tel. 07472/21215
Fax. 07472/26364

K 84056 Rottenburg a. d. L.
Teilhauptschule
der Salesianerinnen
Oberroning für J/M; TeilHS
Klosterweg 2
Tel. 08785/215

K 78628 Rottweil-Hausen
Maximilian-Kolbe-Schule
für J/M; GS/HS
Bollershofstr. 14
Tel. 0741/31004 und 31005

K 73525 Schwäbisch Gmünd
St. Bernhard
Priv. GS/HS für J/M;
Förderschule für Aussiedler
Taubentalstr. 7
Tel. 07171/2871

K 78549 Spaichingen
Rupert-Mayer-Schule, Kath.
Grund- und Hauptschule
für J/M; GS/HS
Martin-Luther-Str. 1
Tel. 07424/2114
Fax. 07424/2844

K 67346 Speyer
Nikolaus-von-Weis-Internats-
hauptschule für J/M; HS
Vinzentiusstr. 1
Tel. 06232/912-311

V 70184 Stuttgart
Merzschule; J/M; GS/GTS
Albrecht-Leo-Merz-Weg 2
Tel. 0711/210340

E 70469 Stuttgart
Johannes-Brenz-Schule
für J/M; GS
Feuerbacher Talstr. 215
Tel. 0711/692529

E 70567 Stuttgart
Freie Evang. Schule Stgt.
für J/M; GS
Leinenweberstr. 27
Tel. 0711/234278

K 54441 Taben-Rodt
Heimgrund- und Hauptschule
Propstey St. Josef mit Internat
für J/M; GS/HS
Kirchstr. 1
Tel. 06582/7663/243

K 49832 Thuine
Antoniusschule für J; GS/HS
(Realschulabschluß)
Mühlenstr. 1
Tel. 05902/501310

K 54292 Trier
Kath. Konstantin-Hauptschule
für J/M; HS mit 10. Klasse
Maximinstraße
Tel. 0651/25186

K 54292 Trier
Kath. Grundschule St. Paulin
für J/M; GS
Engelstr. 58
Tel. 0651/27493

K 84577 Tüssling
Heimvolksschule für Mädchen
St. Josef
für M; TeilGS/TeilHS
Heiligenstatt 1
Tel. 08633/1005

K 89077 Ulm
Grundschule St. Hildegard
Kath. Freie Mädchenschule
für M; GS
Zinglerstr. 90
Tel. 0731/9347-0

K 89077 Ulm
Heinrich-Suso-Förderschule
für J/M; HS/Förderschule
für jugendl. Aussiedler
und Asylberechtigte
Elisabethenstr. 21
Tel. 0731/37001

K 49377 Vechta
Ludgerus-Schule für J/M; OR/HS
Lattweg 35
Tel. 04441/5652 und 7252

K 88639 Wald
Heimschule Kloster Wald
für M; GS 4. Kl.
Tel. 07578/1880
Fax 07578/188117

K 85456 Wartenberg
Priv. Heimvolksschule für J;
HS für 5. mit 9. JgSt.
Heimstr. 2
Tel. 08762/1225
Fax. 08762/9833

V 65189 Wiesbaden
Rhein-Main-Schule für J/M;
GS/GTS
Bierstadter Str. 15
Tel. 0611/374017
Fax. 0611/305004

V 65199 Wiesbaden-Dotzheim
International School für J/M;
GS/GTS
Kohlheckstr. 47
Tel. 0611/9467978
Fax. 0611/9467970

K 26382 Wilhelmshaven
Franziskusschule für J/M; OR
Peterstr. 69
Tel. 04421/21902

K 26382 Wilhelmshaven
Franziskusschule für J/M; HS
Mitscherlichstr. 23
Tel. 04421/13339

K 38440 Wolfsburg
Eichendorffschule für J/M; HS/OR
Frauenteichstr. 4a
Tel. 05361/13739

K 97080 Würzburg
Priv. Kath. Volksschule mit Tagesheim für J/M; GS/HS
Schiestlstr. 19
Tel. 0931/284404

K 97070 Würzburg
Priv. Volksschule Elisabethenheim
für J/M; GS/TeilHS I (Volksschule)
Bohnesmühlgasse 16
Tel. 0951/52374

K 42111 Wuppertal
Erzbischöfliche Grund- und Hauptschule
Tagesschule Dönberg für J/M;
GS/HS als GTS
Höhenstr. 56
Tel. 0202/771170
Fax. 0202/772722

V 42289 Wuppertal
Wuppertaler Privatschule
für J/M; HS/GTS
Saarbrücker Str. 30
Tel. 0202/557606

1.1.2. Realschulen, Gymnasien, Gesamtschulen

K 52066 Aachen
Bischöfliches Pius-Gymnasium
für J/M; Gy/
Angebot eines Silentiums
Eupener Str. 158
Tel. 0241/61010

K 52062 Aachen
Priv. St. Ursula-Gymnasium
für M; Gy
Bergdriesch 32–36
Tel. 0241/23543/44

E 520660 Aachen
Viktoriaschule für J/M; Gy
Warmweiherstr. 2–8
Tel. 0241/502090

K 91183 Abenberg
Kloster Marienburg für M;
RS/Tagesheim
Marienburg 1
Tel. 09178/509-210 und 1385

K 48683 Ahaus
Bischöfl. Canisiusschule
für J/M; Gy
Hindenburgallee 30
Tel. 02561/3261

K 59227 Ahlen
Gymnasium St. Michael
für J/M; Gy
Warendorfer Str. 72
Tel. 02382/1055

K 94330 Aiterhofen
Mädchen-Realschule der Franziskanerinnen für M; RS/GTS/Tagesheim
Schulgasse 9
Tel. 09421/32833

E 72213 Altensteig
Jugenddorf-Christophorusschule
für J/M; Gy
Gymnasiumstr.
Tel. 07453/27321

K 84503 Altötting
Schule der Englischen Fräulein
für M; RS/Tagesheim
Tel. 08671/8082

K 84503 Altötting
Gymnasium der Englischen Fräulein
für J/M; Gy/Tagesheim
Tel. 08671/8082

K 92224 Amberg
Dr. Johanna-Decker-Realschule und Gymnasium der Armen Schulschwestern v. U. Lb. Frau
für M; RS/Gy
Schulgasse 2
Tel. 09621/12822
Fax. 09621/42337

V 21385 Amelinghausen
Gymnasium Lüneburger Heide
für J/M; Gy/GTS
Zum Lopautal 14
Tel. 04132/517
Fax. 04132/8517

K 35287 Amöneburg
Stiftschule St. Johann für J/M; Gy
Stiftsstr. 3
Tel. 06422/3049

K 63916 Amorbach i. Odw.
Realschule der Diözese Würzburg
für M; RS
Richterstr. 6
Tel. 09373/2886

E 76855 Annweiler am Trifels
Trifels-Gymnasium
für J/M; Gy
Tel. 96346/8067

K 59755 Arnsberg
(Neheim-Hüsten)
St. Ursula-Gymnasium
für J/M; Gy
Engelbertstr. 43
Tel. 02932/24290 u. 1897

K 59821 Arnsberg
Mariengymnasium für J/M; Gy
Königstr. 36a
Tel. 02931/3415

K 63739 Aschaffenburg
Maria-Ward-Schule
Realschule der Englischen Fräulein
für M; RS/Tagesheim
Brentanoplatz 8–10
Tel. 06021/22010

K 63739 Aschaffenburg
Maria-Ward-Schule für M; Gy
Brentanoplatz 8/10
Postfach 110154
Tel. 06021/22010 und 27428

K 57439 Attendorn
St. Ursula-Realschule
und St. Ursula-Gymnasium
für J/M; RS/Gy
St.-Ursula-Str. 12
Tel. 02722/4051 (RS)
u. 2050 (Gy)
Fax. 02722/2150

K 91275 Auerbach
Realschule des Zweckverbandes
für J/M; RS
Klosterweg 2
Tel. 09643/4180

E 86157 Augsburg
A.B.v. Stettensches Institut
für M; RS, Gy
Am Katzenstadel 18
Tel. 0821/501070

K 86152 Augsburg
Maria-Ward-Realschule
und Maria-Ward-Gymnasium
für M; RS/Gy/Tagesheim
Frauentorstr. 26
Tel. 0821/35224 (RS)
35033 (Gy)

K 86150 Augsburg
Mädchenrealschule St. Ursula
für M; RS/Tagesheim
Bei St. Ursula 2
Tel. 0821/33057

K 86199 Augsburg
Realschule und Gymnasium Maria Stern für M; RS/Gy/Tagesheim
Gögginger Str. 132
Tel. 0821/92055

K 88326 Aulendorf-Blönried
Studienkolleg St. Johann Blönried
für J/M; Gy/Tagesheim
Arnold-Janssen-Str. 10
Tel. 07525/209-280
Fax. 07525/209-283

K 48455 Bad Bentheim
Missionsgymnasium St. Antonius
für J/M; Gy
Klosterstr. 11
Tel. 05924/538-539

K 33014 Bad Driburg
Gymnasium St. Xaver für J/M; Gy
Dringenberger Str. 32
Tel. 05253/402-253

K 33014 Bad Driburg-Neuenheerse
Gymnasium St. Kaspar
für J/M; Gy/Tagesheim
Stiftstr. 2
Tel. 05259/508

V 76530 Baden-Baden
Pädagogium Baden-Baden;
J/M; RS/Gy/WiGy/GTS;
Burgstr. 2
Tel. 07221/23862, 23913
Fax. 07221/38757

K 76530 Baden-Baden
Klosterschule vom Hl. Grab
für J/M; Gy/Tagesheim
Römerplatz 9
Tel. 07221/26728, 38021
Fax. 07221/390828

K 61348 Bad Homburg v.d. H.
Maria-Ward-Schule für M; RS
Weinbergsweg 60
Tel. 06172/41071

K 53604 Bad Honnef
Realschule St. Josef
für J/M; RS
Bismarckstr. 12–14
Tel. 02224/6131

V 57334 Bad Laasphe
Schulverein Wittgenstein e. V.
für J/M; RS/Gy;
Schloß Wittgenstein
Tel. 02752/7037
Fax. 02752/7207

K 97980 Bad Mergentheim
Kath. Mädchenrealschule
St. Bernhard
für M; RS
Holzapfelgasse 15
Tel. 07931/52054

K 53902 Bad Münstereifel
Priv. Erzb. St. Angela-Gymnasium für J/M; Gy/
Tagesheim
Sittardweg 8
Tel. 02253/6034 und 6035
Fax. 02253/8110

K 61231 Bad Nauheim
St. Lioba-Schule für J/M; Gy
Eleonorenring 2
Tel. 06032/2044

K 53474 Bad Neuenahr-Ahrweiler
Priv. Realschule der Ursulinen
und Priv. Gymnasium
der Ursulinen für M;
RS/Gy/Halbinternat
Kalvarienberg
Tel. 02641/383-251 (RS) -201 (Gy)

K 83435 Bad Reichenhall
Realschule der Englischen Fräulein
St. Zeno
für M; RS/Tagesheim
Klosterstr. 3
Tel. 08651/8537
Fax. 08651/8915

K 88410 Bad Wurzach
Gymnasium Salvatorkolleg
für J/M; Gy
Marktstr. 9, Postfach 1260
Tel. 07564/2027

K 96047 Bamberg
Realschule und Gymnasium der Englischen Fräulein für M; RS/Gy/Tagesheim
Holzmarkt 2
Tel. 0951/27837-9

K 64625 Bensheim
Liebfrauenschule für M; Gy/GTS
Obergasse 38
Tel. 06251/64031

E 83471 Berchtesgaden
Jugenddorf-Christophorusschule Obersalzberg für J/M; RS/Gy
Am Dürreck 13
Tel. 08652/60414

E 10587 Berlin
Evangelische Schule Charlottenburg für J/M; GS/RS
Guerickestr. 4/5
Tel. 030/3413993

K 14050 Berlin
Kath. Schule Liebfrauen für J/M; RS/Gy
Ahornallee 33
Tel. 030/3021483

E 13587 Berlin
Evangelische Schule Spandau im Johannesstift für J/M; GS/RS
Schönwalder Allee 26
Tel. 030/30354053

K 13469 Berlin
Kath. Schule Salvator für J/M; RS/Gy
Fürst-Bismarck-Str. 8/10
Tel. 030/4111198

E 13465 Berlin
Evangelische Schule Frohnau für J/M; GS/Gy
Benediktinerstr. 11–17
Tel. 030/4014954

K 10785 Berlin
Canisius-Kolleg für J/M; Gy
Tiergartenstr. 30–31
Tel. 030/264810
Fax. 030/2648119

K 10781 Berlin
Kath. Schule Sankt Franziskus für J/M; RS/Gy
Hohenstaufenstr. 1–2
Tel. 030/2163565

E 14193 Berlin
Evangelisches Gymnasium zum grauen Kloster für J/M; Gy/altspr. (Ref. Oberstufe)
Salzbrunner Str. 41/47
Tel. 030/8254011/12

V 12165 Berlin
Private Kant-Schule; J/M; RS/Gy/GTS/GE;
Grunewaldstr. 44
Tel. 030/79000333
Fax. 030/79000337

E 12167 Berlin
Evangelische Schule Steglitz für J/M; GS/RS
Beymestr. 6–7
Tel. 030/7916061

K 12043 Berlin
Kath. Schule St. Marien für J/M; RS/Gy
Donaustr. 58–65
Tel. 030/6874064

E 12053 Berlin
Evangelische Schule Neukölln für J/M; GS/integr. GE: Sek. I
Mainzer Str. 47
Tel. 030/6242027/28

K 13086 Berlin
Theresienschule für J/M; Gy/GTS
Behaimstr. 29
Tel. 030/9652025

K 88400 Biberach-Rißegg
Bischof-Sproll-Bildungszentrum für J/M; RS/Tagesheim
Rißegger Str. 108
Tel. 07351/21031
Fax. 07531/31415

K 33611 Bielefeld
Marienschule der Ursulinen
für J/M; Gy/Tagesinternat
Sieboldstr. 4a
Tel. 0521/871851

E 33689 Bielefeld
Hans-Ehrenberg-Schule für J/M;
Gy mit diff. Oberstufe
Elbeallee 75
Tel. 05205/3575 und 4533

E 33617 Bielefeld
Friedrich v. Bodelschwingh-Schulen
für J/M; Gy/5.–10. Kl./RS i. E.
An der Rehwiese 65
Tel. 0521/1443928

K 54675 Biesdorf
Priv. St. Josef-Gymnasium
für J/M; Gy/Tagesheim
Klosterstr. 2
Tel. 06566/8060
Fax. 06566/8019

K 55411 Bingen
Hildegardis-Schule für M; Gy
Holzhauserstr. 16
Tel. 06721/10667 und 10668

K 54634 Bitburg
Schulzentrum St. Matthias
für J/M; RS
Prümer Str.
Tel. 06561/2950

K 46399 Bocholt
St. Josef-Gymnasium
für J/M; Gy
Hemdener Weg 19
Tel. 02871/340040
Fax. 02871/340053

K 53117 Bonn
Collegium Josephinum für J;
RS/Gy/Halbinternat
Kölnstr. 413
Tel. 0228/55585-40 (RS),
55585-60 (Gy)
Fax. 0228/55585-97

V 53119 Bonn
Immanuel-Kant-Schule für J/M;
RS/Gy/GTS;
Am Krähenhorst 2
Tel. 0228/669994

K 53113 Bonn
Liebfrauenschule für M; Gy
Königstr. 17–19
Tel. 0228/210700
Fax. 0228/214283

K 53177 Bonn
Aloisiuskolleg für J; Gy
Elisabethstr. 18
Tel. 0228/8200338
Fax. 0228/355424

E 53177 Bonn
Amos-Comenius-Gymnasium
für J/M; Gy
Behringstr. 27
Tel. 0228/331028/29

K 53173 Bonn
Clara-Fey-Schule für M;
Gy/Silentium
Rheinallee 5
Tel. 0228/363539 und 364091
Fax. 0228/3633968

V 53173 Bonn
HEBO-Privatschule für J/M;
RS/Gy/GTS
Am Büchel 100
Tel. 0228/354234

K 53227 Bonn
Kardinal-Frings-Gymnasium
für J/M; Gy
Elsa-Brandström-Str. 71–91
Tel. 0228/466683 und 475483
Fax. 0228/468497

K 53229 Bonn
St. Adelheid-Gymnasium
für M; Gy/Halbinternat
Pützchens Chaussee 133
Tel. 0228/482098
Fax. 0228/484706

K 56154 Boppard
Priv. Realschule Marienberg
für J/M; RS
Am Marienbergpark
Tel. 06742/2071

K 46325 Borken
Schönstätter Marienschule
für M; RS
Jahnstr. 11
Tel. 02861/2480

K 46325 Borken-Burlo
Gymnasium Mariengarden
für J/M; Gy
Vennweg 6, Postfach 2052
Tel. 02862/302-42
Fax. 02862/302-45

K 53332 Bornheim
Ursulinenschule für M;
RS/Gy/Tagesheim
Rheinstr. 182
Tel. 02222/8885

K 33034 Brakel
Gymnasium Brede für J/M; Gy
Bradenweg 7, Postfach 1120
Im Winkel 24
Tel. 05272/603-235

E 38104 Braunschweig
Jugenddorf-Christophorusschule
Dr. Wilhelm-Meyer-Gymnasium
für J/M; Gy
Georg-Westermann-Allee 76
Tel. 0531/71051

E 58339 Breckerfeld
St. Jacobus-Schule für J/M; RS
Wahnscheider Str. 13–15
Tel. 02338/518

K 28195 Bremen
St. Johannis-Schule J/M; GE:
Sekundarbereich I
Dechanatstr. 9
Tel. 0421/369418 0

V 28215 Bremen
Privatschule Mentor für J/M;
RS/Gy/GTS
Herbststr. 9
Tel. 0421/15373

K 27568 Bremerhaven
Edith-Stein-Schule für J/M; RS
Grazer Str. 15a
Tel. 0471/42194

K 59929 Brilon
Marienschule für J/M; RS
Schulstr. 18–20
Tel. 02961/3183

K 76646 Bruchsal
Priv. Gymnasium St. Paulusheim
für J/M; Gy
Postfach 2280
Tel. 07251/721955/57

K 50321 Brühl
Elisabeth-von-Thüringen-Schule
für J/M; RS
Richard-Bertram-Str. 19
Tel. 02232/45529
Fax. 02232/12661

K 50321 Brühl
St. Ursula- Gymnasium für J/M; Gy
Kaiserstr. 22
Tel. 02232/42602 und 42486
Fax. 02232/46728

K 33142 Büren
Liebfrauengymnasium für J/M; Gy
Lindenstr. 15
Tel. 02951/2023
Fax. 02951/70215

K 33142 Büren
Mauritiusgymnasium für J/M; Gy
Burgstr. 2
Tel. 02951/5012

K 84489 Burghausen
Maria-Ward-Realschule der
Englischen Fräulein für J/M; RS
Stadtplatz 101
Tel. 08677/2095

E 26969 Butjadingen
Zinzendorfschule für J/M; RS, Gy
Nordseebad Tossens, Postfach 120
Tel. 04736/416

K 87740 Buxheim
Gymnasium der Salesianer
Don Boscos
Marianum für J/M; Gy/Tagesheim
An der Kartause 1–3
Tel. 08331/600-0/20/30/40
Fax. 08331/600-66

K 93413 Cham
Gerhardinger-Realschule
der Armen Schulschwestern
v. U. L. Fr.
für M; RS/GTS
Klosterstr. 4/9
Tel 09971/1426 und 1485

K 93413 Cham
Maristen-Realschule für J;
RS/Tagesheim
Katzberger Str. 5
Tel. 09971/2376

E 09116 Chemnitz
Evangelisches Schulzentrum
für J/M, GS, MS, Gy
Jugendweg 1a
Tel. 0371/850573

K 49661 Cloppenburg
Liebfrauenschule für J/M; RS/Gy
Osterstr. 45
Tel. 04471/6625

K 48653 Coesfeld
St. Pius-Gymnasium für J/M; Gy
Gerlever Weg 5
Tel. 02541/70880 u. 5219

L 21368 Dahlem
Schule Marienau für J/M; Gy
Tel. 05851/517
Fax. 05851/7278

V 64297 Darmstadt
Schulzentrum Seminar Marienhöhe; J/M; Gy
Auf der Marienhöhe 32
Tel. 06151/5391-0
Fax. 06151/5391-68

K 64285 Darmstadt
Edith-Stein-Schule für J/M; Gy
Seekatzstr. 18–22
Tel. 06151/63207

K 94469 Deggendorf
Mädchenrealschule «Maria Ward»
der Englischen Fräulein
für M; RS
Maria-Ward-Platz 18
Tel. 0991/4884

K 39606 Dessau
Liborius-Gymnasium für J/M; Gy
Rabestr. 19
Tel. 0340/2175

K 86911 Dießen a. A.
Mädchenrealschule der Dominikanerinnen – Liebfrauenschule –
für M; RS/Tagesheim
Klosterhof 2
Tel. 08807/1028

K 89407 Dillingen
Mädchenrealschule der Franziskanerinnen für M; RS
Konviktstr. 11 a
Tel. 09071/5090

K 89407 Dillingen
St. Bonaventura-Gymnasium
für J/M; Gy/Tagesheim
Konviktstr. 11a
Tel. 09071/509-22

K 86609 Donauwörth
Knabenrealschule Heilig Kreuz
für J; RS/Tagesheim
Neudegger Allee 11
Tel. 0906/5060
Fax. 0906/23860

K 86609 Donauwörth
Realschule St. Ursula für M; RS
Klostergasse 2–5
Tel. 0906/21006

K 41540 Dormagen
Norbert-Gymnasium für J/M; Gy
Knechtsteden
Tel. 02133/8963

K 46282 Dorsten
Realschule St. Ursula für M; RS
Nonnenkamp 14
Tel. 02362/24555

K 46282 Dorsten
Gymnasium St. Ursula
für J/M; Gy
Ursulastr. 8–10
Tel. 02362/23049
Fax. 02362/45321

K 44139 Dortmund
Mallinckrodtgymnasium
für J/M; Gy
Südrandweg 2–4
Tel. 0231/579376

K 01099 Dresden
St. Benno-Gymnasium
für J/M; Gy
Louisenstr. 40
Tel. 0351/54436

E 06722 Droyssig
Jugenddorf-Christophorusschule
für J/M; Gy
Zeizer Str. 13

K 48249 Dülmen
Marienschule für J/M; RS
An den Wiesen 20
Tel. 02594/2926 und 85588

K 52351 Düren
St. Angela-Schule der Ursulinen
für M; RS/Gy/Tagesinternat
Bismarckstr. 24
Tel. 02421/16041 und 16042

K 40489 Düsseldorf (Kaiserswerth)
Erzbischöfl. Suitbertus-Schule
für J/M; Gy
An St. Swidbert 53
Tel. 0211/407782
Fax. 0211/4089342

K 40213 Düsseldorf
St. Ursula-Schule für J/M; Gy
Ritterstr. 14
Tel. 0211/320056-8
Fax. 0211/320059

E 40489 Düsseldorf (Kaierswerth)
Theodor-Fliedner-Gymnasium
für J/M; Gy
Kalkumer Schloßallee 28
Tel. 0211/401551

K 47051 Duisburg
St. Hildegardis-Gymnasium
für M; Gy
Realschulstr. 11
Tel. 0203/25426

K 47166 Duisburg-Hamborn
Abteigymnasium für J/M; Gy
An der Abtei 10
Tel. 0203/558549 und 53029

K 82067 Ebenhausen
Gymnasium der Benediktiner
Schäftlarn für J/M; Gy/Tagesheim
Kloster Schäftlarn
Tel. 08178/79-20
Fax. 08178/7919

V 61209 Echzell
Internatsschule Institut Lucius
für J/M; Gy/GTS;
Tel. 06008/231

K 85072 Eichstätt
Knabenrealschule Rabdorf für J;
RS/Tagesheim
Pater-Moser-Str. 3
Tel. 08421/4072

K 85072 Eichstätt
Maria-Ward-Schule für M; RS/
Tagesheim
Residenzplatz 16
Tel. 08421/1058

K 73479 Ellwangen
Kath. Mädchenrealschule
St. Gertrudis für M; RS
Schönbornweg 8
Tel. 07961/2061

E 31008 Elze
Jugenddorf-Christophorusschule
für J/M; Gy
Dr. Martin-Freytag-Str. 1
Tel. 05068/701

K 92266 Ensdorf
Gymnasium der Salesianer für J;
Gy/GTS/Tagesheim
Hauptstr. 9
Tel. 09624/851

K 85435 Erding
Mädchenrealschule der Erzdiözese
München-Freising für M;
RS/Tagesheim
Heilig Blut 1
Tel. 08122/4530

E 99084 Erfurt
Evangelisches Ratsgymnasium
Erfurt für J/M; GY
Meister-Eckehard-Str. 1
Tel. 0361/463801

K 99084 Erfurt
Edith-Stein-Schule für J/M; Gy
Trommsdorffstr. 26
Tel. 0361/6463129

K 52249 Eschweiler
Liebfrauenschule für J/M; Gy
Liebfrauenstr. 30
Tel. 02403/23040

E 32339 Espelkamp
Birger-Forell-Realschule
für J/M; RS
Kantstr. 34
Tel. 05772/3405

E 32339 Espelkamp
Söderblom-Gymnasium für J/M; Gy
Kantstr. 33
Tel. 05772/4433

K 45147 Essen
B.M.V.-Schule für M; Gy
Bardelebenstr. 9
Tel. 0201/87020

K 45355 Essen (Borbeck)
Don-Bosco-Gymnasium für J;
Gy/Tagesheim
Theodor-Hartz-Str. 15
Tel. 0201/6850343

K 45239 Essen
Marienschule für M; Gy
Dudenstr. 8–18 u. 23
Tel. 0201/492226

K 45141 Essen-Stoppenberg
Realschule am Stoppenberg
für J/M; RS/GTS/Tagesheim
Im Mühlenbruch 47
Tel. 0201/31777

K 45141 Essen-Stoppenberg
Gymnasium am Stoppenberg
für J/M; Gy/Tagesheimschule
Im Mühlenbruch 49/51
Tel. 0201/318018

K 82488 Ettal
Benedektinergymnasium Ettal
für J/M; Gy/Tagesheim
Kaiser-Ludwig-Platz 1
Tel. 08822/74510
Fax. 08822/74228

K 77955 Ettenheim
Heimschule St. Landolin für J/M;
Gy/RS/Tagesheim
Prälat-Schofer-Str. 1
Tel. 07822/5052 u. 5053

V 60322 Frankfurt/Main
Anna-Schmidt-Schule; J/M;
Gy/GTS;
Gärtnerweg 29
Tel. 069/553652
Fax. 069/596211

V 60322 Frankfurt/Main
Private Kant-Schule für J/M;
Gy/GTS;
Hammanstr. 9
Tel. 069/550272
Fax. 069/5976665

E 60386 Frankfurt/Main
Freie Christliche Schule
für J/M; GS/Gy
Jakobsbrunnenstr. 1
Tel. 069/417177

K 79098 Freiburg
St. Ursula-Gymnasium
für M; Gy
Eisenbahnstr. 45
Tel. 0761/23747

V 79100 Freiburg
Angell-Gymnasium für J/M;
Gy/WiGy/GTS;
Lessingstr. 12
Tel. 0761/75112

K 83395 Freilassing-Salzburghofen
Mädchenrealschule der Erzdiözese
München-Freising für M; RS
Laufener Str. 72
Tel. 08654/2353

K 88045 Friedrichshafen
Kath. Mädchenrealschule

St. Elisabeth für M; RS
Werastr. 23
Tel. 07541/24341

K 34560 Fritzlar
Ursulinenschule Fritzlar
für J/M; GE
Neustädter Str. 39
Tel. 05622/3088 u. 3089

K 15517 Fürstenwalde
Katholisches Gymnasium Bernhardinum für J/M; Gy
Trebuser Str. 45
Tel. 03361/2192

K 94081 Fürstenzell
Maristengymnasium für J/M;
Gy/Tagesheim
Schulstr. 18
Tel. 08502/1656
Fax. 08502/290

K 36037 Fulda
Marianum für J/M;
RS/Gy/Halbinternat
Brüder-Grimm-Str. 1,
Postfach 720
Tel. 0661/66077-8

K 36037 Fulda
Marienschule für M; Gy
Lindenstr. 27
Tel. 0661/73037-9

K 84095 Furth bei Landshut
Maristen-Gymnasium für J/M;
Gy/Tagesheim
Klosterstr. 4
Tel. 08704/1055

K 82467 Garmisch-Partenkirchen
St. Irmengard-Schule für M;
RS/Gy/Tagesheim
Hauptstr. 45
Tel. 08821/55414 u. 71074/5

E 95482 Gefrees
Jacob-Ellrod-Schule für J/M;
RS/GTS
Tel. 09254/365

K 52511 Geilenkirchen
Bischöfl. Gymnasium St. Ursula
für J/M; Gy
Markt 1
Tel. 02451/8045

K 65366 Geisenheim
St. Ursula-Schule für J/M;
Gy/Tagesheim
Rüdesheimer Str. 30
Tel. 06722/8058 und 8059

K 47608 Geldern
Liebfrauenschule für M;
RS/Halbinternat
Weseler Str. 17
Tel. 02831/1057

K 97737 Gemünden a. M.
Mädchenbildungswerk
der Schwestern vom Hl. Kreuz
für M; RS/Gy/Tagesheim
Kreuzstr. 3
Tel. 09351/805-325

K 47454 Goch
Collegium Augustinianum
Gaesdonck für J, Gy
Tel. 02823/6071
Fax. 02823/88963

K 37085 Göttingen
Bonifatiusschule II
für J/M; RS
Schildweg 4/6
Tel. 0551/44832

K 47929 Grefrath
Liebfrauenschule Mülhausen
für J/M; Gy/Ganztagskl. 5/6/
Halbinternat
Hauptstr. 87
Tel. 02158/1212

K 63538 Großkrotzenburg
Franziskaner Gymnasium
Kreuzburg für J/M;
Gy/Tagesheim
Niederwaldstr. 1
Tel. 06186/200892

L 24357 Güby
Landerziehungsheim Louisenlund;
Gy für J/M
Tel. 04354/170
Fax. 04354/17171

K 89312 Günzburg
Maria-Ward-Realschule für M; RS/Tagesheim
Schützenstr. 13
Tel. 08221/33115

K 89312 Günzburg
Maria-Ward-Gymnasium für M; Gy/Tagesheim
Frauenplatz 1
Tel. 08221/32915

E 33330 Gütersloh
Ev. Stiftisches Gymnasium für J/M; Gy (Kantorei 5–13)
Feldstr. 13
Tel. 05241/12964

E 91710 Gunzenhausen
Mädchenrealschule für M; RS
Lindleinswasenstr. 32
Tel. 09831/507350

K 58097 Hagen
Hildegardis-Schule für J/M; Gy
Zehlendorfer Str. 19
Tel. 02331/23820

K 06110 Halle
Elisabeth-Gymnasium für J/M; Gy August-Hermann-Francke-Platz 1/Haus 47
Tel. 0345/25002

K 20099 Hamburg
Kath. Grund- u. Realschule für J/M; GS/RS
Danziger Str. 60/Schmilinskystr. 70
Tel. 040/24877261-3

V 20099 Hamburg
RS St. Georg für J/M; RS/GTS;
Rostocker Str. 62
Tel. 040/247087

V 20099 Hamburg
Brecht-Schulen; J/M; Gy/RS/GTS;
Holzdamm 36–38
Tel. 040/249466
Fax. 040/2803099

K 20535 Hamburg
Sankt-Ansgar-Schule für J/M; Gy
Bürgerweide 33
Tel. 040/257391

K 20354 Hamburg
Sophie-Barat-Schule für J/M; Gy/Tagesheim
Wartburgstr. 39
Tel. 040/446982

V 22609 Hamburg
Jenischgymnasium, PPG; J/M; Gy/GTS;
Jenischstr. 48
Tel. 040/826002
Fax. 040/823337

V 22609 Hamburg
Studienschule Hermanneum für J/M; RS/Gy/GTS;
Jenischstr. 48
Tel. 040/826002

K 22305 Hamburg
Kath. Schule Lämmersieth für J/M; RS
Lämmersieth 38
Tel. 040/613343

K 22111 Hamburg
Kath. Schule Hamburg-Billstedt für J/M; RS
Öjendorfer Weg 14
Tel. 040/7313262

E 22111 Hamburg
Wichern-Schule für J/M; Koop. GS/HS/RS/Gy
Horner Weg 164
Tel. 040/6514161

K 21073 Hamburg
Kath. Schule Harburg für J/M; RS
Julius-Ludowieg-Str. 89
Tel. 040/778310

K 21107 Hamburg
Schule Bonifatiusstraße für J/M; RS
Bonifatiusstr. 2
Tel. 040/758113

K 21149 Hamburg
Katholische Schule Neugraben für J/M; RS

An der Falkenbek 8–12
Tel. 040/7022083

K 59065 Hamm
Marienschule für J/M; RS
Franziskanerstr. 1
Tel. 02381/24193 u. 13921

K 63457 Hanau-Großauheim
Priv. Mädchenrealschule St. Josef
für M; RS
Alte Langgasse 10
Tel. 06181/54432 u. 52113

K 49838 Handrup
Gymnasium Leoninum
für J/M; Gy
Tel. 05904/521

K 30173 Hannover
Ludwig-Windthorst-Schule
für J/M; RS
Altenbekener Damm 81
Tel. 0511/880051

K 30171 Hannover
St. Ursula-Schule für J/M; Gy
Simrockstr. 20
Tel. 0511/800207

K 55595 Hargesheim
Alfred-Delp-Schule für J/M; GE
Alfred-Delp-Straße
Tel. 0671/2416 u. 2417

K 69120 Heidelberg
Staatl. anerk. Mädchenrealschule «St. Raphael» und St. Raphael-Gymnasium für M; RS/Gy
Roonstr. 1–5
Tel. 06221/46171 (RS) u. 409320 (Gy)

E 69123 Heidelberg-Wieblingen
Elisabeth-von-Thadden-Schule
J/MGy; M-RS
Klostergasse 2–6
Tel. 06221/836021

V 69126 Heidelberg
Englisches Institut; J/M; Gy
Rheinstr. 14
Tel. 06221/37124

K 37308 Heiligenstadt
Bergschule St. Elisabeth
Katholisches Gymnasium
für J/M; Gy
Friedensplatz 5/6
Tel. 03606/4162

K 45699 Herten
Erich-Klausener-Schule
für J/M; RS/GTS
Ebbelicher Weg 19
Tel. 02366/35382

E 40721 Hilden
Dietrich-Bonhoeffer-Gymnasium
für J/M; Gy
Gerresheimer Str. 74
Tel. 02103/4404

K 40721 Hilden
Theresienschule für M; RS
Gerresheimer Str. 53
Tel. 02103/44021

K 31134 Hildesheim
Albertus-Magnus-Schule
für J/M; RS
Brühl 42–43
Tel. 05121/35416

K 31134 Hildesheim
Bischöfliches Gymnasium
Josephinum für J/M; Gy
Domhof 7
Tel. 05121/1875-76

K 31134 Hildesheim
Marienschule Hildesheim
für J/M; Gy/
Tagesinternat
Brühl 1–3
Tel. 05121/12068

E 31134 Hildesheim
Gymnasium Andreanum
für J/M; Gy
(Ref. Oberstufe)
Hagentorwall 17
Tel. 05121/34369

L 79856 Hinterzarten
Schule Birklehof für J/M; Gy
Tel. 07652/1220
Fax. 07652/12223

K 65719 Hofheim
Elisabethenschule für J/M; RS
Rossertstr. 1
Tel. 06192/6240
Fax. 06192/24144

L 37603 Holzminden
Stiftung LSH am Solling für J/M; Gy
Tel. 05531/61056
Fax. 05531/10474

K 66424 Homburg
Gymnasium Johanneum
für J/M; Gy
Kardinal-Wendel-Str.
Tel. 06841/69080
Fax. 06841/61523

E 02977 Hoyerswerda
Evangelisches Gymnasium für J/M
Straße des Friedens 27
Tel. 03571/23128

K 52393 Hürtgenwald
Franziskus-Gymnasium für J/M; Gy
Franziskusweg 1
Tel. 02429/30860
Fax. 02429/30828

K 49477 Ibbenbüren
Roncalli-Schule für J/M; RS
Roncallistr. 9
Tel. 05451/6051

K 89257 Illertissen
Johannes-von-LaSalle-Realschule
für J/M; RS
Dietenheimer Str. 68
Tel. 07302/2008

K 89257 Illertissen
Kolleg der Schulbrüder für J/M; Gy
Dietenheimerstr. 70
Tel. 07303/3067
07303/42615

K 87509 Immenstadt
Realschule Maria Stern für M;
RS/Tagesheim
Kalvarienbergstr. 10
Tel. 08323/7115

K 85049 Ingolstadt
Gnadenthal-Realschule für M
und Gnadenthal-Gymnasium
der Franziskanerinnen für J/M;
RS/Gy/Tagesheim
Kupferstr. 23
Tel. 0841/1602 (RS)
1603 (Gy)
Fax. 0841/910028

K 52428 Jülich
Mädchengymnasium Jülich – MGJ
St.-Josef-Schule für M; Gy
Dr.-Weyer-Straße
Tel. 02461/55538

K 52428 Jülich-Barmen
Gymnasium Haus Overbach
für J/M; Gy
Tel. 02461/4016

K 67655 Kaiserslautern
St. Franziskus-Gymnasium
und Realschule für M;
RS/Gy/Tagesheim
St.-Franziskus-Str. 2
Tel. 0631/13022 u. 13023

K 53925 Kall (Steinfeld)
Hermann-Josef-Kolleg Steinfeld
für J/M; Gy
Kloster Steinfeld
Tel. 02441/88941
Fax. 02441/88928

K 89358 Kammeltal/Wettenhausen
St. Thomas-Gymnasium
des Schulwerks
der Diözese Augsburg
für J/M; Gy/Tagesheim
St.-Thomas-Weg 2
Tel. 08223/4004-47

K 76133 Karlsruhe
St. Dominikus für M; Gy
Seminarstr. 5
Tel. 0721/23326

V 76133 Karlsruhe
Heisenberg-Gymnasium für J/M;
Gy/GTS;
Karlstr. 36–38
Tel. 0721/24537

K 34117 Kassel
Engelsburg für J/M; Gy

Richardweg 3
Tel. 0561/103606

K 87600 Kaufbeuren
Marien-Realschule Kaufbeuren
für M; RS/Tagesheim
Kemnater Str. 15
Tel. 08341/7920

K 87600 Kaufbeuren
Marien-Gymnasium Kaufbeuren
für M; Gy
Kemnater Str. 15
Tel. 08341/2341

V 65779 Kelkheim/Taunus
Privatgymnasium Dr. Richter;
J/M; RS/Gy/GTS
Gagernring 7–9
Tel. 06195/64719

K 87437 Kempten-Lenzfried
Mädchenrealschule der Armen
Schulschwestern v. U. Lb. Frau
für M; RS/Tagesheim
Gerhardingerweg 4
Tel. 0831/7459 u. 72487

K 87439 Kempten
Maria-Ward-Schule
für M; RS/Tagesheim
Fürstenstr. 33–35
Tel. 0831/28921 u. 28943

K 54578 Kerpen-Horrem
Mädchen-Realschule «Mater Salvatoris» für M; RS/Tagesheim
Therese-v.-Wüllenweber-Str. 28
Tel. 02273/4621

V 24105 Kiel
Privatschule Düsternbrook
für J/M; RS
Hindenburgufer 93
Tel. 0431/85189

L 74592 Kirchberg/Jagst
Schloß-Schule Kirchberg;
Gy für J/M
Tel. 07954/8551
Fax. 07954/1017

K 80331 Kloster Indersdorf
Realschule Vinzenz von Paul der
Erzdiözese München und Freising
für J/M; RS/Tagesheim
Marienplatz 7
Tel. 08136/406

K 56068 Koblenz
Bischöfl. Cusanus-Gymnasium
für J/M; Gy
Hohenzollernstr. 13–17
Tel. 0261/18581
Fax. 0261/309492

K 56073 Koblenz
Bischöfl. Realschule
für J/M; RS
Thielenstr. 3
Tel. 0261/403323 u. 48221
Fax. 0261/43201

K 50668 Köln
Ursulinenschule für M;
RS/Gy/Tagesheim
Machabäerstr. 47
Tel. 0221/123024 (RS)
123007-8 (Gy)
Fax. 0221/135740 (RS) 135478 (Gy)

K 50931 Köln
Liebfrauenschule für J/M; Gy
Brucknerstr. 15
Tel. 0221/405074-75
Fax. 0221/4000230

K 50968 Köln
Irmgardisschule für J/M; Gy
Schillerstr. 98–102
Tel. 0221/373282
Fax. 0221/341396

E/L 78126 Königsfeld/Schwarzwald
Zinzendorf-Gymnasium und Realschule d. Herrnhuter Brüdergemeine
für J/M; RS, Gy
Mönchweilerstr. 5
Tel. 07725/938160
Fax. 07725/938129

K 61462 Königstein/Taunus
Bischof-Neumann-Schule
für J/M; Gy
Bischof-Kaller-Str. 3
Tel. 06174/29990

K 61462 Königstein/Taunus
St. Angela-Schule für M; RS
Gerichtstr. 19
Tel. 06174/22314

K 61462 Königstein/Taunus
St.-Angela-Schule für M; Gy
Gerichtstr. 19
Tel. 06174/22314

K 47798 Krefeld
Marienschule für J/M; Gy
Hubertusstr. 120
Tel. 02151/772199

K 47803 Krefeld
Bischöfliche Maria-Montessori-Gesamtschule für J/M; GE
Minkweg 26
Tel. 02151/561394

K 56112 Lahnstein
Priv. Johannesgymnasium
für J/M; Gy
Johannesstr. 31
Tel. 02621/8770

V 68623 Lampertheim-Hüttenfeld
Privates Litauisches Gymnasium;
J/M; Gy
Schloß Rennhof
Tel. 06256/322

K 96829 Landau
Priv. Maria-Ward-Gymnasium
mit Realschule für M; RS/Gy/
Tagesheim
Cornichonstr. 1
Tel. 06341/86041

K 84028 Landshut
Mädchenrealschule der Ursulinen
für M; RS
Bischof-Sailer-Platz 537
Tel. 0871/24220

K 84034 Landshut
Gymnasium Seligenthal für J/M;
Gy/Tagesheim
Bismarckplatz 14
Tel. 0871/821131
Fax. 0871/821198

K 66849 Landstuhl
Priv. Realschule St. Katharina
für J/M; RS
Luitpoldstr. 28
Tel. 06371/3352

E 04107 Leipzig
Evangelisches Schulzentrum
für J/M GS, MS, Gy
Schletterstr. 7
Tel. 0341/325090
Fax. 0341/325078

K 83661 Lenggries
Mädchenrealschule St. Ursula
und St. Ursula-Gymnasium
für M; RS/Gy/Tagesheim
Schloß Hohenburg
Tel. 08042/4604

K 57368 Lennestadt (Altenhundem)
Gymnasium Maria Königin
für J/M; Gy
Olper Straße
Tel. 02723/60310

K 51379 Leverkusen
Marienschule Opladen
für J/M; Gy
An St. Remigius 21
Tel. 02171/48901

K 65549 Limburg
Marienschule für M;
Gy/Tagesheim
Graupfortstr. 5
Tel. 06431/201250/251
Fax. 06431/201233

K 88131 Lindau
Maria-Ward-Schule für M; RS
Ludwigstr. 3
Tel. 08382/5151

K 49808 Lingen
Marienschule für J/M; RS
An der Marienschule 1
Tel. 0591/64544 u. 64546

K 49809 Lingen
Franziskusgymnasium für J/M; Gy
In den Strubben 11
Tel. 0591/5829

K 59558 Lippstadt
Marienschule für J/M; Gy
Ostlandstr. 13
Tel. 02941/8850

E 59555 Lippstadt
Ev. Gymnasium für J/M; Gy
Beckumer Str. 61
Tel. 02941/7015

V 49504 Lotte-Wersen
Privatschulen mit Internat Krüger
für J/M; WiGy/GTS
Westerkappelner Str. 66
Tel. 05404/2024
Fax. 05404/1326

K 39124 Magdeburg
Norbertusgymnasium für J/M; Gy
Nachtweide 77
Tel. 0391/223021
Fax. 0391/222317

E 39114 Magdeburg
Ökumenisches Gymnasium
Magdeburg für J/M; Gy
Oststr. 11
03791/52494

K 55116 Mainz
Bischöfl. Willigis-Realschule
und -Gymnasium für J/M; RS/Gy
Willigisplatz 2
Tel. 06131/286760
Fax. 06131/2867612

K 55116 Mainz
Maria-Ward-Gymnasium für M; Gy
Ballplatz 1–3
Tel. 06131/225384

K 55131 Mainz
Theresianum für J/M;
Gy/Ganztagsschule
Oberer Laubenheimer Weg 58
Tel. 06131/982440
Fax. 06131/982444

K 84066 Mallersdorf-Pfaffenberg
Nardini-Realschule der Armen Franziskanerinnen für M; RS/Tagesheim
Klosterberg 1
Tel. 08772/69-118 u. 69-0
Fax. 08772/69-230

E 68199 Mannheim
Johann-Sebastian-Bach-Gymnasium
für J/M; Gy
Luisenstr. 27
Tel. 0621/859036

V 68161 Mannheim
Kurpfalz-Gymnasium; J/M;
Gy/GTS;
M 6, 11 und 17
Tel. 0621/10871

K 68159 Mannheim
Ursulinengymnasium für J/M;
Gy/Halbinternat
A4, 4
Tel. 0621/156587 4

L 35043 Marburg/Lahn-Cappel
Landschulheim Steinmühle
für J/M; Gy
Tel. 06421/4080
Fax. 06421/40840

K 57629 Marienstatt
Priv. Gymnasium Marienstatt
für J/M; Gy
Tel. 02662/1658

V 97340 Marktbreit
Private Realschule
für J/M; RS/GTS
Buheleite 20
Tel. 09332/9445

E 58540 Meinerzhagen
Ev. Gymnasium für J/M; Gy
Auf dem Bamberg
Tel. 02354/2465

K 58706 Menden
Walburgisgymnasium
für J/M; Gy
Schwitter Weg 22
Tel. 02373/90920
Fax. 02373/909222

K 49716 Meppen
Johannesschule für J/M; RS
Nagelshof 21
Tel. 05931/12025

K 49716 Meppen
Gymnasium Marianum für J/M; Gy

Herzogstr. 65
Tel. 05931/3330
Fax. 05931/6008

K 59872 Meschede
St. Walburga-Realschule
für J/M; RS
An Klocken Kapelle 18
Tel. 0291/1410

K 59872 Meschede
Gymnasium der Benediktiner
für J/M; Gy
Klosterberg 7, Postfach 1161
Tel. 0291/1222

K 94526 Metten
St. Michaels-Gymnasium der Benediktiner für J/M; Gy/Tagesheim
Abteistr. 3
Tel. 0991/9108-120

K 49497 Mettingen
Kardinal-von-Galen-Schule
für J/M; RS/Gy
Große Str. 38
Tel. 05452/1025
Fax. 05452/1026

K 87719 Mindelheim
Maristenkolleg für J/M; Gy/RS
Champagnatsplatz 1
Tel. 08261/1775

K 87719 Mindelheim
Maria-Ward-Realschule für M;
RS/Tagesheim
Luxenhoferstr. 3
Tel. 08261/3787

K 89426 Mödingen
Mädchenrealschule der Dillinger
Franziskanerinnen für M;
RS/Tagesheim
Kloster Maria Medingen
Tel. 09076/2800-31

K 41063 Mönchengladbach
Bischöfl. Marienschule für J/M; Gy
Viersener Str. 209
Tel. 02161/89196/7

V 41061 Mönchengladbach
HEBO-Privatschule für J/M;
RS/Gy/GTS;
Wilhelmstr. 14
Tel. 02161/200060

K 52156 Monschau
Bischöfl. Mädchenrealschule
St. Ursula für M; RS/Tagesheim
Burgau 5
Tel. 02472/670

K 80331 München
Gerhardinger-Gymnasium
der Armen Schulschwestern
v. U. Lb. Frau für M; Gy
Unterer Anger 2
Tel. 089/23179-141

K 80331 München
Gymnasium der Armen Schulschwestern v. U. Lb. Frau
für M; Gy/Tagesheim
Blumenstr. 26
Tel. 089/23179-162

V 80469 München
Isar-Realschule und -Gymnasium;
J/M; RS/Gy/GTS
Kohlstr. 5
Tel. 089/2317 18-0 (RS) -70 (Gy)
Fax. 089/2317 18-12

V 80638 München
Private Realschule
u. -Gymnasium Huber;
für J/M; RS/Gy/GTS;
Kohlstr. 5
Tel. 089/2317 18-20 (RS) -30 (Gy)
Fax. 089/2317 18-12

K 80638 München
Maria-Ward-Schule
der Englischen Fräulein
München-Nymphenburg
für M; RS/Gy/Tagesheim
Maria-Ward-Str. 5
Tel. 089/17900260
Fax. 089/17900223

V 81247 München
Obermenzinger Gymn.; J/M;
Gy/GTS;
Freseniusstr. 47
Tel. 089/8112006
Fax. 089/8119321

V 81667 München
Privates Gymnasium Dr. Überreiter; J/M; Gy/GTS;
Pariser Str. 30
Tel. 089/4481094

K 81667 München
Edith-Stein-Gymnasium für M;
Gy/Tagesheim (5. u. 6. Kl.)
Preysingstr. 83
Tel. 089/48092-311

K 81673 München
Maria-Ward-Mädchenrealschule der Erzdiözese München und Freising für M; RS mit Tagesheim
Josephsburgstr. 22
Tel. 089/438399

K 81541 München
Realschule der Armen Schulschwestern v. U. Lb. Frau für M;
RS/Tagesheim
Mariahilfplatz 13
Tel. 089/6515443
Fax. 089/669329

K 48165 Münster
Kardinal-von-Galen-Schule
für J/M; Gy
Zum Roten Berge 25
Tel. 0251/16078

K 48155 Münster
Gymnasium St. Mauritz
für J/M; Gy
Wersebeckmannweg 81–83
Tel. 0251/32036

K 48151 Münster
Marienschule für M; Gy
Hermannstr. 21–29
Tel. 0251/521029

K 48163 Münster
Friedensschule für J/M;
GE/Ganztagsschule
Echelmeyerstr. 19
Tel. 0251/77193

K 97359 Münsterschwarzach
Egbert-Gymnasium für J/M;
Gy/Tagesheim
Schweinfurter Str. 40
Tel. 09324/20260 u. 20261

L 83115 Neubeuern
Schule Schloß Neubeuern
für J/M; Gy
Tel. 08035/87010
Fax. 08035/870130

K 86633 Neuburg a. d. Donau
Maria-Ward-Schule,
Mädchenrealschule
des Schulwerks der Diözese Augsburg
für M; RS
Amalienstr. 11
Tel. 08431/45252

E 91564 Neuendettelsau
Laurentius-Realschule für J/M; RS
Waldsteig 9
Tel. 09874/8444

E 91564 Neuendettelsau
Laurentius-Gymnasium für J/M; Gy
Waldsteig 9
Tel. 09874/8369

K 48485 Neuenkirchen-St. Arnold
Arnold-Janssen-Gymnasium
für J/M; Gy
Emsdettener Str. 242
Tel. 05973/40131

K 94152 Neuhaus/Inn
Mädchenrealschule der Englischen Fräulein für J/M; RS/Tagesheim
Schloß 1
Tel. 08503/1433

K 48485 Neunkirchen-Seelscheid
Antoniuskolleg für J/M;
Gy/Halbinternat
Pfarrer-Schaaf-Str. 1
Tel. 02247/1072

K 66540 Neunkirchen-Wiebelskirchen
Maximilian-Kolbe-Schule
für J/M; RS
Prälat-Schütz-Str. 15
Tel. 06821/51000
Fax. 06821/59357

K 41460 Neuss
Schule Marienberg für M; Gy
Rheinstr. 3
Tel. 02131/23056 u. 23057

K 94557 Niederalteich
St. Gotthard-Gymnasium
der Benediktiner für J/M; Gy/
Tagesheim
Tel. 09901/208150

K 84183 Niederviehbach
Realschule der Dominikanerinnen
St. Maria a.d. Isar für J/M;
RS/Tagesheim
Klosterstr. 12
Tel. 08702/8162

K 86720 Nördlingen
Realschule Maria Stern der Franziskanerinnen für J/M; RS/Tagesheim
Hüttengasse 2
Tel. 09071/22015

K 48301 Nottuln
Liebfrauenschule für J/M; RS
Burgstr. 49
Tel. 02502/9289

K 90489 Nürnberg
Maria-Ward-Schule für M;
RS/Gy/Tagesheim
Keßlerplatz 2
Tel. 0911/533599
Fax. 0911/532160

V 90443 Nürnberg
Private Realschule Dr. Sabel;
J/M; RS/GTS;
Frauentorgraben 3
Tel. 0911/221313
Fax. 0911/243076

E 90429 Nürnberg
Wilhelm-Löhe-Schule für J/M;
RS, Gy
Deutschherrnstr. 10
Tel. 0911/2708228

V 90425 Nürnberg
Adolf-Reichwein-Schulverein
für J/M; RS/WerkRS;
Rollnerstr. 187
Tel. 0911/354640

K 89611 Obermarchtal
Franz-von-Sales-Realschule
für M; RS
Tel. 07375/783

V 61440 Oberursel
The Frankfurt International School
für J/M; Highschool-Abschluß/GTS
An der Waldlust 15
Tel. 06171/2020
Fax. 06171/202-384

K 63075 Offenbach/Main
Marienschule für M;
GE/Tagesheimschule
Ahornstr. 33
Tel. 069/851081

K 63075 Offenburg
Mädchengymnasium U. Lb. Frau
Klosterschule für M; Gy
Langstr. 9
Tel. 0781/22088

K 26121 Oldenburg
Liebfrauenschule für J/M; Gy
Auguststr. 31
Tel. 0441/75098-99

K 26121 Oldenburg
Paulus-Schule für J/M; RS
Margaretenstr. 46
Tel. 0441/72519

K 37462 Olpe (Biggesee)
St. Franziskus-Schule für J/M; Gy
Kolpingstr. 12
Tel. 02761/5148
Fax. 02761/5848

E 94496 Ortenburg
Evang. Realschule für J/M; RS
Frauenfeld 5–7
Tel. 08542/7911

K 94496 Ortenburg
Mädchenrealschule Neustift
der Benediktinerinnen der
Anbetung für M; RS/Tagesheim
Klosterberg 27
Tel. 08542/671
Fax 08542/2765

K 49090 Osnabrück
Thomas-Morus-Schule für J/M; RS
Bramstr. 40
Tel. 0541/65088/89

K 49090 Osnabrück
Angelaschule für J/M;
Gy/Tagesinternat
Bramstr. 41
Tel. 0541/61094

K 49074 Osnabrück
Schulzentrum Dom
Haupt- und Realschule Johannisschule für J/M; RS
Herrenteichswall 2
Tel. 0541/28316

K 49074 Osnabrück
Ursulaschule für J/M; Gy
Kleine Domsfreiheit 11–18
Tel. 0541/318701

K 48346 Ostbevern
Gymnasium Johanneum für J; Gy
Schloß Loburg
Tel. 02532/87-0

K 94486 Osterhofen
Mädchenrealschule Damenstift
für M; RS
Hauptstr. 59
Tel. 09932/1253

K 87724 Ottobeuren
Realschule für Mädchen
des Instituts BMV der Englischen
Fräulein für M; RS
Klosterwald
Tel. 08332/7780
Fax. 08332/7780

K 33098 Paderborn
Priv. Realschule St. Michael
und Gymnasium St. Michael
für M; RS/Gy
Michaelstr. 17
Tel. 05251/23369

K 26871 Papenburg
Mariengymnasium für M; Gy
Am Stadtpark 29/31
Tel. 04961/4051/52

K 26871 Papenburg
Michaelsschule für J/M; RS
Splitting links 23/24
Tel. 04961/73025/6

K 94032 Passau
Gisela-Realschule und Gymnasium
für M; RS/Gy/Tagesheim
Klosterwinkel 1
Tel. 0851/2012

K 94034 Passau
Auersperg-Gymnasium für J/M;
Gy/Tagesheim
Freudenhain 2
Tel. 0851/54017

E 14473 Potsdam-Hermannswerder
Evangelisches Gymnasium
für J/M; Gy
Haus 18
Tel. 0331/313140-42

K 54595 Prüm
Vinzenz-von-Paul-Gymnasium
für J/M; Gy/Tagesheim
Vinzenz-von-Paul-Str. 5
Tel. 06551/851

K 82049 Pullach
Realschule und Pater-Rupert-Mayer-Gymnasium des Kath.
Familienwerks Pullach für J/M;
RS/Gy/Tagesheim
Wolfratshauserstr. 30
Tel. 089/79198182 (RS)
79198-0 (Gy)
Fax. 089/79198250

K 40878 Ratingen
Liebfrauenschule für M;
RS/Halbinternat
Schwarzbachstr. 17
Tel. 02102/870280

K 88212 Ravensburg
Bildungszentrum St. Konrad
für J/M; RS/Gy/Tagesheim
Am Sonnenbüchel 45
Tel. 0751/8883-121 (RS)/ -130 (Gy)
Fax. 0751/8883-295

K 88214 Ravensburg
Theresia-Gerhardinger-Realschule
«Klösterle» für M; RS
Olgastr. 13
Tel. 0751/36193-0

K 49509 Recke
Bischöfl. Fürstenberg-Schule
für J/M; RS/Gy
Brookweg 7
Tel. 05453/3046 u. 3047

K 45657 Recklinghausen
Maristen-Realschule für J/M;
RS/Tagesheim
Hertener Str. 60
Tel. 02361/15440

K 93047 Regensburg-Niedermünster
Mädchenrealschule der Armen
Schulschwestern v. U. Lb. Frau
für M; RS/Tagesheim
Alter Kornmarkt 5
Tel. 0941/563201

K 93055 Regensburg
Musikgymnasium der Regensburger
Domspatzen für J; Gy
Reichstr. 22
Tel. 0941/7962-0

V 93049 Regensburg
Privatgymnasium und Realschulen
Pindl; J/M; Gy/RS
Wittelsbacherstr. 1
Tel. 0941/26095

K 93047 Regensburg
St. Marien-Gymnasium und Realschule der Englischen Fräulein
für M; RS/Gy/Tagesheim
Helenenstr. 2
Tel. 0941/2000-22

L 83677 Reicherseuern
Landerziehungsheim Reichersbeuern, Max-Rill-Schule;
Gy für J/M
Tel. 08041/604143
Fax. 08041/4675

K 48734 Reken
Gymnasium der Mariannhiller
Missionare Maria-Veen für J/M; Gy
Am Kloster 9
Tel. 02864/377

K 53424 Remagen (Rolandseck)
Priv. Gymnasium der Franziskanerinnen für J/M; Gy/Halbinternat
Insel Nonnenwerth
Tel. 02228/6009-0
Fax. 02228/6009-33

K 53359 Rheinbach
St. Joseph-Gymnasium für M; Gy
Stadtpark 31
Tel. 02226/2002

K 53359 Rheinbach
Vinzenz-Palotti-Kolleg für J;
Gy/Halbtagsinternat
Palottistr. 1
Tel. 02226/8007-0
Fax. 02226/8007-55

K 93339 Riedenburg
Mädchenrealschule St. Anna
für M; RS
St.-Anna-Platz 8
Tel. 09442/2306
Fax. 09442/1617

K 93352 Rohr
Johannes-Nepomuk-Gymnasium
der Benediktiner für J/M;
Gy/Tagesheim
Asamstr. 7
Tel. 08783/515
Fax. 08783/516

E 18057 Rostock
Jugenddorf Christophorusschule
Rostock für J/M; Gy
Groß Schwaßer Weg 11
Tel. 0381/23241

K 72108 Rottenburg
Mädchenschule St. Klara für M; RS
Weggentalstr. 24
Tel. 07472/3005

K 84056 Rottenburg a. d. L.
Mädchenrealschule der Salesianerinnen Oberroning für J/M;
RS/Tagesheim
Klosterweg 2
Tel. 08785/215

K 66121 Saarbrücken
Willi-Graf-Realschule
und Willi-Graf-Gymnasium

für J/M; RS/Gy/
Sachsenweg 3
Tel. 0681/33491 (RS) 63072 (Gy)
Fax. 0681/63672

K 66117 Saarbrücken
Marienschule für J/M; Gy
Hohenzollernstr. 59a
Tel. 0681/51367

K 77880 Sasbach
Heimschule Lender für J/M;
Gy/Tagesheim
Tel. 07841/705-0
Fax. 07841/705-251

E 91443 Scheinfeld
Evang. Realschule für J/M; RS
Schloß Schwarzenberg
Tel. 09162/388

E/L 89601 Schelklingen-Urspring
Urspringschule; Gy für J/M
Tel. 07394/2460 oder 24611
Fax. 07394/24665

K 91583 Schillingsfürst
Realschule für M; RS
Neue Gasse 17
Tel. 09868/5058

K 82444 Schlehdorf
Mädchenrealschule der Missions-Dominikanerinnen für M;
RS/Tagesheim
Kirchstr. 9
Tel. 08851/181-300

K 53937 Schleiden
Clara-Fey-Gymnasium
für J/M; Gy
Malmedyer Str. 2
Tel. 02445/7012

L 86938 Schondorf
Stiftung Landerziehungsheim
Schondorf für J/M; Gy
Tel. 08192/7071
Fax. 08192/7993

V 69198 Schriesheim/Bergstraße
Institut Sigmund; J/M; Gy/GTS
Institutsweg 1–3
Tel. 06203/6771

K 86529 Schrobenhausen
Maria-Ward-Realschule für M; RS
Lenbachstr. 32
Tel. 08252/2031

K 73525 Schwäbisch-Gmünd
Priv. Progymnasium St. Bernhard
für J/M; Gy/GTS/Tagesheim
Taubentalstr. 7
Tel. 07171/2871

K 92421 Schwandorf
Mädchenrealschule der Dominikanerinnen St. Josef für M; RS
Dominikanerinnenstr. 1
Tel. 09431/8748

K 48324 Sendenhorst
Priv. Kath. Realschule für J/M; RS
Auf der Geist 7
Tel. 02526/726

E 57076 Siegen
Ev. Gymn. des Kirchenkreises
Siegen
Im Tiergarten 5–7
Tel. 0271/72171

K 72488 Sigmaringen
Liebfrauenschule für J/M;
RS/Gy/Tagesheim
Liebfrauenweg 2
Tel. 07571/4033

K 67346 Speyer
Edith-Stein-Schule für M;
RS/Tagesheim
Gerhart-Hauptmann-Str.
Tel. 06232/73325

K 67346 Speyer
Edith-Stein-Schule für M;
Gy/Tagesheim
Langensteinweg 5
Tel. 06232/75488

K 67346 Speyer
Nikolaus-von-Weis-Gymnasium
für J/M; Gy
Vinzentiusstr. 1
Tel. 06232/912-311

K 48703 Stadtlohn
St.-Anna-Realschule für J/M; RS

Klosterstr. 34
Tel. 02563/1086

K 79837 St. Blasien
Kolleg St. Blasien (Jesuitenkolleg)
für J/M; Gy
Fürstabt-Gerbert-Str. 14
Tel. 07672/27-0
Fax. 07672/27271

K 79252 Stegen
Kolleg St. Sebastian für J/M;
Gy/Tagesheim
Hauptstr. 4
Tel. 07661/6027
Fax. 07661/6029

K 66386 St. Ingbert
Albertus-Magnus-Realschule
für J/M; RS
Auf der Meß 16
Tel. 06894/2242

K 66386 St. Ingbert
Albertus-Magnus-Schule
für J/M; Gy
Neue Meßstr. 24
Tel. 06894/2138

K 86941 St. Ottilien
Rhabanus-Maurus-Gymnasium
für J/M; Gy/Tagesheim
Tel. 08193/71236

K 94315 Straubing
Mädchenrealschule
und Gymnasium
der Ursulinen für M;
RS/Gy/Tagesheim
Burggasse 9
Tel. 09421/10077 (RS)
und 10070 (Gy)

V 70374 Stuttgart
Privates Progymnasium Sieger;
J/M; Gy/GTS
Augustenstr. 70/1
Tel. 0711/622313

K 70174 Stuttgart
Mädchengymnasium St. Agnes
für M; Gy
Gymnasiumstr. 45
Tel. 0711/293028

E 70178 Stuttgart
Ev. Mörike-Gymnasium
für J/M; Gy
Arminstr. 30
Tel. 0711/600125

V 70184 Stuttgart
Merzschule; J/M; Gy/GTS
Albrecht-Leo-Merz-Weg 2
Tel. 0711/210340

E 70184 Stuttgart
Ev. Heidehof-Gymnasium
für J/M; Gy
Heidehofstr. 49
Tel. 0711/462006

K 70374 Stuttgart-Bad Cannstatt
Albertus-Magnus-Gymnasium
für J/M; Gy/Tagesheim
In den Ringelgärten 90
Tel. 0711/531026
Fax. 0711/5301088

K 66606 St. Wendel
Arnold-Janssen-Gymnasium
für J/M; Gy
Missionshausstr. 50
Tel. 06851/805300
Fax. 06851/805204

K 83278 Traunstein-Sparz
Realschule des Instituts
der Englischen Fräulein
für M; RS/Tagesheim
Sparz 2, Postfach 1429
Tel. 0861/4667

K 54295 Trier
Blandine-Merten-Schule
Priv. Realschule der Ursulinen
für M; RS/Halbinternat
Bernhardstr. 26
Tel. 0651/32048

K 54290 Trier
Priv. Angela-Merici-Gymnasium
für M; Gy/Halbinternat
Neustr. 35/37
Tel. 0651/42131 u. 43273

K 82327 Tutzing
Realschule der Missions-

Benediktinerinnen für M; RS
Hauptstr. 12–14
Tel. 08158/1611

E 97215 Uffenheim
Christian-von-Bomhard-Schule
für J/M; RS/Gy
Im Krämersgarten 10
Tel. 09842/7021

K 89077 Ulm
Kath. Mädchengymnasium
St. Hildegard und Mädchen-
realschule St. Hildegard
für M; RS/Gy
Zinglerstr. 90
Tel. 0731/9347-0

K 86513 Ursberg
Ringeisen-Gymnasium für J/M; Gy
Tel. 08281/922800

K 56179 Vallendar
Schönstätter Marienschule für M;
RS/Gy/Halbinternat
Höhrer Str. 74–76
Tel. 0261/60356

K 49377 Vechta
Kolleg St. Thomas für J; Gy
Füchteler Str. 72
Tel. 04441/8702-0
Fax. 04441/8702-70

K 49377 Vechta
Liebfrauenschule für M; Gy
Marienstr. 4
Tel. 04441/2946 u. 5133
Fax. 04441/7901

K 49377 Vechta
Ludgerus-Schule für J/M; RS
Lattweg 35
Tel. 04441/5652 u. 7252

L 38871 Veckenstedt
Landschulheim Grovesmühle
Hermann-Lietz-Schule für J/M;Gy
Tel. 039451/895

E 33775 Versmold
Jugenddorf Christophorusschule
für J/M; HS/RS/Gy
Ravensberger Str. 33
Tel. 05423/4046

K 68519 Viernheim
Bischöfl. Städt. Gymnasium
«Albertus-Magnus-Schule»
für J/M; Gy
August-Bebel-Str. 9
Tel. 06204/3074

K 41751 Viersen-Dülken
Albertus-Magnus-Gymnasium
für J/M; Gy/Tagesheim
Brandenburger Str. 7
Tel. 02162/51533

K 78050 Villingen-Schwenningen
St. Ursula-Realschule
und Progymnasium für J/M;
RS/Gy/Tagesheim
Bickenstr. 25
Tel. 07721/51172

K 94474 Vilshofen (Schweiklberg)
Gymnasium der Benediktinerabtei
Schweiklberg für J/M;
Gy/Tagesheim
Tel. 08541/209-(0)192
Fax. 08541/209219

K 97332 Volkach
Mädchenrealschule der Franzis-
kanerinnen für M; RS/Tagesheim
Klostergasse 1
Tel. 09381/585

K 59329 Wadersloh
Gymnasium Johanneum für J/M; Gy
Liesborner Str. 10
Tel. 02523/1398

K 88639 Wald
Heimschule Kloster Wald für M;
Gy/Tagesheim
für externe Schülerinnen
Tel. 07578/1880
Fax. 07578/188117

K 95652 Waldsassen
Mädchenrealschule der Cister-
cienserinnen für M; RS/Tagesheim
Basilikaplatz 2
Tel. 09632/1831

K 89367 Waldstetten
Franz-von-Assisi-Schule für J/M; RS
Brunnengasse 32
Tel. 07171/41044

K 86757 Wallerstein
Maria-Ward-Schule Mädchenrealschule des Schulwerks der Diözese Augsburg für M; RS/Tagesheim
Herrenstr. 15
Tel. 09081/7118

K 48231 Warendorf
Johann-Heinrich-Schmülling-Schule für J/M; RS
Rosenstr. 16
Tel. 02581/7690

K 83258 Weichs b. Dachau
Mädchenrealschule der Armen Schulschwestern v. U. Lb. Frau für M; RS/Tagesheim
Freiherrenstr. 17
Tel. 08136/7076 u. 7077

K 89264 Weißenhorn
Claretinerkolleg für J/M; Gy/Tagesheim
Claretinerstr. 3
Tel. 07309/2071

K 59457 Werl
Priv. Ursulinenrealschule für J/M; RS
Neuerstr. 11
Tel. 02922/5658

K 59457 Werl
Ursulinengymnasium für J/M; Gy
Schloßstr. 5
Tel. 02922/5017

K 59368 Werne
Gymnasium St. Christophorus für J/M; Gy
Kardinal-von-Galen-Str. 1
Tel. 02389/3014 u. 3015

E 33824 Werther (Westf.)
Privates Ev. Gymnasium für J/M; Gy mit angeschlossener Tagesschule
Zum Mehrkamp 8
Tel. 05203/7161

V 65189 Wiesbaden
Rhein-Main-Schule J/M; Gy/GTS
Bierstadter Str. 15
Tel. 0611/374017
Fax. 0611/305004

K 26382 Wilhelmshaven
Franziskusschule für J/M; RS
Mitscherlichstr. 23
Tel. 04421/13339

K 26382 Wilhelmshaven
Cäcilienschule für J/M; Gy
Peterstr. 69
Tel. 04421/21760 u. 25576

K 47877 Willich
St. Bernhard-Gymnasium für J/M; Gy
Albert-Oetker-Str. 98–102
Tel. 02154/5409

K 51688 Wipperfürth
St. Angela-Gymnasium für J/M; Gy
Auf dem Silberberg 3–4
Tel. 02267/4051

K 38440 Wolfsburg
Eichendorffschule für J/M; RS
Frauenteichstr. 4a
Tel. 05361/13739

K 52146 Würselen-Broich
Heilig-Geist-Gymnasium Broichweiden für J/M; Gy/Tagesschule
Broicher Str. 103
Tel. 02405/7080
Fax. 02405/708-38

K 97072 Würzburg
Maria-Ward-Schule
Realschule der Englischen Fräulein für M; RS/Tagesheim
Annastr. 6
Tel. 0931/50473 u. 56117

K 97070 Würzburg
St. Ursula-Schule für M; RS/Gy/Tagesheim
Augustinerstr. 17
Tel. 0931/35512-0 (RS) 50649 (Gy)

K 42105 Wuppertal
Erzbischöfl. Gymnasium für J/M; Gy

Dorotheenstr. 11–19
Tel. 0202/300477
Fax. 0202/307861

V 42103 Wuppertal
Herder-Schule für J/M;
RS/Gy/GTS
Luisenstr. 136
Tel. 0202/313170
Fax. 0202/305734

V 42289 Wuppertal
Wuppertaler Privatschule für J/M;
RS/Gy/GTS
Saarbrücker Str. 30
Tel. 0202/557606

K 46509 Xanten
Marienschule für M; RS
Klever Str. 9
Tel. 02801/2188

E 34596 Zwesten
Jugenddorf-Christophorus-schule Oberurff
für J/M; Gy
Bergfreiheiter Str. 19
Tel. 05626/751

1.1.3. Waldorfschulen

52074 Aachen
Freie Waldorfschule Aachen
Aachener und Münchener Allee 5
Tel. 0241/71044
Fax. 0241/71048

86169 Augsburg
Freie Waldorfschule Augsburg
Dr.-Schmelzing-Str. 52
Tel. 0821/270960
Fax. 0821/2709650

61231 Bad Nauheim
Freie Waldorfschule Wetterau
An der Bikenkaute 8
Tel. 06032/82350

72336 Balingen-Frommern
Freie Waldorfschule Balingen
Hurdnagelstr. 3
Tel. 07433/37676

51427 Bergisch Gladbach
Freie Waldorfschule Bergisch Gladbach
Mohnweg 13
Tel. 02204/34538

13439 Berlin
Waldorfschule Märkisches Viertel
Treuenbrietzenerstr. 28
Tel. 030/4151058/59

14195 Berlin
Rudolf Steiner Schule Berlin e. V.
Auf dem Grat 3
Tel. 030/830091-0
Fax. 030/83009155

14165 Berlin
Emil Molt Schule
Freie Waldorfschule
Claszeile 60–66
Tel. 030/8155757

10969 Berlin
Freie Waldorfschule Kreuzberg
Träger: Emil Molt Schule e. V.
Alte Jakobstr. 12
Tel. 030/6151010

10999 Berlin
Freie Waldorfschule an der Mauer
Dresdner Str. 113
Tel. und Fax. 030/2279 1394

66450 Bexbach
Freie Waldorfschule Saar-Pfalz
Parkstraße
Tel. 06826/3260

33611 Bielefeld
Rudolf Steiner Schule Bielefeld
An der Probstei 23
Tel. 0521/85908

44869 Bochum
Widar Schule Wattenscheid
Höntroper Str. 95
Tel. 02327/73830

44892 Bochum
Rudolf Steiner Schule Bochum
Hauptstr. 238
Tel. 0234/28131
Fax. 0234/283158

71032 Böblingen
Freie Waldorfschule BB/Sindelfingen e. V.
Herdweg 163
Tel. 07031/223144

29699 Bomlitz-Benefeld
üb. Walsrode/Hann.
Freie Waldorfschule
Landschulheim Benefeld
Tel. 05161/4021

53119 Bonn (Tannenbusch)
Freie Waldorfschule Bonn
Stettiner Str. 21
Tel. 0228/66807-0
Fax. 0228/66807-30

33178 Borchen-Schloß Hamborn
Rudolf Steiner Schule
Landschulheim Schloß Hamborn
Tel. 05251/389210

38120 Braunschweig
Freie Waldorfschule Braunschweig
Rudolf-Steiner-Str. 2
Tel. 0531/849031/32

28211 Bremen
Freie Waldorfschule Bremen
Touler Str. 3
Tel. 0421/447802

09117 Chemnitz
Freie Waldorfschule
Sandstr. 102
Tel. 0371/361611
Talstr. 66
Tel. 0371/411226

96450 Coburg
Rudolf Steiner Schule Coburg
Callenberg 12
Tel. 09561/53077
Fax. 09561/54880

03042 Cottbus
Freie Waldorfschule
Rudolf-Rothkegel-Str. 73
Tel. 0355/713121

64297 Darmstadt-Eberstadt
Freie Waldorfschule Darmstadt
Arndtstr. 6
Tel. 06151/54033

32760 Detmold
Freie Waldorfschule Lippe-Detmold
Blomberger Str. 67
Tel. 05231/57679 und 57670

63128 Dietzenbach
Rudolf Steiner Schule Dietzenbach
An der Vogelhecke 1
Tel. 06074/44083

44225 Dortmund
Rudolf Steiner Schule
Mergelteichstr. 51
Tel. 0231/7107-336 und 7107-480

44225 Dortmund
Georgschule
Mergelteichstr. 49
Tel. 0231/7107-484

01129 Dresden
Freie Waldorfschule
Wilder-Mann-Str. 13
Tel. 0351/5987387

46625 Düsseldorf
Rudolf Steiner Schule Düsseldorf
Diepenstraße 15
Tel. 0211/232069
Fax. 0211/231462

47178 Duisburg
Freie Waldorfschule Niederrhein
Am Nünninghof 11
Tel. 0203/474866

24340 Eckernförde
Freie Waldorfschule Eckernförde

Schleswiger Str. 112
Tel. 04351/84317

25337 Elmshorn
Freie Waldorfschule Elmshorn
Adenauerdamm 2
Tel. 04121/47750

50374 Erftstadt-Liblar
Freie Waldorfschule Voreifel
Am Schießendahl 87
Postfach 2265
Tel. 02235/44792

91058 Erlangen
Freie Waldorfschule Erlangen
Rudolf-Steiner-Str. 2
Tel. 09131/65051

45134 Essen
Freie Waldorfschule
Schellstr. 47
Tel. 0201/473958

73734 Esslingen
Freie Waldorfschule Esslingen
Weilstraße 90
Tel. 0711/385998/99

49565 Bramsche-Evinghausen
Freie Waldorfschule Evinghausen
Tel. 05468/424
Fax. 05468/548

70794 Filderstadt
Freie Waldorfschule auf den Fildern
Gutenhalde
Tel. 0711/775063-64

24941 Flensburg
Freie Waldorfschule Flensburg
Valentiner Allee 1
Tel. 0461/97095
Fax. 0461/98379

67227 Frankenthal
Freie Waldorfschule Vorderpfalz
Julius-Bettinger-Str. 1
Tel. 06233/47047

60433 Frankfurt (Eschersheim)
Freie Waldorfschule
Friedlebenstr. 52
Tel. 069/520091
Fax. 069/527834

15232 Frankfurt/Oder
Freie Waldorfschule an der Oder
Wimpinastr. 7
Tel./Fax. 0335/42614

79100 Freiburg i. Br.
Freie Waldorfschule Freiburg
Schwimmbadstr. 29
Tel. 0761/77017

79104 Freiburg
Michael-Schule
Kartäuserstr. 55
Tel. 0761/383278

79111 Freiburg
Freie Waldorfschule St. Georgen
Bergiselstr. 11
Tel. 0761/41214

45968 Gladbeck
Freie Waldorfschule Gladbeck
Horsterstr. 82
Tel. 02043/25075/76

73035 Göppingen-Faurndau
Freie Waldorfschule Filstal
Ahornstr. 41
Tel. 07161/27072

37077 Göttingen
Freie Waldorfschule Göttingen
Arbecksweg 1
Tel. 0551/371042

82194 Gröbenzell
Rudolf Steiner Schule Gröbenzell
Spechtweg 1
Tel. 08142/53045/46

33335 Gütersloh (Friedrichsdorf)
Freie Waldorfschule Gütersloh
Hermann-Rothert-Str. 7
Tel. 05209/5584

42781 Haan
Freie Waldorfschule Haan-Gruiten
Prälat Marschallstr. 34
Tel. 02104/6466/67

58135 Hagen
Rudolf Steiner Schule Hagen
Enneperstr. 30
Tel. 02331/403901

06118 Halle/Saale
Freie Waldorfschule
Frohe Zukunft 1a
Tel. 0345/23237
Fax. 0345/509597

22763 Hamburg
Rudolf Steiner Schule Hamburg-Altona
Bleickenallee 1
Tel. 040/392993

22609 Hamburg
Rudolf Steiner Schule Nienstedten
Elbchaussee 366
Tel. 040/829917

22395 Hamburg
Rudolf Steiner Schule in den Walddörfern
Bergstedter Chaussee 207
Tel. 040/6047090

22147 Hamburg (Farmsen)
Rudolf Steiner Schule Wandsbek
Rahlstedter Weg 60
Tel. 040/6458950

21092 Hamburg
Rudolf Steiner Schule Bergedorf
Am Brink 7
Tel. 040/7212222

21149 Hamburg
Rudolf Steiner Schule Harburg
Ehestorfer Heuweg 82
Tel. 040/7907288
Fax. 040/7966950

59077 Hamm
Freie Waldorfschule Hamm
Kobbenskamp 23
Tel. 02381/40932

30173 Hannover
Freie Waldorfschule Han.-Maschsee
Rudolf-von-Bennigsen-Ufer 70
Tel. 0511/807090

30659 Hannover
Freie Waldorfschule Hannover-Bothfeld
Weidkampshaide 17
Tel. 0511/6490686
Fax. 0511/6478673

69123 Heidelberg-Wieblingen
Freie Waldorfschule Heidelberg
Mittelgewannweg 16
Tel. 06221/833992

89518 Heidenheim/Brenz
Freie Waldorfschule
Ziegelstr. 50
Postfach 1340
Tel. 07321/41038/39

74081 Heilbronn
Freie Waldorfschule Heilbronn
Max-von-Laue-Str. 4
Tel. 07131/51012

44652 Herne
Hiberniaschule Wanne-Eickel
Holsterhauser Str. 70
Tel. 02325/46080
Fax. 02325/46080

31137 Hildesheim
Freie Waldorfschule Hildesheim
Brauhausstr. 6
Tel. 05121/93620
Fax. 05121/9362-20

56472 Hof-Wöllbattendorf
Freie Waldorfschule Hof
Alte Helmbrechtsstr. 14
Tel. 09281/63107

85737 Ismaning
Freie Waldorfschule Ismaning
Frauenhoferstr. 1
Tel. 089/964758

25524 Itzehoe-Wellenkamp
Freie Waldorfschule Itzehoe
Am Kählerhof
Tel. 04821/83333

07745 Jena-Göschwitz
Freie Waldorfschule
Hauptstr. 2
Tel. 03641/31820

21255 Kakenstorf
Rudolf Steiner Schule Nordheide
Lange Str. 2
Tel. 04186/661
Fax. 04186/668

24568 Kaltenkirchen
Freie Waldorfschule Kaltenkirchen
Oersdorfer Weg 2
Tel. 04191/2711

76139 Karlsruhe
Freie Waldorfschule Karlsruhe
Königsberger Str. 35a
Tel. 0721/685071

34131 Kassel-Wilhelmshöhe
Freie Waldorfschule Kassel
Hunrodstr. 17
Tel. 0561/30931

24109 Kiel
Freie Waldorfschule Kiel
Hofholzallee 20
Tel. 0431/53090
Fax. 0431/530951

14532 Kleinmachnow
Freie Waldorfschule
Am Hochwald 30
Tel. 033203/28457

50765 Köln
Freie Waldorfschule Köln
Martinusstr. 28
Tel. 0221/5905137

47800 Krefeld
Freie Waldorfschule Krefeld
Kaiserstr. 61
Tel. 02151/53950

36093 Künzell/Fulda
Rudolf Steiner Schule Loheland
Tel. 0661/39221
Fax. 0661/39219

04209 Leipzig
Freie Waldorfschule
Potschkaustr. 50
Tel. 0341/4112152

79540 Lörrach
Freie Waldorfschule Lörrach
Hauptstr. 27
Tel. 07621/13927

71634 Ludwigsburg
Freie Waldorfschule Ludwigsburg
Fröbelstr. 16
Tel. 07141/90924

23566 Lübeck-Eichholz
Freie Waldorfschule Lübeck
Dieselstr. 18
Tel. 0451/601061/62
Fax. 0451/606333

21337 Lüneburg
Rudolf Steiner Schule Lüneburg
Dahlenburger Landstr. 151
Tel. 04131/56094

39116 Magdeburg
Freie Waldorfschule Magdeburg
Ferd.-von-Schill-Str.
Tel. 0391/392423

55126 Mainz-Finthen
Freie Waldorfschule Mainz
Merkurweg 2
Tel. 06131/472077/78

68199 Mannheim
Freie Waldorfschule
Neckarauer Waldweg 131
Tel. 0621/853006
Fax. 0621/855842

35037 Marburg/Lahn
Freie Waldorfschule Marburg
Ockershäuser Allee 14
Tel. 06421/25256

32429 Minden
Freie Waldorfschule Minden
Haberbreede 17
Tel. 05734/7733

41065 Mönchengladbach
Rudolf Steiner Schule in Mönchengladbach
Myllendonker Str. 113
Tel. 02161/60742

45472 Mülheim/Ruhr
Freie Waldorfschule in Mülheim a. d. Ruhr
Blumendellerstr. 29
Tel. 0208/498141

79379 Müllheim
Freie Waldorfschule im Markgräfler Land
Am Zirkusplatz 1
Tel. 07631/15255

80802 München
Rudolf Steiner Schule
Leopoldstr. 17
Tel. 089/348142
Fax. 089/331754

81929 München
Rudolf Steiner Schule Daglfing
Max-Proebstl-Str. 7
Tel. 089/993911-0

48161 Münster
Freie Waldorfschule Münster
Hensenstr. 101
Tel. 0251/868440

24539 Neumünster
Freie Waldorfschule Neumünster
Schwabenstr. 1
Tel. 04321/72772

56567 Neuwied-Niederbieber
Rudolf Steiner Schule Neuwied
Augustentalerstr. 25
Tel. 02631/96420

90491 Nürnberg
Rudolf Steiner Schule
Steinplattenweg 25
Tel. 0911/593077

72622 Nürtingen
Rudolf Steiner Schule
Erlenweg 1
Tel. 07022/33052

77652 Offenburg
Freie Waldorfschule Offenburg
Rheinstr. 3
Tel. 0781/78687

26135 Oldenburg
Freie Waldorfschule
Blumenhof 9
Tel. 0441/13881/82

67697 Otterberg
Freie Waldorfschule Westpfalz
Schulstr. 4
Tel. 06301/32447

28870 Ottersberg
Freie Rudolf Steiner Schule
Amtshof 5
Tel. 04205/2066

75173 Pforzheim
Goetheschule – Freie Waldorfschule
Schwarzwaldstr. 66
Tel. 07231/25971

14471 Potsdam
Freie Waldorfschule
Geschwister-Scholl-Str. 54
Tel. 0331/972077

63209 Prien
Freie Waldorfschule Chiemgau
Bernauer Str. 34
Tel. 08051/4034

42897 Remscheid
Rudolf Steiner Schule Remscheid
Schwarzer Weg 3
Tel. 02191/667811

24768 Rendsburg
Freie Waldorfschule Rendsburg
Nobiskrüger Allee 75
Tel. 04331/5071
Fax. 04331/29690

72762 Reutlingen
Freie Georgenschule
Moltkestr. 29
Tel. 07121/22015-17

66126 Altenkessel (Saarbrücken)
Freie Waldorfschule Saarbrücken
Großwaldstr. 2
Tel. 06898/80660

86938 Schondorf/Ammersee
Rudolf Steiner Schule Ammersee
St.-Anna-Str. 15
Tel. 08192/382
Fax. 08192/8101

79650 Schopfheim
Freie Waldorfschule Schopfheim
Schlierbachstr. 23
Tel. 07622/7015 u. 7020
Fax. 07622/5268

73529 Schwäbisch Gmünd
Freie Waldorfschule Schwäbisch
Gmünd
Scheffoldstr. 136–140
Tel. 07171/38369

74523 Schwäbisch Hall
Freie Waldorfschule Schwäbisch Hall
Teurerweg 2
Tel. 0791/97061-0
Fax. 0791/9706122

57072 Siegen
Rudolf Steiner Schule Siegen
Kolpingstr. 3
Tel. 0271/41096/97
Fax. 0271/48339

21682 Stade
Freie Waldorfschule Stade
Seminarstr. 2
Tel. 04141/45725

53757 St. Augustin (Hangelar)
Freie Waldorfschule im Siegkreis
Graf-Zeppelin-Str. 7
Tel. 02241/202650

78333 Stockach
Freie Waldorfschule Wahlwies
Am Maisenbühl
Tel. 07771/3183

70188 Stuttgart
Freie Waldorfschule Uhlandshöhe
Haußmannstr. 44
Tel. 0711/240241/42
Fax. 0711/603995

70192 Stuttgart
Freie Waldorfschule am Kräherwald
Rudolf-Steiner-Weg 10
Tel. 0711/2573320

70563 Stuttgart
Michael Bauer Schule,
Freie Waldorfschule
Othellostraße 5
Tel. 0711/6871636

54296 Trier
Freie Waldorfschule Trier
Montessoriweg 7
Tel. 0651/32021

72076 Tübingen-Waldhäuser-Ost
Tübinger Freie Waldorfschule
Rotdornweg 30
Tel. 07071/65118

88662 Überlingen-Rengoldshausen
Freie Waldorfschule am Bodensee
Tel. 07551/63077
Fax. 07551/66226

89077 Ulm
Freie Waldorfschule Ulm
Römerstr. 97
Tel. 0731/37071

89077 Ulm
Freie Waldorfschule am Illerblick
Unterer Kuhberg 22
Tel. 0731/31887

71665 Vaihingen/Enz
Freie Waldorfschule Vaihingen/Enz
Steinbeisstr. 61
Tel. 07042/6633

78054 VS-Schwenningen
Rudolf Steiner Schule
Schluchseestr. 55
Tel. 07720/32037/38

88239 Wangen i. Allgäu
Freie Waldorfschule Wangen
Rudolf-Steiner-Str. 4
Tel. 07522/3069

99425 Weimar
Freie Waldorfschule
Klosterweg 4
Tel. und Fax. 03643/3234

95336 Mainlens
Freie Waldorfschule Wernstein
Patersbergweg 5–7
Tel. 09229/7052

51674 Wiehl
Freie Waldorfschule Oberberg
Hindelanger Str. 5
Tel. 02262/92453

65203 Wiesbaden-Biebrich
Freie Waldorfschule Wiesbaden
Albert-Schweitzer-Allee 40
Postfach 5949
Tel. 0611/692436
Fax. 0611/692439

73650 Winterbach
Freie Waldorfschule Engelberg

Rudolf-Steiner-Weg 4
Tel. 07181/704-0
Fax. 07181/704222

58455 Witten-Heven
Rudolf Steiner Schule Witten I
Billerbeckstraße 2
Tel. 02302/281830
Fax. 02302/27002

58455 Witten-Heven
Rudolf Steiner Schule Witten II
Bochumer Str. 10a
Tel. 02302/51153

38440 Wolfsburg
Freie Waldorfschule Wolfsburg e. V.
Masurenweg 9
Tel. 05361/36901

97074 Würzburg
Freie Waldorfschule Würzburg
Oberer Neubergweg 14
Tel. 0931/796550

42285 Wuppertal (Barmen)
Rudolf Steiner Schule
Schluchtstr. 21
Tel. 0202/81233

1.1.4. Schulen des zweiten Bildungsweges

K 33014 Bad Driburg
Clemens-Hofbauer-Kolleg für H;
Kolleg besonderer Art
Nordfeldmark 4
Tel. 05253/2086
Fax. 05253/3555

K 96049 Bamberg
Erzbischöfliches Abendgymnasium für H/D; Neusprachl. Gymnasium
Karmelitenplatz 1–3
Tel. 0951/57624

K 96049 Bamberg
Theresianum, Spätberufenenschule der Karmeliten für H/D;
Spätberufenenschule/Gy, Kolleg
Karmelitenplatz 1–3
Tel. 0951/95224-0

V 10711 Berlin
Private Kant-Schule für H/D;
AbendGy
Georg-Wilhelm-Str. 1
Tel. 030/8912955

K 76646 Bruchsal
Abendrealschule für H/D;
Huttenstr. 49, Postfach 1828
Tel. 07251/721980
Fax. 07251/721985

V 64297 Darmstadt
Schulzentrum Seminar Marienhöhe; D/H; Kolleg
Auf der Marienhöhe 32
Tel. 06151/5391-0
Fax. 06151/5391-68

K 89584 Ehingen/Donau
Theologisches Vorseminar Ambrosianum am Kolleg St. Josef für H/D;
Theologisches Vorseminar (alte Sprachen)/GTS
Müllerstr. 8
Tel. 07391/6018

K 45139 Essen
Bischöfl. Abendgymnasium für H/D; Gy
Franziskanerstr. 67
Tel. 0201/285802

K 79102 Freiburg
Kolping-Kolleg für H/D;
Kolleg
Hildastr. 39
Tel. 0761/70735

K 79102 Freiburg
Abendhauptschule, Abendrealschule und Berufskolleg Freiburg für H/D;
Abendrealschule/Kolleg
Landsknechtstr. 4
Tel. 0761/70862-14 (RS); -17 (Kolleg)
Fax. 0761/706337

V 22609 Hamburg
Studienschule Hermanneum; D/H;
Abendstudienschule
Jenischstr. 48
Tel. 040/826002

V 24105 Kiel
Freie Schule Kiel – NAFO; D/H;
Abendschule
Feldstr. 76–96
Tel. 0431/802017

K 95692 Konnersreuth
Spätberufenenschule St. Josef
für H; humanistisches Gymnasium
Fockenfeld 1
Tel. 09632/791
Fax. 09632/5145

K 39106 Magdeburg
Kolleg Norbertinum für H/D;
Kolleg, Sprachenkurs
für Latein u. Griechisch
Sieverstorstr. 51
Tel. 0391/553426

K 55122 Mainz
Ketteler-Kolleg für H/D;
Institut zur Erlangung
der Hochschulreife
Rektor-Plum-Weg 10
Tel. 06131/31060

K 49497 Mettingen
Comenius-Kolleg für H/D;
Institut zur Erlangung
der Hochschulreife
Sunderstr. 15–17
Tel. 05452/2358

K 81667 München
Romano-Guardini-Schule
für H/D Abendrealschule
für Erwachsene, Fachoberschule
für Sozialwesen
Preysingstr. 83
Tel. 089/48092258

K 48149 Münster
Overberg-Kolleg für H/D; Institut
zur Erlangung der Hochschulreife
Fliednerstr. 25
Tel. 0251/80041

K 41464 Neuss
Erzbischöfl. Friedrich-Spee-Kolleg
für D/H; Gy
Paracelsusstr. 8
Tel. 02131/80510
Fax. 02131/84901

K 77704 Oberkirch
Außenstelle der Abend-
realschule
Freiburg für H/D; Abend-
realschule
Schwarzwaldstr. 11
Tel. 07802/82190

K 77652 Offenburg
Abendrealschule (Außenstelle
der Abendrealschule Freiburg)
für H/D;
Vogesenstr. 16
Tel. 07642/7330

K 77652 Offenburg
Abendgymnasium für H/D; Gy
Vogesenstr. 10
Tel. 0781/92590

K 40878 Ratingen
Abendschule Ratingen
für H/D; Abendrealschule,
Fachoberschule in Teilzeitform,
Typen Technik und Wirt-
schaft
Schützenstr. 54
Tel. 02102/842114

K 79618 Rheinfelden
Abendrealschule für H/D;
Müssmattstr. 18
Tel. 07623/5395 u. 8583

K 76287 Rheinstetten-Forchheim
Kolping-Kolleg Rheinstetten
für H/D; Kolleg
zur Erlangung der Hoch-
schulreife
Sofienstr. 16
Tel. 0721/518554

K 77880 Sasbach
Seminar St. Pirmin für H;
Kolleg und Aufbaugymnasium
zur Erlangung der allg.

Hochschulreife/GTS
Friedhofstr. 4
Tel. 07841/705-232

K 82515 Wolfratshausen (Waldram)
Spätberufenengymnasium
und Kolleg St. Matthias
für H/D; Kolleg und Gy
Seminarplatz 3
Tel. 08171/20046

K 79669 Zell i. W.
Außenstelle der Abendrealschule
Freiburg für H/D; Abendrealschule
Gottfried-Feßmann-Str. 9
Tel. 07625/7481

1.1.5. Sonderschulen

K 52062 Aachen
Marienschule für J/M; EH Primarbereich, Sek.I
Harscampstr. 45
Tel. 0241/21333 u. 31640

K 52066 Aachen-Siegel
Berufsfachschule für Wirtschaft und Verwaltung mit Vorklasse zum Berufsgrundschuljahr für J/M; BFS für körperbehinderte Jugendliche – Vorklasse zum Berufsgrundschuljahr
Kalverbenden 91
Tel. 0241/6004-124

K 93326 Abensberg
Berufsbildungswerk für J/M; BS für LB
Regensburger Str. 60
Tel. 09443/709-190
Fax. 09443/709-222

K 93326 Abensberg
Cabrinischule Offenstetten
für J/M; LB/GB mit SVE/Tagesstätte
Tel. 09443/493-4

E 90518 Altdorf
Förderzentrum der Rummelsberger Anstalt für J/M; SB/LB
Silbergasse 2
Tel. 09187/60152

K 67317 Altleiningen
Priv. Heimschule St. Rafael
für J/M; LB
Schloßmühle 1
Tel. 06356/369

K 84503 Altötting
Konrad-von-Parzham-Schule
für J/M; GB mit SVE/Tagesstätte
Caritasweg 1
Tel. 08671/2258

E 91522 Ansbach
Förderzentrum des Diakoniewerks Neuendettelsau für J/M; SB, LB
Karolinenstr. 25a
Tel. 0981/89305

K 59821 Arnsberg
Caritas-Schule Mariannhill. Priv. Schule für J/M; GB
Mariannhiller Weg 1
Tel. 02931/77220

K 84544 Aschau a. Inn
Gewerbliche und kaufmännische Berufsschule für Körperbehinderte im Berufsbildungswerk Waldwinkel für J/M; BS
Tel. 08638/64-410
Fax. 08638/64-248

K 83229 Aschau/Chiemgau
Priv. Schule für Körperbehinderte und Kranke der Orthopädischen Kinderklinik für J/M; KB/Schule für Kranke mit SVE/Tagesstätte
Bernauer Str. 18
Tel. 08052/171-0
Fax. 08052/171200

K 57439 Attendorn
St. Laurentius-Schule für J/M; GB
Hansastr. 12
Tel. 02722/2171

K 83546 Au am Inn
Franziskus-von-Assisi-Schule
für J/M; GB/Tagesstätte
Nr. 2
Tel. 08073/1011

K 86159 Augsburg
Berufsbildungswerk Augsburg
für J/M; Gewerbl., landw., hausw.
BS(LB)
Fritz-Wendel-Str. 4
Tel. 0821/5979-231
Fax. 0821/5979-115

K 86154 Augsburg
Priv. Heimschule beim Kinderkrankenhaus St. Josefinum
für J/M Grundschüler, Hauptschüler EH/LB/SB/
Tagesstätte
Prälat-Bigelmair-Str. 22
Tel. 0821/41062-50

K 97980 Bad Mergentheim
Priv. Sonderschule am Caritaskrankenhaus für J/M; GS und HS
im Krankenhaus
Uhlandstr. 7
Tel. 07931/58-2085

K 97616 Bad Neustadt
Maximilian-Kolbe-Schule für J/M;
(Grundschulstufe) SB mit SVE/
Tagesstätte
Schweinhofer Str. 6
Tel. 09771/1540

E 32549 Bad Oeynhausen
Schule Wittekindshof – Private
Krankenhausschule (Ersatz-Sonderschule) für J/M; GB/LB
Postfach 140101
Tel. 05734/81

K 79713 Bad Säckingen
Schule St. Fridolin
Priv. Schule für Erziehungshilfe
für J/M; EH (GS/HS)
Hasenrütte 4
Tel. 07761/2051

E 91438 Bad Windsheim
Priv. Sprachheilschule
für J/M; SB
Friedensweg 8b
Tel. 09841/4130

K 86825 Bad Wörishofen
Fördereinrichtung der Kneippschen Kinderheilstätte für J/M;
(GS/HS/RS)
Fidel-Kreuzer-Str. 12,
Postfach 1463
Tel. 08247/3009-0

K 88255 Baindt
Heimsonderschule für Blinde
und Sehbehinderte St. Josef
für J/M; GS/Förderschule
für Sehbehinderte/mehrfachbehinderte Blinde, Sonderschulkindergarten/Tagesstätte
Tel. 07502/4911

K 96049 Bamberg
Private Schule für Gehörlose
und Schwerhörige für J/M;
GS/HS/Sonderkindergarten
Oberer Stephansberg 44
Tel. 0951/5055-62

K 96049 Bamberg
Private Schule für SB für J/M;
GS/TeilHS/Sonderkindergarten/Tagesstätte
Oberer Stephansberg 44
Tel. 0951/5055-59

K 59269 Beckum-Holter
Vincenz-von-Paul-Schule
für J/M; B
Holter 43
Tel. 02521/5577 u. 5534

K 50126 Bergheim-Zieverich
Jacob-van-Gils-Schule
Schule für EH für J/M;
Van-Gils-Str. 10
Tel. 02271/41041

W 14163 Berlin
Heilpädagogisches Therapeutikum;
J/M; GB
Quermatenweg 6
Tel. 030/8133068

W 14129 Berlin
Caroline-von-Heydebrand-Heim e. V.
J/M; VG
Klopstockstr. 36
Tel. 030/8016003

K 14109 Berlin
Sancta-Maria-Schule für J/M; LB/GB
Dreilindenstr. 24–28
Tel. 030/803030

K 12277 Berlin
Kath. Schule St. Hildegard für J/M; GS/HS für gesundheitsgeschädigte Kinder
Malteserstr. 171
Tel. 030/7213090

K 13088 Berlin
Katholische Schule St. Hildegard Filiale St. Josef für J/M; GB
Gürtelstr. 8
Tel. 030/9654116 App. 59

K 49593 Bersenbrück
Tagesbildungsstätte für Kinder und Jugendliche für J/M; GB/KB Tagesbildungsstätte/Sonderkindergarten
Im Dom 21
Tel. 05439/793/794
Fax. 05439/740

W 33613 Bielefeld
Sonnenhellweg-Schule. J/M; GB, LB
Benzstr. 1
Tel. und Fax. 0521/888840

E 33617 Bielefeld
Kerschensteier-Schule (Berufssonderschule) für J/M; BS/Berufsvorbereitung
Mamreweg 10
Tel. 0521/1443088

E 33649 Bielefeld
Evangelische Jugendhilfe Ummeln, Heiminterner Kursus zur Erlangung des Hauptschulabschlusses für M
Veerhoffstr. 5
Tel. 0521/48065

E 33649 Bielefeld
Evangelische Jugendhilfe Ummeln, Kursus des Berufsvorbereitungsjahres in Hauswirtschaft/Textil für M
Veerhoffstr. 5
Tel. 0521/48065

E 33649 Bielefeld
Evangelische Jugendhilfe Ummeln, Lehr- und Ausbildungssalon für Friseusen für M
Veerhoffstr. 5
Tel. 0521/48065

E 33649 Bielefeld
Evangelische Jugendhilfe Ummeln, Sonderschule für M; EH
Veerhoffstr. 5
Tel. 0521/48063

K 46399 Bocholt
Bischof-Ketteler-Schule für J/M; GB
Horststr. 28
Tel. 02871/30870

W 44805 Bochum-Gerthe
Christophorushaus. J/M; GB
Gerther Str. 31
Tel. 0234/85605

K 33034 Brakel
Priv. Schule für Lernbehinderte im Kolping-Berufsbildungswerk Brakel für J/M; BS für LB
Bohenkamp 18–20
Tel. 05272/604-300/310
Fax. 05272/604-499

W 28355 Bremen
Tobias-Schule. J/M; LB
Rockwinkeler Landstr. 41–43
Tel. 0421/259884

K 79206 Breisach-Oberrimsingen
Christophorus-Schule für J; EH/HS/Förderschule/BS/Berufsvorbereitungsjahr
Tel. 07664/409-235
Fax. 07664/409-299

K 77815 Bühl-Neusatzeck
St. Agnes/SonderBFS
Hauswirtschaft für M; LB
Tel. 07223/24471

K 96224 Burgkunstadt
Private Schule für GB im Josefsheim Burgkunstadt für J/M;
Vogtei 8
Tel. 09572/389-200

K 93413 Cham
Bildungsstätte St. Gunther für J/M;
Schule für Kranke und GB/KB mit SVE/Tagesstätte
St.-Gunther-Str. 22
Tel. 09971/2160

K 49661 Cloppenburg
St. Vincenzhaus für J/M;
Schule für LB/GB
St.-Michael-Str. 18
Tel. 04471/8805-0
Fax. 04471/8805-77

K 45711 Datteln
Krankenhausschule der Vestischen Kinderklinik für J/M;
Lloydstr. 5
Tel. 02363/6071

K 94469 Deggendorf
Priv. Berufsschule für J/M; BS/LB
Egger Str. 30
Tel. 0991/28337

K 31199 Diekholzen
St.-Franziskus-Schule
Sonderschule für J/M; GB
Tel. 05064/701-0
Fax. 05064/8368

K 89407 Dillingen
Private Schule für J/M; SB
GS und SVE/Förderklassen/Tagesstätte
Prälat-Hummel-Str. 1
Tel. 09071/502-251

K 89407 Dillingen
Private Schule für Gehörlose für J/M; GS/HS mit SVE/Tagesstätte
Prälat-Hummel-Str. 1
Tel. 09071/502-221
Fax. 09071/502-115

K 89407 Dillingen
Regens-Wagner-Schule für J/M;
GB mit SVE/Tagesstätte
Prälat-Hummel-Str. 2
Tel. 09071/502261
Fax. 09071/502115

K 37351 Dingelstädt
St.-Franziskus-Schule für J/M;
Schule für GB
Riethstieg 3
Tel. 036275/2272
Fax. 036275/2467

K 49413 Dinklage
Kardinal-von-Galen-Haus für J/M;
Schule für KB
Schulstr. 7
Tel. 04443/89090
Fax. 04443/890989

K 73072 Donzdorf
Schule der St. Vinzentiuspflege für J/M; EH/GS/HS/SonderBS/Tagesgruppe
Schillerstr. 13
Tel. 07162/2251

K 41539 Dormagen
Raphaelschule für J/M;
EH/Tagesstätte
Krefelder Str. 122, Postfach 100360
Tel. 02133/50549
Fax. 02133/50529

K 44145 Dortmund
Vincenz-von-Paul-Schule für J/M; EH
Oesterholzstr. 85–91
Tel. 0231/9832-170

W 01099 Dresden
Heilpädagogische Schule für J/M; GB
Stauffenberg-Allee 6
Tel. 0351/571588

K 01277 Dresden
Förderschule St. Franziskus für J/M; GB
Tolkewitzer Str. 57
Tel. 0351/334406

E 01099 Dresden
Förderschule für J/M; GB
Holzhofgasse 4
Tel 0351/5985306

E 01129 Dresden
Förderschule für J/M; GB
Kändlerstr. 4
Tel 0351/574775

K 56761 Düngenheim
Heimschule für GB «St. Martin»
für J/M; GB/Sonderkindergarten
Tel. 02653/598-90

K 89350 Dürrlauingen
Private Schule für Lernbehinderte
(Grund- und Hauptschulstufe)
für J/M; LB/GS/HS und SVE
Tel. 08222/401-333

K 89350 Dürrlauingen
Private gewerbliche Heimberufsschule für LB für J/M; BS
St.-Nikolausstr. 6
Tel. 08222/401-360

K 84307 Eggenfelden
St.-Rupert-Schule für J/M; GB
mit SVE/Tagesstätte
Pfarrkirchner Str. 64
Tel. 08721/8342

K 85072 Eichstätt
Heimschule zur EH für J/M;
EH/GS/HS/Kindergarten/
Tagesstätte Kinderdorf
Marienstein
Tel. 08421/6000-0
Fax. 08421/6000-36

K 54533 Eisenschmitt
Haus Bergfeld, Schule für J/KB
Tel. 06567/551

K 73479 Ellwangen
Rupert-Mayer-Schule
für J/M; EH (Förderschule/
GS/HS)/Schulkindergarten
Dalkinger Str. 2
Tel. 07961/884-121
Fax. 07961/884222

K 85435 Erding
St.-Nikolaus-Schule Erding
für J/M; Schule für GB mit SVE/
Tagesstätte
Wilhelm-Bachmair-Str. 5
Tel. 08122/1616

K 59889 Eslohe
Caritas-Sonderschule Eslohe
für J/M; GB
Hauptstr. 11
Tel. 02973/533

K 45138 Essen
Sonderschule Franz-von-Sales-Haus
für J/M; LB/GB
Steeler Str. 261
Tel. 0201/2769/315

K 45307 Essen (Kray)
Adolph-Kolping-Schule-Berufsschule für J/M; Sonderschule
im Berufsbildenden Bereich
Am Zehnthof 100
Tel. 0201/8983-0
Fax. 0201/277782

K 76275 Ettlingen
Priv. Schule am Augustinusheim
für J/M; EH/Förderschule/HS/
Berufsvorbereitungsjahr/
BS (gewerbl./wirtschaftl.)
Schöllbronnerstr. 78
Tel. 07243/7740-0

V 60599 Frankfurt/Main
Hermann-Hesse-Schule; J/M;
Sonderschule für Suchtgefährdete
Hainer Weg 98
Tel. 069/683030

W 65933 Frankfurt/Main
Michael-Schule; J/M; VG, LB
Rehstr. 24
Tel. 069/392335

E 09599 Freiberg
Förderschule für J/M; GB
Wernerstr. 1
Tel. 03731/6071

E 09599 Freiberg
Albert-Schweitzer-Schule
für J/M; GB

Tschaikowskystr. 57
Tel. 03731/6071

W 79104 Freiburg
Haus Tobias; J/M; VG
Wintererstr. 83
Tel. 0761/37140 und 37150
Fax. 0761/36520

K 94078 Freyung
Caritasschule für Geistigbehinderte für J/M; GB mit SVE/Tagesstätte
Ludwig-Penzkofer-Str. 3
Tel. 08551/58570
Fax. 08551/58512

W 66299 Friedrichsthal-Bildstock
Johannesschule, Heilpädagogische Freie Waldorfschule
Neunkircher Str. 70
Tel. 06897/840000

K 26169 Friesoythe
Heilpädagogische Bildungsstätte für J/M; Tagesstätte GB/Kindergarten
Kirchweg 6
Tel. 04491/3085 u. 3086

E 97727 Fuchsstadt
Sondervolksschule für J/M; GB
Am Wiesenweg 16
Tel. 09732/3135

K 36044 Fulda
Heimsonderschule St. Antoniusheim für J/M; LB
Görresstr. 2
Tel. 0661/1097-65

E 82467 Garmisch-Partenkirchen
Priv. Sonderschule für J/M; Klinikschule GS/HS/RS/Gy für KB
Gehfeldstr. 24
Tel. 08821/7010

K 82131 Gauting
Priv. Schule zur Erziehungshilfe im Mädchenheim Gauting für M; TeilHS II/EH/SonderBS
Starnberger Str. 42
Tel. 089/8502608

K 48712 Gescher
Schule für GB «Haus Hall» für J/M; Sonderkindergarten
Haus Hall
Tel. 02542/703-190

K 45966 Gladbeck
Jordan-Mai-Schule für J/M; GB
Söllerstr. 10
Tel. 02043/56323

K 85625 Glonn
Private Schule zur Erziehungshilfe Schloß Zinneberg für M; EH/HS/SonderBS
Tel. 08093/5014

K 85625 Glonn
Schule zur Erziehungshilfe im Jugenddorf Piusheim für J; EH
Tel. 08093/59135

E 01558 Großenhain
Förderschule für J/M; GB
Diakonischer Verein der Behindertenhilfe
Mozartallee 145
Tel. 03522/8178

E 02747 Großhennersdorf
Förderschule für J/M; GB
Untere Dorfstraße
Tel. 035873/218

K 64846 Groß-Zimmern
St. Josephshaus Klein-Zimmern
Bischof-Ketteler-Schule
Schule für Verhaltensgestörte für J; EH Sonderschule für Kranke
Burgstr. 5
Tel. 06071/49430

E 22297 Hamburg
Sonderschule der Alsterdorfer Anstalten für J/M; LB/GB
Alsterdorfer Str. 440
Tel. 040/59100328

W 22041 Hamburg
Friedrich-Robbe-Institut, J/M; VG
Bärenallee 15
Tel. 040/6526606
Fax. 040/6528762

W 22395 Hamburg
Christophorusschule;
J/M; LB; VG
Bergstedter Chaussee 205
Tel. 040/6040903
Fax. 040/6047094

K 59065 Hamm
Elisabeth-Schule für Kranke (Sonderschule) im Marienhospital Hamm für J/M; GS Sek. I, (Berufsbildende Schulen)
Nordenwall 22
Tel. 02381/181150

V 63450 Hanau
Lautal-Institut, Sonderschule für SB
Nordstr. 26
Tel. 06181/12259

W 30165 Hannover
Freie Martinsschule; J/M; VG
Alemannstr. 3
Tel. 0511/3522026 und 3522625
Fax. 0511/3524903

K 54298 Helenenberg
Priv. Heimhauptschule der Salesianer Don Boscos – «Eduardstift» für J; HeimHS
Bitburger Str. 217
Tel. 06506/8990

K 53773 Hennef
Kath. Schule St. Ansgar II
Berufsschule für J/M;
EH im berufsbildenden Bereich
Happerschoß, Annostr. 8
Tel. 02242/8899-0

K 53773 Hennef
Kath. Schule St. Ansgar I
Schule für EH für J/M; EH
Happerschoß, Annostr. 8
Tel. 02242/8899-51
Fax. 02242/80711

E 02747 Herrnhut
Schulzentrum der evangelischen Brüder-Unität für J/M; GB
Comeniusstraße
Tel. 035873/250

K 67273 Herxheim
Schule für GB für J/M;
Bussereaustr. 21
Tel. 07276/8071

E 37235 Hessisch Lichtenau
Schule für Körperbehinderte im Krankenhaus für J/M; KB; Orthopädische Klinik und Rehabilitationszentrum der Diakonie e. V.
Tel. 05602/2021/22

E 37235 Hessisch Lichtenau
Ausbildungsstätte für J/M; KB; Orthopädische Klinik und Rehabilitationszentrum der Diakonie e. V.
Tel. 05602/2021/22

K 88525 Dürmentingen
Edith-Stein-Schule für J/M; EH/GS/HS/Förderschule), Berufsvorbereitungsjahr, SonderBS (Hauswirtschaft)/Tagesstätte
Schloß
Tel. 07371/6065

E 32120 Hiddenhausen
Eickhofheimschule – Priv. Ganztagsschule für Erziehungshilfe für J/M; EH/HS/LB
Tel. 05221/692-1

K 31134 Hildesheim
St.-Ansgar-Schule für J/M; VG
Wiesenstr. 23E
Tel. 05121/967450
Fax. 05121/869279

K 91355 Hilpoltstein
Schule für lernbehinderte Gehörlose für J/M; Gehörlose mit SVE/SonderBS/Tagesstätte
Zell 1
Tel. 09177/9781
Fax. 09177/9787

K 65239 Hochheim/Main
Schule für Körperbehinderte am Antoniushaus für J/M; KB
Burgeffstr. 42
Tel. 06146/908-0
Fax. 06146/908-299

K 33161 Hövelhof
Salvator-Schule
Schule für Erziehungshilfe
im berufsbildenden Bereich für J;
Vorklasse BGJ/BGJ
Salvatorstr. 45
Tel. 05257/503-0
Fax. 05257/50327

K 33161 Hövelhof
Salvator-Schule für J; EH Sek I
Salvatorstr. 45
Tel. 05257/503-0
Fax. 05257/50327

K 65719 Hofheim
Heimschule Vincenzhaus
für J/M; EH
Vincenzstr. 29
Tel. 06192/2094-0 (41)

K 86558 Hohenwart
Private Schule für lernbehinderte
Schwerhörige für J/M;
Sonderkindergarten/Tagesstätte
Richildisstr. 13
Tel. 08443/85-42
Fax. 08443/85-19

K 31188 Holle
Heimschule der Blum'schen
Waisenhausstiftung für J/M;
GS/HS
Henneckenrode
Tel. 05062/2220

K 78183 Hüfingen
Wessenberg-Schule am Heim
Mariahof für J; GS/HS/EH
Weiherweg 6
Tel. 0771/6007-(0)49
Fax. 0771/6007-89

K 86859 Igling-Holzhausen
Schule (GS/HS) für LB/GB, BS für
LB für J/M; Förderungslehrgang
Tagesstätte
Magnusstr. 3
Tel. 08241/5004-130

K 85055 Ingolstadt
Kinderzentrum St. Vinzenz für J/M;
GB mit SVE/Tagesstätte
Frühlingsstr. 15
Tel. 0841/58015
Fax. 0841/53852

K 83737 Irschenberg
Schule im Caritas-Kinderdorf
Irschenberg für J/M;
SB/EH/LB mit SVE/Tagesstätte
Miesbacher Str. 24
Tel. 08062/1751
Fax. 08062/8660

K 53925 Kall-Urft
Private kath. Schule für Erziehungshilfe im Hermann-Josef-Haus für J;
EH/GS/HS
Urfttalstr. 41
Tel. 02441/88540
Fax. 02441/1330

W 34130 Kassel
Jean-Paul-Schule;J/M;
VG, LB
Schanzenstr. 71
Tel. 0561/64870

K 87435 Kempten
Private Gewerbl. u. Hauswirtschaftl.
BS für LB, für J/M
Braut- u. Bahrweg 4
Tel. 0831/23017

W 24113 Kiel
Rudolf-Steiner-Schule; J/M; VG
Rendsburger Landstr. 129
Tel. 0431/686044

K 85614 Kirchseeon
Gewerbliche und hauswirtschaftliche
BS für LB für J/M;
Am Hirtenfeld 11
Tel. 08091/9709

K 97509 Kolitzheim (Wipfeld)
Von-Pelkhoven-Schule für M; EH/
HS (7–9)/SonderBS (Hauswirtsch./
D-Schneider/Gartenbau/
Hausw.-techn.)
St. Ludwig
Tel. 09385/860
Fax. 09385/888

K 51515 Kürten-Biesfeld
«Die gute Hand»
Schule für EH für J/M;

Jahnstr. 31
Tel. 02207/70848

K 76829 Landau-Queichheim
Berufsbildende Schule am Jugendwerk St. Josef für J/M; LB/SonderBS für LB u. VG
Hauptstr. 231, Postfach 1480
Tel. 06341/592-0
Fax. 06341/592323

K 76829 Landau-Queichheim
St. Paulusstift
Schule für J/M; KB/GS/HS
LB/GB/Sonderkindergarten
Hauptstr. 235
Tel. 06341/599141
Fax. 06341/599109

K 66849 Landstuhl
Schule im Reha-Zentrum Westpfalz für J/M; KB
Am Rothenborn
Tel. 06371/801863
Fax. 06371/801892

E 04107 Leipzig
Förderschule der Inneren Mission für J/M; GB
Emilienstr. 10
Tel. 0341/314935

E 04347 Leipzig
Förderschule Schloß Schönefeld e. V. für J/M; GB
Zeumerstr. 1–2
Tel. 0341/65213

E 49525 Lengerich
Priv. Schule für Geistigbehinderte für J/M; GB
Ringeler Damm 1
Tel. 05484/330

K 88299 Leutkirch
Schule St. Anna für J/M; EH/GS/HS/Schulkindergarten/Tagesgruppe
Kemptener Str. 11
Tel. 07561/82450 od. 8240

E 35423 Lich
Sonderschule am Ev. Kinderheim Arnsburg für J/M; LB
Höhlerstr. 4
Tel. 06404/2208

K 96215 Lichtenfels
Maximilian-Kolbe-Schulzentrum für J/M; LB
Eichenweg 16
Tel. 09571/6036

K 96215 Lichtenfels
Maximilian-Kolbe-Schulzentrum für J/M; GB/Tagesstätte
Eichenweg 16
Tel. 09571/6035

E 01465 Liegau-Augustusbad
Förderschule im Epilepsiezentrum Kleinwachau e. V. für J/M; GB
Wachauer Str. 30
Tel. 03528/7307

E 09212 Limbach-Oberfrohna
Behindertenhilfe Oberfrohna e. V. für J/M; GB
Lindenstr. 3
Tel. 03722/2195

K 49809 Lingen-Laxten
Tagesbildungsstätte für J/M; GB mit Sonderkindergarten
Hohenfeldstr. 22
Tel. 0591/801-860

K 59557 Lippstadt
St.-Hedwig-Schule
Private Schule für J/M;
EH für Primar- u. Sek. I
St.-Hedwig-Str. 2/4
Tel. 02941/14922

W 35037 Marburg
Bettina-von-Arnim-Schule für J/M; LB, VG, KB
Marbacher Weg 15
Tel. 06421/61133

K 84533 Marktl am Inn
Antoniushaus-Schule Marktl für J; EH (GS/HS)
Antoniusstr. 7
Tel. 08678/1232
Fax. 08678/1429

K 96126 Maroldsweisach
Dominikus-Savio-Schule für J/M; Sonderpädagogisches Förderzentrum mit SVE

Pfaffendorf, Langer Weg 10
Tel. 09535/355

K 56727 Mayen
Schule im Bernardshof
– Sonderschule SfL –
für J/M; LB/Tagesstätte
Polcher Str. 1
Tel. 02651/8008-38(37)
Fax. 02651/8008-20

K 88074 Meckenbeuren-Liebenau
Sonderschule «Don Bosco»
Hegenberg für J/M; GB/EH/
Förderschule für Kranke
Tel. 07542/10640

K 49716 Meppen
Tagesbildungsstätte der St.-Vitus-Werk GmbH für J/M; Tagesbildungsstätte/Sonderkindergarten
Landwehr 57
Tel. 05931/18041
Fax. 05931/80770

E 40822 Mettmann
Hans-Helmich-Schule für J/M;
GB/SWB
Benninghofer Weg 82
Tel. 02104/147181

K 14552 Michendorf
Sonderschule für GB «St. Norbert»
für J/M; Förderschule
Langerwischer Str. 27
Tel. 033205/2376

E 32423 Minden/Westf.
Ausbildungszentrum für J/M, GA
Brühlstr. 16
Tel. 0571/24011

E 32427 Minden/Westf.
Schule für Geistigbehinderte
für J/M; GB/GTS
Kuhlenstr. 9/11
Tel. 0571/26920

K 41169 Mönchengladbach
Paul Moor Schule für J/M; GB
Sonderkindergarten
Am Kuhbaum 50
Tel. 02161/559202 u. 551016

E 41065 Mönchengladbach
Karl-Barthold-Schule –
Priv. Heimschule für J/M;
EH/LB/GB
Rheydter Str. 128/130
Tel. 02161/13035

E 01468 Moritzburg
Evangelische Schule für Erziehungshilfe für J/M; GB
August-Bebel-Str. 20
Tel. 035207/404

E 64367 Mühltal/Hessen
Wichernschule-Heimsonderschule
für J/M; LB/VG/SWB
Stiftstr. 2
Tel. 06151/141922/23

E 80933 München
Wichernzentrum – Priv. Grundschule zur Erziehungshilfe
für J/M; SVE
Heinrich-Braun-Weg 8
Tel. 089/3140015 7

W 81929 München
Friedel-Eder-Schule. J/M; GB
Max-Proebstl-Str. 11
Tel. 089/933093, 933493

K 48159 Münster
Papst Johannes-Schule
für J/M; GB
Diesterwegstr. 80
Tel. 0251/211041

K 74673 Mulfingen
Bischof-von-Lipp-Schule für J/M;
EH/Förderschule
Unterer Bach 2
Tel. 07938/7031

E 56377 Nassau
Werkstatt für Behinderte der Heime
Scheuern für J/M; GB
Tel. 02602/213

E 56377 Nassau
Wichernschule Heime Scheuern
für J/M; LB/GB/BS
Am Burgberg 16
Tel. 02604/213

K 56566 Neuwied (Engers)
Heinrich-Haus-Engers; Schule für J/M; KB (GS/HS)/LB/GB
Alte Schloßstr. 1
Tel. 02622/705150

K 15898 Neuzelle
Florianstift Heim u. Schule für Behinderte für J/M; GB/Sonderkindergarten
Frankfurter Str. 3a
Tel. 033652/233

K 56332 Niederfell
Herz-Jesu-Haus Kühr
Schule für J/M; GB
Marktstr. 62
Tel. 02607/690
Fax. 02607/69200

K 59394 Nordkirchen
Maximilian-Kolbe-Schule für J/M; GB/Sonderkindergarten
Mauritiusplatz 6
Tel. 02596/58-0

W 90480 Nürnberg
Karl-König-Schule; J/M; GB
Zerzabelshofer Hauptstr. 3–7
Tel. 0911/404877

E 74613 Öhringen
Heim mit Tiele-Winckler-Schule für J/M; VG/LB/GS/HS
Tiele-Winckler-Str.
Postfach 1106
Tel. 07941/60822

K 59939 Olsberg
Berufsschule Josefsheim Bigge für J/M; BG für KB
Heinrich-Sommer-Str. 13
Tel. 02962/800-213

K 16515 Oranienburg
Schule St. Johannesberg für J/M; GB
Hildburghausener Str. 3
Tel. 03301/82858

K 01920 Panschwitz-Kuckau
Maria-Martha-Heim
Förderschule für GB für J/M;
Cisinski-Str. 35
Tel. 035796/208

K 26871 Papenburg
St.-Lukas-Heim, Tagesbildungsstätte für J/M; GB u. mehrfach Behinderte
Graf-Luckner-Str. 17
Tel. 04961/8030
Fax. 04961/80369

K 92331 Parsberg
Schule für J/M; EH (GS/HS)/Tagesstätten
Dr.-Nardini-Str. 3
Tel. 09492/481

K 94034 Passau
St.-Severin-Schule für J/M; GB/GS/KB, SVE/Tagesstätte
Säumerweg 1
Tel. 0851/42929

K 83451 Piding
Rupertus-Schule für J/M; GB mit SVE/Tagesstätte
Mauthauser Str. 1–5
Tel. 08651/63021

K 66953 Pirmasens
Schule für J/M; GB/Sonderkindergarten
Heinrich-Kimmle-Weg 4
Tel. 06331/64605
Fax. 06331/12398

K 94060 Pocking
St.-Ulrich-Schule für J/M; GB/SVE/Tagesstätte
Weizauerweg 3
Tel. 08531/7721 u. 706240

E 32457 Porta Westfalica
Luther-Schule für J/M; EH
Gotteshütte 1
Tel. 05722/1062

K 85640 Putzbrunn
Priv. Schule zur Erziehungshilfe im Clemens-Maria-Kinderheim für J/M; EH
Theodor-Heuss-Str. 18
Tel. 089/60090630

K 88214 Ravensburg
Priv. Sonderberufsschule am Bildungswerk Adolf Bich für J/M; SonderBS/BVJ
Schwanenstr. 92
Tel. 0751/8090

K 88214 Ravensburg
Schule für Kranke am Kinderkrankenhaus St. Nikolaus
Tel. 0751/87-3290

K 49509 Recke-Espel
Don-Bosco-Schule für J/M; GB/Sonderkindergarten
Schulstr. 29
Tel. 05453/8178

K 45657 Recklinghausen
Raphael-Schule für J/M; GB
Börster Weg 13
Tel. 02361/23372
Fax. 02361/589069

K 93053 Regensburg
Bischof-Wittmann-Schule für J/M; GB/VG/SVE/Tagesstätte für GB
Florian-Seidl-Str. 12
Tel. 0941/75353

K 93049 Regensburg
Pater-Rupert-Mayer-Schule für J/M; KB/GS/HS/Mehrfachbehinderte/SVE/SonderBS/Tagesstätte
Puricellistr. 5
Tel. 0941/25037-8

K 51580 Reichshof-Eckenhagen
St. Antonius-Schule für J/M; EH
Blockhausstraße
Tel. 02265/1363

K 48734 Reken
Benediktushof Maria Veen
BS des Berufsbildungswerkes für J/M;
Meisenweg 15
Tel. 02864/889-0

W 72768 Reutlingen
Christian-Morgenstern-Schule; J/M; BS, VG
Mähderstr. 1
Tel. 07121/610025

K 48429 Rheine
Christophorus-Schule für J/M; GB
Dreikönigstr. 20–30
Tel. 05971/6361-2

K 79618 Rheinfelden-Herten
Karl-Rolfus-Schule für GB am St. Josefshaus Herten für J/M; GB/KB/Schulkindergarten
Hauptstr. 1
Tel. 07623/470-350
Fax. 07623/470-200

K 77836 Rheinmünster
Alexia-Schule für J/M; EH/HS/Förderschule/SonderBS(hauswirtschaftl./landwirtschaftl.)
SonderBFS (hauswirtschaftl.)
Pelzgasse 10
Tel. 07227/508-0/70/71

K 79736 Rickenbach
Heimschule am Kinderheim für J/M; Sonderschule für EH (GS u. HS),
Abteilung für LB
Hennematt 2
Tel. 07765/205

K 97792 Riedenberg
St. Martin-Schule für J/M; LB
Tagesstätte
Tel. 09749/71197 u. 710

K 83024 Rosenheim
Heilpädagogisches Zentrum, Schule für J/M; GB/Tagesstätte
Goethestr. 34
Tel. 08031/88047

E 27356 Rotenburg/Wümme
Sonderschule der Rotenburger Anstalten für J/M; LB/VG/GB
Lindenstr. 14
Tel. 04261/3081

K 82401 Rottenbuch
Heim Maria Auxilium, Don-Bosco-Schule für J/M; GB mit Tagesstätte
Klosterhof 9
Tel. 08867/208

K 65385 Rüdesheim
Sonderpädagogisches Zentrum

St. Vincenzstift Aulhausen
für J/M;Praktisch Bildbare/
LB/EH (HS)/Sonderkindergarten/
Tagesstätte
Tel. 06722/406-(0)221
Fax. 06722/406-102

K 83324 Ruhpolding
St. Valentinsschule Ruhpolding
für J/M; GB/Sonderkindergarten/
Tagesstätte
Im Speck 11
Tel. 08663/54220

K 33154 Salzkotten-Scharmede
Private Schule für EH,
Haus Widey für J/M;
Widey 11
Tel. 05258/6238

K 89601 Schelklingen
Joann-Baptist-Sproll-Schule
am St.-Konradi-Haus für J;
EH (7.–9. Schuljahr)
Förderschule (7.–9. Schuljahr)
St.-Konradi-Str. 1
Tel. 07394/247-44

K 88433 Schemmerhofen
Schule St. Franziskus
am Kinderheim Ingerkingen
für J/M; GB/GB zugleich KB/
Schulkindergarten
Oberstadioner Str. 14
Tel. 07356/2011

K 63825 Schöllkrippen
Förderungslehrgang (2)
im Kinderheim Ernstkirchen
für M; BS
Ernstkirchen 4
Tel. 06024/1501

K 85244 Schönbrunn
Johannes-Neuhäuser-Schule
für J/M; GB mit SVE/Tagesstätte
Monsignore-Seidinger-Str. 1
Tel. 08139/425

E 97453 Schonungen
Sondervolksschule für J; KB/BGJ
Bachstr. 2
Tel. 09721/58757

K 78713 Schramberg
Schule für Gehörlose und Schwer-hörige St. Franziskus Heiligenbronn
für J/M; Sonderschulkindergarten/
Schule für Hör- und Sprachgeschä-digte/SonderBS/BVJ/Tagesstätte
Kloster Heiligenbronn
Tel. 07422/569284
Fax. 07422/569300

K 78713 Schramberg
Schule für Blinde und Sehbehinderte
St. Franziskus Heiligenbronn
für J/M; Blinde und Sehbehinderte
Kloster Heiligenbronn
Tel. 07422/5690
Fax. 07422/569300

K 73525 Schwäbisch Gmünd
Canisiusschule für J/M;
EH (GS/HS/Förderschule)/
Tagesgruppen
Heugenstr. 5
Tel. 07171/1808-60
Fax. 07171/37860

K 73525 Schwäbisch Gmünd
Schule für Gehörlose
und Schwerhörige St. Josef
für J/M; GS/HS/RS/
Sonderkindergarten/Tagesstätte
Katharinenstr. 16
Tel. 07171/188-0

K 73525 Schwäbisch Gmünd-Bettringen
Martinusschule – Sonderschule für
Geistigbehinderte am Heim Haus
Lindenhof für J/M; GB/KB
Lindenhofstr. 127
Tel. 07171/802-180

E 34613 Schwalmstadt-Treysa
Diakoniezentrum Hephata-Hermann-Schuchard-Schule
für J/M; Praktisch Bildbare
Tel. 06691/19436

K 92421 Schwandorf-Ettmannsdorf
Private BS für LB für J/M;
BVJ (Agrarwirtschaft/Hauswirt-schaft/technische Helfer)
Ettmannsdorfer Str. 131
Tel. 09431/4065

E 74869 Schwarzach/Odw.
Johannes-Anstalten Schwarzacher
Hof-Kliniksonderschule für J/M
Tel. 06262/221

K 97422 Schweinfurt
Julius-Kardinal-Döpfner-Schule
für J/M; SB(GS) mit SVE/
Tagesstätte
Deutschhöferstr. 24
Tel. 09721/16026

K 97422 Schweinfurt
Carl-Sonnenschein-Schule für J/M;
Behinderte/EH(GS/HS)/
Tagesstätte
Robert-Koch-Str. 3
Tel. 09721/24549

E 97422 Schweinfurt
Franziskus-Sondervolksschule für
Geistigbehinderte für J/M; GB/BGJ
Deutschhöferstr. 22
Tel. 09721/24118

K 88477 Schwendi
Vinzenz-von-Paul-Schule
am Elisabethenheim für J/M; EH
(GS/HS/Förderschule)/Tagesheim
Schönebürg
Tel. 07353/85-0
Fax. 07353/3287

K 74743 Seckach
St.-Bernhard-Schule am Heim
für J/M; EH(GS/HS/Förderschule)
Tel. 06292/78-227
Fax. 06292/78200

K 72488 Sigmaringen
Sebastian-Ott-Schule
für J/M; EH(GS/HS/Förder-
schule)/Tagesstätte
Brunnenbergstr. 34
Tel. 07571/7203-60

K 36391 Sinntal-Sannerz
Heimschule Sannerz
für J; VG nur 10. Schuljahr
mit Hinführung zum Haupt-
schulabschluß
Birkenweg 15
Tel. 06664/7511

K 48565 Steinfurt
St. Elisabeth-Schule
für J/M; GB
Liederkerker Str. 56
Tel. 02551/2072

K 85643 Steinhöring
Korbiniansschule für J/M;
GB und Mehrfachbehinderte/
Sonderkindergarten/Tagesstätte
Münchener Str. 45
Tel. 08094/182176

K 66386 St. Ingbert
Schule für Geistigbehinderte
St. Christophorus für J/M; GB
Schnapphahner Dell 1a
Tel. 06894/80593

K 94315 Straubing
St. Wolfgang-Schule für J/M;
GB mit SVE/Tagesstätte
Regensburger Str. 35
Tel. 09421/23924

W 70188 Stuttgart
Therapeutikum Raphaelhaus.
J/M; GB
Heubergstr. 15
Tel. 0711/281777

W 70597 Stuttgart
Karl-Schubert-Schule. J/M; GB
Obere Weinsteige 40
Tel. 0711/764084
Fax. 0711/7657922

W 70563 Stuttgart
Michael-Bauer-Schule. J/M; LB
Othellostr. 5
Tel. 0711/6871636

K 54292 Trier
Privatschule St. Josef
für J/M; LB
Schöndorfer Str. 2
Tel. 0651/28421

K 86513 Ursberg
Private Schule für Mehrfach-
behinderte Gehörlose
für J/M; GS/HS/SVE
Rudolf-Lang-Str. 3
Tel. 08281/92-1030/39

K 86513 Ursberg
Dominikus-Ringeisen-Schule
für J/M; Priv. Schule für GB,
SVE/Tagesstätte
Tel. 08381/92-1029/1472

K 86513 Ursberg
Private Gewerbliche
und Hauswirtschaftliche HeimBS
für LB Ursberg für J/M;
SonderBS (gewerblich
und hauswirschaftlich)
Rudolf-Lang-Str. 3
Tel. 08281/92-1040

K 86513 Ursberg
Dominikus-Ringeisen-Schulen
Schule für Kinder und Jugendliche mit besonderem Förderbedarf für J/M; Förderklassen, SVE
Tel. 08281/921019

K 49377 Vechta
Tagesbildungsstätte für J/M; GB
Grafenhorstr. 19
Tel. 04441/887-0

K 94474 Vilshofen
Franz-Xaver-Eggersdorfer-Schule
für J/M; LB/GB mit SVE, für SB/
GB/Tagesstätte
Kolpingstr. 9
Tel. 08541/8386

K 94474 Vilshofen
Priv. Sonderberufsschule für LB
für J/M; SonderBS für LB
Kolpingstr. 9
Tel. 08541/8371

K 67714 Waldfischbach
BS Maria Rosenberg für M;
BS Hauwirtschaft/BVJ
Tel. 06333/1041
Fax. 06333/4233

K 67714 Waldfischbach-Burgalben
Priv. HS Maria Rosenberg
für M; VG
Tel. 06333/1041

K 73117 Wangen/Allgäu
Heinrich-Brügger-Schule an der
Fachklinik für J/M; GS/HS/RS/Gy
(Hauswirtschaftl. und Kaufm. BFS)
Tel. 07522/797351
Fax. 07522/797110

K 34414 Warburg
Petrus-Damian-Schule
für J/M; EH
(Primar- und Sekundarstufe I)
Landfurt 45
Tel. 05641/90956

K 34414 Warburg
Laurentius-Schule,
Priv. Krankenhausschule für J/M;
Stiepenweg 70
Tel. 05641/93157

K 48231 Warendorf
Heinrich-Tellen-Schule für J/M; GB
Neuwarendorf 73
Tel. 02581/8031

K 83512 Wasserburg/Inn
Makarius-Wiedemann-Schule
für J/M; GB/Sonderkindergarten/
Tagesstätte
Attl
Tel. 08071/102196/190

E 58300 Wetter
Krankenhausschule in der
Orth. Klinik Volmarstein für J/M
Tel. 02335/639535

K 48493 Wettringen
Heimschule im St. Josefshaus
für J; EH mit Primarstufe Sek I
(HS/LB)
Dorfbauerschaft 30
Tel. 02557/79131

K 83629 Weyarn
J. N. Werne Schule
(Priv. Hauptschulst. L)
Holzolling/Marquartstein
für J; LB/HSstufe
Westerhamer Str. 31
Tel. 08063/7761
Fax. 08063/7761

E 88271 Wilhelmsdorf
Sonderschule im Kinderheim
Hoffmannshaus
Tel. 07503/2030

K 88271 Wilhelmsdorf-Zußdorf
Schule für KB/GB am Heim St. Johann für J/M; Sonderkindergarten Zußdorf
Tel. 07503/927-0

K 56422 Wirges
Katharina-Kasper-Schule
für J/M; GB
Theodor-Heuss-Ring
Tel. 02602/6340

K 54516 Wittlich
Maria-Grünewald-Schule
Heimschule für J/M; GB
Maria Grünewald
Tel. 06571/695162

K 37434 Wollershausen
Heimschule Schloß Wollershausen
für M; EH (HS/LB)
Tel. 05528/204-(0)19
Fax. 05528/20440

K 97084 Würzburg
Elisabeth-Weber-Schule
für J/M; EH
Friedrichstr. 28
Tel. 0931/41904-12

K 97072 Würzburg
Maria-Stern-Schule für J/M; SB
mit SVE/GS Tagesstätte
Felix-Dahn-Str. 11
Tel. 0931/8006-200

K 97082 Würzburg
Don-Bosco-Schule für J/M;
BS für LB
Schottenanger 10
Tel. 0931/43055

W 42285 Wuppertal
Christian-Morgenstern-Schule,
Fr. Waldorfschule für Erziehungshilfe, J/M; LB, EH
Haderslebener Str. 14
Tel. 0202/83088

W 42285 Wuppertal
Troxler-Haus; J/M; VG
Nommensenweg 12
Tel. 0202/81421

1.2. Berufsbildende Schulen nach Berufsbereichen

1.2.1. Sozialpädagogik/Sozialwesen

K 54298 Aach
Berufsbildende Schule
der Schwestern vom Guten Hirten
für M; BGJ/BFS
Haus auf dem Wehrborn
Tel. 0651/85055-57

K 52066 Aachen-Burtscheid
Bischöfliche Clara-Fey-Schule
für J/M; FS, GTS
Michaelsbergstr. 36
Tel. 0241/604352

K 48683 Ahaus
Priv. Berufsfach- und Fachschule
– Canisiusstift – für J/M; BFS/FS
Hindenburgallee 30
Tel. 02561/2068

K 78476 Allensbach
Marianum für M; FS/BFS
Konradistr. 6
Tel. 07533/809-0

E 86150 Augsburg
Fachakademie für Sozialpädagogik
für J/M
Frölichstr. 17
Tel. 0821/316028

K 86152 Augsburg
Fachakademie für Sozialpädagogik
Maria Stern für J/M; FA
Inneres Pfaffengäßchen 3
Tel. 0821/151045

E 76887 Bad Bergzabern
Freie Bildungsstätte für Sozialpädagogik für J/M; Kolleg
Kurtalstr. 47
Tel. 06343/8540

E 76887 Bad Bergzabern
Fachschule für Sozialwesen für J; FS
Danziger Str. 6
Tel. 06343/2561 oder 8540

E 04651 Bad Lausick
Seminar für den kirchlichen Dienst
Fachschule für Sozialpädagogik
Badstr. 26
Tel. 034345/2038 und 2372

E 32549 Bad Oeynhausen
Fachschule für Sozialpädagogik
für J/M; FS/Heilpädagogik
Wittekindshof
Tel. 05734/8244

K 96049 Bamberg
Berufsfachschulen für Hauswirtschaft, für Kinderpflege
und für Sozialpflege mit Berufsaufbauschule für J/M; BFS
Stephansplatz 2
Tel. 0951/54011

K 96049 Bamberg
Fachakademie für Sozialpädagogik
für J/M; FA
Jakobsberg 31
Tel. 0951/95223-31

K 02625 Bautzen
Kath. Pflegevorschule für soziale
Berufe
An der Petrikirche 6
Tel. 03591/42529

E 13587 Berlin
Fachoberschule für Sozialarbeit
und Sozialpädagogik für J/M; FOS
Schönwalder Allee – Johannesstift
Tel. 030/3309403

K 10551 Berlin
Kath. Schule Edith Stein für M;
BFS/FS
Waldenserstr. 27
Tel. 030/3956898

E 14193 Berlin
Oberlin-Seminar für J/M; BFS/FS
Auguste-Viktoria-Str. 74
Tel. 030/8263757

E 33617 Bielefeld
Frd.-v.-Bodelschwingh-Schulen
Bethel – Abt. Hauswirtschaft/Sozialpädagogik für M; Kollegschule
Am Zionswald 7
Tel. 0521/1442476

E 33617 Bielefeld
Frd.-v.-Bodelschwingh-Schulen
Bethel – Abt. Sozial-/Heilpädagogik
für J/M; Kollegschule
Am Zionswald 14
Tel. 0521/1442467

K 55411 Bingen
Priv. Hildegardis-Schule für M; BFS
Holzhauserstr. 16
Tel. 06721/10667

K 46399 Bocholt
August-Vetter-Schule für J/M;
BFS/FS/FOS
Dinxperloer Str. 56
Tel. 02871/42953 u. 46196

K 56154 Boppard
Berufsfachschule St. Carolus
für M; BFS/GTS
Haus Sabelsberg
Tel. 06742/3136

K 76646 Bruchsal
Priv. FS für Sozialpädagogik
St. Maria für M; FS
Hochstr. 6
Tel. 07251/2700

K 74722 Buchen
Fachschule für Sozialpädagogik
für J/M; FS
Rochusstr. 8
Tel. 06281/4991

K 77815 Bühl
St. Hedwigschule für M;
BFS/SonderBFS/SonderBS/GTS/
Tagesheim
Sonnhalde 7
Tel. 07223/22722

K 48653 Coesfeld
Liebfrauenschule für J/M;
BFS/FS/FOS
Kuchenstr. 18
Tel. 02541/5025

E 64287 Darmstadt
Ausbildungsstätten für Sozial-
pädagogische Berufe
im Elisabethenstift für M;
BFS/Fachklasse für Kinder-
pflegerinnen
Stiftstr. 45/47
Tel. 06151/403333

K 89407 Dillingen
Fachakademie für Sozialpädagogik
für J/M; FA
Konviktstr. 11, Postfach 1129
Tel. 09071/9717

K 44135 Dortmund
Anna-Zillken-Schule für J/M; FS
Arndtstr. 5
Tel. 0231/528324
Fax. 0231/528325

K 37115 Duderstadt
FS für Sozialpädagogik für J/M;
Christian-Blank-Str. 16
Tel. 05527/3362

E 40489 Düsseldorf
Schulen der Graf Recke Stiftung
für J/M; EH
Düsseltal

K 40213 Düsseldorf
St.-Ursula-Schule des Erzbistums
Köln für J/M; FS/FOS
Eiskellerstr. 11
Tel. 0211/322394
Fax. 0211/322397

K 73479 Ellwangen
Institut für sozialpädagogische
Berufe für M; FS/GTS
Peutingerstr. 2
Tel. 07961/54015

K 99084 Erfurt
Katholische FS für Sozial-
pädagogik «St. Ursula»
für M; FS
Anger 5, Postfach 328
Tel. 0361/642 6813

K 91058 Erlangen
Josef-Mayr-Nusser-Fachakademie
für J/M; FA
Hammerbacher Str. 11
Tel. 09131/34822

K 45239 Essen
Fachschule für Sozialpädagogik
für J/M; FS
Forstmannstr. 25
Tel. 0201/49859
Fax. 0201/494186

K 83256 Frauenchiemsee
Irmengard-Berufsfachschulen
für M; BFS
Tel. 08054/567 o. 521

K 79104 Freiburg
FS für Sozialpädagogik für M;
Händelstr. 10
Tel. 0761/55097

K 79102 Freiburg
Berufliche Schulen St. Ursula
für M; Berufl. Gy/BFS/
Berufskolleg
Hildastr. 41
Tel. 0761/706757

K 79114 Freiburg
Haus- und Familienpflegeschule
für M; FS Haus- und Familien-
pflegerin/GTS
Charlottenburger Str. 18
Tel. 0761/88501-01

K 34560 Fritzlar
Ursulinenschule für J/M;
FS für Sozialpädagogik
Neustädter Str. 39
Tel. 05622/2367

K 36037 Fulda
Marienschule für M; FS
Lindenstr. 27
Tel. 0661/73037-9

K 47608 Geldern
Liebfrauenschule für J/M;
BFJ/BFS/FOS/FS mit gymn. Oberstufe/GTS
Weseler Str. 15
Tel. 02831/1057

K 97737 Gemünden
Mädchenbildungswerk der Schwestern v. Hl. Kreuz für M; FA/Tagesheim
Kreuzstr. 3
Tel. 09351/805-325

K 77723 Gengenbach
FS für Sozialpädagogik, heilpädagogisches Seminar für M;
Parkweg 5
Tel. 07803/2552

K 45964 Gladbeck
Kath. FS für Sozialpädagogik für J/M;
Allensteiner Str. 22
Tel. 02043/26033
Fax. 02043/681269

K 59065 Hamm
Franziskusschule für J/M; FS
Franziskanerstr. 2
Tel. 02381/25281

K 69126 Heidelberg
FS für Sozialpädagogik für J/M;
Rohrbacher Str. 128
Tel. 06221/393449

K 91332 Heiligenstadt
FS für Sozialpädagogik und BFS und FS St. Elisabeth für J/M; GTS
Friedensplatz 5/6
Tel. 03606/4161

K 31134 Hildesheim
FS für Sozialpädagogik St. Ansgar für J/M
Wiesenstr. 23 E
Tel. 05121/967-500

E 95030 Hof/S.
Fachakademie für Sozialpädagogik und Heilpädagogik im Diakoniewerk Neuendettelsau für J/M; FA
Mozartstr. 16
Tel. 09281/97041

K 85049 Ingolstadt
BFS Hauswirtschaft/Kinderpflege/Sozialpflege der Wohltätigkeitsstiftung Marienheim für J/M; GTS/Tagesheim
Griesbadgasse 18
Tel. 0841/33023

K 76133 Karlsruhe
Agneshaus für M; FS
Hirschstr. 37a
Tel. 0721/91030

K 87439 Kempten
FA für Sozialpädagogik für M;
Auf der Halde 29
Tel. 0831/97108

K 56068 Koblenz
Hildegard-von-Bingen-Schule für J/M; FS
Friedrichstr. 3
Tel. 0261/18410
Fax. 0261/309460

K 56070 Koblenz
FS für Sozialwesen, Bildungsgang Erzieher; für M; Tagesheim
Trierer Str. 396–400
Tel. 0261/24063

K 50677 Köln
Berufsbildende Schulen des Erzbistums Köln für J/M; BFS/FS/FOS
Am Sachsenring 79
Tel. 0221/321041/2

K 50829 Köln
FS für Sozialpädagogik des Johann-Michael-Sailer-Instituts e. V. für J/M;
Vogelsanger Str. 450
Tel. 0221/581744

K 50931 Köln (Lindenthal)
FS für Sozialpädagogik für J/M; GTS

Klosterstr. 79a
Tel. 0221/402160

K 50935 Köln
Kath. berufsbildende Schulen «Am Krieler Dom» für J/M; FS/BFS/FOS
Freiligrathstr. 6–8
Tel. 0221/4301051

K 84034 Landshut
FA für Sozialpädagogik der Cistercienserinnen für M;
Bismarckplatz 14
Tel. 0871/821-150

K 66849 Landstuhl
Sozialpädagogische FS der Diözese Speyer für J/M;
Luitpoldstr. 28
Tel. 06371/62666

K 66849 Landstuhl
Berufsbildende Schule Haus Nazareth für J/M; BFS
Zweijährige BFS, Bildungsgang Wirtschaft und Verwaltung,
Zweijährige BFS, Bildungsgang: Hauswirtschaft
Luitpoldstr. 15
Tel. 06371/3752

E 04129 Leipzig
EAZ Evangelisches Ausbildungszentrum
Delitzscher Str. 141
Tel. 0341/5652357

K 65549 Limburg
Marienschule für M; FS/BFS für Sozialpädagogik, FS für Heilpädagogik, Tagesheim
Graupfortstr. 5
Tel. 06431/201250-251

K 88131 Lindau
BFS für Kinderpflege, FA für Sozialpädagogik für J/M; GTS
Bregenzer Str. 1
Tel. 08382/4054

K 49809 Lingen
FS St. Franziskus für Sozial- und Heilpädagogik, für J/M;
In den Strubben 9
Tel. 0591/51320 u. 51330

K 59558 Lippstadt
Marienschule, FS/BFS für J/M;
Ostlandstr. 13
Tel. 02941/885-0

K 55116 Mainz
Maria-Ward-Schule für M; BFS
Ballplatz 1–3
Tel. 06131/225384

K 55118 Mainz
Kath. FS für Sozialwesen, Bildungsgang Erzieher für J/M;
Raimundistr. 27
Tel. 06131/671137

K 55116 Mainz
Wilhelm-Emmanuel-v.-Ketteler-Schule für J/M; Berufsvorbereitungsjahr für Ausländer/Aussiedler und Asylanten/BGJ/BFS
Stefanstr. 2–4
Tel. 06131/281551
Fax. 06131/281547

K 84066 Mallersdorf-Pfaffenberg
FA für Sozialpädagogik für M;
Klosterberg 1
Tel. 08772/69-126
Fax. 08772/690

K 49716 Meppen
BFS und FS für J/M;
Friedrichstr. 19
Tel. 05931/2680

K 14552 Michendorf
Katholische BFS/FS für Sozialpädagogik «Don Bosco» für J/M; GTS
Langerwischerstr. 27
Tel. 033205/2376

K 41061 Mönchengladbach
Liebfrauenschule für J/M; BFS/FS/FOS
Bettrather Str. 16–20
Tel. 02161/86059

K 80796 München
FA für Sozialpädagogik für M;
Hiltensperger Str. 82a
Tel. 089/306105-40

E 81243 München
Friedrich-Oberlin-Schule –
Fachoberschule für Sozialwesen
für J/M; FOS
Dachstr. 19
Tel. 089/839352

K 81667 München
Romano-Guardini-Fachoberschule
für J/M; FOS
Preysingstr. 83
Tel. 089/48092258

K 81545 München
Kath. FA für Sozialpädagogik
für J/M;
Theodolindenstr. 24
Tel. 089/647746 u. 648468

K 81541 München
FA für Sozialpädagogik für M;
Mariahilfplatz 14
Tel. 089/661545 u. 662047

K 81541 München
Frauenberufliche Schulen der A.
Schulschwestern v. U. Lb. Frau für
M; BFS/FA/Berufsoberschule/GTS
Mariahilfplatz 14
Tel. 089/661207

K 48143 Münster
Hildegardisschule für J/M; BGJ/
BFS/FS/FOS
Neubrückenstr. 17/24
Tel. 0251/41730

K 74172 Neckarsulm
Kath. FS für Sozialpädagogik für M;
Friedrichstr. 25
Tel. 07131/6074

E 91564 Neuendettelsau
Laurentius-Fachoberschule
für Sozialwesen für J/M; FOS
Wilhelm-Löhe-Str. 21
Tel. 09874/8463

K 92318 Neumarkt
Berufliche Schulen der Schwestern
vom Göttlichen Erlöser
(Niederbronner Schwestern),
Haus St. Marien
für J/M; FA/Berufsaufbau-
schule/BFS
Tel. 09181/30004

K 66540 Neunkirchen
Kath. FS für Sozialpädagogik
für J/M;
Adolf-Kolping-Str. 1
Tel. 06821/23283
Fax. 06821/22993

K 41460 Neuss
Erzb. berufsbildende Schulen
im Marienhaus für J/M;
BFS/FS/FOS
Kapitelstr. 36
Tel. 02131/273258 u. 273009

E 86720 Nördlingen
BFS für Kinderpflege für J/M
Bürgermeister-Reiger-Str. 36
Tel. 09081/3040

K 86720 Nördlingen
FA für Sozialpädagogik Maria Stern
für J/M; GTS
Hüttengasse 2
Tel. 09081/22016

E 90429 Nürnberg
Wilhelm-Löhe-Schule – Abt. Fach-
oberschule für Sozialwesen
für J/M; Koop. GE/FOS
Deutschherrnstr. 10
Tel. 0911/72082

E 90419 Nürnberg
Fachakademie für Sozialpädagogik
für J/M; FA
Burgschmietstr. 6
Tel. 0911/332231

K 61440 Oberursel
Ketteler-La Roche-Schule für J/M;
FS für Sozialpädagogik
Altenhöferweg 61
Tel. 06171/2921

K 57462 Olpe
St. Franziskus-Schule
für Hauswirtschaft
und Sozialpädagogik
für J/M; FS/BFS
Maria-Theresia-Str. 5
Tel. 02761/3688

K 49074 Osnabrück
Kath. FS für Sozialpädagogik
im Wilhelmstift für M;
Herrenteichstr. 28
Tel. 0541/21526

K 49082 Osnabrück
Katholische BFS im Marienheim
für J/M; Halbinternat
Gut Sutthausen 1
Tel. 0541/59447

K 94486 Osterhofen
Maria-Ward-Institut
BFS für Kinder- u. Sozialpflege
für M;
Hauptstr. 59
Tel. 09932/1253

K 33102 Paderborn
Edith-Stein-Schule für J/M;
BFS/FS/FOS
Am Rolandsbad 4
Tel. 05251/58110

K 26871 Papenburg
FS für Heilerziehungspflege
und BFS für Heilerziehungshilfe
für J/M; GTS
Gasthauskanal 9
Tel. 04961/803-0
Fax. 04961/80369

K 94032 Passau
FA für Sozialpädagogik für M;
Exerzierplatz 15
Tel. 0851/6801

K 88212 Ravensburg
Institut für sozialpädagogische
Berufe für J/M;
FS/Berufskolleg/BFS
Kapuzinerstr. 2
Tel. 0751/25447

K 45659 Recklinghausen
Bischöfl. FS für Sozialpädagogik
für J/M; FS/FOS
Werkstättenstr. 16/18
Tel. 02361/24893

K 93055 Regensburg
Kirchl. FA für Sozialpädagogik
für J/M;
Adolf-Schmetzer-Str. 4
Tel. 0941/791313

K 48432 Rheine
Bischöfl. FS für Sozialpädagogik
für J/M; GTS
Salinenstr. 109
Tel. 05971/55241

K 82401 Rottenbuch
FA für Sozialpädagogik
für J/M; GTS
Heim Maria Auxilium
Tel. 08867/208/662
Fax. 08867/1850

K 72108 Rottenburg
Liebfrauenschule der Schönstätter
Marienschwestern für M; FS/GTS
Liebfrauenhöhe
Tel. 07457/72400

K 78628 Rottweil
FS für Sozialpädagogik für M;
Johanniterstr. 33
Tel. 0741/12691

K 65385 Rüdesheim
FS für Heilerziehungspflege für J/M;
St. Vincenzstift Aulhausen
Tel. 06722/406-0
Fax. 06722/406-102

K 66123 Saarbrücken
Kath. FS für Sozialpädagogik
für J/M;
Kohlweg 18
Tel. 0681/33792
Fax. 0681/374779

E 39435 Schneidlingen
Sonderschule GB für J/M;
Hospitalstr. 4
Tel. 039267/432

K 73525 Schwäbisch Gmünd
Institut für sozialpädagogische
Berufe für J/M; FS/BFS
Wildeck 4
Tel. 07171/6003-0
Fax. 07171/6003-25

E 74523 Schwäbisch Hall
Fachschule für Sozialpädagogik
für J/M; FS
Komberger Weg 53
Tel. 0791/41424

K 84359 Simbach/Inn
Institut Marienhöhe
BFS für Hauswirtschaft und Sozialpflege für M; Tagesheim
Maria-Ward-Str. 16
Tel. 08571/8616

K 94315 Straubing
FA für Sozialpädagogik der Ursulinen für M;
Burggasse 9
Tel. 09421/10077

K 70176 Stuttgart
Kath. FS für Sozialpädagogik
für J/M;
Hohenzollernstr. 24
Tel. 0711/600435

E 70176 Stuttgart
Fachschule für Sozialpädagogik
für J/M; FS
Johannesstr. 6
Tel. 0711/616691

E 70195 Stuttgart
Ev. Fachschule für Sozialpädagogik
für J/M; FS
Kauffmannstr. 40
Tel. 0711/692034

K 49832 Thuine
Ein- und Zweijähr. BFS für M;
Klosterstr. 10
Tel. 05902/501503

K 54290 Trier
Kath. FS für Sozialwesen für J/M;
Dominikanerstr. 3
Tel. 0651/41373

K-89073 Ulm
Kath. FS für Sozialpädagogik
für M; GTS
Karl-Schefold-Str. 22
Tel. 0731/64877
Fax. 0731/6487721

K 86513 Ursberg
FS für Heilerziehungspflege
und Heilerziehungspflegehilfe
für J/M;
Tel. 08282/922700

K 69377 Vechta-Marienhain
Berufsbildende Schulen der
Schwestern Unserer Lieben Frau
für J/M; FS/FOS
Landwehrstr. 2
Tel. 04441/4079

K 34414 Warburg
Theresia-Gerhardinger-Schule
FS für Sozialpädagogik
für J/M;
Hüffertstr. 62
Tel. 05641/5967

K 92637 Weiden
Kirchl. FA für Sozialpädagogik
für J/M;
Adolf-Kolping-Platz 2
Tel. 0961/33222

K 76744 Wörth
BFS für Hauswirtschaft u. Sozialpflege für J/M; BGJ/BFS
Waisenhausstr. 14
Tel. 09372/5337

K 97070 Würzburg
FA für Sozialpädagogik St. Anna
für M;
Balthasar-Neumann-Promenade
Tel. 0931/13093

K 97070 Würzburg
FA für Sozialpädagogik
«Haus St. Hildegard» für J/M;
Peterpfarrgasse 1
Tel. 0931/50731

E 42107 Wuppertal
Fachschule für Sozialpädagogik
für J/M; FS/Sozial-/Sonder-/

Heilpädagogik
Straßburger Str. 39
Tel. 0202/456716

K 46509 Xanten
BFS/FS/FOS Placidahaus
für J/M; GTS
Tel. 02801/2796
Fax. 02801/6936

K 53909 Zülpich-Füssenich
BFS und FS für Sozialpädagogik
St.-Nikolaus-Stift für M;
Brüsseler Str. 68
Tel. 02252/2424/2238

K 94227 Zwiesel
Berufliches Bildungszentrum
des Mädchenwerks Zwiesel e. V.
FA für Sozialpädagogik
für J/M; FA/BFS/
Tagesheim
Theresienthalerstr. 1
Tel. 09921/1090

1.2.2. Wirtschaft/Handel

K 54298 Aach
Berufsbildende Schule der
Schwestern vom Guten Hirten
für M; BFS
Haus auf dem Wehrborn
Tel. 0651/85055-57

K 59227 Ahlen
BFS und Höhere BFS für Wirtschaft
und Verwaltung für J/M;
Warendorfer Str. 72
Tel. 02382/5139

V 59229 Ahlen
Wirtschaftsschule Lenzen-Jack
für J/M;
Zeppelinstr. 63
Tel. 02382/65354
Fax. 02382/65354

V 31061 Alfeld/Leine
Buhmann-Schule für J/M;
Antonianger 2
Tel. 05181/24222

V 04600 Altenburg
Akademie für Aus- und Weiterbildung für J/M;
Wettiner Str. 8
Tel. 03447/500836
Fax. 03447/500836

V 04600 Altenburg
Wirtschaftsakademie Dr. P. Rahn
& Partner für J/M;
Brauereistr. 20
Tel. 03447/4183
Fax. 03447/4183

V 99189 Andisleben
Schulungszentrum für Betriebswirtschaft und Büroorganisation
GmbH für J/M;
Gebeseer Str. 190

V 63741 Aschaffenburg
Private Wirtschaftsschule
Krauß; J/M;
Erlenmeyerstr. 3–5
Tel. 06021/44880
Fax. 06021/44366

V 06449 Aschersleben
Firma Combi – Computer und
Bildung GbR für J/M;
Mehringer Str. 9
Tel. 03473/3715
Fax. 03473/2589

V 08209 Auerbach/Vogtland
Wirtschaftsakademie Dr. P. Rahn
& Partner für J/M;
Friedensstr. 55
Tel. 03744/213064

V 86136 Augsburg
COMDA – Institut für Datenverarbeitung und Organisation für J/M;
Ulmer Str. 160a
Tel. 0821/407055
Fax. 0821/403771

V 76530 Baden-Baden
Pädagogium Baden-Baden, Wirtschaft; J/M;
Burgstr. 2
Tel. 07221/23862
Fax. 07221/38757

V 76530 Baden-Baden
Wirtschaftsinstitut Baden-Baden; J/M;
A.-Schriever-Weg 11
Tel. 07221/23165
Fax. 07221/26356

V 61350 Bad Homburg
FTO Bad Homburger Akademie; J/M
Dietigheimer Str. 24
Tel. 06172/83011
Fax. 06172/83012

K 43604 Bad Honnef
Haus Rheinfrieden für J/M;
BFS/BGJ
Frankenweg 70
Tel. 02224/2435

V 99947 Bad Langensalza
AWT-Private Akademie für Wirtschaft und Technologie für J/M;
Gothaer Landstr. 12a
Tel. 03603/23434

V 34537 Bad Wildungen
Holzfachschule für J/M;
Giflitzer Str. 3
Tel. 05621/6019

V 02625 Bautzen
BIKOM – Bildung und Kommunikation für J/M;
Schafbergstr. 6
Tel. 03591/22048
Fax. 03591/22048

V 95444 Bayreuth
Private Wirtschaftsschule Bayreuth; J/M;
Nibelungenstr. 47
Tel. 0921/20630

V 59269 Beckum
Wirtschaftsschule Lenzen-Jack für J/M;
Sternstr. 22
Tel. 02521/5696
Fax. 02521/5696

V 59269 Beckum
Akademie der Kreditwirtschaft für J/M;
Wilhelmstr. 40
Tel 02521/16831
Fax 02521/17374

V 64625 Bensheim
Privatschule Krenkel; J/M;
Bahnhofstr. 5
Tel. 06251/3220

V 10627 Berlin
W. und Dr. A. Rackow-Schulen für J/M;
Wilmersdorfer Str. 126/127
Tel. 030/3121051
Fax. 030/3133921

V 10789 Berlin
D.U.T. Wirtschaftsfachschule GmbH & Co. für J/M;
Rankestr. 5/6
Tel. 030/8822200/11

V 10711 Berlin
Okay Fortbildungsschule GmbH für J/M;
Joachim-Friedrich-Str. 32
Tel. 030/8926692

V 12159 Berlin
Buchholtz – Computer Colleg GmbH für J/M;
Hedwigstr. 4
Tel. 030/8514028

V 12159 Berlin
Buchholtz Bildungszentrum GmbH für J/M;
Fregestr. 74
Tel. 030/8514028
Fax. 030/8593181

V 12165 Berlin
EUROJOB Bildungsunternehmen für Europaberufe für J/M;
Schmidt-Ott-Str. 5a
Tel. 030/7928876

V 10407 Berlin
BSB – Best-Sabel-Bildungszentrum
für J/M;
Storkower Str. 150–156
Tel. 030/4276051
Fax. 030/4262575

V 13053 Berlin
Akademie der Kreditwirtschaft
für J/M;
Wartenberger Str. 24
Tel. 030/97842672

V 13055 Berlin
Dienstleistung & Bildung gemeinn.
GmbH für J/M;
Genslerstr. 13
Tel. 030/9755049
Fax. 030/9764452

V 13187 Berlin
CoRa Bildungs-Institut
für J/M;
Kreuzstr. 4
Tel. 030/4824171
Fax. 030/4824795

V 10365 Berlin
Wirtschafts- und Sprachenschule
K. Paykowski
GmbH für J/M;
Schottstr. 6
Tel. 030/5589888
Fax. 030/5596350

V 12681 Berlin
SZG Berlin für J/M;
Beilsteiner Str. 122
Tel. 030/5453073

V 12681 Berlin
Best-Sabel-Bildungszentrum
für J/M;
Beilsteiner Str. 122
Tel. 030/5452085

V 12524 Berlin
Buchholtz-Bildungszentrum GmbH
für J/M;
Bruno-Taut-Str. 4
Tel. 030/6742410
Fax. 030/6742369

V 10245 Berlin-Friedrichshain
EUROJOB-Bildungsunternehmen
für J/M;
Gärtnerstr. 10
Tel. 030/7928876

V 13088 Berlin-Weißensee
Best-Sabel-Bildungszentrum
für J/M;
Berliner Allee 284
Tel. 030/9631651

V 06406 Bernburg
Wirtschaftsakademie Dr. P. Rahn
& Partner für J/M;
Dessauer Str. 42
Tel. 03471/25648
Fax. 03471/25649

V 55411 Bingen
Priv. Handelsschule Dr. A. Lax;
J/M; Dr.-Lax-Haus/
Venary-Les-Laumes-Platz
Tel. 06721/34991

K 55411 Bingen
Priv. Hildegardis-Schule für M;
BFS für Wirtschaft
Holzhauser Str. 16
Tel. 06721/10667

V 99752 Bleicherode
Prager-Schule für J/M;
Löwenstr. 21

V 44791 Bochum
CoRa Institut für Computergestützte
Rechtsanwendung für J/M;
Castroper Str. 12
Tel. 0234/51991
Fax. 0234/513385

K 33034 Brakel
BFS für Wirtschaft und Verwaltung
Brede, für J/M;
Bredenweg 7
Tel. 05272/603250

V 06242 Braunsbedra
Wirtschaftsakademie Dr. P. Rahn
& Partner für J/M;
Geiseltalstraße
Tel. 034633/2390
Fax. 034633/2390

V 38102 Braunschweig
Oskar-Kämmer-Schule; J/M;
Jasperallee 23
Tel. 0531/2343-0
Fax. 0531/2343-150

V 38100 Braunschweig
ABASYS Computertraining
für J/M;
Meinhardshof 1
Tel. 0531/45055

V 38102 Braunschweig
Privat-Akademie Stübler für J/M;
Gerstäckerstr. 16, Postf. 3740
Tel. 0531/27330-0
Fax. 0531/27330-77

V 28195 Bremen
WWS – Wernicke Wirtschaftsschule
für J/M;
Obernstr. 39–43
Tel. 0421/14183
Fax. 0421/170677

V 15295 Brieskow-Finkenheerd
Geweblich-technisches Bildungs-
zentrum für J/M;
Georg-Schacht-Straße
Tel. 0335/541028

V 39288 Burg
Privat-Akademie Sübler für J/M;
Magdeburger Str. 24/25
Tel. 03921/3133
Fax. 03921/3133

V 31303 Burgdorf
Institut für Marketing & Management GbR für J/M;
Feldstr. 3
Tel. 05136/873832
Fax. 05136/7882

V 39240 Calbe/Saale
Youth-High-Tech-Center für J/M;
August-Bebel-Str. 38
Tel. 039291/3052

V 09126 Chemnitz
BIKOM – Bildung und Kommunikation für J/M;
Bernhardstr. 117
Tel. 0371/445668
Fax. 0371/445668

V 09126 Chemnitz
Schule für Berufliche Bildung
für J/M;
Turnstr. 24
Tel. 0371/445278
Fax. 0371/445278

V 09126 Chemnitz
Bildungszentrum für berufsbegleitende Aus-
u. Weiterbildung für J/M;
Melanchtonstr. 4–8
Tel. 0371/565271
Fax. 0371/565272

V 09116 Chemnitz
BAW Sachsen – Schule Chemnitz
für J/M;
Zwickauer Str. 296
Tel. 0371/852280
Fax. 0371/852280

V 09116 Chemnitz
BAW Sachsen – Schule Stelzendorf
für J/M;
Neukirchner Str. 9
Tel. 0371/851112

V 03046 Cottbus
Institut für Weiterbildung
& Umschulung für J/M;
Parzellenstr. 94
Tel. 0355/30361
Fax. 0355/24703

V 03046 Cottbus
DATATRONIC GmbH für J/M;
Burger Chaussee 10
Tel. 0355/24985
Fax. 0355/24997

V 27472 Cuxhaven
Stader Privatschule für J/M;
Grodener Chaussee 34
Tel. 04721/24474

V 85221 Dachau
Private Wirtschaftsschule Scheibner J/M;
Ludwig-Dill-Str. 28
Tel. 08131/4763

V 64297 Darmstadt
Schulzentrum Seminar Marienhöhe für J/M;
Auf der Marienhöhe 32
Tel. 06151/5391-0
Fax. 06151/5391-68

V 64293 Darmstadt
Wirtschaftsschule Bahr; J/M;
Landwehrstr. 48–50
Tel. 06151/82948

V 06846 Dessau
Bildungszentrum für J/M;
Kühnauer Str. 165
Tel. 0340/755214

V 06847 Dessau-Alten
Wirtschaftsakademie Dr. P. Rahn & Partner für J/M;
Hünefeldstr. 1
Tel. 0340/7141
Fax. 0340/7141

V 39164 Domersleben/Magdeburg
Institut für Marketing & Management für J/M;
Gartenstr. 4
Tel. 09189/2333

V 86609 Donauwörth
Private Handelsschule Merkur e. V. für J/M;
Reichsstr. 32
Tel. 0906/5102

V 44135 Dortmund
Bénédict-School für J/M;
Brückstr. 20–26
Tel. 0231/528081
Fax. 0231/551769

V 44141 Dortmund
GBB Gesellschaft für Bildung und Beruf e. V. für J/M;
Märkische Str. 82a
Tel. 0231/526202
Fax. 0231/556373

V 44135 Dortmund
Kaufmännische Schulen Dipl.-Hdl. W. Pipke; J/M;
Reinoldistr. 17–19
Tel. 0231/528456
Fax. 0231/571312

V 01157 Dresden
Bikom GmbH für J/M;
Gottfried-Keller-Str. 7
Tel. 0161/2535342

V 01257 Dresden
InterDACT Bildungsförderung für J/M;
Reisstr. 40
Tel. 0351/2255405

V 01259 Dresden
Internationales Wirtschaftskolleg für J/M;
Neue Str. 2c
Tel. 0351/238109

V 01099 Dresden
EWS Wirtschafts- und Sprachenschulung für J/M;
Radeberger Str. 43
Tel. 0351/571536
Fax. 0351/571536

V 01109 Dresden
Privates Bildungsinstitut Eifert-Kraft für J/M;
Königsbrücker Landstr. 159/ Haus 109, Postfach 41
Tel. 0351/5932415
Fax. 0351/5932917

V 52353 Düren
Private Wirtschafts- und Sprachschule J/M;
Eisenbahnstr. 4
Tel. 02421/43683

V 40210 Düsseldorf
Reiseverkehrsakademie M. Füth; J/M;
Karlstr. 104
Tel. 0211/161879

V 40233 Düsseldorf
Wirtschaftsschule U. Paykowski für J/M;
Ackerstr. 3
Tel. 0211/329068
Fax. 0211/378121

V 07607 Eisenberg
Bildungs- und Technologiezentrum für J/M;
Klosterlausnitzerstr. 19
Tel. 036691/481
Fax. 036691/2576

V 99084 Erfurt
GWP – Gesellschaft für Wirtschaftspädagogik und Personalentwicklung für J/M;
Paulstr. 1
Tel. 0361/61012

V 59889 Eslohe
Lorenz-Burmann-Schule für J/M;
Böttenbergstr. 20
Tel. 0231/433918
Fax. 0231/433907

V 45128 Essen
Schulverbund Rhode/Dr. Wessel; J/M;
Gutenbergstr. 20
Tel. 0201/235098
Fax. 0201/202552

V 45127 Essen
FS für Daten- und Textverarbeitung für J/M;
Maxstr. 58–60
Tel. 0201/233431
Fax. 0201/234565

V 45127 Essen
Privatschule Reich
Kettwiger Str. 29
Tel. 0201/238888
Fax. 0201/232245

K 77955 Ettenheim
Heimschule St. Landolin
Kaufmännisches Berufskolleg für J/M; Berufskolleg/Tagesheim
Prälat-Schofer-Str. 1
Tel. 07822/5052/5053

V 65439 Flörsheim
VPS-FS für J/M;
Am Graben 12
Tel. 06145/52604

V 60322 Frankfurt/Main
Begemann-Schule; J/M;
Hansa-Allee 18
Tel. 069/550689

V 60326 Frankfurt/Main
Schulungszentrum Hartnack-Schule; J/M;
Idsteiner Str. 91
Tel. 069/7380024
Fax. 069/7392438

V 60322 Frankfurt/Main
Rackow-Schule; J/M;
Eschersheimer Landstr. 5–7
Tel. 069/552754
Fax. 069/557763

V 60329 Frankfurt/Main
Gemeinnütziger Schulverein Hierse e. V.; J/M;
Taunusstr. 21
Tel. 069/233524

V 15230 Frankfurt/Oder
Europäische Wirtschafts- und Sprachenakademie für J/M;
Karl-Liebknecht-Str. 12
Tel. 0335/325008
Fax. 0335/325008

V 15234 Frankfurt/Oder
Kammer der Technik GmbH für J/M;
Fürstenwalder Str. 46
Tel. 0335/369343
Fax. 0335/369340

V 15230 Frankfurt/Oder
Wirtschafts- und Sprachenschule für J/M;
Oderallee 26
Tel. 0335/27789
Fax. 0335/23586

V 15234 Frankfurt/Oder
Wirtschaftsakademie Dr. P. Rahn & Partner für J/M;
Georg-Richter-Str. 18, i. H. Didaktika
Tel. 0335/385204
Fax. 0335/385241

V 79098 Freiburg
Institut für sprachen u. Wirtschaft
Dr. Ayen für J/M;
Salzstr. 12–16
Tel. 0761/36754
Fax. 0761/31584

V 79098 Freiburg
Private FS für Betriebswirtschaft
und Datenverarbeitung für J/M;
Hans-Sachs-Gasse 4
Tel. 0761/35991

V 79098 Freiburg
Schulungs-Center Foley
Poststr. 3
Tel. 0761/31655
Fax. 0761/34413

V 79098 Freiburg
Berufsbildungszentrum Maurer
für J/M;
Kaiser-Joseph-Str. 263–271
Tel. 0761/24411
Fax. 0761/24200

V 79100 Freiburg
Angell-Gymnasium e. V. für J/M;
Lessingstr. 12
Tel. 0761/75112

V 01705 Freital
Frebesa GmbH für J/M;
Kirchstr. 1
Tel. 0351/2810456

V 15517 Fürstenwalde
Brandenburgische Wirtschaftsförde-
rungs- und Beratungsgesellschaft
e. V. für J/M;
Trebuser Str. 49
Tel. 03361/62834

V 15517 Fürstenwalde
Wirtschaftsakademie Dr. P. Rahn
& Partner für J/M;
Goetheplatz 15a
Tel. 03361/2722
Fax. 03361/2722

V 15517 Fürstenwalde-Spree
IFU – Dr. Niemeyer GmbH
für J/M;
Carl-Cheret-Str. 8
Tel. 03361/32449
Fax. 03361/32449

V 36037 Fulda
Privathandelsschule Herrmann;
J/M;
Bahnhofstr. 27
Tel. 0661/74419
Fax. 0661/70330

V 98708 Gehren
BIAW GmbH für J/M;
Königseerstr. 13
Tel. 036783/297
Fax. 036783/297

K 65366 Geisenheim
St.-Ursula-Schule für J/M;
BFS für Wirtschaft und Verwaltung/
Tagesheim
Rüdesheimer Str. 30
Tel. 06722/8058 und 8059

V 45888 Gelsenkirchen
Kfm. Privatschule Walter Sitzer
J/M;
Kirchstr. 42 u. 46
Tel. 0209/25007

V 07549 Gera
AWT – Außenstelle Gera für J/M;
Keplerstr. 100
Tel. 0365/3201

V 35396 Gießen-Wieseck
Schule für Datenverarbeitung GmbH
für J/M;
Ludwig-Richter-Str. 6
Tel. 0641/54338
Fax. 0641/54603

V 38518 Gifhorn
Oskar-Kämmer-Schule für J/M;
Braunschweiger St. 138
Tel. 05371/12037

V 02826 Görlitz
Privat-Akademie Stübler GmbH
für J/M;
Zittauer Str. 78
Tel. 03581/407332
Fax. 03581/407332

V 37073 Göttingen
Prager-Schule; J/M;
Weender Landstr. 3–5
Tel. 0551/4965-0
Fax. 0551/4965-16

V 37083 Göttingen
CSC Computer-Schulung & Consulting GmbH für J/M;
Geismarlandstr. 21a
Tel. 0551/43099
Fax. 0551/42027

V 37073 Göttingen
Gesellschaft für Mikroelektronik für J/M;
Weender Landstr. 3–5
Tel. 0551/49800-0
Fax. 0551/49800-20

V 37073 Göttingen
Seminarzentrum für J/M;
Maschmühlenweg 2
Tel. 0551/49800-0
Fax. 0551/49800-20

V 39245 Gommern
Privat-Akademie Stübler GmbH für J/M;
Magdeburger Chaussee 21a
Tel. 039200/80 App. 546

V 38640 Goslar
Prager-Schule für J/M;
Okerstr. 28
Tel. 05321/41277

V 99867 Gotha
Bénédict-Sprachschule für J/M;
Am Volkspark 6
Tel. 03621/65355

V 17489 Greifswald
BFS für J/M;
Rudolf-Petershagen-Allee 38
Tel. 03834/5931
Fax. 03834/3138

V 17489 Greifswald
Management-Bildungs-Akademie mba GmbH für J/M;
Rudolf-Petershagen-Allee 38
Tel. 03834/5931
Fax. 03834/3138

V 07973 Greiz
AWT-Private Akademie für Wirtschaft und Technologie für J/M;
Carolinenstr. 11a
Tel. 03661/2569

V 23936 Grevesmühlen
Berufsbildungszentrum der Wirtschaft für J/M;
Am Tannenberg
Tel. 03881/2567

V 18507 Grimmen
Mecklenburgisches Bildungs-Zentrum v. Oertzen für J/M;
Stoltenhäger Chaussee
Tel. 038326/43371

V 39397 Gröningen
Wirtschaftsakademie Dr. P. Rahn & Partner für J/M;
Goethepromenade 6
Tel. 039403/275
Fax. 039403/274

V 03172 Guben
Gesellschaft für Wirtschaftspädagogik und Personalentwicklung GWP für J/M;
Alte Poststraße
Tel. 03561/2527

V 33330 Gütersloh
Kaufmännische Privatschule Gocht; J/M;
Königstr. 52
Tel. 05241/77424

V 33332 Gütersloh
Alfener Bildungsinstitut Reinhard Menne GmbH für J/M;
Carl-Miele-Str. 187
Tel. 05241/73755
Fax. 05241/74452

V 38820 Halberstadt
Privat-Akademie Stübler GmbH für J/M;
Gröperstr. 88
Tel. 03941/58116 App. 97

V 38820 Halberstadt
Oskar-Kämmer-Schule für J/M;

Tschaikowskistr. 1, i. H. Landmaschinenbau
Halberstadt
Tel. 03941/58115
Fax. 03941/24189

V 06108 Halle
Merkur-Schule für J/M;
Kleinschmieden 05
Tel. 0345/25777
Fax. 0345/21261

V 06112 Halle
BIKOM – Bildung und Kommunikation für J/M;
Grenzstr. 26
Tel. 0345/823415
Fax. 0345/823244

V 06108 Halle
Alfener-Bildungs-Institut Reinhard Menne
GmbH für J/M;
Große Märker Str. 5–7
Tel. 0345/502617

V 06118 Halle
Wirtschaftsakademie Dr. P. Rahn & Partner für J/M;
Schleusenstr. 3
Tel. 0345/340084
Fax. 0345/340138

V 06118 Halle-Trotha
Wirtschaftsakademie Dr. P. Rahn & Partner für J/M;
Brachwitzer Str. 24
Tel. 0345/866217

V 20095 Hamburg
PAW-Private Akademie für Wirtschaftsseminare für J/M;
Lilienstr. 36
Tel. 040/330324
Fax. 040/323545

V 20099 Hamburg
Brecht-Schulen für J/M;
Holzdamm 36–38
Tel. 040/249466
Fax. 040/2803099

V 20099 Hamburg
Akademie Brecht GmbH
Holzdamm 36–38
Tel. 040/249466
Fax. 040/2803099

V 20099 Hamburg
FOS St. Georg für J/M;
Rostocker Str. 62
Tel. 040/247087
Fax. 040/246869

V 20095 Hamburg
Handels- und Sprachenschule Rackow; J/M;
Schopenstehl 31
Tel. 040/3330550
Fax. 040/3233007

V 20095 Hamburg
Rackow Kaufmännische BFS; J/M;
Schopenstehl 31
Tel. 040/3330550
Fax. 040/3233007

V 20144 Hamburg
IFBE; D/H;
Kielortallee 1
Tel. 040/441501

V 20539 Hamburg
Institut für Kommunikation und Schulung in der Wirtschaft für J/M;
Billhorner Deich 96
Tel. 040/7812950
Fax. 040/7899221

V 22609 Hamburg
Freie Hanseatische Schulgesellschaft für J/M;
Jenischstr. 48
Tel. 040/826002

V 21073 Hamburg (Harburg)
Handelsschule Weber für J/M;
Moorstr. 4a
Tel. 040/773272

V 59065 Hamm
Wirtschaftsschule Lenzen-Jack für J/M;
Bahnhofstr. 37
Tel. 02381/25960
Fax. 02381/13647

V 30159 Hannover
Wirtschaftsschule Dr. Buhmann für J/M;

Prinzenstr. 13
Tel. 0511/30108-0
Fax. 0511/30108-66

V 34346 Hann. Münden
Prager-Schule für J/M;
Am Rodland 5
Tel. 05541/4777

V 39539 Havelberg
Berufsbildungsakademie Altmark
für J/M;
Kruftorstr. 9
Tel. 039387/9668

V 74072 Heilbronn
Kaufmännische BFS Minerva; J/M;
Frankfurter Str. 3
Tel. 07131/86282

V 91332 Heiligenstadt
Prager-Schule für J/M;
Schillerstr. 20
Tel. 03606/2277

V 38350 Helmstedt
Teutloff-Schule für J/M;
Am Papenberg 28
Tel. 05351/42958

V 38350 Helmstedt
Oskar-Kämmer-Schule für J/M;
Mühlgraben 13
Tel. 05351/37458

V 16761 Hennigsdorf
Kaufmännische Schulen Pipke
für J/M;
Spandauer Allee 1
Tel. 03302/893839

V 04916 Herzberg
BIAW GmbH für J/M;
Richard-König-Str. 9
Tel. 033926/6103
Fax. 033926/6103

V 31134 Hildesheim
Buhmann-Schule für J/M;
Hindenburgplatz 1
Tel. 0521/33073
Fax. 0521/132920

V 31137 Hildesheim
Forum für Weiterbildung GmbH
für J/M;
Dingworthstr. 25–27
Tel. 05121/4838

K 65239 Hochheim
Berufliche Schulen für KB
Antoniushaus für J/M; BFS/BGJ
Burgeffstr. 42
Tel. 06146/9080
Fax. 06146/908-299

V 83607 Holzkirchen
Private Wirtschaftsschule Pasold-
Weißauer
Marktplatz 2
Tel. 08024/7476

V 48496 Hopsten
Hüberts'sche Handelsschule; J/M;
Rosenstr. 40
Tel. 05458/219

V 85049 Ingolstadt
Private Wirtschaftsschule Ingol-
stadt; J/M;
Johannesstr. 11
Tel. 0841/34409

V 25524 Itzehoe
Handelslehranstalt Neumann; J/M;
Hinterm Klosterhof 23a
Tel. 04821/2199

V 09419 Jahnsbach
BAW Sachsen für J/M;
Geyersche Str. 3
Tel. 037297/592
Fax. 037297/592

V 07743 Jena
EWS Schulung GmbH für J/M;
Löbdergraben 11
Tel. 03641/22838
Fax. 03641/22838

V 67655 Kaiserslautern
inlingua Sprachschule für J/M;
Eisenbahnstr. 51
Tel. 0631/64343
Fax. 0631/64384

V 76133 Karlsruhe
Merkur-Schule; J/M;
Karlstr. 45
Tel. 0721/25871
Fax. 0721/21127

V 34117 Kassel
Bildungsinstitute Dr. Köllner
für J/M;
Königstor 16
Tel. 0561/773639
Fax. 0561/14007

V 34117 Kassel
Kasseler Wirtschafts- und Sprachenschulen Dr. Reitz; J/M;
Obere Königstr. 45a
Tel. 0561/18772
Fax. 0561/775668

V 34117 Kassel
BIKOM GmbH für J/M;
Reuterstr. 9
Tel. 0561/14683

V 34117 Kassel
BIKOM GmbH – Bildung & Kommunikation für J/M;
Erzbergerstr. 42
Tel. 0561/109590
Fax. 0561/1095913

V 87435 Kempten/Allgäu
Private Handelsschule Merkur e. V. für J/M;
Illerstr. 18
Tel. 0831/23917

V 24114 Kiel
afbb-Akademie für Berufliche Bildung; J/M
Sophienblatt 82
Tel. 0431/673740
Fax. 0431/674836

V 24113 Kiel
Private Handelsschule Kleemann; J/M;
Hamburger Chaussee 32–36
Tel. 0431/683606

V 56068 Koblenz
Dr. Zimmermann'sche Wirtschafts- und EDV-Schulen; J/M;
Mainzer Str. 50
Tel. 0261/36981
Fax. 0261/36987

V 50668 Köln
Euro-Akademie für J/M;
Elsa-Brandström-Str. 8
Tel. 0221/736074
Fax. 0221/739754

V 50672 Köln
Betriebliche Aus- und Weiterbildungsschule für J/M;
Hohenzollernring 55
Tel. 0221/251919
Fax. 0221/254040

V 50677 Köln
Europäische Wirtschafts- u. Sprachenakademie für J/M
Hardefuststr. 7
Tel. 0221/321038
Fax. 0221/315192

V 38154 Königslutter
Teutloff-Schule für J/M;
Fallersleber Str. 12
Tel. 05353/5141

V 06366 Köthen
BZA Bildungszentrum Anhalt für J/M;
Augustenstr. 39–42
Tel. 03496/2431
Fax. 03496/2431

V 78462 Konstanz
Kaufmännische Privatschule Schindele für J/M;
Hüetlinstr. 39
Tel. 07531/27835

V 76829 Landau
Pädagogisches Institut; J/M;
Ostring 5
Tel. 06341/86843

K 84034 Landshut
Vierjährige Wirtschaftsschule für M;
Tagesheim
Bismarckplatz 14
Tel. 0871/821-131
Fax. 0871/821-198

K 66849 Landstuhl
Berufsbildende Schule Haus Nazareth für J/M; BFS Wirtschaft u. Verwaltung
Luitpoldstr. 15
Tel. 06371/3752

V 26789 Leer
Kaufmännische Privatschule Ilse Schaeffer; J/M;
Fokko-Ukena-Str. 18
Tel. 0491/12124

V 37327 Leinefelde
AWT für J/M;
Birkunger Str. 63
Tel. 03605/9927 u. 3420
Fax. 03605/9922

V 04103 Leipzig
Wirtschaftsakademie Dr. P. Rahn & Partner für J/M;
Stephanstr. 14
Tel. 0341/2113924
Fax. 0341/7175245

V 04107 Leipzig
GBS gemeinnützige Schulbetriebs GmbH für J/M;
Mahlmannstr. 1–3
Tel. 0341/328279
Fax. 0341/2130635

V 04177 Leipzig
Prager-Schule für J/M;
Angerstr. 40–42
Tel. 0341/474361

V 96215 Lichtenfels
Private Wirtschaftsschule Lichtenfels; J/M;
Mainau 3
Tel. 09571/2052

K 65549 Limburg
Marienschule für M; BFS/FS für Sozialpädagogik, FS für Heilpädagogik BFS: Wirtschaft u. Verwaltung;
Tagesheim
Graupfortstr. 5
Tel. 06431/201250/251
Fax. 06431/201233

V 59556 Lippstadt
International Business School für J/M;
Im Eichholz 10
Tel. 02941/8321
Fax. 02941/82072

V 59556 Lippstadt
Akademie für Wirtschaft und Verwaltung; J/M;
Im Eichholz 10
Tel. 02941/81313
Fax. 02941/8448

V 07356 Lobenstein
AWT-Private Akademie für Wirtschaft und Technologie für J/M;
Poststr. 31
Tel. 036651/84218

V 49504 Lotte-Wersen
Privatschule mit Internat Krüger; J/M;
Westerkappelner Str. 66
Tel. 05404/2024
Fax. 05404/1326

V 71634 Ludwigsburg
Private FBD-Schule für J/M;
Marstallcenter M 10/12
Tel. 07141/27664

V 67059 Ludwigshafen
Merkur-Schule; J/M;
Bahnhofstr. 10–12
Tel. 0621/515548

V 67059 Ludwigshafen
Private Handelsschule Dr. H. Stracke für J/M;
Maxstr. 72
Tel 0621/512491

V 23554 Lübeck
Berufsbildungszentrum der Wirtschaft; J/M;
Werftstr. 2
Tel. 0451/87171-0
Fax. 0451/87171-12

V 44532 Lünen
Kaufmännische Schulen Pipke
für J/M;
Am Christinentor 1
Tel. 02306/22743
Fax. 02306/25614

V 44534 Lünen
Bildungsinstitut Züger für J/M;
Münsterstr. 69
Tel. 02306/57096
Fax. 02306/57008

V 39104 Magdeburg
Institut für Bildung und Technologie-transfer e. V. für J/M;
Brandenburger Str. 8
Tel. 0391/33651, App. 33

V 39104 Magdeburg
Böhme-Schule, gemeinn. Schulges. mbH i. G. für J/M;
Coquistr. 3
Tel. 0391/4394225

V 39104 Magdeburg
GbF Gesellschaft für berufliche Fortbildung für J/M;
Schönebecker Str. 124
Tel. 0391/433375

V 39104 Magdeburg
Bildungsakademie Bauwesen
für J/M;
Brandenburger Str. 10
Tel. 0391/344351

V 39104 Magdeburg
Wirtschaftsakademie Dr. P. Rahn & Partner für J/M;
Sülzeberg 4
Tel. 0391/48487
Fax. 0391/48487

V 39122 Magdeburg
Akademie der Kreditwirtschaft
für J/M;
Lüttgen-Salbker-Weg 11–13
Tel. 0391/46177, App. 307

V 39112 Magdeburg
Akademie Dr. Kuhn für J/M;
Halberstädter Str. 183
Tel. 0391/601970
Fax. 0391/601970

V 39112 Magdeburg
Bildungszentrum Handel/Gastronomie e. V. für J/M;
Lemsdorfer Weg 36a
Tel. 0391/42396

V 39112 Magdeburg
SENECA – Gesellschaft für Bildung und Beratung für J/M;
Halberstädter Str. 183
Tel. 0391/42594
Fax. 0391/42597

V 39124 Magdeburg
Völker-Schule für J/M;
Vogelsang 4
Tel. 0391/5613980

V 39112 Magdeburg
Oskar-Kämmer-Schule für J/M;
Wanzleber Str. 1
Tel. 0391/682238
Fax. 0391/683746

V 39114 Magdeburg
ABASYS Computertraining GmbH
für J/M;
Mittelstr. 6
Tel. 0391/33591

V 39104 Magdeburg
Bildungsakademie Mittelstand
für J/M;
Brandenburger Str. 10
Tel. 0391/344351

V 39108 Magdeburg
CTI-Computer-Training-Institut
für J/M;
Große Diesdorfer Str. 37
Tel. 0391/343174

V 39108 Magdeburg
ewm – Wirtschaftsseminare für J/M;
Liebknechtstr. 14
Tel. 0391/30215 u. 32167
Fax. 0391/32168

V 39108 Magdeburg
Europäische Wirtschafts- und Sprachenschule für J/M;

Editharing 4
Tel. 0391/32317

V 39108 Magdeburg
EWS Gesellschaft für Aus- und Weiterbildung für J/M;
Editharing 4
Tel. 0391/32317
Fax. 0391/343277

V 39120 Magdeburg
educa – Privat-Akademie für J/M;
Dodendorfer Str. 112
Tel. 0391/617102
Fax. 0391/617124

K 55116 Mainz
Maria-Ward-Schule für M; BFS für Wirtschaft
Ballplatz 1–3
Tel. 06131/225384

V 55126 Mainz-Finthen
Akademie für Steuer- und Wirtschaftsrecht für J/M;
Sertoriusring 125
Tel. 06131/471911

V 23714 Malente
International Business School für J/M;
Eutiner Str. 43
Tel. 04523/2289
Fax. 04523/1746

V 68161 Mannheim
Merkur-Schule für J/M;
Q 2,16
Tel. 0621/21947
Fax. 0621/1561099

V 68161 Mannheim
Akademie für Bürokommunikation – ABW für J/M;
S 1,8/Postfach 121265

V 04416 Markkleeberg (Leipzig)
BAW Sachsen für J/M;
Kirschallee 13
Tel. 0341/3952516
Fax. 0341/3952590

V 01662 Meißen
Berufsbildungszentrum AWT für J/M;
Niederauer Str. 26–28
Tel. 03521/729105
Fax. 03521/729113

V 87700 Memmingen/Allgäu
Private Handelsschulen Merkur für J/M;
Pfaffengasse 8
Tel. 08331/5685

V 06217 Merseburg
Europäische Wirtschafts- u. Sprachenakademie für J/M;
Am Domplatz 3
Tel. 03461/213016
Fax. 03461/213016

V 84453 Mühldorf am Inn
Private Wirtschaftsschule Gester e. V.; J/M;
Karl-Legien-Str. 12
Tel. 08631/5948

V 80337 München
Wirtschaftsschule Pasold-Weißauer; J/M;
Augsburger Str. 7
Tel. 089/883085

V 80336 München
Private Wirtschaftsschule Sabel; J/M;
Schwanthaler Str. 53
Tel. 089/5398050
Fax. 089/5380879

V 80469 München
Wirtschaftsschule München Ost J/M;
Kohlstr. 5
Tel. 089/2317 18-50
Fax. 089/2317 18-12

V 81241 München
Wirtschaftsschule Kermeß; J/M;
Blumenauerstr. 151
Tel. 089/880813
Fax. 089/8342318

V 81241 München
Private Wirtschaftsschule
Begemann; J/M;
Am Schützeneck 7/I
Tel. 089/883085

V 81827 München
Deutscher Werbeunterricht/
Marketing-Colleg für J/M;
Sperberstr. 16
Tel. 089/4304304
Fax. 089/4300171

V 48145 Münster
Berufsschule des Westfälischen
Genossenschaftsverbandes;
J/M;
Wiener Str. 53/55
Tel. 0251/34242

V 48143 Münster
Euro-Akademie für J/M;
Windhorststr. 15
Tel. 0251/40016

K 41460 Neuss
Höhere Handelsschule Marienberg
für M; BFS für Wirtschaft
u. Verwaltung
Rheinstr. 3
Tel. 02101/23055
Fax. 02101/271382

V 31582 Nienburg/Weser
Wirtschaftsschule Dr. P. Rahn;
J/M;
Am Ahornbusch 4
Tel. 05021/2355
Fax. 05021/63922

V 99734 Nordhausen
Akademie für Wirtschaft und
Weiterbildung Südharz
für J/M;
Rothenburgstr. 13
Tel. 03631/3887 u. 40316
Fax. 03631/3188

V 99734 Nordhausen
Private Akademie für J/M;
Geschwister-Scholl-Str. 14
Tel. 03631/8665
Fax. 03631/8665

V 99734 Nordhausen
Prager-Schule für J/M;
Freiherr-v.-Stein-Str. 30c
Tel. 03631/8374

V 37154 Northeim
Privat-Akademie Stübler
für J/M;
Schlachthausweg 25
Tel. 05551/65029

V 90402 Nürnberg
Friese-Gemeinn. Lehrinstitut
für Berufsförderung für J/M;
Marientorgraben 3–5
Tel. 0911/2059966
Fax. 0911/2059965

V 90443 Nürnberg
Private Wirtschaftsschule Sabel;
J/M;
Frauentorgraben 3
Tel. 0911/221313
Fax. 0911/243076

V 87561 Oberstdorf/Allgäu
Handelsschule Merkur
für J/M;
Fuggerstr. 10
Tel. 08331/4246

V 63065 Offenbach/Main
Hartnack-Schule für J/M;
Hermann-Steinhäuser-Str. 2
Tel. 069/812851
Fax. 069/821802

V 33106 Paderborn
Alfener Bildungs-Institut R. Menne
für J/M;
Stettiner Str. 1
Tel. 05251/73765

V 94032 Passau
Private Wirtschaftsschule Pindl
für J/M;
Domplatz 10
Tel. 0851/34420

V 31224 Peine
Teutloff-Schule für J/M;
Werderstr. 49
Tel. 05171/12055

V 31224 Peine
Oskar-Kämmer-Schule für J/M;
Gröpern 7–8
Tel. 05171/3220

V 82380 Peißenberg
Private Wirtschaftsschule Oberland; J/M;
Bergstr. 38
Tel. 08803/833

V 08523 Plauen
IKS GmbH Hamburg – Niederlassung Plauen für J/M;
Heinrichstr. 3
Tel. 03741/26284
Fax. 03741/26284

V 14482 Potsdam
Brandenburgisches Inatitut für Aus- und Weiterbildung für J/M;
Otto-Erich-Str. 15
Tel. 0331/76821-52
Fax. 0331/82000

V 14482 Potsdam-Babelsberg
FS Berlin-Brandenburg für J/M;
Karl-Marx-Str. 2
Tel. 0331/482880

V 50259 Pulheim
BAW-Schule für J/M;
Venloer Str. 90
Tel. 02238/54585

V 06484 Quedlinburg
Oskar-Kämmer-Schule für J/M;
Rambergweg 25
Tel. 03946/57348

V 06484 Quedlinburg
Privat-Akademie Stübler für J/M;
Neuer Weg 22/23
Tel. 03946/47402

V 01445 Radebeul
InterDACT Bildungsförderung Dresden für J/M;
Kötzschenbrodaer Str. 58
Tel. 0351/763238

K 40878 Ratingen
Abendschule Ratingen für J/M
FOS für Wirtschaft
Schützenstr. 54
Tel. 02102/842114

V 88212 Ravensburg
Kaufmännische Privatschule Schindele; J/M;
Allmandstr. 11
Tel. 0751/25482

V 93049 Regensburg
Wirtschaftsschule Pindl e. V.; J/M;
Wittelsbacher Str. 1
Tel. 0941/26095

V 93047 Regensburg
Private Wirtschaftsschule Breitschaft; J/M;
Salzburgergasse 1
Tel. 0941/52412

V 23858 Reinfeld/Holst.
Bildungszentrum Mortzfeld für J/M;
Vossfelder Str. 22
Tel. 0451/81115

V 72764 Reutlingen
EUROPA-INSTITUT Dr. Kramer für J/M;
Kaiserstr. 57/1
Tel. 07121/470011

V 09306 Rochlitz
BIKOM für J/M;
Rathausstr. 20
Tel. 03737/81281
Fax. 03737/81273

V 83022 Rosenheim
Private Wirtschaftsschule Dr. F. Kalscheuer; J/M;
Königstr. 7
Tel. 08031/33031

V 18055 Rostock
Mecklenburgisches Bildungszentrum für J/M;
Lagerstr. 7
Tel. 0381/441
Fax. 0381/601

V 18069 Rostock
Institut für Marketing & Management für J/M;

Sievershagener Weg 1
Tel. 0381/82198

V 18069 Rostock
Hanseatische Gesellschaft
für Bildungsökonomie für J/M;
Versorgungsgelände 11, Postf. 05–14
Tel. 0381/818414 u. 818423
Fax. 0381/818458

V 18147 Rostock-Gehlsdorf
Europäische Wirtschafts-
und Sprachenakademie für J/M;
Pressentinstr. 33
Tel. 0381/322007
Fax. 0381/34933

V 18119 Rostock-Diedrichshagen
BiBC Bildungszentrum für Beruf
und Computer für J/M;
Groß-Kleiner-Weg 16b
Tel. 0381/52133

V 18055 Rostock-Langenort
NWI Norddeutsches Weiterbildungs-
institut für J/M;
Stephanstr. 17, Postf. 98–02
Tel. 0381/36632758

V 15562 Rüdersdorf
Buchholtz Bildungszentrum für J/M;
Brückenstr. 103
Tel. 033638/3416

V 07318 Saalfeld/Saale
URANIA SABEL Bildungs-GmbH
für J/M;
Kulmbacher Str. 62
Tel. 03671/512962
Fax. 03671/512963

V 66111 Saarbrücken
Hartnack-Schule für J/M;
Rathausplatz 3
Tel. 0681/31317
Fax. 0681/33308

V 38259 Salzgitter-Bad
Oskar-Kämmer-Schule für J/M;
Windmühlenbergstr. 13
Tel. 05341/393047

V 38226 Salzgitter-Lebenstedt
Teutloff-Schule für J/M;
An der Feuerwache 26
Tel. 05341/47181

V 38226 Salzgitter-Lebenstedt
Oskar-Kämmer-Schule für J/M;
Schlehenweg 4a
Tel. 05341/17081

V 38226 Salzgitter-Lebenstedt
Privatschule Hildebrandt; J/M;
Am Haudorn 1c
Tel. 05341/44637

V 07907 Schleiz
AWT-Private Akademie für
Wirtschft und Technologie für J/M;
Julius-Alberti-Str. 5
Tel. 03663/3051

V 39218 Schönebeck
Teutloff Bildungszentrum für J/M;
Wächterhäuser 1
Tel. 03928/3883 u. 3884

V 97424 Schweinfurt/Main
Private Wirtschaftsschule
O. Pelzl; J/M;
Wirsingstr. 7
Tel. 09721/86060

V 19057 Schwerin
Berufsbildungszentrum der
Wirtschaft für J/M;
Ratzeburger Str. 2a
Tel. 0385/471116
Fax. 0385/41121

V 99846 Seebach/Thüringen
Internationale Sprachen-
u. Wirtschaftsschule
Dr. Bénédict für J/M;
Waldstr. 1
Tel. 036929/64453

V 57072 Siegen
Bénédict Sprach- und Handelsschule
für J/M;
Obergraben 20
Tel. 0271/51096

V 21680 Stade
Stader Privatschule; J/M;
Mittelstr. 19–23
Tel. 04141/62105
Fax. 04141/62105

V 39418 Staßfurt
Computer-Bildungsgesellschaft b. R. Hartmann & Fischer für J/M;
Gollnowstr. 23
Tel. 03925/624174

V 39418 Staßfurt
EWS-Gesellschaft für Aus- und Weiterbildung für J/M;
Bernburger Str. 13

V 39576 Stendal
Berufsbildungsakademie Altmark für J/M;
G.-Dimitroff-Str. 83
Tel. 03931/412077
Fax. 03931/411145

V 18437 Stralsund
Mecklenburgisches Bildungs-Zentrum v. Oertzen für J/M;
Barther Str. 61
Tel. 03831/2673

V 18439 Stralsund
IWF – Institut für Weiterbildung für J/M;
Werftstr. 3
Tel. 03831/663766

V 18437 Stralsund
HanseAkademie für J/M;
Barther Str. 69a
Tel. 03831/292488
Fax. 03831/297261

V 94315 Straubing
Private Wirtschaftsschule Pindl für J/M;
Innere Frühlingsstr. 36
Tel. 09421/6886

V 01616 Strehla
Berufsbildungszentrum für J/M;
Hugo-Haase-Str. 16–18
Tel. 035264/266
Fax. 035264/267

V 70173 Stuttgart
Akademie für Bürokommunikation und Welthandelssprachen für J/M;
Königstr. 49
Tel. 0711/225871
Fax. 0711/292499

V 70182 Stuttgart
Private Fachschule für Betriebswirtschaft und Datenververarbeitung; J/M;
Heusteigstr. 21
Tel. 0711/2158-0
Fax. 0711/2158-122

V 70182 Stuttgart
Handelsschule C. G. Zimmermann; J/M;
Heusteigstr. 21
Tel. 0711/21580

V 39517 Tangerhütte
Computerschule Spötter für J/M;
Bahnhofstr. 7
Tel. 03935/9394

V 83278 Traunstein
Private Handelsschulen Dr. Kalscheuer für J/M;
Klosterstr. 1
Tel. 0861/4810

V 88662 Überlingen
Kaufm. Privatschule Schindele für J/M;
Hochbildstr. 4
Tel. 07551/64170

V 89073 Ulm
Private Handelsschule Merkur e. V.; J/M;
Ensingerstr. 6–8
Tel. 0731/62015

V 42551 Velbert
Wirtschafts- u. Sprachenschule K. Paykowski für J/M;
Südstr. 38
Tel. 02051/58085
Fax. 02051/58357

V 48231 Warendorf
Wirtschaftsschule Lenzen-Jack für J/M;
Alte Schulstr. 8
Tel. 02581/62077
Fax. 02581/62077

V 92637 Weiden-Oberpfalz
Kaufmännisches Schulungszentrum für J/M;

Ermweigstr. 1
Tel. 0961/46219
Fax. 0961/44757

V 92637 Weiden-Oberpfalz
Private Akademie für Wirtschaft und Technologie für J/M;
Ermweigstr. 1
Tel. 0961/46219
Fax. 0961/44757

V 99427 Weimar
Bikom GmbH für J/M;
Rießnerstr. 18
Tel. 03643/769575
Fax. 03643/769575

V 99427 Weimar
Akademie für Steuer- und Wirtschaftsrecht für J/M;
Prager Str. 42

V 08412 Werdau
BAW Sachsen – Schule Werdau für J/M;
Burgstr. 3
Tel. 037496/3183
Fax. 037496/565273

V 38855 Wernigerode
Teutloff Bildungszentrum für J/M;
Weinbergstr. 17, Postf. 29
Tel. 03943/33198
Fax. 03943/36254

V 38855 Wernigerode
Oskar-Kämmer-Schule für J/M;
Salzbergstr. 45
Tel. 03943/32025
Fax. 03943/382377

V 45189 Wiesbaden
Rhein-Main-Schule für J/M;
Bierstadter Str. 15
Tel. 0611/374017
Fax. 0611/305004

V 08112 Wilkau-Haßlau
BAW Sachsen – Schule Wilkau-Haßlau für J/M;
Haaraer Str. 54
Tel. 0375/271905
Fax. 0375/271263

V 19322 Wittenberge
Kaufm. Schulen Pipke für J/M;
Bad Wilsnacker Str. 43
Tel. 03877/70952

V 06766 Wolfen
BAW Sachsen – Schule Wolfen für J/M;
Krondorfer Str. 83
Tel. 03494/4932
Fax. 03494/4905

V 38300 Wolfenbüttel
Oskar-Kämmer-Schule; J/M;
Breite Herzogstr. 13
Tel. 05331/5368
Fax. 05331/2486

V 38440 Wolfsburg
Oskar-Kämmer-Schule; J/M;
Heßlinger Str. 13–15
Tel. 05361/12758
Fax. 05361/22758

V 38444 Wolfsburg
Teutloff-Schule für J/M;
Seilerstr. 9a
Tel. 05361/25836

V 38440 Wolfsburg/Detmerode
Privat-Akademie Stübler für J/M;
Detmeroder Markt 7
Tel. 05361/13337

V 37339 Worbis
Prager-Schule für J/M;
Nordhäuser Landstr. 19
Tel. 036074/2931

V 42103 Wuppertal
Privatschule Förster; J/M;
Luisenstr. 136
Tel. 0202/300620
Fax. 0202/305734

V 42103 Wuppertal
Herder Schule; J/M
Luisenstr. 136
Tel. 0202/313170
Fax. 0202/305734

V 42103 Wuppertal
Bénédict Sprachen- und Wirtschaftsschule für J/M;

Alte Freiheit 5
Tel. 0202/445613
Fax. 0202/450491

V 421030 Wuppertal-Elberfeld
FS für Daten- und Textverarbeitung
für J/M;
Alte Freiheit 5
Tel. 0202/445613
Fax. 0202/450491

V 98544 Zella-Mehlis
BIAW GmbH für J/M;
Industriestraße
Tel. 03681/46534
Fax. 03681/46534

V 39221 Zens
Youth-High-Tech-Center
für J/M;
Dorfstr. 46
Tel. 039291/3052

V 07937 Zeulenroda
AWT-Private Akademie
für Wirtschaft und Technologie
für J/M;
Am Stadtbachring 16
Tel. 03661/2152

V 39326 Zielitz
Oskar-Kämmer-Schule für J/M;
Am Schwimmbad
Tel. 039208/43051

V 09600 Zug bei Freiberg
InterDACT für J/M;
Hauptstr. 150
Tel. 03731/6139
Fax. 03731/6333

V 08056 Zwickau
IKS GmbH Hamburg – Niederlassung Zwickau
für J/M;
Oskar-Arnold-Str. 14
Tel. 0375/871282

1.2.3. Hauswirtschaft

K 54298 Aach
Berufsbildende Schule der
Schwestern vom Guten Hirten
für M; BGJ/BFS
Haus auf dem Wehrborn
Tel. 0651/85055-57

K 48683 Ahaus
Priv. BFS/FS – Canisiusstift –
für J/M;
Hindenburgallee 30
Tel. 02561/2028

K 94330 Aiterhofen bei Straubing
BFS für Hauswirtschaft für M;
Tagesheim
Schulgasse 9
Tel. 09421/32833

K 78476 Allensbach
Marianum für M; BFS/FS
Konradistr. 6
Tel. 07533/809-0

K 92224 Amberg
Grundlehrgang für Hauswirtschaft
für M; GTS
Philosophenweg 12
Tel. 09621/13568

K 86152 Augsburg
BFS für Hauswirtschaft
u. Kinderpflege mit Berufsaufbauschule u. FA für Hauswirtschaft für M; GTS
Inneres Pfaffengäßchen 3
Tel. 0821/151044

K 86153 Augsburg
FA für Hauswirtschaft Maria Stern
für M; GTS
Thommstr. 24 a
Tel. 0821/311257

K 96049 Bamberg
BFS für Hauswirtschaft, Kinder- u. Sozialpflege mit Berufsaufbauschule für J/M;

Stephansplatz 2
Tel. 0951/54011

K 59909 Bestwig
Priv. berufsbildende Schulen des Bergklosters für J/M; BFS/FOS
Tel. 02904/808174 u. 8080
Fax. 02904/808180

E 33617 Bielefeld
Friedrich-von-Bodelschwingh-Schulen Bethel – Abt. Hauswirtschaft/Sozialpädagogik für M; Kollegschule
Am Zionswald 7
Tel. 0521/1442476

E 33617 Bielefeld
Friedrich-von-Bodelschwingh-Schulen Bethel – Abt. Hauswirtschaft/Ökotrophologie für M; Kollegschule
Sareptaweg 12
Tel. 0521/1442448

K 55411 Bingen
Private Hildegardis-Schule für M; BFS/FOS
Holzhauserstr. 16
Tel. 06721/10667

K 56154 Boppard
BFS St. Carolus für M; GTS
Haus Sabelsberg
Tel. 06742/3136

K 33178 Borchen-Nordborchen
Mallinckrodthof -Berufliche Schulen für Ernährungs- und Hauswirtschaft für M; FS/Fachseminar Familienpflege
Mallinckrodstr. 6
Tel. 05251/39455

K 77815 Bühl
St. Hedwigsschule für M, BFS/SonderBFS/GTS/Tagesheim
Sonnhalde 7
Tel. 07223/22722

K 48653 Coesfeld
Liebfrauenschule für J/M; BFS/FS/FOS
Kuchenstr. 18
Tel. 02541/5025

E 40489 Düsseldorf-Kaiserswerth
BFS für Ernährung und Hauswirtschaft für J/M;
Fliednerstr. 32
Tel. 0211/409739/409725

K 83256 Frauenchiemsee
Irmengard-Berufsfachschulen für M; BFS/Berufsaufbauschule
Tel. 08054/567 o. 521

K 79102 Freiburg
Berufliche Schulen St. Ursula für M; Gy/BFS/Berufskolleg
Hildastr. 41
Tel. 0761/706757

K 49832 Freren
Zweijährige FS Haus- und Familienpflege;
Ein- und zweij. FS (Hauswirtschaft/Ländl. Hauswirtschaft)für M;
FS/Dorfhelferinnenschule/GTS
Gut Hange
Tel. 05902/240/5454

K 47608 Geldern
Liebfrauenschule für J/M; BGJ/BFS/FOS/FS/GTS
Weseler Str. 15
Tel. 02831/1057

K 37308 Heiligenstadt
FS für Sozialpädagogik und BFS/FS St. Elisabeth für J/M; FOS/GTS
Friedensplatz 5/6
Tel. 03606/4161

K 85049 Ingolstadt
BFS Hauswirtschaft/Kinder-/Sozialpflege für J/M; GTS/Tagesheim
Griesbadgasse 18
Tel. 0841/33023

K 52428 Jülich
FOS für Ernährung und Hauswirtschaft für M;
Römerstr./Dr.-Weyer-Str.
Tel. 02461/55538

K 87437 Kempten
BFS für Hauswirtschaft für M;
Tagesheim

Gerhardingerweg 4
Tel. 0831/7459 o. 72487

K 50677 Köln
Berufsbildende Schulen des Erzbistums Köln für J/M; BFS
Sachsenring 79
Tel. 0221/321041/2

K 66849 Landstuhl
Berufsbildende Schulen Haus Nazareth für J/M; BGJ/BFS
Luitpoldstr. 15
Tel. 06371/3752

K 88131 Lindau
BFS für Kinderpflege,
FA für Sozialpädagogik
für J/M; GTS
Bregenzer Str. 1
Tel. 08382/4054

K 59558 Lippstadt
Marienschule; BFS/FS für J/M;
Ostlandstr. 13
Tel. 02941/885-0

K 55116 Mainz
Wilhelm-Emmanuel-von-Ketteler-Schule für J/M; BGJ/BFS/Berufsvorbereitungsjahr für Ausländer, Aussiedler und Asylanten/Berufsvorbereitungsjahr
Stefanstr. 2–4
Tel. 06131/281551
Fax. 06131/281547

K 84163 Marklkofen
BFS für Hauswirtschaft für M;
Poxau, Klosterstr. 25
Tel. 08732/858

K 58706 Menden
Placidaschule Menden für M;
BFS (Pflegevorschule), BFS/FS/GTS/Tagesheim
Dechant-Röper-Str. 47
Tel. 02373/2252

K 49716 Meppen
BFS/FS für J/M;
Friedrichstr. 19
Tel. 05931/2680

K 41061 Mönchengladbach
Liebfrauenschule für J/M; BFS/FOS
Bettrather Str. 16–20
Tel. 02161/86059

K 81541 München
Frauenberufliche Schulen der Armen Schulschwestern für M; BFS/FA
Berufsoberschule/GTS
Mariahilfplatz 14
Tel. 089/661207

K 48143 Münster
Hildegardis-Schule für J/M;
FS/FOS/BFS/BGJ
Neubrückenstr. 17/24
Tel. 0251/41730

E 91564 Neuendettelsau
Hauswirtschaftliche Berufsschule mit Berufsaufbauschule für M; BS
Waldsteg 9
Tel. 09874/8385

K 92318 Neumarkt
Berufl. Schulen der Schwestern vom Göttlichen Erlöser (Niederbronner Schwestern) im Haus St. Marien für J/M; BFS/FA/Berufsaufbauschule
Tel. 09181/30004

K 92431 Neunburg vorm Wald
BFS für Hauswirtschaft und Kinderpflege für M; BFS/Tagesheim
Klosterberg 4
Tel. 09672/623

K 41460 Neuss
Erzb. berufsbildende Schulen im Marienhaus für J/M;
BFS/FS/FOS
Kapitelstr. 36
Tel. 02131/273258/273009

K 63071 Offenbach
Marienschule für M;
Zweij. BFS/Tagesheim
Ahornstr. 33
Tel. 069/851081

K 57462 Olpe
St.-Franziskus-Schule für J/M;
Priv. hauswirtschaftl. und sozialpäd. Schulen; FS/BFS

Maria-Theresia-Str. 5
Tel. 02761/3688

K 49082 Osnabrück
Kath. BFS im Marienheim für J/M; Halbinternat
Gut Sutthausen 1
Tel. 0541/59447

K 33102 Paderborn
Edith-Stein-Schule für J/M; BFS/FS/FOS
Am Rolandsbad 4
Tel. 05251/58110

K 97421 Schweinfurt
BFS für Hauswirtschaft für M;
Theresienstr. 1
Tel. 09721/18170

K 84359 Simbach/Inn
Institut Marienhöhe für M;
BFS für Hauswirtschaft u. Sozialpflege
Tagesheim
Maria-Ward-Str. 16
Tel. 08571/8616

K 96231 Staffelstein
BFS für Hauswirtschaft und Kinderpflege «St. Kunigund» für M;
BFS/GTS
Vierzehnheiligen 12
Tel. 09571/5411

K 49832 Thuine
Ein- und Zweijähr. BFS für M;
Klosterstr. 10
Tel. 05902/501503

K 95652 Waldsassen
Grundlehrgang für Hauswirtschaft der Cistercienserinnen für M;
Tagesheim
Basilikaplatz 2
Tel. 09632/1831

K 63939 Wörth
BFS für Hauswirtschaft u. Sozialpflege für J/M;
Grundlehrgang
Waisenhausstr. 14
Tel. 09372/5337

K 85283 Wolnzach-Eschelbach/Ilm
Grundlehrgang für Hauswirtschaft
Institut Maria Hilf für M;
Herrnstr. 11
Tel. 08442/8057

K 97080 Würzburg
Grundlehrgang für Hauswirtschaft
St.-Liobaheim für M;
Berliner Platz 4
Tel. 0931/54607

K 46509 Xanten
BFS/FS/FOS Placidahaus für J/M; GTS
Tel. 02801/2796
Fax. 02801/6936

K 53909 Zülpich-Füssenich
BFS/FS für Sozialpädagogik
St.-Nikolaus-Stift für M;
Brüsseler Str. 68
Tel. 02252/2424/2238

1.2.4. Naturwissenschaften und Technik

V 34537 Bad Wildungen
HolzFS für J/M; (Holztechnik)
Giflitzer Str. 3
Tel. 05621/6019

V 88400 Biberach an der Riß
Hauchler Studio für J/M;
(Drucktechnik)
Karl-Müller-Str. 6
Tel. 07351/6014 u. 6015
Fax. 07351/72290

V 06749 Bitterfeld
Teutloff Bildungszentrum für J/M;
(Umwelt, Gewerbl.-techn. Bereich)
Parsevalstr. 1d

Tel. 03493/72798
Fax. 03493/72062

V 38118 Braunschweig
BFS für Chemie und Pharmazie
Dr. v. Morgenstern; J/M;
Freisestr. 14
Tel. 0531/50084
Fax. 0531/507546

V 38102 Braunschweig
Chemie- und Pharmazieschule
Dr. Heinemann; J/M; BFS
(Chemie, Pharmazie, Medizin)
Altewiek-Ring 24
Tel. 0531/333341
Fax. 0531/330678

V 38122 Braunschweig
Teutloff-Schule; J/M;(Elektro-, Metall-, Kunststoff-, Maschinen-, Umwelttechnik, Gewerbl.-techn. Bereich)
Frankfurter Str. 254
Tel. 0531/809050
Fax. 0531/891729

V 38102 Braunschweig
Privat-Akademie Stübler für J/M; (Maschinen-, System-, Metalltechnik, Gewerbl.- techn. Bereich)
Gerstäckerstr. 16, Postf. 3740
Tel. 0531/27330-0
Fax. 0531/27330-77

V 31303 Burgdorf
Institut für Marketing & Management für J/M;
(Pharmazie)
Feldstr. 3
Tel. 05136/873832
Fax. 05136/7882

V 44227 Dortmund
Fresenius Akademie für J/M; (Chemie, Umwelt, Qualitätssicherung)
Hauert 9
Tel. 0231/75896-0
Fax. 0231/75896-11

V 01109 Dresden
Fresenius Akademie für J/M; (Chemie, Umwelt, Qualitätssicherung)
Königsbrücker Str. 159
Tel. 0351/4603796
Fax. 0351/4603799

V 59889 Eslohe
Lorenz-Burmann-Schule für J/M;
(Dachdecker)
Böttenbergstr. 20
Tel. 0231/433918
Fax. 0231/433907

V 54636 Esslingen
Medizinisch-Technische Akademie
J/M; (Medizin)
Kesselwasen 17
Tel. 0711/359639
Fax. 0711/355299

V 60389 Frankfurt/Main
GTU – Gesellschaft für Technologie- u. Umweltschutzberatung für J/M;
(Umwelt)
Obernhainer Str. 7
Tel. 069/451068
Fax. 069/422485

V 17489 Greifswald
BFS für J/M; (Umwelt, Pharmazie)
Rudolf-Petershagen-Allee 38
Tel. 03834/5931
Fax. 03834/3138

V 17489 Greifswald
Management-Bildungs-Akademie
mba für J/M; (Medizin)
Rudolf-Petershagen-Allee 38
Tel. 03834/5931
Fax. 03834/3138

V 22297 Hamburg
Technische FS Heinze; J/M;
(Optik, Güteprüfung, Hoch- und Tiefbau, Maschinenbau, Werkzeugmacher, Zahntechnik, Techn. Zeichnen)
Mexikoring 15
Tel. 040/6307028
Fax. 040/6312626

V 34346 Hann.-Münden
Chemieschule; J/M; (Chemie, Biologie)
Bremer Schlagd 12
Tel. 05541/4936

V 88316 Isny/Allgäu
Naturwissenschaftlich-technische Akademie Prof. Dr. Grübler; (Chemie, Umwelt, Physik, Informatik, Medizin, Pharmazie)
Seidenstr. 12–35
Tel. 07562/678
Fax. 07562/55347

V 50674 Köln
Rheinische Akademie Köln e. V.; (Technik, Bau-, Sanitärtechnik, Wirtschft, Informatik, Biologie, Chemie, Physik)
Hohenstaufenring 16–18
Tel. 0221/203020
Fax. 0221/8882425

V 76829 Landau
Naturwissenschaftliches Technikum Landau; J/M;(Pharmazie, Chemie, Medizin, Biologie, Umwelt)
Neustadter Str. 2
Tel. 06341/20056
Fax. 06341/89526

V 21337 Lüneburg
BFS für Chemie und Pharmazie Dr. v. Morgenstern; J/M;
Am Schwalbenberg 18
Tel. 04131/53658

V 39104 Magdeburg
Böhme-Schule für J/M; (Metalltechnik)
Coquistr. 3
Tel. 0391/4394225

V 39104 Magdeburg
Bildungsakademie Mittelstand für J/M; (Bautechnik)
Brandenburger Str. 10
Tel. 0391/344351

V 39108 Magdeburg
BFS Chemie und Pharmazie Dr. von Morgenstern für J/M;
Annastr. 17
Tel. 0391/5613181

V 81543 München
Berufliches Zentrum für Umwelt und Chemie J/M;
Ludmillastr. 30
Tel. 089/6514031

V 49074 Osnabrück
Völker-Schule; J/M;
BFS (Pharmazie, Medizin)
Kollegienwall 12c
Tel. 0541/27136
Fax. 0541/27859

K 40878 Ratingen
Abendschule für J/M;
FOS Technik/Wirtschaft
Schützenstr. 54
Tel. 02102/842114

V 39624 Schönebeck
Teutloff Bildungszentrum für J/M; (Elektrotechnik, Bau- u. Baunebengewerbe, Gewerbl.-techn. Bereich)
Wächterhäuser 1
Tel. 03928/3883 u. 3884

V 39576 Stendal
Berufsbildungsakademie Altmark für J/M; (Gas- u. Wasserinstallation, Metall-, Steuerungs-, Heizungstechnik, Schiffbau, Elektrotechnik)
G.-Dimitroff-Str. 83
Tel. 03931/412077
Fax. 03931/411145

V 70176 Stuttgart
Chemieschule Dr. Binder; J/M; (Pharmazie, Chemie, Umwelt)
Silberburgstr. 119
Tel. 0711/620676
Fax. 0711/622119

V 70176 Stuttgart
Chemisches Institut Dr. Flad; J/M;
Breitscheidstr. 127
Tel. 0711/634760
Fax. 0711/638322

V 70469 Stuttgart
Technische FS Tochtermann; J/M; (Fertigungstechnik, Maschinenbau, Heizungs-, Klima-, Lüftungstechnik)
Stuttgarter Str. 6
Tel. 0711/852116

V 22880 Wedel/Holstein
Physikalisch-Technische Lehranstalt; J/M; (Physik, Elektronik, Informatik)
Feldstr. 143
Tel. 04103/8048-0
Fax. 04103/8048-39

V 38855 Wernigerode
Teutloff Bildungszentrum für J/M; (Bau-, Elektro-, Holz- u. Metalltechnik, Automatisierungs- u. Steuerungstechnik)
Weinbergstr. 17,
Postf. 29
Tel. 03943/33198
Fax. 03943/36254

V 65193 Wiesbaden
Chemieschule Fresenius; J/M; (Chemie, Umwelt, Pharmazie)
Dambachtal 20
Tel. 0611/5807-0
Fax. 0611/5807-41

1.2.5. Sprachen

V 52062 Aachen
inglingua Sprachschule; J/M;
Markt 29–31
Tel. 0241/20560
Fax. 0241/406150

V 31061 Alfeld/Leine
Buhmann-Schule Alfeld für J/M;
Antonianger 2
Tel. 05181/24222

V 04600 Altenburg
Wirtschaftsakademie Dr. P. Rahn & Partner für J/M;
Brauereistr. 20
Tel. 03447/4183
Fax. 03447/4183

V 08209 Auerbach/Vogtland
Wirtschaftsakademie Dr. P. Rahn & Partner für J/M;
Friedensstr. 55
Tel. 03744/213064

V 86150 Augsburg
inlingua Sprachschule für J/M;
Bürgermeister-Fischer-Str. 9
Tel. 0821/159092
Fax. 0821/157346

V 76530 Baden-Baden
Wirtschaftsinstitut Baden-Baden für J/M;
A.-Schriever-Weg 11
Tel. 07221/23165
Fax. 07221/26356

V 61350 Bad Homburg
FTO – Bad Homburger Akademie für J/M;
Dietigheimer Str. 24
Tel. 06172/83011
Fax. 06172/83012

V 51465 Bergisch-Gladbach
Internationale Sprachen- und Wirtschaftsschule Dr. Bénédict für J/M;
Hauptstr. 293–297
Tel. 02202/37102

V 51465 Bergisch Gladbach
Amkreutz BDÜ Sprachenschule für J/M;
Jakobstr. 81c
Tel. 02202/52965
Fax. 02202/21575

V 10365 Berlin
Wirtschafts- u. Sprachenschule K. Paykowski GmbH für J/M;
Schottstr. 6
Tel. 030/5589888
Fax. 030/5596350

V 12524 Berlin
Buchholtz-Bildungszentrum GmbH für J/M;

Bruno-Taut-Str. 4
Tel. 030/6742410
Fax. 030/6742369

V 10719 Berlin
inlingua Sprachschule; J/M;
Ludwigkirchstr. 9a
Tel. 030/8812020
Fax. 030/8825845

V 10785 Berlin
Bénédict School Berlin für J/M;
Kurfürstendamm 229
Tel. 030/8826245
Fax. 030/8825883

V 10777 Berlin
Hartnackschule; J/M;
Motzstr. 5
Tel. 030/2164459
Fax. 030/2154454

V 12159 Berlin
Buchholtz Bildungszentrum GmbH
für J/M;
Fregestr. 74
Tel. 030/8514028
Fax. 030/8593181

V 12165 Berlin
EUROJOB Bildungsunternehmen
für Europaberufe für J/M;
Schmidt-Ott-Str. 5a
Tel. 030/7928876

V 10245 Berlin-Friedrichshain
EUROJOB Bildungsunternehmen
für J/M;
Gärtnerstr. 10
Tel. 030/7928876

V 06406 Bernburg
Wirtschaftsakademie Dr. P. Rahn
& Partner für J/M;
Dessauer Str. 42
Tel. 03471/2801
Fax. 03471/2216

V 33602 Bielefeld
inlingua Sprachschule; J/M;
Niedernstr. 28
Tel. 0521/177358
Fax. 0521/67630

V 04564 Böhlen
Wirtschaftsakademie Dr. P. Rahn
& Partner für J/M;
i. H. Sächs. Olefin-Werke,
Werkstraße
Tel. 034206/36679

V 53111 Bonn
inlingua Sprachschulen; J/M;
Markt 10–12
Tel. 0228/634255,658936
Fax. 0228/639669

V 06242 Braunsbedra
Wirtschaftsakademie Dr. P. Rahn
& Partner für J/M;
Geiseltalstraße
Tel. 034633/2390
Fax. 034633/2390

V 38100 Braunschweig
inlingua Sprachschule, J/M;
Münzstr. 15
Tel. 0531/46114
Fax. 0531/41519

V 38102 Braunschweig
Oskar-Kämmer-Schulen für J/M;
Jasperallee 23
Tel. 0531/2324-0
Fax. 0531/2324-150

V 28195 Bremen
inlingua Sprachschule für J/M;
Obernstr. 14
Tel. 0421/328197
Fax. 0421/323014

V 09116 Chemnitz
inlingua Sprachschule für J/M;
Zwickauer Str. 150
Tel. 0371/38225
Fax. 0371/38225

V 64295 Darmstadt
The Bénédict School of Languages; J/M;
Spreestr. 3
Tel. 06151/311100
Fax. 06151/318015

V 64297 Darmstadt
Schulzentrum Seminar Marien-

höhe für J/M;
Auf der Marienhöhe 32
Tel. 06151/5391-0
Fax. 06151/5391-68

V 94469 Deggendorf
Privatinstitut für Bildung, Wissen und Schulung für J/M;
Westliche Zwingergasse 11
Tel. 0991/5788
Fax. 0991/6812

V 39606 Dessau-Alten
Wirtschaftsakademie Dr. P. Rahn & Partner für J/M;
Hünefeldstr. 1
Tel. 0340/7141
Fax. 0340/7141

V 32756 Detmold
inlingua Sprachschule für J/M;
Hermannstr. 45
Tel. 05231/34549
Fax. 05231/25995

V 44135 Dortmund
Bénédict-School; J/M;
Brückstr. 20–26
Tel. 0231/528081
Fax. 0231/551769

V 44137 Dortmund
inlingua Sprachschule; J/M;
Westenhellweg 66–68
Tel. 0231/149966
Fax. 0231/148075

V 44135 Dortmund
Kaufmännische Schulen Dipl.-Hdl. W. Pipke für J/M;
Reinoldistr. 17–19
Tel. 0231/528456
Fax. 0231/571312

V 01277 Dresden
ZAW – Zentrum für Aus- und Weiterbildung für J/M;
Dornblüthstr. 31
Tel. 0351/346-2369
Fax. 0351/346-2547

V 01187 Dresden
inlingua International für J/M;
Bamberger Str. 1
Tel. 0351/4728941
Fax. 0351/4724875

V 01257 Dresden
InterDACT Bildungsförderung für J/M;
Reisstr. 40
Tel. 0351/2255405

V 01129 Dresden
EWS Wirtschafts- und Sprachenschulung GmbH für J/M;
Radeberger Str. 43
Tel. 0351/571536
Fax. 0351/571536

V 52353 Düren
Private Wirtschafts-und Sprachschule für J/M;
Eisenbahnstr. 4
Tel. 02421/43683

V 40233 Düsseldorf
Bénédict Sprachenschule; J/M;
Ackerstr. 3
Tel. 0211/360781
Fax. 0211/378121

V 40210 Düsseldorf
inlingua Sprachschule; J/M;
Graf-Adolf-Str. 41
Tel. 0211/320075
Fax. 0211/374870

V 47051 Duisburg
inglingua Sprachschule; J/M;
Königstr. 61
Tel. 0203/341334

V 15537 Erkner
inlingua Sprachschule für J/M;
Berliner Str. 9
Tel. 03362/72318

V 91054 Erlangen
Institut f. Fremdsprachen u. Auslandskunde für J/M;
Schillerstr. 3
Tel. 09131/27063
Fax. 09131/27063

V 45127 Essen
Bénédict-Sprachschule; J/M;
Kettwiger Str. 5
Tel. 0201/221393
Fax. 0201/229149

V 45128 Essen
Schulverbund Rhode/Dr. Wessel; J/M;
Gutenbergstr. 20
Tel. 0201/235098
Fax. 0201/202552

V 45127 Essen
Privatschule Reich
Kettwiger Str. 29
Tel. 0201/238888
Fax. 0201/232245

V 60329 Frankfurt/Main
Bachschule; J/M;
Gutleutstr. 75
Tel. 069/234237

V 60329 Frankfurt/Main
inlingua Sprachschule; J/M;
Kaiserstr. 37
Tel. 069/231021
Fax. 069/234829

V 60322 Frankfurt/Main
Rackow-Schule für J/M;
Eschersheimer Landstr. 5–7
Tel. 069/552754
Fax. 069/557763

V 60313 Frankfurt/Main
Language Studies International für J/M; Zeil 107
Tel. 069/20309 u. 283112
Fax. 069/296339

V 60326 Frankfurt/Main
Schulungszentrum Hartnack-Schule GmbH für J/M;
Idsteiner Str. 91
Tel. 069/7380024
Fax. 069/7392438

V 60313 Frankfurt/Main
Das Linguistische Institut für J/M;
Brönnerstr. 11
Tel. 069/292959
Fax. 069/293094

V 15230 Frankfurt/Oder
Europäische Wirtschafts- u. Sprachenakademie für J/M;
Karl-Liebknecht-Str. 12
Tel. 0335/325008
Fax. 0335/325008

V 15230 Frankfurt/Oder
Wirtschafts- und Sprachenschule für J/M;
Oderallee 26
Tel. 0335/324190
Fax. 0335/23586

V 15234 Frankfurt/Oder
Wirtschaftsakademie Dr. P. Rahn & Partner für J/M;
Georg-Richter-Str. 18, i. H. Didaktika
Tel. 0335/385204
Fax. 0335/385241

V 79098 Freiburg
inlingua Sprachschule; J/M;
Herrenstr. 45
Tel. 0761/33414
Fax. 0761/39856

V 79098 Freiburg
Institut für Sprachen u. Wirtschaft Dr. Ayen GmbH für J/M;
Salzstr. 12–16
Tel. 0761/36754
Fax. 0761/31584

V 79098 Freiburg
Schulungs-Center Foley
Poststr. 3
Tel. 0761/31655
Fax. 0761/34413

V 79098 Freiburg
Institut Angell für J/M;
Humboldtstr. 2
Tel. 0761/39378
Fax. 0761/39352

V 79117 Freiburg
ELOQUIA Fremdspracheninstitut für J/M;
Schwarzwaldstr. 9–11
Tel. 0761/702000
Fax. 0761/73027

V 88045 Friedrichshafen
inlingua Sprachschule; J/M;
Friedrichstr. 65
Tel. 07541/21919
Fax. 07541/75341

V 15517 Fürstenwalde
Wirtschaftsakademie Dr. P. Rahn
& Partner für J/M;
Goetheplatz 15a
Tel. 03361/2722
Fax. 03361/2722

V 36037 Fulda
euro-Sprachschule; J/M;
Bardostr. 2
Tel. 0661/21017
Fax. 0661/21018

V 36037 Fulda
inlingua Sprachschule; J/M;
Heinrichstr. 4a
Tel. 0661/74004
Fax. 0661/70330

V 25392 Gießen
Gießener Sprach- und Dolmetscherschule; J/M;
Wilhelmstr. 19
Tel. 0641/74255
Fax. 0641/72758

V 37073 Göttingen
Buhmann-Schule; für J/M;
Weender Str. 39
Tel. 0551/56735

V 37073 Göttingen
Prager-Schule J/M;
Weender Landstr. 3–5
Tel. 0551/4965-0
Fax. 0551/4965-16

V 99867 Gotha
Bénédict-Sprachschule für J/M;
Am Volkspark 6
Tel. 03621/65355

V 39337 Gröningen
Wirtschaftsakademie Dr. P. Rahn
& Partner für J/M;
Goethepromenade 6
Tel. 039403/275
Fax. 039403/274

V 33332 Gütersloh
inlingua Sprachschule; J/M;
Alte Verler Str. 11
Tel. 05241/14325

V 06108 Halle/Saale
Merkur-Schule für J/M;
Kleinschmieden 05
Tel. 0345/25777
Fax. 0345/21261

V 06112 Halle/Saale
inlingua Sprachschule für J/M;
Raffineriestr. 28a
Tel. 0345/827300
Fax. 0345/827200

V 06118 Halle-Trotha
Wirtschaftsakademie Dr. P. Rahn
& Partner für J/M;
Brachwitzer Str. 24
Tel. 0345/866217

V 45721 Haltern
Lehrinstitut Haltern; J/M;
Markt 3
Tel. 02364/12909

V 20099 Hamburg
Hamburger Fremdsprachenschule; J/M;
Georgsplatz 10
Tel. 040/327310
Fax. 040/337194

V 20095 Hamburg
inlingua International; J/M;
Spitaler Str. 1
Tel. 040/330834
Fax. 040/330893

V 20095 Hamburg
City-Sprachstudio; J/M;
Lilienstr. 36
Tel. 040/330324
Fax. 040/323545

V 20095 Hamburg
Handels- u. Sprachenschule Rackow
für J/M;
Schopenstehl 31
Tel. 040/3330550
Fax. 040/3233007

V 20095 Hamburg
Rackow Kaufmännische BFS für J/M;
Schopenstehl 31
Tel. 040/3330550
Fax. 040/3233007

V 20354 Hamburg
Fremdsprachen-Institut Colón; J/M;
Colonnaden 47
Tel. 040/346764
Fax. 040/346854

V 59065 Hamm
Bénédict-Schule; J/M;
Marktplatz 12
Tel. 02381/25474
Fax. 02381/20929

V 30159 Hannover
Fremdsprachen-Institut Dr. Buhmann; J/M;
Prinzenstr. 13
Tel. 0511/30108-0
Fax. 0511/30108-66

V 30159 Hannover
inlingua International; J/M;
Bahnhofstr. 4
Tel. 0511/324580
Fax. 0511/3632931

V 69117 Heidelberg
inlingua Sprachschule; J/M;
Fahrtgasse 7–13
Tel. 06221/29076
Fax. 06221/29078

V 69126 Heidelberg
Englisches Institut; J/M;
Rheinstr. 14
Tel. 06221/349343
Fax. 06221/349338

V 69126 Heidelberg
Heidelberger Fremdsprachen-institut; J/M;
Helmholtzstr. 8
Tel. 06221/413629
Fax. 06221/475012

V 74072 Heilbronn
inlingua Sprachschule; J/M;
Gerberstr. 7–9
Tel. 07131/166552
Fax. 07131/166647

V 32052 Herford
inlingua Sprachschule Bielefeld für J/M;
Bäckerstr. 31
Tel. 05221/4031 u. 4032
Fax. 05221/56732

V 31134 Hildesheim
Buhmann-Schule für J/M;
Hindenburgplatz 1
Tel. 05121/33073
Fax. 05121/132920

V 85049 Ingolstadt
inlingua Sprachschule; J/M;
Ludwigstr. 12
Tel. 0841/35015
Fax. 0841/33810

V 58636 Iserlohn
inlingua Sprachschule; J/M;
Nußstr. 5
Tel. 02371/25724
Fax. 02371/26653

V 07743 Jena
EWS Schulung GmbH für J/M;
Löbdergraben 11
Tel. 03641/22838
Fax. 03641/22838

V 67655 Kaiserslautern
inlingua Sprachschule für J/M;
Eisenbahnstr. 51
Tel. 0631/64343
Fax. 0631/64384

V 76133 Karlsruhe
IPL-Sprachenschule; J/M;
Karlstr. 45a
Tel. 0721/25871
Fax. 0721/21127

V 76185 Karlsruhe
inlingua Sprachschule; J/M;
Wendtstr. 17
Tel. 0721/859311
Fax. 0721/859314

V 34117 Kassel
inlingua Sprachschule; J/M;
Werner-Hilpert-Str. 10–14
Tel. 0561/103231
Fax. 0561/779900

V 34117 Kassel
Kasseler Wirtschafts- und
Sprachenschulen
Dr. Reitz; J/M;
Obere Königstr. 45a
Tel. 0561/18772
Fax. 0561/775668

V 24103 Kiel
inlingua Sprachschule; J/M;
Alter Markt 1–2
Tel. 0431/95607
Fax. 0431/97257

V 24114 Kiel
afbb-Akademie für Berufliche Bildung GmbH
für J/M;
Sophienblatt 82
Tel. 0431/673740
Fax. 0431/674836

V 56068 Koblenz
inlingua Sprachschule; J/M;
Löhrstr. 143
Tel. 0261/12409
Fax. 0261/38478

V 56068 Koblenz
Dr. Zimmermann'sche Wirtschafts- und EDV-Schulen
für J/M;
Mainzer Str. 50
Tel. 0261/36981
Fax. 0261/36987

V 50667 Köln
Englisches Institut für J/M;
Gertrudenstr. 24–28
Tel. 0221/218024
Fax. 0221/255450

V 50668 Köln
Euro-Akademie; J/M;
Elsa-Brandström-Str. 8
Tel. 0221/736074
Fax. 0221/739754

V 50677 Köln
Europäische Wirtschafts- u. Sprachenakademie für J/M;
Hardefuststr. 7
Tel. 0221/321038
Fax. 0221/315192

V 78462 Konstanz
inlingua Schule; J/M;
Rosgartenstr. 29–31
Tel. 07531/27352 u. 16222
Fax. 07531/16620

V 47798 Krefeld
Bénédict-Sprachenschule; J/M;
Ostwall 156
Tel. 02151/615265
Fax. 02151/66576

V 47798 Krefeld
inlingua Sprachschule; J/M;
Hochstr. 114
Tel. 02151/614111
Fax. 02151/611652

V 04103 Leipzig
Wirtschaftsakademie Dr. P. Rahn
& Partner für J/M;
Stephanstr. 14
Tel. 0341/2113924
Fax. 0341/7175245

V 04229 Leipzig
inlingua International für J/M;
Karl-Heine Str. 22b
Tel. 0341/4977286
Fax. 0341/4977231

V 59555 Lippstadt
Bénédict-Schule für J/M;
Wiedenbrücker Str. 7
Tel. 02941/65509

V 59556 Lippstadt
Akademie für Wirtschaft und
Verwaltung; J/M;
Im Eichholz 10
Tel. 02941/81313
Fax. 02941/8448

V 67059 Ludwigshafen
Merkur-Schule; J/M;
Bahnhofstr. 10–12
Tel. 0621/515548

V 23552 Lübeck
inlingua Sprachschule; J/M;
An der Obertrave 16a
Tel. 0451/75207
Fax. 0451/76496

V 58507 Lüdenscheid
inlingua Sprachschule; J/M;
Knapper Str. 38
Tel. 02351/20275
Fax. 02351/24969

V 44534 Lünen
Bildungsinstitut Züger
Münsterstr. 69
Tel. 02306/57096
Fax. 02306/57008

V 39104 Magdeburg
Böhme-Schule für J/M;
Coquistr. 3
Tel. 0391/4394225

V 39104 Magdeburg
Wirtschaftsakademie Dr. P. Rahn & Partner für J/M;
Sülzeberg 4
Tel. 0391/48487
Fax. 0391/48487

V 39112 Magdeburg
Akademie Dr. Kuhn für J/M;
Halberstädter Str. 183
Tel. 0391/601970
Fax. 0391/601970

V 39124 Magdeburg
Wirtschafts- und Sprachenschule R. Welling für J/M;
Lübecker Str. 53–63
Tel. 0391/274449-50
Fax. 0391/274448

V 39112 Magdeburg
Oskar-Kämmer-Schule für J/M;
Wanzleber Str. 1
Tel. 0391/682238
Fax. 0391/683746

V 39108 Magdeburg
Europäische Wirtschafts- und Sprachenschule für J/M;
Editharing 4
Tel. 0391/32317

V 39108 Magdeburg
EWS Gesellschaft für Aus- und Weiterbildung für J/M;
Editharing 4
Tel. 0391/32317
Fax. 0391/343277

V 68161 Mannheim
Akademie für Bürokommunikation-ABW für J/M;
S 1,8/Postfach 121265
Tel. 0621/24864
Fax. 0621/1561455

V 06217 Merseburg
Europäische Wirtschafts- u. Sprachenakademie für J/M;
Am Domplatz 3
Tel. 03461/213016
Fax. 03461/213016

V 54310 Minden
Bénédict-Sprachenschule; J/M;
Hausberger Str. 4
Tel. 0571/23771
Fax. 0571/20332

V 41061 Mönchengladbach
inlingua Sprachschule; J/M;
Hindenburgstr. 161–163
Tel. 02161/183652
Fax. 02161/18750

V 45468 Mülheim/Ruhr
Weltsprachen-Institut; J/M;
Delle 43
Tel. 0208/36466
Fax. 0208/36780

V 80331 München
inlingua Sprachschule; J/M;
Tal 73
Tel. 089/220354
Fax. 089/291175

V 80799 München
Sprachen- und Dolmetscherinstitut; J/M;
Amalienstr. 73
Tel. 089/288397
Fax. 089/288440

V 48143 Münster
inlingua Sprachschule; J/M;
Berliner Platz 2a
Tel. 0251/47047
Fax. 0251/56584

V 48143 Münster
Euro-Akademie für J/M;
Windhorststr. 15
Tel. 0251/40016

V 31582 Nienburg/Weser
Wirtschaftsschule Dr. P. Rahn
für J/M;
Am Ahornbusch 4
Tel. 05021/2355
Fax. 05021/63922

V 90459 Nürnberg
Atlas-Sprachschule für J/M;
Pillenreuther Str. 34
Tel. 0911/459212
Fax. 0911/243076

V 26122 Oldenburg
inlingua Sprachschule für J/M;
Wallstr. 15
Tel. 0441/24197
Fax. 0441/16577

V 49078 Osnabrück
I.D.F. – Institut de Français; J/M;
Augustenburger Str. 100
Tel. 0541/45257
Fax. 0541/43669

V 49074 Osnabrück
inlingua Sprachschule für J/M;
Georgstr. 4
Tel. 0541/21879
Fax. 0541/259343

V 49074 Osnabrück
Bénédict-School für J/M;
Pfaffenstr. 1a
Tel. 0541/22111
Fax. 0541/258044

V 33098 Paderborn
inlingua Sprachschule; J/M;
Schildern 8
Tel. 05251/22941
Fax. 05251/24985

V 75172 Pforzheim
inlingua Sprachschule; J/M;
Zerrennerstr. 28
Tel. 07231/12988
Fax. 07231/359330

V 14482 Potsdam-Babelsberg
FS Berlin-Brandenburg für J/M;
Karl-Marx-Str. 2
Tel. 0331/482880

V 01445 Radebeul
InterDACT Bildungsförderung
Dresden für J/M;
Kötzschenbrodaer Str. 58
Tel. 0351/763238

V 93047 Regensburg
Regensburger Fremdsprachenschule
e. V.; J/M;
Rote-Hahnen-Gasse 6
Tel. 0941/57123
Fax. 0941/57123

V 42853 Remscheid
Dr. Bénédict-School; J/M;
Elberfelder Str. 11
Tel. 02191/29517
Fax. 02191/294203

V 72764 Reutlingen
EUROPA-INSTITUT Dr. Kramer
für J/M;
Kaiserstr. 57/1
Tel. 07121/470011

V 18147 Rostock-Gehlsdorf
Europ. Wirtschafts- u. Sprachen-
akademie für J/M;
Pressentinstr. 33
Tel. 0381/322007
Fax. 0381/34933

V 15562 Rüdersdorf
Buchholtz Bildungszentrum GmbH
für J/M;
Brückenstr. 103
Tel. 033638/3416

V 66111 Saarbrücken
Bénédict-Schulverbund für J/M;
Passagestr. 2–4
Tel. 0681/36001
Fax. 0681/399182

V 66111 Saarbrücken
Hartnack-Schule für J/M;
Rathausplatz 3
Tel. 0681/31317
Fax. 0681/33308

V 19057 Schwerin
inlingua Sprachschule für J/M;
Gadebuscher Str. 153g
Tel. 0385/467057
Fax. 0385/467057

V 99991 Seebach/Thüringen
Int. Sprachen- u. Wirtschaftsschule
Dr. Bénédict für J/M;
Waldstr. 1
Tel. 036929/64453

V 57072 Siegen
Bénédict Sprach- und Handelsschule
für J/M;
Obergraben 20
Tel. 0271/51096

V 78224 Singen a. H.
inlingua Sprachschule für J/M;
Ekkehardstr. 16a
Tel. 07731/61818 u. 68862
Fax. 07731/62176

V 42699 Solingen
Int. Sprachen- u. Wirtschaftsschule
Dr. Bénédict für J/M;
Friedrichstr. 28
Tel. 0212/10317
Fax. 0212/203858

V 01616 Strehla
Berufsbildungszentrum für J/M;
Hugo-Haase-Str. 16–18
Tel. 035264/266
Fax. 035264/267

V 70173 Stuttgart
Akademie für Bürokommunikation
und Welthandelssprachen für J/M;
Königstr. 49
Tel. 0711/225871
Fax. 0711/292499

V 70182 Stuttgart
Priv. FS für Betriebswirtschaft
u. Datenverarbeitung; J/M;
Heusteigstr. 21
Tel. 0711/2158-0
Fax. 0711/2158-122

V 70182 Stuttgart
Private BFS für das Dolmetscher-
wesen; J/M;
Heusteigstr. 21
Tel. 0711/283159
Fax. 0711/2158-137

V 79822 Titisee-Neustadt
ELOQUIA – Fremdspracheninstitut
für J/M;
Freiburger Str. 9
Tel. 07651/3877

V 88662 Überlingen
inlingua Sprachschule für J/M;
Hofstatt 8
Tel. 07551/2046

V 89073 Ulm
inlingua Sprachschule; J/M;
Neue Str. 72
Tel. 0731/62525
Fax. 0731/62540

V 42551 Velbert
Wirtschafts- und Sprachenschulen
K.Paykowski GmbH für J/M;
Südstr. 38
Tel. 02051/58085
Fax. 02051/58357

V 42551 Velbert
Bénédict Sprachenschule
K. Paykowski für J/M;
Südstr. 38
Tel. 02051/58090
Fax. 02051/58357

V 78050 Villingen
inlingua Sprachschule für J/M;
Obere Str. 11
Tel. 07721/57016
Fax. 07721/51162

V 27374 Visselhövede-Buchholz
SIMG-Institut Fremdsprachen/
Touristik für J/M;
Buchholz 34
Tel. 04262/2535

V 99423 Weimar
Bénédict School für J/M;
Brühl 8–16
Tel. 03643/53744
Fax. 03643/3906

V 38855 Wernigerode
Oskar-Kämmer-Schule für J/M;
Salzbergstr. 45
Tel. 03943/32025
Fax. 03943/382377

V 65185 Wiesbaden
Internationale Sprachenschule
Dr. Bénédict; J/M;
Wilhelmstr. 12
Tel. 0611/306722
Fax. 0611/374476

V 65185 Wiesbaden
inlingua Sprachschule; J/M;
Friedrichstr. 31–33
Tel. 0611/373005
Fax. 0611/378436

V 38300 Wolfenbüttel
Oskar-Kämmer-Schule für J/M;
Breite Herzogstr. 13
Tel. 05331/5368
Fax. 05331/2486

V 38440 Wolfsburg
Oskar-Kämmer-Schule für J/M;
Heßlinger Str. 13–15
Tel. 05361/12758
Fax. 05361/22758

V 79070 Würzburg
Würzburger Dolmetscherschule;
J/M;
Herzogenstr. 8
Tel. 0931/52143
Fax. 0931/55694

V 42103 Wuppertal
Bénédict Sprachen- und Wirtschaftsschule für J/M;
Alte Freiheit 5
Tel. 0202/445613
Fax. 0202/450491

V 42103 Wuppertal
inlingua Sprachschule; J/M;
Neumarkt 2
Tel. 0202/445351
Fax. 0202/452474

V 42103 Wuppertal
ORBIS Sprachenschule; J/M
Luisenstr. 136
Tel. 0202/313170
Fax. 0202/305734

V 39326 Zielitz
Oskar-Kämmer-Schule für J/M;
Am Schwimmbad
Tel. 039208/43051

V 09600 Zug bei Freiberg
InterDACT für J/M;
Hauptstr. 150
Tel. 03731/6139
Fax. 03731/6333

1.2.6. Gesundheit, Gymnastik, Kosmetik

K 54298 Aach
Berufsbildende Schule der Schwestern vom Guten Hirten für D;
BFS für Kinderpflege
Haus auf dem Wehrborn
Tel. 0651/85055-57

K 52064 Aachen
Pflegevorschule «Maria Regina»
für M; Lindenplatz 2
Tel. 0241/4789-0

K 52066 Aachen-Burtscheid
Krankenpflegeschule
Marien-Hospital
Zeise 4
Tel. 0241/6006-0
Fax. 0241/6006-660

K 48683 Ahaus
Schule für Krankenpflege
St.-Marien-Krankenhaus
Ahaus GmbH

Wüllener Str. 101
Tel. 02561/75-1

K 48683 Ahaus
Priv. BFS/FS Canisiusstift für H/D;
Sozial- und Gesundheitswesen/
Kinderpflege
Hindenburgallee 30
Tel. 02561/2068

K 59227 Ahlen
Zentralschule für Krankenpflege am
St.-Franziskus-Hospital für H/D;
Robert-Koch-Str. 41
Tel. 02382/858-7454

K 56626 Andernach
Krankenpflegeschule u. Schule
für Krankenpflegehilfe für H/D
St.-Nikolaus-Stiftshospital
Hochstr. 103
Tel. 02632/404-416
Fax. 02632/404289

K 59755 Arnsberg
Schule für Krankenpflege
St.-Johannes-Hospital
Springufer 7
Tel. 02932/980-6042-4

K 59759 Arnsberg
Schule für Krankenpflege,
Krankenpflegehilfe,
Weiterbildungsstätte für
Anästhesie u. Intensivmedizin
Karolinen-Hospital
Stolte-Ley 5
Tel. 02932/308-575
Fax. 02932/308-212

V 63739 Aschaffenburg
BFS für Kosmetik Glaser
für H/D;
Erthalstr. 9
Tel. 06021/26440
Fax. 06021/15394

K 86159 Augsburg
FA für Heilpädagogik für H/D;
FS für Heilerziehungspflege
Fritz-Wendel-Str. 2
Tel. 0821/5979-221

K 86152 Augsburg
BFS für Kinderpflege für M; Berufsaufbauschule
Inneres Pfaffengäßchen 3
Tel. 0821/151044

K 86154 Augsburg
BFS für Kinderkrankenpflege
am Kinderkrankenhaus Josefinum
Kapellenstr. 30
Tel. 0821/4107

V 86150 Augsburg
BFS für Kosmetik Gebauer-Gerstenberg; J/M;
Fuggerstr. 9
Tel. 0821/39868

V 24576 Bad Bramstedt
Akademie für Tiernaturheilkunde
für J/M;
Bimöhler Str. 32
Tel. 04192/4180

K 33014 Bad Driburg
Diätlehranstalt für den Kreis Höxter
am St.-Josef-Hospital für H/D;
Elmarstr. 38
Tel. 05253/985231

K 53604 Bad Honnef
Krankenpflegeschule am Kath.
Krankenhaus im Siebengebirge
Schülgenstr. 15
Tel. 02224/772-195

K 97688 Bad Kissingen
BFS für Krankenpflege
am St. Elisabeth-Krankenhaus
Kissinger Str. 150
Tel. 0971/805-343

K 55543 Bad Kreuznach
Schule für Krankenpflege
Krankenhaus St. Marienwörth
Mühlenstr. 39
Tel. 0671/372 309/308
Fax. 0671/372 460

K 97980 Bad Mergentheim
Schule für Krankenpflege,
Kinderkrankenpflege
am Caritas-Krankenhaus
Uhlandstr. 7

K 53474 Bad Neuenahr-Ahrweiler
Schule für Krankenpflege
Dahlienweg 3–5
Tel. 02641/83181

E 32549 Bad Oeynhausen
Fachschule für Sozialpädagogik für J/M; FS/Heilpädagogik
Wittekindshof
Tel. 05734/8244

E 32549 Bad Oeynhausen
Krankenpflegeschule Wittekindshof-Enger für J/M
Postfach 140101
Tel. 05734/81

E 32549 Bad Oeynhausen
Schule für Krankenpflegehilfe der Anstalt Wittekindshof für J/M
Postach 140101
Tel. 05734/81

K 31812 Bad Pyrmont
Schule für Krankenpflege
Krankenhaus St. Georg für H/D
Brombergallee 8
Tel. 05281/603-337

V 49214 Bad Rothenfelde
Eva-Hüser-Schule; J/M;
BFS (Gymnastik)
Osnabrücker Str. 14
Tel. 05424/1742

K 96049 Bamberg
BFS für Kinderpflege/Sozialpflege für H/D; Berufsaufbauschule
Mariahilf
Stephansplatz 2
Tel. 0951/54011

K 64625 Bensheim
Schule für Krankenpflege
Heilig-Geist-Hospital für H/D
Hauptstr. 81–87
Tel. 06251/132-0

K 51429 Bergisch Gladbach
Krankenpflegeschule für H/D
Vinzenz-Palotti-Hospital
Vinzenz-Palotti-Str. 20
Tel. 02204/41-(0)520

K 51465 Bergisch Gladbach
Schule für Krankenpflege
Marien-Krankenhaus für H/D
Dr.-Robert-Koch-Str. 18
Tel. 02202/129-222

V 13189 Berlin
Berliner BFS für Kosmetikerinnen;
Thulestr. 44
Tel. 030/4723148
Fax. 030/4723148

K 10713 Berlin
Schule für Krankenpflege
St. Gertrauden-Krankenhaus
Paretzerstr. 12
Tel. 030/8294430/431

K 12101 Berlin
Krankenpflegeschule am St.-Joseph-Krankenhaus für H/D;
Bäumerplan 24
Tel. 030/7882-(0)2371
Fax. 030/7882-2445

E 12207 Berlin
Schule für Krankenpflegehilfe am Krankenhaus Bethel für J/M
Promenadenstr. 3–5
Tel. 030/77911

E 13507 Berlin
Krankenpflegeschule im Lazarus Kranken- und Diakonissenhaus für J/M
Bernauer Str. 115/118
Tel. 030/4601-1

E 13507 Berlin
Krankenpflegehilfeschule im Lazarus Kranken- und Diakonissenhaus für J/M
Bernauer Str. 115/118
Tel. 030/4601-1

E 13349 Berlin
Krankenpflegeschule des Diakonissenmutterhauses und Krankenhaus Paul-Gerhard-Stift für J/M
Müllerstr. 56–58
Tel. 030/4512026

K 59909 Bestwig
Private berufsbildende Schulen
des Bergklosters für H/D;
BFS (Pflegevorschule),
BFS Kinderpflege
Tel. 02904/808174 o. 8080
Fax. 02904/808180

K 33615 Bielefeld
Schule für Krankenpflege
für H/D
St.-Franziskus-Hospital
Kisker Str. 26
Tel. 0521/589644/322

E 33611 Bielefeld
Krankenpflegeschule am Johannes-
krankenhaus für J/M
Schildescher Str. 99
Tel. 0521/802228-226

E 33611 Bielefeld
Krankenpflegehilfeschule am Johan-
neskrankenhaus für J/M
Schildescher Str. 9
Tel. 0521/802228-226

E 33611 Bielefeld
Lehranstalt für Diätassistentinnen
am Johanneskrankenhaus
für J/M
Schildescher Str. 99
Tel. 0521/802298

E 33689 Bielefeld
Schule für Krankenpflegehilfe
Ekkardtsheim für J/M;
GB/Epilepsie/Psychiatrie
Paracelsusweg 5
Tel. 05205/752288

E 33617 Bielefeld
Friedr.-v.-Bodelschwingh-Schule
Bethel – Abt. Sozial-/Heilpädagogik
für J/M; Kollegschule
Am Zionswald 14
Tel. 0521/1442467

E 33617 Bielefeld
Institut für Anästhesiologie in den
Krankenanstalten Sarepta für J/M
Burgsteig 13
Tel. 0521/1442231

E 33617 Bielefeld
Lehranstalt für Diätassistentinnen –
Friedr.-v.-Bodelschwingh-Schule
Bethel – für M
Burgsteig 4
Tel. 0521/1442561, 1442244

E 33617 Bielefeld
Lehranstalt für technische Assis-
tenten in der Medizin –
Friedr.-v.-Bodelschwingh-Schulen
Bethel – für M
Königsweg 5
Tel. 0521/1442244

E 33617 Bielefeld
Weiterbildungslehrgang für Psych-
iatrie in den Krankenanstalten
Sarepta für J/M
Postfach 130309
Tel. 0521/1442420

K 54634 Bitburg
Schule für Krankenpflege für H/D
Klemens-August-Krankenhaus
Krankenhausstr. 1
Tel. 06561/64-450

K 46397 Bocholt
Schule für Krankenpflege
St.-Agnes-Hospital
Louis-Pasteur-Ring 83
Tel. 02871/94-2628/2624
Fax. 02871/94-327

K 44787 Bochum
Schule für Krankenpflege für H/D
St.-Elisabeth-Krankenhaus
Bleichstr. 15
Tel. 0234/612-218

E 44866 Bochum
Krankenpflegeschule des Martin-
Luther-Krankenhauses für J/M
Voedestr. 79
Tel. 02327/81043-45

V 44787 Bochum
Cosmetic College Bochum
Schützenbahn 8–10
Tel. 0234/18901

K 44866 Bochum
Schule für Krankenpflege für H/D

Marien-Hospital Wattenscheid
Parkstr. 15
Tel. 02327/807-1
Fax. 02327/807-27

K 53129 Bonn
Kranken- und Kinderkrankenpflegeschule St.-Marien-Hospital für H/D;
Renoisstr. 1a
Tel. 0228/221954

K 53123 Bonn
Krankenpflegeschule
Malteser-Krankenhaus für H/D;
Von-Hompesch-Str. 6
Tel. 0228/6481-233

K 53113 Bonn
Krankenpflegeschule
St.-Elisabeth-Krankenhaus für H/D;
Prinz-Albert-Str. 40, Postfach 1520
Tel. 0228/508800

K 53113 Bonn
Krankenpflegeschule am Brüderkrankenhaus St. Petrus für H/D;
Bonner Talweg 4–6
Tel. 0228/506/2145/6/7

V 53229 Bonn
BFS für Kosmetologie und med. Fußpflege
Siegburger Str. 77–79
Tel. 0228/470440

K 33178 Borchen-Nordborchen
Mallinckrodthof Fachseminar für Familienpflege für D;
Mallinckrodtstr. 6
Tel. 05251/39455

K 46325 Borken
Schule für Krankenpflege für H/D
St.-Marien-Hospital
Propst-Sievert-Weg 8
Tel. 02861/873254
Fax. 02861/873021

K 46236 Bottrop
Schule für Krankenpflege für H/D
Marienhospital
Josef-Albers-Str. 70
Tel. 02041/10622100

K 33034 Brakel
Krankenpflegeschule für den Kreis Höxter für H/D
Danziger Str. 17
Tel. 05272/607-650
Fax. 05272/607-320

V 38102 Braunschweig
Oskar-Kämmer-Schule; J/M;
BFS Altenpflege
Jasperallee 23
Tel. 0531/2343-0
Fax. 0531/2343-150

V 38118 Braunschweig
BFS für Kosmetik, Chemie und Pharmazie
Dr. v. Morgenstern; J/M;
Freisestr. 14
Tel. 0531/500084
Fax. 0531/507546

V 38102 Braunschweig
Privat-Akademie Stübler für J/M;
(Ergotherapie)
Gerstäckerstr. 16, Postf. 3740
Tel. 0531/27330-0
Fax. 0531/27330-77

E 38102 Braunschweig
Krankenpflegeschule der Diakonissenanstalt Marienstift für J/M
Helmstedter Str. 35
Tel. 0531/7011–341

V 28203 Bremen
Bremer BFS für Kosmetikerinnen;
Sonnenstr. 9
Tel. 0421/72024

K 28209 Bremen
Schule für Krankenpflege für H/D
Krankenhaus St.-Josef-Stift
Schwachhauser Heerstr. 54
Tel. 0421/347/1780/1781

K 27568 Bremerhaven
Schule für Krankenpflege für H/D
St.-Joseph-Hospital
Wiener Str. 1
Tel. 0471/4805-433
Fax. 0471/4805370

K 50321 Brühl
Schule für Krankenpflege
Marien-Hospital
Mühlenstr. 21–23
Tel. 02232/74-245
Fax. 02232/74-392

K 86807 Buchloe
BFS für Krankenpflege
am Krankenhaus St. Josef für H/D
Peter-Dörfler-Str. 7
Tel. 08241/504-0
Fax. 08241/504-222

K 44575 Castrop-Rauxel
Schule für Krankenpflegehilfe
St.-Rochus-Hospital für H/D
Glückaufstr. 10
Tel. 02305/294211-212

K 29221 Celle
Schule für Krankenpflegehilfe
für H/D
Krankenhaus St.-Josef-Stift
Kanonenstr. 9
Tel. 05141/7510

K 49661 Cloppenburg
Krankenpflegeschule St. Franziskus
St.-Josefs-Hospital für H/D
Krankenhausstr. 13
Tel. 04471/16-2090

K 56812 Cochem/Mosel
Krankenpflegeschule für H/D
Marien-Krankenhaus
Am Klosterberg 1
Tel. 02671/62-0
Fax. 02671/62-380

K 48563 Coesfeld
Liebfrauenschule für J/M; FS
für Heilerziehungspflege
u. Heilpädagogik
Kuchenstr. 18
Tel. 02541/5025

K 48653 Coesfeld
Kranken- u. Kinderkrankenpflege-
schule des St.-Vincenz-Hospitals
Südring 41
Tel. 02541/89-3104 u. 3105
Fax. 02541/89-2061

K 66994 Dahn/Pfalz
Schule für Krankenpflegehilfe
St.-Josefs-Krankenhaus für H/D
Hauensteiner Str. 17
Tel. 06391/4010

K 49401 Damme-Dümmer
Schule für Krankenpflege für H/D
St.-Elisabeth-Stift
Lindenstr. 3–7, Postfach 1369
Tel. 05491/60-344
Fax. 05491/60275

E 64283 Darmstadt
Schule für Krankenpflegehilfe –
Städt. Kliniken – für J/M
Grafenstr. 9
Tel. 06151/1971

E 64287 Darmstadt
Ausbildungsstätten für Sozialpäd-
agogische Berufe im Elisabethenstift
für M; BFS/Fachklasse
für Kinderpflegerinnen
Stiftstr. 45/47
Tel. 06151/403333

K 45711 Datteln
Schule für Krankenpflege für H/D
St.-Vincenz-Krankenhaus
Kirchstr. 27
Tel. 02363/108732

K 45711 Datteln
Schule für Kinderkrankenpflege
Vestische Kinderklinik
Lloyd-Str. 5
Tel. 02363/607-1
Fax. 02363/64211

K 54550 Daun/Eifel
Schule für Krankenpflege
u. Krankenpflegehilfe für H/D
Krankenhaus «Maria Hilf»
Maria-Hilf-Str. 2
Tel. 06592/715-366

K 56428 Dernbach üb. Montabaur
Schule für Krankenpflege für H/D
Herz-Jesu-Krankenhaus
Rheinstr. 9
Tel. 02602/684-0
Fax. 02602/684213

K 64807 Dieburg
Schule für Krankenpflegehilfe
für H/D
Krankenhaus St. Rochus
Kratzengasse 4
Tel. 06071/205-297

E 56269 Dierdorf
Krankenpflegehilfeschule am Johanniter-Krankenhaus für J/M
Tel. 02689/201

K 89407 Dillingen
BFS für Krankenpflege am Krankenhaus St. Elisabeth für H/D
Ziegelstr. 38
Tel. 09071/57-382

K 46535 Dinslaken
Schule für Kranken- und Kinderkrankenpflege für H/D
St.-Vinzenz-Hospital
Dr.-Otto-Seidel-Str. 31–34
Tel. 02064/603-304

K 46282 Dorsten
Schule für Krankenpflege für D
St.-Elisabeth-Krankenhaus
Hülskampsweg 15
Tel. 02362/294802

K 44135 Dortmund
Anna-Zillken-Schule
für H/D; FS für Heilpädagogik
Arndtstr. 5
Tel. 0231/528324
Fax. 0231/528325

K 44137 Dortmund
Schule für Krankenpflege für H/D
St.-Johannes-Hospital
Amalienstr. 10
Tel. 0231/1843/2372

K 44263 Dortmund (Hörde)
Zentralschule für Krankenpflege
für H/D
Dortmund-Süd/St. Josefs-Hospital
Stiftskamp 22–24
Tel. 0231/4342-579/580

K 44379 Dortmund
Schule für Krankenpflegehilfe
Kath. Krankenhaus Dortmund-West
für H/D;
Zollernstr. 40
Tel. 0231/6798-265/6

K 66125 Saarbrücken
Schule für Krankenpflege für H/D
St.-Josef-Krankenhaus
Klosterstr. 14
Tel. 06897/799-450
Fax. 06897/799-436

K 52353 Düren-Birkesdorf
Kath. Pflegevorschule am
St. Marien-Hospital für H/D;
Hospitalstr. 44
Tel. 02421/8050

K 89350 Dürrlauingen
FS für Heilerziehungspflege
u. -pflegehilfe für H/D;
Tel. 08222/401-359/365

K 40219 Düsseldorf
Krankenpflegeschule Zentrale
Unterrichtsstätte St. Hildegard
am St.-Martinus-Krankenhaus
für H/D;
Gladbacher Str. 26
Tel. 0211/3014-(0)342

K 40213 Düsseldorf
St.-Ursula-Schule des Erzbistums
Köln für H/D; FS für Heilpädagogik, FOS Sozial-
und Gesundheitswesen
Eiskellerstr. 11
Tel. 0211/322394
Fax. 0211/322397

V 40212 Düsseldorf
BFS für Kosmetikerinnen
Graf-Adolf-Str. 22
Tel. 0211/383118

V 40213 Düsseldorf
Weber-Schule für J/M; (Gymnastik)
Bilker Str. 29
Tel. 0211/325615

E 40489 Düsseldorf-Kaiserswerth
Pflegevorschule für J/M; BFS
Fliednerstr. 32
Tel. 0211/409739, 409725

K 40549 Düsseldorf
Krankenpflegeschule für H/D
Dominikus-Krankenhaus
Am Heerdter Krankenhaus 2
Tel. 0211/567-0

K 40479 Düsseldorf
Krankenpflegeschule
Marien-Hospital für H/D;
Rochusstr. 2
Tel. 0211/4400-2275
Fax. 0211/4400-2588

K 40472 Düsseldorf
Krankenpflegeschule
Zentrale für H/D;
Unterrichtsstätte St. Hildegard
am Krankenhaus Mörsenbroich-Rath-GmbH
Amalienstr. 9
Tel. 0211/6500-1

K 40477 Düsseldorf
Schule für Krankenpflege
für H/D
St.-Vinzenz-Krankenhaus
Schloßstr. 85
Tel. 0211/46994100

K 47166 Duisburg
Schule für Kranken- und
Kinderkrankenpflege
St.-Johannes-Hospital für H/D
An der Abtei 7–11
Tel. 0203/546-2410

E 47169 Duisburg
Krankenpflegeschule für J/M
Fahrner Str. 133
Tel. 0203/5559350

E 47169 Duisburg
Krankenpflegehilfeschule für J/M
Fahrner Str. 133
Tel. 0203/5559350

K 47259 Duisburg
Schule für Krankenpflege für H/D
St.-Anna-Krankenhaus Huckingen
A.-Magnus-Str. 33
Tel. 0203/755-350

V 79591 Eimeldingen
Eugemed – Europäische Gesundheits- und Meditationsschule
für J/M;
Schafackerweg 1
Tel. 07621/63870
Fax. 07621/65522

K 97249 Eisingen
Dr.-Maria-Probst-Schule für J/M;
FS für Heilerziehungspflege
u. -pflegehilfe
St. Josefstift
Nikolausstr. 1
Tel. 09306/209-550

K 51766 Engelskirchen
Schule für Krankenpflege für H/D
St.-Josef-Krankenhaus
Wohlandstr. 18
Tel. 02263/81-2650
Fax. 02263/81-2095

E 32130 Enger
Schule für Krankenpflegehilfe
am Krankenhaus für J/M
Hagenstr. 47
Tel. 05224/2044

K 41812 Erkelenz
Schule für Krankenpflege für H/D
Hermann-Josef-Krankenhaus
Goswinstr. 28
Tel. 02431/89201
Fax. 02431/89218

K 91054 Erlangen
BFS für Krankenpflege am Waldkrankenhaus St. Marien für H/D
Otto-Goetze-Str. 7
Tel. 09131/822377/376/378

K 52249 Eschweiler
Schule für Krankenpflege für H/D
St.-Antonius-Hospital
Akademisches Lehrkrankenhaus
Dechant-Deckers-Str. 10
Tel. 02403/761158

V 45127 Essen
Essener BFS für Kosmetikerinnen
Kettwiger Str. 48–50
Tel. 0201/239257

K 45359 Essen-Bedingrade
Fachseminar für Familien-

pflege für D;
Laarmannstr. 21
Tel. 0201/696094

E 45276 Essen
Krankenpflegeschule «an der Ruhr» für J/M
Hellweg 92
Tel. 0201/5363883

K 45257 Essen
Schule für Krankenpflege, Krankenpflegehilfe für H/D
St.-Josef-Krankenhaus
Heidbergweg 22
Tel. 0201/4306-214

E 45239 Essen
Schule für Krankenpflegehilfe für J/M
Pattbergstr. 1–3
Tel. 0201/4305-1

K 53879 Euskirchen
Schule für Krankenpflege für H/D
Marienhospital
Gottfried-Disse-Str. 40
Tel. 02251/813-0
Fax. 02551/813-183

K 24939 Flensburg
Schule für Krankenpflege u. -pflegehilfe für H/D, Malteser-Krankenhaus St.-Franziskus-Hospital
Waldstr. 17
Tel. 0461/816-262/263
Fax. 0461/816-261

V 60313 Frankfurt/Main
Glaser-Schule für J/M; (Gymnastik)
Goethestr. 5
Tel. 069/285631

V 60323 Frankfurt/Main
Private Frankfurter BFS für Kosmetik J/M;
Telemannstr. 4
Tel. 069/729782

K 60318 Frankfurt
Katharina-Kasper-Schule
Krankenpflegeschule
St. Elisabethen-Krankenhaus und
St. Marien-Krankenhaus für H/D;
Richard-Wagner-Str. 14
Tel. 069/1563-0

K 60389 Frankfurt
Schule für Krankenpflege u. -pflegehilfe für H/D
St.-Katharinen-Krankenhaus
Seckbacher Landstr. 65
Tel. 069/46030

K 60487 Frankfurt
Katharina-Kasper-Schule
Weiterbildungsstätte für Fachkrankenpflege in Anästhesie/Innere Medizin und Intensivmedizin
St. Elisabethen-Krankenhaus und
St. Marien-Krankenhaus für H/D;
Ginnheimer Str. 3
Tel. 069/1563-0

K 60487 Frankfurt
Katharina-Kasper-Schule
Krankenpflegehilfeschule
St. Elisabethen-Krankenhaus und
St. Marien-Krankenhaus für H/D;
Ginnheimer Str. 3
Tel. 069/1563-0

K 83256 Frauenchiemsee
Irmengard-Berufsfachschulen für D;
BFS für Kinderpflege
Tel. 08054/567 o. 521

K 50226 Frechen-Hücheln
Schule für Krankenpflege für H/D
St.-Katharinen-Krankenhaus
Kapellenstr. 1–5
Tel. 02234/502569

K 79114 Freiburg
Haus- und Familienpflegeschule für D; FS
Charlottenburger Str. 18
Tel. 0761/88501-01

K 79104 Freiburg
Kinderkrankenpflegeschule für D; St. Hedwig am St.-Josefskrankenhaus
Hermann-Herder-Str. 1
Tel. 0761/2711-625

K 79100 Freiburg
Krankenpflegeschule am
Loretto-Krankenhaus für H/D;
Mercystr. 6–14
Tel. 0761/7084-240

K 79104 Freiburg
Schule für Krankenpflege am
St. Josefskrankenhaus für H/D
Hermann-Herder-Str. 1
Tel. 0761/2711(1)-361

K 49832 Freren
Zweijährige Fachschule Haus-
und Familienpflege für D;
Gut Hange
Tel. 05902/240/5454

K 34560 Fritzlar
Schule für Krankenpflege für H/D
Hospital zum Heiligen Geist
Brüdergasse 4
Tel. 05622/82276
Fax. 05622-70298

K 85080 Gaimersheim
BFS für Kinderpflege für D;
Untere Marktstr. 20
Tel. 08458/1573

E 72501 Gammertingen
Schule für Heilerziehungspflege –
Mariaberger Heime – für J/M
Klosterhof 1
Tel. 07124/29-1

K 52511 Geilenkirchen
Schule für Krankenpflege für H/D
St.-Elisabeth-Krankenhaus
M.-Heyden-Str. 32
Tel. 02451/622-274

K 47608 Geldern
Liebfrauenschule für H/D;
FOS für Sozial- u. Gesundheits-
wesen/FS für Heilpädagogik
Weseler Str. 15
Tel. 02831/1057

E 45879 Gelsenkirchen
Krankenpflegeschule des Kranken-
hauses für J/M
Munckelstr. 27
Tel. 0209/160367

K 45891 Gelsenkirchen-Buer
Schule für Krankenpflege für H/D
Elisabeth-Krankenhaus
Cranger Str. 226
Tel. 0209/7003-243
Fax. 0209/7003-200

K 45894 Gelsenkirchen-Buer
Schule für Krankenpflege für H/D
St.-Marien-Hospital
Mühlenstr. 5–9
Tel. 0209/364-4630

K 45899 Gelsenkirchen-Horst
Schule für Krankenpflege für H/D
St.-Josef-Hospital
Buerer Str. 47
Tel. 0209/504-324
Fax. 0209/504-242

K 45886 Gelsenkirchen-Ückendorf
Essener Seminar für Gemeinde-
referentinnen für D;
Knappschaftsstr. 14
Tel. 0209/15414 u. 15415
Fax. 0209/201673

K 77723 Gengenbach
Heilpädagogisches Seminar für D;
FS für Sozialpädagogik
Parkweg 5
Tel. 07803/2552

K 49124 Georgsmarienhütte
Krankenpflegeschule, DiätFS
für H/D
Franziskus-Hospital Harderberg
Postfach 1140
Tel. 0541/5601400

V 36129 Gersfeld-Bodenhof
Rhön-Akademie Schwarzerden
für J/M; BFS (Gymnastik, Ergo-
therapie, Motopädie)
Bodenhof
Tel. 06654/223 u. 7605

E 35390 Gießen
Gemeinsame Krankenpflegeschule
für J/M
Johannesstr. 7
Tel. 0641/76071

K 35392 Gießen
Schule für Krankenpflege für H/D
St.-Josefs-Krankenhaus/Ev. Krankenhaus
Liebigstr. 24
Tel. 0641/70021

K 45964 Gladbeck
Kath. FS für Sozialpädagogik für H/D; FS für Heilerziehungshilfe
Allensteiner Str. 22
Tel. 02043/26033
Fax. 02043/681269

K 45964 Gladbeck
Schule für Krankenpflege für H/D
St.-Barbara-Hospital
Barbarastr. 1
Tel. 02043/278210

K 47574 Goch
Grenzlandkrankenpflegeschule am St.-Antonius-Hospital/Kleve, Wilhelm-Anton-Hospital/Goch, Marien-Hospital/Kevelaer für H/D;
Dorfstr. 1
Tel. 02823/29216

K 37073 Göttingen
Schule für Krankenpflege für H/D
Krankenhaus Neu-Mariahilf
Humboldtallee 10–12
Tel. 0551/4963-280

V 17489 Greifswald
BFS Greifswald für Altenpflege; J/M;
Rudolf-Petershagen-Allee 38
Tel. 03834/5931
Fax. 03834/3138

V 17489 Greifswald
Management-Bildungs-Akademie mba für Medizinalberufe; J/M;
Rudolf-Petershagen-Allee 38
Tel. 03834/5931
Fax. 03834/3138

K 48599 Gronau
Schule für Krankenpflege für H/D
St.-Antonius-Hospital
Möllenweg 22
Tel. 02562/712-484/485
Fax. 02562/712-555

K 83527 Haag
BFS für Kinderpflege der Englischen Fräulein für D;
Maria-Ward-Str. 24
Tel. 08072/1032

K 42781 Haan/Rhld.
Schule für Krankenpflege für H/D
St.-Josef-Krankenhaus
Robert-Koch-Str. 14
Tel. 02129/1150

K 65589 Hadamar
Schule für Krankenpflegehilfe
St.-Anna-Krankenhaus, für H/D
Nonnengasse 19
Tel. 06433/87100
Fax. 06433/87122

K 58097 Hagen
Zentrale Krankenpflegeschule der kath. Krankenhäuser in Hagen für H/D
Dreieckstr. 6
Tel. 02331/86924

E 58119 Hagen
Krankenpflegeschule am Krankenhaus Elsey für J/M
Iserlohner Str. 43
Tel. 02334/51051

E 58135 Hagen
Zentralschule für Krankenpflege und Krankenpflegehilfe am Krankenhaus Hagen-Haspe für J/M
Brusebrinkstr. 20
Tel. 02331/476-227

K 06110 Halle
Kinderkrankenpflegeschule am St.-Barbara-Krankenhaus
Barbarastr. 3–5

K 06110 Halle
Krankenpflegeschule am St.-Elisabeth-Krankenhaus
Mauerstr. 5–10

V 06118 Halle/Saale
Friese-Lehrinstitut für Altenpflege; J/M;
Geschwister-Scholl-Str. 28
Tel. 0345/508168
Fax. 0345/508168

K 45721 Haltern
Schule für Krankenpflegehilfe St.-Sixtus-Hospital, für H/D
Gartenstr. 2
Tel. 02364/104-0
Fax. 02364/168398

V 22099 Hamburg
BFS für angewandte Kosmetik Hamburg; M;
Danziger Str. 35 a
Tel. 040/244533

V 20146 Hamburg
Hamburger BFS für Kosmetik für J/M;
Papendamm 21
Tel. 040/4106658

V 20148 Hamburg
Lola-Rogge-Schule; J/M; BFS (Gymnastik)
Tesdorpfstr. 13
Tel. 040/444568

E 20259 Hamburg
Krankenpflegeschule am Krankenhaus Elim für J/M
Hohe Weide 17
Tel. 040/49091

E 22297 Hamburg
Krankenpflegeschule im Krankenhaus Alsterdorf für J/M
Alsterdorfer Str. 440
Tel. 040/59100298

E 22297 Hamburg
Schule für Krankenpflegehilfe am Krankenhaus Alsterdorf für J/M
Alsterdorfer Str. 440
Tel. 040/591001

E 22297 Hamburg
Fachschule für Heilerzieher der Alsterdorfer Anstalten für J/M; FS
Alsterdorfer Str. 400
Tel. 040/59100267

K 22149 Hamburg
Schule für Kinderkrankenpflege Wilhelmsstift für D
Liliencronstr. 130
Tel. 040/6730-120/121

K 22087 Hamburg
Schule für Krankenpflege Marienkrankenhaus, für H/D
Alfredstr. 9
Tel. 040/257981

K 22107 Hamburg
Schule für Krankenpflege für H/D
Wilhelmsburger Krankenhaus Groß-Sand
Groß-Sand 3
Tel. 040/75205-266

K 59065 Hamm
Kinderkrankenpflegeschule der Kinderklinik St. Elisabeth Marienhospital Hamm für H/D;
Nordenwall 22
Tel. 02381/18-1145-48

K 59065 Hamm
Kranken- u. Kinderkrankenpflegeschule St.-Marienhospital, für H/D
Nassauer Str. 13–19
Tel. 02381/18-0

E 59063 Hamm
Krankenpflegeschule am Krankenhaus für J/M
Werler Str. 110
Tel. 02381/5451

K 59075 Hamm
Schule für Krankenpflege für H/D
Malteser-Krankenhaus St. Josef
Albert-Struck-Str. 1
Tel. 02381/797-1

K 59073 Hamm
Krankenpflegeschule für H/D
St.-Barbara-Klinik Heesen
Sundern 19, Postfach 5140
Tel. 02381/681-1

K 63450 Hanau
Schule für Krankenpflege für H/D
St.-Vincenz-Krankenhaus
Am Frankfurter Tor 25
Tel. 06181/272510

V 30169 Hannover
Doris-Reichmann-Schule; J/M; BFS (Gymnastik)
Maschstr. 16
Tel. 0511/803340

V 30159 Hannover
Cosmetic College Hannover; J/M;
Alexanderstr. 3
Tel. 0511/306430
Fax. 0511/329362

E 30625 Hannover
Schule für Krankenpflegehilfe am Annastift für J/M; BFS
Heimchenstr. 1–7
Tel. 0511/5354-283

E 30625 Hannover
Schule für Beschäftigungs- und Arbeitstherapeuten Annastift für J/M; BFS
Heimchenstr. 1–7
Tel. 0511/5354-279

E 30625 Hannover
Schule für Krankengymnastik Annastift für M; BFS
Heimchenstr. 1–7
Tel. 0511/5354-311

E 30625 Hannover
Schule für Massage Annastift für J/ M; BFS
Heimchenstr. 1–7
Tel. 0511/5354-258

E 30559 Hannover
BFS für Kinderpflegerinnen Birkenhof für M;
Bleekstr. 20
Tel. 0511/522551

K 30559 Hannover
Schule für Krankenpflege u. Krankenpflegehilfe für H/D
St.-Vinzenz-Krankenhaus
Lange-Feld-Str. 31
Tel. 0511/5248265
Fax. 0511/5248488

V 69115 Heidelberg
BFS für Kosmetik Pietrulla; J/M;
Bergheimer Str. 8
Tel. 06221/10054

K 69115 Heidelberg
Schule für Krankenpflege am St. Josefskrankenhaus für H/D
Landhausstr. 25
Tel. 06221/526/602-604

E 69121 Heidelberg
Krankenhaus Salem Krankenpflegeschule für J/M
Zeppelinstr. 32
Tel. 06221/483-1

K 91332 Heiligenstadt
FS für Sozialpädagogik/BFS St. Elisabeth für H/D;
BFS Kinderpflege
Friedensplatz 5/6
Tel. 03606/4161

E 58675 Hemer
Schule für Krankenpflegehilfe der Lungenklinik für M
Tel. 02372/1991

K 32052 Herford
Schule für Krankenpflege für H/D
Mathilden-Hospital
Renntormauer 1/3
Tel. 05221/593-0
Fax. 05221/593-259

E 44623 Herne
Zentrale Krankenpflegeschule für J/M
Wiescherstr. 24
Tel. 02323/598371-2

K 44627 Herne
Krankenpflegeschule Marienhospital – Universitätsklinik – für H/D
Widumer Str. 8
Tel. 02323/499-2630
Fax. 02323/499-383

K 45699 Herten
Schule für Krankenpflege für H/D
St.-Elisabeth-Hospital
Im Schloßpark 4
Tel. 02366/308-1

K 45701 Herten
Schule für Krankenpflegehilfe
für H/D
St.-Gertrudis-Hospital, Westerholt
Kuhstr. 23
Tel. 0209/6191-0

K 40724 Hilden/Rhld.
Schule für Krankenpflege für H/D
St.-Josefs-Krankenhaus
Walder Str. 34–38
Tel. 02103/899241
Fax. 02103/8290

K 31134 Hildesheim
Schule für Krankenpflege, Kinderkrankenpflege, Hebammen-Lehranstalt für H/D
St.-Bernward-Krankenhaus
Treibestr. 9
Tel. 05121/90-1532

E 31139 Hildesheim-Sorsum
Lehranstalt für Heilerziehungshelfer der Diakonischen Werke Himmelsthür für J/M
Stadtweg 100
Tel. 05121/604-236

E 91355 Hilpoltstein
Fachschule für Heilerziehungspflege und Heilerziehungspflegehilfe der Rummelsberger Anstalten für J/M; FS
Auhof, Postfach 1249
Tel. 09174/991

E 95502 Himmelkron
Fachschule für Heilerziehungspflege für J/M
Klosterberg 19
Tel. 09227/790

E 49477 Ibbenbüren
Krankenpflegeschule – v.-Bodelschwingh-Krankenhaus für J/M
Schulstr. 11
Tel. 05451/4081

K 85049 Ingolstadt
BFS Kinderpflege/Sozialpflege der Wohltätigkeitsstiftung Marienheim für H/D;
BFS Kinderpflege/Sozialpflege
Griesbadgasse 18
Tel. 0841/33023

K 58638 Iserlohn
Schule für Krankenpflege für H/D
St.-Elisabeth-Hospital
Hochstr. 54
Tel. 02371/78-(0)275
Fax. 02371/78234

K 52428 Jülich
Schule für Krankenpflege für D
Krankenhaus St. Elisabeth
Kurfürstenstr. 22
Tel. 02461/620-234

K 47475 Kamp-Lintfort
Schule für Krankenpflege für H/D
St.-Bernhard-Hospital GmbH
Bgm.-Schmelzing-Str. 90a
Tel. 02842/708650

E 76307 Karlsbad
Krankenpflegeschule am Rehabilitationskrankenhaus für J/M
Guttmannstr. 1
Tel. 07202/611

E 76307 Karlsbad
Krankenpflegehilfeschule am Rehabilitationskrankenhaus für J/M
Guttmannstr. 1
Tel. 07202/611

V 76133 Karlsruhe
BFS für Kosmetik; J/M;
Stephanienstr. 30, Postf. 6369
Tel. 0721/28143
Fax. 0721/26282

K 76137 Karlsruhe
Schule für Krankenpflegehilfe an den St.-Vicentius-Krankenhäusern für H/D
Südendstr. 32
Tel. 0721/8108-2544
Fax. 0721/817327

K 76137 Karlsruhe
Schule für Krankenpflege
an den St.-Vicentius-Krankenhäusern für H/D
Südendstr. 32
Tel. 0721/81082547

V 76227 Karlsruhe
Sport- und Gymnastikschule Karlsruhe; J/M;
Edgar-Heller-Str. 19
Tel. 0721/699187

K 34127 Kassel
Schule für Krankenpflege für H/D
Marienkrankenhaus
Marburger Str. 85
Tel. 0561/8073-213

E 71394 Kernen im Remstal
Schule für Heilerziehungspflege
Stetten für J/M; BS
Postfach 1240
Tel. 07151/5002-392

V 50169 Kerpen
Anna-Herrmann-Schule; J/M;
(Gymnastik)
Rathausstr. 20–22
Tel. 02273/2850

K 47623 Kevelaer
Grenzlandkrankenpflegeschule
am Marienhospital Kevelaer für D;
Basilikastr. 55
Tel. 02832/101

V 24105 Kiel
Lehranstalt für Kosmetik und Fußpflege; J/M;
Schauenburger Str. 36
Tel. 0431/569323

K 47533 Kleve
Grenzlandkrankenpflegeschule
am St.-Antonius-Hospital für D;
Albersallee 5–7
Tel. 02821/4451

K 56073 Koblenz
Schule für Krankenpflege
für H/D
Brüderkrankenhaus St. Josef
Kardinal-Krementz-Str. 1–5
Tel. 0261/495-1367
Fax. 0261/495-1461

K 56073 Koblenz
Schule für Krankenpflege für H/D
Krankenhaus Marienhof
Rudolf-Virchow-Str. 7
Tel. 0261/496391

K 50677 Köln
Berufsbildende Schulen
des Erzbistums Köln für H/D;
BFS für Sozialund Gesundheitswesen/Kinderpflege
Sachsenring 79
Tel. 0221/321041-2

K 50679 Köln
Schule für Krankenpflege für H/D
Eduardis-Krankenhaus
Custodisstr. 3–17
Tel. 0221/827451 2

K 50825 Köln
Schule für Krankenpflege für H/D
St.-Franziskus-Hospital
Schönsteinstr. 63
Tel. 0221/5591-0

K 50935 Köln
Kath. berufsbildende Schulen
«Am Krieler Dom» für H/D;
FOS für Sozial- und Gesundheitswesen/FS für Heilpädagogik
Freiligrathstr. 6–8
Tel. 0221/4301051

K 50935 Köln
Krankenpflegeschule der
St.-Elisabeth-Krankenhaus GmbH
Akademisches Lehrkrankenhaus
für H/D;
Werthmannstr. 1
Tel. 0221/4677-333

K 50931 Köln
Schule für Krankenpflege
für H/D
St.-Hildegardis-Krankenhaus
Bachemer Str. 29–33
Tel. 0221/4003-0

K 50968 Köln
Blandine-Ridder-Krankenpflegeschule der Krankenhäuser der Genossenschaft der Cellitinnen e. V. für H/D
Bernhardstr. 12
Tel. 0221/380254

K 50737 Köln
Schule für Krankenpflege für H/D
Heilig-Geist-Krankenhaus
Grasegger Str. 105
Tel. 0221/7491413

K 50733 Köln
Schule für Krankenpflege für H/D
St.-Vinzenz-Hospital
Merheimer Str. 217
Tel. 0221/7712-311/301

E 51103 Köln
Krankenpflegeschule am Krankenhaus Kalk für J/M
Buchforststr. 2
Tel. 0221/82891

E 50999 Köln-Michaelshoven
Lehranstalt für Massage
Haus Simeon; J/M
Pfarrer-te-Reh-Str. 8
Tel. 0221/3599-1

K 47805 Krefeld
Schule für Krankenpflege für H/D
Krankenhaus Maria-Hilf
Oberdießemer Str. 94
Tel. 02151/334-213

E 24848 Kropp/Schleswig
Schule für Krankenpflegehilfe für M
Tel. 04624/931

V 36093 Künzell
Gymnastik-Seminar Loheland; J/M;
Tel. 0661/3920

K 56112 Lahnstein
Schule für Krankenpflege für H/D
St.-Elisabeth-Krankenhaus
Ostallee 3
Tel. 02621/171740-1/850/1

K 76829 Landau/Pfalz
Schule für Krankenpflege, Kinderkrankenpflege für H/D
Vinzentius-Krankenhaus
Cornichonstr. 4
Tel. 06341/17-7401/7101

K 84036 Landshut
BFS für Kinderkrankenpflege am Kinderkrankenhaus St. Marien für D
Grillparzerstr. 9
Tel. 0871/852-273

K 66849 Landstuhl
Schule für Krankenpflege für H/D
St.-Johannis-Krankenhaus
Nardinistr. 10
Tel. 06371/841540

K 40764 Langenfeld-Richrath
Schule für Krankenpflege für H/D
St.-Martinus-Krankenhaus
Klosterstr. 32
Tel. 02173/796-1
Fax. 02173/77482

K 65549 Limburg/Lahn
Schule für Krankenpflege für H/D
St.-Vincenz-Krankenhaus
Auf dem Schafsberg
Tel. 06431/292-170

K 65549 Limburg
Marienschule BFS/FS für Heilpädagogik für D; Kinderpflegerinnenklasse/FS für Heilpädagogik
Graupfortstr. 5
Tel. 06431/201250/251
Fax. 06431/201233

K 88131 Lindau
BFS für Kinderpflege für H/D
Bregenzer Str. 1
Tel. 08382/4054

K 49809 Lingen
FS St. Franziskus für Sozial- und Heilpädagogik für H/D
In den Strubben 9
Tel. 0591/51320 und 51330

K 49808 Lingen/Ems
Schule für Krankenpflege für H/D
St.-Bonifatius-Hospital
Am Wall-Nord 35

Tel. 0591/83-125
Fax. 0591/83-177

K 52441 Linnich
Schule für Krankenpflege für D
St.-Josef-Krankenhaus
Rurdorfer Str. 49

K 53545 Linz
Schule für Krankenpflege für H/D
Franziskus-Krankenhaus
Magdalena-Daemen-Str. 20
Tel. 02644/551

K 59555 Lippstadt
Krankenpflegeschule für H/D
Dreifaltigkeits-Hospital
Klosterstr. 37
Tel. 02941/758362,346/7/8

E 59555 Lippstadt
Krankenpflegeschule am Krankenhaus für J/M
Wiedenbrücker Str. 33
Tel. 02941/6821

E 59555 Lippstadt
Kinderkrankenpflegeschule
am Krankenhaus für M
Wiedenbrücker Str. 33
Tel. 02941/6821

K 59558 Lippstadt
Marienschule FS/BFS für Sozial- und Gesundheitswesen/ Kinderpflege, für H/D;
Ostlandstr. 13
Tel. 02941/885-0

K 79539 Lörrach
Schule für Krankenpflege am Elisabethen-Krankenhaus für H/D
Feldbergstr. 15
Tel. 07621/171246 u. 47262

K 49393 Lohne
Krankenpflegeschule am
St.-Franziskus-Hospital für H/D;
Marienstr. 12
Tel. 04442/81161

K 67065 Ludwigshafen
Kinderkrankenpflegeschule
für H/D;
St.-Annastift Mundenheim
Karolina-Burger-Str. 51
Tel. 0621/5702-1

K 67067 Ludwigshafen
Schule für Krankenpflegehilfe
St.-Marienkrankenhaus für D;
Salzburger Str. 15
Tel. 0621/5501-435

K 67071 Ludwigshafen
Schule für Krankenpflegehilfe am
Krankenhaus «Zum Guten Hirten»
für H/D;
Semmelweißstr. 7
Tel. 0621/6819-215
Fax. 0621/6819-218

V 23552 Lübeck
Kosmetik-Studio Rita Rehwoldt
für J/M;
Mühlenbrücke 5
Tel. 0451/705828

V 21337 Lüneburg
BFS für Chemie und Pharmazie
Dr. von Morgenstern
(Kosmetik) für J/M;
Am Schwalbenberg 18
Tel. 04131/53658

K 44534 Lünen
Zentral-Krankenpflegeschule
für H/D
Altstadtstr. 24
Tel. 02306/72944-46

V 39108 Magdeburg
BFS für Chemie und Pharmazie
Dr. von Morgenstern
(Kosmetik) für J/M;
Annastr. 17
Tel. 0391/5613181

K 55131 Mainz
Schule für Krankenpflege für H/D
St.-Vincenz- und Elisabeth-Hospital
An der Goldgrube 11
Tel. 06131/572100

V 55116 Mainz
BFS für Kosmetik; J/M;
Fischtorplatz 14
Tel. 06131/231615

K 55131 Mainz
Schule für Krankenpflege für H/D
St.-Hildegardis-Krankenhaus
Hildegardstr. 2
Tel. 06131/1471
Fax. 06131/147372

K 68165 Mannheim
Schule für Krankenpflege
am Theresienkrankenhaus für H/D
Bassermannstr. 1
Tel. 0621/424-4534
Fax. 0621/424-4469

V 35037 Marburg
Bildungsinstitut Köhlhofer-Baltersee; J/M;
BFS (Medizinalberufe)
Bahnhofstr. 38
Tel. 06421/65756

E 35041 Marburg-Wehrda
Krankenpflegeschule des Diakoniekrankenhauses für M
Postfach 1266
Tel. 06421/81091

K 45768 Marl/Westf.
Schule für Krankenpflege
für H/D
Marien-Hospital
Zeppelinstr. 10
Tel. 02365/500
Fax. 02365/50-300

E 49324 Melle
Krankenpflegeschule
am Krankenhaus für J/M
Riehmsloher Str. 5
Tel. 05422/6030

K 58706 Menden
Placidaschule für M; Pflegevorschule, BFS
Dechant-Röper-Str. 47
Tel. 02373/2252

K 49716 Meppen
BFS für Kinderpflege/FS für Heilerziehung der Missionsschwestern Mariens für H/D
Friedrichstr. 19
Tel. 05931/2680

K 49716 Meppen/Ems
Schule für Kranken- u. Kinderkrankenpflege am Ludmillenstift für H/D
Kuhstr. 46–48
Tel. 05931/152356 u. 152355

V 06217 Merseburg
Seminare für Medizinalberufe
für J/M;
Christianenstr. 12
Tel. 03461/210101

K 59872 Meschede
Schule für Krankenpflege für H/D
St.-Walburga-Krankenhaus GmbH
Schederweg 12
Tel. 0291/202-466
Fax. 0291/202-209

E 40822 Mettmann
Krankenpflegeschule für J/M
Gartenstr. 4
Tel. 02104/7891

E 47441 Moers
Kinderkrankenpflegeschule
am Krankenhaus Bethanien für M
Bethanienstr. 1
Tel. 02841/2001

K 56410 Montabaur
Schule für Krankenpflege für H/D
Krankenhaus der Barmherzigen Brüder
Peterstorstr. 12
Tel. 02602/1220, 122-820

K 41061 Mönchengladbach
Bischöfliche Liebfrauenschule
für H/D;
BFS für Sozial- und Gesundheitswesen/Kinderpflege/FS für Heilpädagogik
Bettrather Str. 16–20
Tel. 02161/86059

K 41063 Mönchengladbach
Schule für Krankenpflege und Krankenpflegehilfe Krankenhaus Maria Hilf GmbH für H/D;
Viersener Str. 450
Tel. 02161/86019

E 41065 Mönchengladbach
Bildungs- und Pflegeanstalt «Hephata» für J/M; Heilerziehungspflege/Heilerziehungspflegehilfe/Heilpädagogik
Rheydter Str. 128/130
Tel. 02161/13035

E 41061 Mönchengladbach
Krankenpflegeschule des Kranken hauses Bethesda für J/M
Ludwig-Weber-Str. 15
Tel. 02161/3521

K 41066 Mönchengladbach
Krankenpflegeschule für D
Krankenhaus Neuwerk
«Maria von den Aposteln» GmbH
Dünner Str. 214–216
Tel. 02161/668-0

K 41069 Mönchengladbach
Schule für Krankenpflegehilfe am Kamillianerkrankenhaus für H/D;
Kamillianerstr. 40/42
Tel. 02161/8120
Fax. 02161/812232

K 45468 Mülheim/Ruhr
Schule für Krankenpflege u. -pflegehilfe des St.-Marien-Hospitals für H/D
Kaiserstr. 50
Tel. 0208/3052811

V 80335 München
BFS für Kosmetik; J/M;
Prielmayerstr. 1
Tel. 089/591693

K 80336 München
Berufsfachschule für Kinderpflege für H/D;
Landwehrstr. 66
Tel. 089/534472

K 80337 München
BFS für Krankenpflege Maria Regina für H/D
Thalkirchner Str. 22
Tel. 089/231916-0

K 80639 München
BFS für Kinderkrankenpflege für D
Kinderkrankenhaus
Lachnerstr. 39
Tel. 089/12602-133
Fax. 089/12602-183

K 80639 München
BFS für Krankenpflege am Krankenhaus der Barmherzigen Brüder für H/D;
Romanstr. 91
Tel. 089/1793-372

K 80638 München
BFS für Krankenpflege am Krankenhaus Dritter Orden für H/D
Menzingerstr. 48
Tel. 089/1795-307

K 80796 München
FA für Heilpädagogik für H/D
Hiltensbergerstr. 82a
Tel. 089/306105-40

K 81925 München
Kath. Fachschule für Familienpflege für D;
Mauerkircherstr. 79
Tel. 089/928003-0

K 81541 München
Frauenberufliche Schulen der A. Schulschwestern v. U. Lb. Frau für D; Berufsoberschule – Ausbildungsrichtung Hauswirtschaft und Sozialpflege
Mariahilfplatz 14
Tel. 089/661207

K 48153 Münster
Schule für Kinderkrankenpflege der Clemensschwestern für D;
Clemenshospital
Düesbergweg 124
Tel. 0251/976-4050
Fax. 0251/976-2002

K 48145 Münster
Schule für Kinderkrankenpflege für H/D
St.-Franziskus-Hospital GmbH
Hohenzollernring 72
Tel. 0251/935-3803

K 48145 Münster
Krankenpflegeschule am St.-Franziskus-Hospital für H/D;
Hohenzollernring 72
Tel. 0251/935-3800

K 48143 Münster
Schule für Krankenpflege für H/D
Raphaels-Klinik
Klosterstr. 75
Tel. 0251/5007-2910-13
Fax. 0251/5007-2249

K 48165 Münster
Krankenpflegeschule des Herz-Jesu-Krankenhauses Hiltrup für H/D;
Westfalenstr. 109
Tel. 02501/17-(0)/2121
Fax. 02501/17-4204

K 48153 Münster
Krankenpflegeschule des Clemens-hospitals GmbH für H/D;
Düesbergweg 124
Tel. 0251/976-4000
Fax. 0251/976-2002

K 48145 Münster
Lehranstalt für Diätassistentinnen
St. Franziskus-Hospital GmbH für H/D;
Hohenzollernring 72
Tel. 0251/935-3806

V 48143 Münster
Kosmetikfachschule Derendorf; J/M;
Ludgeristr. 7–8
Tel. 0251/43266

V 48149 Münster
Timmermeister-Schule für J/M; (Gymnastik)
Sentruper Str. 161
Tel. 0251/82039
Fax. 0251/88523

K 48163 Münster-Amelsbürgen
Schule für Krankenpflegehilfe für H/D
Alexianer-Krankenhaus
Alexianerweg 9
Tel. 02501/588-240

K 86633 Neuburg/Donau
BFS für Kinderkrankenpflege für D
Kinderklinik St. Elisabeth
Bahnhofstr. 104
Tel. 08431/54-377
Fax. 08431/54-235

K 86633 Neuburg/Donau
BFS für Krankenpflege für H/D
Krankenhaus St. Elisabeth
Müller-Gnadenegg-Weg 4
Tel. 08431/54-379
Fax. 08431/54190/54191

E 91564 Neuendettelsau
Fachschule für Heilerziehungspflege und Heilerziehungspflegehilfe für J/M
Waldsteig 11
Tel. 09874/8401

K 92318 Neumarkt
Berufliche Schulen der Schwestern vom Göttlichen Erlöser (Nieder-bronner Schwestern), Haus St. Marien für H/D; BFS für Kinder-pflege/Sozialpflege
Tel. 09181/30004

K 92431 Neunburg vorm Wald
BFS für Kinderpflege für D;
Klosterberg 4
Tel. 09672/623

E 66538 Neunkirchen/Saar
Krankenpflegeschule für J/M
Theodor-Fliedner-Str. 12
Tel. 06821/26071

K 66538 Neunkirchen
Schule für Krankenpflege für H/D
St.-Josef-Krankenhaus
Langenstrichstr. 44
Tel. 06821/104-300/304-5

K 41460 Neuss
Erzb. berufsbildende Schulen im Marienhaus für H/D;
BFS für Sozial- und Gesundheits-wesen/Sozialpflege/Kinderpflege
Kapitelstr. 36
Tel. 02131/273258/273009

K 41462 Neuss
Fachseminar für Familienpflege
Buschhausen 16
Tel. 02131/50011/12

K 41462 Neuss
Krankenpflegeschule des Johanna-Etienne-Krankenhauses für H/D;
Am Hasenberg 46
Tel. 02131/529-6400
Fax. 02131/529-7650

K 41464 Neuss
Schule für Krankenpflege für H/D
St.-Alexius-Krankenhaus
Alexianerplatz 1
Tel. 02101/136-215/379
Fax. 02101/103828

K 56564 Neuwied
Kinderkrankenpflegeschule für H/D
St.-Elisabeth-Krankenhaus
Friedrich-Ebert-Str. 59
Tel. 02631/807-428/9

K 56564 Neuwied
Schule für Krankenpflege für H/D;
St.-Elisabeth-Krankenhaus
Friedrich-Ebert-Str. 59
Tel. 02631/807-370/1
Fax. 02631/807-318

E 26954 Nordenham
Fachschule des CVJM für Heilerziehungshelfer für J; FS
Postfach 65
Tel. 04731/3342

V 99734 Nordhausen
Private Akademie für J/M; (Altenpflege, Krankenpflege, Medizinalberufe, Physiotherapie)
Geschwister-Scholl-Str. 14
Tel. 03631/8665
Fax. 03631/8665

K 48529 Nordhorn
Schule für Krankenpflege für H/D
Marien-Krankenhaus
Hannoverstr. 5
Tel. 05921/171-0
Fax. 05921/171415

K 48529 Nordhorn
Krankenpflegehilfeschule
am Marien-Krankenhaus für D;
Hannoverstr. 5
Tel. 05921/171-0
Fax. 05921/171415

V 90402 Nürnberg
Friese-Gemeinnütziges Lehrinstitut für Berufsförderung für J/M;
(Altenpflege)
Marientorgraben 3–5
Tel. 0911/2059966
Fax. 0911/2059965

K 90491 Nürnberg
BFS für Krankenpflege für H/D;
St.-Theresien-Krankenhaus
Mommsenstr. 16–28
Tel. 0911/56990/5699-246

K 46045 Oberhausen
Schule für Krankenpflege für D;
St.-Josef-Hospital
Mülheimer Str. 83
Tel. 0208/837-386

E 46047 Oberhausen
Krankenpflegeschule/Kinderkrankenpflegeschule/Massageschule
am Krankenhaus für J/M
Virchowstr. 20
Tel. 0208/8211

K 46145 Oberhausen
Schule für Krankenpflege für H/D
St.-Josef-Hospital Sterkrade
Wilhelmstr. 34
Tel. 0208/695-324

K 46145 Oberhausen
Katholische Krankenpflegehilfeschule
St. Josef-Hospital Sterkrade
Wilhelmstraße 34
Tel. 0208/695-324

K 59302 Oelde/Westf.
Schule für Krankenpflege für H/D
Marienhospital
Spellerstr. 16
Tel. 02522/78-316

K 63071 Offenbach
Krankenpflegeschule für H/D;
Ketteler-Krankenhaus
Lichtenplattenweg 85
Tel. 069/8505-748

K 63071 Offenbach
Marienschule Zweijährige BFS für D; BFS für Medizinisch-technische u. krankenpflegerische Berufe
Ahornstr. 33
Tel. 069/851081

K 77654 Offenburg
Schule für Krankenpflege am St. Josefskrankenhaus für D;
Weingartenstr. 70
Tel. 0781/471-303

K 26121 Oldenburg
Schule für Krankenpflege für H/D
Pius-Hospital
Georgstr. 12
Tel. 0441/229230

V 26127 Oldenburg
Loges-Schule Nordsee für J/M; (Gymnastik)
Babenend 15–17
Tel. 0441/62232
Fax. 0441/67186

K 57462 Olpe
St.-Franziskus-Schule
Priv. hauswirtschaftliche und sozialpädagogische Schulen für H/D; BFS für Sozial- und Gesundheitswesen/Kinderpflege
Maria-Theresia-Str. 5
Tel. 02761/3688

K 57462 Olpe-Biggesee
Schule für Krankenpflege für H/D
St. Martinus-Hospital
Hospitalweg 6
Tel. 02761/850

K 49074 Osnabrück
Kinderkrankenpflegeschule St. Johann am Marienhospital für D;
Johannisstr. 39–40
Tel. 0541/326267, 24945

K 49074 Osnabrück
Krankenpflegeschule im Marienhospital für H/D;
Johannisfreiheit 2–4
Tel. 0541/3260
Fax. 0541/326257

K 49082 Osnabrück
Kath. Berufsfachschulen im Marienheim für J/M; BFS für Kinderpflege
Gut Sutthausen 1
Tel. 0541/59447

V 49074 Osnabrück
BFS für Kosmetik an der Völker-Schule; J/M; (Kosmetik, Massage, Medizin. Bademeister)
Kollegienwall 12 c
Tel. 0541/27136

K 49179 Ostercappeln
Schule für Krankenpflegehilfe
Krankenhaus St.-Raphael für D;
Bremer Str. 31
Tel. 05473/290

K 94486 Osterhofen
Maria-Ward-Institut BFS für Kinderpflege/BFS für Sozialpflege für D; Hauptstr. 59
Tel. 09932/1253

K 33102 Paderborn
Edith-Stein-Schule
Berufliche Schulen des Erbistums Paderborn für H/D;
BFS für Sozial- u. Gesundheitswesen/Kinderpflege, FS für Heilpädagogik
Am Rolandsbad 4
Tel. 05251/58110

K 33098 Paderborn
Schule für Kinderkrankenpflege für D; St.-Vinzenz-Krankenhaus
Husener Str. 81
Tel. 05251/693362

K 33098 Paderborn
Schule für Krankenpflege für H/D
St.-Josefs-Krankenhaus
Husener Str. 46

Tel. 05251/702341
Fax. 05251/702891

K 33098 Paderborn
Krankenpflegeschule für H/D;
St.-Vincenz-Krankenhaus GmbH
Am Busdorf 2–4, Postfach 2720
Tel. 05251/202-0
Fax. 05251/202-456

K 26871 Papenburg
FS für Heilerziehungspflege
BFS für Heilerziehungshilfe
für H/D;
Gasthauskanal 9
Tel. 04961/803-0
Fax. 04961/80369

K 26871 Papenburg
Schule für Kranken- u. Kinderkrankenpflege für H/D
Marienhospital
Hauptkanal rechts 75
Tel. 04961/830

K 94032 Passau
BFS für Kinderkrankenpflege
Kinderklinik 3. Orden für D;
Bischof-Altmann-Str. 9
Tel. 0851/7205-200
Fax. 0851/7205-120

K 75177 Pforzheim
Schule für Krankenpflegehilfe am
St. Trudpertkrankenhaus für D;
Wolfsbergallee 50
Tel. 07231/301-570
Fax. 07231/301-598

V 25421 Pinneberg
Weber-Schule für J/M; (Gymnastik)
Rübekamp 31
Tel. 04101/204323

K 54595 Prüm/Eifel
Schule für Krankenpflege für H/D
St.-Josefs-Krankenhaus
Kalvarienberg 4
Tel. 06551/150
Fax. 0651/15126

K 88212 Ravensburg
Kinderkrankenpflegeschule
für H/D;
Kinderkrankenhaus St. Nikolaus
Nikolausstr. 10
Tel. 0751/870

K 88212 Ravensburg
Schule für Krankenpflege
am St. Elisbethen-Krankenhaus
für H/D;
Elisabethenstr. 15
Tel. 0751/870
Fax. 0751/872523

K 88212 Ravensburg
Institut für sozialpädagogische
Berufe für H/D; FS für Sozialpädagogik-Berufskolleg/Heilerziehungspflege/Heilerziehungshilfe/Seminar
für Heilpädagogik
Kapuzinerstr. 2
Tel. 0751/25447

K 45659 Recklinghausen
Krankenpflegeschule des Prosper-Hospitals Recklinghausen für H/D;
Mühlenstr. 25
Tel. 02361/502571

K 93053 Regensburg
BFS für Krankenpflege für H/D;
Caritaskrankenhaus St. Josef
Landshuter Str. 65
Tel. 0941/782-131

K 93049 Regensburg
BFS für Krankenpflege für H/D
Krankenhaus der Barmherzigen
Brüder
Prüfeninger Str. 86
Tel. 0941/369-261

K 93049 Regensburg
BFS für Kinderkrankenpflege
für H/D;
Klinik St. Hedwig
Steinmetzstr. 1–3
Tel. 0941/2080-170
Fax. 0941/2080-115

K 21465 Reinbek
Schule für Krankenpflege für H/D
Krankenhaus Reinbek
St.-Adolf-Stift
Hamburger Str. 41
Tel. 040/72706-277

K 53424 Remagen
Schule für Krankenpflege
für H/D
Krankenhaus «Maria Stern»
Am Anger 1
Tel. 02642/281
Fax. 02642/28252

E 42899 Remscheid
Schule für Arbeits- und Beschäftigungstherapeuten – Stiftung Tannenhof – für J/M
Remscheider Str. 76
Tel. 02191/591559

E 72762 Reutlingen
Schule für Heilerziehungspflege und Heilerziehungshilfe der Gustav-Werner Stiftung für J/M
Ringelbachstr. 211
Tel. 07121/25370

E 33378 Rheda-Wiedenbrück
Schule für Krankenpflegehilfe
für J/M
Gütersloher Str. 64
Tel. 05242/4991

K 48432 Rheine
Bischöfliche FS für Heilpädagogik
für H/D;
Salinenstr. 109
Tel. 05971/55241

K 48431 Rheine
FS für Rettungsassistenten
Mathias-Spital
Frankenburgstr. 31
Tel. 05971/421115
Fax. 05971/421019

K 48431 Rheine
Krankenpflegeschule
am Mathias-Spital für H/D;
Frankenburgstr. 31
Tel. 05971/421110
Fax. 05971/421019

E 24635 Rickling
Krankenpflegehilfeschule
Psychisches Krankenhaus
für J/M
Tel. 04328/312

E 67806 Rockenhausen
Schule für Krankenpflegehilfe
für J/M
Pflegeheim Zoar
Tel. 06361/655

K 66976 Rodalben
Schule für Krankenpflege für H/D
St.-Elisabeth-Krankenhaus
Elisabethenstr. 18
Tel. 06331/150-(0)223
Fax. 06331-17796

V 18055 Rostock
Mecklenburgisches Bildungszentrum
für J/M; (Medizinalberufe)
Lagerstr. 7
Tel. 0381/441
Fax. 0381/601

E 27356 Rotenburg (Wümme)
Schule für Krankenpflegehilfe
der Rotenburger Anstalten für M
Lindenstr. 14
Tel. 04261/3081

E 27356 Rotenburg (Wümme)
Fachschule für Heilerziehungspflege und Heilerziehungshilfe der Rotenburger Anstalten für J/M; FS
Lindenstr. 14
Tel. 04261/3081

K 82401 Rottenbuch
BFS für Kinderpflege für D;
Heim Maria Auxilium
Tel. 08867/208/662
Fax. 08867/1850

K 78628 Rottweil
Schule für Krankenpflege und Krankenpflegehilfe am Krankenhaus Rottenmünster für H/D;
Schwenninger Str. 55
Tel. 0741/241313-310/246

K 66113 Saarbrücken
Hebammen-Lehranstalt für M
Caritas-Klinik St. Theresia
Rheinstr. 2
Tel. 0681/406-321

V 66111 Saarbrücken
Heilpraktiker-FS für J/M;
Berliner Promenade 19
Tel. 0681/37000
Fax. 0681/36532

K 66113 Saarbrücken
Krankenpflegeschule für H/D;
Caritasklinik St. Theresia
Rheinstr. 2
Tel. 0681/406-366

K 66113 Saarbrücken
Lehranstalt für Logopäden für J/M
Rheinstr. 2
Tel. 0681/406-0
Fax. 0681/406339

K 33154 Salzkotten
Schule für Krankenpflege für H/D;
St.-Josefs-Krankenhaus
Dr.-Krismann-Str. 12
Tel. 05258/10122
Fax. 05258/10377

K 57392 Schmallenberg
Schule für Krankenpflege für H/D;
Fachkrankenhaus Klostergrafschaft
Annostr. 1
Tel. 02972/791-1
Fax. 02972/791-202

K 73525 Schwäbisch Gmünd
Institut für sozialpädagogische
Berufe Schwäbisch Gmünd/
Ellwangen für H/D;
FS für Heilerziehungspflege
Wildeck 4
Tel. 07171/6003-0
Fax. 07171/6003-25

K 73525 Schwäbisch Gmünd
Schule für Kinderkrankenpflege
am Margariten-Hospital
Weißensteiner Str. 33
Tel. 07171/3511

E 74523 Schwäbisch Hall
Schule für Heilerziehungspflege
am Sonnenhof für J/M
Sudetenweg 92
Tel. 0791/51086

E 34613 Schwalmstadt-Treysa
Schule für Krankenpflegehilfe
für J/M
Hephata Hessisches Diakonie-
zentrum
Tel. 06691/191

K 92421 Schwandorf
BFS für Krankenpflege für H/D;
St.-Barbara-Krankenhaus
Steinberger Str. 24
Tel. 09431/52-535

E 74869 Schwarzach
(Schwarzacher Hof)
Schule für Heilerziehungspflege/
-hilfe für J/M; BFS
Johannes-Anstalten Mosbach
Tel. 06262/221

K 97421 Schweinfurt
BFS für Krankenpflege für H/D;
Krankenhaus St. Josef
Ludwigstr. 1
Tel. 09721/535-611

K 58239 Schwerte
Schule für Krankenpflege für H/D
Marienkrankenhaus
Goethestr. 19
Tel. 02304/109313

E 58239 Schwerte
Krankenpflegeschule des Kranken-
hauses für J/M
Schützenstr. 9
Tel. 02304/18034

E 38173 Sickte-Neuerkerode
Fachschule für Heilerziehungspflege/
-hilfe für J/M; FS
Neuerkeröder Anstalten
Tel. 05305/1344

K 57072 Siegen
Schule für Krankenpflege für H/D;
St.-Marien-Krankenhaus
Kampenstr. 51
Tel. 0271/231-2192

E 57074 Siegen
Lehranstalt für medizinisch-tech-
nische Laboratoriumsassistenten
für J/M

Wichernstr. 44
Tel. 0271/33711

K 52152 Simmerath
Schule für Krankenpflege für D;
St.-Brigida-Krankenhaus
Kammerbruchstr. 8

K 792941 Sölden
Dorfhelferinnenschule für D;
Bürglestr. 12
Tel. 0761/40106-0

K 59494 Soest
Schule für Krankenpflege für D;
Marienkrankenhaus
Widumgasse 5
Tel. 02921/391/1640

K 42697 Solingen-Ohligs
Schule für Krankenpflege für H/D;
St.-Lukas-Klinik GmbH
Schwanenstr. 132
Tel. 0212/705-2084

K 67346 Speyer
Schule für Krankenpflege für H/D;
St.-Vincentius-Krankenhaus
Holzstr. 4a
Tel. 06232/133-298/297

K 48703 Stadtlohn
Schule für Krankenpflegehilfe
für H/D;
Krankenhaus «Maria Hilf»
Vredenerstr. 58
Tel. 02563/409-0
Fax. 02563/409-212

K 54655 Staffelstein
BFS für Hauswirtschaft und Kinderpflege «St. Kunigund» für D;
Vierzehnheiligen 12
Tel. 09571/5411

K 32839 Steinheim
Schule für Krankenpflege
St.-Rochus-Krankenhaus
Nieheimer Str. 34

K 52222 Stolberg
Franziska-Schervier-Schule
Schule für Kranken- u. Kinderkrankenpflege für H/D;
Bethlehem-Krankenhaus
Steinfeldstr. 5
Tel. 02402/107440

V 18437 Stralsund
Mecklenburgisches Bildungs-Zentrum v. Oertzen für J/M;
(Medizinalberufe)
Barther Str. 61
Tel. 03831/2673

K 94315 Straubing
BFS für Krankenpflege für H/D;
Elisabeth-Krankenhaus
Schulgasse 20
Tel. 09421/710-1980/1982

V 70178 Stuttgart
Berufsfachschule für Kosmetik
für J/M;
Marienstr. 32
Tel. 0711/617793

K 70199 Stuttgart
Krankenpflege- u. Diätschule
am Marienhospital für H/D;
Böheimstr. 37
Tel. 0711/6489-2850/1
Fax. 0711/6489-2220

K 66606 St. Wendel
Krankenpflegeschule
St.-Marien-Krankenhaus für H/D;
Am Hirschberg
Tel. 06851/59-700
Fax. 06851/70136

K 49832 Thuine
Hebammenschule St. Walburga
im Landkreis Emsland für D;
Klosterstr. 4
Tel. 05902/502-508

K 49832 Thuine
Schule für Krankenpflege für H/D;
Elisabeth-Krankenhaus
Klosterstr. 4
Tel. 05902/502-578
Fax. 05902/502-525

V 07950 Triebes
Friese Lehrinstitut für J/M;
(Altenpflege)
Zeulenrodaer Str. 48

Tel. 036622/292
Fax. 036622/292

K 54290 Trier
Schule für Krankenpflege für H/D;
Herz-Jesu-Krankenhaus
Fr.-Wilhelm-Str. 29
Tel. 0651/9460

K 54292 Trier
Krankenpflegeschule Krankenpflegehilfeschule – Krankenhaus der Barmherzigen Brüder für H/D;
Nordallee 1
Tel. 0651/208-2700
Fax. 0651/208-2767

K 54290 Trier
Schule für Kranken- u. Kinderkrankenpflege
Krankenhaus der Borromäerinnen für H/D;
Feldstr. 16
Tel. 0651/711-(0)2711
Fax. 0651/74215

V 54290 Trier
Private BFS für Kosmetik und Fußpflege für J/M;
Walramsneustr. 8
Tel. 0651/42242

K 54293 Trier-Ehrang
Schule für Krankenpflege für H/D;
Marien- u. St. Josef-Krankenhaus
Im Reutersweg 1
Tel. 0651/683-168
Fax. 0651/683-149

K 53844 Troisdorf-Sieglar
Schule für Krankenpflegehilfe für D;
St.-Johannes-Krankenhaus
W.-Busch-Str. 9

K 82327 Tutzing
BFS für Krankenpflege für H/D am Krankenhaus der Missionsbenediktinerinnen
Bahnhofstr. 5
Tel. 08158/23-680
Fax. 08158/23-140

E 59423 Unna
Krankenpflegeschule des Krankenhauses für J/M
Holbeinstr. 10
Tel. 02306/106-446

K 59423 Unna
Schule für Krankenpflege für D;
St.-Katharinenkrankenhaus
Obere Husemamnstr. 2

K 86513 Ursberg
FS für Heilerziehungspflege und Heilerziehungspflegehilfe für J/M;
Tel. 08281/922700

K 86514 Ustersbach-Baschenegg
BFS für Kinderpflege für D;
Baschenegg
Tel. 08236/1031 u. 1325

K 49377 Vechta
Schule für Krankenpflege für H/D;
Marienhospital
Marienstr. 6–8
Tel. 04441/14-322
Fax. 04441/14-215

K 49377 Vechta-Marienhain
Berufsbildende Schulen der Schwestern Unserer Lieben Frau für H/D;
FS für Heilpädagogik
Landwehrstr. 2
Tel. 04441/4079

K 41749 Viersen
Schule für Krankenpflege für H/D;
St.-Irmgardis-Krankenhaus Süchteln
Tönisvorster Str. 26
Tel. 02162/899251

K 66333 Völklingen
Krankenpflegeschule für H/D;
Krankenhaus St. Michael
Kühlweinstr. 103
Tel. 06898/17-273

K 66787 Wadgassen
Kinderkrankenpflegeschule der St.- Elisabeth-Klinik, Saarlouis für H/D;
Schulstr. 2
Tel. 06834/401-201

K 66787 Wadgassen
Krankenpflegeschule der St.-Elisabeth-Klinik, Saarlouis für H/D;
Schulstr. 2
Tel. 06834/401204
Fax. 06834/401119

K 79183 Waldkirch
Schule für Krankenpflege
am Bruder-Klaus-Krankenhaus
für H/D;
Heitere Weg 10
Tel. 07681/208-476

V 92637 Weiden
Friseurfachstudio für J/M;
Parksteiner Str. 17
Tel. 0961/26111

K 46483 Wesel
Krankenpflegeschule Niederrhein;
Schule für Kranken-, Kinderkrankenpflege und Krankenpflegehilfe; für H/D;
Herzogenring 12
Tel. 0281/28091/2

K 50389 Wesseling
Schule für Krankenpflege für H/D;
Dreifaltigkeitskrankenhaus
Bonner Str. 84
Tel. 02236/77-397

K 58739 Wickede-Wimbern
Krankenpflegeschule Wickede e. V.
Marienkrankenhaus Wickede,
St. Marien-Hospital Balve,
Mariannenhospital Werl für H/D;
Mendener Str. 52
Tel. 02377/83-1
Fax. 02377/1392

V 65183 Wiesbaden
Wiesbadener Berufsfachschule
für Kosmetik; J/M;
Kranzplatz 5/6
Tel. 0611/523535

E 65187 Wiesbaden
Schule für Krankenpflegehilfe
Paulinenstift für J
Schiersteiner Str. 43
Tel. 0611/843051

K 65189 Wiesbaden
Schule für Krankenpflege
für H/D;
St.-Josefs-Hospital
Frankfurter Str. 35
Tel. 0611/177-2700

E 27793 Wildeshausen
Lehranstalt für Heilerziehungshelfer
für J/M
Heilstättenstr.
Tel. 04431/3001

V 26389 Wilhelmshaven
Loges-Schule Nordsee für Gymnastik; J/M
Antonslust 14
Tel. 04421/84431
Fax. 04421/87449

K 47877 Willich
Schule für Krankenpflegehilfe
für H/D; Katharinen-Hospital
Bahnstr. 26
Tel. 02154/494292
Fax. 02154/494290

K 58452 Witten/Ruhr
Schule für Krankenpflege
für H/D;
Marienhospital
Ardeystr. 3
Tel. 02302/173-1550
Fax. 02302/173-1118

E 67547 Worms
Krankenpflegeschule des Krankenhauses Hochstift für J/M
Andreasring 13–19
Tel. 06241/6299

K 97074 Würzburg
BFS für Kinderkrankenpflege des
Vereins Kinderklinik am Mönchberg
für D;
Waltherstr. 20
Tel. 0931/8040273

K 97074 Würzburg
BFS für Krankenpflege des Missionsärztlichen Instituts für H/D;
Salvatorstr. 7
Tel. 0931/791-2720

K 97070 Würzburg
BFS für Krankenpflege der Stiftung Julius-Spital für H/D;
Juliuspromenade 19
Tel. 0931/3084172

K 97072 Würzburg
FS für Familienpflege für D;
Friedrich-Spee-Str. 32
Tel. 0931/80003-0
Fax. 0931/8000380

K 97082 Würzburg
Heilpädagogisches Seminar
FA für Heilpädagogik für H/D;
Frankfurter Str. 24
Tel. 0931/4190471

K 42109 Wuppertal
Hebammenlehranstalt für D;
Kliniken St. Antonius GmbH
Vogelsangstr. 106
Tel. 0202/7592-(1)268

K 42109 Wuppertal
Schule für Krankenpflege und Krankenpflegehilfe
Kliniken St. Antonius GmbH für D;
Vogelsangstr. 106
Tel. 0202/7592-(1)448

K 42105 Wuppertal
Schule für Krankenpflege für H/D;
St.-Josef-Krankenhaus
Bergstr. 6–12
Tel. 0202/485340

E 42107 Wuppertal
Fachschule für Sozialpädagogik für J/M; FS/Sozial-/Sonder-/Heilpädagogik
Straßburger Str. 39
Tel. 0202/456716

K 42107 Wuppertal
Pflegevorschule Kliniken St. Antonius für D;
Schlieperstr. 2
Tel. 0202/4931-(1)208

V 42103 Wuppertal
BTB Bildungswerk für therapeutische Berufe für J/M;
Turmhof 6
Tel. 0202/447050
Fax. 0202/454350

K 46509 Xanten
BFS/FS/FOS Placidahaus für H/D;
BFS für Sozial- u. Gesundheitswesen/Kinderpflege/FS für Heilpädagogik
Tel. 02801/2796
Fax. 02801/6936

K 46509 Xanten
Schule für Krankenpflegehilfe
St.-Josef-Hospital
In der Hees 4
Tel. 02801/710-(0)559
Fax. 02801/6238

K 53909 Zülpich-Füssenich
BFS/FS für Sozialpädagogik
St.-Nikolaus-Stift für D; BFS/Kinderpflege
Brüsseler Str. 68
Tel. 02252/2424/2238

K 66482 Zweibrücken
Schule für Krankenpflege für H/D;
Krankenhaus St. Elisabeth
Kaiserstr. 14
Tel. 06332/82230

K 66482 Zweibrücken
Schule für Krankenpflegehilfe am St. Elisabeth-Krankenhaus
Kaiserstr. 14
Tel. 06332/82485

K 94227 Zwiesel
Berufliches Bildungszentrum des Mädchenwerks Zwiesel e. V.
BFS für Kinderpflege für H/D;
Theresienthaler Str. 1
Tel. 09922/1090

1.2.7. Sonstige Berufsbereiche

K 52076 Aachen
Fachseminar für Altenpflege
im Lourdesheim für J/M;
Rote-Haag-Weg 32
Tel. 0241/6005-0

K 48683 Ahaus-Wessum
Fachseminar für Altenpflege
für J/M;
Wesheimer Str. 41
Tel. 02561/2077

K 94330 Aiterhofen
FS für Altenpflege der Franziskanerinnen für J/M;
Schulgasse 9
Tel. 09421/32833

E 91522 Ansbach
Fachschule für Altenpflege für J/M
Karolinenstr. 29
Tel. 0981/13054

K 86152 Augsburg
FS für Altenpflege für J/M;
Auf dem Kreuz 58a, Postfach 101541
Tel. 0821/3156-361

E 86150 Augsburg
Fachschule für Altenpflege für J/M
Frölichstr. 17
Tel. 0821/3160281

E 76887 Bad Bergzabern
Fachschule für Arbeits- und Beschäftigungstherapie Jugenddorf Bad Bergzabern für J/M; FS
Danziger Str. 6
Tel. 06343/3941

E 31542 Bad Nenndorf
Schule Schlaffhorst-Andersen
für Atmung und Stimme; J/M
Bornstr. 20
Tel. 05723/3123

K 96047 Bamberg
FS für Altenpflege für J/M;
Schützenstr. 21
Tel. 0951/28897/22588

E 95445 Bayreuth
Fachschule für Altenpflege für J/M
Eduard-Bayerlein-Str. 1
Tel. 0921/27764

K 10827 Berlin
Bischöfliche Kirchenmusikschule
Berlin für J/M; FS
Kolonnenstr. 38
Tel. 030/7843061
Fax. 030/7844080

E 33617 Bethel/Bielefeld
Fachseminar für Altenpflege
für J/M
Diakonissenanstalt Sarepta
Tel. 0521/144-2531

E 33611 Bielefeld
Fachseminar für Altenpflege
im Johanneswerk für J/M
Schildescher Str. 101
Tel. 0521/801253

K 33034 Brakel
Fachseminar für Altenpflege Brakel
für J/M;
Danziger Str. 17
Tel. 05272/607-653
Fax. 05272/607-320

E 28717 Bremen-Lesum
Fachschule für Altenpflege Friedehorst für J/M; FS
Rotdornallee 64
Tel. 0421/63811

K 49661 Cloppenburg
Fachseminar für Altenpflege
für J/M; Altenheim St. Pius-Stift
Friesoyther Str. 7
Tel. 04471/183-0

E 64287 Darmstadt
Lehranstalt für Altenpflege Elisabethenstift für J/M; FS
Landgraf-Georg-Str. 100
Tel. 06151/4031

E 64287 Darmstadt
Lehrwerkstatt für Paramentenstickerei und Handweberei für M

Erbacher Str. 69
Tel. 06151/403282

K 36428 Dernbach
Berufsaufbauschule der Armen Dienstmägde J. Chr. für J/M;
Katharina-Kasper-Str. 12
Tel. 02602/683147

E 32756 Detmold
Fachseminar für Altenpflege Diakonissenhaus für J/M
Sofienstr. 51
Tel. 05231/23754

K 44329 Dortmund
Fachseminar für Altenpflege Caritas-Altenkrankenheim für J/M;
Altenderner Str. 73
Tel. 0231/895030

K 52353 Düren
Fachseminar für Altenpflege beim St.-Marien-Hospital für J/M;
Hospitalstraße
Tel. 02421/805-(0)362

E 47138 Duisburg
Fachseminar für Altenpflege Christophoruswerk für J/M
Bonhoefferstr.
Tel. 0203/45021

E 45276 Essen
Fachseminar für Altenpflege für J/M
Hellweg 92
Tel. 0201/540220

K 45359 Essen-Bedingrade
Fachseminar für Alten- und Familienpflege für J/M;
Laarmannstr. 21
Tel. 0201/696098

K 70794 Filderstadt/Plattenhardt
Kath. FS für Altenpflege für J/M;
Auf der Heid 4
Tel. 0711/774222/7708329

E 60323 Frankfurt/Main
Kirchenmusikschule für J/M;
Höhere FS
Fürstenberger Str. 221
Tel. 069/590888

K 79104 Freiburg
St. Elisabeth Förderlehrgang zur Berufsfindung für M;
Immentalstr. 12
Tel. 0761/23803/383093

K 79102 Freiburg
Berufliche Schulen St. Ursula
BFS für Altenpflege für J/M;
Hildastr. 41
Tel. 0761/706757

E 79098 Freiburg im Breisgau
Schule für Altenpflege im Ev. Stift für J/M; FS
Hermannstr. 12
Tel. 0761/25959

K 59590 Geseke
Fachseminar für Altenpflege für J/M;
Haholdstr. 2
Tel. 02942/595141

E 38640 Goslar
Altenpflegeschule der Neuerkeröder Anstalten für J/M
Rammelsberger Str. 42
Tel. 05321/21136

E 91710 Gunzenhausen
Fachschule für Altenpflege für J/M
Sonnenstr. 76
Tel. 09831/8068

E 22297 Hamburg
Berufsfachschule für Logopädie am Werner-Otto-Institut der Alsterdorfer Anstalten für J/M; BFS
Alsterdorfer Str. 440
Tel. 040/5009261

E 22085 Hamburg
Fachschule für Haus- und Altenpflege für J/M; FS/BFS
Grillparzerstr. 32
Tel. 040/221001

E 37235 Hess. Lichtenau
Krankengymnastikschule für J/M

Orthopädische Klinik und Rehabilitationszentrum
Tel. 05602/2021

E 32120 Hiddenhausen
Werkstätten für Berufsausbildung und Berufsfindung für J/M
Jugendhilfe Schweichel
Tel. 05221/692-1

K 31139 Hildesheim
FS für kirchlichen Gemeindedienst für M;
Stiftskirchenweg 4
Tel. 05121/42045

E 95028 Hof/Saale
Fachschule für Altenpflege für J/M
Bahnhofsplatz 1
Tel. 09281/95119

K 47533 Kleve
Fachseminar für Alten- u. Familienpflege für J/M;
Spyckstr. 66
Tel. 02821/24014

K 56075 Koblenz
FS für Altenpflege Karthäuserhof Geschw. de Haye'sche Stiftung für J/M;
Karl-Härle-Str. 1–5
Tel. 0261/501-209
Fax. 0261/501-203

K 56070 Koblenz-Metternich
Seminar für Gemeindepastoral- und Religionspädagogik für M;
Trierer Str. 400
Tel. 0261/24063

E 50999 Köln-Michaelshofen
Fachseminar für Altenpflege für J/M
Haus Markus
Tel. 0221/352228

K 51145 Köln
Deutschordens-Fachseminar für Altenpflege gemeinnützige GmbH für J/M;
Straßburger Platz 2
Tel. 0221/891060, 891069
Fax. 0221/8902106

E 76829 Landau in der Pfalz
Fachschule für Sozialwesen Abt. Altenpflege für J/M; FS Pflegeanstalt Bethesda
Tel. 06341/251

K 84028 Landshut
FS für Altenpflege der Caritas für M;
Freyung 619
Tel. 0871/805-50

K 66849 Landstuhl
FS für Sozialwesen des Instituts St. Dominikus O.P./
FS für Altenpflege für J/M;
Luitpoldstr. 28
Tel. 06371/62666

K 65549 Limburg
Lehranstalt für Altenpflege Zweigstelle Limburg für J/M;
Graupfortstr. 5
Tel. 06431/24384

K 55118 Mainz
FS für Altenpflege St. Bilhildis für J/M;
Josefsstr. 51
Tel. 06131/611038

K 55131 Mainz
Bischöfl. Seminar für Gemeindepastoral- und Religionspädagogik für H/D;
Römerwall 67
Tel. 06131/222096

K 49716 Meppen
BFS/FS der Missionsschwestern Mariens (Fachschule für Altenpflege) für J/M;
Friedrichstr. 19
Tel. 05931/2680

E 32427 Minden
Fachseminar für Altenpflege für J/M
Kuhlenstr. 82
Tel. 0571/5925

K 41069 Mönchengladbach
Fachseminar für Altenpflege für J/M;
Hehnerholt 18
Tel. 02161/540826

E 45481 Mülheim/Ruhr
Fachseminar für Altenpflege im Theodor-Fliedner-Werk für J/M
Fliednerstr. 2
Tel. 0208/480591

E 80638 München
Fachschule für Altenpflege der Inneren Mission für J/M; FS
Magdalenenstr. 7
Tel. 089/1572427

K 80689 München
Kath. FS für Alten- und Familienpflege für J/M;
Mitterfeldstr. 20
Tel. 089/58091-0

K 81925 München
Kath. FS für Altenpflege/
FS Altenpflegehilfe
FS für Familienpflege
Pius-Maria-Heim für J/M;
Mauerkircherstr. 79
Tel. 089/928003-0

E 48147 Münster
Fachseminar für Altenpflege für J/M
Coerdestr. 58–68
Tel. 0251/2091

K 48145 Münster
Fachseminar für Altenpflege für J/M;
Hohenzollernring 72
Tel. 0251/935-3810

K 86633 Neuburg a. d. Donau
Bischöfliche FA für Gemeindepastoral der Diözese Augsburg für J/M;
Wolfgang-Wilhelm-Platz B 90
Tel. 08431/500-0/47655

E 91233 Neunkirchen a. S.
Fachschule für Altenpflege für J/M
Bahnhofstr. 25
Tel. 09123/83517

K 41462 Neuss
Fachseminar für Altenpflege für J/M;
Buschhausen 16
Tel. 02131/50011-12
Fax. 02131/57019

E 86720 Nördlingen
Fachschule für Altenpflege für J/M
Bürgermeister-Reiger-Str. 36
Tel. 09081/3040

E 46045 Oberhausen
Fachseminar für Altenpflege für J/M
Marktstr. 152
Tel. 0208/802031

K 94130 Obernzell
FS für Altenpflege für D/H
Klosterweg 31
Tel. 08591/722

E 26121 Oldenburg
Altenpflegeschule Elisabethstift für J/M
Philosophenweg 1
Tel. 0441/70111

K 26133 Oldenburg
FS – Altenpflege der Caritasstiftung Oldenburg für J/M;
Kolpingstr. 15
Tel. 0441/47363

E 49080 Osnabrück
Altenpflegeschule Bischof-Lilje-Heim für J/M
Rehmstr. 79/83
Tel. 0541/83016

K 92331 Parsberg
Private FS für Altenpflege d. A. Franziskanerinnen Mallersdorf für J/M;
Dr.-Nardini-Str. 3
Tel. 09492/483

E 75179 Pforzheim
Fachschule für Altenpflege für J/M; FS
Kaiser-Wilhelm-Str. 10–12
Tel. 07231/1811

K 88212 Ravensburg
Institut für sozialpädagogische Berufe
BFS für Altenpflege Ravensburg und Wangen für J/M;
Kapuzinerstr. 2
Tel. 0751/25447

E 91154 Roth
Fachschule für Altenpflege
für J/M
Sieh-Dich-Für-Weg 14
Tel. 09171/63068

K 72108 Rottenburg
Liebfrauenschule der
Schönstätter Marienschwestern
Kath. FS für Altenpflege für M;
Liebfrauenhöhe
Tel. 07457/72400

E 53757 Sankt Augustin
Johanniter-Fachseminar für Altenpflege für J/M
Arnold-Janssen-Str. 29
Tel. 02241/1991

K 73525 Schwäbisch Gmünd
Institut für sozialpädagogische
Berufe
Schwäbisch Gmünd/Ellwangen
BFS für Altenpflege für J/M;
Wildeck 4
Tel. 07171/6003-0
Fax. 07171/6003-25

E 90592 Schwarzenbruck
Fachschule für Altenpflege
für J/M
Postfach 80
Tel. 09128/502224

K 70437 Stuttgart
FS für Altenpflege für J/M;
Auricher Str. 42
Tel. 0711/84907-55 u. 56

K 66606 St. Wendel
FS für Altenpflege für J/M;
Beethovenstr. 19
Tel. 06851/81990

K 54290 Trier
FS für Altenpflege für J/M;
Windmühlenstr. 6
Tel. 0651/468-1(239)

E 72574 Urach
Altenpflegeschule Haus am Berg
für J/M
Münsinger Str. 96
Tel. 07125/4011

K 49377 Vechta-Marienhain
Berufsbildende Schulen der
Schwestern Unserer Lieben Frau
FS für Altenpflege für J/M;
Landwehrstr. 2
Tel. 04441/4079

K 88239 Wangen
Institut für Sozialpädagogische
Berufe
Kath. BFS für Altenpflege St. Vinzenz für J/M;
Baumannstr. 56
Tel. 07522/794-270/1

E 91781 Weißenburg
Fachschule für Altenpflege
für J/M
Goethestr. 2
Tel. 09141/2821

E 35578 Wetzlar
Lehranstalt für Altenpflege
für J/M
Robert-Koch-Weg 4a
Tel. 06441/23014

K 65199 Wiesbaden
Lehranstalt für Altenpflege des
Diözesancaritasverbandes Limburg
für J/M;
Edisonstr. 46
Tel. 0611/466768/465585

E 58455 Witten
Sozialpädagogische Ausbildungsstätte Fachseminar für Altenpflege
für J/M
Pferdebachstr. 27
Tel. 02302/175435

E 38446 Wolfsburg
Altenpflegeschule des Diakonischen
Werkes für J/M
Nordsteimker Str. 1
Tel. 05361/51041

K 97070 Würzburg
FS für Altenpflege für J/M;
Juliuspromenade 19
Tel. 0931/3084163

K 94227 Zwiesel
Berufliches Bildungszentrum
des Mädchenwerks Zwiesel e. V.
Fachschule für Altenpflege für J/M;
Theresienthaler Str. 1
Tel. 09922/1015

2. INTERNATSSCHULEN UND SCHÜLERHEIME

2.1. Allgemeinbildende Internatsschulen

2.1.1. Grundschulen, Orientierungsstufen, Hauptschulen als Internatsschulen

Baden-Württemberg

E 72213 Altensteig
Förderschule für J/M; HS
Jugenddorf Altensteig
Tel. 07453/27321

V 76530 Baden-Baden
Pädagogium Baden-Baden; J/M; GS
Burgstr.2
Tel. 07221/23862 und 23913
Fax. 07221/38757

K 88450 Berkheim-Bonlanden
Faustin-Mennel-Schule, freie Mädchenschule/Internat für M;
HS, Kl. 7–9
Kloster Bonlanden

E 72414 Rangendingen-Bietenhausen
Diasporahaus Bietenhausen e. V.
für J/M; GS/HS
Tel. 07478/880

V 70184 Stuttgart
Merzschule; J/M, GS
Albrecht-Leo-Merz-Weg 2
Tel. 0711/210340

K 89077 Ulm
Heinrich-Suso-Förderschule Internat
für J/M; Förderschule für jugendl.
Aussiedler u. Asylberechtigte
Elisabethenstr. 21
Tel. 0731/37001

E 71665 Vaihingen/Enz
Förderschule für J/M; HS
Jugenddorf Schloß Kaltenstein
Tel. 07042/10349

Bayern

K 84503 Altötting
Heimvolksschule-Franziskushaus
Internat für J; GS/HS
Neuöttinger Str. 53
Tel. 08671/1465

K 94538 Fürstenstein
Heimvolksschule für J;
Kl. 3, 4, 5, 6
Burgstr. 10
Tel. 08504/1727

K 94081 Fürstenzell
Heimvolksschule «St. Maria»
Internat für M; GS/HS
Passauer Str. 23
Tel. 08502/80614

K 91074 Herzogenaurach
Priv. Volksschule Liebfrauenhaus
Internat für J/M; GS/HS
Erlanger Str. 35
Tel. 09132/3008

K 83250 Marquartstein
Grund- und Teilhauptschule der
Schwestern v. d. Heimsuchung Mariä
Niedernfels/Internat für J/M;
GS/TeilHS I
Schloßstr. 39
Tel. 08641/8827

K 82272 Moorenweis/Obb.
Priv. Volksschule im Kath. Landschulheim Grunertshofen, Internat
für J/M; GS/HS
Von-Pfetten-Füll-Str. 1
Tel. 08146/204

V 90425 Nürnberg
Adolf-Reichwein-Schulverein
für J/M; OR
Rollnerstr. 187
Tel. 0911/354640

K 93188 Pielenhofen
Priv. Volksschule der Regensburger
Domspatzen/Internat für J; GS
mit Musikinternat
Klosterstr. 10
Tel. 09409/1021

K 84577 Tüssling
Heimvolksschule für Mädchen
St. Josef
Internat für M;
TeilGS/TeilHS, Kl. 3–7,
Tel. 08633/1005

K 85456 Wartenberg
Priv. Heimvolksschule, Internat
für J; HS Kl. 5. mit 9. JgSt.
Heimstr. 2
Tel. 08762/1225

K 97070 Würzburg
Priv. Volksschule Elisabethen-
heim Internat für M;
GS/TeilHS I
Bohnesmühlengasse 16
Tel. 0951/52374

Hessen

L 64646 Heppenheim/Oberhambach
Odenwaldschule, GE für J/M;
GS/OR/HS
Tel. 06252/71077
Fax. 06252/78328

L 36145 Hofbieber
Dt. Landerziehungsheime
Hermann-Lietz-Schule mit
den Heimen Schloß Hohenwehrda
und Schloß Bieberstein;
GE (RS, Gy) für J/M
Tel. 06657/790
Fax. 06657/7917

L 35469 Nordeck-Allendorf
Landschulheim Burg Nordeck
Sek.-Stufe I (RS, Gy) für J/M
Tel. 06407/7081
Fax. 06407/5500

Niedersachsen

K 49584 Fürstenau-Schwagstorf
Marienschule/Internat für M;
GS/HS mit 10. Kl.
Tel. 05901/1081

K 49832 Thuine
Antoniusschule, Internat für J;
GS/HS mit frw. 10. Kl. RSA
Mühlenstr. 1
Tel. 05902/501310

Nordrhein-Westfalen

V 33142 Büren-Wewelsburg
Internat Gut Böddeken für J/M;
GS/HS
– Haupthaus –
Tel. 02955/6625
Fax. 02955/6025

E 40489 Düsseldorf
Barbarossaschule
für J/M; GS
Fliednerstr. 32
Tel. 0211/4096227 66

E 32339 Espelkamp
Ludwig-Steil-Hof-Schulen
für J/M; HS
Tel. 05772/3081

K 50259 Pulheim (Stommeln)
Priv. Erzbischöfl. Hauptschule,
Papst-Johannes-XXIII.-Schule/
Scuola Bilinguale Papa-Giovanni-
XXIII für J/M; HS
Ingendorfer Str. 2,
Postfach 3120
Tel. 02238/2193

E 33775 Versmold
Jugenddorf-Christophorusschule
für J/M; HS/RS/Gy
Ravensberger Str. 33
Tel. 05423/4046

Rheinland-Pfalz

K 54298 Aach
HS der Schwestern vom Guten Hirten/Internat für M;
Haus Wehrborn
Tel. 0651/85055-57

K 56170 Bendorf-Sayn
Don-Bosco-Schule, Internat für J; HS
Koblenz-Olper-Str. 39
Tel. 02622/6061 und 6062

K 54441 Taben-Rodt
HeimGS/HS Propstey St. Josef/Internat für J/M;
Kirchstr. 1
Tel. 06582/243

2.1.2. Realschulen, Gymnasien und Gesamtschulen als Internatsschulen

Baden-Württemberg

E 72213 Altensteig
Jugenddorf Christophorusschule
J/M; Gy
Tel. 07453/27321

V 76530 Baden-Baden
Pädgogium Baden-Baden; J/M; RS/Gy/WiGy
Burgstr. 2
Tel. 07221/23862, 23913
Fax. 07221/38757

K 76530 Baden-Baden
Klosterschule v. Hl. Grab für M; Gy
Römerplatz 7
Tel. 07221/24812

E 89143 Blaubeuren
Evangelisches Seminar; J/M; Gy
Klosterhof 2
Tel. 07344/6306

K 77955 Ettenheim
Heimschule St. Landolin
RS/Gy/Wi/Gy/Internat für J
Prälat-Schofer-Str. 1
Tel. 07822/5053

E 78343 Gaienhofen
Ambrosius-Blarer-Gymnasium für J/M; Gy
Schloß
Tel. 07735/8120

E 69123 Heidelberg-Wieblingen
Elisabeth-von-Thadden-Schule
J/M; Gy; M/RS
Klostergasse 2–6
Tel. 06221/836021

L 79856 Hinterzarten
Schule Birklehof; Gy für J/M
Tel. 07652/1220
Fax. 07652/12223

L 74592 Kirchberg/Jagst
Schloß-Schule Kirchberg; Gy für J/M
Tel. 07954/8551
Fax. 07954/1017

E 88214 Kleintobel/Ravensburg
Heimschule Martinshaus; J/M; RS
Postfach 1540
Tel. 0751/8884203

E/L 78126 Königsfeld/Schwarzwald
Zinzendorf-Gymnasium und Realschule d. Herrnhuter Brüdergemeine für J/M;
RS, Gy
Mönchweilerstr. 5
Tel. 07725/938160
Fax. 07725/938129

E 78126 Königsfeld/Schwarzwald
Berufliche Zinzendorfschulen der Herrnhuter Brüdergemeine;
Berufliche Gymnasien
– wirtschaftswiss. Zug (WG)

– sozialpädagog. Zug (SG)
Mönchsweiler Str. 5
Tel. 07725/938170

E 75433 Maulbronn
Evangelisches Seminar;
J/M; Gy
Klosterhof 12–17
Tel. 07043/2053

E 74544 Michelbach/Bilz
Kirchliches Aufbaugymnasium
für J/M; Aufbaugymn.
Tel. 0791/2485 und 2486

E 72116 Mössingen
Kirchl. Aufbaugymnasium
für J/M;
Aufbaugymn.
Firstwaldstr. 36–54
Tel. 07473/7000

K 77652 Offenburg
Gymnasium U. Lb. Frau für M;
Gy/FörderRS
Lange Str. 9
Tel. 0781/22088

E 74343 Sachsenheim/Württ.
Lichtenstern-Gymnasium; M; Gy
Ludwigsburger Str. 34
Tel. 07147/6018

L 88682 Salem
Schule Schloß Salem, Gy für J/M
Tel. 07553/81381
Fax. 07553/81380

K 77880 Sasbach
Heimschule Lender; Gy/
Internat für J
Tel. 07841/705-0

E/L 89601 Schelklingen-Urspring
Urspringschule; Gy für J/M
Tel. 07394/2460 oder 24611
Fax. 07394/24665

V 69198 Schriesheim/Hessen
Institut Sigmund; Internat
für J; Gy
Institutsweg 1–3
Tel. 06203/6771

K 73525 Schwäbisch Gmünd
St. Bernhard Priv. ProGy/Internat
für J; Gy
Taubentalstr. 7
Tel. 07171/2871

K 72488 Sigmaringen
Liebfrauenschule/Internat für M;
RS/Gy
Liebfrauenweg 2
Tel. 07571/4033 und 4034

K 79837 St. Blasien
Kolleg St. Blasien (Jesuitenkolleg)
für J/M; Gy
Fürstabt-Gerbert-Str. 14
Tel. 07672/27-0
Fax. 07672/27271

K 79252 Stegen
Kolleg St. Sebastian/Internat
für J; Gy
Hauptstr. 4
Tel. 07661/6027

V 70184 Stuttgart
Merzschule; J/M; Gy
Albrecht-Leo-Merz-Weg 2
Tel. 0711/210340

K 88639 Wald
Heimschule Kloster Wald für M;
Gy/Lehrwerkstätten
Tel. 07578/1880

E 88271 Wilhelmsdorf
Gymnasium und Realschule Wilhelmsdorf für J/M; RS/Gy
Pfrunger Str. 4
Tel. 07503/10260 und 10232

Bayern

K 91183 Abenberg
MädchenRS
Kloster Marienburg für M;
Marienburg 1
Tel. 09178/355

K 94330 Aiterhofen
RS der Franziskanerinnen für M;
Schulgasse 9
Tel. 09421/32833

K 84503 Altötting
RS/Gy der Englischen Fräulein/
Internat für M;
Neuöttinger Str. 8
Tel. 08671/8081

K 63916 Amorbach i. Odw.
RS der Diözese Würzburg für M;
Richterstr. 6
Tel. 09373/1308

K 94530 Auerbach
RS des Zweckverbandes/
Internat für M;
Klosterweg 2
Tel. 09643/4135

E 86152 Augsburg
A. B. v. Stettenschen Institut für M,
RS/Gy
Am Katzenstadel 18 A
Tel. 0821/501070

K 96047 Bamberg
RS/Gy der Engl. Fräulein Bamberg
für M;
Edelstr.8
Tel. 0951/22177

E 83471 Berchtesgaden
Jugenddorf-Christophorusschule
Obersalzberg für J/M; RS/Gy
Am Dürreck 13
Tel. 08652/60414

K 87740 Buxheim
Gymnasium der Salesianer Don Boscos Marianum/Gy/Internat für J
An der Kartause 1–3
Tel. 08331/600-0
Fax. 08331/600-66

K 93413 Cham
Gerhardinger-RS der Armen Schulschwestern/Internat für M;
Klosterstr. 4
Tel. 09971/1485

K 89407 Dillingen
MädchenRS der Franziskanerinnen
für M
Konviktstr. 11a
Tel. 09071/50950

K 89407 Dillingen
St.-Bonaventura-Gymnasium
Internat für M; Musisches Gy
Konviktstr. 11a
Tel. 09071/509-50

K 86609 Donauwörth
KnabenRS Heilig Kreuz für J;
Heilig-Kreuz-Str. 19
Tel. 0906/5069

K 82067 Ebenhausen
Gy der Benediktiner Schäftlarn;
Gy/Internat für J
Tel. 08178/7920

K 85072 Eichstätt
KnabenRS Rebdorf für J;
Pater-Moser-Str. 3
Tel. 08421/4071

K 83546 Ensdorf
Heim-Gy der Salesianer für J/M;
Hauptstr. 9
Tel. 09624/851

K 85435 Erding
MädchenRS Heilig Blut der
Erzdiözese München-Freising
für M;
Heilig Blut 1
Tel. 08122/3051

K 82488 Ettal
BenediktinerGy Ettal, Internat für J
Tel. 08822/74610

K 82467 Garmisch-Partenkirchen
St. Irmengard-Schule/Internat
für M; RS/Gy
Hauptstr. 45
Tel. 08821/18740

K 97737 Gemünden
Mädchenbildungswerk der Schwestern vom Hl. Kreuz für M; RS/Gy
Kreuzstr. 3
Tel. 09351/80060

E 85567 Grafing
Landschulheim Elkofen für J;
Gymnasium mit heilpäd. Ausrichtung

Oberelkofen 19
Tel. 08092/31441

E 91710 Gunzenhausen
Mädchenrealschule des Diakonissen Mutterhauses Hensoltshöhe für M; RS
Lindleinswasenstr. 32
Tel. 09831/507350

K 87509 Immenstadt
RS Maria Stern, Internat für M;
Kalvarienberg 10
Tel. 08323/8600

K 85049 Ingolstadt
Gnadenthal-RS/Gy der Franziskanerinnen für M; Musisches Gy
Kupferstr. 23,
Postfach 210463
Tel. 0841/1602 u. 1603

K 87600 Kaufbeuren
Marien-Gy Kaufbeuren,
Internat für M;
Kemnater Str. 13
Tel. 08341/8861

K 87437 Kempten-Lenzfried
RS der Armen Schulschwestern v. U. Lb. Frau für M;
Gerhardingerweg 3–7
Tel. 0831/7459

K 83661 Lenggries
St.-Ursula-Gymnasium
Internat für M;
Schloß Hohenburg
Tel. 08042/8715

K 84066 Mallersdorf-Pfaffenberg
Nardini-RS der Armen Franziskanerinnen für M;
Klosterberg 1
Tel. 08772/69-123

V 97340 Marktbreit
Priv. Realschule für J/M; RS
Buheleite 20
Tel. 09332/9445

K 94526 Metten
St.-Michaels-Gy der Benediktiner
Internat für J;
Abteistr. 3
Tel. 0991/9108-122

K 87719 Mindelheim
Maristenkolleg/Internat für J;
RS/Gy
Champagnatsplatz 1
Tel. 08261/5088

K 87719 Mindelheim
Maria-Ward-RS für M;
Maximilianstr. 63
Tel. 08261/4053

K 89426 Mödingen
MädchenRS der Dillinger Franziskanerinnen für M;
Maria Medingen
Tel. 09076/2800-0

K 80638 München
Maria-Ward-Schule der Engl. Fräulein München Nymphenburg,
Internat für M; RS/Gy
Nördl. Schloßrondell 12
Tel. 089/179002-70
Fax. 089/179002-23

E 81243 München
Samuel-Heinicke-Realschule für Schwerhörige für J/M; RS
Maria-Eich-Str. 32
Tel. 089/883087

K 97359 Schwarzach
Egbert-Gymnasium, Internat für J;
Tel. 09324/20-251

L 83115 Neubeuern
Schule Schloß Neubeuern
Gy für J/M
Tel. 08035/87010
Fax. 08035/870130

E 91564 Neuendettelsau
Laurentius-Gymnasium und Realschule für J/M; Gy/RS
Waldsteig 9
Tel. 09874/8–369 und 8-444

K 84183 Niederviehbach
RS der Dominikanerinnen/
Internat für M;

Klosterstr. 12
Tel. 08702/2206

V 90425 Nürnberg
Adolf-Reichwein-Schule für J/M;
RS/WerkRS
Rollnerstr. 187
Tel. 0911/354640

E 94496 Ortenburg
Realschule mit Internaten
für J/M; RS
Frauenfeld 3–7
Tel. 08542/7911

K 94496 Ortenburg
MädchenRS Neustift der Benediktinerinnen der Anbetung für M;
Klosterberg 27
Tel. 08542/671

K 94486 Osterhofen
RS Damenstift für M;
Hauptstr. 59
Tel. 09932/1253

K 87724 Ottobeuren
RS des Instituts BMV der Engl. Fräulein für M;
Tel. 08332/258

K 94032 Passau
Gisela-RS/Gy, Internat für M;
Klosterwinkel 1
Tel. 0851/2012

K 93055 Regensburg
Musikgymnasium der Regensburger Domspatzen/Internat für J;
Gy mit Kernfach Musik
Reichstr. 22
Tel. 0941//79620
Fax. 0941/791167

V 93049 Regensburg
Privat-Gymnasium und Realschulen Pindl J/M; Gy/RS
Wittelsbacher Str.1
Tel. 0941/26095

L 83677 Reichersbeuern
Landerziehungsheim Reichersbeuern, Max-Rill-Schule; Gy für J/M
Tel. 08041/604143
Fax. 08041/4675

K 93339 Riedenburg
RS St. Anna für M;
St.-Anna-Platz 8
Tel. 09442/402 und 2306
Fax. 09442/1617

K 93352 Rohr
Johannes-Nepomuk-Gymnasium der Benediktiner/Gy/Internat für J
Asamstr. 5–7
Tel. 08783/515 und 513

K 84056 Rottenburg a. d. L.
RS der Salesianerinnen Oberroning/Internat für M;
Klosterweg 2
Tel. 08785/215

E 91443 Scheinfeld-Schwarzenberg
Mathilde-Zimmer-Stiftung Landschulheim-Schule für J/M; RS
Schloß Schwarzenberg
Tel. 09162/388

K 82444 Schlehdorf
RS der Missions-Dominikanerinnen für M;
Mittelstr. 39
Tel. 08851/7221

L 86938 Schondorf
Stiftung Landerziehungsheim Schondorf für J/M; Gy
Tel. 08192/7071
Fax. 08192/7993

L/V 83371 Stein an der Traun
Landschulheim Stein a. d. Traun.
Gy für J/M
Schloß
Tel. 08621/80010
Fax. 08621/8001170

K 86941 St. Ottilien
Rhabanus-Maurus-Gy/Internat für J
Tel. 08193/71293

K 94375 Straubing
Gy der Ursulinen/Internat für M;
Burggasse 9
Tel. 09421/10077

E 97215 Uffenheim
Christian-von-Bomhard-Schule für J/M; Gy/RS/FOS für Sozialwesen
Im Krämersgarten 10
Tel. 09842/7021

K 97332 Volkach
RS der Franziskanerinnen für M;
Klostergasse 1
Tel. 09381/585

K 95652 Waldsassen
RS der Cistercienserinnen für M;
Basilikaplatz 2
Tel. 09632/1831

K 86757 Wallerstein
Maria-Ward-Schule, MädchenRS des Schulwerks der Diözese Augsburg
Herrenstr. 15
Tel. 09081/7181

K 85258 Weichs b. Dachau
RS der Armen Schulschwestern v. U. Lb. Frau für M;
Freiherrenstr. 17
Tel. 08136/7076

K 97070 Würzburg
St.-Ursula-Schule/Internat für M; RS/Gy
Augustinerstr. 17
Tel. 0931/50649

Hessen

V 64297 Darmstadt
Schulzentrum Seminar Marienhöhe für J/M; Gy
Auf der Marienhöhe 32
Tel. 06151/53910
Fax. 06151/539168

V 61209 Echzell
Internatsschule Institut Lucius; J/M; Gy
Forsthaus
Tel. 06008/231

K 36037 Fulda
Marienschule/Internat für M; Gy
Lindenstr. 27
Tel. 0661/73037

K 65366 Geisenheim
St.-Ursula-Schule/ Internat für M; Gy
Rüdesheimer Str. 30
Tel. 06722/8058

L 64646 Heppenheim/Oberhambach
Odenwaldschule, GE für J/M; GS/OR/HS
Tel. 06252/71077
Fax. 06252/78328

L 36145 Hofbieber
Dt. Landerziehungsheime Hermann-Lietz-Schule mit den Heimen Schloß Hohenwehrda und Schloß Bieberstein; GE (RS, Gy) für J/M
Tel. 06657/790
Fax. 06657/7917

L/V 35043 Marburg/Lahn-Cappel
Landschulheim Steinmühle für J/M; Gy
Tel. 06421/4080
Fax. 06421/40840

L 35469 Allendorf
Landschulheim Burg Nordeck Sek.-Stufe I (RS, Gy) für J/M
Tel. 06407/7081
Fax. 06407/5500

E 34628 Willinghausen-Steinatal
Melanchthon-Schule für J/M; Gy
Tel. 06691/3045 und 3046

E 34596 Zwestern
Jugenddorf-Christophorusschule Oberurff für J/M; Gy
Bergfreiheiter Str. 19
Tel. 05626/751

Niedersachsen

E 38104 Braunschweig
Jugenddorf-Christophorusschule Dr. Wilhelm-Meyer-Gymnasium; J/M; Gy/GTS mit Internat
Georg-Westermann-Allee 76
Tel. 0531/71051

E 26969 Butjadingen
Zinzendorfschule für J/M; GY/RS
Nordseebad Tossens, Postfach 120
Tel. 04736/416

E 37586 Dassel (Solling)
Paul-Gerhardt-Schule für J/M; Gy
Tel. 05564/8977

E 31008 Elze
Jugenddorf-Christophorusschule
für J/M; Gy
Dr.-M.-Freytag-Str. 1
Tel. 05124/701

K 49838 Handrup
Gymnasium Leoninum/
Internat für J;
Tel. 05904/1521/24

L 37603 Holzminden
Stiftung LSH am Solling für J/M; Gy
Tel. 05531/61056
Fax. 05531/10474

L 21368 Dahlem
Schule Marienau; Gy für J/M
Tel. 05851/517
Fax. 05851/7278

K 26871 Papenburg
Mariengymnasium/Internat für M;
Am Stadtpark 29/31
Tel. 04961/4051

E 27383 Scheessel
Eichenschule für J/M; Gy
Postfach 1140
Tel. 04263/2091

L 26474 Spiekeroog
Hermann-Lietz-Schule Spiekeroog;
Gy für J/M
Tel. 04976/413
Fax. 04976/699

Nordrhein-Westfalen

K 33014 Bad Driburg-Neuenheerse
Gymnasium St. Kaspar/
Internat für J
Stiftsstr. 2
Tel. 05259/441

V 57334 Bad Laasphe
Schulverein Wittgenstein für J/M;
RS/Gy
Schloß Wittgenstein
Tel. 02752/7037
Fax. 02752/7207

K 33611 Bielefeld
Marienschule der Ursulinen/Gy/
Internat für M
Sieboldstr. 4a
Tel. 0521/81030/36/39

K 53177 Bonn
Aloisiuskolleg/Internat für J; Gy
Elisabethstr. 18
Tel. 0228/82003-49

K 53332 Bornheim (Hersel)
Ursulinenschule/
Internat für M; RS/Gy
Rheinstr. 182
Tel. 02222/8885

K 33142 Büren
Liebfrauengymnasium/
Internat für M
Lindenstr. 15
Tel. 02951/2023

K 33142 Büren
Mauritius-Gymnasium/
Internat für J; Gy
Neuer Weg 15
Tel. 02951/2011

E 51399 Burscheid
Realschule des Kirchenkreises
Leverkusen für J/M; RS
Auf dem Schulberg
Tel. 02174/5738

E 40489 Düsseldorf-Kaiserswerth
Theodor-Fliedner-Schule für J/M;
Gy/Förderschulzweig
Kalkumer Schloßallee 28
Tel. 0211/401551

K 47608 Geldern
Liebfrauenschule/Internat
für M; RS
Weseler Str. 15
Tel. 02831/12077

K 47574 Goch
Collegium Augustinianum
Gaesdonck
Bischöfl. Gy für J;
Tel. 02823/6071

K 47929 Grefrath
Liebfrauenschule Mülhausen;
Gy/Internat für M
Hauptstr. 87
Tel. 02158/1044

E 33330 Gütersloh
Ev. Stiftisches Gymnasium
für J/M; Gy
Feldstr. 13
Tel. 05241/12964

E 40721 Hilden
Dietrich Bonhoeffer-Gymnasium
für J/M; Gy mit Sonderklassen
für übergesiedelte Schüler
aus osteuropäischen Ländern
Gerresheimer Str. 74
Tel. 02103/44044

E 40721 Hilden
Wilhelmine-Fliedner-Schule
für J/M; RS
Gerresheimer Str. 74
Tel. 02103/44044

K 52393 Hürtgenwald
Franziskusgymnasium/Internat
für J
Franziskusweg 1
Tel. 02429/30840-46

K 52428 Jülich-Barmen
Gy Haus Overbach/Internat für J;
Haus Overbach
Tel. 02461/52098

K 53925 Kall (Steinfeld)
Hermann-Josef-Kolleg Steinfeld;
Gy/Internat für J
Hermann-Josef-Str. 4
Tel. 02441/8890

K 59558 Lippstadt
Marienschule/Gy/Internat für M
Ostlandstr. 13
Tel. 02941/8384

V 49504 Lotte-Wersen
Privatschulen mit Internat Krüger;
J/M; WiGy
Westerkappelner Str. 66
Tel. 05404/2024
Fax. 05404/1326

K 53819 Neunkirchen-Seelscheid
Antoniuskolleg/Internat für J; Gy
Pfarrer-Schaaf-Str. 1
Tel. 02247/1071

K 48301 Nottuln
Liebfrauenschule-RS/
Internat für M
Burgstr. 49
Tel. 02502/7310

K 48346 Ostbevern
Gy Johanneum/Internat für J;
Schloß Loburg
Tel. 02532/1315/362

K 40878 Ratingen
Liebfrauenschule/Internat
für M; RS
Schwarzbachstr. 17
Tel. 02102/870280

K 53359 Rheinbach
St.-Joseph-Gymnasium
für M; Gy
Stadtpark 31
Tel. 02226/2002-03

K 53359 Rheinbach
Vinzenz-Pallotti-Kolleg
für J; Gy
Palottistr. 1
Tel. 02226/80070
Fax. 02226/800755

E 33775 Versmold/Westf.
Jugenddorf-Christophorusschule
für J/M; HS/RS/Gy/Sonderklassen
für Aussiedler
Ravensberger Str. 33
Tel. 05423/4046

K 59457 Werl
UrsulinenGy/Internat für M; RS/Gy
Neuerstr. 11
Tel. 02922/5015/16

E 51570 Windeck-Herchen/Sieg
Bodelschwingh-Gymnasium
für J/M; Gy
Auf der Hardt
Tel. 02243/2065/66

Rheinland-Pfalz

E 76855 Annweiler am Trifels
Trifels-Gymnasium für J/M; Gy
Tel. 06346/8067

K 53474 Bad Neuenahr-Ahrweiler
Priv. RS/Gy der Ursulinen für M;
Kalvarienberg
Tel. 02641/3233

K 54675 Biesdorf
Priv. St.-Josef-Gy/Internat für J
Klosterstr. 2
Tel. 06566/80-12
Fax. 06566/80-19

E 67295 Bolanden
Gymnasium Weierhof am Donnersberg für J/M; Gy
Tel. 06352/5045

E 56269 Dierdorf
Martin-Butzer-Gymnasium
für J/M; Gy
Gymnasialstr.
Tel. 02689/3011/12

K 76829 Landau
Priv. Maria-Ward-Gymnasium
Internat für M; RS/Gy
Cornichonstr. 1
Tel. 06341/86041/84943

K 55131 Mainz
Theresianum GanztagsGy des Johannesbundes für J/M;
Oberer Laubenheimer Weg 58
Tel. 06131/82017
Fax. 06131/835011

E 55590 Meisenheim
Paul-Schneider-Gymnasium
für J/M; Gy
Präses-Held-Str. 1
Tel. 06753/2285-86

K 67346 Speyer
Edith-Stein-Schule/Internat
für M; Gy
Hasenpfuhlstr. 32
Tel. 06232/24388

K 67346 Speyer
Nikolaus-von-Weis-Gymnasium
für J/M; Gy ab Kl. 7
Holzstraße
Tel. 06232/912-264

K 54295 Trier
Priv. Angela-Merici-RS/Gy/Internat für M;
Bernhardstr. 26
Tel. 0651/32047

K 56179 Vallendar
Schönstätter-Marienschule
für M; Gy
Tel. 0261/962610

Saarland

K 66424 Homburg
Gymnasium Johanneum/Internat für J
Kardinal-Wendel-Str. 12
Tel. 06841/6908-32

K 66606 St. Wendel
Arnold-Janssen-Gy/Internat für J;
Missionshausstr. 50
Tel. 06851/805-270

Sachsen-Anhalt

L 38871 Veckenstedt
Landschulheim Grovesmühle
Hermann-Lietz-Schule für J/M; Gy
Tel. 039451/895

Schleswig-Holstein

L 24357 Güby
Landerziehungsheim Louisenlund;
Gy für J/M
Tel. 04354/170
Fax. 04354/17171

2.1.3. Waldorfschulen als Internatsschulen

29699 Bomlitz-Benefeld üb. Walsrode/Hannover
Freie Waldorfschule Landschulheim Benefeld
Tel. 05161/4021 und 4022

36093 Künzell/Fulda
Rudolf-Steiner-Schule Loheland
Tel. 0661/39221

33178 Borchen-Schloß Hamborn
Rudolf-Steiner-Schule
Landschulheim Schloß Hamborn
Tel. 05251/389-210

2.1.4. Internatsschulen des zweiten Bildungsweges

Baden-Württemberg

E 78126 Königsfeld
im Schwarzwald
Berufliche Zinzendorfschulen
der Herrnhuter Brüdergemeine,
Berufskolleg zum Erwerb
der Fachhochschulreife
für H/D; FHR
Zinzendorfplatz 11
Tel. 07725/7074

K 77880 Sasbach
Seminar St. Pirmin für H;
Kolleg/AufbauGy zur Erlangung
der allg. Hochschulreife
Friedhofstr. 4
Tel. 07841/4086/87

Bayern

K 96040 Bamberg
Theresianum, Spätberufenenschule der Karmeliten für H;
Gy/Kolleg
Karmelitenplatz 1–3
Tel. 0951/54061/62

K 95692 Konnersreuth
Spätberufenenschule St. Josef
für H; Gy
Fockenfeld 1
Tel. 09632/791
Fax. 09632/5145

K 82515 Wolfratshausen (Waldram)
SpätberufenenGy und Kolleg
St. Matthias für H;
Seminarplatz 3
Tel. 08171/20046/47

Hessen

E 35321 Laubach
Laubach-Kolleg der Ev. Kirche
in Hessen und Nassau
für H/D; Institut zur Erlangung
der Hochschulreife
mit neugest. gymn. Oberstufe
Königsbergerstr. 2
Tel. 06405/261

Nordrhein-Westfalen

K 33014 Bad Driburg
Clemens-Hofbauer-Kolleg
für H;
Institut zur Erlangung
der Hochschulreife
Nordfeldmark 4
Tel. 05253/2086

K 49497 Mettingen
Comenius-Kolleg für H;
KollegInstitut zur Erlangung
der Hochschulreife
Sunderstr. 17
Tel. 05452/2358
Fax. 05452/4357

Rheinland-Pfalz

K 55122 Mainz
Ketteler-Kolleg für H/D; Institut zur Erlangung der Hochschulreife
Rektor-Plum-Weg 12
Tel. 06131/37423-0

Sachsen-Anhalt

K 39106 Magdeburg
Kolleg Norbertinum für H;
Sieverstorstr. 51
Tel. 0391/53426

2.1.5. Internatssonderschulen

Baden-Württemberg

E 72213 Altensteig
Jugenddorf-Christophorusschule für J/M; Gymn. Sonderklasse und Förderschule für Spätaussiedler
Tel. 07353/27311 und 27321

E 88361 Altshausen
Priv. Heimsonderschule für gehörlose, schwerhörige und sprachbehinderte Kinder und Jugendliche für J/M, SB
Herzog-Albrecht-Allee 19
Tel. 07548/1323

E 73342 Bad Dietzenbach (Deggingen)
Priv. Gewerbliche Sonderberufsfachschule für J; BFS/EH
Jägersteig 6–8
Tel. 07334/5035

K 88255 Baindt
Heimsonderschule für Blinde und Sehbehinderte St. Josef für J/M; GS/Förderschule
Tel. 07502/4911

W 73087 Boll-Eckwälden
Heil- und Erziehungsinstitut für J/M; EH/GB/LB/VG/KB
Tel. 07164/2997 und 4119

K 79206 Breisach-Oberrimsingen
Christophorus-Schule/Internat für J; EH/HS/Förderschule/BS/Berufsvorbereitungsjahr
Tel. 07667/409-0
Fax. 07664/409-299

K 77815 Bühl-Neusatzeck
St. Agnes Zweijähr. Sonder-BFS für Hauswirtschaft/Internat für M; LB
Tel. 07223/24471

E 75365 Calw-Stammheim
Priv. Sonderschule am Kinder- und Jugendheim Stammheim für J/M; VG/
Abt. Jugendhilfe
Kinderdorfstr. 27
Tel. 07051/1650

E 75365 Calw-Stammheim
Priv. Heimsonderschule für Sprachbehinderte Sprachheilzentrum für J/M; SB/LB
Kinderdorfstr. 27
Tel. 07051/1650

K 73072 Donzdorf
Schule der St. Vinzentiuspflege für J/M; EH/GS/HS/SonderBS
Schillerstr. 13
Tel. 07162/2251

K 73479 Ellwangen
Rupert-Mayer-Schule für J/M; EH/Förderschule/GS/HS
Dalkinger Str. 2
Tel. 07961/884-0

K 76275 Ettlingen
Priv. Schule am St. Augustinusheim Internat für J; EH/Förderschule/HS/Berufsvorbereitungsjahr/SonderBS
Schöllbronnerstr. 78
Tel. 07243/13038

E 72501 Gammertingen
Sonderschule für Geistigbehinderte/Verhaltensgestörte/Lernbehinderte und Sonderberufsschule in den Mariaberger Heimen für J; GB/VG/LB/BS
Klosterhof 1
Tel. 07124/29202

W 78343 Gaienhofen
Haus Höri für J/M; GB
Tel. 07735/2063

E 89518 Heidenheim
Karl-Döttinger-Schule/Priv. Sonderschule V für J/M; VG/HS/LB/BFS
Albuchstr. 1
Tel. 07321/42035

W 88633 Heiligenberg-Steigen
Heimsonderschule Föhrenbühl für J/M; EH/GB/LB/VG/KG
Tel. 07554/8001-0

K 88525 Dürmentingen
Edith-Stein-Schule für J/M; EH/GS/HS/Förderschule/Berufsvorbereitungsjahr/SonderBS/Hauswirtsch.
Tel. 07371/6065

K 78183 Hüfingen
Wessenberg-Schule am Heim Mariahof
Internat für J; GS/EH/HS/EH
Weiherweg 6
Tel. 0771/61075

E 88316 Isny/Allgäu
Priv. Sonderschule im Kinderdorf Siloah für J/M; VG/GS/HS/teilw. LB
Spitalhofweg 30
Tel. 07562/673

E 77694 Kehl
Oberlinschule-Heimsonderschule für J/M; KB/LB/GB
Korker Anstalten
Landstr. 1
Tel. 07851/84300

E 70825 Korntal-Münchingen
Johannes-Kullen-Schule/Heimsonderschule für J/M; VG/GS/HS/LB
Zuffenhauser Str. 24
Tel. 0711/8308250

E 74594 Kressberg
Priv. Sonderschule am Kinderheim Tempelhof für J/M; LB/VG
Tel. 07957/317

K 88299 Leutkirch
Schule St. Anna für J/M; EH/GS/HS/Förderschule
Kemptener Str. 11
Tel. 07561/5072

E 74245 Löwenstein
Priv. Sonderschule für Geistigbehinderte für J/M; GB
Pflegeheim Lichtenstern
Im Teichelgarten 2
Tel. 07130/10230

E 72290 Loßburg
Ludwig-Haap-Schule/Sonderschule für J/M; EH/GS/HS
Kinderheim Rodt
Masselstr. 5
Tel. 07446/18420

E 71638 Ludwigsburg
Kaufmännische Ausbildungsstätte für Schwerbehinderte Karlshöhe für J/M; KB/BS
Wichernstr. 2
Tel. 07141/90964

W 79429 Malsburg-Marzell
Berghaus Johannes. Für J/M; EH/LB/GB/VG
Tel. 07626/7331

K 88074 Meckenbeuren-Liebenau
Schule «Don Bosco» Hegenberg für J/M; EH/GB/EH/Förderschule
Tel. 07542/10400

E 74821 Mosbach/Baden
Sonderberufsschule beim Berufsbil-

dungswerk der Johannes-Anstalten
für J/M; BS/Gewerbl. Abt./Hauswirtsch. Abt.
Neckarburkener Str. 2–4
Tel. 06261/88-1

E 74821 Mosbach/Baden
Sonderschule der Johannes-Anstalten für J/M; GB/LB
Neckarburkener Str. 2–4
Tel. 06261/88-1

K 74673 Mulfingen
Bischof-von-Lipp-Schule für J/M;
EH/Förderschule
Unterer Bach 2
Tel. 07938/7031

E 88213 Ravensburg
Priv. Heimsonderschule für gehörlose, schwerhörige und sprachbehinderte Kinder und Jugendliche
für J/M
Hochgerichtsstr. 46
Tel. 0751/90115

E 72762 Reutlingen
Oberlinschule/Sonderschule
für J/M; EH/LB/GS
Oberlinstr. 22
Tel. 07121/278550

E 72762 Reutlingen
Priv. Gewerbliche Sonderberufsschule für J; EH/BS
Oberlinstr. 19
Tel. 07121/278523

E 72762 Reutlingen
Priv. Hauswirtschaftliche Sonderberufsschule für J/M; EH/BS
Ringelbachstr. 211
Tel. 07121/2780

W 72768 Reutlingen 24
Christian-Morgenstern-Schule;
J/M; BS, VG
Mähderstr. 1
Tel. 07121/610025

K 79618 Rheinfelden-Herten
Karl-Rolfus-Schule Schule
für GB am St. Josefshaus
für J/M; GB/KB
Hauptstr. 1
Tel. 07623/470-350

K 77836 Rheinmünster
Alexia-Schule Internat für M;
EH/HS/Förderschule/SonderBS/
SonderBFS
Pelzgasse 10
Tel. 07227/2374 und 4332

K 89601 Schelklingen
Johann-Baptist-Sproll-Schule
am St.-Konradi-Haus/
Internat für J; EH/
Förderschule
St.-Konradistr. 1
Tel. 07394/2061

K 88433 Schemmerhofen
Schule St. Franziskus für J/M;
GB/KB
Am Kinderheim Ingerkingen
Tel. 07357/2011

K 78713 Schramberg
Schule für Blinde und Sehbehinderte
für J/M;
St. Franziskus Heiligenbronn
Kloster Heiligenbronn
Tel. 07422/569-0
Fax. 07422/300

K 78713 Schramberg
Schule für Gehörlose und Schwerhörige für J/M; St. Franziskus
Heiligenbronn
SonderBS/Berufsvorbereitungsjahr
Kloster Heiligenbronn
Tel. 07422/569-0
Fax. 07422/569300

K 73525 Schwäbisch Gmünd
Canisiusschule für J/M EH/
GS/HS/Förderschule
Heugenstr. 5
Tel. 07171/1808-0

K 73525 Schwäbisch Gmünd
Priv. Schule für Gehörlose
und Schwerhörige St. Josef
für J/M; GS/HS/RS

Katharinenstr. 16
Tel. 07171/188-0

E 74523 Schwäbisch Hall
Priv. Sonderschule am Heim
Sonnenhof für J/M;
GB/KB
Sudetenweg 84
Tel. 0791/500147

E 77963 Schwanau
Hauswirtschaftliche Sonderberufsschule für M; BS
Diakonissenhaus Nonnenweier
Tel. 07824/2111

E 74869 Schwarzach
Sonderschule für J/M;
KB/GB/LB/VG
Johannes-Anstalten Mosbach/
Schwarzacher Hof
Tel. 06262/22-370

K 88477 Schwendi
Vinzenz-von-Paul-Schule
am Elisabethenheim
für J/M; EH/GS/HS/Förderschule
Tel. 07353/85-0
Fax. 07353/3287

E 70599 Stuttgart
Dietrich-Bonhoeffer-Schule/Sonderschule für J/M; VG/LB
Bernhauser Str. 20
Tel. 0711/452038

E 78532 Tuttlingen
Sonderschule für J/M; VG/
GS/HS
Ev. Kinderdorf
Im Steinigental 1
Tel. 07461/17060

W 88662 Überlingen
Heimsonderschule und Hof Brachenreuthe. Für J/M; GB/LB
Tel. 07551/8007-0

W 88662 Überlingen-Bambergen
Georgenhof
J/M; LB/VG
Tel. 07551/61309

E 71332 Waiblingen
Priv. Sonderberufsschule im Berufsbildungswerk für J/M; Berufsvorbereitung, gewerbl., landwirtschaftl., hauswirtsch., kaufm. Sonderberufsschule
Steinbeisstr. 16
Tel. 07151/5004-210

E 69469 Weinheim
Peter-Koch-Schule/Sonderschule am Kinderheim
Pilgerhaus für J; VG/LB
Bergstr. 12
Tel. 06201/52116

W 73642 Welzheim
Christophorus-Heim für J/M; EH/
GB/LB/VG/KB
Tel. 07182/8007-0
Fax. 07182/6082

E 88271 Wilhelmsdorf
Priv. Heimsonderschule für gehörlose, schwerhörige und sprachbehinderte Kinder und Jugendliche J/M;
Wolfsbühl 6
Tel. 07503/20121 0

K 88271 Wilhelmsdorf-Zußdorf
Schule am Heim St. Johann für J/M;
GB/KB
Zußdorf
Tel. 07503/510

E 71364 Winnenden
Priv. Heimsonderschule der Paulinenpflege für J/M; BS/BFS; Hör- und Sprachbehinderte
Forststr. 4
Tel. 07195/695201

E 71364 Winnenden
Bodenwaldschule
Schule für Erziehungshilfe
für J/M; GS/HS-Zug und Förderzug
Jakob-Heim-Str. 44
Tel. 07195/695556

Bayern

K 93326 Abensberg
Cabrinischule Offenstetten –

Schule für LB – für J/M; SVE
Regensburger Str. 60
Tel. 09443/709-0
Fax. 09443/709222

K 93326 Abensberg
Cabrinischule Offenstetten –
Schule für GB für J/M; SVE
Tel. 09443/1450 u. 5850

E 96482 Ahorn
Priv. Schule für Geistigbehinderte
für J/M; GB
Alte Str. 8
Tel 09561/270361

E 90518 Altdorf
Priv. Sondervolksschule
für J/M; KB/GS/HS/Früh-
förderung
Silbergasse 2
Tel. 09187/60151

E 63747 Aschaffenburg
Priv. Schule für Körperbehinderte
für J/M; KB
Gutwerkstr. 38a
Tel. 06021/91555

K 84544 Aschau a. Inn
Gewerbliche und kaufmännische
BS für KB im Berufsbildungs-
werk Waldwinkel für J/M;
SonderBS
Tel. 08638/64-0
Fax. 08638/64-248

K 83229 Aschau i. Chiemgau
Private Schule für KB und Kranke
der Orthopädischen Kinderklinik
für J/M; SVE
Bernauerstr. 18

K 83546 Au am Inn
Franziskus-von-Assisi-Schule,
Schule für GB für J/M;
Nr. 2
Tel. 08073/1011

K 86159 Augsburg
Berufsbildungswerk Augsburg/
Internat für M;
Gewerbl./landwirtsch./hauswirtsch.
BS (L)
Fritz-Wendel-Str. 4
Tel. 0821/5979-0
Fax. 0821/5979-115

E 97688 Bad Kissingen
Franz-von-Trümmer-Schule
Priv. Sondervolksschule
mit SVE für J/M; GB angeschl.
Tagesstätte
Peter-Heil-Str. 38
Tel. 0971/5620

K 96049 Bamberg
Priv. Schule für Gehörlose
und Schwerhörige für J/M;
GS/HS
Oberer Stephansberg 44
Tel. 0951/50550

W 83457 Bayerisch Gmain
Haus Hohenfried, für J/M; VG
Hohenfriedstr. 14–42
Tel. 08651/7001-0

E 95445 Bayreuth
Heilpädagogisches Zentrum/Priv.
Sonderschule für J/M; GB/KB/
Frühförderung
Geschwister-Scholl-Platz 2
Tel. 0921/41084

E 83471 Berchtesgaden
Asthmazentrum
Jugenddorf Buchenhöhe
Priv. Schule für Körperbehinderte
für J/M; GS, HS
Buchenhöhe 46
Tel. 08652/600000

E 84079 Bruckberg
Sonderschule und Werkstufe
St. Martin mit SVE für J/M;
GB, GS, HS
Steinbacher Str. 24
Tel. 09824/771

E 91054 Buckenhof/Erlg.
Evang. Jugendheimstätte Buckenhof
Priv. Schule zur Erziehungshilfe
für J/M; Erziehungsschwierige/
GS/HS
Gräfenberger Str. 42–44
Tel. 09131/57011

K 96224 Burgkunstadt
St. Josefsheim für J/M; GB
Vogtei 8
Tel. 09572/3890
Fax. 09572/389109

E 96450 Coburg
Priv. Schule für Körperbehinderte mit schulvorbereitender Einrichtung und Werkstufe für J/M; KB
Leopoldstr. 61/63
Tel. 09561/2770

K 89407 Dillingen
Private Schule für Gehörlose für J/M; GS/HS/SVE (Außenstellen in 8960 Kempten, Schwalbenweg 61 u. 7910 Neu-Ulm, Albert-Schweitzer-Str. 15)
Prälat-Hummel-Str. 1
Tel. 09071/5020

K 89407 Dillingen
Regens-Wagner-Schule für J/M; GB/SVE
Prälat-Hummel-Str. 1
Tel. 09071/502-0

K 89350 Dürrlauingen
Private Schule für LB (GS/HS); Internat für J; SVE
Private gewerbliche HeimBS/BS für LB;
Tel. 08222/4010

K 85072 Eichstätt
Heimschule zur EH für J/M; GS/HS
Tel. 08421/4017

K 82131 Gauting
Priv. Schule zur EH im Mädchenheim Gauting/Internat für M; TeilHS/EH/SonderBS
Starnberger Str. 42
Tel. 089/8502608

K 85625 Glonn
Priv. Schule zur EH Schloß Zinneberg
Internat für M; HS/SonderBS
Tel. 08093/5014

E 85567 Grafing
Landschulheim Elkofen für J; Gy
Oberelkofen 19
Tel. 08092/31441

E 91355 Hilpoltstein
Comenius-Schule Auhof
Priv. Sondervolksschule mit Berufsschulklassen für J/M; GB
Auhof, Postfach 1249
Tel. 09174/99329

K 91355 Hilpoltstein
Priv. Sonderschule für lernbehinderte Gehörlose für J/M; LB/SVE/SonderBS
Zell 1
Tel. 09177/97-0
Fax. 09177/97-87

E 95032 Hof/Saale
Priv. Schule für Kinder und Jugendliche mit sonderpäd. Förderbedarf
Südring 98
Tel. 09281/52730

E 95032 Hof
Priv. Sondervolksschule mit schulvorbereitender Einrichtung für J/M; GB
Am Lindenbühl 10
Tel. 09281/5915

K 86558 Hohenwart
Priv. Schule für lernbehinderte Schwerhörige/Internat für J/M;
Richildistr. 13
Tel. 08442/85-0
Fax. 08442/85-19

K 86859 Igling-Holzhausen
Schule für LB/KB (GS/HS), BS für LB im Magnusheim Holzhausen für J/M;
Magnusstr. 3
Tel. 08241/5004-0
Fax. 08241/5004-190

K 85055 Ingolstadt
Kinderzentrum St. Vinzenz Schule für J/M; GB
Frühlingstr. 15
Tel. 0841/57096

K 83737 Irschenberg
Schule im Caritas-Kinderdorf
für J/M; LB/SVE
Miesbacher Str. 22
Tel. 08062/3015

K 87435 Kempten
Private, Gewerbl. und Hauswirtschaftl. BS für LB für J/M;
Braut- u. Bahrweg 4
Tel. 0831/23017
Fax. 0831/15722

K 85614 Kirchseeon
Gewerbl. und hauswirtschaftl. BS
für LB für J/M; SonderBS
Am Hirtenfeld 11
Tel. 08091/2065-7

K 97509 Kolitzheim (Wipfeld)
Von-Pelkhoven-Schule/Internat
für M; EH/HS/SonderBS
Tel. 09385/8–0
Fax. 09385/888

E 95336 Mainleus
Private Schule zur Erziehungshilfe
der Jugendheimstätte Fassoldshof
für J; HS/BS/BGS/BVJ
Ringstr. 11
Tel. 09229/7832

K 84533 Marktl am Inn
Antoniushausschule für J/M;
EH/GS/HS
Tel. 08678/242 u. 511
Fax. 08678/8507

E 80933 München
Heilpädagogisches Zentrum
Augustinum
Sonderschule mit schulbegleitender Tagesstätte
für J/M; GB
Rainfarnstr. 44
Tel. 089/3142022

E 95119 Naila
Schule am Martinsberg
für J/M; LB/Erz.-Schw.
Gartenstr. 25
Tel. 09282/8222

E 91564 Neuendettelsau
Förderzentrum St. Laurentius
für J/M; LB/Frühförderung
Am Kohlschlag 7
Tel. 09874/8320

E 90411 Nürnberg
Martin-Luther-Schule für J/M;
Erziehungsschwierige
Neumeyerstr. 53
Tel. 0911/5216245

K 92331 Parsberg
Schule zur EH für J/M; GS/HS
Dr.-Nardini-Str. 3
Tel. 09492/481

E 86971 Peiting
Sonderberufsschule Herzogsägmühle für J; BS/Gewerbl. und Landwirtschaftlich
Peitinger Str. 4
Tel. 08861/219400

K 94060 Pocking
St.-Ulrich-Schule für J/M;
GB/SVE
Weizauerweg 5
Tel. 08531/706-0

K 93059 Regensburg
Pater-Rupert-Mayer-Schule für J/M;
SVE/KB/GS/HS/Mehrfachbehinderte KB/SonderBS
Wieshuberstr. 4
Tel. 0941/41849

K 83324 Ruhpolding
St. Valentinsschule Ruhpolding
für J/M; GB
Im Speck 11
Tel. 08663/542-41/0

K 63825 Schöllkrippen
Förderungslehrgang (2)
im Kinderheim Ernstkirchen/
Internat für M; BS
Ernstkirchen 4
Tel. 06024/1501

K 92421 Schwandorf-Ettmannsdorf
Private BS für LB/Internat
für M; BVJ
Tel. 09431/4065

E 95126 Schwarzenbach/Saale
Sonderschule für J/M; LB/VG
Marienstr. 52
Tel. 09284/7200

E 90592 Schwarzenbruck
Sonderberufsschule für J/M; KB/
Metall/Elektro/Kaufm.
Rummelsberg 74
Tel. 09128/503750

E 90592 Schwarzenbruck
Sonderberufsschule für J; Erziehungsschwierige/Gewerbl. BS/Bauschlosser/Schreiner/Maler/Bäcker/
Metzger/Gärtner
Rummelsberg 23
Tel. 09128/502240

E 90592 Schwarzenbruck
Sondervolksschule für J/M; Erziehungsschwierige
Rummelsberg 25
Tel. 09128/502301

E 97488 Stadtlauringen
Johann-Hinrich-Wichern-Sondervolksschule für J/M; GB
Oberlauringen, Dr.-Burghard-Str. 10
Tel. 09724/2442

K 85643 Steinhöring
Korbiniansschule für J/M;
GB/Mehrfachbehinderte
Tel. 08094/182-0

K 94315 Straubing
Bildungsstätte St. Wolfgang für J/M;
GB/SVE
Regensburger Str. 35
Tel. 09421/23924

E 83301 Traunreut
Wilhelm-Löhe-Sondervolksschule
für J/M; LB/GB
Salzburger Str. 41
Tel. 08669/2362

K 86513 Ursberg
Dominikus-Ringeisen-Schulen
für J/M; GB/SVE
Tel. 08281/92-1

K 86513 Ursberg
Private Gewerbl. und Hauswirtschaftl. HeimBS für LB Ursberg
für J/M; SonderBS
Dominikus-Ringeisen-Str. 4
Tel. 08281/92-2270
Fax. 08281/92-1000

K 86513 Ursberg
Private Schule für mehrfachbehinderte Gehörlose für J/M; GS/
HS/SVE
Klosterhof 2
Tel. 08281/92-1

K 94474 Vilshofen
Priv. SonderBS für LB für J/M;
Kolpingstr. 9
Tel. 08541/83871

K 83512 Wasserburg/Inn
Makarius-Wiedemann-Schule
für J/M; GB
Tel. 08071/1020
Fax. 08071/102-145

E 91717 Wassertrüdingen
Priv. Schule des Ev. Diakonievereins
Wassertrüdingen für J/M; GB/GS/
HS/SVE
Ansbacher Str. 8
Tel. 09832/1300

E 91781 Weissenburg
Berufsschule für Lernbehinderte
mit hauswirtschaftlicher Heimberufsschule für M; LB
Wülzburg 9
Tel. 09141/5066

K 83629 Weyarn
J. N. Werne Schule (Priv. Hauptschulst. L)
Holzolling/Marquartstein
Internat für J; LB/HS
Westerhamer Str. 31
Tel. 08063/300

E 97084 Würzburg-Heuchelhof
Priv. Sondervolksschule
im Zentrum für Körperbehinderte
für J/M; KB
Berner Str. 10
Tel. 0931/66750

Berlin

E 13587 Berlin
August-Hermann-Francke-Sonderschule für J/M; GS/HS/LB/KB
Schönwalder Allee 26
Tel. 030/329

W 14129 Berlin
Caroline-von Heydebrand-Heim für J/M; VG
Klopstockstr. 36
Tel. 030/8016003

K 14109 Berlin
Sancta-Maria-Schule für J/M; LB/GB
Dreilindenstr. 24–28
Tel. 030/8033029

Brandenburg

K 15898 Neuzelle
Florianstift Heim u. Schule für Behinderte für J/M; GB
Frankfurter Str. 3a
Tel. 033652/233

K 16515 Oranienburg
Schule St. Johannesberg für J/M; GB
Leninallee 91–93, Postfach 6003
Tel. 03301/82003/25

Hamburg

W 20259 Schenefeld
Kinder- und Jugendheim Friedrichshulde für J/M; VG
Lindenallee 96
Tel. 040/8305651

Hessen

E 34454 Arolsen
Rehabilitationszentrum Bathildisheim/Schule für J/M; KB/SB/LB/GS/HS mit Vorklasse als Internats- und Tagesschule
Bathildisstr. 7
Tel. 05691/657

E 35418 Buseck
Sonderschule für J/M; VG/Kranke
Kinderheim Leppermühle
Tel. 06408/2056 und 2057

W 61209 Echzell
Lebensgemeinschaft Bingenheim e. V. für J/M; LB/VG
Tel. 06035/81-0
Fax. 06035/81126

E 60437 Frankfurt/Main
Heimsonderschule Reinhardshof für J/M; VG
Alt-Erlenbach
Tel. 06193/47047

K 36041 Fulda
Heimsonderschule St. Antoniusheim für J/M; LB/Praktisch Bildbare
An St. Kathrin 4
Tel. 0661/10970

K 64846 Groß-Zimmern
St. Josefshaus Klein-Zimmern
Bischof-Ketteler-Schule für J/M; VG/EH
Burgstr. 5
Tel. 06071/4006

K 65239 Hochheim/Main
Schule für KB im Antoniushaus für J/M; KB
Burgeffstr. 42
Tel. 06146/908-0

K 65719 Hofheim
Heimschule Vincenzhaus für J/M; EH
Vincenzstr. 29
Tel. 06192/2094-0
Fax. 06192/2094-50

W 34131 Kassel-Wilhelmshöhe
Lauterbad, für J/M; VG
Haus Habichtswald 1
Tel. 0561/36018

E 35423 Lich
Sonderschule für J/M; LB/VG
Kinderheim Arnsberg
Tel. 06404/2208

E 35041 Marburg
Heimgebundene Sonderschule Friedenshütten für J/M; VG
Neuhöfe 3
Tel. 06421/24878

K 65385 Rüdesheim
St. Vincenzstift Aulhausen für J/M; LB/Praktisch Bildbare/EH/HS
Tel. 06722/406-221
Fax. 06722/406-102

E 34613 Schwalmstadt-Treysa
Friedrich-Trost-Berufsschule für J; BS/KB/VG
Diakoniezentrum Hephata
Tel. 06691/19311

E 34613 Schwalmstadt
Ludwig-Braun-Schule für J; VG/LB
Diakoniezentrum Hephata
Tel. 06691/19292

E 35041 Wehrshausen b. Marburg/Lahn
Daniel-Cederberg-Sonderschule für J/M; Prakt. Bildbare
Tel. 06421/24038

E 65193 Wiesbaden
Schule am Geisberg/Ganztagssonderschule für J/M;
Jonas-Schmidt-Str. 2
Tel. 0611/522005

E 64673 Zwingenberg
Förderschule «Orbishöhe» für J/M; Spätaussiedler
Auf der Heide 7
Tel. 06251/7726

Niedersachsen

E 30938 Burgwedel
Pestalozzi-Schule/Sonderschule für J/M; VG/LB/GS/HS
Pestalozzi-Stiftung
Tel. 05139/7011

E 29225 Celle
Jugenddorf Celle «Die Insel»/Förderschule für Spätaussiedler für J/M; HS
Amelungstr. 50
Tel. 05141/41853

E 29227 Celle
Linerhaus/Sonderschule für M; VG/HS/LB/BFS
Alte Dorfstr. 1
Tel. 05141/83095

E 29225 Celle
Priv. Sonderschule Lobetal für J/M; GB/Mehrfachbehinderte
Fuhrberger Str. 219
Tel. 05141/401-247

E 38678 Clausthal-Zellerfeld
Oberharzer Jungenheimschule für J; VG/LB
Waldseebadstr.
Tel. 05323/3894

K 49661 Cloppenburg
St. Vincenzhaus für J/M; LB/GB
Ritterstr. 17
Tel. 04471/88050

K 31199 Diekholzen
St.-Franziskus-Schule
Sonderschule für GB für J/M;
Tel. 05064/7010
Fax. 05064/8368

K 49413 Dinklage
Schule für KB, Kardinal-von-Galen-Haus für J/M;
Schulstr. 7
Tel. 04443/8909-0
Fax. 04443/890989

E 27259 Freistatt
Gewerbliche Berufsschule für J; BS
Comenius-Schule
Tel. 05448/8370 und 8360

E 27259 Freistatt
Janusz-Korczak-Schule/Sonderschule für J; VG/HS/LB
Tel. 05448/8209

E 26629 Grossefehn
Sonderschule für J; VG/HS/LB
Leinerstift Johann-Heinrich-Leiner-Schule
Tel. 04943/1014

E 30625 Hannover
Annastift Werner-Dicke-Schule
für J/M; KB/GS/HS/LB
Heimchenstr. 1–7
Tel. 0511/5354-271/2

E 30625 Hannover
Berufsbildungszentrum des Stephansstiftes für J; BS
Kirchröder Str. 43–49
Tel. 0511/5353-238 und 249

E 30625 Hannover
Stephansstift-Sonderschule für J;
VG/GS/HS/LB
Ludolf-Wilhelm-Fricke-Schule
Tel. 0511/5353/273

E 30559 Hannover
Sonderschule für J/M;
VG/HS/LB
Bleekstr. 20
Tel. 0511/522551

E 31139 Hildesheim-Sorsum
Luise-Scheppler-Schule für J/M;
GB/GTS
Stadtweg, DW Himmelsthür
Tel. 05121/404-335

K 31188 Holle
Heimschule der Blum'schen
Waisenhausstiftung
für J/M; GS/HS
Henneckenrode
Tel. 05062/2220

K 49809 Lingen-Laxten
Tagesbildungsstätte für J/M; GB
Schwedenschanze 115
Tel. 0591/4644

E 49328 Melle
Heimschule der Ev.-Luth. Stiftung
Hünenburg für J/M; HS/EH
Postfach 1128
Tel. 05226/5229

W 21398 Neu-Neetze (Lüneburg)
Birkenhof, für J/M; VG
Tel. 05850/415 und 416
Fax. 05850/670

E 49090 Osnabrück
Haus am Schlehenbusch-Heilpäd.
Mädchenheim für M;
FS/BFS/Hauswirtschaft
Sedanstr. 74
Tel. 0541/63115

E 29571 Rosche
Sonderschule im Jugenddorf Göddenstedt für J; VG/GS
Göddenstedt 20
Tel. 05803/281

E 27356 Rotenburg/Wümme
Lindenschule/Sonderschule für J/M;
LB/VG/GB
Lindestr. 14
Tel. 04261/3081 App. 260

E 38173 Sickte-Neuerkerode
Heimsonderschule für J/M;
GB/LB
Neuerkeröder Anstalten
Tel. 05305/1344

E 38446 Wolfsburg
Sonderschule im Jugenddorf
für J/M;
Walter-Flex-Weg 2
Tel. 05361/51057/58

K 37434 Wollershausen
Heimschule Schloß Wollershausen
Internat für M; EH/HS/LB
Tel. 05528/1426

Nordrhein-Westfalen

K 52066 Aachen-Siegel
BFS für Wirtschaft und Verwaltung
mit Vorklasse zum Berufsgrundschuljahr im Vinzenz-Heim für J/M;
BFS/KB/BGJ
Vinzenzheim, Kalverbenden 91
Tel. 0241/6004-0

E 32549 Bad Oeynhausen
Berufsbildungswerk Wittekindshof
für J/M; GB/LB
Postfach 140101
Tel. 05734/81

K 50126 Bergheim-Zieverich
Jakob-van-Gils-Schule für J/M; EH/GS
Van-Gils-Str. 10
Tel. 02271/41041
Fax. 02271/41044

E 33689 Bielefeld
Sonderschule Eckhardtsheim für J; EH/HS/LB
Schlepperweg 17
Tel. 05205/752-233

E 33617 Bielefeld
Krankenhausschule Bethel für J/M; LB/GB
Saronweg 54
Tel. 0521/144-3674

E 33617 Bielefeld
Krankenhausschule II Bethel für J/M; Schwerst- und Schwermehrfachbehinderte
Patmosweg 10
Tel. 0521/144-3222

K 41539 Dormagen
Raphaelschule für J/M; EH
Krefelder Str. 122; Postfach 1360
Tel. 02106/5050
Fax. 02106/50529

K 44145 Dortmund
Vincenz-von-Paul-Schule für M; EH
Oesterholzstr. 85–91
Tel. 0231/818517-9

E 44339 Dortmund (Brechten)
Ausbildungsheim «Reinoldi-Waldheim» für M;
Evinger Str. 447a
Tel. 0231/818937

E 44149 Dortmund (Oespel)
Berufsbildungswerk im Jugenddorf für J/M; BS
Am Oespeler Dorney 41–65
Tel. 0231/650043

E 58256 Ennepetal
Heimschule Loher Nocken/Sonderschule für J; EH/HS/LB
Lohernockenstr. 47
Tel. 02333/7825/26

E 32339 Espelkamp
Haupt- und Sonderschule für J/M; HS/LB
Ludwig-Steil-Hof e. V.-Heime
Tel. 05772/3081

E 45138 Essen
Franz-von-Sales-Schule für J/M; LB/GB
Steeler Str. 261

K 45307 Essen
Adolph-Kolping-Schule für J/M; BS
Am Zehnthof 100
Tel. 0201/289001

E 50226 Frechen-Bachem
Berufsausbildungswerk im Jugenddorf für J/M;
Clarenbergweg
Tel. 02234/54771-72

K 53773 Hennef
Schule für EH St. Ansgar I
Internat für J;
Annostr. 8
Tel. 02242/8899-0
Fax. 02242/80711

K 33161 Hövelhof
Salvator-Schule für J; EH
Salvatorstr. 45
Tel. 05257/503-0
Fax. 05257/50327

K 53925 Kall-Urft
Priv. Kath. Schule für J; EH/GS/HS
Urfttalstr. 41
Tel. 02441/8850
Fax. 02441/1330

E 42799 Leichlingen/Rhld.
Mädchenbildungsstätte für M; RS für Spätaussiedlerinnen
Hasensprung 4
Tel. 02175/4133

E 32657 Lemgo
Topehlen-Schule der Stiftung Eben-Ezer für J/M; GB
Alter Rintelner Weg
Tel. 05261/215300

E 40822 Mettmann
Haus-Helmich-Schule für J/M;
GB/SWB
Benninghofer Weg 82
Tel. 02104/147181

E 47445 Moers (Utfort)
Berufsbildungswerk im Jugenddorf
Niederrhein für J/M, LB
Pestalozzistr. 1
Tel. 02841/21078

E 47506 Neukirchen-Vluyn
Sonneck-Schule für J/M;
EH/GS/HS/BS/LB
Herkweg 51
Tel. 02845/392 und 442

K 59939 Olsberg
BS Josefsheim Bigge J/M; KB
Heinrich-Sommer-Str. 13
Tel. 02962/800268
Fax. 02962/800293

K 48734 Reken
Benediktushof Maria Veen
BS des Berufsbildungswerkes
für J/M;
Am Kloster 16
Tel. 02864/325

K 33154 Salzkotten-Scharmede
Priv. Schule für EH-Haus Widey
Internat für M;
Widey 11
Tel. 05258/6238/7238
Fax. 05258/4090

E 57392 Schmallenberg (Dorlar)
Pestalozzischule/Sonderschule
für J/M; LB
Tel. 02972/442

E 33775 Versmold/Westf.
Jugenddorf-Christophorusschule
für J/M; HS/Förderschule für Spätaussiedler
Ravensberger Str. 33
Tel. 05423/440, 446, 449, 8114

K 34414 Warburg
Laurentius-Schule, Priv. Krankenhausschule für J/M;
Stiepenweg 70
Tel. 05641/93156

K 34414 Warburg
Petrus-Damian-Schule für J/M; EH/
Primar-/Sekundarstufe I
Silberbrede 25
Tel. 05641/909-0
Fax. 05641/909-63

E 58300 Wetter
Berufliche Schulen im Berufsbildungswerk der Orthopäd. Anstalten
Volmarstein für J/M;
KB/FOS für Wirtschaft
Am Grünewald 10
Tel. 02335/639337

E 58300 Wetter
Orthopäd. Anstalten Volmarstein/
Rehabilitationszentrum
für J/M; KB/Berufseinführungsklassen
Hartmannstr. 22
Tel. 02335/6391

E 58300 Wetter
Oberlinschule der Orthopäd.
Anstalten Volmarstein für J/M;
KB/GS/HS/LB/Schwerstbehinderte
Rehabilitationszentrum
Tel. 02335/63964

E 48493 Wettringen
Schule im St. Josefshaus
für J; EH
Dorfbauerschaft 30
Tel. 02557/404

K 48493 Wettringen
Heimschule im St. Josefshaus
Internat für J;
EH/Primarstufe Sek I/LB
Dorfbauerschaft 30
Tel. 02557/790/79131

E 42489 Wülfrath
Sonderschule der Bergischen
Diakonie Aprath für J/M;
EH/GS/HS/LB
Erfurtberg 5
Tel. 0202/7291250/51

Rheinland-Pfalz

K 67317 Altleiningen
Schule St. Raphael für J/M; LB
Tel. 06356/369

E 56154 Boppard/Rh.
Hauswirtschaftliche Berufsschule der Stiftung Bethesda-St. Martin für M; Ernährung/Hauswirtschaft/Sozialpflege
Mainzer Str. 8
Tel. 06742/2226

K 56761 Düngenheim
Heimschule St. Martin für J/M; GB
Tel. 02653/598-0
Fax. 02653/598-88

K 54533 Eisenschmitt
Schule Haus Bergfeld für J/M; KB
Tel. 06567/551

K 54298 Helenenberg
Priv. HeimHS der Salesianer Don Boscos «Eduardstift»
Internat für J; HS/EH
Bitburger Str. 217
Tel. 06506/899-0
Fax. 06506/889-108

K 76863 Herxheim
Heim mit Sonderschule für J/M; GB
Tel. 07276/8071

E 67292 Kirchheimbolanden
Priv. Heimsonderschule für J/M; GS/HS/LB/Ganztagsschule
Heilpädagogium Schillerhain
Tel. 06352/8951

K 76829 Landau-Queichheim
St. Paulusstift Schule für KB für J/M; KB/GS/HS/LB/GB
Hauptstr. 237a
Tel. 06341/599-180
Fax. 06341/599-109

K 76829 Landau-Queichheim
Berufsbildende Schule am Jugendwerk St. Josef für J/M; VG/GS/HS/LB
Queichheimer Hauptstr. 231, Postf. 1480
Tel. 06341/592-0
Fax. 06341/592323

K 66849 Landstuhl
Reha-Zentrum Westpfalz, Schule für J/M; KB
Am Rothenborn
Tel. 06371/80180
Fax. 06371/801892

K 56727 Mayen
Schule im Bernhardshof
Internat für J; LB
Bernhardshof
Tel. 02651/8008-0

E 55590 Meisenheim
Heimsonderschule der Diakonieanstalten Bad Kreuznach für J/M; GB
Bodelschwingh-Zentrum
Tel. 06753/101

W 67433 Neustadt
Haus Raphael für J/M; VG
Maximilianstr. 16
Tel. 06321/80302

K 56566 Neuwied
Schule im Heinrich-Engers-Haus für J/M; KB/GS/HS/LB/GB
Heinrich-Haus Engers
Tel. 02622/705-511

E 56566 Neuwied
Sonderschule für J/M; VG/GS/HS
Paul-Schneider-Schule
Heimstr. 33–50
Tel. 02631/40132

K 56332 Niederfell
Herz-Jesu-Haus Kühr
Schule für GB/Internat für M;
Marktstr. 62
Tel. 02607/1032

E 56841 Traben-Trarbach
Heimsonderschule/Jugendhof

für J/M; VG/GS/HS
Martin-Luther-King-Schule
Tel. 06541/9061

W 54597 Weißenseifen-Michaelshag/Eifel
Haus Michael. Schulheim für Kinder mit autistischen Wesenszügen
J/M; GB
Tel. 06594/414

K 54516 Wittlich
Maria-Grünewald-Schule
für J/M; GB
Maria Grünewald
Tel. 06571/695-0
Fax. 06571/695-100

Saarland

W 66453 Gersheim/Saarbrücken
Haus Sonne Walsheim
J/M; EH/GB/LB/VG
Tel. 06843/809-0
Fax. 06843/80939

Sachsen

K 01920 Panschwitz-Kuckau
Maria-Martha-Heim
Förderschule für J/M; GB
Tel. 035796/242

Schleswig-Holstein

W 23847 Bliestorf/Post Kastorf
Haus Arild
J/M; LB/VG
Tel. 04501/1890
Fax. 04501/18924

E 23554 Lübeck
Kinder- und Pflegeheim Vorwerk/Heimsonderschule für J/M; GB
Triftstr. 139/143
Tel. 0451/404033

E 23858 Reinfeld/Holst.
Heilpäd. Kinderheim «Sonnenschein» für J/M; VG/LB/GS/HS
Bolande 26–32
Tel. 04533/8021

E 23669 Timmendorferstrand
Bugenhagen Berufsbildungswerk für J/M; LB/BS
Strandallee 2
Tel. 04503/4021

Thüringen

K 37351 Dingelstädt
St.-Franziskus-Schule für J/M; GB
Riethstieg 3
Tel. 036275/2272
Fax. 036275/2467

2.2. Berufsbildende Internatsschulen

2.2.1. Internatsschulen für Sozialpädagogik/Sozialwesen

Baden-Württemberg

K 78476 Allensbach
Marianum/Internat für M; BFS/FS
Konradistr. 6
Tel. 07533/809-0

K 76646 Bruchsal
Priv. FS für Sozialpädagogik
St. Maria
Internat für M; FS
Horchstr. 6
Tel. 07251/2700

K 77815 Bühl
St. Hedwigschule/Internat für M; BFS/SonderBFS
Sonnhalde 7
Tel. 07223/22722

K 79104 Freiburg
FS für Sozialpädagogik/Internat für M;
Händelstr. 10
Tel. 0761/55097

K 79114 Freiburg
Haus- und Familienpflegeschule
Internat für M; FS
Charlottenburger Str. 18
Tel. 0761/88501-01

E 79100 Freiburg i. B.
Fachschule für Sozialpädagogik für J/M; FS
Goethestr. 61
Tel. 0761/74504

E 72250 Freudenstadt
Evang. Fachschule für Sozialpädagogik für M; FS
Wildbader Str. 20
Tel. 07441/3561

K 77723 Gengenbach
FS für Sozialpädagogik für M;
Parkweg 5
Tel. 07803/2552

E 89542 Herbrechtingen
Fachschule für Sozialpädagogik für M; FS
Eselsburger Str. 6
Tel. 07324/2113

K 76133 Karlsruhe
Agneshaus/Internat für M;
FS für Sozialpädagogik
Hirschstr. 37a
Tel. 0721/91030

E 76187 Karlsruhe
Fachschule für Sozialpädagogik für M; FS
Friedrich-Naumann-Str. 33
Tel. 0721/72091

E 78126 Königsfeld im Schwarzwald
Berufliche Zinzendorfschulen der Herrnhuter Brüdergemeine,
Fachschule für Sozialpädagogik für J/M; BKSP
Mönchweiler Str. 5
Tel. 07725/938170

E 71638 Ludwigsburg
Ausbildungsstätte für Diakonie und Religionspädagogik für J/M;
Königinallee 38
Tel. 07141/133-1

K 72108 Rottenburg
Liebfrauenschule für M; FS
Liebfrauenhöhe
Tel. 07457/72400

E 72762 Reutlingen
Fachschule für Sozialpädagogik für J/M; FS
An der Kreuzeiche 19
Tel. 07121/29161

E 77963 Schwanau
Fachschule für Sozialpädagogik für J/M; FS
Tel. 07824/2111

K 89073 Ulm
Kath. FS für Sozialpädagogik für M;
Karl-Schefold-Str. 22
Tel. 0731/64877

E 71384 Weinstadt (Beutelsbach)
Fachschule für Sozialpädagogik für J/M; FS
Oberlinstr. 4
Tel. 07151/68041

Bayern

K 96049 Bamberg
FA für Sozialpädagogik/Internat für M
Jacobsberg 31
Tel. 0951/52035

K 96049 Bamberg
BFS für Hauswirtschaft, Kinder- und Sozialpflege mit Berufsaufbauschule
Mariahilf/Internat für M;
Stephansplatz 2
Tel. 0951/54011

K 89407 Dillingen
FA für Sozialpädagogik für J/M;
Internat für M
Konviktstr. 11
Tel. 09071/2576

E 91710 Gunzenhausen
Fachakademie für Sozialpädagogik
für J/M; FA
Nürnberger Str. 1
Tel. 09831/5571

K 85049 Ingolstadt
BFS Hauswirtschaft/Kinder-
u. Sozialpflege der Wohltätigkeits-
stiftung Marienheim
Internat für M;
Griesbadgasse 18
Tel. 0841/33023

E 91564 Neuendettelsau
Fachakademie für Sozialpädagogik
für J/M; FA
Waldsteig 7
Tel. 09874/8452

E 91564 Neuendettelsau
Fachoberschule für Sozialwesen
für J/M; FOS
Wihelm-Löhe-Str. 21
Tel. 09874/8463

E 91564 Neuendettelsau
BFS für Sozialpflege
für J/M
Wihelm-Löhe-Str. 21
Tel. 09874/8414

E 91564 Neuendettelsau
BFS für Kinderpflege
für J/M
Wihelm-Löhe-Str. 21
Tel. 09874/8414

K 92318 Neumarkt
Berufliche Schulen der Schwestern
vom Göttlichen Erlöser
(Niederbronner Schwestern),
Haus St. Marien
Internat für M; FA/BFS
Tel. 09181/30004

E 90592 Schwarzenbruck
Fachakademie für Sozialpädagogik
für J/M; FA
Rummelsberg 35
Tel. 09128/502222

E 97427 Schweinfurt
Fachakademie für Sozialpädagogik
für J/M; FA
Geschwister-Scholl-Str. 34
Tel. 09721/84849

K 84359 Simbach/Inn
Institut Marienhöhe/BFS für Haus-
wirtschaft und Sozialpflege/Internat
für M;
Maria-Ward-Str. 16
Tel. 08571/8616

E 83489 Strub/Berchtesgaden
BFS für Kinderpflege für J/M
Insulaweg 10
Tel. 08652/59221

E 97215 Uffenheim
Christian-von-Bomhard-Schule,
Fachoberschule für Sozialwesen
für J/M; FOS
Im Krämersgarten 10
Tel. 09842/7021

E 91781 Weißenburg
BFS für Kinderpflege für M
Wülzburg 6
Tel. 09141/506

K 63939 Wörth
BFS für Hauswirtschaft u. Sozial-
pflege
Grundlehrgang für Hauswirtschaft
der Armen Schulschwestern
v. U. L. Fr.
Internat für M;
Waisenhausstr. 14
Tel. 09372/5337

K 97070 Würzburg
FA St. Anna für Sozialpädagogik
Internat für M;
Ebracher Gasse 8
Tel. 0931/13093

K 97070 Würzburg
FA für Sozialpädagogik
Haus St. Hildegard/Internat für M
Peterpfarrgasse 1
Tel. 0931/50731

E 97070 Würzburg
BFS für Kinderpflege für M
Neubaustr. 40
Tel. 0931/5495

K 94227 Zwiesel
Berufliches Bildungszentrum des Mädchenwerks Zwiesel e. V. / FA
Internat für M;
Theresienthalerstr. 1
Tel. 09922/1090

Brandenburg

K 14552 Michendorf
Katholische FS für Sozialpädagogik «Don Bosco»/Internat für J/M;
BFS/FS
Langerwischerstr. 27
Tel. 033205/2376

Hamburg

E 22527 Hamburg
Fachschule für Sozialpädagogik in «Alten Eichen» für J/M; FS
Wördemannsweg 19
Tel. 040/5404041

Hessen

E 64287 Darmstadt
Ausbildungsstätte für Sozialpädagogische Berufe für J/M; FS
Stiftstr. 45/47
Tel. 06151/403333/34

E 60322 Frankfurt/Main
Fachschule für Sozialpädagogik für J/M; FS
Cronstettenstr. 63
Tel. 069/1523-251

E 34137 Kassel-Wilhelmshöhe
CVJM-Sekretärschule und Fachschule für Sozialpädagogik für J/M; FS
Hugo-Preuß-Str. 40
Tel. 0561/35001

E 34131 Kassel-Wilhelmshöhe
Ev. Fröbelseminar Fachschule für Sozialpädagogik für J/M; FS
Kuhbergstr. 28
Tel. 0561/32013

E 34631 Schwalmstadt/Treysa
Fachschule für Diakonie und Sozialpädagogik für J/M; FS
Hephata Hessisches Diakoniezentrum
Tel. 06691/20051 und 20058

Niedersachsen

E 30938 Burgwedel
Fachschule für Sozial- und Heilpädagogik für J/M; FS
Pestalozzi-Stiftung
Tel. 05139/5211

E 29225 Celle
Fachschule für Sozialpädagogik der Lobetalarbeit für J/M; FS
Fuhrberger Str. 219
Tel. 05141/401240

E 30625 Hannover
Fachschule für Sozialpädagogik Stephansstift für J/M; FS
Kirchröderstr. 49 A
Tel. 0511/5353-332

E 30559 Hannover
Fachschule für Sozialpädagogik Birkenhof für J/M; FS
Bleekstr. 20
Tel. 0511/522551

K 49809 Lingen
FS St. Franziskus für Sozial- u. Heilpädagogik
Internat für M;
In den Strubben 9
Tel. 0591/51320/51330

K 49716 Meppen
BFS/FS der Missionsschwestern Mariens
Internat für M;
Ludwigstr. 1
Tel. 05931/3087

K 49082 Osnabrück
Kath. BFS im Marienheim/Internat für M
Gut Suttenhausen 1
Tel. 0541/59447

K 49074 Osnabrück
Kath. FS für Sozialpädagogik
im Wilhelmstift/Internat für M;
Herrenteichstr. 28
Tel. 0541/21526

E 49082 Osnabrück
Fachschule für Sozialpädagogik
für M; FS
Iburger Str. 183
Tel. 0541/54514

E 27356 Rotenburg (Wümme)
Fachschule für Sozialpädagogik
für J/M; FS
Elise-Averdieck-Str. 17
Tel. 04261/77251

K 49832 Thuine
Ein- und Zweijähr. BFS/
Internat für M;
Klosterstr. 10
Tel. 05902/501503

K 49377 Vechta
Berufsbildende Schulen der
Schwestern Unserer Lieben Frau
Internat für M; FS/FOS
Landwehrstr. 2
Tel. 04441/4077

Nordrhein-Westfalen

E 33617 Bielefeld
Kollegschule der von Bodel-
schwinghschen Anstalten, Abt. 4
Erziehung und Soziales für J/M; FS
Königsweg 1
Tel. 0521/1442467

E 33611 Bielefeld
Fachschule für Sozialpädagogik
des Johanneswerkes für J/M; FS
Schildescher Str. 103
Tel. 0521/801-381

E 40489 Düsseldorf
Fachschule für Sozialpädagogik
Kaiserswerth für J/M; FS
Fliednerstr. 32
Tel. 0211/409453

K 50935 Köln
Kath. berufsbildende Schulen «Am
Krieler Dom»/Internat für M;
FS/FOS
Gleuelerstr. 262–268
Tel. 0221/434445

K 48143 Münster
Hildegardisschule; BGJ/FS/FOS/
Internat für M
Neubrückenstr. 17/24
Tel. 0251/41730

E 48147 Münster
Sozialpädagogische Ausbildungs-
stätte für J/M; FOS/FS
Coerdestr. 58–68
Tel. 0251/209229

E 47506 Neukirchen-Vluyn
Fachschule für Sozialpädagogik
für J/M; FS
Andreas-Bräm-Str. 20
Tel. 02845/392-1

E 58455 Witten
Sozialpädagogische Ausbildungs-
stätte für J/M; FS
Pferdebachstr. 27
Tel. 02302/175430

K 46509 Xanten
BFS/FS/FOS Placidahaus
Internat für M
Tel. 02801/2796
Fax. 02801/6936

K 53909 Zülpich-Füssenich
BFS/FS für Sozialpädagogik
St.-Nikolaus-Stift Internat
für M;
Brüsseler Str. 68
Tel. 02252/2424

Rheinland-Pfalz

E 55543 Bad Kreuznach
Fachschule für Sozialpädagogik
der Diakonie-Anstalten
für J/M; FS
Ringstr. 58–60
Tel. 0671/605294

K 56154 Boppard
BFS St. Carolus Internat für M;
Haus Sabelsberg
Tel. 06742/3136

E 56154 Boppard
Fachschule für Sozialpädagogik
für J/M; FS
Auf der Zeil
Tel. 06742/2391

K 56070 Koblenz
FS für Sozialwesen – Erzieher –
Internat für M;
Trierer Str. 400
Tel. 0261/24063

K 66849 Landstuhl
FS für Sozialpädagogik der Diözese
Speyer
Internat für M
Luitpoldstr. 28
Tel. 06371/2354

K 55116 Mainz
Wilhelm-Emmanuel-von-Ketteler-
Schule
BFS/FOS/Internat für M
Stefansstr. 2–4
Tel. 06131/28150

E 67346 Speyer
Fachschule für Sozialpädagogik
für J/M; FS
Karmeliterstr. 20
Tel. 06232/5061

Schleswig-Holstein

E 24635 Rickling ü. Neumünster
Fachschule für Sozialpädagogik
für J/M; FS
Brüderhaus
Tel. 04328/312

Thüringen

K 99084 Erfurt
Kath. FS für Sozialpädagogik
«St. Ursula»
Internat für M;
Anger 5
Tel. 0361/26813

K 37308 Heiligenstadt
FS für Sozialpädagogik/BFS/FS
St. Elisabeth/Internat für M; FOS
Friedensplatz 5/6
Tel. 03606/4161

2.2.2. Internatsschulen für Wirtschaft/Handel

Bayern

E 81243 München
Sammuel-Henicke-Schule
für Schwerhörige
Fachoberschule für Wirtschaft
Maria-Eich-Str. 32
Tel. 089/838392

Hessen

K 65239 Hochheim/Main
Berufliche Schulen für KB
am Antoniushaus für J/M;
BGJ/BFS/
Höhere Handelsschule
Burgeffstr. 42
Tel. 06146/9080

E 32545 Bad Oeynhausen
Berufsschule für Wirtschaft –
Gertrud-Zimmer-Haus
für J/M; BFS
Portastr. 3
Tel. 05731/29917

V 49504 Lotte-Wersen
Privatschule mit Internat
Krüger; J/M;
Westerkappelner Str. 66
Tel. 05404/2024
Fax. 05404/1326

Nordrhein-Westfalen

K 53604 Bad Honnef
Haus Rheinfrieden für J/M;
BFS/BGJ
Frankenweg 70
Tel. 02224/2435

2.2.3. Internatsschulen für Hauswirtschaft

Baden-Württemberg

E 71134 Aidlingen
Hauswirtschaftlich-Sozialpädagogisches Berufskolleg für M;
BS/BFS
Darmsheimer Steige 1
Tel. 07034/5051

K 78476 Allensbach
Marianum/Internat für M; BFS
Konradistr. 6
Tel. 07533/809-0

K 77815 Bühl
St. Hedwigschule Internat für M;
BFS/SonderBFS
Sonnhalde 7
Tel. 07223/22722

E 78126 Königsfeld im Schwarzwald
Berufliche Zinzendorfschulen
der Herrnhuter Brüdergemeine,
Hauswirtschaftlich-sozialpädagogische BFS
für J/M; BFH
Möchweiler Str. 5
Tel. 07725/938170

Bayern

K 94330 Aiterhofen bei Straubing
BFS für Hauswirtschaft/
Internat für M
Schulgasse 9
Tel. 09421/32833

K 92224 Amberg
GA für Hauswirtschaft/Internat
für M
Philosophenweg 12
Tel. 09621/13568

K 86152 Augsburg
BFS/FA für Hauswirtschaft
Maria Stern
Internat für M;
Inneres Pfaffengäßchen 3
Tel. 0821/35011

K 96049 Bamberg
BFS für Hauswirtschaft, Kinder- u.
Sozialpflege mit Berufsaufbauschule
Mariahilf
Internat für M;
Stephansplatz 2
Tel. 0951/54011

K 83256 Frauenchiemsee
Irmengard-BFS/Internat für M;
Berufsaufbauschule
Tel. 08054/567 u. 521

K 85049 Ingolstadt
BFS für Hauswirtschaft, Kinder-
u. Sozialpflege/Internat für M;
Griesbadgasse 18
Tel. 0841/33023

K 87437 Kempten
BFS für Hauswirtschaft/Internat
für M;
Gerhardingerweg 3–7
Tel. 0831/7459

K 84163 Marklkofen
BFS für Hauswirtschaft/Internat
für M;
Klosterstr. 25
Tel. 08732/858

E 91564 Neuendettelsau
Fachakademie für Hauswirtschaft
für M; FA
Waldsteig 9
Tel. 09874/8414

E 95339 Neuenmarkt
BFS für Hauswirtschaft für M;
Haus Ruth

Wirsberger Str. 2
Tel. 09227/332

K 92318 Neumarkt
Berufliche Schulen
der Schwestern vom Göttlichen
Erlöser (Niederbronner Schwestern)
im Haus St. Marien/Internat
für M; FA/BFS/
Berufsaufbauschule
Tel. 09181/30004

K 92431 Neunburg vorm Wald
BFS für Hauswirtschaft u. Kinderpflege/Internat für M
Klosterberg 4
Tel. 09672/623

E 86720 Nördlingen
Lieselotte-Nold-Schule der Ev.-Luth. Kirchengemeinde für M;
BFS für Hauswirtschaft
Bürgermeister-Reiger-Str. 36/38
Tel. 09081/3040

K 97421 Schweinfurt
Maria-Theresia-Heim/Internat
für M; BFS für Hauswirtschaft
Theresienstr. 1
Tel. 09721/18170

K 84359 Simbach/Inn
Institut Marienhöhe, BFS für Hauswirtschaft u. Sozialpflege/Internat
für M;
Maria-Ward-Str. 16
Tel. 08571/8616

K 96231 Staffelstein
BFS für Hauswirtschaft u. Kinderpflege «St. Kunigund»
Internat für M;
Vierzehnheiligen 12
Tel. 09571/5411

E 91781 Weissenburg i. Bay.
BFS für Hauswirtschaft für M;
HeimBS/BFS
Wülzburg 6–9
Tel. 09141/5066

K 63939 Wörth
BFS für Hauswirtschaft
u. Sozialpflege
GA für Hauswirtschaft der Armen
Schulschwestern v. U. L. Fr./
Internat für M;
Waisenhausstr. 14
Tel. 09372/5337

K 85283 Wolnzach-Eschelbach/Ilm
Institut Maria Hilf;
GA für Hauswirtschaft/
Internat für M;
Herrnstr. 11
Tel. 08442/8057

K 97080 Würzburg
St. Liobaheim/Internat
für M;
GA für Hauswirtschaft
Berliner Platz 4
Tel. 0931/54607

E 97070 Würzburg
Melanchthon-Heim, Grundlehrgang
für Hauswirtschaft für M
Neubaustr. 40
Tel. 0931/54950

Hessen

E 60389 Frankfurt/Main
Diakoniewerk Bethanien für M;
Hauswirtsch. Lehre
Im Prüfling 17–25
Tel. 069/46081

E 34119 Kassel
Kurhessisches Diakonissenhaus-Ausbildungsstätte für M
Goethestr. 85
Tel. 0561/10021

E 34131 Kassel-Wilhelmshöhe
Frauenfachschule Elisabethenhaus
für M; BFS/FS
Weissensteinstr. 70
Tel. 0561/32575

E 35041 Marburg/Lahn-Wehrda
Sonneck-Schule für M;
Diak. Mutterhaus Hebron
Postfach 1200
Tel. 06421/81026

E 35578 Wetzlar/Lahn
Friederike-Fliedner-Schule
für M; BFS
Robert-Koch-Weg 4
Tel. 06441/23014

Niedersachsen

K 49832 Freren
Zweijährige FS Haus- und Familienpflege
Ein- und zweij. FS (Hauswirtschaft/Ländl. Hauswirtschaft),
Kath. Dorfhelferinnenschule/
Internat für M;
Setlage 18
Tel. 05902/240

E 30171 Hannover
Haustöchtergruppe und Pflegevorschule der Henriettenstiftung für M
Marienstr. 80–90
Tel. 0511/8112298 und 438

K 49716 Meppen
BFS/FS/Internat für M;
Ludwigstr. 1
Tel. 05931/3087

K 49082 Osnabrück
Kath. BFS im Marienheim/Internat für M
Gut Sutthausen 1
Tel. 0541/59447

K 49832 Thuine
Ein- u. Zweijähr. BFS/
Internat für M
Klosterstr. 10
Tel. 05902/501503

Nordrhein-Westfalen

K 59909 Bestwig
Priv. berufsbildende Schulen des Bergklosters/Internat für M;
BFS/FOS
Bergkloster
Tel. 02904/808178

K 33178 Borchen-Nordborchen
Mallinckrodthof – Berufliche Schulen für Ernährungs- und Haus- wirtschaft
Internat für M; FS/Fachseminar für Familienpflege
Mallinckrodtstr. 6
Tel. 05251/39455

E 32584 Löhne
Berufsfachschule der Ev. Frauenhilfe in Westf. für M; BFS
Weihestr. 44
Tel. 05731/81583

K 58706 Menden
Placidaschule Menden
Internat für M; BFS/FS
Dechant-Röper-Str. 47
Tel. 02373/2252

K 48143 Münster
Hildegardisschule; FS/FOS/BFS/BGJ/Internat für M
Neubrückenstr. 17/24
Tel. 0251/41730

E 48147 Münster
Priv. Berufsfachschule für Ernährungs- und Hauswirtschaft für M; BFS
Coerdestr. 58–68
Tel. 0251/2091

K 46509 Xanten
BFS/FS/FOS/Internat für M
Placidahaus
Tel. 02801/2796
Fax. 02801/6936

K 53909 Zülpich-Füssenich
St. Nikolausstift/Internat für M; BFS/FS für Sozialpädagogik
Brüsseler Str. 68
Tel. 02252/2424

Rheinland-Pfalz

K 56154 Boppard
BFS St. Carolus/Internat für M;
Haus Sabelsberg
Tel. 06756/3136

K 65116 Mainz
Wilhelm-Emmanuel-von-Ketteler-Schule
BGJ/BFS/Berufsvorbereitungsjahr, Internat für M
Stefanstr. 2–4
Tel. 06131/28150

Thüringen

K 37308 Heiligenstadt
FS für Sozialpädagogik/BFS/FS St. Elisabeth
Internat für M; FS/BFS/FOS
Friedensplatz 5/6
Tel. 03606/4161

2.2.4. Internatsschulen für Naturwissenschaften und Technik

L 64646 Heppenheim/Oberhambach
Odenwaldschule, GE für J/M; GS/OR/HS
Tel. 06252/71077
Fax. 06252/78328

2.2.5. Internatsschulen für Sprachen

K 89584 Ehingen/Donau
Theologisches Vorseminar Ambrosianum am Kolleg St. Josef für H/D; BFS für alte Sprachen
Müllerstr. 8
Tel. 07391/6018

2.2.6. Internatsschulen für Gesundheit, Gymnastik, Kosmetik

Baden-Württemberg

E 79104 Freiburg
Krankenpflegeschule am Diakonie-Krankenhaus für J/M
Hauptstr. 8
Tel. 0761/31366

K 79114 Freiburg
Haus- und Familienpflegeschule
Internat für M; FS
Charlottenburger Str. 18
Tel. 0761/88501-01

E 72250 Freudenstadt
Oberlinhaus für M; BFS für Kinderpflegerinnen
Wildbader Str. 20
Tel. 07441/2440

K 77723 Gengenbach
FS für Sozialpädagogik – Heilpädagogisches Seminar – Internat für M;
Parkweg 5
Tel. 07803/2552

E 76199 Karlsruhe
Krankenpflege- und Krankenpflegehilfeschule für J/M
Diakonissenstr. 28
Tel. 0721/8800-402

E 77694 Kehl-Kork
Korker Anstalten für J/M; Krankenpflegeschule und Schule für Heilerziehungspflege
Landstr. 1
Tel. 07851/84-1

E 73230 Kirchheim/Teck
Diakonissenmutterhaus für M;
Krankenpflegeschule
Austr. 68
Tel. 07021/507-1

E 78126 Königsfeld
Frauenschule im Erdmuth-Dorotheen-Haus für M; BFS Kinderpflegerinnen
Zinzendorfplatz 11
Tel. 07725/7074 und 7075

E 74653 Künzelsau
Schule für Krankenpflegehilfe für J/M
Kreiskrankenhaus
Tel. 07940/3011

E 79539 Lörrach
Krankenpflegeschule am Städt. Krankenhaus für J/M
Mozartstr. 37
Tel. 07621/16393

E 68163 Mannheim
Krankenpflegeschule des Diakonissenmutterhauses für J/M
Belchenstr. 1–5
Tel. 0621/81021

E 75179 Pforzheim
Krankenpflegeschule am Krankenhaus Siloah für J/M
Wilferdinger Str. 67
Tel. 07231/40821

E 75179 Reutlingen
Krankenpflege- und Kinderkrankenpflegeschule am Kreiskrankenhaus für M
Steinenbergstr. 25
Tel. 07121/3011

E 74523 Schwäbisch Hall
Ev. Diakoniewerk für J/M;
Schule für Krankenpflege/Kinderkrankenpflegeschule/Krankenpflegehilfe
Tel. 0791/753-1

K 79294 Sölden
Dorfhelferinnenschule/
Internat für M; FS
Bürglestr. 12
Tel. 0761/40106-0

E 70184 Stuttgart
Krankenpflegeschule des Krankenhauses Bethesda für J/M
Hohenheimer Str. 21
Tel. 0711/2156-1

E 70176 Stuttgart
Krankenpflegeschule der Diakonissenanstalt für J/M
Rosenbergstr. 40
Tel. 0711/6670-206

E 70190 Stuttgart
Krankenpflegeschule am Karl-Olga-Krankenhaus für J/M
Schwarenbergstr. 7
Tel. 0711/20901

E 71332 Waiblingen
Kinderkrankenpflegeschule
am Kinderkrankenhaus für J/M
Devizesstr. 2–12
Tel. 07151/51026

E 88271 Wilhelmsdorf
Gotthilf-Vöhringer-Schule für J/M;
FS für Arbeitserziehung/Arbeitstherapie/Heilerziehungspflege/Heilerziehungshilfe
Hoffmanstr. 25
Tel. 07503/201-1

Bayern

E 86150 Augsburg
BFS für Krankenpflege der Diakonissenanstalt Augsburg für J/M
Frölichstr. 17
Tel. 0821/3160-241

K 86152 Augsburg
BFS für Hauswirtschaft/Kinderpflege mit Berufsaufbauschule/FA Hauswirtschaft
Maria Stern/Internat für M;
Inneres Pfaffengäßchen 3
Tel. 0821/35011

K 96049 Bamberg
BFS für Hauswirtschaft, Kinder- und

Sozialpflege mit Berufsaufbauschule Mariahilf, Internat für M; Stephansplatz 2
Tel. 0951/54011

E 89349 Burtenbach
BFS der Rummelsberger Anstalten für Krankenpflegehilfe für M
Schertlinhaus 6
Tel. 08285/411-415

K 83256 Frauenchiemsee
Irmengard-BFS für Kinderpflege
Internat für M;
Tel. 08054/567 u. 521

K 85080 Gaimersheim
BFS für Kinderpflege, Internat für M
Untere Marktstr. 20
Tel. 08458/1573

E 82467 Garmisch-Partenkirchen
BFS für Kinderkrankenpflege für M
Gehfeldstr. 24
Tel. 08221/7010

K 83527 Haag
BFS für Kinderpflege der Engl. Fräulein
Internat für M
Maria-Ward-Str. 24
Tel. 08072/1032

K 85049 Ingolstadt
BFS Hauswirtschaft/Kinder- u. Sozialpflege der Wohltätigkeitsstiftung Marienheim; Internat für M;
Griesbadgasse 18
Tel. 0841/33023

E 81375 München
Stiftsklinik Augustinum für J/M;
BFS für Krankenpflege
Wolkerweg 16
Tel. 089/70970

E 80799 München
BFS für Krankenpflegehilfe für J/M
Hess-Str. 22
Tel. 089/21221

E 91564 Neuendettelsau
BFS für Diätetik für J/M
Waldsteig 11e
Tel 09874/8414

E 91564 Neuendettelsau
BFS für Krankenpflege für J/M;
Heilsbronner Str. 44
Tel. 09874/8482

K 92318 Neumarkt
Berufliche Schulen der Schwestern vom Göttlichen Erlöser (Niederbronner Schwestern) im Haus St. Marien
Internat für M; BFS für Kinderpflege
Tel. 09181/30004

K 92431 Neunburg vorm Wald
BFS für Hauswirtschaft und Kinderpflege
Internat für M;
Klosterberg 4
Tel. 09672/623

E 90491 Nürnberg
BFS für Krankenpflege und Krankenpflegehilfe für J/M;
Stadenstr. 62
Tel. 0911/5974-1

E 90419 Nürnberg
Klinik Hallerwiese, BFS für Krankenpflege und Krankenpflegehilfe für J/M
Hallerwiese 30
Tel. 0911/334012

E 90419 Nürnberg
Cnopf'sche Kinderklinik, BFS für Kinderkrankenpflege für M
Hallerwiese 18–28
Tel. 0911/37325

K 82401 Rottenbuch
BFS für Kinderpflege, Internat für M
Klosterhof 7–9
Tel. 08867/208 u. 662
Fax. 08867/1850

K 96231 Staffelstein
BFS für Hauswirtschaft und Kinderpflege «St. Kunigund»;
Internat für M;
Vierzehnheiligen 12
Tel. 09571/5411

K 86514 Ustersbach
BFS für Kinderpflege; Internat für M
Baschenegg
Tel. 08236/1325

K 97072 Würzburg
FS für Familienpflege;
Internat für M;
Friedrich-Spee-Str. 32
Tel. 0931/80003-(0)62/65
Fax. 0931/8000380

K 94227 Zwiesel
Berufliches Bildungszentrum
des Mädchenwerks Zwiesel e. V.
FA/BFS für Kinderpflege;
Internat für M;
Theresienthaler Str. 1
Tel. 09922/1090

Berlin

E 13589 Berlin
Krankenpflegeschule im
Waldkrankenhaus für M
Stadtrandstr. 555
Tel. 030/37021

E 14193 Berlin
Krankenpflegeschule im Martin-Luther-Krankenhaus für M
Caspar-Theiss-Str. 27–33
Tel. 030/80211

E 12207 Berlin
Krankenpflegeschule im Krankenhaus Bethel für J/M
Promenadenstr. 3–5
Tel. 030/7791-1

Bremen

E 28239 Bremen
Krankenpflegeschule der Diakonissenanstalt für J/M
Gröpelinger Heerstr. 406/408
Tel. 0421/6102-571

Hamburg

E 20357 Hamburg
Krankenhaus Jerusalem für M;
Krankenpflegehilfeschule
Moorkamp 2
Tel. 040/441901

E 20259 Hamburg
Krankenhaus Elim für M; Krankenpflegeschule
Hohe Weide 17
Tel. 040/49091

E 22527 Hamburg
Krankenpflegeschule und Pflegevorschule der Diakonissenanstalt Alten Eichen für J/M
Wördemanns Weg 19–35
Tel. 040/5404041

E 22297 Hamburg
Heinrich-Sengelmann-Schule für M;
BFS für Kinderpflege
Alsterdorfer Str. 440
Tel. 040/59100366

E 22457 Hamburg-Schnelsen
Albertinen-Krankenhaus für J/M;
Krankenpflegeschule
Süntelstr. 11 A
Tel. 040/5588(1)239

E 21029 Hamburg
Krankenpflegeschule am Krankenhaus Bethesda für M
Glindersweg 80
Tel. 040/721031

Hessen

E 63654 Büdingen
Mathilden-Hospital für J/M; Schule für Krankenpflegehilfe
Am Schlag 9
Tel. 06042/2061

E 64287 Darmstadt
Krankenpflegeschule Elisabethenstift für J/M
Erbacher Str. 57
Tel. 06151/403351

E 60318 Frankfurt/Main
Krankenpflegeschule am Bürgerhospital für M;
Nibelungenallee 37/41
Tel. 069/15001

E 60322 Frankfurt/Main
Krankenpflegeschule des Diakonissenhauses für J/M;
Eschersheimer Landstr. 122
Tel. 069/15231

E 60389 Frankfurt/Main
Diakonissenwerk Bethanien/Krankenpflegeschule für M
Im Prüfling 17–25
Tel. 069/46081

E 60594 Frankfurt/Main
Krankenhaus Sachsenhausen für J/M; Krankenpflegeschule und Schule für Krankenpflegehilfe
Schifferstr. 78–86
Tel. 069/6059-1

E 34121 Kassel
Kinderkrankenpflegeschule am Kinderkrankenhaus Park Schönfeld für M
Frankfurter Str. 167
Tel. 0561/21022-24

E 34119 Kassel
Kurhessisches Diakonissenhaus für J/M; Krankenpflegeschule und Schule für Krankenpflegehilfe
Goethestr. 85
Tel. 0561/10021

E 34119 Kassel
Kinderkrankenpflegeschule im Kinderkrankenhaus «Zum Kind von Brabant» für M;
Herkulesstr. 111
Tel. 0561/30951

E 34131 Kassel-Wilhelmshöhe
Schule für Krankenpflegehilfe am Burgfeld-Krankenhaus für J/M
Wigandstr. 6–8
Tel. 0561/3051

E 36341 Lauterbach/Hessen
Schule für Krankenpflegehilfe beim Krankenhaus Eichhof für J/M
Postfach 115
Tel. 06641/821

E 36199 Rotenburg/Fulda
Krankenpflegeschule am Kreiskrankenhaus für M;
Am Katzenberg 1
Tel. 06623/207175

E 37194 Wahlsburg
Lehranstalt für Beschäftigungstherapie für M; BFS
Tel. 05572/804

E 65187 Wiesbaden
Krankenpflege- und Kinderkrankenpflegeschule der Diakoniegemeinschaft Paulinenstift für J/M
Schiersteiner Str. 43
Tel. 0621/843051

Niedersachsen

E 37581 Bad Gandersheim
Schule für Krankenpflege und Krankenpflegehilfe am Krankenhaus für J/M
Tel. 05382/3071

E 31812 Bad Pyrmont
Krankenpflegeschule und Krankenpflegehilfeschule am Bathildiskrankenhaus für J/M
Waldecker Str. 5
Tel. 05281/3066

E 38102 Braunschweig
Krankenpflegeschule der Diakonissenanstalt Marienstift für M
Helmstedter Str. 35
Tel. 0531/7011-341

E 31675 Bückeburg
Krankenpflegeschule am Krankenhaus Bethel für J/M
Herminenstr. 12
Tel. 05722/2021

E 29225 Celle
Lehranstalt der Lobetalarbeit für J/M; FS für Heilerziehungspflege/Heilerziehungshelfer
Fuhrberger Str. 219
Tel. 05141/401-1

E 49201 Dissen
Krankenpflegeschule am Albertinen-krankenhaus für J/M
Robert-Koch-Str. 1
Tel. 05421/711

K 49832 Freren
Zweijährige FS Haus- und Familien-pflege
Ein- und zweij. FS (Hauswirtschaft/ Ländl. Hauswirtschaft),
Kath. Dorfhelferinnenschule
Internat für M;
Setlage 18
Tel. 05902/240

E 38518 Gifhorn
Krankenpflegeschule am Kreis-krankenhaus für J/M
Bergstr. 30
Tel. 05371/87221

E 37075 Göttingen-Weende
Krankenpflegeschule am Kranken-haus für J/M
An der Lutter 24
Tel. 0551/381-297

E 31028 Gronau (Leine)
Krankenpflegeschule am Johanniter-krankenhaus für J/M
Johanniterstr. 1
Tel. 05182/2022

E 30171 Hannover
Krankenpflegeschule und Schule für Krankenpflegehilfe der Henrietten-stiftung für J/M
Marienstr. 80–90
Tel. 0511/8112-1

E 30625 Hannover
Säuglingspflegeschule für M
Berckhusenstr. 22
Tel. 0511/556096

E 37603 Holzminden
Krankenpflegeschule des Kranken-hauses für M
Forster Weg 34
Tel. 05531/7051

E 49448 Lemförde
Pflegevorschule des Diakonissen-Mutterhauses Altvandsburg
für M
Tel. 05443/566 und 567

E 28865 Lilienthal
Krankenpflegeschule und Schule für Krankenpflegehilfe am Hospital für J/M
Moorhauser Landstr. 3
Tel. 04298/291

K 49809 Lingen
FS St. Franziskus für Sozial- u. Heil-pädagogik; Internat für M;
In den Strubben 9
Tel. 0591/51320 und 51330

K 49716 Meppen
BFS/FS für Kinderpflege der Missionsschwestern Mariens;
Internat für M;
Ludwigstr. 1
Tel. 05931/3087

E 26548 Norderney
Kinderkrankenpflegeschule
am Kinderkrankenhaus Seehospiz «Kaiser Friedrich» für M
Tel. 04932/801

E 26133 Oldenburg
Krankenpflegeschule der Städt. Kliniken für M
An den Vossbergen 79–99
Tel. 0441/4031

E 26133 Oldenburg
Kinderkrankenpflegeschule der Städt. Kliniken für M
Cloppenburger Str. 363
Tel. 0441/41021

E 26121 Oldenburg
Krankenpflegeschule des Ev. Krankenhauses für J/M
Philosophenweg 1
Tel. 0441/236277

K 49082 Osnabrück
Kath. BFS für Kinderpflege
im Marienheim/Internat für M;
Gut Sutthausen 1
Tel. 0541/59447

E 49082 Osnabrück
Kinderkrankenpflegeschule
am Kinderhospital für J/M
Iburger Str. 187
Tel. 0541/52311

E 49076 Osnabrück
Krankenpflegeschule der Städt. Kliniken für M
Natruper-Tor-Wall 1
Tel. 0541/3234356

E 49610 Quakenbrück
Krankenpflegeschule am Christl. Krankenhaus für J/M
Tel. 05431/15-1

E 27356 Rotenburg (Wümme)
Krankenpflegeschule/Kinderkrankenpflegeschule/Schule für Krankenpflegehilfe/Pflegevorschule des Diakonissen-Mutterhauses für J/M
Elise-Averdieck-Str. 17
Tel. 04261/771

K 49377 Vechta-Marienhain
Berufsbildende Schulen der Schwestern Unserer Lieben Frau
Internat für M; FS/Heilpädagogik
Landwehrstr. 2
Tel. 04441/4077

E 29664 Walsrode
Kranken- und Kinderkrankenpflegeschule am Kreiskrankenhaus für M
Robert-Koch-Str. 4
Tel. 05161/5021

E 27404 Zeven
Krankenpflegeschule am Martin-Luther-Krankenhaus für J/M
Dr.-Otto-Str. 2
Tel. 04281/3071

Nordrhein-Westfalen

E 52064 Aachen
Krankenpflegeschule am Luisenhospital für J/M
Boxgraben 99
Tel. 0241/47691

K 52064 Aachen
Pflegevorschule «Maria Regina»
Internat für M;
Lindenplatz 2
Tel. 0241/4789-0

E 51465 Bergisch Gladbach
Krankenpflegeschule am Ev. Krankenhaus für J/M
Ferrenbergstr. 24
Tel. 02202/122-1

K 59909 Bestwig
Priv. berufsbildende Schulen/Internat für M; BFS (Pflegevorschule), BFS/Kinderpflege
Bergkloster
Tel. 02904/808178

E 33611 Bielefeld
Berufsfachschule/Pflegevorschule im Johanneswerk für J/M
Schildescher Str. 103
Tel. 0521/801-381

E 33617 Bielefeld
Frd.-v.-Bodelschwingh-Schulen Bethel, Abt. Pflegevorschule für J/M
Bethesdaweg 8
Tel. 0521/144-2225

E 33617 Bielefeld (Bethel)
Krankenpflegeschule/
Krankenpflegehilfeschule/
Kinderkrankenpflegeschule
Sarepta für J/M
Bethesdaweg 10
Tel. 0521/144-2212

E 33617 Bielefeld
Fachseminar für Gemeindekrankenpflege für J/M
Sareptaweg 12
Tel. 0512/144-2531

E 44791 Bochum
Krankenpflegeschule der Augusta-Krankenanstalt für J/M
Bergstr. 26
Tel. 0234/5171

E 44791 Bochum
Pflegevorschule für M

Bergstr. 19–23
Tel. 0234/627-355

E 53113 Bonn
Krankenpflegeschule am Johanniter-krankenhaus für J/M
Johanniterstr. 11
Tel. 0228/238354

E 53179 Bonn
Pflegevorschule für M; BFS
Antoniterstr. 22
Tel. 0228/346021

E 53177 Bonn-Bad Godesberg
Krankenpflegeschule am Ev. Krankenhaus für J/M
Waldstr. 73
Tel. 0228/383-1

K 33178 Borchen-Nordborchen
Mallinckrodthof – Berufliche Schulen für Ernährungs- und Hauswirtschaft
Internat für M; Fachseminar für Familienpflege
Mallinckrodtstr. 6
Tel. 05251/39455

E 58339 Breckerfeld
Schule für Krankenpflegehilfe Homborn für J/M
Tel. 02338/89214

E 32257 Bünde
Krankenpflegeschule des Ev. Krankenhauses für J/M
Postfach 2120
Tel. 05223/167-208

E 32756 Detmold
Ev. Pflegevorschule für J/M; BFS
Marienstr. 27–29
Tel. 05231/23754

E 46535 Dinslaken
Krankenpflegeschule am Ev. Krankenhaus für J/M
Kreuzstr. 28
Tel. 02134/2071-78

K 52353 Düren
Katholische Pflegevorschule beim St.-Marien-Hospital für J/M;
Hospitalstraße
Tel. 02421/8050

E 40217 Düsseldorf
Krankenpflegeschule/Kinderkrankenpflegeschule am Ev. Krankenhaus für M
Kirchfeldstr. 40
Tel. 0211/38001

E 40489 Düsseldorf
Krankenpflegeschule/Kinderkrankenpflegeschule des Diakoniewerkes Kaiserswerth für J/M
Alte Landstr. 121
Tel. 0211/409-1

E 47228 Duisburg
Krankenpflegeschule am Johanniter-Krankenhaus für J/M
Kreuzacker 1–7
Tel. 02135/60071

E 58089 Hagen
Ausbildungsstätte am Allg. Krankenhaus für J/M; Krankenpflegeschule/Kinderkrankenpflegeschule/Krankenpflegehilfeschule
Buscheystr. 15a
Tel. 02331/2011

E 58089 Hagen
Pflegevorschule für J/M; BFS
Gutenbergstr. 13
Tel. 02331/27290

E 58119 Hagen-Hohenlimburg
Pflegevorschule für M
Heidestr. 53
Tel. 02334/3063

E 33790 Halle/Westf.
Ev. Pflegevorschule für M
Winnebrockstr. 24
Tel. 05201/3144

E 59063 Hamm
Ev. Pflegevorschule Caldenhof für M
Caldenhof 1
Tel. 02381/52975

E 59063 Hamm
Kinderkrankenpflegeschule

der Märk. Kinderklinik für M
Werler Str. 130
Tel. 02381/5431

E 45525 Hattingen
Krankenpflegeschule am Ev. Krankenhaus für J/M
Bredenscheider Str. 54
Tel. 02324/24021

E 32052 Herford
Pflegevorschule für M; BFS
Hermannstr. 16
Tel. 05221/51288

E 44623 Herne
Ev. Pflegevorschule für M
Düngelstr. 20
Tel. 02323/451532

E 58638 Iserlohn
Pflegevorschule für M; BFS
Bodelschwinghstr. 1
Tel. 02371/29373

E 58644 Iserlohn
Krankenpflegeschule/Kinderkrankenpflegeschule für J/M
Hugo-Fuchs-Allee 3
Ev. Krankenhaus Bethanien
Tel. 02371/2120

K 50935 Köln
Kath. berufsbildende Schulen «Am Krieler Dom»/Internat für M;
FS für Heilpädagogik
Gleuelerstr. 262–268
Tel. 0221/434445

E 50931 Köln
Krankenpflegeschule im Ev. Krankenhaus für M;
Weyertal 76
Tel. 0221/4791

E 59556 Lippstadt
Berufsfachschule für Sozialpflege für M; BFS
Stift Cappel
Tel. 02941/3243

E 32312 Lübbecke
Ev. Pflegevorschule für M
Schützenstr. 35
Tel. 05741/5337

K 58706 Menden
Placidaschule Menden
Internat für M; BFS/Pflegevorschule
Dechant-Röper-Str. 47
Tel. 02373/2252

E 47441 Moers
Kinderkrankenpflegeschule
am Krankenhaus Bethanien
für J/M
Bethanienstr. 1
Tel. 02841/2001

E 45468 Mülheim
Krankenpflegeschule am Krankenhaus für M
Teinerstr. 62
Tel. 0208/3091

E 48147 Münster
Pflegevorschule/Krankenpflegeschule für J/M; BFS
Coerdestr. 58–68
Tel. 0251/2091

E 33102 Paderborn
Krankenpflegeschule am St. Johannisstift für J/M
Reumontstr. 37
Tel. 05251/401-311

E 58840 Plettenberg
Ev. Pflegevorschule für M; BFS
Mozartstr. 8
Tel. 02391/10812

E 42899 Remscheid
Schule für Krankenpflege/Krankenpflegehilfe Stiftung Tannehof
für J/M
Remscheider Str. 76
Tel. 02191/591-566

E 48229 Rheine
Ev. Pflegevorschule Schwedenheim
für M
Basilikastr. 41–45
Tel. 05971/71183

E 57074 Siegen
Krankenpflege-Zentralschule
für J/M
Virchowstr. 13
Tel. 0271/3371-352

E 53757 St. Augustin
Kinderkrankenpflegeschule
der Johanniter-Kinderklinik für J/M
Arnold-Janssen-Str. 29
Tel. 02241/24011

E 42551 Velbert
Bleibergquellenschule für M; BS/
Pflegevorschule
Bleibergstr. 145
Tel. 02051/21975

E 46485 Wesel
Krankenpflegeschule am Ev. Krankenhaus für J/M
Schermbecker Landstr. 88
Tel. 0281/106333

E 58455 Witten-Ruhr
Pflegevorschule/Krankenpflegeschule im Diakoniewerk Ruhr für J/M
Pferdebachstr. 27–41
Tel. 02301/1751

E 42109 Wuppertal
Krankenpflegeschule am Krankenhaus Bethesda für J/M
Hainstr. 35
Tel. 0202/769389

Rheinland-Pfalz

E 55543 Bad Kreuznach
Krankenpflegeschule/Kinderkrankenpflegeschule/Krankenpflegehilfeschule der Diakonie-Anstalten für J/M
Ringstr. 58
Tel. 0671/605270

E 55543 Bad Kreuznach
Krankenpflegehilfeschule an der Kinderkurklinik Viktoriastift für M
Cecilienhöhe 1–3
Tel. 0671/2281

E 56068 Koblenz
Krankenpflegeschule Ev. Stift St. Martin für J/M
Johannes-Müller-Str. 7
Tel. 0261/10011

K 55116 Mainz
Wilhelm-Emmanuel-von-Ketteler-Schule
Internat für M; BFS für Kinderpflege
Stefanstr. 2–4
Tel. 06131/28150

E 56355 Nastätten/Ts.
Schule für Krankenpflegehilfe
Diakoniegemeinschaft Paulinenstift für J/M
Tel. 06772/1021

E 67346 Speyer
Krankenpflegeschule/Kinderkrankenpflegeschule der Ev. Diakonieanstalt für J/M
Hilgardstr. 26
Tel. 06232/5061

E 54292 Trier
Krankenpflegeschule am Elisabeth-Krankenhaus für J/M
Theobaldstr. 12
Tel. 0651/48035

Thüringen

K 37308 Heiligenstadt
FS für Sozialpädagogik und BFS/FS St. Elisabeth/Internat für J/M; BFS/Kinderpflege
Friedensplatz 5/6
Tel. 03606/4161

2.2.7. Internatsschulen für sonstige Bereiche

Baden-Württemberg

E 89160 Dornstadt
FA für Altenpflege
für J/M
Bodelschwinghweg 22
Tel. 07348/202-1

E 73732 Esslingen/Neckar
Altenpflegeschule

für J/M
Kennenburger Str. 63
Tel. 0711/371097

E 73035 Göppingen
FS für Altenpflege für J/M
Marbachstr. 11
Tel. 07161/23081

E 78126 Königsfeld im Schwarzwald
Berufliche Zinzendorfschulen
der Herrnhuter Brüdergemeine,
Berufsfachschule für Hauswirtschaft und Kinderpflege
für J/M; BFS Berufsfachschule für Haus- und Altenpflegehilfe für J/M;
– Berufliche Fachschule für Kinderpflege (BFHK)
– Berufskolleg zur Erlangung der Fachhochschulreife (BKFH)
Mönchweiler Str. 5
Tel. 07725/938170

E 70825 Korntal-Münchingen
Schule für Haus- und Familienpflege
für M
Auf dem Rossbühl 3–5
Tel. 0711/832498

E 77654 Offenburg
Schule für Altenpflege für J/M
Louis-Pasteur-Str. 12
Tel. 0781/33021

E 74523 Schwäbisch-Hall
Altenpflegeschule Hohenlohe
für J/M; FS
Michaelstr. 55
Tel. 0791/72081

E 70567 Stuttgart (Möhringen)
Altenpflegeschule Bethanien
für J/M;
Onstmettinger Weg 35
Tel. 0711/713081

E 72074 Tübingen
Haus am Österberg –
Schule für Altenpflege
für J/M
Hundskapfklinge 38
Tel. 07071/5061

Bayern

E 96047 Bamberg
Evang. Fachschule für Altenpflege
für J/M
Hainstr. 59
Tel. 0951/25186

E 82131 Gauting
FS für Familienpflege Stockdorf
für M
Kreuzweg 35
Tel. 089/8573849

E 91726 Gerolfingen Hesselberg
FS für Dorfhelferinnen
und Familienpflege für M
Tel. 09854/100

E 91726 Gerolfingen Hesselberg
Fachseminar für Landwirtsch.
Betriebshelfer für J
Tel. 09854/100

E 91564 Neuendettelsau
FS für Altenpflege für J/M
Heilsbronner Str. 44
Tel. 09874/8485

E 83489 Strub/Berchtesgaden
Altenpflegeschule für M; FS
Insulaweg 10
Tel. 08652/50513

Hessen

E 34454 Arolsen
Lehranstalt für Altenpflege
für J/M; FS
Helenenstr. 14
Tel. 05691/3054-55

E 60389 Frankfurt/Main
Hufeland-Haus/Schule für Altenpflege für J/M
Wilhelmshöher Str. 34
Tel. 069/4604-332

E 63450 Hanau am Main
Lehranstalt für Altenpflege
für M; BFS
Martin-Luther-Anlage 8–12
Tel. 06181/24411

E 34369 Hofgeismar
Lehranstalt für Altenpflege für J/M
Brunnenstr. 23
Tel. 05671/2065 App. 220

Niedersachsen

E 31542 Bad Nenndorf
Schule Schlaffhorst-Andersen
für Atmung und Stimme
Bornstr. 20
Tel. 05723/3123

E 29225 Celle
Altenpflegeschule der Lobetalarbeit
für J/M
Fuhrberger Str. 219
Tel. 05141/401344

E 30559 Hannover
Altenpflegeschule Henriettenstiftung für J/M
Schwemannstr. 23
Tel. 0511/52471 (417)

E 30559 Hannover
BS Birkenhof für M; Berufsvorbereitungsjahr
Bleekstr. 20
Tel. 0511/522551

K 31139 Hildesheim
FS für kirchlichen Gemeindedienst
für H/D;
Stiftskirchenweg 4
Tel. 05121/42045

E 28870 Ottersberg
Seminar Ev. Dorfhelferinnenwerk
für M
Zum Dieker Ort 27
Tel. 04293/7103

Nordrhein-Westfalen

K 45886 Gelsenkirchen-Ückendorf
Essener Seminar für Gemeindereferentinnen für H/D;
Knappschaftsstr. 14
Tel. 0209/15414 u. 15415

E 59494 Soest
Fachseminar f. Familienpflege
für M
Feldmühlenweg 23
Tel. 02921/3937

E 42699 Solingen
Fachseminar für Altenpflege
für J/M
Auf der Höher Str. 169–175
Tel. 02122/631

Rheinland-Pfalz

E 76887 Bad Bergzabern
Fachschule für Arbeits- und Beschäftigungstherapie Jugenddorf Bad Bergzabern
Danziger Str. 6
Tel. 06343/3941

K 56070 Koblenz-Metternich
Seminar für Gemeindepastoral
und Religionspädagogik
für H/D;
Trierer Str. 369–400
Tel. 0261/24063

K 55131 Mainz
Bischöfl. Seminar für Gemeindepastoral und Religionspädagogik
für D/H; FS
Römerwall 67
Tel. 06131/222096

E 76744 Wörth
Berufsförderungszentrum Maximiliansau für J/M; Umschulung/ Ausbildung/14 versch. Berufe
Rheinstr. 1
Tel. 07271/41065/66

Schleswig-Holstein

E 24939 Flensburg
Fachseminar für Altenpflege und
Gemeindedienst für J/M
Marienhölzungsweg 2
Tel. 0461/812-456

2.3. Schülerheime

Baden-Württemberg

K 97980 Bad Mergentheim
Bischöfliches Studienheim Maria Hilf für J; Gy (bis Kl. 9)/RS/HS
Marienstr. 3
Tel. 07931/2389/2451

K 89584 Ehingen/Donau
Kolleg St. Josef für J; Gy/RS; Theol. Vorseminar Ambrosianum
Müllerstr. 8
Tel. 07391/6018

K 73479 Ellwangen
Bischöfl. Konvikt Borromäum für J; Gy/RS
Hallerstr. 12
Tel. 07961/6028

K 77723 Gengenbach
St.-Anna-Mädchenwohnheim für M; FS
Leutkirchstr. 31
Tel. 07803/7599

E 69121 Heidelberg
Ev. Schülerheim Friedrichstift für J
Bergstr. 106–108
Tel. 06221/470170

E 78426 Königsfeld im Schwarzwald
Internate der Zinzendorfschulen für J/M, für GS, HS
Mönchweiler Str. 5
Tel. 07725/938160

K 78464 Konstanz
Erzb. Studienheim St. Konrad für J, Gy/RS/GS/HS
Uhlandstr. 15
Tel. 07531/63114

K 72108 Rottenburg am Neckar
Bischöfl. Studienheim Martinihaus für J, Gy/RS/HS
Sprollstr. 27
Tel. 07472/3076

K 78628 Rottweil
Bischöfl. Studienheim St. Michael für J/M; Gy/RS
Krummer Weg 35
Tel. 0741/15028
Fax. 0741/15029

K 78628 Rottweil
Bischöfl. Konvikt für J; Gy/RS
Johannsergasse 1
Tel. 0741/7705
Fax. 0741/7783

K 72488 Sigmaringen
Studienheim St. Fidelis für J; Gy/RS
Konviktstr. 19
Tel. 07571/4615

E 97877 Wertheim
Schülerheim Melanchthonstift für J
Boxtalerweg 2
Tel. 09342/1258

Bayern

K 86161 Augsburg
Schülerheim Don Bosco für J; alle Schulgattungen und Auszubildenden
Don-Bosco-Platz 1
Tel. 0821/553031

E 86152 Augsburg
St. Anna Kolleg für J/M
Lange Gasse 11
Tel. 0821/5010720

K 86152 Augsburg
Studienseminar St. Joseph bei St. Stephan für J, Gy
Stephansplatz 6
Tel. 0821/35085

K 97631 Bad Königshofen
Bischöfl. Studienseminar Kilianeum für J; Gy/RS
Wallstr. 49
Tel. 09761/6321

K 96046 Bamberg
Frhr. v. Aufsee'sches Studienseminar für J; Gy/RS/FOS
Aufseßstr. 2
Tel. 0951/54047

K 96047 Bamberg
Canisiusheim der Salesianer
Don Boscos Jugendwohnheim
für J; GS/HS/RS/Kinderhort
Hornthalstr. 35
Tel. 0951/65121

K 96049 Bamberg
St.-Josefs-Heim der Salesianer
Don Boscos – Studienheim für kirchliche Berufe – Seminar für Spätberufene für J; GY/FOS/BAS
Jakobsplatz 15
Tel. 0951/95233-0

K 96047 Bamberg
Erzbischöfliches Studienseminar
Ottonianum für J; Gy
Heinrichsdamm 32
Tel. 0951/86810

K 96049 Bamberg
Schülerinnenheim «Haus St. Franziskus» für M;
Gy/RS/Volksschüler
Jakobsberg 11
Tel. 0951/56022

K 84489 Burghausen
St. Konrad Studienseminar
der Kapuziner für J; Gy
Kapuzinerstr.235
Tel. 08677/5700

K 83536 Gars am Inn
Seminar St. Klemens für J; Gy
Kirchplatz 10
Tel. 08073/388225
Fax. 08073/388333

K 97437 Haßfurt
Konvikt Salesianum für J;
Gy/RS/HS
Häckergasse 19
Tel. 09521/5613

K 87439 Kempten/Allgäu
Sozialpäd. Schüler- u. Jugendwohnheim «Stella Maris» für J;
Gy/RS/HS/FS/FOS/BFS
Reichlinstr. 25
Tel. 0831/23233/12937

K 84028 Landshut
Studienseminar Landshut für J/M;
alle Schularten
Freyung 630
Tel. 0871/2873

K 97816 Lohr a. M.
Aloysianum für J; Gy/RS/HS
Rodenbacher Str. 28
Tel. 09352/2295

K 94526 Metten
Stiftung Schülerinnenheim St. Josef
für M; Gy/RS/HS
Karl-Kufner-Str. 11
Tel. 0991/9505

K 85368 Moosburg
Förderinternat St. Maria Wittibsmühle für M; HS
Tel. 08761/9908
Fax. 08761/61203

E 81243 München
Studienheim Augustinum/Schülerheim für J
Dachstr. 19–21
Tel. 089/83931

K 81377 München
Studienseminar Albertinum für J;
Gy/RS
Westendstr. 300
Tel. 089/716096

K 81545 München
Wohnheim St. Elisabeth für M; FA
Theodolinenstr. 24
Tel. 089/644258

E 91564 Neuendettelsau
Haus der Jugend für M
Wilhelm-Löhe-Str. 8
Tel. 09874/8385

E 91564 Neuendettelsau
Helene-Löhe-Heim für M
Wilhelm-Löhe-Str. 6
Tel. 09874/8–235

E 91564 Neuendettelsau
Wohnheim des Laurenzius
Schulzentrums für M

Waldsteig 7
Tel. 09874/8412

K 90478 Nürnberg
Erzbischöfl. Seminar St. Paul für J; Gy/RS/HS
Dutzendteichstr. 24
Tel. 0911/994050
Fax. 0911/9940555

K 94032 Passau
Bischöfl. Studienseminar St. Valentin für J; alle Schularten
Domplatz 7
Tel. 0851/393254

K 93049 Regensburg
Studienseminar St. Emmeram für J; alle Schultypen
Clermont-Ferrand-Allee 30
Tel. 0941/21029

K 93049 Regensburg
Bischöfliches Studienseminar St. Wolfgang-Westmünster für J; Gy
Weinweg 31
Tel. 0941/29682-0

K 84437 Reichertsheim
Internat St. Josef Ramsau für M; Wohnheim
Pfarrer-Huber-Str. 20
Tel. 08072/2001

K 85298 Scheyern
BOS-Wohnheim für J;
Schyrenplatz 1
Tel. 08441/752201

K 94315 Straubing
Bischöfliches Studienseminar St. Wolfgang für J; Gy
Krankenhausgasse 13,
Postf. 0418
Tel. 09421/12935

K 83278 Traunstein
Erzbischöfl. Studienseminar St. Michael für J; Gy
Kardinal-Faulhaber-Str. 6
Tel. 0861/4369

K 92637 Weiden
Studienseminar St. Augustin, Internat für J; Gy/RS/FOS/BAS
Bismarckstr. 25
Tel. 0961/32044

E 91575 Windsbach
Studienheim mit Knabenchor für J
Heinrich-Brandt-Str. 18
Tel. 09871/7080

K 97070 Würzburg
Bischöfliches Studienseminar Kilianeum für J; Gy/RS
Ottostr. 1
Tel. 0931/30864-0

K 97070 Würzburg
Seminar St. Valentin für J; alle Schularten/Studenten/Lehrlinge
Schönthalstr. 6
Tel. 0931/56766

K 97070 Würzburg
Studienseminar Julianeum für J; Gy/RS/FS/BS/FOS/HS
Kapuzinerstr. 6
Tel. 0931/13075

Hessen

K 65589 Hadamar
Musisches Internat Collegium Bernardinum/Ausbildungsstätte der Limburger Domsingknaben für J; Gy/RS/HS/GS
Bernardusweg 6
Tel. 06433/887-0
Fax. 06433/88711

E 61462 Königstein/Ts.
Schülerheim «Haus Andreae» für J
Joh.-Hinrich-Wichern-Str. 4
Tel. 06174/21556

E 37235 Hessisch-Lichtenau
Internat und Wohnheim für J/M
Rehabilitationszentrum
Tel. 05602/2021

Nordrhein-Westfalen

K 52066 Aachen
Vinzenzheim; Internat
für J/M; KB
Kalverbenden 91
Tel. 0241/6004-0

K 57439 Attendorn
Collegium Bernardinum; Internat
für J; Gy/RS/HS
Nordwall 26
Tel. 02722/50912 u. 52723

K 53902 Bad Münstereifel
Erzbischöfliches St.-Angela-Internat
für M; Gy
Linnerijstr. 25
Tel. 02253/2021

K 53902 Bad Münstereifel
Collegium Josephinum
Erzbischöfliches Konvikt
für J; Gy
Trierer Str. 16
Tel. 02253/8018/8019

K 45711 Datteln
Mädchenwohnheim St. Amadeus
e. V., Haus Maria Königin
für M; Pflegevorschülerinnen
Kirchstr. 29
Tel. 02363/51796

E 47119 Duisburg
Jugendheim für J/M
Rheinallee 2
Tel. 0203/82566

E 57271 Hilchenbach
Schülerheim für J/M
Alte Brachthäuser Landstr. 1
Tel. 02733/4252

E 50354 Hürth-Hermülheim
Dietrich-Bonhoeffer-Haus/Internat
für KB-Schüler für J
Hermann-Löns-Str. 40/42
Tel. 02233/73459

K 41363 Jüchen
Studienheim der Hünfelder Oblaten
Nikolauskloster für J;
AbendGy/AbendRS
Tel. 02182/4055

E 56349 Kaub am Rhein
Schifferkinderheim für J/M
Schulstr. 90
Tel. 06774/289

K 48155 Münster
Vorsehungskloster Internat
St. Mauritz für M; Gy
Wersebeckmannweg 77
Tel. 0251/32058

K 41464 Neuss
Erzbischöfl. Collegium Marianum
für J; Kollegschüler/Gy
Preußenstr. 66
Tel. 02131/8706
Fax. 02131/82559

K 48734 Reken
Kinder- und Jugendwohnheim
Bernardushof im Benediktushof Maria-Veen
für J/M;
KB/GS/HS/RS/Gy
Am Kloster 16
Tel. 02864/889-451

K 53721 Siegburg
Internat St. Maurus für J;
Gy/RS/HS
Bergstr. 36
Tel. 02241/129200

K 59457 Werl
Erzbischöfl. Internat für J
Collegium Aloysianum;
Gy/RS
Mellinstr. 5
Tel. 02922/2651
Fax. 02922/862218

K 51688 Wipperfürth
Caritas-Internat St. Angela
für M; Gy
Auf dem Silberberg 3
Tel. 02267/80420

Rheinland-Pfalz

E 76887 Bad Bergzabern
Sozialpäd. Bildungszentrum

Jugenddorf J/M
Kurtalstr. 47
Tel. 06343/8540

E 56269 Dierdorf
Martin-Butzer-Internat für J/M, für HS, RS
Gymnasialstr. 15
Tel. 02689/3011/12

K 54595 Prüm
Bischöfliches Konvikt für J; Gy/RS/HS/BS
Kalvarienbergstr. 1
Tel. 06551/569

E 67714 Waldfischbach-Burgalben
Realschul-Internat Jugenddorf «Sikkingen» für J/M
Tel. 06333/2433

E 66482 Zweibrücken
Melanchthonheim für J
Herzogstr. 10
Tel. 06332/2270

Sachsen

K 01277 Dresden
Kapellknabeninstitut der röm.-kath. Kathedrale Ss. Trinitatis zu Dresden für J; GS/HS/RS/Gy
Wittenberger Str. 88
Tel. 0351/30060

Statistik

Verhältnis staatliche Schulen/Schulen in freier Trägerschaft 1960–1989 in der Bundesrepublik Deutschland

Jahr	alle Schulen	allgemeinbildende Schulen	Grund- u. Hauptschulen	Realschulen Gymn./Gesamtsch.	berufsbild. Schulen
1960					
Schüler insgesamt i. Ts.	8598,0	6655,1	5219,3	1218,3	1942,9
davon Freie Schüler	276738	188456	25150	142522	88282
%-Satz Freie Schüler	3,2	2,8	0,5	11,7	4,5
1975					
Schüler insgesamt i. Ts.	12327,3	10066,0	6425,1	3176,5	2261,3
davon Freie Schüler	538682	352211	45417	262812	186471
%-Satz Freie Schüler	4,4	3,5	0,7	8,3	8,2
1980					
Schüler insgesamt i. Ts.	11799,1	9127,2	5044,2	3586,6	2671,9
davon Freie Schüler	589222	417800	50324	317605	171422
%-Satz Freie Schüler	5,0	4,6	1,0	8,6	6,4
1985					
Schüler insgesamt i. Ts.	9934,1	7157,7	3827,9	3016,8	2776,4
davon Freie Schüler	594081	405556	47680	310220	188525
%-Satz Freie Schüler	6,0	5,7	1,2	10,3	6,8
1990 alte Länder					
Schüler insgesamt i. Ts.	9080,9	6811,5	3833,8	2684,0	2269,4
davon Freie Schüler	539,0	420,7	51,6	316,1	118,3
%-Satz Freie Schüler	5,9	6,2	1,3	11,8	5,2
1990 neue Länder					
Schüler insgesamt i. Ts.	2476,7	2081,0			395,7
davon Freie Schüler	ca. 4,0	ca. 3,0			ca. 1,0
%-Satz Freie Schüler	0,16	0,14			0,25
alle Länder					
Schüler insgesamt i. Ts.	11557,6	8892,5			2665,1
davon Freie Schüler	ca. 543,0	ca. 423,7			ca. 119,3
%-Satz Freie Schüler	4,7	4,8			4,5

Statistik der katholischen Schulen in freier Trägerschaft in der Bundesrepublik Deutschland

Zahl der Schüler **Stand: Schuljahr 1992/93**

Land	Grund-, Haupt- und Volks-schulen	Orien-tierungs-stufen	Real-schulen	Gym-nasien	Gesamt-schulen	Abend-schulen u. Kollegs	Sonder-schulen	Berufs-bildende Schulen	Schulen d. Gesund-heitswesens	Gesamt
Baden-Württemberg	5147	–	6126	11761	–	714	2581	2608	1375	30312
Bayern	2955	–	22428	23331	–	426	8662	5481	2056	65339
Berlin	3371	–	617	2121	–	–	234	108	187	6638
Brandenburg	–	–	–	242	–	–	128	65	–	435
Bremen	1282	240	170	–	930	–	–	–	118	2740
Hamburg	4355	735	891	2074	–	–	–	–	146	8201
Hessen	–	–	1920	13084	2030	–	510	906	724	19174
Niedersachsen	3626	4943	3540	11207	–	–	901	1175	1391	26783
Nordrhein-Westfalen	1913	–	15249	64540	2284	1707	4282	8171	8880	107026
Rheinland-Pfalz	3162	–	3490	11765	1467	260	1431	1986	2140	25701
Saarland	938	–	1384	4381	–	–	25	210	462	7400
Sachsen	–	–	–	560	–	–	72	–	–	632
Sachsen-Anhalt	–	–	–	1433	–	109	–	–	–	1542
Schleswig-Holstein	17	–	–	–	–	–	–	–	175	192
Thüringen	–	–	–	497	–	–	46	268	39	850
Gesamt	26766	5918	55815	146996	6711	3216	18872	20978	17693	302965

Statistik der katholischen Schulen in freier Trägerschaft in der Bundesrepublik Deutschland

Zahl der Schulen **Stand: Schuljahr 1992/93**

Land	Grund-, Haupt- und Volks-schulen	Orien-tierungs-stufen	Real-schulen	Gym-nasien	Gesamt-schulen	Abend-schulen u. Kollegs	Sonder-schulen	Berufs-bildende Schulen	Schulen d. Gesund-heitswesens	Gesamt
Baden-Württemberg	16	–	14	21	–	14	30	24	24	143
Bayern	16	–	71	43	–	5	69	59	35	298
Berlin	12	–	4	6	–	–	3	2	2	29
Brandenburg	–	–	–	1	–	–	3	1	–	5
Bremen	7	1	1	–	1	–	–	–	2	12
Hamburg	19	9	6	2	–	–	–	–	3	39
Hessen	–	–	5	13	2	–	6	9	17	52
Niedersachsen	17	14	13	15	–	–	12	11	26	108
Nordrhein-Westfalen	6	–	31	79	2	6	39	39	145	347
Rheinland-Pfalz	14	–	11	17	1	1	17	15	36	112
Saarland	2	–	3	5	–	–	1	3	9	23
Sachsen	–	–	–	1	–	–	2	–	–	3
Sachsen-Anhalt	–	–	–	3	–	1	–	–	–	4
Schleswig-Holstein	1	–	–	–	–	–	–	–	2	3
Thüringen	–	–	–	2	–	–	1	2	1	6
Gesamt	110	24	159	208	6	27	183	165	302	1184

Quelle: Zentralstelle Bildung der Deutschen Bischofskonferenz

Statistik der katholischen Schulen in freier Trägerschaft in der Bundesrepublik Deutschland und West-Berlin

Zahl der Schulen | Stand: 1986/87

Land	Grund-, Haupt- und Volks-schulen	Orien-tierungs-stufen	Real-schulen	Gym-nasien	Gesamt-schulen	Bildungs-, Schul-zentren, Ober-schulen	Sonder-schulen	Berufs-bildende Schulen	Krankenpflege-, Kinderkranken-pflege-, Krankenpflege-hilfeschulen	Gesamt
1 Baden-Württemberg	15	–	22	27	–	3	32	33	20	152
2 Bayern	18	–	63	35	–	11	66	83	25	301
3 Berlin	10	–	–	1	–	4	2	2	2	21
4 Bremen	6	–	–	–	1	1	–	–	2	10
5 Hamburg	15	–	–	2	–	5	–	–	3	25
6 Hessen	–	–	2	8	3	4	7	8	14	46
7 Niedersachsen	5	6	1	15	–	13	14	12	19	85
8 Nordrhein-Westfalen	5	–	32	85	2	–	41	51	138	354
9 Rheinland-Pfalz	15	–	8	16	1	2	18	21	34	115
10 Saarland	1	–	2	5	–	1	1	5	7	22
11 Schleswig-Holstein	1	–	–	–	–	–	–	–	2	3
Gesamt	91	6	130	194	7	44	181	215	266	1134

Zahl der Schüler — Stand: 1986/87

Land	Grund-, Haupt- und Volksschulen	Orientierungsstufen	Realschulen	Gymnasien	Gesamtschulen	Bildungs-, Schulzentren, Oberschulen	Sonderschulen	Berufsbildende Schulen	Krankenpflege-, Kinderkrankenpflege-, Krankenpflegehilfeschulen	Gesamt
1 Baden-Württemberg	4204	–	5382	8173	–	2012	1666	3407	1536	26380
2 Bayern	2759	–	20013	15261	–	10583	7015	6842	1654	64127
3 Berlin	2957	–	–	851	–	1748	219	144	365	6284
4 Bremen	944	–	–	–	974	499	–	–	100	2517
5 Hamburg	2856	–	–	2010	–	2327	–	–	140	7333
6 Hessen	–	–	995	8951	3100	4176	656	745	683	19306
7 Niedersachsen	1844	2293	380	10343	–	8614	846	1805	1247	27372
8 Nordrhein-Westfalen	1436	–	15659	58725	2052	–	3860	9236	9283	100251
9 Rheinland-Pfalz	3322	–	2562	10515	1414	2061	1631	2264	1999	25768
10 Saarland	358	–	976	4093	–	593	29	349	520	6918
11 Schleswig-Holstein	20	–	–	–	–	–	–	–	120	140
Gesamt	20700	2293	45967	118922	7540	32613	15922	24792	17647*	286396

* aus 1980/81

Evangelische Schulen und Heime

Schul- und Schülerplatzzahl 1987 (Schätzung)

Allgemeinbildende Schulen:	109 Schulen mit 43000 Plätzen
Sonderschulen:	144 Schulen mit 16500 Plätzen
Berufsbildende Schulen:	251 Schulen mit 17000 Plätzen
Schulen für Krankenpflege:	180 Schulen mit 8500 Plätzen
(Unter den allgemeinbildenden Schulen sind Schülerheime und allgemeinbildende Internatsschulen)	58 Heimschulen und Heime mit 6200 Plätzen

Schulen nach der Pädagogik Rudolf Steiners

Schulen und Schüler, Stand 1987

Waldorfschulen:	108 Schulen mit 45800 Schülern
Sonderschulen	
Tagesschulen:	33 Schulen mit 3750 Schülern
Heimschulen:	22 Schulen mit 1300 Schülern

Landerziehungsheime

18 Heimschulen mit 2500 Internatsschülern und 1350 Tagesschülern

Verband Schulen in freier Trägerschaft e. V.

Zahl der Schüler 1988

Wegen der stärkeren Fluktuation der Schüler an berufsbildenden Schulen können die folgenden Zahlen nicht völlig genau sein.

Allgemeinbildende Schulen	19500
Wirtschaftsschulen	18900
Sprachschulen	7200
Naturwissenschaftlich-technische Schulen	3200
Gymnastikschulen	1200
Kosmetikschulen	2400
Verschiedene Fachrichtungen berufsbildender Schulen	2800

BIBLIOGRAPHIE

1. Von den Verbänden herausgegebene Zeitschriften

«Schulkorrespondenz». Herausgegeben von der Arbeitsgemeinschaft der katholischen Verbände für Erziehung und Schule in Deutschland (AKVES) in Verbindung mit der Zentralstelle Bildung der Deutschen Bischofskonferenz.

«Engagement», Zeitschrift für Erziehung und Schule, herausgegeben vom Arbeitskreis katholischer Schulen in freier Trägerschaft in der Bundesrepublik Deutschland.

«Informationsdienst für Internatserzieher», herausgegeben von der Arbeitsgemeinschaft katholischer Internatserzieher Deutschlands und der Zentralstelle Bildung der Deutschen Bischofskonferenz.

Korrespondenzblatt evangelischer Schulen und Heime, herausgegeben im Auftrag der Arbeitsgemeinschaft evangelischer Schulbünde e. V.

«Erziehungskunst», Monatsschrift zur Pädagogik Rudolf Steiners. Herausgegeben vom Bund der Freien Waldorfschulen.

«Konzepte und Erfahrungen», herausgegeben von der Vereinigung deutscher Landerziehungsheime.

«Freie Bildung und Erziehung», herausgegeben vom Bundesverband Deutscher Privatschulen e. V.
«Informationsdienst», herausgegeben vom Bundesverband Deutscher Privatschulen e. V.

2. Schulverzeichnisse

Verzeichnis der katholischen Schulen, Internate und Schülerheime in freier Trägerschaft in der Bundesrepublik Deutschland, herausgegeben vom Arbeitskreis katholischer Schulen in freier Trägerschaft in der Bundesrepublik Deutschland, 1992.

Verzeichnis der Schulen und Schülerheime in evangelischer Trägerschaft, herausgegeben von der Arbeitsgemeinschaft evangelischer Schulbünde e. V.

Übersicht über die nach der Pädagogik Rudolf Steiners arbeitenden Schulen, herausgegeben vom Bund der Freien Waldorfschulen e. V.

Deutsche Landerziehungsheime. Pädagogischer Prospekt der Vereinigung deutscher Landerziehungsheime.

Schulen im Bundesverband deutscher Privatschulen e. V. – Schulen in freier Trägerschaft –, herausgegeben vom Bundesverband Deutscher Privatschulen e. V.

3. Veröffentlichungen, herausgegeben von der Arbeitsgemeinschaft freier Schulen

Freie Schule I. Soziale Funktion der Freien Schulen, 1/1971, 2/1976, Klett, Stuttgart.

Freie Schule II. Öffentliche Verantwortung und freie Initiative. 1972, Klett, Stuttgart.

Freie Schule III. Überschaubare Schule, 1975, Klett, Stuttgart.

Einzelveröffentlichungen

Zum Strukturplan für das Bildungswesen. Auszug und Kommentar. (1971)

Zur KMK-Vereinbarung zur Neugestaltung der gymnasialen Oberstufe der Sekundarstufe II. Text und Kommentar. (1973)

Heimschulen und Schülerheime in freier Trägerschaft. Denkschrift (1975)

Materialien zur Schulpolitik, Hefte 1–8.
- Staatliches Bildungswesen und Freie Schule. (1976)
- Antworten auf die Heimschul-Denkschrift. (1976)
- Stellungnahme zu den Normenbüchern. (1976)
- Wird die Schule in Regeln ersticken? (1978)
- Wieviel kostet ein Schüler? Schulkosten und Schulgeld. (1979)
- Stellungnahme zum Bildungsgesamtplan II/ 1980.
- Übersicht über die Verbände und Vereinigungen von Schulen in freier Trägerschaft auf Bundes- u. Landesebene (1987)
- Neue Perspektiven zur Finanzierung Freier Schulen (1989)

4. Grundsätzliche Veröffentlichungen über Schulen in freier Trägerschaft

4.1. Allgemeines

Dietrich Goldschmidt, Peter M. Roeder (Hg.): Alternative Schulen? Gestalt und Funktion nichtstaatlicher Schulen im Rahmen öffentlicher Bildungssysteme. Stuttgart 1979, Klett.

Hans Heckel: Deutsches Privatschulrecht. Berlin/Köln 1955, Carl-Heymanns-Verlag.

Friedrich Müller: Das Recht der Freien Schulen nach dem Grundgesetz. Berlin 2/1982, Duncker & Humblot.

Friedrich Müller, Bodo Pieroth, Lothar Fohmann: Leistungsrechte im Normbereich einer Freiheitsgarantie. Berlin 1982, Duncker & Humblot.

Friedrich Müller (Hg.): Zukunftsperspektiven der Freien Schule. Berlin 1988. Dunkker & Humblot.

Johann Peter Vogel, Holger Knudsen (Hg.): Bildung und Erziehung in freier Trägerschaft. Neuwied seit 1981, Luchterhand.

Johann Peter Vogel: Das Recht der Schulen und Heime in freier Trägerschaft. Neuwied 2/1991, Luchterhand.

4.2. Katholische Schulen

Arbeitskreis katholischer Schulen in freier Trägerschaft (Hg.): Materialien. Bonn 1982ff

Handbuch katholische Schule. Im Auftrag des Arbeitskreises katholischer Schulen in freier Trägerschaft in der Bundesrepublik Deutschland herausgegeben von Rainer Ilgner. Band 1: Dokumente; Band 2: Pädagogische Beiträge; Band 3: Zur Geschichte des katholischen Schulwesens; Band 4: Kirchliches Schulrecht; Band 5: Verzeichnis der katholischen Schulen in freier Trägerschaft; Band 6: Bibliographie.

4.3. Evangelische Schulen

Die evangelische Kirche und die Bildungsplanung. Gütersloh 1972.

H.-W. Heßler, Gerta Scharffenorth (Hg.): Bildung als Aufgabe der Kirche (epd-Dokumentation, Band 7). Witten und Berlin 1972.

Institutionen. Herausgegeben im Auftrag der EKD und in Zusammenarbeit mit dem Comenius-Institut. Seit 1978.
Darin:
Band 5: Berufliche Bildung und die bildungspolitische Mitverantwortung der Kirche (1978).
Band 7: Allgemeinbildende Schulen und Schülerheime in evangelischer Trägerschaft (Hannover 1985, 2. völlig neu überarbeitete Auflage).
Band 8: Sonderschulen und Heime für Behinderte in evangelischer Trägerschaft (1981).
Band 9: Berufsbezogene Schulen in evangelischer Trägerschaft (1981).
Band 10: Evangelische Kindertagesstätten (1981).
Band 11: Krankenpflegerische Schulen in evangelischer Trägerschaft (1981).
Band 12: Einrichtungen der evangelischen Erwachsenenbildung (1981).

H. Kratzert u. a. (Hg.): Leben und Erziehen durch Glauben. Gütersloh 1978.

Leben und Erziehen – wozu? Am Beispiel evangelischer Schulen und Ausbildungsstätten. In: Leben und Erziehen – wozu? Gütersloh 1979.

K. H. Potthast: Das Miteinander in der Schule. Gütersloh 1981, Gütersloher Tb 754.

E. Nipkow: Bildung als Lebensbegleitung und Erneuerung. Gütersloh 1990.

4.4. Waldorfschulen

Fritz Bohnsack, Ernst Michael Kranich (Hg.): Erziehungswissenschaft und Waldorfpädagogik. Weinheim 1990, Beltz.

Erhard Fucke: Berufliche und allgemeine Bildung in der Sekundarstufe II. Stuttgart 1976, Klett.

Johannes Kiersch: Fragen an die Waldorf-Schule. Flensburg 1991, Flensburger Hefte.

Ernst Michael Kranich, Lorenzo Ravagli: Waldorfpädagogik in der Diskussion. Stuttgart 1990, Freies Geistesleben.

Stefan Leber: Die Pädagogik der Waldorfschule und ihre Grundlagen. Darmstadt 1983, Wissenschaftliche Buchgesellschaft.

Stefan Leber: Die Sozialgestalt der Waldorfschule. Frankfurt/M. 1984, Fischer.

Christoph Lindenberg: Die Lebensbedingungen des Erziehens. Von Waldorfschulen lernen. Reinbek bei Hamburg 1981, Rowohlt.

Christoph Lindenberg: Waldorfschulen. Reinbek bei Hamburg 1975, Rowohlt.

Peter Schneider: Einführung in die Waldorfpädagogik. Stuttgart 1982, Klett.

4.5. Landerziehungsheime

Theo Dietrich (Hg.): Die Landerziehungsheim-Bewegung. Bad Heilbrunn, 1967, Klinkhardt.

W. Flitner, G. Kudritzki (Hg.): Die deutsche Reformpädagogik. Die Pioniere der pädagogischen Bewegung. Stuttgart 4/1984, Klett-Cotta.

Hermann Röhrs (Hg.): Die Schulen der Reformpädagogik heute. Düsseldorf 1986, Schwann.

Karl Schwarz: Bibliographie der deutschen Landerziehungsheime. 1970. In: Aus den deutschen Landerziehungsheimen. Schriftenreihe, herausgegeben von Fritz Linn, Georg Picht und Minna Specht. Hefte 1–9. Stuttgart 1960–1972, Klett.

DIE AUTOREN

Becker, Gerold U., Vereinigung Deutscher Landerziehungsheime.

Blohm, Martha; Blohm, Gerhard H. E., Direktor der Privatschulpädagogischen Gesellschaft, Hamburg.

Böttcher, Joachim, Direktor der Oskar-Kämmer-Schulen, Braunschweig; Präsident des VDP.

Büchler, Klaus, Direktor des Pädagogiums Baden-Baden, Vors. VDP-Landesverband Baden-Württemberg, Ehrenpräsident VDP.

Büchler, Michael, Leiter am Pädagogium Baden-Baden, Präsidiumsmitglied VDP.

Buhmann, Dr. Christian, Direktor der Wirtschaftsschule Dr. Buhmann, Hannover. Vors. VDP-Landesverband Niedersachsen, Präsidiumsmitglied VDP.

Dikow, Dr. Joachim, ehem. Leiter der Hauptabteilung Schule und Erziehung des Bischöflichen Generalvikariats Münster.

Flad, Wolfgang, Direktor des Chemischen Instituts Dr. Flad, Stuttgart. Präsidiumsmitglied VDP.

Fresenius, Birgit, Direktorin der Chemieschule Fresenius, Wiesbaden.

Friese, Uwe, Direktor der Friese – gemeinnütziges Lehrinstitut für Berufsförderung – GmbH, Nürnberg. Präsidiumsmitglied VDP.

Froese, Reinhard, Direktor des Hamburger Konservatoriums.

Fügemann, Dr. Dr. Horst-W., Direktor der Berufsfachschule Greifswald.

Gahl, Erich, Dirktor der Dr. Zimmermannschen Wirtschafts- und EDV-Schulen, Koblenz. Vors. VDP-Landesverband Rheinland-Pfalz, Präsidiumsmitglied VDP.

Gahl-Haupt, Corinna, Diplom-Handelslehrerin an den Dr. Zimmermannschen Wirtschafts- und EDV-Schulen, Koblenz.

Graf, Heinz, Direktor des Sprachen- und Dolmetscherinstituts München.

Gross, Magnus, Direktor der Bénédict School, Dortmund.

Harms, Prof. Dr. Dirk, Geschäftsführer der Physikalisch-technischen Lehranstalt, Wedel.

Heck, Jakob G., Direktor der Fachschulen für Betriebswirtschaft und Datenverarbeitung, Stuttgart.

Heinze, Jan G., Direktor der Technischen Fachschule Heinze, Hamburg.

Hölzinger, Heike, Direktorin der Frankfurter Berufsfachschule für Kosmetik.

Huber, Gustav, Direktor des Schulverbunds München beim Isartor, Vors. VDP-Landesverband Bayern, Vizepräsident VDP.

Hunkel, Ernst, Direktor der Merkur-Akademie Karlsruhe.

Jack, Hermann, Direktor des Wirtschaftsinstituts und EDV-Bildungszentrums Lenzen-Jack, Hamm.

Jaenicke, Hans-Friedbert, Christian-Morgenstern-Schule, Wuppertal.

Jones, Milton, Direktor der Frankfurt International School, Oberursel.

Kämmerer, Angelika, Direktorin der Schule Schwarzerden/Rhön.

Kaufmann, Dr. Harms, Direktor der Würzburger Dolmetscherschule.

Köllner, Dr. Rainer, Direktor der Bildungsinstitute Dr. Köllner, Kassel, Vors. VDP-Landesverband Hessen, Vizepräsident VDP.

Kranich, Dr. Ernst-Michael, Leiter des Pädagogischen Seminars des Bundes der Freien Waldorfschulen. Vorstandsmitglied des Bundes der Freien Waldorfschulen.

Lippenberger, Uwe, Managing Director der Internationalen inlingua Sprachschulen AG, Mainz.

Loges, Sigrid, Direktorin der Loges-Schule Nordsee, Oldenburg.

Meinl-Kexel, Gerda, Direktorin der Bad Homburger Akademie für Fremdsprachen, Textverarbeitung, Organisation.

Mittag, Eberhard, Direktor der Privatschulen Krüger mit Internat, Lotte-Wersen.

Ochel, Herbert, Leiter des Ev. Gymnasiums Siegen-Weidenau. Vorsitzender der Arbeitsgemeinschaft Evangelischer Schulbünde e. V.

Paykowski, Kurt, Direktor des Schulverbundes Rhode/Dr. Wessel, Essen, Vors. Landesverband Nordrhein-Westfalen, Präsidiumsmitglied VDP.

Piepkorn, Jörg, Direktor der Teutloff-Schule, Braunschweig.

Pook, Dr. Peter, Direktor der Berufsfachschule Chemie und Pharmazie Dr. von Morgenstern, Braunschweig.

Potthast, Karl-Heinz, Landeskirchenrat i. R.

Rimpler, Prof. Dr. Manfred, Geschäftsführer des Cosmetic College Hannover.

Schwager, Dr. Hans-Joachim, Schuldezernent der von Bodelschwinghschen Anstalten Bethel.

Stiebler, Dr. Christof, Direktor der Sabel-Schulen, München.

Troschka, Gabriele, Direktorin der Karlsruher Berufsfachschule für Kosmetik.

Usunov, Peter, Direktor des Wirtschaftsinstituts und EDV-Bildungszentrums Lenzen-Jack, Hamm.

Vogel, Prof. Dr. Johann Peter, Rechtsanwalt, Justitiar der Vereinigung Deutscher Landerziehungsheime. Geschäftsführer der Arbeitsgemeinschaft Freier Schulen.

Weidauer, Dr. Klaus, ehem. Leiter des Landerziehungsheims Schule Birklehof, Hinterzarten.

Weidlich, Herbert, Direktor der Anna-Schmidt-Schule, Frankfurt am Main.

Pädagogik bei rororo

H. u. J. Bußmann
Unser Kind geht auf die Waldorfschule *Erfahrungen und Ansichten*
(rororo sachbuch 8736)

B. Esser / Ch. Wilde
Montessori-Schulen *Zu Grundlagen und pädagogischer Praxis*
(rororo sachbuch 8556)

Wulf Wallrabenstein
Offene Schule - Offener Unterricht
Ratgeber für Eltern und Lehrer
(rororo sachbuch 8752)
Dieses Buch lädt ein zu einer Entdeckungsfahrt in den Offenen Unterricht und Offene Schulen und informiert engagiert über Wochenplan, Morgenkreis, entdeckendes Lernen und viele weitere Brennpunkte.

Horst Speichert
Richtig üben macht den Meister
Das Erfolgsprogramm gegen Lernfehler, Verlernen und Vergessen
(mit kindern leben 7875)

K. Dietrich / G. Landau
Sportpädagogik *Grundlagen, Positionen, Tendenzen*
(rororo sport 8623)

Dieter Lenzen
Pädagogische Grundbegriffe
Band 1: Agression - Interdisziplinarität
Band 2: Jugend - Zeugnis
(rowohlts enzyklopädie 487 + 488)

Christoph Lindenberg
Waldorfschulen: Angstfrei lernen, selbstbewußt handeln *Praxis eines verkannten Schulmodells*
(rororo sachbuch 6904)

3419/2

rororo sachbuch

Schulspaß und Schulspiele
Handbuch zum Schulalltag. Herausgegeben von der Arbeitsgruppe Oberkircher Lehrmittel
(rororo sachbuch 7783)

Else Müller
Hilfe gegen Schulstreß
Übungsanleitungen zu Autogenem Training, Atemgymnastik und Meditation. Übungen zum Abbau von Aggressionen, Wut und Spannungen für Kinder und Jugendliche
(rororo sachbuch 7877)

Klaus-Jürgen Tillmann
Sozialisationstheorien *Eine Einführung in den Zusammenhang von Gesellschaft, Institution und Subjektwerdung*
(rowohlts enzyklopädie 476)

Sämtliche Bücher und Taschenbücher zum Thema finden Sie in der *Rowohlt Revue*. Jedes Vierteljahr neu. Kostenlos in Ihrer Buchhandlung.

Psychologie und Lernen

George R. Bach Laura Torbet
Ich liebe mich - ich hasse mich
Fairness und Offenheit im Umgang mit sich selbst
(rororo sachbuch 7891)

Nathaniel Branden
Liebe für ein ganzes Leben
Psychologie der Zärtlichkeit
(rororo sachbuch 7867)

Robert M. Bramson
Schwierige Leute - und wie man am besten mit Ihnen umgeht
(rororo sachbuch 8727)

Frederic F. Flach
Depression als Lebenschance
Seelische Krisen und wie man sie nutzt
(rororo sachbuch 7168)

Thomas A. Harris
Ich bin o.k. - Du bist o.k.
Wie wir uns selbst besser verstehen und unsere Einstellung zu anderen verändern können - Eine Einführung in die Transaktionsanalyse
(rororo sachbuch 6916)

Raymond Hull
Alles ist erreichbar *Erfolg kann man lernen*
(rororo sachbuch 6806)

Gerhard Krause
Positives Denken - der Weg zum Erfolg *13 Bausteine für ein erfülltes Leben*
(rororo sachbuch 7952)

Abraham H. Maslow
Motivation und Persönlichkeit
(rororo sachbuch 7395)

Erhard Meueler
Wie aus Schwäche Stärke wird
Vom Umgang mit Lebenskrisen
(rororo sachbuch 8540)

rororo sachbuch

John Selby
Einader finden *Übungen zur Psychologie der Begegnung in Freundschaft, Beruf und Liebe*
(rororo sachbuch 7991)

Martin Siems
Dein Körper weiß die Antwort
Focusing als Methode der Selbsterfahrung - Eine praktische Anleitung
(rororo sachbuch 7968)

Frauke Teegen / Anke Grundmann / Angelika Röhrs
Sich ändern lernen *Anleitungen zur Selbsterfahrung und Verhaltensmodifikation*
(rororo sachbuch 6931)

Weitere Bücher und Taschenbücher zum Thema finden Sie in der *Rowohlt Revue*. Jedes Vierteljahr neu. Kostenlos in Ihrer Buchhandlung.

3505/1

Psychologie und Lernen

Harold H. Bloomfield
Das Achilles-Syndrom *Wie man Schwächen in Stärken umwandelt*
(rororo sachbuch 8091)

Nathaniel Branden
Ich liebe mich auch *Selbstvertrauen lernen*
(rororo sachbuch 8486)

David Cooper
Der Tod der Familie *Ein Plädoyer für eine radikale Veränderung*
(rororo sachbuch 8560)

Wayne W. Dyer
Der wunde Punkt *Die Kunst, nicht unglücklich zu sein. Zwölf Schritte zur Überwindung seelischer Problemzonen*
(rororo sachbuch 7384)

Luise Eichenbaum / Susie Orbach
Was wollen die Frauen? *Ein psychotherapeutischer Führer durch das Labyrinth von Wünschen, Ängsten und Sehnsüchten in Liebesdingen*
(rororo sachbuch 7967)

Erich Fromm
Anatomie der menschlichen Destruktivität
(rororo sachbuch 7052)
Märchen Mythen, Träume *Eine Einführung in das Verständnis einer vergessenen Sprache*
(rororo sachbuch 7448)

Klaus D. Heil
Programmierte Einführung in die Psychologie *Ein Lernprogramm*
(rororo sachbuch 6930)

rororo sachbuch

Muriel James / Dorothy Jongeward
Spontan leben *Übungen zur Selbstverwirklichung*
(rororo sachbuch 8301)

Hans-Peter Nolting
Lernfall Aggression *Wie sie entsteht - Wie sie zu vermindern ist. Ein Überblick mit Praxisschwerpunbkt Alltag und Erziehung*
(rororo sachbuch 8352)

Friedemann Schulz von Thun
Miteinander reden 1 *Störungen und Klärungen. Allgemeine Psychologie der Kommunikation*
(rororo sachbuch 7489)
Miteinander reden 2 *Stile, Werte und Persönlichkeitsentwicklung. Differentielle Psychologie der Kommunikation*
(rororo sachbuch 8496)

Dieter E. Zimmer
Tiefenschwindel *Die endlose und die Beendbare Psychoanalyse*
(rororo sachbuch 8775)

3505/1a

Jugendlexika

Heiner Boehncke / Bernd Kuhne / Solveig Ockenfuß
Jugendlexikon Literatur
Epochen, Gattungen, Grundbegriffe
(rororo handbuch 6318)
Ein verläßlicher Begleiter im Deutschunterricht der Mittel- und Oberstufe.

Wolfgang Bünder / Peter Häußler / Roland Lauterbach u. a.
Jugendlexikon Technik
Menschengerechte und naturverträgliche Technologien
(rororo handbuch 6315)

Hanna Delf / Jutta Georg Lauer / Christa Hackenesch u. a.
Jugendlexikon Philosophie
Geschichte, Begriffe und Probleme der Philosopie
(rororo handbuch 6310)
Das Buch läd ein zum Nachdenken über Menschen und Welt, über Erfahrungen und Einsichten. Gleichzeitig erklärt es die Begrifflichkeit der Philosophie und führt die reiche Tradition des Philosophierens vor Augen.

Hilde Kammer / Elisabeth Bartsch
Jugendlexikon Politik
800 einfache Antworten auf schwierige Fragen
(rororo handbuch 6183)
Was ist der Unterschied zwischen paraphieren und ratifizieren? Wie kommen Gesetze zustande? Woraus leitet sich das Wort Agitation ab, und was bedeutet es?

rororo handbuch

Dorothea Kraus / Jobst Kraus / Christel Scheilke u. a.
Jugendlexikon Erziehung
Einfache Antworten auf schwierige Fragen
(rororo handbuch 6202)
Informierendes Nachschlagewerk und praktische Orientierungshilfe in einem.

3502/1

Öko-Ratgeber

Rainer Grießhammer
Der Öko-Knigge
(rororo sachbuch 8351)
Der Öko-Knigge macht Spaß und kein schlechtes Gewissen. Umweltfreundliches Verhalten läßt sich lernen – und zwar mit Vergnügen!

Bernhard Rosenkranz
Mein Garten ohne Gift *Praktische Tips durchs ganze Jahr*
(rororo sachbuch 7982)
Der Umwelt-Tester *Schadstoffe im Alltag auspüren - messen - vermindern*
(rororo sachbuch 7976)

Silke Schwartau / Bernhard Rosenkranz
Der Kosmetik-Tester *Inhaltsstoffe Rezepte Naturkosmetik*
(rororo sachbuch 8779)
Was enthalten Kosmetika wirklich? Welche Inhaltsstoffe lösen Allergien aus? Wie mache ich Kosmetika selber? Woran erkenne ich, daß Naturkosmetik wirklich natürlich ist?

Brunhilde Marquardt-Mau / Jürgen Mayer / Helmut Mikelskis
Umwelt
Lexikon ökologisches Grundwissen
(rororo sachbuch 6337)

ÖKO-TEST
Ratgeber Büro
(rororo sachbuch 8734)

ÖKO-Test
Ratgeber Heimwerken
(rororo sachbuch 8580)

ÖKO-TEST
Ratgeber Kleinkinder
(rororo sachbuch 8518)

ÖKO-TEST
Ratgeber Waschen und Putzen
(rororo sachbuch 8521)

ÖKO-TEST
Ratgeber Haushaltsgeräte
(rororo sachbuch 9170)
ÖKO-TEST
Lexikon Haushalt
(rororo sachbuch 8733)

ÖKO-TEST
Ratgeber Diät
(rororo sachbuch 8541))

ÖKO-TEST
Ratgeber Kosmetik *Drei Bände*
(Band 1: rororo sachbuch 8520. Band 2: rororo sachbuch 8787. Band 3: rororo sachbuch 9101)

ÖKO-TEST
Ratgeber Bauen und Renovieren
(rororo sachbuch 9331)

Sämtliche Bücher und Taschenbücher zum Thema Ökologie finden Sie in der *Rowohlt Revue*. Jedes Vierteljahr neu. Kostenlos in Ihrer Buchhandlung.

rororo sachbuch

3409/4

Frauen und Beruf

«Wir können uns nicht leisten, die Hälfte der Menschheit zu vergessen oder sie in ihrem Potential nicht voll auszunutzen; und dazu gehört das Führungspotential der Frau.»
Prof. Peter Schmitt in seinem Vorwort zu Prof. Sonja Bischoffs Buch (s. u.)

Dorothea Assig
Mut gehört dazu *Informationen für Frauen, die beruflich selbständig sind oder werden wollen*
(rororo sachbuch 8343)

M. Hennig / A. Jardim
Frau und Karriere *Erwartungen, Vorstellungen, Verhaltensweisen*
(rororo sachbuch 8376)

Ruth Markel
Kariere ist weiblich *Wegweiser für Frauen in ein erfolgreiches Berufsleben*
(rororo sachbuch 8501)
Die Autorin, erfolgreiche Unternehmerin und Unternehmensberaterin, veranstaltet seit vielen Jahren Seminare für erfolgsbewußte Frauen. Ihre Erkenntnisse und Erfahrungen hat sie in diesem praxisnahen, und hilfreichen Buch zusammengefaßt.

Sonja Bischoff
Frauen zwischen Macht und Mann - Männer in der Defensive *Führungskräfte in Zeiten des Umbruchs*
(rororo sachbuch 8586)

Marlene Kück (Hg.)
Der unwiderstehliche Charme des Geldes *Vom Umgang mit Geld aus der Sicht der Frauen*
(rororo sachbuch 8506)

3416/1

rororo sachbuch

Ulla Dick
Netzwerk und Berufsverbände für Frauen *Ein Handbuch*
(rororo sachbuch 9167)
Netzwerke und Berufsverbände für Frauen etablieren sich zunehmend und leisten für Frauen das, was für Männer seit Generationen im Berufsleben selbstverständlich ist, nämlich Interessenvertretung, Informationen, Weiterbildung, Kontakte – Ulla Dick hat erstmals eine umfassende Übersicht zusammengestellt.

Julia Scharnhorst
Zurück in den Beruf *Ein Ratgeber für Mütter*
(rororo sachbuch 8897)

Evelyn Schultz-Medow
Nehmen Sie kein Blatt vor den Mund *Ein Rede-Kurs für Frauen*
(rororo sachbuch 8433)

Sämtliche Bücher und Taschenbücher zum Thema finden Sie in der *Rowohlt Revue*. Jedes Vierteljahr neu. Kostenlos in Ihrer Buchhandlung.